Instructor's Annotated Edition

AVENTURAS

Primer curso de lengua española

SECOND EDITION

Philip Redwine Donley, late

José Luis Benavides
California State University, Northridge

José A. Blanco

Boston, Massachusetts

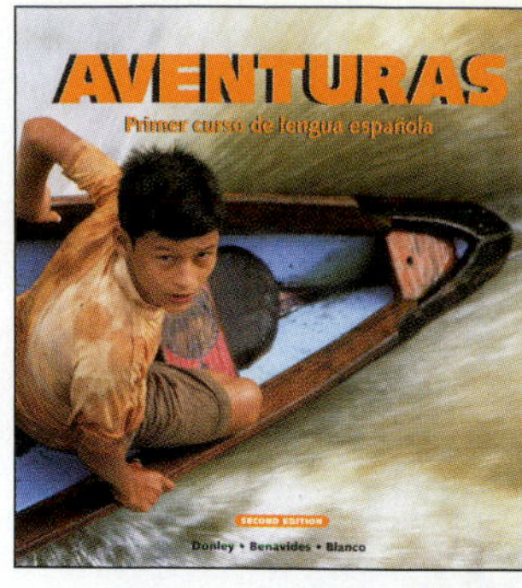

Publisher: José A. Blanco
Senior Vice President, General Manager: Janet Dracksdorf
Vice President & Editorial Director: Denise St. Jean
Director of Production & Manufacturing: Lisa Flanagan Perrier
Director of Art & Design: Linda Jurras
Photo Research and Art Buying: Linde Gee
Project Manager: Alicia Spinner
Editors: Kristen Chapron, Brendeign Covell, Martha Mesa
Contributing Writers: Sharon Alexander, María Solares
Design Manager: Polo Barrera
Designer: Andrea Golden
Photo Researcher & Art Buyer: Linde Gee
Photographer: Martin Bernetti
Production: Compset
Manufacturing Coordinator: Gustavo Cinci
Senior Vice President, Operations: Tom Delano
Executive Marketing Manager: Ben Rivera

Printed in the United States of America.

ISBN-13: 978-1-59334-894-6
ISBN-10: 1-59334-894-0

Library of Congress Card Number: on hand

1 2 3 4 5 6 7 8 9 VH 09 08 07 06

Instructor's Annotated Edition

Table of Contents

The **AVENTURAS** Story

Vista Higher Learning, the publisher of **AVENTURAS**, was founded with one mission: to raise the teaching of Spanish to a higher level. Years of experience working with textbook publishers convinced us that more could be done to offer you superior tools and to give your students a more profound learning experience. Along the way, we questioned everything about the way textbooks support the teaching of introductory college Spanish.

In fall 2000, the result was **VISTAS: Introducción a la lengua española,** a textbook and coordinated package of ancillaries that looked different and *were* different. **PANORAMA**, a briefer text based on **VISTAS**, followed in fall 2001. We took a fresh look at introductory college Spanish and found that hundreds of Spanish instructors nationwide liked what they saw. In just three years, **VISTAS** and **PANORAMA** became the most widely-adopted new introductory college Spanish programs in more than a decade.

The success of **VISTAS** and **PANORAMA** spurred us to develop **AVENTURAS**, which shares the hallmark user-friendly and video-integrated approach of **VISTAS** and **PANORAMA**, yet offers its own distinctive content, design, and full complement of coordinated print and technology components. To our gratification, **AVENTURAS, First Edition**, also became widely adopted and successfully used in introductory programs nationwide.

To those instructors who used **AVENTURAS, First Edition**, and are continuing with the Second Edition, we thank you for your ongoing support of the program and for partnering with us, a new enterprise dedicated to innovative, focused, and captivating products. To those who are new to the Second Edition, we welcome you and thank you for choosing **AVENTURAS**.

We hope that you and your students enjoy using **AVENTURAS**. Please contact us with your questions, comments, and reactions.

Vista Higher Learning
31 St. James Avenue
Boston, MA 02116-4104
TOLLFREE: 800-618-7375
TELEPHONE: 617-426-4910
FAX: 617-426-5209
www.vistahigherlearning.com

Getting to Know AVENTURAS

AVENTURAS, Second Edition, offers a student-friendly approach to introductory Spanish. One of its main goals is to make learning Spanish easier, more rewarding, and active so that students will be successful language learners. To meet this goal, **AVENTURAS** emphasizes an interactive, communicative approach. It develops students' speaking, listening, reading, and writing skills so that they are capable of expressing their own ideas with confidence when they need to communicate in real-life situations. It presents practical, high-frequency vocabulary, and it focuses on grammar as a tool for communication rather than a set of abstract rules to be memorized. **AVENTURAS** also stresses cultural knowledge because it is an integral part of language learning and successful communication. It introduces students to the everyday lives of Spanish speakers, as well as the different countries and regions of the Spanish-speaking world.

Here are just a few key features that make **AVENTURAS** stand out:

- **AVENTURAS** integrates video with the student textbook closely and distinctively in a four-page **Aventuras** section found toward the beginning of each text lesson, and in each lesson's **Gramática** section, where captioned photos taken from the video illustrate the use of the structures studied.
- **AVENTURAS** integrates grammar and practice activities in a more cohesive way, to facilitate and support learning. It provides students with immediate access to information essential for communication by having the grammar explanations and corresponding activities appear on one self-contained spread of two facing pages.
- **AVENTURAS** has a carefully crafted, innovative graphic design and organization. Page layout, color-coded sections, and other graphic elements enhance students' learning and make navigation easy. Photos, drawings, realia, charts, graphs, and diagrams both support pedagogical purposes and heighten interest.
- **AVENTURAS** incorporates communicative practice in every section of every lesson, plus includes a four-part practice sequence for grammar points that moves from form-focused **¡Manos a la obra!** exercises, to directed, yet meaningful **Práctica** exercises, to open-ended, interactive **Conversación** activities, and, finally, to structured and communicative **Repaso** activities.

To get the most out of pages IAE-6 – IAE-16 in your Instructor's Annotated Edition, you should familiarize yourself with the front matter to the **AVENTURAS** Student Text, especially Introduction (p. iii), **AVENTURAS**-at-a-Glance (pages xii-xxv), Video Program (pages xxvi-xxvii), and Icons and Ancillaries (pages xxviii-xxix).

Getting to Know Your Instructor's Annotated Edition

The Instructor's Annotated Edition (IAE) of **AVENTURAS, Second Edition**, contains a wealth of teaching resources. Answers to all exercises with discrete answers have been overprinted on the student text pages for your convenience. In addition, marginal annotations were created to complement and support varied teaching styles, to extend the rich contents of the student text, and to save you time in class preparation and course management. The annotations are suggestions; they are not meant to be prescriptive or limiting. Here are the principle types of annotations you will find in the **AVENTURAS** IAE:

- **Preview** Questions on the lesson opener photo for use in jumpstarting the lesson
- **Instructional Resources** A correlation to all student and instructor supplements available to reinforce each lesson section or subsection. The following abbreviations appear in the listings:

WB	Workbook	**Ans. Key**	WB/VM/LM Answer Key
LM	Lab Manual	**Lab**	Lab Audio Program
VM	Video Manual	**Text MP3s**	Textbook MP3s CD-ROM
IRM	Instructor's Resource Manual	**DVD**	Videos on DVD
OT	Overhead Transparencies	**Test Program**	Testing Program
VCD-ROM	Video CD-ROM	**Website**	Super Website

- **Suggestion** Ideas or techniques for presenting individual instructional elements and relevant cultural information
- **Expansion** Ideas and activities for expanding, varying, and reinforcing individual instructional elements
- **Teaching Option** Supplemental activities, including games, that practice the language of the lesson section
- **Script** Printed transcripts of the audio recordings on the Textbook MP3s CD-ROM for the **A escuchar** exercises in the **Preparación** section and the **Escuchar** activity in the **Ampliación** section
- **Video Synopsis** Summaries in the **Aventuras** section that recap the video episode
- **Evaluation** Suggested rubrics for the **Escribir** activity in the **Ampliación** section
- **National Standards Icons** Special icons linking the sections or subsections to specific Standards

Go to the **AVENTURAS** super Website at aventuras.vhlcentral.com for program updates and additional teaching support.

AVENTURAS and the *Standards for Foreign Language Learning*

Since 1982, when the *ACTFL Proficiency Guidelines* were first published, that seminal document and its subsequent revisions have influenced the teaching of modern languages in the United States. **AVENTURAS** was written with the concerns and philosophy of the *ACTFL Proficiency Guidelines* in mind. It emphasizes an interactive, proficiency-oriented approach to the teaching of language and culture.

AVENTURAS' pedagogy was also informed from its inception by the *Standards for Foreign Language Learning in the 21st Century.* First published under the auspices of the National Standards in Foreign Language Education project, the Standards are organized into five goal areas, often called the Five Cs: Communication, Cultures, Connections, Comparisons, and Communities.

Since **AVENTURAS** takes a communicative approach to the teaching and learning of Spanish, the Communications goal is an integral part of the student text. For example, the basic structure of the **Gramática** section with explanations and activities presented on the same page supports and facilitates communication by providing students with immediate access to information essential to using Spanish in the on-page activities. In addition, diverse formats (interviews, role-plays, surveys, task-based, and so forth) in **A conversar** in **Preparación**, **Conversación** in **Gramática**, **Síntesis** in **Repaso** and **Conversar** in **Ampliación** engage students in communicative exchanges. **A escuchar** in **Preparación**, and **Escuchar** in **Ampliación** develop students listening and interpreting skills. Furthermore, **Un paso más** in **Ampliación** guides students in presenting information, concepts, and ideas to their classmates on a variety of topics and in varied ways.

The Cultures goal is most evident in the **Exploración, Español en vivo, Ritmos hispanos**, and **Aventuras en los países hispanos** sections, but **AVENTURAS** also weaves culture into virtually every page, exposing students to the multiple facets of practices, products, and perspectives of the Spanish-speaking world. With respect to the Connections goal, students can connect with other disciplines such as geography, history, and fine arts in the **Aventuras en los países hispanos** sections. They can also acquire information and recognize distinctive cultural viewpoints in the non-literary and literary texts of the **Lectura** sections. The **Pronunciación** and **Gramática** sections, with their clear explanations, reflect the Comparisons goal. Students can work toward the Connections and Communities goals when they do the **En Internet** activities, as well as the activities on the **AVENTURAS** Web Site. In addition, special Standards icons appear on the pages of your IAE to call out sections that have a particularly strong relationship with the Standards. You will find many more connections to the Standards as you work with the student textbook and its ancillaries.

General Teaching Considerations

Orienting Students to the Student Textbook

Since the interior and graphic design of **AVENTURAS, Second Edition**, was created to support and facilitate students' language learning experience, you may want to spend some time orienting students to the textbook on the first day of class. Have students flip through **Lección 1**, pointing out the major sections. Explain that all lessons are organized in the same manner and that, because of this, they will always know "where they are" in the textbook. Emphasize that sections are self-contained, occupying either a full page or a spread of two facing pages, which eliminates the need to flip back and forth to do activities or to reference grammar explanations. Call students' attention to the use of color to highlight important information in charts, diagrams, word lists, exercise **modelos**, and activity titles. Also point out how the major sections of each lesson are color-coded for easy navigation: red for **Preparación**, blue for **Aventuras**, green for **Gramática**, orange for **Lectura**, and gold for **Vocabulario**. Then have students turn to the **Aventuras en los países hispanos** section that follows **Lección 2**. Explain that these sections cover different countries or regions of the Spanish-speaking world and that they appear every two lessons.

Flexible Lesson Organization

To meet the needs of diverse teaching styles, institutions and instructional objectives, the lesson organization of **AVENTURAS, Second Edition**, is flexible. For example, you can begin with the lesson opening page and progress sequentially through the lesson. If you do not want to devote class time to teaching grammar, you can assign the **Gramática** explanations for outside study, freeing up class time for other purposes like developing speaking skills; building listening, reading, or writing skills; learning more about the Spanish-speaking world; or working with the video program. Or you might have students do the **A escuchar** in **Preparación**, **Escuchar** in **Ampliación**, and the **Pronunciación** sections in the language lab or at home. You might even prefer to skip some sections entirely or use them only periodically, depending on students' interests and time constraints. If you plan on using the **AVENTURAS** Testing Program, however, be aware that the tests and exams contain sections based on language presented in **Preparación**, **Gramática**, and the **Expresiones útiles** of **Aventuras**.

Identifying Active Vocabulary

All words and expressions appearing with the illustrations and in the thematic lists in the **Preparación** section are considered active vocabulary. Also, the words and expressions in the **Expresiones útiles** boxes in the **Aventuras** section, as well as words in charts, word lists and sample sentences in the **Gramática** section, are also part of the active vocabulary load. At the end of each lesson, the **Vocabulario** section provides a convenient one-page summary of the items students should know and that may appear on tests and exams.

To increase students' lexicon, the Instructor's Resource Manual includes a supplemental vocabulary list for each lesson that may be distributed to the class, and a **Variación léxica** box in each **Preparación** spread provides information on lexical variations in Spanish. In both cases, these words and expressions are optional and not tested.

Creating and Using a Picture File

Many language instructors find picture files useful for extending and/or varying practice of vocabulary groups or grammatical points. One of the easiest ways to assemble a picture file is to get into the habit of looking for dramatic photographs or drawings as you flip through magazines. Another way is to ask students to bring in illustrations that appeal to them and that they would like to talk about. These materials can be mounted on posterboard, laminated, and filed in a box. The pictures can be arranged in various ways—by theme (for example, the family, clothing, or pastimes), by grammatical topic (preterite vs. imperfect, descriptive adjectives, or the present subjunctive), or by textbook lesson.

General Suggestions for Using *Preparación*

Lesson Vocabulary

- Introduce the new vocabulary using one of the full-color overhead transparencies.
- Introduce the new vocabulary by providing comprehensible input on your own in the form of a description or narration or through the use of tapes, videos, or readings.
- Introduce the new vocabulary using Total Physical Response (TPR).
- Ask questions based on the new vocabulary and photos or illustrations.

A escuchar

- If class time is limited, assign the **A escuchar** activities as homework, although it is advisable to do this section in class for the first few lessons, so students develop good listening habits.
- In the first few lessons, tell students that they should listen for general meaning and not worry about understanding every word they hear.
- Before playing the recording, read the direction line to the class to set the scene and have students read through the exercise as a pre-listening activity.
- If the recorded passage is long, allow students to take notes.
- If students have difficulty completing the listening activity in the textbook, play the recording for them again.

A practicar

- The **A practicar** exercises can be done orally as class, pair, or group activities. They may also be assigned as written homework.
- See the instructor annotations for individual activities in your IAE.

A conversar

- Have students form pairs or groups quickly, or assign students to pairs and groups.
- Allow sufficient time for pairs or groups to do the **A conversar** activities (between five and fifteen minutes depending on the activity), but do not give them too much time or they may lapse into English and socialize. Always give students a time limit for an activity before they begin.
- Insist on the use of Spanish only during these activities. Encourage students to use language creatively.
- Monitor students to make sure they are on task. Note common errors to be worked on for general improvement.
- Remind students to jot down information during the interview and survey activities.

Pronunciación

- Explain how the sounds are pronounced.
- Have students find examples of the sounds in the corresponding and preceding lessons' vocabulary lists.
- Model pronunciation of example words followed by choral repetition.
- Remind students that the **Pronunciación** section is recorded on the Textbook MP3s CD-ROM so they can practice the sounds on their own.

General Suggestions for Using *Aventuras*

Fotonovela and *Expresiones útiles*

- To introduce the **Fotonovela**, first have students do the **Para recordar** video recap activity and then have them predict what will happen based on the video stills.
- To introduce the **Fotonovela**, have students brainstorm a list of things that might happen based on the title of a specific scenario, for example, shopping or checking into a hotel.
- Have students read the first half of **Fotonovela** and predict what will happen in the second half.
- See ideas under **General Suggestions for Using the AVENTURAS Video**, page IAE-13.
- Where appropriate, explain which phrases in the **Expresiones útiles** are more or less formal, emphatic, or polite.
- Have students identify situations in which they would use certain phrases in the **Expresiones útiles.**

¿Qué piensas?

- The **¿Qué piensas?** activities can be done orally as class, pair, or group activities. Some may be assigned as written homework if they do not involve pair or group work.
- See the instructor annotations for individual activities in your IAE.

Exploración

- Relate **Exploración** to the lesson theme.
- Use the photos as a basis for cross-cultural comparisons. Have students describe what they see in each photo, and then explain how things are similar or different in their culture. In the early lessons, this discussion should be conducted in English since students lack the necessary linguistic ability in Spanish.
- Use **Exploración** as a reading comprehension exercise. Have students read the material in class, then ask them content questions or give them true/false statements.
- Use **Exploración** as a pronunciation exercise by having different students read the captions aloud in class.
- If time permits, show a video or slides related to the topic.
- Have students research additional information about the topic in the library or through the **AVENTURAS** super web site.

General Suggestions for Using *Gramática*

Grammar Explanations

- Try to keep grammar explanations to a minimum, about three to five minutes for each point. Grammar explanations can be assigned as homework so that class time can be devoted to the **Práctica** and **Conversación** activities.
- Have students locate examples of the grammar points in the **Aventuras** section.
- See the Instructor's Resource Manual for specific ideas or techniques for presenting individual grammar points in each lesson.

¡Manos a la obra!, Práctica, Conversación, and *Repaso*

- The **¡Manos a la obra!**, **Práctica**, and a majority of the **Repaso** exercises can be done orally with the whole class, in pairs or small groups. They may also be assigned as written homework.
- For general suggestions about the **Conversación** activities and the **Síntesis** activities in **Repaso**, see **A conversar**, page IAE-10.
- See the instructor annotations for individual activities in the Instructor's Resource Manual.

Español en vivo

- If class time is limited, assign this section as written homework.
- See the instructor annotations for individual activities in the Instructor's Resource Manual.

General Suggestions for Using *Ampliación*

Escuchar

- Briefly discuss the listening tip in each **Escuchar** activity with students. Point out how these strategies will help them develop their listening skills.
- For further suggestions on the **Escuchar** activity, see **A escuchar**, page IAE-9.

Conversar

- For suggestions, see **A conversar**, page IAE-10.

Escribir

- These activities can be assigned as written homework or they may be done in class as pair or group writing activities.
- Briefly discuss the writing tip in each **Escribir** activity with students. Point out how these strategies will help them develop their writing skills in Spanish.
- In the first lesson, explain the four steps in the writing process (**Organízalo, Escríbelo, Corrígelo,** and **Compártelo**) and their purpose. Tell students on what basis you will grade their work.
- Encourage students to be creative in their writing, but remind them to keep their writing simple and to use vocabulary and structures they know.

General Suggestions for Using *Lectura*

- Briefly discuss the **Antes de leer** with students. Point out that these reading strategies will develop their reading skills. Discourage students from translating the readings into English or relying on a dictionary.
- Use the photos and other visuals as a basis for cross-cultural comparisons. Have students describe what they see and then explain how things are similar or different in their culture. In the early lessons, this discussion should be conducted in English, since students lack the necessary linguistic ability in Spanish.
- If the **Lectura** is used as an in-class reading comprehension exercise, students can complete the **¿Comprendiste?** and **¿Preguntas?** activities orally as a class, in pairs, or in groups of three.

General Suggestions for Using *Aventuras en los países hispanos*

- This section can be used as an in-class or outside-of-class assignment. It may also be presented at any time you see fit; you do not have to wait until the end of the lesson it follows.
- Have students look at the map or project an overhead transparency with the map. Ask them to read aloud the names of the cities and geographical features, or ask questions about the locations of certain cities and geographical features.
- For additional suggestions, see **Exploración**, page IAE-11.

General Suggestions for Using the *Aventuras* Video

The **Aventuras** section in Lessons 1-15 of the student text and the **AVENTURAS** video were created as interlocking pieces. All photos in the **Aventuras** sections are actual video stills from the corresponding video module. The printed conversations are abbreviated versions of the video module. Both the **Aventuras** conversations and their expanded video versions represent comprehensible input at the discourse level; they were purposely written to use language from the corresponding lesson's **Preparación** and **Gramática** sections. Thus, as of **Lección 2**, they recycle known language, preview grammar points students will study later in the lesson, and, in keeping with the concept of "i + 1," contain a small amount of unknown language.

Because the **Aventuras** sections in the text and the **AVENTURAS** video episodes are so closely connected, you may use them in different ways. For instance, you can use each **Aventuras** section as an advance organizer, presenting it before showing the video module. You can also show the video module first and follow up with the **Aventuras** section in the text, or you can show the video module at the end of the lesson as a culminating activity. You can even use the **Aventuras** text section as a stand-alone, video-independent section.

Depending on your teaching preferences and campus facilities, you might decide to show the video modules in class or assign them for viewing outside the classroom. You could begin by showing the first one or two modules in class to familiarize the students with the characters, story line, style, "flashbacks," and **Resumen** sections. After that, you could work in class only with the **Aventuras** section and have students view the remaining video modules outside of class. No matter which approach you choose, students have ample materials to support viewing the video independently and processing it in a meaningful way. For each video module, there are **¿Qué piensas?** activities in the **Aventuras** section of the corresponding textbook lesson and additional activities in the Video Manual.

You might also want to use the **AVENTURAS** video in class when working with the **Gramática** sections. You could play the sections of the dramatic episode that correspond to the video stills in the grammar explanations or show parts of the episode and ask students to identify certain grammar points.

You could also focus on the video's **Resumen** sections. In these, one of the main video characters recaps the episode by reminiscing about its key points. These reminiscences, which emphasize the lesson's active vocabulary and grammatical points, take the form of footage pulled out of the dramatic episode and repeated in sepia-toned images. The main character who "hosts" each **Resumen** begins and ends the section with a few lines that do not appear in the live segment. These sentences provide a new, often humorous setting for the host character's reminiscences, as well as opportunities for students to process language they have been studying within the context of the video storyline.

In class, you could play the parts of the **Resumen** section that exemplify individual grammar points as you progress through each **Gramática** section. You could also wait until you complete all of the **Gramática** sections and review them by showing the corresponding **Resumen** section in its entirety.

General Suggestions for Using the *Aventuras en los países hispanos* Video

The **Aventuras en los países hispanos** video contains documentary and travelogue footage of each country featured in the textbook's **Aventuras en los países hispanos** sections. The images were chosen for visual appeal, diversity of topics, and information of interest that goes beyond the materials about each country that are presented in the textbook. Like the conversations in the **Aventuras** video, the voice-overs for the video segments represent comprehensible input. Each was written to make the most of the vocabulary and grammar students learned in the corresponding and previous lessons while still providing a small amount of unknown language. The effect on students as they watch will be that of viewing a documentary in their first language, because all footage is authentic and all narration is exclusively in Spanish. A special effort was also made to concentrate on one unique social or historical aspect of each country in such a way as to avoid promoting stereotypes of Spanish-speaking culture.

Activities for the **Aventuras en los países hispanos** video are located in the Video Manual section of the **AVENTURAS, Second Edition**, Workbook/Video Manual. They follow a process approach of pre-viewing, while-viewing, and post-viewing and use a variety of formats to prepare students for watching the video segments, to focus them while watching, and to check comprehension after they have watched the footage.

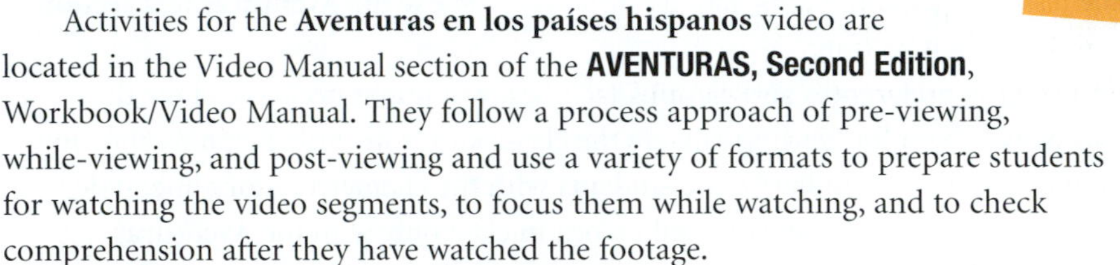

When showing the **Aventuras en los países hispanos** video in your classes, you might also want to implement a process approach. You could start with an activity that prepares students for the video segment by taking advantage of what they learned in previous lessons. This could be followed by an activity that students do while you play parts or all of the video segment. The final activity, done in the same class period or in the next one as warm-up, could recap what students saw and heard and move beyond the video segment's topic. The following suggestions for working with the **Aventuras en los países hispanos** video in class can be carried out as described or expanded upon in any number of ways.

Before viewing

- After students have practiced the lesson's vocabulary and grammar and worked through the **Aventuras en los países hispanos** section of the student textbook, mention the video segment's title and ask them to guess what the segment might be about.

- Have pairs make a list of the lesson vocabulary they expect to hear in the video segment.
- Read the class a list of true-false or multiple-choice questions about the video. Students must use what they learned in the **Aventuras en los países hispanos** section to guess the answers. Confirm their guesses after watching the segment.

While viewing

- Show the video segment with the audio turned off and ask students to use lesson vocabulary and structures to describe what is happening. Have them confirm their guesses by showing the segment again with the audio on.
- Have students refer to the list of words they brainstormed before viewing the video and put a check in front of any words they actually see in the segment.
- First, have students simply watch the video. Then, show it again and ask students to take notes on what they see and hear. Finally, have them compare their notes in pairs or groups for confirmation.

- Photocopy the segment's video script from the Instructor's Resource Manual and white out words and expressions related to the lesson theme. Distribute the scripts for pairs or groups to complete as cloze paragraphs.
- After having introduced the lesson's theme using the lesson-opening page, show the video segment *before* moving on to **Preparación** to jump-start the lesson's new vocabulary, grammar, and cultural focus. Have students tell you what vocabulary and grammar they recognize from previous lessons. Briefly present the new lesson's theme and grammar structures for recognition.

After viewing

- Have students say what aspects of the information presented in the **Aventuras en los países hispanos** section of their textbook are observable in the video segment.
- Ask groups to write a brief summary of the content of the video segment. Have them exchange papers with another group for peer editing.
- Ask students to discuss any aspects of the featured country of which they were unaware before watching. Encourage them to say why they didn't expect those aspects to be true of the country in question.
- Have students pick one characteristic about the country that they learned from watching the video segment. Have them research more about that topic and write a brief composition to expand on it.

Course Planning

The **AVENTURAS** program was developed keeping in mind the need for flexibility and manageability in a wide variety of academic situations. The following sample course plans illustrate how **AVENTURAS** can be used in courses on a semester or quarter system, and in courses that complete the book in two, three, or four semesters. You should, of course, feel free to organize your courses in the way that best suits your students' needs and your instructional goals.

Two-Semester System

The following chart shows how the **AVENTURAS** program can be completed in a two-semester course. The division of material allows the present indicative tense, the present progressive tense, and the preterite to be presented in the first semester; the second semester covers the imperfect, the subjunctive, the present and past perfect tenses, the future, and the conditional.

Semester 1	Semester 2
Lecciones 1–8	Lecciones 9–16

Three-Semester Course or Quarter System

This chart presents one way to configure **AVENTURAS** for a three-semester course or for the quarter system. This arrangement allots only five lessons to the second and third semesters, which gives students more time to absorb and practice new verb tenses.

Semester 1	Semester 2	Semester 3
Lecciones 1–6	Lecciones 7–11	Lecciones 12–16

Four-Semester System

This chart illustrates how **AVENTURAS** can be used in a four-semester course. The lessons are equally divided among the four semesters, allowing students to progress at a steady pace.

Semester 1	Semester 2	Semester 3	Semester 4
Lecciones 1–4	Lecciones 5–8	Lecciones 9–12	Lecciones 13–16

Go to the **AVENTURAS** super Website at aventuras.vhlcentral.com for lesson plans.

AVENTURAS

Primer curso de lengua española

SECOND EDITION

Philip Redwine Donley, late

José Luis Benavides
California State University, Northridge

José A. Blanco

Boston, Massachusetts

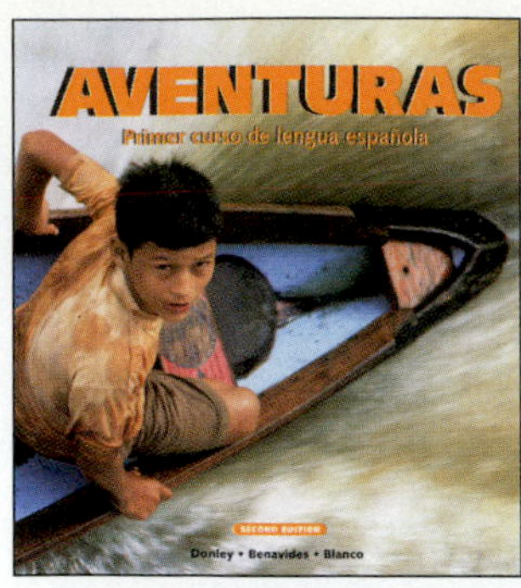

Publisher: José A. Blanco
Senior Vice President, General Manager: Janet Dracksdorf
Vice President & Editorial Director: Denise St. Jean
Director of Production & Manufacturing: Lisa Flanagan Perrier
Director of Art & Design: Linda Jurras
Project Manager: Alicia Spinner
Editors: Kristen Chapron, Brendeign Covell, Martha Mesa
Contributing Writers: Sharon Alexander, María Solares
Design Manager: Polo Barrera
Designer: Andrea Golden
Photo Researcher & Art Buyer: Linde Gee
Photographer: Martin Bernetti
Production: Compset
Manufacturing Coordinator: Gustavo Cinci
Senior Vice President, Operations: Tom Delano
Executive Marketing Manager: Ben Rivera

Printed in the United States of America.

ISBN-13: 978-1-59334-897-7
ISBN-10: 1-59334-897-5

Library of Congress Card Number: 2005937026

1 2 3 4 5 6 7 8 9 VH 09 08 07 06

Introduction

Welcome to **AVENTURAS, Second Edition**, Vista Higher Learning's highly successful introductory Spanish program designed to provide you with an active learning experience. You are about to embark on an exciting adventure as you learn Spanish and explore the diverse cultures of the Spanish-speaking world.

Original hallmark features

- Fresh, user-friendly design and layout that supports and facilitates language learning
- A highly structured, easy-to-navigate, color-coded lesson organization
- An abundance of illustrations, photos, charts, and graphs, all specifically chosen or created to help you learn
- Integration of an appealing video, up-front in each lesson of the student text
- Practical, high-frequency vocabulary for communicating in real-life situations
- Clear, concise grammar explanations that graphically highlight important concepts
- Numerous guided activities to practice the vocabulary and grammar you are learning so that you feel confident communicating in Spanish
- Abundant opportunities to interact in a variety of communicative situations with a classmate, small groups, or the entire class
- Systematic development of reading, writing, and listening skills through learning strategies and a process approach
- Presentation of important cultural aspects of the daily lives of Spanish speakers and coverage of the entire Spanish-speaking world
- A complete set of print and technology ancillaries to make learning Spanish easier

New to the Second Edition

- Jump-start **Para empezar** activities on each lesson's opening page
- Engaging information gap activities for vocabulary and grammar practice
- Increased attention to culture through **Variación léxica** and **Hispanos en los Estados Unidos** boxes and **Ritmos hispanos** music sections
- A two-page spread of review activities for each lesson
- Ancillaries like the **Aventuras en los países hispanos** cultural video, DVDs, and the **AVENTURAS** super Website, all closely integrated with your student text

To familiarize yourself with the textbook's organization, as well as its *original* and *new* features, turn to page xii and take the **AVENTURAS**-at-a-glance tour.

table of contents

	PREPARACIÓN	AVENTURAS

Lección 1
Hola, ¿qué tal?

Lección 2
Las clases

Lección 3
La familia

Lección 4
El fin de semana

GRAMÁTICA	LECTURA	AVENTURAS EN LOS PAÍSES HISPANOS

table of contents

	PREPARACIÓN	AVENTURAS

Lección 5
Las vacaciones

Lección 6
¡De compras!

Lección 7
La vida diaria

Lección 8
¡A comer!

GRAMÁTICA	LECTURA	AVENTURAS EN LOS PAÍSES HISPANOS

GRAMÁTICA

LECTURA

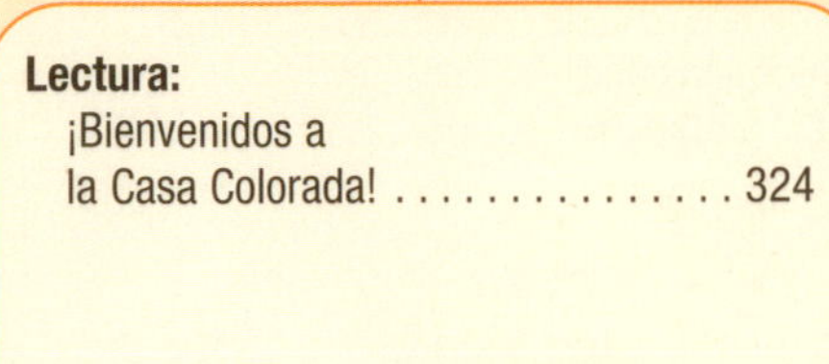

AVENTURAS EN LOS PAÍSES HISPANOS

Lesson Openers

outline the content and goals of each lesson.

New! Para empezar Jump-start activities allow you to use the Spanish you know to talk about the photos.

Lesson organization Each lesson's content is organized in major sections that are color-coded for easy navigation.

Preparación

introduces meaningful vocabulary central to the lesson theme.

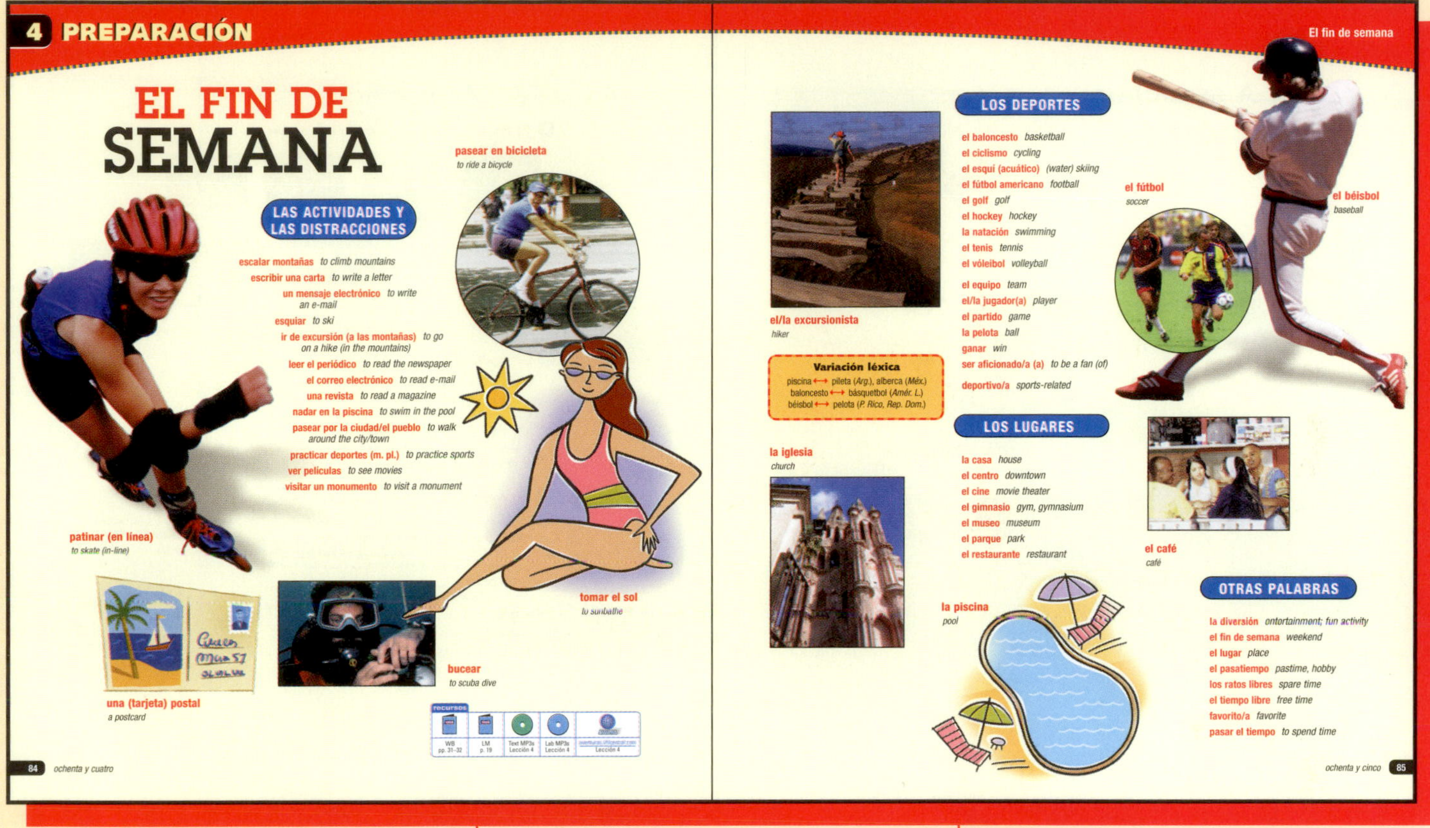

4 PREPARACIÓN

EL FIN DE SEMANA

LAS ACTIVIDADES Y LAS DISTRACCIONES

escalar montañas *to climb mountains*
escribir una carta *to write a letter*
un mensaje electrónico *to write an e-mail*
esquiar *to ski*
ir de excursión (a las montañas) *to go on a hike (in the mountains)*
leer el periódico *to read the newspaper*
el correo electrónico *to read e-mail*
una revista *to read a magazine*
nadar en la piscina *to swim in the pool*
pasear por la ciudad/el pueblo *to walk around the city/town*
practicar deportes (m. pl.) *to practice sports*
ver películas *to see movies*
visitar un monumento *to visit a monument*

pasear en bicicleta *to ride a bicycle*

patinar (en línea) *to skate (in-line)*

una (tarjeta) postal *a postcard*

bucear *to scuba dive*

tomar el sol *to sunbathe*

recursos

WB pp. 31–32	LM p. 19	Text MP3s Lección 4	Lab MP3s Lección 4	Lección 4

84 ochenta y cuatro

El fin de semana

el/la excursionista *hiker*

Variación léxica
piscina ⟷ pileta (*Arg.*), alberca (*Méx.*)
baloncesto ⟷ básquetbol (*Amér. L.*)
béisbol ⟷ pelota (*P. Rico, Rep. Dom.*)

LOS DEPORTES

el baloncesto *basketball*
el ciclismo *cycling*
el esquí (acuático) *(water) skiing*
el fútbol americano *football*
el golf *golf*
el hockey *hockey*
la natación *swimming*
el tenis *tennis*
el vóleibol *volleyball*

el equipo *team*
el/la jugador(a) *player*
el partido *game*
la pelota *ball*
ganar *win*
ser aficionado/a (a) *to be a fan (of)*

deportivo/a *sports-related*

el fútbol *soccer*

el béisbol *baseball*

la iglesia *church*

LOS LUGARES

la casa *house*
el centro *downtown*
el cine *movie theater*
el gimnasio *gym, gymnasium*
el museo *museum*
el parque *park*
el restaurante *restaurant*

el café *café*

la piscina *pool*

OTRAS PALABRAS

la diversión *entertainment; fun activity*
el fin de semana *weekend*
el lugar *place*
el pasatiempo *pastime, hobby*
los ratos libres *spare time*
el tiempo libre *free time*
favorito/a *favorite*
pasar el tiempo *to spend time*

ochenta y cinco 85

Art High-frequency vocabulary is presented with dynamic, full-color photos and illustrations.

Vocabulary Important theme-related vocabulary appears in easy-to-reference Spanish-English lists.

New! Recursos Re-designed, these boxes organize all student ancillaries by print, audio, video, and online components, making it even easier for you to know exactly what print and technology ancillaries you can use to reinforce and expand on every section of every lesson. See page xxviii for a legend of the **recursos** boxes.

New! Variación léxica highlights the richness of Spanish by presenting alternate words and expressions used throughout the Spanish-speaking world.

Preparación
practices vocabulary in stages in a variety of contexts.

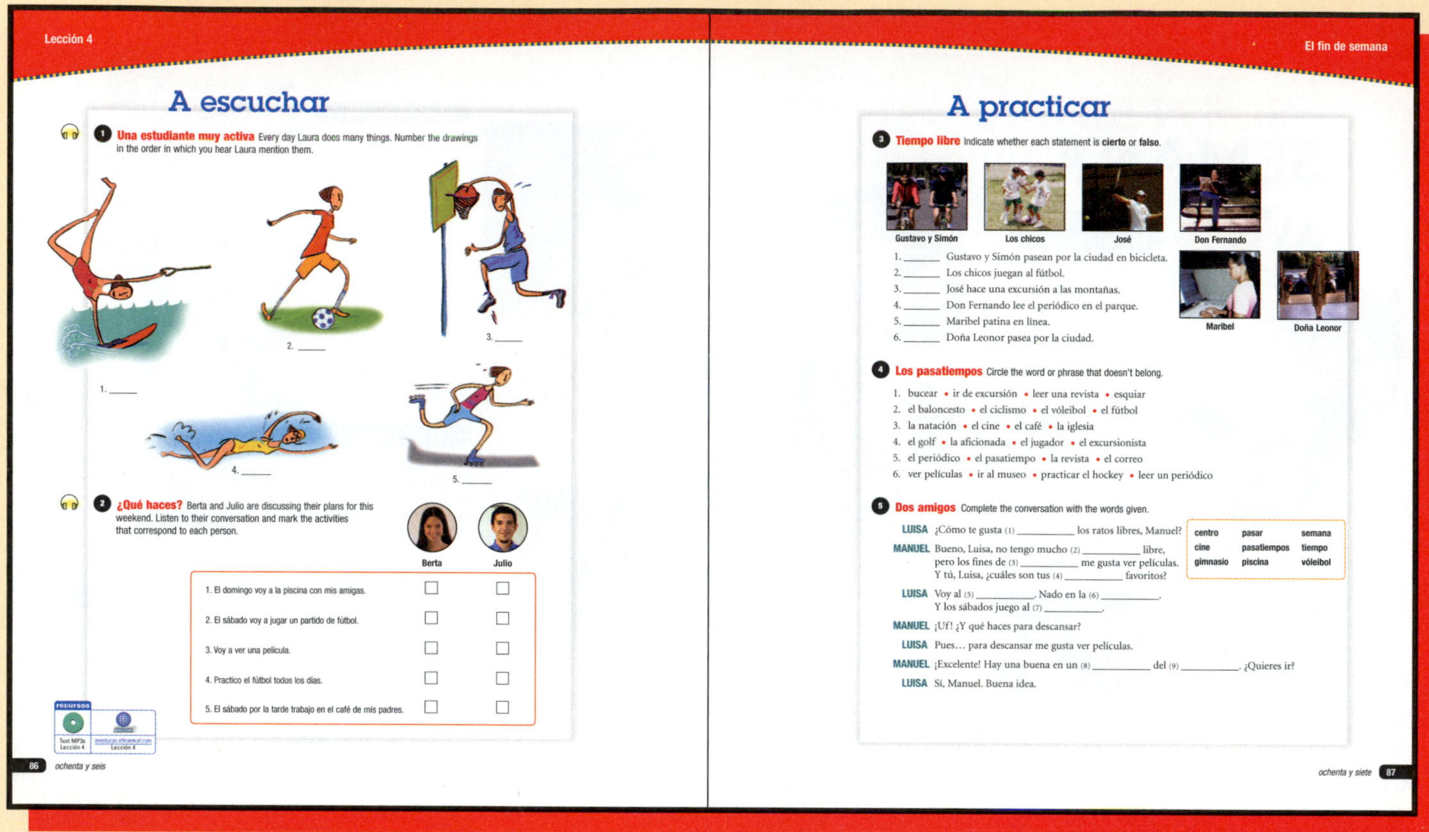

A escuchar Practice always begins with a full page of listening activities to allow you to recognize and understand the new vocabulary in real-life contexts before you have to use it orally or in writing. Drawings and photos are often used to facilitate your comprehension.

A practicar Practice always continues with a full page of guided, meaningful activities that reinforce the new vocabulary in diverse and engaging formats.

Icons provide on-the-spot visual cues for listening, pair, small group, and other interactive activities. See page xxviii for a legend of the icons used in the student text.

Preparación
wraps up vocabulary practice with communicative activities.

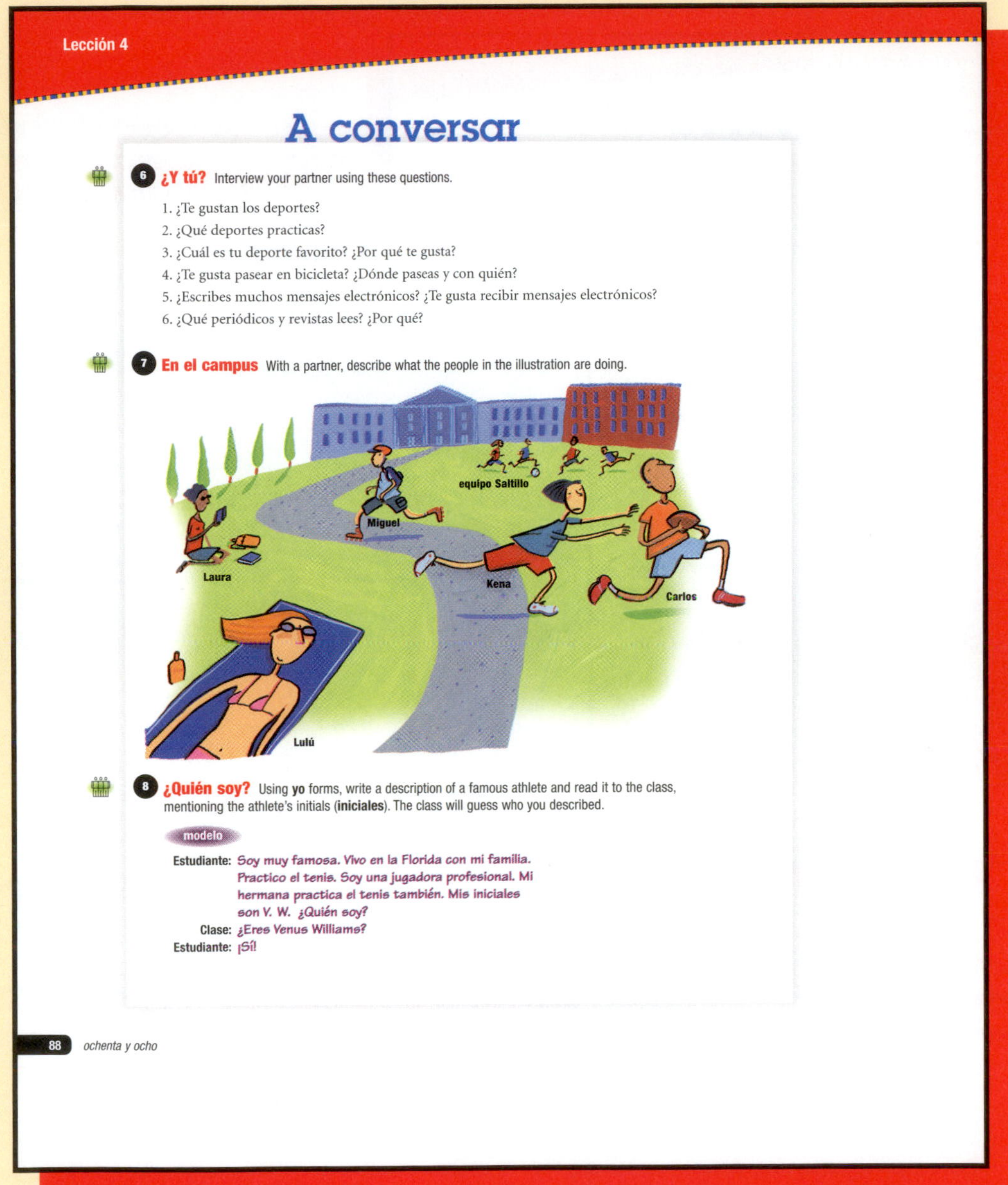

Lección 4

A conversar

6 ¿Y tú? Interview your partner using these questions.

1. ¿Te gustan los deportes?
2. ¿Qué deportes practicas?
3. ¿Cuál es tu deporte favorito? ¿Por qué te gusta?
4. ¿Te gusta pasear en bicicleta? ¿Dónde paseas y con quién?
5. ¿Escribes muchos mensajes electrónicos? ¿Te gusta recibir mensajes electrónicos?
6. ¿Qué periódicos y revistas lees? ¿Por qué?

7 En el campus With a partner, describe what the people in the illustration are doing.

8 ¿Quién soy? Using **yo** forms, write a description of a famous athlete and read it to the class, mentioning the athlete's initials (**iniciales**). The class will guess who you described.

modelo

Estudiante: *Soy muy famosa. Vivo en la Florida con mi familia. Practico el tenis. Soy una jugadora profesional. Mi hermana practica el tenis también. Mis iniciales son V. W. ¿Quién soy?*
Clase: *¿Eres Venus Williams?*
Estudiante: *¡Sí!*

88 ochenta y ocho

A conversar This final set of activities gets you using the words and expressions creatively for self-expression in interactions with a partner, a small group, or the entire class.

New! **Information Gap activities** in Lessons 5–16 engage you and a partner in problem-solving and other situations based on handouts your instructor gives you. You and your partner have only half of the information you need, so you must work together to accomplish the task at hand.

Preparación

Pronunciación and *Ortografía* present the basics of Spanish pronunciation and spelling.

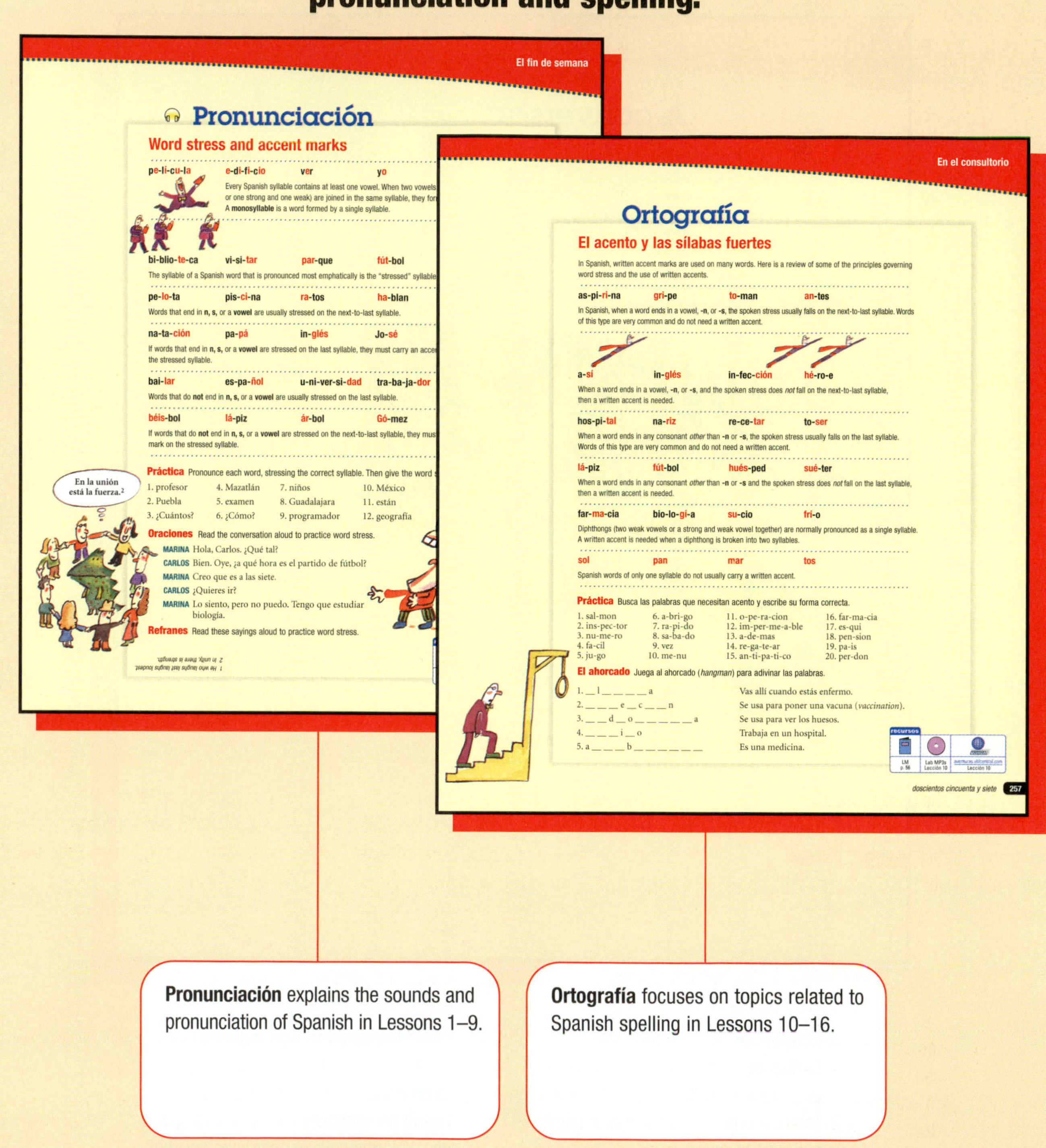

El fin de semana

Pronunciación

Word stress and accent marks

pe-lí-cu-la e-di-fi-cio ver yo

Every Spanish syllable contains at least one vowel. When two vowels ... or one strong and one weak) are joined in the same syllable, they for... A **monosyllable** is a word formed by a single syllable.

bi-blio-te-ca vi-si-tar par-que fút-bol

The syllable of a Spanish word that is pronounced most emphatically is the "stressed" syllable...

pe-lo-ta pis-ci-na ra-tos ha-blan

Words that end in **n**, **s**, or a **vowel** are usually stressed on the next-to-last syllable.

na-ta-ción pa-pá in-glés Jo-sé

If words that end in **n**, **s**, or a **vowel** are stressed on the last syllable, they must carry an acce... the stressed syllable.

bai-lar es-pa-ñol u-ni-ver-si-dad tra-ba-ja-dor

Words that do **not** end in **n**, **s**, or a **vowel** are usually stressed on the last syllable.

béis-bol lá-piz ár-bol Gó-mez

If words that do **not** end in **n**, **s**, or a **vowel** are stressed on the next-to-last syllable, they mus... mark on the stressed syllable.

Práctica Pronounce each word, stressing the correct syllable. Then give the word s...

1. profesor
2. Puebla
3. ¿Cuántos?
4. Mazatlán
5. examen
6. ¿Cómo?
7. niños
8. Guadalajara
9. programador
10. México
11. están
12. geografía

Oraciones Read the conversation aloud to practice word stress.

MARINA Hola, Carlos. ¿Qué tal?
CARLOS Bien. Oye, ¿a qué hora es el partido de fútbol?
MARINA Creo que es a las siete.
CARLOS ¿Quieres ir?
MARINA Lo siento, pero no puedo. Tengo que estudiar biología.

Refranes Read these sayings aloud to practice word stress.

En la unión está la fuerza.[2]

En el consultorio

Ortografía

El acento y las sílabas fuertes

In Spanish, written accent marks are used on many words. Here is a review of some of the principles governing word stress and the use of written accents.

as-pi-ri-na gri-pe to-man an-tes

In Spanish, when a word ends in a vowel, **-n**, or **-s**, the spoken stress usually falls on the next-to-last syllable. Words of this type are very common and do not need a written accent.

a-sí in-glés in-fec-ción hé-ro-e

When a word ends in a vowel, **-n**, or **-s**, and the spoken stress does *not* fall on the next-to-last syllable, then a written accent is needed.

hos-pi-tal na-riz re-ce-tar to-ser

When a word ends in any consonant *other* than **-n** or **-s**, the spoken stress usually falls on the last syllable. Words of this type are very common and do not need a written accent.

lá-piz fút-bol hués-ped sué-ter

When a word ends in any consonant *other* than **-n** or **-s** and the spoken stress does *not* fall on the last syllable, then a written accent is needed.

far-ma-cia bio-lo-gí-a su-cio frí-o

Diphthongs (two weak vowels or a strong and weak vowel together) are normally pronounced as a single syllable. A written accent is needed when a diphthong is broken into two syllables.

sol pan mar tos

Spanish words of only one syllable do not usually carry a written accent.

Práctica Busca las palabras que necesitan acento y escribe su forma correcta.

1. sal-mon
2. ins-pec-tor
3. nu-me-ro
4. fa-cil
5. ju-go
6. a-bri-go
7. ra-pi-do
8. sa-ba-do
9. vez
10. me-nu
11. o-pe-ra-cion
12. im-per-me-a-ble
13. a-de-mas
14. re-ga-te-ar
15. an-ti-pa-ti-co
16. far-ma-cia
17. es-qui
18. pen-sion
19. pa-is
20. per-don

El ahorcado Juega al ahorcado (*hangman*) para adivinar las palabras.

1. _ l _ _ _ _ _ a — Vas allí cuando estás enfermo.
2. _ _ _ _ e _ c _ _ n — Se usa para poner una vacuna (*vaccination*).
3. _ _ d _ o _ _ _ _ _ _ a — Se usa para ver los huesos.
4. _ _ _ _ i _ o — Trabaja en un hospital.
5. a _ _ _ _ b _ _ _ _ _ _ _ — Es una medicina.

recursos

doscientos cincuenta y siete 257

Pronunciación explains the sounds and pronunciation of Spanish in Lessons 1–9.

Ortografía focuses on topics related to Spanish spelling in Lessons 10–16.

Aventuras
tells the story of four students traveling in Ecuador.

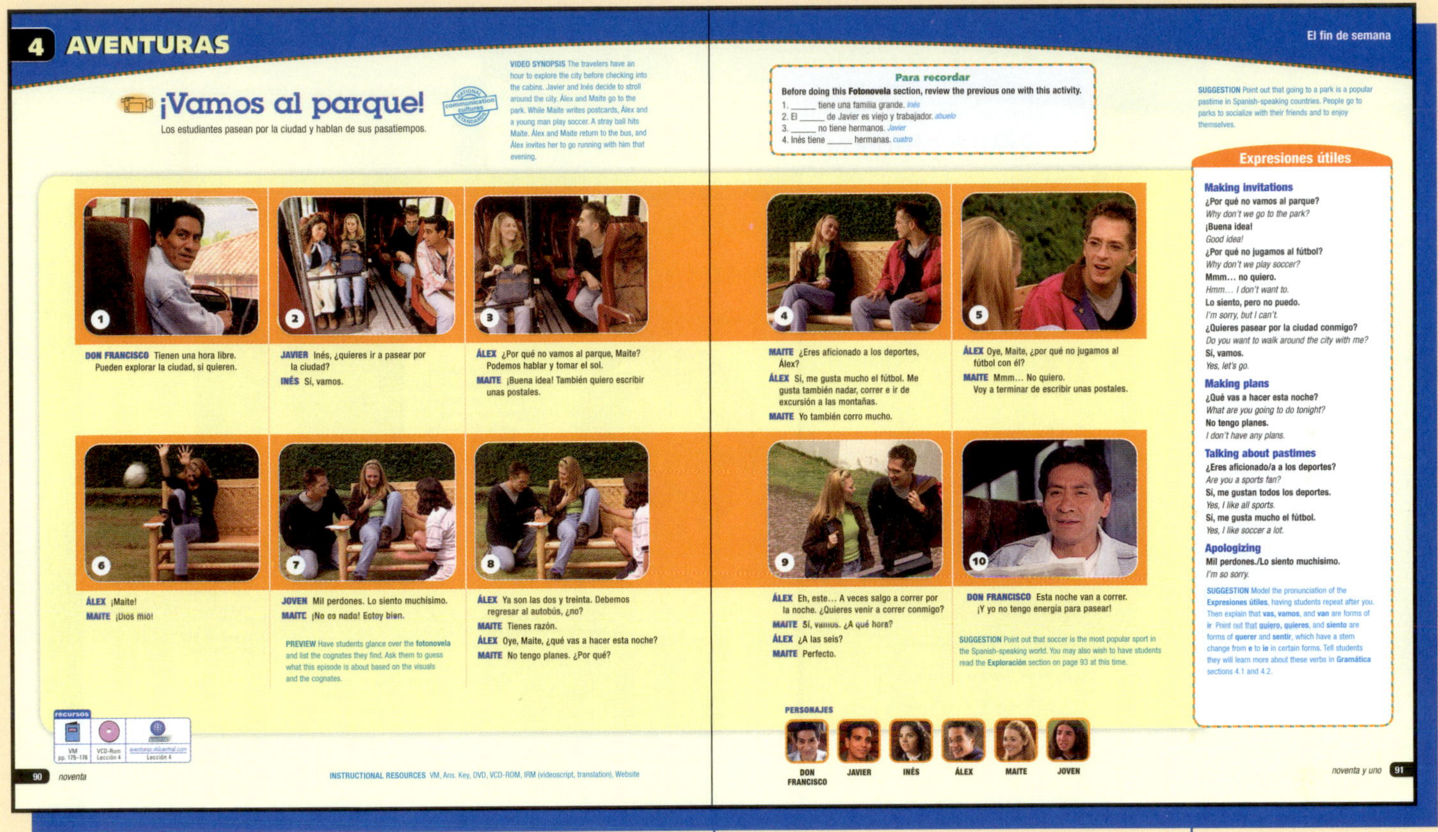
4 AVENTURAS

¡Vamos al parque!

Los estudiantes pasean por la ciudad y hablan de sus pasatiempos.

VIDEO SYNOPSIS The travelers have an hour to explore the city before checking into the cabins. Javier and Inés decide to stroll around the city. Álex and Maite go to the park. While Maite writes postcards, Álex and a young man play soccer. A stray ball hits Maite. Álex and Maite return to the bus, and Álex invites her to go running with him that evening.

1 DON FRANCISCO Tienen una hora libre. Pueden explorar la ciudad, si quieren.

2 JAVIER Inés, ¿quieres ir a pasear por la ciudad?
INÉS Sí, vamos.

3 ÁLEX ¿Por qué no vamos al parque, Maite? Podemos hablar y tomar el sol.
MAITE ¡Buena idea! También quiero escribir unas postales.

6 ÁLEX ¡Maite!
MAITE ¡Dios mío!

7 JOVEN Mil perdones. Lo siento muchísimo.
MAITE ¡No es nada! Estoy bien.

PREVIEW Have students glance over the **fotonovela** and list the cognates they find. Ask them to guess what this episode is about based on the visuals and the cognates.

8 ÁLEX Ya son las dos y treinta. Debemos regresar al autobús, ¿no?
MAITE Tienes razón.
ÁLEX Oye, Maite, ¿qué vas a hacer esta noche?
MAITE No tengo planes. ¿Por qué?

recursos: VM pp. 175–176 | VCD-Rom Lección 4 | aventuras.vhlcentral.com Lección 4

90 *noventa*

INSTRUCTIONAL RESOURCES VM, Ans. Key, DVD, VCD-ROM, IRM (videoscript, translation), Website

El fin de semana

Para recordar

Before doing this **Fotonovela** section, review the previous one with this activity.

1. _____ tiene una familia grande. *Inés*
2. El _____ de Javier es viejo y trabajador. *abuelo*
3. _____ no tiene hermanos. *Javier*
4. Inés tiene _____ hermanas. *cuatro*

4 MAITE ¿Eres aficionado a los deportes, Álex?
ÁLEX Sí, me gusta mucho el fútbol. Me gusta también nadar, correr e ir de excursión a las montañas.
MAITE Yo también corro mucho.

5 ÁLEX Oye, Maite, ¿por qué no jugamos al fútbol con él?
MAITE Mmm... No quiero. Voy a terminar de escribir unas postales.

9 ÁLEX Eh, este... A veces salgo a correr por la noche. ¿Quieres venir a correr conmigo?
MAITE Sí, vamos. ¿A qué hora?
ÁLEX ¿A las seis?
MAITE Perfecto.

10 DON FRANCISCO Esta noche van a correr. ¡Y yo no tengo energía para pasear!

SUGGESTION Point out that soccer is the most popular sport in the Spanish-speaking world. You may also wish to have students read the **Exploración** section on page 93 at this time.

PERSONAJES: DON FRANCISCO, JAVIER, INÉS, ÁLEX, MAITE, JOVEN

SUGGESTION Point out that going to a park is a popular pastime in Spanish-speaking countries. People go to parks to socialize with their friends and to enjoy themselves.

Expresiones útiles

Making invitations
¿Por qué no vamos al parque?
Why don't we go to the park?
¡Buena idea!
Good idea!
¿Por qué no jugamos al fútbol?
Why don't we play soccer?
Mmm... no quiero.
Hmm... I don't want to.
Lo siento, pero no puedo.
I'm sorry, but I can't.
¿Quieres pasear por la ciudad conmigo?
Do you want to walk around the city with me?
Sí, vamos.
Yes, let's go.

Making plans
¿Qué vas a hacer esta noche?
What are you going to do tonight?
No tengo planes.
I don't have any plans.

Talking about pastimes
¿Eres aficionado/a a los deportes?
Are you a sports fan?
Sí, me gustan todos los deportes.
Yes, I like all sports.
Sí, me gusta mucho el fútbol.
Yes, I like soccer a lot.

Apologizing
Mil perdones./Lo siento muchísimo.
I'm so sorry.

SUGGESTION Model the pronunciation of the **Expresiones útiles**, having students repeat after you. Then explain that **vas, vamos**, and **van** are forms of **ir**. Point out that **quiero, quieres**, and **siento** are forms of **querer** and **sentir**, which have a stem change from **e** to **ie** in certain forms. Tell students they will learn more about these verbs in **Gramática** sections 4.1 and 4.2.

noventa y uno 91

Personajes The photo-based conversations take place among a cast of recurring characters—four college students on vacation in Ecuador and the bus driver who accompanies them.

AVENTURAS Video The photo-based **Aventuras** conversations appear in the textbook's video program. To learn more about the video, turn to page xxvi in this at-a-glance tour.

Conversations Taken from the **AVENTURAS** video, the conversations re-enter vocabulary from **Preparación**. They also preview structures from the upcoming **Gramática** section in context and in a comprehensible way.

New! Para recordar video recap activities in Lessons 2–16 help you recall the events of the previous lesson's **Aventuras** episode and prepare you for the upcoming one.

Expresiones útiles organizes new, active words and expressions by language function so you can focus on using them for real-life, practical purposes.

Aventuras

¿Qué piensas? reinforces the *Aventuras* conversations and *Exploración* provides cultural information related to them.

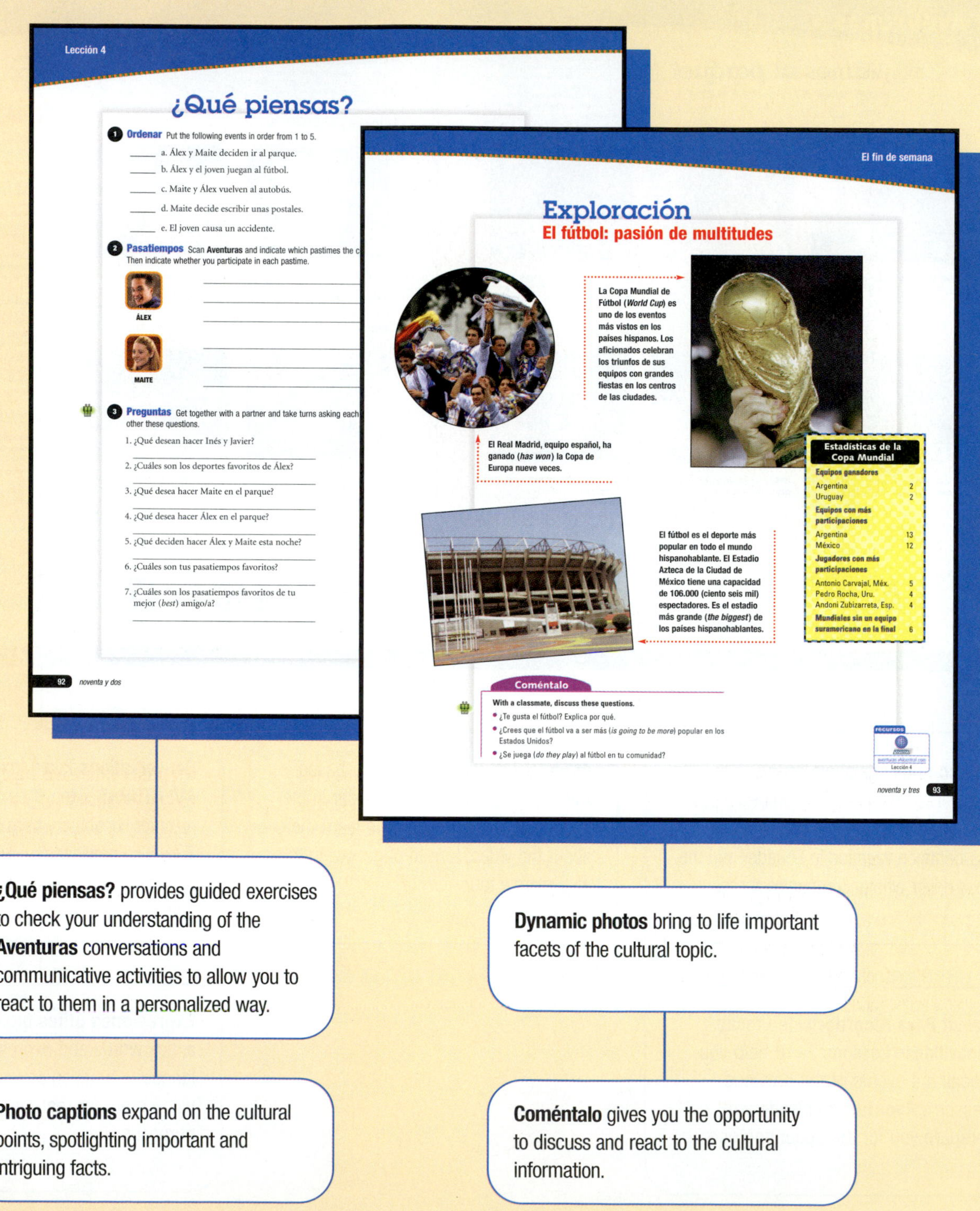

¿Qué piensas? provides guided exercises to check your understanding of the **Aventuras** conversations and communicative activities to allow you to react to them in a personalized way.

Photo captions expand on the cultural points, spotlighting important and intriguing facts.

Dynamic photos bring to life important facets of the cultural topic.

Coméntalo gives you the opportunity to discuss and react to the cultural information.

Gramática

uses innovative design to support the learning of Spanish.

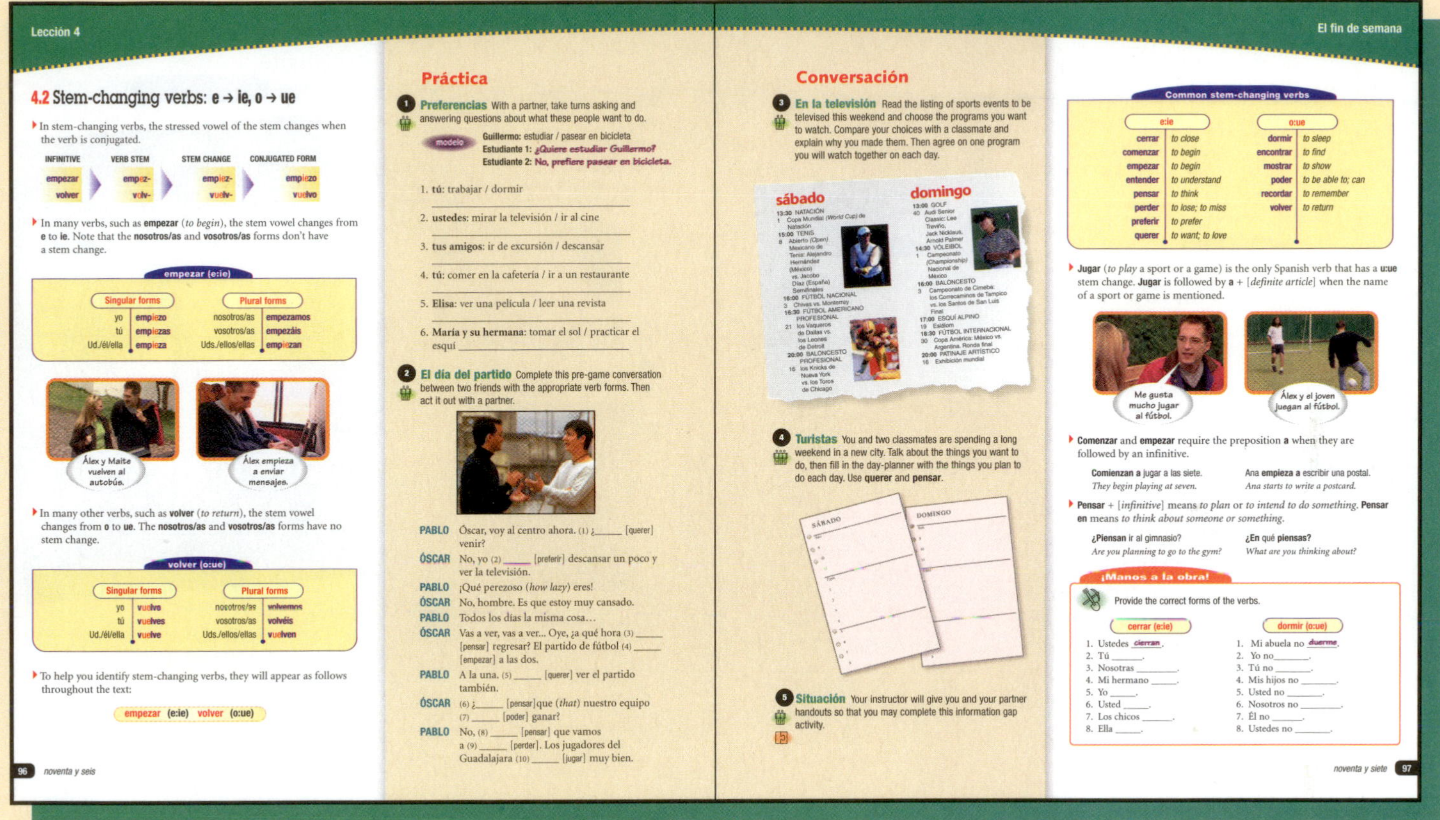

Lección 4

4.2 Stem-changing verbs: e → ie, o → ue

- In stem-changing verbs, the stressed vowel of the stem changes when the verb is conjugated.

INFINITIVE	VERB STEM	STEM CHANGE	CONJUGATED FORM
empezar	empez-	empiez-	empiezo
volver	volv-	vuelv-	vuelvo

- In many verbs, such as **empezar** (*to begin*), the stem vowel changes from **e** to **ie**. Note that the **nosotros/as** and **vosotros/as** forms don't have a stem change.

empezar (e:ie)

Singular forms		Plural forms	
yo	empiezo	nosotros/as	empezamos
tú	empiezas	vosotros/as	empezáis
Ud./él/ella	empieza	Uds./ellos/ellas	empiezan

- In many other verbs, such as **volver** (*to return*), the stem vowel changes from **o** to **ue**. The **nosotros/as** and **vosotros/as** forms have no stem change.

volver (o:ue)

Singular forms		Plural forms	
yo	vuelvo	nosotros/as	volvemos
tú	vuelves	vosotros/as	volvéis
Ud./él/ella	vuelve	Uds./ellos/ellas	vuelven

- To help you identify stem-changing verbs, they will appear as follows throughout the text:

empezar (e:ie) volver (o:ue)

96 *noventa y seis*

Práctica

1 Preferencias With a partner, take turns asking and answering questions about what these people want to do.

modelo
Guillermo: estudiar / pasear en bicicleta
Estudiante 1: *¿Quiere estudiar Guillermo?*
Estudiante 2: *No, prefiere pasear en bicicleta.*

1. **tú**: trabajar / dormir ______
2. **ustedes**: mirar la televisión / ir al cine ______
3. **tus amigos**: ir de excursión / descansar ______
4. **tú**: comer en la cafetería / ir a un restaurante ______
5. **Elisa**: ver una película / leer una revista ______
6. **María y su hermana**: tomar el sol / practicar el esquí ______

2 El día del partido Complete this pre-game conversation between two friends with the appropriate verb forms. Then act it out with a partner.

PABLO Óscar, voy al centro ahora. (1) ¿______ [querer] venir?
ÓSCAR No, yo (2) ______ [preferir] descansar un poco y ver la televisión.
PABLO ¡Qué perezoso (*how lazy*) eres!
ÓSCAR No, hombre. Es que estoy muy cansado.
PABLO Todos los días la misma cosa…
ÓSCAR Vas a ver, vas a ver... Oye, ¿a qué hora (3) ______ [pensar] regresar? El partido de fútbol (4) ______ [empezar] a las dos.
PABLO A la una. (5) ______ [querer] ver el partido también.
ÓSCAR (6) ¿______ [pensar] que (*that*) nuestro equipo (7) ______ [poder] ganar?
PABLO No, (8) ______ [pensar] que vamos a (9) ______ [perder]. Los jugadores del Guadalajara (10) ______ [jugar] muy bien.

Conversación

3 En la televisión Read the listing of sports events to be televised this weekend and choose the programs you want to watch. Compare your choices with a classmate and explain why you made them. Then agree on one program you will watch together on each day.

4 Turistas You and two classmates are spending a long weekend in a new city. Talk about the things you want to do, then fill in the day-planner with the things you plan to do each day. Use **querer** and **pensar**.

5 Situación Your instructor will give you and your partner handouts so that you may complete this information gap activity.

El fin de semana

Common stem-changing verbs

e:ie		o:ue	
cerrar	*to close*	dormir	*to sleep*
comenzar	*to begin*	encontrar	*to find*
empezar	*to begin*	mostrar	*to show*
entender	*to understand*	poder	*to be able to; can*
pensar	*to think*	recordar	*to remember*
perder	*to lose; to miss*	volver	*to return*
preferir	*to prefer*		
querer	*to want; to love*		

- **Jugar** (*to play* a sport or a game) is the only Spanish verb that has a **u:ue** stem change. **Jugar** is followed by **a** + [*definite article*] when the name of a sport or game is mentioned.

- **Comenzar** and **empezar** require the preposition **a** when they are followed by an infinitive.

Comienzan a jugar a las siete.
They begin playing at seven.

Ana **empieza a** escribir una postal.
Ana starts to write a postcard.

- **Pensar** + [*infinitive*] means *to plan* or *to intend to do something*. **Pensar en** means *to think about someone or something*.

¿Piensan ir al gimnasio?
Are you planning to go to the gym?

¿En qué **piensas?**
What are you thinking about?

¡Manos a la obra!

Provide the correct forms of the verbs.

cerrar (e:ie)
1. Ustedes *cierran*.
2. Tú ______.
3. Nosotras ______.
4. Mi hermano ______.
5. Yo ______.
6. Usted ______.
7. Los chicos ______.
8. Ella ______.

dormir (o:ue)
1. Mi abuela no *duerme*.
2. Yo no ______.
3. Tú no ______.
4. Mis hijos no ______.
5. Usted no ______.
6. Nosotros no ______.
7. Él no ______.
8. Ustedes no ______.

noventa y siete 97

Text Format For each grammar point, the explanation and practice activities appear on one self-contained spread of two facing pages. Grammar explanations in the outside panels offer handy on-page support for the activities in the central, inside panels, providing you with immediate access to information essential to communication.

Charts and Diagrams Within the clear, easy-to-grasp grammar explanations, colorful, carefully designed charts and diagrams call out key grammatical structures and forms, as well as important related vocabulary.

Graphics-intensive Design Photos from the **AVENTURAS** Video Program consistently integrate the lesson's video episode and **Aventuras** section with the grammar explanations. Additional photos, drawings, and graphic devices enliven activities and heighten visual interest.

Gramática

provides varied types of directed and communicative practice.

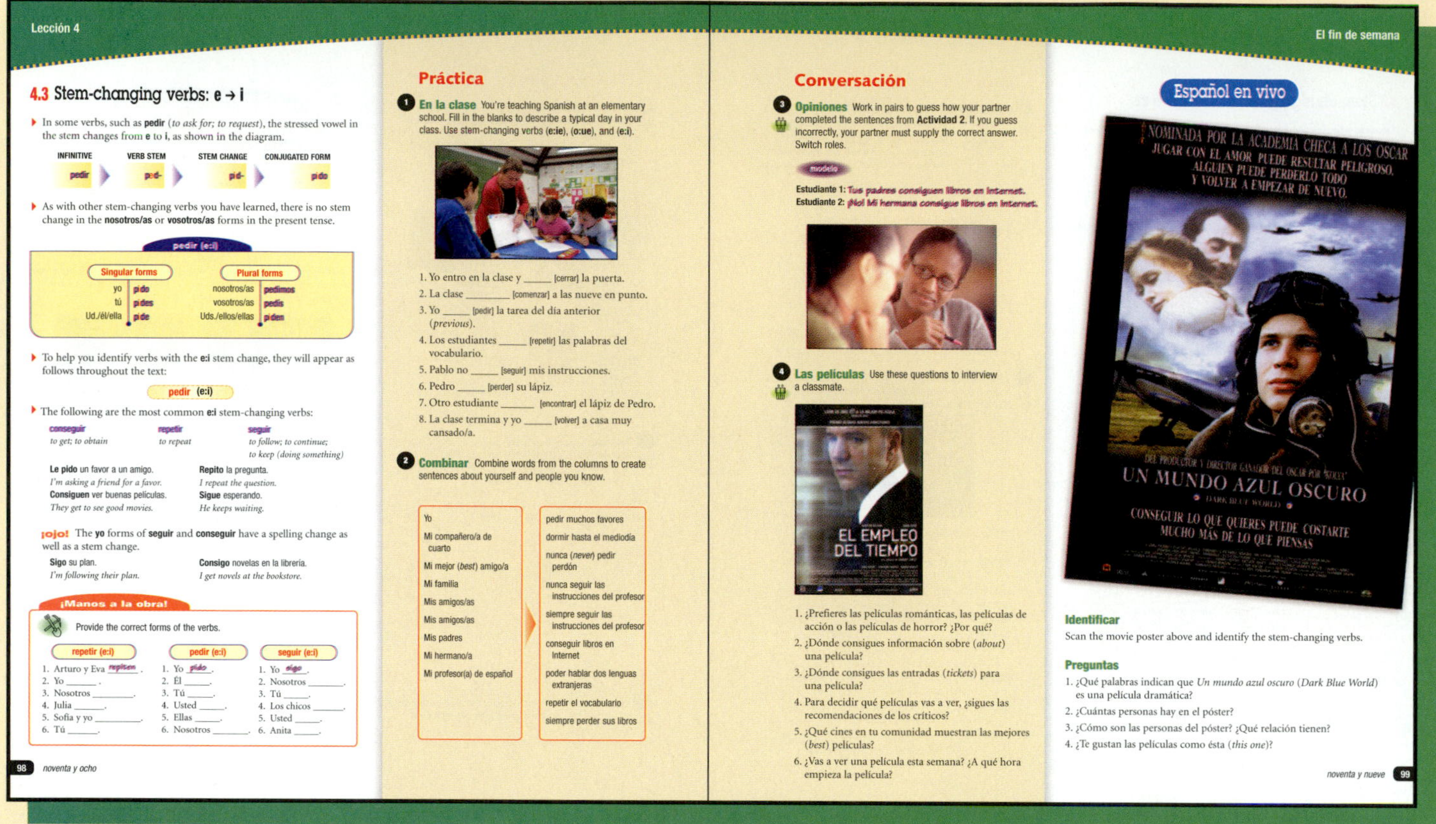

Lección 4

4.3 Stem-changing verbs: e → i

- In some verbs, such as **pedir** (*to ask for; to request*), the stressed vowel in the stem changes from **e** to **i**, as shown in the diagram.

INFINITIVE	VERB STEM	STEM CHANGE	CONJUGATED FORM
pedir	ped-	pid-	pido

- As with other stem-changing verbs you have learned, there is no stem change in the **nosotros/as** or **vosotros/as** forms in the present tense.

pedir (e:i)

Singular forms		Plural forms	
yo	pido	nosotros/as	pedimos
tú	pides	vosotros/as	pedís
Ud./él/ella	pide	Uds./ellos/ellas	piden

- To help you identify verbs with the **e:i** stem change, they will appear as follows throughout the text:

pedir (e:i)

- The following are the most common **e:i** stem-changing verbs:

conseguir *to get; to obtain*
repetir *to repeat*
seguir *to follow; to continue; to keep (doing something)*

Le pido un favor a un amigo.
I'm asking a friend for a favor.
Consiguen ver buenas películas.
They get to see good movies.
Repito la pregunta.
I repeat the question.
Sigue esperando.
He keeps waiting.

¡ojo! The **yo** forms of **seguir** and **conseguir** have a spelling change as well as a stem change.

Sigo su plan.
I'm following their plan.
Consigo novelas en la librería.
I get novels at the bookstore.

¡Manos a la obra!

Provide the correct forms of the verbs.

repetir (e:i)
1. Arturo y Eva repiten.
2. Yo ______.
3. Nosotros ________.
4. Julia ______.
5. Sofía y yo ________.
6. Tú ______.

pedir (e:i)
1. Yo pido.
2. Él ______.
3. Tú ______.
4. Usted ______.
5. Ellas ______.
6. Nosotros ______.

seguir (e:i)
1. Yo sigo.
2. Nosotros ______.
3. Tú ______.
4. Los chicos ______.
5. Usted ______.
6. Anita ______.

98 noventa y ocho

Práctica

1 En la clase You're teaching Spanish at an elementary school. Fill in the blanks to describe a typical day in your class. Use stem-changing verbs (**e:ie**), (**o:ue**), and (**e:i**).

1. Yo entro en la clase y ______ [cerrar] la puerta.
2. La clase ________ [comenzar] a las nueve en punto.
3. Yo ______ [pedir] la tarea del día anterior (*previous*).
4. Los estudiantes ______ [repetir] las palabras del vocabulario.
5. Pablo no ______ [seguir] mis instrucciones.
6. Pedro ______ [perder] su lápiz.
7. Otro estudiante ______ [encontrar] el lápiz de Pedro.
8. La clase termina y yo ______ [volver] a casa muy cansado/a.

2 Combinar Combine words from the columns to create sentences about yourself and people you know.

Yo	pedir muchos favores
Mi compañero/a de cuarto	dormir hasta el mediodía
Mi mejor (*best*) amigo/a	nunca (*never*) pedir perdón
Mi familia	nunca seguir las instrucciones del profesor
Mis amigos/as	siempre seguir las instrucciones del profesor
Mis amigos/as	conseguir libros en Internet
Mis padres	poder hablar dos lenguas extranjeras
Mi hermano/a	repetir el vocabulario
Mi profesor(a) de español	siempre perder sus libros

Conversación

3 Opiniones Work in pairs to guess how your partner completed the sentences from **Actividad 2**. If you guess incorrectly, your partner must supply the correct answer. Switch roles.

modelo

Estudiante 1: Tus padres consiguen libros en Internet.
Estudiante 2: ¡No! Mi hermana consigue libros en Internet.

4 Las películas Use these questions to interview a classmate.

1. ¿Prefieres las películas románticas, las películas de acción o las películas de horror? ¿Por qué?
2. ¿Dónde consigues información sobre (*about*) una película?
3. ¿Dónde consigues las entradas (*tickets*) para una película?
4. Para decidir qué películas vas a ver, ¿sigues las recomendaciones de los críticos?
5. ¿Qué cines en tu comunidad muestran las mejores (*best*) películas?
6. ¿Vas a ver una película esta semana? ¿A qué hora empieza la película?

El fin de semana

Español en vivo

Identificar

Scan the movie poster above and identify the stem-changing verbs.

Preguntas

1. ¿Qué palabras indican que *Un mundo azul oscuro* (*Dark Blue World*) es una película dramática?
2. ¿Cuántas personas hay en el póster?
3. ¿Cómo son las personas del póster? ¿Qué relación tienen?
4. ¿Te gustan las películas como ésta (*this one*)?

noventa y nueve 99

¡Manos a la obra! exercises are your first step in practicing each new grammar point. They get you working with the grammar point right away in simple, easy-to-understand formats.

Práctica activities provide a wide range of guided exercises in contexts that combine current and previously learned vocabulary with the current grammar point.

Español en vivo activities incorporate authentic documents, like advertisements and movie posters, into the grammar practice, highlighting the new grammar point in a real-life context.

Conversación offers opportunities for creative expression using the lesson's grammar and vocabulary. Activities take place with a partner, in small groups, or with the whole class.

New! Information Gap activities involve you and a partner in tasks and problem-solving situations, just as they do in **Preparación**.

Gramática

now ends with review exercises and a music section.

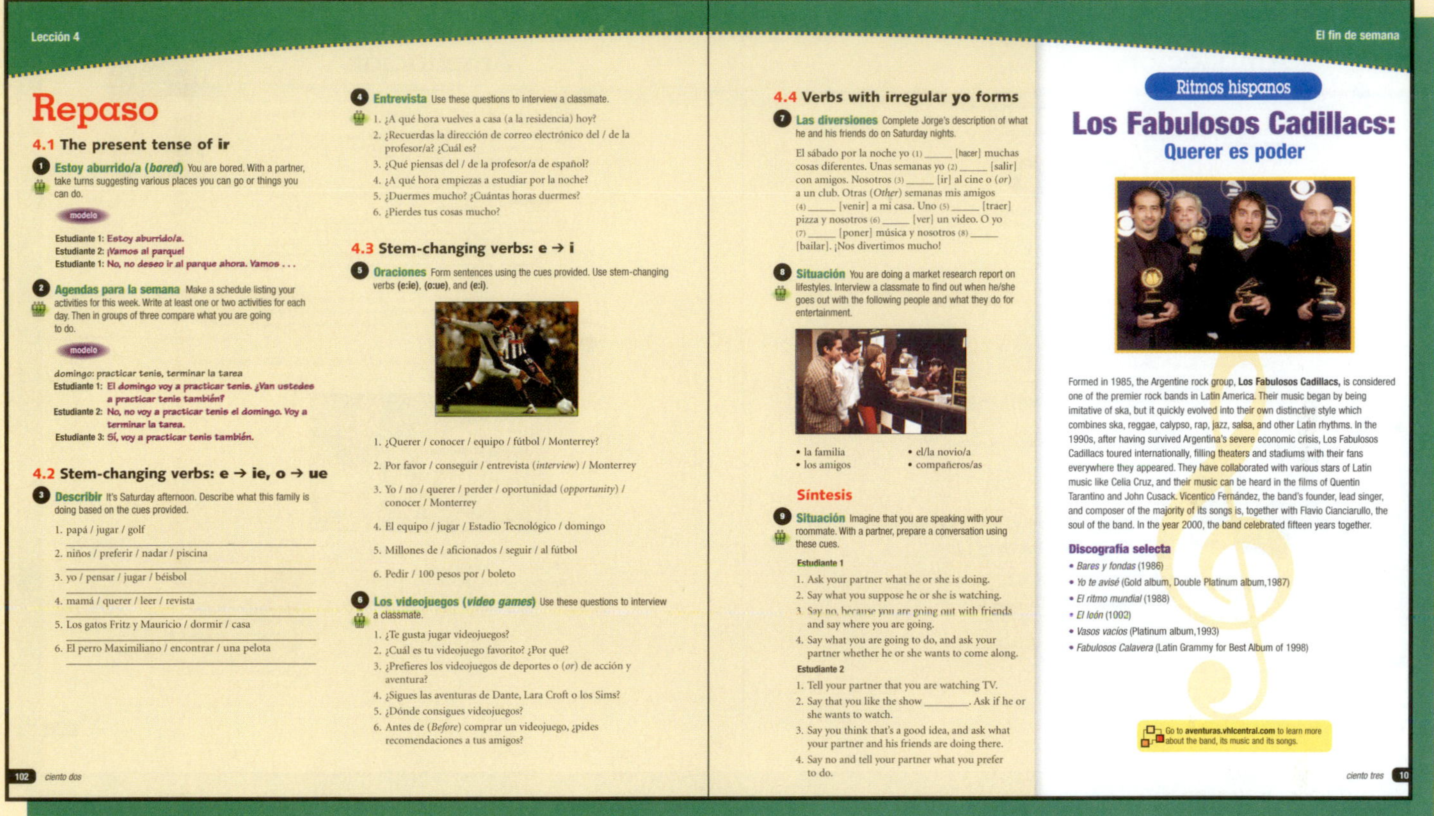
Lección 4

Repaso

4.1 The present tense of ir

1 **Estoy aburrido/a (*bored*)** You are bored. With a partner, take turns suggesting various places you can go or things you can do.

modelo

Estudiante 1: *Estoy aburrido/a.*
Estudiante 2: *¡Vamos al parque!*
Estudiante 1: *No, no deseo ir al parque ahora. Vamos . . .*

2 **Agendas para la semana** Make a schedule listing your activities for this week. Write at least one or two activities for each day. Then in groups of three compare what you are going to do.

modelo

domingo: practicar tenis, terminar la tarea
Estudiante 1: *El domingo voy a practicar tenis. ¿Van ustedes a practicar tenis también?*
Estudiante 2: *No, no voy a practicar tenis el domingo. Voy a terminar la tarea.*
Estudiante 3: *Sí, voy a practicar tenis también.*

4.2 Stem-changing verbs: e → ie, o → ue

3 **Describir** It's Saturday afternoon. Describe what this family is doing based on the cues provided.

1. papá / jugar / golf
2. niños / preferir / nadar / piscina
3. yo / pensar / jugar / béisbol
4. mamá / querer / leer / revista
5. Los gatos Fritz y Mauricio / dormir / casa
6. El perro Maximiliano / encontrar / una pelota

4 **Entrevista** Use these questions to interview a classmate.

1. ¿A qué hora vuelves a casa (a la residencia) hoy?
2. ¿Recuerdas la dirección de correo electrónico del / de la profesor/a? ¿Cuál es?
3. ¿Qué piensas del / de la profesor/a de español?
4. ¿A qué hora empiezas a estudiar por la noche?
5. ¿Duermes mucho? ¿Cuántas horas duermes?
6. ¿Pierdes tus cosas mucho?

4.3 Stem-changing verbs: e → i

5 **Oraciones** Form sentences using the cues provided. Use stem-changing verbs **(e:ie)**, **(o:ue)**, and **(e:i)**.

1. ¿Querer / conocer / equipo / fútbol / Monterrey?
2. Por favor / conseguir / entrevista (*interview*) / Monterrey
3. Yo / no / querer / perder / oportunidad (*opportunity*) / conocer / Monterrey
4. El equipo / jugar / Estadio Tecnológico / domingo
5. Millones de / aficionados / seguir / al fútbol
6. Pedir / 100 pesos por / boleto

6 **Los videojuegos (*video games*)** Use these questions to interview a classmate.

1. ¿Te gusta jugar videojuegos?
2. ¿Cuál es tu videojuego favorito? ¿Por qué?
3. ¿Prefieres los videojuegos de deportes o (*or*) de acción y aventura?
4. ¿Sigues las aventuras de Dante, Lara Croft o los Sims?
5. ¿Dónde consigues videojuegos?
6. Antes de (*Before*) comprar un videojuego, ¿pides recomendaciones a tus amigos?

102 ciento dos

El fin de semana

4.4 Verbs with irregular yo forms

7 **Las diversiones** Complete Jorge's description of what he and his friends do on Saturday nights.

El sábado por la noche yo (1) _____ [hacer] muchas cosas diferentes. Unas semanas yo (2) _____ [salir] con amigos. Nosotros (3) _____ [ir] al cine o (*or*) a un club. Otras (*Other*) semanas mis amigos (4) _____ [venir] a mi casa. Uno (5) _____ [traer] pizza y nosotros (6) _____ [ver] un video. O yo (7) _____ [poner] música y nosotros (8) _____ [bailar]. ¡Nos divertimos mucho!

8 **Situación** You are doing a market research report on lifestyles. Interview a classmate to find out when he/she goes out with the following people and what they do for entertainment.

- la familia
- los amigos
- el/la novio/a
- compañeros/as

Síntesis

9 **Situación** Imagine that you are speaking with your roommate. With a partner, prepare a conversation using these cues.

Estudiante 1

1. Ask your partner what he or she is doing.
2. Say what you suppose he or she is watching.
3. Say no, because you are going out with friends and say where you are going.
4. Say what you are going to do, and ask your partner whether he or she wants to come along.

Estudiante 2

1. Tell your partner that you are watching TV.
2. Say that you like the show _______. Ask if he or she wants to watch.
3. Say you think that's a good idea, and ask what your partner and his friends are doing there.
4. Say no and tell your partner what you prefer to do.

Ritmos hispanos

Los Fabulosos Cadillacs: Querer es poder

Formed in 1985, the Argentine rock group, **Los Fabulosos Cadillacs**, is considered one of the premier rock bands in Latin America. Their music began by being imitative of ska, but it quickly evolved into their own distinctive style which combines ska, reggae, calypso, rap, jazz, salsa, and other Latin rhythms. In the 1990s, after having survived Argentina's severe economic crisis, Los Fabulosos Cadillacs toured internationally, filling theaters and stadiums with their fans everywhere they appeared. They have collaborated with various stars of Latin music like Celia Cruz, and their music can be heard in the films of Quentin Tarantino and John Cusack. Vicentico Fernández, the band's founder, lead singer, and composer of the majority of its songs is, together with Flavio Cianciarullo, the soul of the band. In the year 2000, the band celebrated fifteen years together.

Discografía selecta

- *Bares y fondas* (1986)
- *Yo te avisé* (Gold album, Double Platinum album,1987)
- *El ritmo mundial* (1988)
- *El león* (1992)
- *Vasos vacíos* (Platinum album,1993)
- *Fabulosos Calavera* (Latin Grammy for Best Album of 1998)

Go to **aventuras.vhlcentral.com** to learn more about the band, its music and its songs.

ciento tres 103

New! Repaso Two directed and/or communicative exercises provide additional practice opportunities for each grammar point.

New! Síntesis Every **Repaso** section concludes with an open-ended, cumulative activity that allows you and your classmates to re-combine the grammar points of the lesson with the lesson's vocabulary.

New! Ritmos hispanos sections put the spotlight on Spanish-speaking musicians and one of their songs that is related to the lesson's theme and/or its vocabulary and grammar. Information on the **AVENTURAS** super Website provides additional support.

Gramática

Ampliación develops language skills as it synthesizes the lesson's grammar and vocabulary.

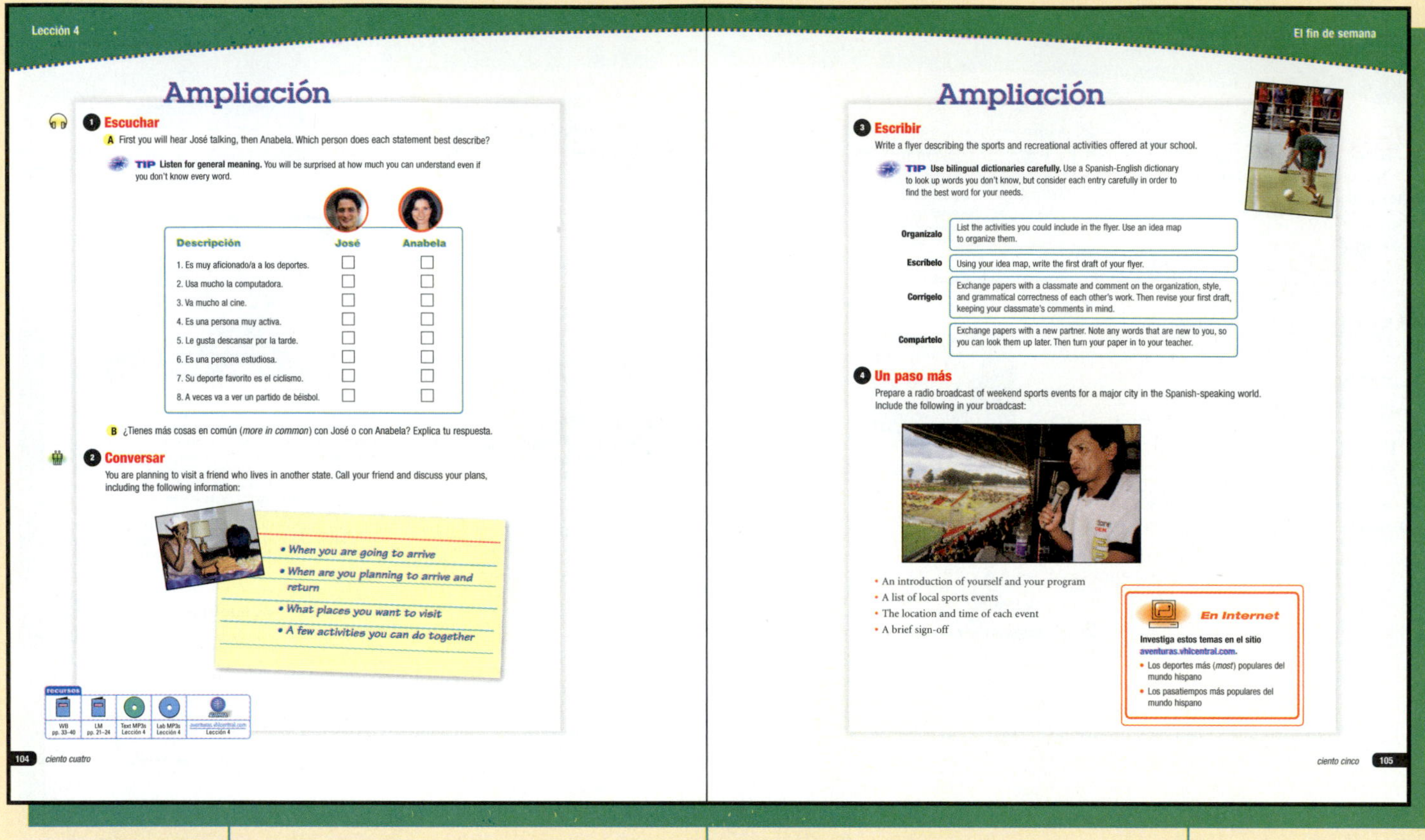
Lección 4

Ampliación

1 Escuchar

A First you will hear José talking, then Anabela. Which person does each statement best describe?

TIP **Listen for general meaning.** You will be surprised at how much you can understand even if you don't know every word.

Descripción	José	Anabela
1. Es muy aficionado/a a los deportes.	☐	☐
2. Usa mucho la computadora.	☐	☐
3. Va mucho al cine.	☐	☐
4. Es una persona muy activa.	☐	☐
5. Le gusta descansar por la tarde.	☐	☐
6. Es una persona estudiosa.	☐	☐
7. Su deporte favorito es el ciclismo.	☐	☐
8. A veces va a ver un partido de béisbol.	☐	☐

B ¿Tienes más cosas en común (*more in common*) con José o con Anabela? Explica tu respuesta.

2 Conversar

You are planning to visit a friend who lives in another state. Call your friend and discuss your plans, including the following information:

- When you are going to arrive
- When are you planning to arrive and return
- What places you want to visit
- A few activities you can do together

Recursos: WB pp. 33–40 | LM pp. 21–24 | Text MP3s Lección 4 | Lab MP3s Lección 4 | aventuras.vhlcentral.com Lección 4

104 ciento cuatro

El fin de semana

Ampliación

3 Escribir

Write a flyer describing the sports and recreational activities offered at your school.

TIP **Use bilingual dictionaries carefully.** Use a Spanish-English dictionary to look up words you don't know, but consider each entry carefully in order to find the best word for your needs.

Organízalo	List the activities you could include in the flyer. Use an idea map to organize them.
Escríbelo	Using your idea map, write the first draft of your flyer.
Corrígelo	Exchange papers with a classmate and comment on the organization, style, and grammatical correctness of each other's work. Then revise your first draft, keeping your classmate's comments in mind.
Compártelo	Exchange papers with a new partner. Note any words that are new to you, so you can look them up later. Then turn your paper in to your teacher.

4 Un paso más

Prepare a radio broadcast of weekend sports events for a major city in the Spanish-speaking world. Include the following in your broadcast:

- An introduction of yourself and your program
- A list of local sports events
- The location and time of each event
- A brief sign-off

En Internet

Investiga estos temas en el sitio aventuras.vhlcentral.com.

- Los deportes más (*most*) populares del mundo hispano
- Los pasatiempos más populares del mundo hispano

ciento cinco 105

Escuchar uses a recorded conversation or narration to develop your listening skills in Spanish and checks your understanding of what you heard.

Tips present valuable on-the-spot listening and writing strategies to help you carry out the accompanying activities more easily and effectively.

Conversar focuses on developing your oral communication skills through realistic, practical role-plays and situations.

Escribir provides a writing topic and takes you step-by-step through the writing process, including planning, writing a first draft, peer review, and correcting your work.

Un paso más engages you in a project in which you research and create a tangible product such as a radio broadcast, a brochure, or a Web page.

En Internet lists relevant topics you can research on the Web through the **AVENTURAS** super Website.

Lectura

develops reading skills in the context of the lesson theme.

4 LECTURA

El fin de semana

Antes de leer

The following article appeared in one of Mexico City's daily newspapers. Scan the headings and the visual elements of the article. Based on what you see, what do you think the reading is about?

Can you guess the meaning of the following cognates that appear in the article?

baladas	**misticismo**
concierto	**naturaleza**
exposición	**realista**
festival	**recomendar**
isla	**romántico/a**
majestuosidad	**pintor**
misterio	**serenidad**

GUÍA para el fin de semana

CINE

Festival de cine argentino

Para los aficionados al cine este fin de semana comienza El Festival de cine argentino en el Cine Rex. Se muestran las últimas películas de directores como Juan José Campanella, Fito Páez, Gabriela Tagliavini y Aníbal Di Salvo. Recomendamos especialmente la película *El hijo de la novia* del director Juan José Campanella. Esta película fue nominada para el Óscar como mejor película extranjera.

Fechas: 10-14 de marzo
Hora: 8:00 p.m.
Lugar: Cine Rex
Dirección: Calle del Espanto, 152

CONCIERTO

Canta Maribel Puértolas

Si quiere escuchar música, la cantante Maribel Puértolas va a ofrecer un concierto en el Café Los Amigos. Puértolas es una joven cantante de origen puertorriqueño. Sus baladas están en el nuevo CD *Verano de amor*. Si quiere pasar una noche muy romántica con su novio o novia, recomendamos este concierto.

Fecha: 15 de marzo
Hora: 7:00 p.m.
Lugar: Café Los Amigos
Dirección: Avenida Bolívar, 345

EXPOSICIÓN

El pintor Tomás Sánchez

El Museo de Arte Moderno ofrece una exposición del pintor cubano Tomás Sánchez. Las obras de Sánchez son paisajes realistas de la naturaleza de la isla de Cuba. Las pinturas expresan la serenidad y majestuosidad de la selva tropical cubana, en una atmósfera de misterio y misticismo. Tomás Sánchez es tal vez uno de los pintores cubanos contemporáneos más conocidos.

Fechas: 12 de marzo – 8 de abril
Lugar: Museo de Arte Moderno
Dirección: Avenida Juárez, 248

Después de leer

¿Comprendiste?

Based on the article, are these statements **cierto** or **falso?**

Cierto	Falso	
____	____	1. El artículo presenta noticias sobre eventos deportivos.
____	____	2. La película *El hijo de la novia* fue nominada para un Óscar.
____	____	3. Maribel Puértolas es una cantante de baladas.
____	____	4. Las pinturas de Tomás Sánchez se exhiben en el Cine Rex.
____	____	5. Juan José Campanella es un director de cine argentino.
____	____	6. En el Café Los Amigos hay una exposición de arte.

Preguntas

Answer these questions based on the information provided in the reading.

1. ¿De dónde es Maribel Puértolas?
2. ¿Qué clase de canciones (*songs*) canta ella?
3. ¿Cómo son las pinturas de Tomás Sánchez?
4. ¿Dónde está la exposición de Tomás Sánchez?
5 ¿Qué película está dirigida por Juan José Campanella?
6 ¿Dónde es el festival de cine?

Coméntalo

Get together with several classmates. Discuss which of the activities in the article you would each prefer to do on a weekend and why.

últimas	*latest*
fue nominada para	*was nominated for*
extranjera	*foreign*
cantante	*singer*
ofrecer	*to offer*
verano	*summer*
paisajes	*landscapes*
selva	*jungle*

recursos
aventuras.vhlcentral.com
Lección 4

106 ciento seis

ciento siete 107

Antes de leer presents helpful reading strategies and pre-reading activities to build your reading abilities in Spanish.

Readings are specifically related to the lesson theme and recycle the vocabulary and grammar you have learned. Lessons 13 – 16 feature literary selections so you can experience reading works by well-known authors in Spanish.

Después de leer includes exercises to check your comprehension of the reading.

Coméntalo activities encourage you to discuss and to apply the material in the reading to your own life.

Vocabulario

summarizes all the active vocabulary in each lesson.

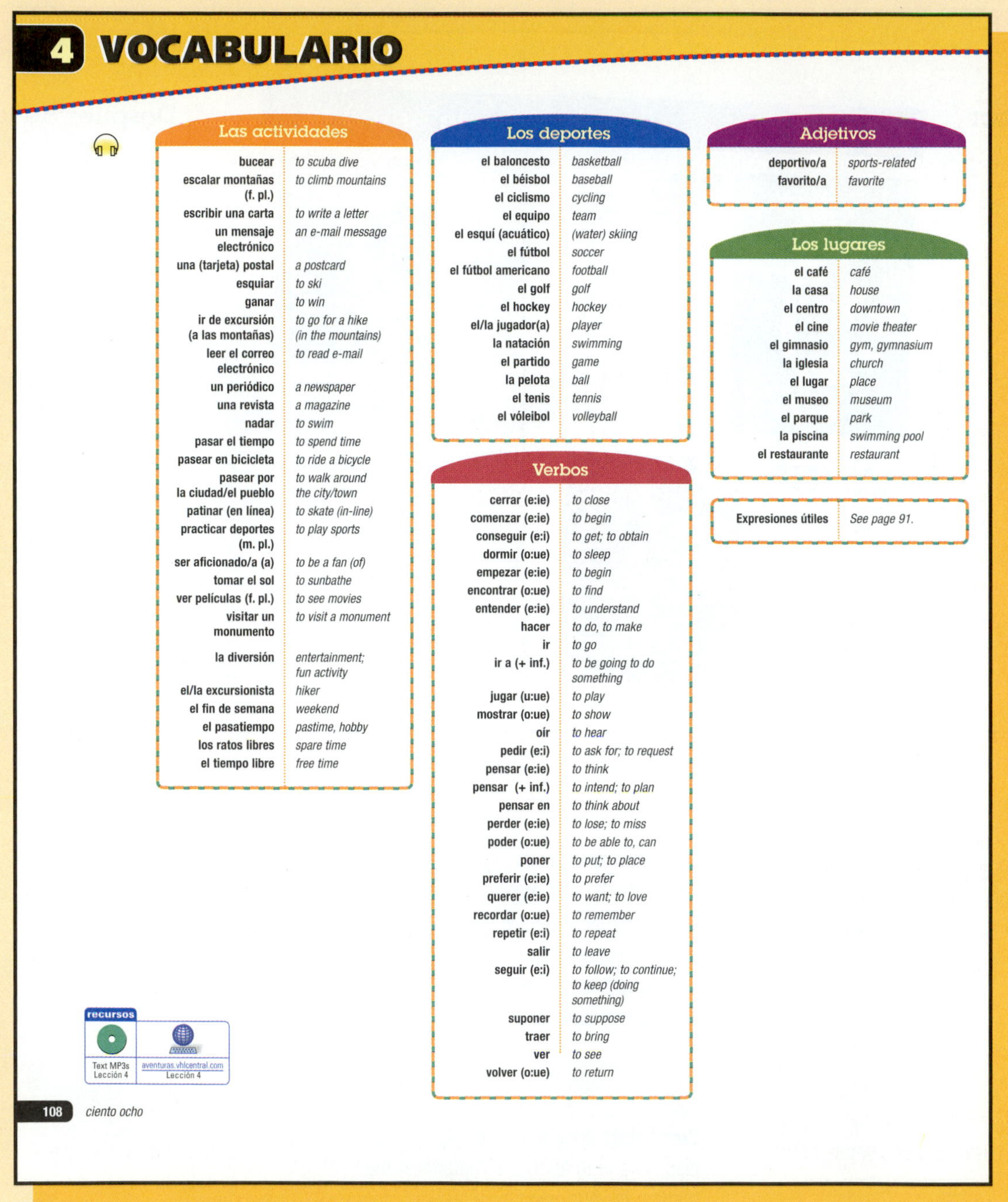

4 VOCABULARIO

Las actividades

bucear	to scuba dive
escalar montañas (f. pl.)	to climb mountains
escribir una carta	to write a letter
un mensaje electrónico	an e-mail message
una (tarjeta) postal	a postcard
esquiar	to ski
ganar	to win
ir de excursión (a las montañas)	to go for a hike (in the mountains)
leer el correo electrónico	to read e-mail
un periódico	a newspaper
una revista	a magazine
nadar	to swim
pasar el tiempo	to spend time
pasear en bicicleta	to ride a bicycle
pasear por la ciudad/el pueblo	to walk around the city/town
patinar (en línea)	to skate (in-line)
practicar deportes (m. pl.)	to play sports
ser aficionado/a (a)	to be a fan (of)
tomar el sol	to sunbathe
ver películas (f. pl.)	to see movies
visitar un monumento	to visit a monument
la diversión	entertainment; fun activity
el/la excursionista	hiker
el fin de semana	weekend
el pasatiempo	pastime, hobby
los ratos libres	spare time
el tiempo libre	free time

Los deportes

el baloncesto	basketball
el béisbol	baseball
el ciclismo	cycling
el equipo	team
el esquí (acuático)	(water) skiing
el fútbol	soccer
el fútbol americano	football
el golf	golf
el hockey	hockey
el/la jugador(a)	player
la natación	swimming
el partido	game
la pelota	ball
el tenis	tennis
el vóleibol	volleyball

Verbos

cerrar (e:ie)	to close
comenzar (e:ie)	to begin
conseguir (e:i)	to get; to obtain
dormir (o:ue)	to sleep
empezar (e:ie)	to begin
encontrar (o:ue)	to find
entender (e:ie)	to understand
hacer	to do, to make
ir	to go
ir a (+ inf.)	to be going to do something
jugar (u:ue)	to play
mostrar (o:ue)	to show
oír	to hear
pedir (e:i)	to ask for; to request
pensar (e:ie)	to think
pensar (+ inf.)	to intend; to plan
pensar en	to think about
perder (e:ie)	to lose; to miss
poder (o:ue)	to be able to, can
poner	to put; to place
preferir (e:ie)	to prefer
querer (e:ie)	to want; to love
recordar (o:ue)	to remember
repetir (e:i)	to repeat
salir	to leave
seguir (e:i)	to follow; to continue; to keep (doing something)
suponer	to suppose
traer	to bring
ver	to see
volver (o:ue)	to return

Adjetivos

deportivo/a	sports-related
favorito/a	favorite

Los lugares

el café	café
la casa	house
el centro	downtown
el cine	movie theater
el gimnasio	gym, gymnasium
la iglesia	church
el lugar	place
el museo	museum
el parque	park
la piscina	swimming pool
el restaurante	restaurant

Expresiones útiles	See page 91.

recursos
Text MP3s Lección 4
aventuras.vhlcentral.com Lección 4

108 ciento ocho

New! Recorded vocabulary The headset icon and the **recursos** box highlight that the vocabulary is recorded on the Textbook MP3s CD-ROM and on the **AVENTURAS** super Website at **aventuras.vhlcentral.com**.

Aventuras en los países hispanos
presents the countries of the Spanish-speaking world.

CELEBRACIONES

La independencia de México

El 16 de septiembre los mexicanos celebran la independencia de su país. A estas celebraciones se les llaman las fiestas patrias. En todas las ciudades se ponen decoraciones con los colores de la bandera (*flag*) mexicana y se hacen fiestas con mariachis, comida típica y bailes (*dances*) tradicionales.

ARTE

Diego Rivera y Frida Kahlo

Frida Kahlo y Diego Rivera son los pintores mexicanos más famosos. Casados (*married*) en 1929, los dos se interesaron (*became interested*) en las condiciones sociales de la gente indígena y de los campesinos (*farmers*) de su país. Puedes ver algunas de sus obras (*works*) en el Museo de Arte Moderno de la Ciudad de México.

Hispanos en los Estados Unidos

Alfonso Cuarón, director de cine
Carmen Lomas Garza, pintora
Eva Longoria, actriz
Jorge Ramos, periodista
Lee Treviño, golfista (ganador de *US Open* y *US PGA*)
Linda Ronstadt, cantante (Premio Grammy)
Loretta Sánchez, política
Mario Molina, químico (Premio Nobel)
Óscar de la Hoya, boxeador (campeón mundial)
Sandra Cisneros, escritora

recursos

WB pp. 41–42	VM pp. 201–202	VCD-ROM Lección 4	aventuras.vhlcentral.com Lección 4

HISTORIA

Los mayas

La cultura maya habitó (*inhabited*) la región del sur de México, la península de Yucatán y otros países de Centroamérica. Los mayas crearon (*created*) formidables ciudades con templos religiosos en forma de pirámide, que hoy día son visitados (*are visited*) por millones de turistas.

COMIDA

Las tortillas

La base de la comida mexicana es la tortilla, que está hecha (*is made from*) de maíz (*corn*) y de harina (*wheat flour*). Los tacos, las enchiladas y las quesadillas están hechos (*are made*) con tortillas y son tan populares en México como en los Estados Unidos. ¿Conoces un restaurante mexicano en tu comunidad?

10 ciento diez

ciento once 111

New! Hispanos en los Estados Unidos boxes feature Hispanics in the United States who are of the ancestry or heritage of the featured countries and highlight their accomplishments and contributions to society.

Maps illustrate significant geographical sites and features and situate the country or area within its region and the world.

Photo captions Contemporary, eye-catching photos with captions explore key facets of the target location's culture such as history, fine arts, foods, celebrations, and traditions.

New! Cultural video A video segment for each featured country lets you experience the sights and sounds of the Spanish-speaking world.

En Internet suggests related topics for you to investigate further on the Web through the **AVENTURAS** super Website.

Opening and closing pages The opening page sets the scene for the section with a dramatic photo and statistics about the location. **¿Qué aprendiste?** activities on the closing page check your understanding of key ideas.

The Cast

Here are the main characters you will meet when you watch the **AVENTURAS** video:

From Ecuador,
Inés Ayala Loor

From Puerto Rico,
Javier Gómez Lozano

From Spain,
María Teresa (Maite) Fuentes de Alba

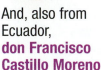

From Mexico,
Alejandro (Álex) Morales Paredes

And, also from Ecuador,
don Francisco Castillo Moreno

Aventuras Video program

Fully integrated with your textbook, the **AVENTURAS** Video contains fifteen episodes. The episodes present the adventures of four college students who are studying at the **Universidad de San Francisco** in Quito, Ecuador. They each decide to spend their vacation break on a bus tour of the Ecuadorian countryside with the ultimate goal of hiking up a volcano. The video, shot in various locations in Ecuador, tells their story and the story of Don Francisco, the tour bus driver who accompanies them.

The **Aventuras** section in each textbook lesson is actually an abbreviated version of the dramatic episode featured in the video. Therefore, each **Aventuras** section can be done before you see the corresponding video episode, after it, or as a section that stands alone in its own right.

As you watch each video episode, you will first see a dramatic segment in which the characters interact using vocabulary and grammar you are studying. As the video progresses, the dramatic segments carefully combine new vocabulary and grammar with previously taught language. You will then see a **Resumen** segment in which one of the main video characters recaps the dramatic segment, emphasizing the grammar and vocabulary you are studying with the context of the episode's key events.

In addition, in most of the dramatic episodes, there are brief pauses to allow the characters to reminisce about their home countries. These flashbacks—montages of real-life images shot in Spain, Mexico, Puerto Rico, and various parts of Ecuador—connect the theme of the dramatic episodes to everyday life in various parts of the Spanish-speaking world.

Aventuras en los países hispanos Video program

The **Aventuras en los países hispanos** Video is integrated with each **Aventuras en los países hispanos** section in **AVENTURAS, Second Edition**. Each segment is 2–3 minutes long and consists of documentary footage from each of the countries featured. The images were specially chosen for interest level and visual appeal, and the all-Spanish narrations were carefully written to reflect the vocabulary and grammar covered in the textbook.

As you watch the video segments, you will experience a diversity of images and topics: cities, monuments, traditions, festivals, archaeological sites, geographical wonders, and more. You will be transported to each Spanish-speaking country including the United States and Canada, thereby having the opportunity to expand your cultural perspectives with information directly related to the content of **AVENTURAS**.

Table of Contents

Icons and recursos boxes

Icons Familiarize yourself with these icons that appear throughout **AVENTURAS, Second Edition**.

Icons legend
Pair activity
Group activity
Listening activity/section
Video-based activity/section
Information Gap activity
Internet-related activity/section

Recursos boxes let you know exactly what print and technology ancillaries you can use to reinforce and expand on every section of every lesson in your textbook. They even include page numbers when applicable. If multiple ancillaries apply to a section, they always appear in the following order: print items first, audio items second, video items third, and online components last. See the next page for a description of the ancillaries.

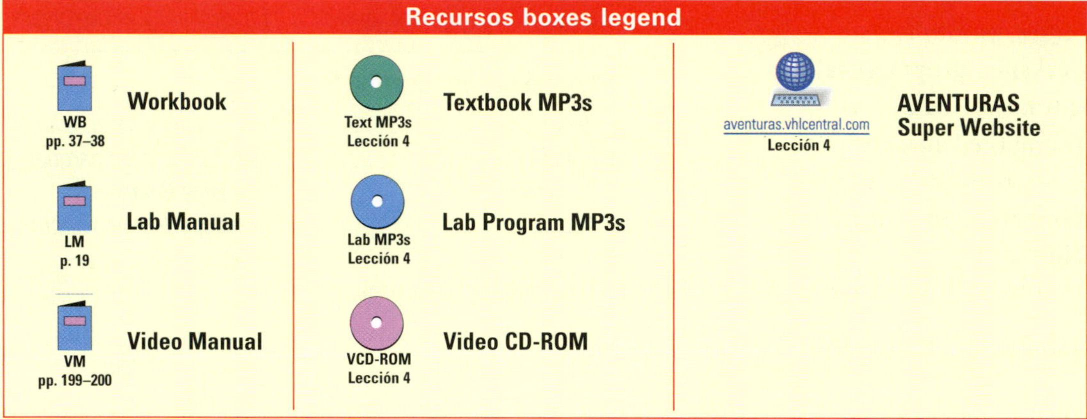

Recursos boxes legend
WB
pp. 37–38
Workbook
LM
p. 19
Lab Manual
VM
pp. 199–200
Video Manual
Text MP3s
Lección 4
Textbook MP3s
Lab MP3s
Lección 4
Lab Program MP3s
VCD-ROM
Lección 4
Video CD-ROM
aventuras.vhlcentral.com
Lección 4
AVENTURAS
Super Website

Student Ancillaries

- **Expanded! Workbook/Video Manual**
  The Workbook activities provide additional practice of the vocabulary and grammar in each textbook lesson and the information in the **Aventuras en los países hispanos** sections. The Video Manual includes pre-, while-, and post-viewing activities for the **Aventuras** Video and the new **Aventuras en los países hispanos** Video.

- **Lab Manual**
  The Lab Manual contains activities for each textbook lesson that build listening comprehension, speaking, and pronunciation skills in Spanish.

- **Lab Program MP3s**
  The Lab Program MP3s provide the recordings to be used in conjunction with the activities in the Lab Manual.

Instructor Ancillaries

- **Instructor's Annotated Edition**
  The IAE contains a wealth of teaching information to support classroom teaching.

- **WB/VM/LM Answer Key****
  This contains the answers to all activities with discrete responses in the Workbook/Video Manual and Lab Manual.

- **New! Aventuras Video on DVD**
  This text-specific video is closely integrated into the **Aventuras** and **Gramática** sections of each textbook lesson. It contains dramatic episodes, cultural shots, and unique summary features. See page xxvi for more information.

- **New! Aventuras en los países hispanos Video on DVD**
  This provides the **Aventuras** and the **Aventuras en los países hispanos** videos with Spanish and English subtitles.

Student Ancillaries

- **New! Textbook MP3s CD-ROM***
  The Textbook MP3s CD-ROM contains the recordings for the listening activities in the **Preparación, Pronunciación,** and **Ampliación** sections in each lesson of the student text, as well as the active vocabulary in each end-of-lesson **Vocabulario** list.

- **Expanded! Video CD-ROM***
  This CD-ROM provides the complete **Aventuras** and **Aventuras en los países hispanos** videos with Spanish and English videoscripts.

- **Expanded! Web-SAM**
  Incorporating the **Aventuras** and **Aventuras en los países hispanos** Videos, as well as the complete Lab Audio Program, the Web-SAM delivers the Workbook, Video Manual, and Lab Manual online with automatic scoring. Instructors have access to powerful classroom management and gradebook tools that allow in-depth tracking of students' scores and customization of activities.

- **VHL Intro Spanish Pocket Dictionary & Language Guide***
  The Pocket Dictionary & Language Guide is a portable reference for Spanish words, expressions, idioms, and more, created expressly to complement and extend the student text.

- **New! aventuras.vhlcentral.com super Website***
  The expanded and re-organized **AVENTURAS** super Website is located at a new URL: aventuras.vhlcentral.com. Among the extensive online resources it offers are highly interactive activities for each section of the student text, information gap activity handouts, additional readings, activities for extra practice, reference tools, links to the entire Spanish-speaking world, a gateway to the **AVENTURAS** Web-SAM, and all of the program's multimedia components, including the songs of the textbook's **Ritmos hispanos** sections. All of the content on the Website can be easily integrated with WebCT and Blackboard.

**Included with the purchase of a new Student Text*
***Included on the Instructor's Resource CD-ROM*

Instructor Ancillaries

- **New! Instructors' Resource CD-ROM**
  This delivers the instructor ancillaries and resources from the super Website, all on one convenient CD-ROM.

- **Expanded! Instructor's Resource Manual****
  The IRM contains the Lab and Textbook Audioscripts, the **Aventuras** and **Aventuras en los países hispanos** Videoscripts, English translations of the **Aventuras** conversations and the **Aventuras en los países hispanos** video, instructor annotations for **Preparación** and **Gramática**, **Vocabulario adicional** handouts, the information gap activity handouts, and the lyrics of the **Ritmos hispanos** songs.

- **Overhead Transparencies****
  These consist of maps of the Spanish-speaking countries, drawings to reinforce the textbook's **Preparación** vocabulary sections, and other textbook illustrations.

- **Testing Program****
  This contains two versions of tests for each textbook lesson, semester exams and quarter exams, listening scripts, answer keys, and suggestions for oral tests. It is provided in ready-to-print PDFs and in RTF word processing files.

- **Testing Program MP3s****

- **Test Generator****
  This provides a test bank of the entire **AVENTURAS** Testing Program, plus a robust online testing component. Instructors can modify existing tests, create their own tests, and randomly generate new tests. Test items with discrete answers are automatically scored, and grades are easily exported to Blackboard and WebCT.

- **New! aventuras.vhlcentral.com super Website**
  This includes lesson plans, student tracking, and more.

acknowledgments

On behalf of its authors and editors, Vista Higher Learning expresses its sincere appreciation to the many educators nationwide who contributed their ideas and suggestions to **AVENTURAS, First Edition**. We are grateful to the more than eighty members of the Spanish-teaching community who reviewed the original manuscript and/or class-tested the materials. Their insights and detailed comments were invaluable to us as we created the First Edition.

AVENTURAS, Second Edition, has been informed by extensive reviews and ongoing input from both students and instructors using the First Edition. Accordingly, we gratefully acknowledge those who shared their suggestions, recommendations, and ideas as we prepared this Second Edition.

We acknowledge Dr. Solivia Márquez of the Massachusetts Institute of Technology for her work with us on the First Edition, and we thank her for her contributions to activities and the **Lectura** sections.

We thank Barbara Diaz of Coastal Carolina Community College in South Carolina for her detailed input on the grammar sections.

We express our appreciation to the instructors using **AVENTURAS, First Edition**, who completed our online reviews. Their comments and suggestions were instrumental in shaping the entire **AVENTURAS, Second Edition**, program.

A special nod of gratitude goes to the two instructors who provided in-depth reviews of **AVENTURAS, First Edition**, based on the everyday use of the materials in their classrooms. Their ideas played a critical role in helping us to fine-tune virtually every page of every lesson.

In-depth reviewers

Diane Lúcar-Ellens
Hope College, Hope, MI

Dana Nichols
Gainesville College, Gainesville, GA

Reviewers

Ellen Aramburu
University of Missouri-Rolla

Nicole Bach
Jefferson College, MO

Lisa Barboun
Coastal Carolina University, SC

Randy Barrette
Morehead State University, KY

Karima Benremouga
San Jacinto College-Central, TX

Juan Antonio Bernabe
Laramie County Community College, WY

Berta Bilbao
Biola University, CA

Elizabeth Church
Wake Technical Community College, NC

Sandra Clevenger
Calvin College, MI

María Esperanza Cohn
Piedmont Community College, NC

Dale S. Crandall
Gainesville College, GA

Kari Daus
TriCounty Technical College, SC

Jeff Di Iuglio
Curry College, MA

Maureen Dougher
Western Piedmont Community College, NC

Melissa L. Fiori-Agoren
Juniata College, PA

David García de Formica-Corsi
Juniata College, PA

José Ignacio González
Clayton College & State University, GA

Miguel González-Abellas
Washburn University, KS

Cynthia Grindlay
Purdue University North Central, IN

Rosalinda G. Herrera
Laredo Community College, TX

Tammy Hertel
Juniata College, PA

Harriet Hutchinson
Bunker Hill Community College, MA

David C. Julseth
Belmont University, TN

Marie Karam
University of Scranton, PA

Jorge Koochoi
Central Piedmont Community College, NC

Edith Lebrato-Shepherd
Greensboro College, NC

Ilia Lively
Central Piedmont Community College, NC

Lori Madden
St. Petersburg College, FL

Dolores Magee
Williams Baptist College, AR

Sergio Martínez
San Antonio College, TX

Mary Yetta McKelva
Grayson County College, TX

Carolin McManus
College of Southern Maryland

Diane McNab
Santa Fe Community College, NM

José L. Mireles
Coastal Carolina University, SC

Carolina Moctezuma
Cabrini College, PA

Anna Montoya
Florida Institute of Technology

Samuel Moody
Union College, KY

Cathie Mount
Eastern Washington University, WA

Perry Nigh
Milwaukee Area Technical College, WI

Carolyn O'Brien
Morehead State University, KY

Peregrina Pereiro
Washburn University, KS

Glenda Johana Pérez
Campbellsville University, KY

Graciela Pérez
Biola University, CA

Jorge Alberto Pérez
Coastal Carolina University, SC

Toon Phapphayboun
Western Piedmont Community College, NC

Mari Pino del Rosario
Greensboro College, NC

José A. Ramos
Massachusetts Institute of Technology

Renate Robinson
Santa Fe Community College, NM

Rosa Salinas Samelson
Palo Alto College, TX

José A. Sandoval
Des Moines Area Community College, IA

Belinda A. Sauret
Gainesville College, GA

Gabriela Segal
Arcadia University, PA

Brenda Stanek
Olivet Nazarene University, IL

Charlene Suscavage
University of Southern Maine

Henry Thurston-Griswold
Juniata College, PA

María Luisa Torres
Coastal Carolina University, SC

Sixto E. Torres
Gainesville College, GA

Trini M. Tumlin
TriCounty Technical College, SC

Nicholas J. Uliano
Cabrini College, PA

Edith Valladares McElroy
Central Piedmont Community College, NC

Anthony J. Vetrano
Le Moyne College, NY

Virginia Wempe
Augustana College, SD

Rebecca Williams
Coastal Carolina University, SC

Mary L. Zampini
Le Moyne College, NY

1 Hola, ¿qué tal?

PARA EMPEZAR Have students look at the photo. Ask: What do you think the young women are doing? Say: It is common in Hispanic cultures for friends to greet each other with a kiss (or two) on the cheek. Ask: How do you greet your friends?

Communicative Goals

You will learn how to:

- use greetings, farewells, courtesy expressions and numbers
- identify yourself and others
- tell time

PREPARACIÓN

pages 2-7

- Words related to meeting, greeting, and saying good-bye
- Courtesy expressions
- Pronouncing the Spanish alphabet

AVENTURAS

pages 8-11

- Mrs. Ramos, from the travel agency Ecuatur, greets the students and hands out their travel papers. Don Francisco, the driver, introduces himself and asks the students to board the bus.

GRAMÁTICA

pages 12-23

- Nouns and articles
- Numbers 0-30
- Present tense of **ser**
- Telling time

LECTURA

pages 24-25

- Address book: ***Información importante***

PARA EMPEZAR

- Guess what the people in the photo are saying:
  a. Por favor. b. Hola. c. amigo
- Most likely they would also say:
  a. Gracias. b. fiesta c. Buenos días.

HOLA, ¿QUÉ TAL?

SALUDOS Y DESPEDIDAS

Buenas noches. *Good evening; good night.*

Buenas tardes. *Good afternoon.*

Hasta la vista. *See you later.*

Hasta pronto. *See you soon.*

Hasta mañana. *See you tomorrow*

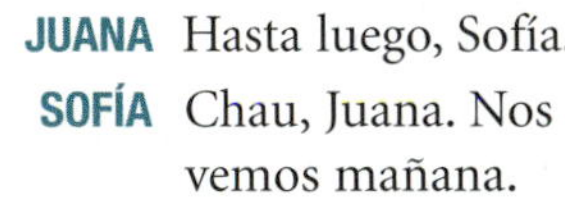

JUANA Hasta luego, Sofía.

SOFÍA Chau, Juana. Nos vemos mañana.

SUGGESTION Write a few greetings, farewells, and courtesy expressions on the board. Explain their meanings and model pronunciation. Circulate around the room greeting students, making introductions, and encouraging responses.

SEÑORA Hola, señor Lara. ¿Cómo está usted?

SEÑOR Muy bien, gracias. ¿Y usted, señora Salas?

SEÑORA Bien, gracias.

SEÑOR Hasta luego, señora Salas. Saludos al señor Salas.

SEÑORA Adiós.

¿CÓMO ESTÁS?

¿Cómo estás? *How are you? (familiar)*

No muy bien. *Not very well.*

¿Qué pasa? *What's happening?; what's going on?*

CARLOS ¿Qué tal, Roberto?

ROBERTO Regular. ¿Y tú?

CARLOS Bien. ¿Qué hay de nuevo?

ROBERTO Nada.

recursos

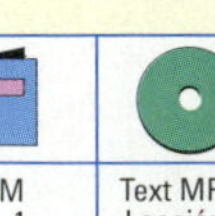

WB pp. 1–2	LM p. 1	Text MP3s Lección 1	Lab MP3s Lección 1	aventuras.vhlcentral.com Lección 1

INSTRUCTIONAL RESOURCES WB, LM, Ans. Key, Lab, Text MP3s, IRM (tapescript, additional vocabulary), Website

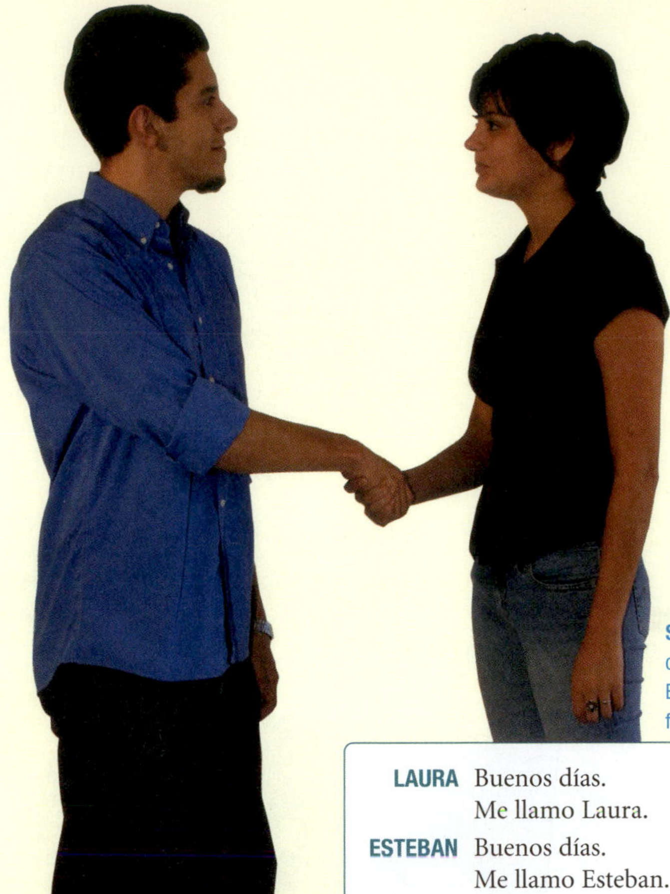

PRESENTACIONES

¿Cómo se llama usted? *What's your name? (formal)*

¿Cómo te llamas (tú)? *What's your name? (fam.)*

Le presento a... *I would like to introduce (name) to you. (form.)*

Te presento a... *I would like to introduce (name) to you. (fam.)*

Éste es... *This is... (masculine)*

Ésta es... *This is... (feminine)*

SUGGESTION Point out the use of **Ud.** vs. **tú** in the conversations. Explain in which situations each form is appropriate.

LAURA	Buenos días. Me llamo Laura.
ESTEBAN	Buenos días. Me llamo Esteban. Mucho gusto.
LAURA	El gusto es mío. ¿De dónde eres?
ESTEBAN	Soy de los Estados Unidos, de Texas.

SUSANA	Leti, éste es el señor Garza.
LETICIA	Encantada.
SEÑOR GARZA	Igualmente. ¿De dónde es usted, señora?
LETICIA	Soy de Puerto Rico. ¿Y usted?
SEÑOR GARZA	De México.

EXPANSION Use the overhead transparency and have students identify informal and formal conversations. Have small groups create conversations based on the pictures and share them with the class.

EXPRESIONES DE CORTESÍA

Por favor. *Please.*

De nada. *You're welcome.*

No hay de qué. *You're welcome.*

Lo siento. *I'm sorry.*

Muchas gracias. *Thank you very much; thanks a lot.*

The following abbreviations appear in the list of Instructional Resources: **WB** (Workbook), **LM** (Lab Manual), **VM** (Video Manual), **Ans. Key** (Answer Key), **IRM** (Instructor's Resource Manual), **OT** (Overhead Transparencies), **Lab** (Lab Program), **Test Program** (Testing Program), **Text MP3s** (Textbook MP3s Files), **VCD-ROM** (Video CD-ROM), **DVD** (Video on DVD), **Test MP3s** (Testing Program MP3s Files), **Website** (Website Supersite).

Variación léxica

Buenos días. ⟷ Buenas.
De nada. ⟷ A la orden.
Lo siento. ⟷ Perdón.
¿Qué tal? ⟷ ¿Cómo te va?, ¿Qué hubo? (*Col.*)

A escuchar

NATIONAL communication STANDARDS

1 ¿Lógico o ilógico? Listen to each conversation and indicate whether the conversation is logical or illogical.

	Lógico	Ilógico
1.		✓
2.	✓	
3.	✓	
4.		✓
5.	✓	
6.	✓	

1 SCRIPT
1. **S1:** Hola, Sandra. ¿Qué tal? **S2:** El gusto es mío.
2. **S1:** Hasta luego, Sr. Lagos. Saludos a la Sra. Lagos. **S2:** Adiós.
3. **S1:** Hasta mañana, Juan. **S2:** Nos vemos.
4. **S1:** Antonio, éste es el Sr. Arce. **S2:** Igualmente.
5. **S1:** ¡Hola, Norma! ¿Qué hay de nuevo? **S2:** Nada.
6. **S1:** ¿De dónde es usted, señor? **S2:** Soy de México.

2 ¡Hola! Margarita is having an all-day party to celebrate her twentieth birthday. Listen to the conversations and indicate whether each guest is arriving (**Llega**) or leaving (**Sale**).

	Llega	Sale
1. Ramiro	✓	
2. Sra. Sánchez		✓
3. Luisa	✓	
4. Vicente		✓
5. Profesor Lado	✓	
6. Sr. Torres		✓

2 SUGGESTION Point out the abbreviations **Sr.**, **Sra.**, and **Srta.** for the titles **señor**, **señora**, and **señorita**. Tell students there is no Spanish equivalent for the title *Ms.*

2 SCRIPT
1. **S1:** ¡Hola, Ramiro! ¿Cómo estás? **S2:** Bien, gracias. ¿Y tú?
2. **S1:** Hasta luego, Margarita. **S2:** Gracias por todo, Sra. Sánchez. Adiós.
3. **S1:** Buenos días, Luisa. **S2:** ¡Hola!
4. **S1:** Nos vemos, Margarita. **S2:** Chau, Vicente. Hasta mañana.
5. **S1:** Buenas tardes, Margarita. **S2:** Buenas tardes, Profesor Lado. ¿Cómo está usted?
6. **S1:** Buenas noches, Sr. Torres. Saludos a la Sra. Torres. **S2:** Hasta pronto.

3 Seleccionar Listen to each question or statement, then choose the correct response.

1. a. Muy bien, gracias. (b.) Me llamo Graciela.
2. a. Lo siento. (b.) Mucho gusto.
3. (a.) Soy de Puerto Rico. b. No muy bien.
4. (a.) No hay de qué. b. Regular.
5. a. Mucho gusto. (b.) Hasta pronto.
6. (a.) Nada. b. Igualmente.
7. a. Me llamo Guillermo Montero. (b.) Muy bien, gracias.
8. (a.) Buenas tardes. ¿Cómo estás? b. El gusto es mío.

3 SCRIPT
1. ¿Cómo te llamas?
2. Te presento a Juan Pablo.
3. ¿De dónde es usted?
4. Muchas gracias.
5. Nos vemos.
6. ¿Qué pasa?
7. ¿Cómo está usted?
8. Buenas tardes, señor Fernández.

INSTRUCTIONAL RESOURCE Text MP3s, Website

A practicar

4 **EXPANSION** Write these categories on the board: **Saludo** (*Greeting*), **Despedida** (*Farewell*), **Presentación** (*Introduction*), and **Expresión de cortesía** (*Courtesy Expression*). Ask students to identify the category for each expression.

5 **EXPANSION** Tell students to continue the conversation by adding at least two lines when they act it out.

5 **SUGGESTION** Point out that definite articles may appear before some country names, but not others. For example: la Argentina, el Uruguay, el Paraguay, el Perú, and el Ecuador.

5 **SUGGESTION** Point out that de combines with **el** to form the contraction **del.** For example: Soy **del** Ecuador. Tell students they will learn more about this in **Gramática** section 1.3.

6 **TEACHING OPTION** Prepare a series of response statements and divide the class into two teams. Tell students they must provide the question or statement that would have elicited each response. The first team to guess the question or statement gets a point.

4 **Escoger** For each expression, write a word or phrase that expresses a similar idea.

modelo ¿Cómo estás? *¿Qué tal?*

1. De nada. *No hay de qué.*
2. Encantado. *Mucho gusto.*
3. Adiós. *Chau; hasta luego/mañana/pronto.*
4. Te presento a Antonio. *Éste es Antonio.*
5. ¿Qué hay de nuevo? *¿Qué pasa?*
6. Mucho gusto. *El gusto es mío.*

5 **Ordenar** With a classmate, put this scrambled conversation in order. Then act it out.

—Muy bien, gracias. Soy Rosabel.
—Soy del Ecuador. ¿Y tú?
—Mucho gusto, Rosabel.
—Hola. Me llamo Carlos. ¿Cómo estás?
—Soy de la Argentina.
—Igualmente. ¿De dónde eres, Carlos?

CARLOS *Hola. Me llamo Carlos. ¿Cómo estás?*
ROSABEL *Muy bien, gracias. Soy Rosabel.*
CARLOS *Mucho gusto, Rosabel.*
ROSABEL *Igualmente. ¿De dónde eres, Carlos?*
CARLOS *Soy del Ecuador. ¿Y tú?*
ROSABEL *Soy de la Argentina.*

6 **Cambiar** With a partner, correct the second part of each conversation to make it logical. *Answers will vary.*

modelo

—¿Qué tal?
—~~No hay de qué.~~ Bien. ¿Y tú?

1. —Hasta mañana, señora Ramírez. Saludos al señor Ramírez.
   —*Muy bien, gracias.*
2. —¿Qué hay de nuevo, Alberto?
   —*Me llamo Alberto. ¿Cómo te llamas tú?*
3. —Miguel, ésta es la señorita Perales.
   —*No hay de qué, señorita.*
4. —¿De dónde eres, Antonio?
   —*Muy bien, gracias. ¿Y tú?*

A conversar

7 Diálogos With a partner, complete and act out these conversations. *Answers will vary.*

DIÁLOGO 1

—Hola. Me llamo Teresa. ¿Cómo te llamas tú?

____

—Soy de Puerto Rico. ¿Y tú?

____

DIÁLOGO 2

____

—Muy bien, gracias. ¿Y usted, señora López?

____

—Hasta luego, señora. Saludos al señor López.

____

8 Conversaciones With a partner, make up a conversation in Spanish for each photo. *Answers will vary.*

9 Situaciones Work with two classmates to write and act out these situations. *Answers will vary.*

1. As you leave class on the first day of school, you strike up a conversation with the two students who were sitting next to you. Find out each person's name and where he or she is from before you say goodbye.
2. You meet up with a friend and find out how he or she is doing. As you are talking, your friend Elena walks by. Introduce her to your friend.
3. You say hello to your parents' friends Sra. Sánchez and Sr. Rodríguez and find out how they are doing. As you say goodbye, send greetings to Sra. Rodríguez.

7 EXPANSION Have students rewrite **Diálogo 1** in the formal register and **Diálogo 2** in the familiar register. Tell them to substitute their own names and personal information where possible.

8 SUGGESTION To prepare students, have them brainstorm who the people in the photos are and what they are talking about. Ask them whether the people in the photos would use the **tú** or **usted** form when conversing.

9 SUGGESTION Assign situations to different groups and have them perform their role-plays for the class.

Pronunciación

SUGGESTION Model pronunciation of the Spanish alphabet and the example words. Have students repeat after you.

EXPANSION Ask students to spell their names in Spanish.

EXPANSION Do a dictation activity in which you spell Spanish words as students write them down. Spell each word twice. Then write the list of words on the board or on a transparency so students can check their work.

EXPANSION For additional practice with the alphabet, give students these **refranes: De tal palo, tal astilla** (*A chip off the old block*); **Los ojos son el espejo del alma.** (*The eyes are the mirror of the soul.*); **El rayo nunca cae dos veces en el mismo lugar.** (*Lightning never strikes twice in the same place.*); **No dejes para mañana lo que puedas hacer hoy.** (*Don't put off until tomorrow what you can do today.*)

The Spanish alphabet

The Spanish alphabet consisted of 29 letters until 1994, when the **Real Academia Española** (*Royal Spanish Academy*) removed **ch** (**che**) and **ll** (**elle**). You may still see **ch** and **ll** listed as separate letters in reference works printed before 1994. The Spanish letter, **ñ** (**eñe**), doesn't appear in the English alphabet. The letters **k** (**ka**) and **w** (**doble ve**) are used only in words of foreign origin.

Letra	Nombre(s)	Ejemplo(s)	Letra	Nombre(s)	Ejemplo(s)
a	a	**a**diós	**ñ**	eñe	ma**ñ**ana
b	be	**b**ien, pro**b**lema	**o**	o	**o**nce
c	ce	**c**osa, **c**ero	**p**	pe	**p**rofesor
d	de	**d**iario, na**d**a	**q**	cu	**q**ué
e	e	**e**studiant**e**	**r**	ere	**r**egular, seño**r**a
f	efe	**f**oto			
g	ge	**g**racias, **G**erardo, re**g**ular	**s**	ese	**s**eñor
h	hache	**h**ola	**t**	te	**t**ú
i	i	**i**gualmente	**u**	u	**u**sted
j	jota	**J**avier	**v**	ve	**v**ista, nue**v**o
k	ka, ca	**k**ilómetro	**w**	doble ve	**w**alkman
l	ele	**l**ápiz	**x**	equis	e**x**istir, Mé**x**ico
m	eme	**m**apa	**y**	i griega, ye	**y**o
n	ene	**n**acio**n**alidad	**z**	zeta, ceta	**z**ona

Práctica Spell these words aloud in Spanish.

1. nada
2. maleta
3. quince
4. muy
5. hombre
6. por favor
7. San Fernando
8. Estados Unidos
9. Puerto Rico
10. España
11. Javier
12. Ecuador
13. Maite
14. gracias
15. Nueva York

Oraciones Repeat these sentences after your instructor, then spell each word aloud.

1. Me llamo Carmen.
2. Hasta luego, señora Herrera.
3. ¿Qué tal, David?
4. Buenos días, Pedro.

Refranes Read these sayings aloud after your instructor.

Ver es creer.[1]
En boca cerrada no entran moscas.[2]

1 Seeing is believing.
2 Silence is golden.

recursos LM p. 2 | Text MP3s Lección 1 | Lab MP3s Lección 1 | aventuras.vhlcentral.com Lección 1

INSTRUCTIONAL RESOURCES Text MP3s, LM, Ans. Key, Lab, Website

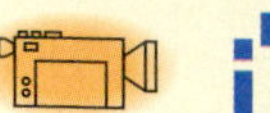

¡Todos a bordo!

VIDEO SYNOPSIS Don Francisco, the bus driver, and Sra. Ramos, a representative of the Ecuatur agency, meet the four travelers at the university. Sra. Ramos passes out travel documents. Inés and Maite introduce themselves, as do Javier and Álex.

Los cuatro estudiantes, don Francisco y la Sra. Ramos se reúnen (*meet*) en la universidad.

SRA. RAMOS Buenos días, chicos. Yo soy Isabel Ramos de la agencia Ecuatur.

DON FRANCISCO Y yo soy don Francisco, el conductor.

SRA. RAMOS Bueno, ¿quién es María Teresa Fuentes de Alba?

MAITE ¡Soy yo!

SRA. RAMOS Ah, bien. Aquí tienes los documentos de viaje.

MAITE Gracias.

SRA. RAMOS ¿Javier Gómez Lozano?

JAVIER Aquí... Soy yo.

JAVIER ¿Qué tal? Me llamo Javier.

ÁLEX Mucho gusto, Javier. Yo soy Álex. ¿De dónde eres?

JAVIER De Puerto Rico. ¿Y tú?

ÁLEX Yo soy de México.

DON FRANCISCO Bueno, chicos, ¡todos a bordo!

INÉS Con permiso.

recursos

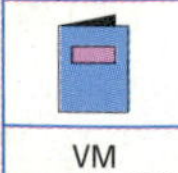	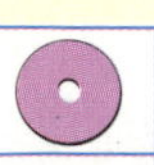	
VM pp. 169–170	VCD-ROM Lección 1	aventuras.vhlcentral.com Lección 1

PREVIEW Have students cover the Spanish captions and guess what this episode is about based on the video stills. Record their predictions and review them later.

SUGGESTION Play the video module and ask the class to write down the greetings they hear. Play the module again and ask students to write the courtesy expressions they hear, including ways to say "pleased to meet you" and "excuse me."

INSTRUCTIONAL RESOURCES VM, Ans. Key, DVD, VCD-ROM, IRM (videoscript, translation), Website

SUGGESTION Have students read individual parts of the **Aventuras** episode aloud, or have them get together in groups of six and act out the episode.

SUGGESTION Point out that **don** and **doña** are used with first names in Spanish-speaking countries to show respect: **don Francisco, doña Rita.**

SUGGESTION Model pronouncing the expressions, having students repeat after you. Explain to students that learning each lesson's **Expresiones útiles** will help improve their conversational skills.

SRA. RAMOS Y tú eres Inés Ayala Loor, ¿verdad?

INÉS Sí, yo soy Inés.

SRA. RAMOS Y tú eres Alejandro Morales Paredes, ¿no?

ÁLEX Sí, señora.

INÉS Hola. Soy Inés.

MAITE Encantada. Yo me llamo Maite. ¿De dónde eres?

INÉS Soy del Ecuador, de Portoviejo. ¿Y tú?

MAITE De España. Soy de Madrid, la capital. Oye, ¿qué hora es?

INÉS Son las diez y tres minutos.

ÁLEX Perdón.

DON FRANCISCO ¿Y los otros?

SRA. RAMOS Son todos.

DON FRANCISCO Está bien.

Expresiones útiles

Identifying yourself and others

¿Cómo se llama usted?
What's your name?
Yo soy don Francisco, el conductor.
I'm Don Francisco, the driver.

¿Cómo te llamas?
What's your name?
Me llamo Javier.
My name is Javier.

¿Quién es... ?
Who is... ?
Aquí... Soy yo.
Here... That's me.
Tú eres... , ¿verdad?/¿no?
You are... , right?/no?

Saying what time it is

¿Qué hora es?
What time is it?
Es la una. / Son las dos.
It's one o'clock. / It's two o'clock.
Son las diez y tres minutos.
It's 10:03.

Saying "excuse me"

Con permiso.
Pardon me; excuse me. (to request permission)
Perdón.
Pardon me; excuse me.
(to get someone's attention or to ask forgiveness)

When starting a trip

¡Todos a bordo!
All aboard!
¡Buen viaje!
Have a good trip!

Getting a friend's attention

Oye...
Listen...

Personajes

DON FRANCISCO

JAVIER

INÉS

ÁLEX

MAITE

SRA. RAMOS

SUGGESTION Identify forms of the verb **ser** and point out some subject pronouns. Tell students they will learn more about these concepts in **Gramática** section 1.3.

¿Qué piensas?

1 Completar Complete this conversation.

INÉS Hola. ¿Cómo te (1) *llamas*?

MAITE (2) *Me* llamo (3) *Maite*. ¿Y (4) *tú*?

INÉS Inés. Mucho (5) *gusto*.

MAITE (6) *El* gusto (7) *es* mío.

INÉS ¿De dónde (8) *eres*?

MAITE (9) *Soy* de (10) *España*. ¿Y (11) *tú*?

INÉS Del (12) *Ecuador*.

2 ¿Cierto o falso? Indicate if each statement is **cierto** (*true*) or **falso** (*false*). Then correct the false statements.

Cierto	Falso	
✓		1. Javier y Álex son pasajeros (*passengers*).
	✓	2. Javier Gómez Lozano es el conductor. *Don Francisco es el conductor.*
	✓	3. Inés Ayala Loor es de la agencia Ecuatur. *Isabel Ramos es de la agencia Ecuatur.*
✓		4. Inés es del Ecuador.
✓		5. Maite es de España.
✓		6. Javier es de Puerto Rico.
	✓	7. Álex es del Ecuador. *Álex es de México.*

3 Conversar Using these cues, have a conversation with someone you just met at an airport.

Answers will vary.

- Greet each other.
- Find out each other's names.
- Ask each other how you are feeling today.
- Find out where each of you is from.
- Wish each other a good trip and say goodbye.

1 SUGGESTION Have students act out the dialogue and add sentences of their own.

2 SUGGESTION Have students work in pairs.

2 SUGGESTION Have students locate the countries and cities mentioned (**España, México, Puerto Rico, Ecuador, Madrid** and **Portoviejo**) on the maps in **Apéndice A**.

3 EXPANSION Tell students to jot down the responses to their questions. Then ask them to introduce their partner to the class.

Exploración

Los saludos

SUGGESTION Point out that greeting people with a kiss is not unique to the Spanish-speaking world. This custom is common in many parts of the world.

EXPANSION To check comprehension, ask students if these sentences are true **(Cierto)** or false **(Falso):**

1. **Daniel y Juan se dan la mano. (Falso)**
2. **El Sr. Rivas y la Sra. Casas se dan un abrazo. (Falso)**
3. **Rita y su abuela se dan un beso. (Cierto)**

Daniel y Juan se dan un abrazo (*give each other a hug*).

El señor Rivas y la señora Casas se dan la mano (*shake hands*).

Rita le da un beso a su abuela (*kisses her grandmother*).

Observaciones

- **Darse la mano**
  Hispanics generally shake hands when they meet for the first time.
- **El abrazo**
  Hispanic men often greet men they know well with an **abrazo**—a quick hug and a pat on the back.
- **El beso**
  Hispanic women often greet friends and loved ones with a brief kiss on one or both cheeks.

Coméntalo

With a classmate, discuss these questions. *Answers will vary.*

- How do you greet a person you don't know well?
- How do you greet your friends?
- How do you greet your parents?

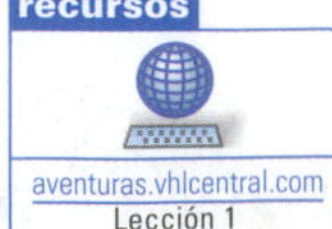

INSTRUCTIONAL RESOURCE Website

1.1 Nouns and articles

- Nouns identify people, animals, places, or things. All Spanish nouns have gender (masculine or feminine) and number (singular or plural).
- Most nouns that refer to males are masculine. Most nouns that refer to females are feminine.

Masculine		Feminine	
el hombre	*the man*	la mujer	*the woman*
el chico	*the boy*	la chica	*the girl*
el pasajero	*the passenger*	la pasajera	*the passenger*
el conductor	*the driver*	la conductora	*the driver*
el profesor	*the teacher*	la profesora	*the teacher*

la chica

la pasajera

el chico

el conductor

- Most nouns ending in **–o**, **–ma**, and **–s** are masculine. Most nouns ending in **–a**, **–ción**, and **–dad** are feminine.

Masculine		Feminine	
el cuaderno	*the notebook*	la cosa	*the thing*
el diario	*the diary*	la escuela	*the school*
el diccionario	*the dictionary*	la grabadora	*the tape recorder*
el número	*the number*	la maleta	*the suitcase*
el video	*the video*	la mochila	*the backpack*
el problema	*the problem*	la palabra	*the word*
el programa	*the program*	la lección	*the lesson*
el autobús	*the bus*	la conversación	*the conversation*
el país	*the country*	la nacionalidad	*the nationality*
		la comunidad	*the community*

¡ojo! **El lápiz** (*pencil*), **el mapa** (*map*), and **el día** (*day*) are masculine. **La mano** (*hand*) is feminine.

- Some nouns have identical masculine and feminine forms. The definite article (**el** or **la**) indicates the gender of these words.

Masculine		Feminine	
el turista	*the tourist*	la turista	*the tourist*
el joven	*the young man*	la joven	*the young woman*
el estudiante	*the student*	la estudiante	*the student*

SUGGESTION Tell students that the **recursos** boxes for the entire **Gramática** section are in **Ampliación**.

INSTRUCTIONAL RESOURCES WB, LM, Ans. Key, Lab, IRM (teaching tips), Website

Práctica

1 Singular y plural Make the singular words plural and the plural words singular.

1. el turista *los turistas*
2. la cosa *las cosas*
3. la chica *las chicas*
4. la palabra *las palabras*
5. los países *el país*
6. el problema *los problemas*
7. unos números *un número*
8. unos diarios *un diario*
9. un programa *unos programas*
10. una escuela *unas escuelas*

2 Identificar For each photo, provide the noun and the appropriate definite and indefinite articles.

modelo

las maletas, unas maletas

1. *la computadora, una computadora*

2. *el chico, un chico*

3. *los cuadernos, unos cuadernos*

4. *las fotografías, unas fotografías*

5. *las mujeres, unas mujeres*

6. *el autobús, un autobús*

Conversación

3 Clasificar With a partner, identify the photos in Spanish and supply the definite and indefinite articles. Then indicate whether the photos represent objects or persons.

	¿Qué es/son?	¿Objeto(s) o persona(s)?
1.	*la chica, una chica*	*persona*
2.	*el profesor, un profesor*	*persona*
3.	*la grabadora, una grabadora*	*objeto*
4.	*el mapa, un mapa*	*objeto*
5.	*los lápices, unos lápices*	*objetos*
6.	*los pasajeros, unos pasajeros*	*personas*

4 Charadas In groups, play a game of charades. Individually, think of two nouns for each charade—for example, a boy using a computer (**un chico; una computadora**). The first person to guess correctly acts out the next charade. *Answers will vary.*

Plural of nouns

- Nouns that end in a vowel form the plural by adding **–s**. Nouns that end in a consonant add **–es**. Nouns that end in **–z** change the **–z** to **–c**, then add **–es**.

SINGULAR	PLURAL	SINGULAR	PLURAL
el chico	los chicos	el país	ls países
la palabra	las palabras	el lápiz	los lápices

¡ojo! When a singular noun has an accent mark on the last syllable, the accent is dropped from the plural form:

la lección → las lecciones **el autobús → los autobuses**

- The masculine plural form may refer to a mixed-gender group.

1 pasajero + 2 pasajeras = 3 pasajeros

Spanish articles

Spanish has four forms that are equivalent to the English definite article *the*. Spanish also has four forms that are equivalent to the English indefinite article, which, according to context, may mean *a*, *an*, or *some*.

Spanish articles

Definite articles

MASCULINE		FEMININE	
el diccionario	*the dictionary*	la computadora	*the computer*
los diccionarios	*the dictionaries*	las computadoras	*the computers*

Indefinite articles

un pasajero	*a (one) passenger*	una fotografía	*a (one) photograph*
unos pasajeros	*some passengers*	unas fotografías	*some photographs*

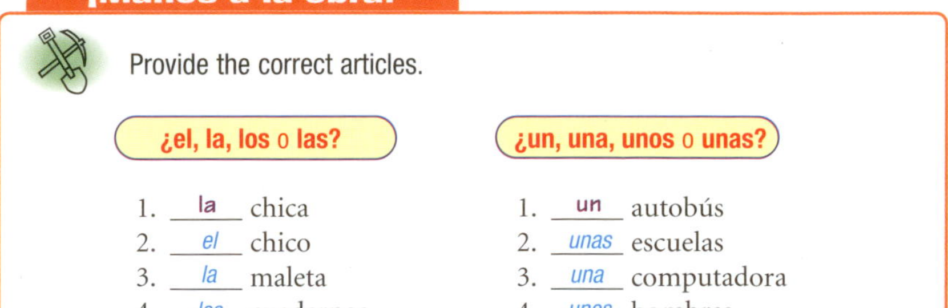

¡Manos a la obra!

Provide the correct articles.

¿el, la, los o las?		¿un, una, unos o unas?	
1. *la*	chica	1. *un*	autobús
2. *el*	chico	2. *unas*	escuelas
3. *la*	maleta	3. *una*	computadora
4. *los*	cuadernos	4. *unos*	hombres
5. *la*	mochila	5. *una*	señora
6. *las*	mujeres	6. *unos*	lápices

1.2 Numbers 0-30

Numbers 0–30

0 cero	6 seis	12 doce	18 dieciocho	24 veinticuatro
1 uno	7 siete	13 trece	19 diecinueve	25 veinticinco
2 dos	8 ocho	14 catorce	20 veinte	26 veintiséis
3 tres	9 nueve	15 quince	21 veintiuno	27 veintisiete
4 cuatro	10 diez	16 dieciséis	22 veintidós	28 veintiocho
5 cinco	11 once	17 diecisiete	23 veintitrés	29 veintinueve
				30 treinta

- Before a masculine noun, **uno** shortens to **un**. Before a feminine noun, **uno** changes to **una**.

un hombre → veintiún hombres

una mujer → veintiuna mujeres

- To ask *how many*, use **¿Cuántos?** with a masculine noun and **¿Cuántas?** with a feminine one. **Hay** means both *there is* and *there are*. Use **¿Hay...?** to ask *is/are there...?* Use **no hay** to express *there is/are not*.

—**¿Hay** chicas en la fotografía?
Are there girls in the picture?

—No, **no hay** chicas.
No, there aren't any girls.

—**¿Cuántos** chicos **hay?**
How many guys are there?

—**Hay** cuatro.
There are four.

¡ojo! The numbers **16–19** and **21–29** can also be written as three words, as in **diez y seis** and **veinte y uno**. **Uno** and **veintiuno** are used when counting (**uno, dos, tres... veinte, veintiuno, veintidós...**). They are also used after a noun, even if it is feminine (**la lección uno**).

¡Manos a la obra!

Provide the Spanish words for these numbers.

1. 7 siete
2. 16 dieciséis
3. 29 veintinueve
4. 1 uno
5. 0 cero
6. 15 quince
7. 21 veintiuno
8. 9 nueve
9. 23 veintitrés
10. 11 once
11. 30 treinta
12. 4 cuatro
13. 12 doce
14. 28 veintiocho
15. 14 catorce
16. 10 diez
17. 2 dos
18. 5 cinco
19. 22 veintidós
20. 13 trece

INSTRUCTIONAL RESOURCES WB, LM, Ans. Key, Lab, IRM (teaching tips, Website)

Práctica

1 Matemáticas Solve these math problems.

+ más – menos = es (singular)/son (plural)

modelo 9 + 2 = Nueve más dos son once.

1. **3 + 10 =** *Tres más diez son trece.*
2. **22 – 3 =** *Veintidós menos tres son diecinueve.*
3. **4 + 8 =** *Cuatro más ocho son doce.*
4. **17 + 13 =** *Diecisiete más trece son treinta.*
5. **22 + 1 =** *Veintidós más uno son veintitrés.*
6. **5 – 2 =** *Cinco menos dos son tres.*
7. **11 + 12 =** *Once más doce son veintitr*
8. **10 – 10 =** *Diez menos diez es cero.*
9. **3 + 14 =** *Tres más catorce son diecis*
10. **22 – 11 =** *Veintidós menos once son once.*

2 ¿Cuántos hay? How many persons or things are there in these drawings?

modelo

¿Cuántas maletas hay?
Hay cuatro maletas.

1. ¿Cuántos hombres hay? *Hay un hombre.*

2. ¿Cuántas fotografías hay? *Hay cuatro fotografías.*

3. ¿Cuántos chicos hay? *Hay veinticinco chicos.*

4. ¿Cuántos turistas hay? *Hay tres turistas.*

5. ¿Cuántas conductoras hay? *Hay una conductora.*

6. ¿Cuántas chicas hay? *Hay diecisiete chicas.*

Conversación

3 Describir Get together with a classmate and answer these questions about the photo.

1. ¿Cuántos conductores hay en la fotografía?

   Hay un conductor.

2. ¿Cuántas mujeres hay?

   Hay dos mujeres.

3. ¿Cuántos hombres hay?

   Hay tres hombres.

4. ¿Cuántos pasajeros hay?

   Hay cuatro pasajeros.

5. ¿Cuántos pasajeros son hombres?

   Dos pasajeros son hombres.

6. ¿Cuántos autobuses hay?

   Hay un autobús.

4 En la clase With a classmate, take turns asking and answering these questions about your classroom.

Answers will vary.

1. ¿Cuántos estudiantes hay?
2. ¿Hay un profesor?
3. ¿Hay una profesora?
4. ¿Cuántos hombres hay?
5. ¿Cuántas mujeres hay?
6. ¿Hay una computadora?
7. ¿Hay fotografías?
8. ¿Cuántos mapas hay?
9. ¿Hay diccionarios?
10. ¿Hay cuadernos?
11. ¿Cuántas grabadoras hay?
12. ¿Cuántas mochilas hay?

Español en vivo

Libro de cuentos: $ 12
Oso con pijama: $ 15
Árbol de Navidad: $ 30
La felicidad: no tiene precio
MasterCard
5412 3456 1890 1234
Hay ciertas cosas que el dinero no puede comprar, para todo lo demás existe MasterCard.
MasterCard
Aceptada en más lugares de los que imaginas.

Identificar

Scan the advertisement above, find the places where numbers appear, and say the numbers out loud.

Preguntas

1. Fill in the prices of the following items:
   Teddy bear ________ Storybook ________ Christmas tree ________
2. What is the message of the advertisement?
3. Do you think it is effective? Why?

1.3 Present tense of ser (*to be*)

Subject pronouns

Subject pronouns

	Singular		Plural	
FIRST PERSON	yo	*I*	nosotros nosotras	*we (masculine)* *we (feminine)*
SECOND PERSON	tú usted (Ud.)	*you (familiar)* *you (formal)*	vosotros vosotras ustedes (Uds.)	*you (masc., fam.)* *you (fem., fam.)* *you (form.)*
THIRD PERSON	él ella	*he* *she*	ellos ellas	*they (masc.)* *they (fem.)*

- A subject pronoun replaces the name or title of a person or thing and acts as the subject of a verb.

Carlos es estudiante. → Él es estudiante.

- Spanish has four subject pronouns that mean *you*. Use **tú** when talking to a friend, a family member, or a small child. Use **usted** when talking to someone with whom you have a more formal relationship, such as an employer or a professor, or to someone who is older than you. In Latin America, **ustedes** is used as the plural of both **tú** and **usted**. In Spain, **vosotros/as** is used as the plural of **tú**.
- **Usted** and **ustedes** are abbreviated **Ud.** and **Uds.**
- **Nosotros**, **vosotros**, and **ellos** refer to a group of males or to a group of males and females. **Nosotras**, **vosotras**, and **ellas** refer only to groups of females.

nosotros, vosotros, ellos

nosotros, vosotros, ellos

nosotras, vosotras, ellas

- There is no Spanish equivalent of the English subject pronoun *it*.

—¿Qué es?
What is it?

—Es una computadora.
It's a computer.

Práctica

1 ¿Quién es? With a partner, take turns asking who these people are and where they are from. *Answers will vary.*

modelo

Estudiante 1: *¿Quién es?*
Estudiante 2: *Es Jennifer López.*

Estudiante 1: *¿De dónde es?*
Estudiante 2: *Es de Nueva York.*

Jennifer López / Nueva York

1. Martin Sheen / Ohio

E1: ¿Quién es? E2: Es Martín Sheen.
E1: ¿De dónde es? E2: Es de Ohio.

2. Manny Ramírez / La República Dominicana

E1: ¿Quién es? E2: Es Manny Ramírez.
E1: ¿De dónde es? E2: Es de la República Domini

3. Gloria Estefan / Cuba

E1: ¿Quién es? E2: Es Gloria Estefan.
E1: ¿De dónde es? E2: Es de Cuba.

4. Salma Hayek / México

E1: ¿Quién es? E2: Es Salma Hayek.
E1: ¿De dónde es? E2: Es de México.

5. Shakira / Colombia

E1: ¿Quién es? E2: Es Shakira.
E1: ¿De dónde es? E2: Es de Colombia.

6. Carlos Santana / México

E1: ¿Quién es? E2: Es Carlos Santana.
E1: ¿De dónde es? E2: Es de México.

2 ¿Qué es? Ask your partner what each object is and to whom it belongs.

modelo

Estudiante 1: *¿Qué es?*
Estudiante 2: *Es una grabadora.*
Estudiante 1: *¿De quién es?*
Estudiante 2: *Es del profesor.*

1.

E1: ¿Qué es? E2: Es una maleta.
E1: ¿De quién es? E2: Es de la señora López.

2.

E1: ¿Qué es? E2: Es un cuadern
E1: ¿De quién es? E2: Es de Ma

3.

E1: ¿Qué es? E2: Es un cuaderno.
E1: ¿De quién es? E2: Es de Sara.

4.

E1: ¿Qué es? E2: Es una compu
E1: ¿De quién es? E2: Es de Ra

 INSTRUCTIONAL RESOURCES WB, LM, Ans. Key, Lab, IRM (teaching tips), Website

Conversación

3 En el dormitorio Using the items in the word bank, ask your partner questions about Susana's dorm room.
Answers will vary.

¿Quién?	¿De dónde?	¿Cuántos?
¿Qué?	¿De quién?	¿Cuántas?

4 Personas famosas Pretend to be a person from Spain, Mexico, Puerto Rico, Cuba, or the United States who is famous in one of these professions. Your classmates will try to guess who you are. *Answers will vary.*

actor	*actor*
actriz	*actress*
deportista	*athlete*
escritor(a)	*writer*
cantante	*singer*
músico/a	*musician*

modelo

Estudiante 3: ¿Eres de Cuba?
Estudiante 1: Sí.
Estudiante 2: ¿Eres mujer?
Estudiante 1: No. Soy hombre.
Estudiante 3: ¿Eres músico?
Estudiante 1: No. Soy actor.
Estudiante 2: ¿Eres Andy García?
Estudiante 1: ¡Sí! ¡Sí!

Andy García

The present tense of ser

ser (*to be*)

Singular forms		Plural forms	
yo	**soy** (*I am*)	nosotros/as	**somos** (*we are*)
tú	**eres** (*you are*)	vosotros/as	**sois** (*you are*)
Ud./él/ella	**es** (*you are; he/she is*)	Uds./ellos/ellas	**son** (*you/they are*)

- Use **ser** to identify people and things.

—¿Quién **es** ella?
Who is she?
—**Es** Inés Ayala Loor.
She's Inés Ayala Loor.

—¿Qué **es**?
What is it?
—**Es** un mapa.
It's a map.

- Use **ser** to express possession, along with **de. De** combines with **el** to form the contraction **del.**[1] Note that Spanish doesn't use [*apostrophe*] + *s* to indicate possession.

—**¿De** quién **es?**
Whose is it?
—**Es** el diario **de** Maite.
It's Maite's diary.

—**¿De** quiénes **son?**
Whose are they?
—**Son** los lápices **del** chico.
They are the boy's pencils.

- Use **ser** to express origin, along with **de.**

—**¿De** dónde **es** Inés?
Where is Inés from?
—**Es del** Ecuador.
She's from Ecuador.

- Use **ser** to talk about someone's occupation.[2]

Don Francisco **es** conductor.
Don Francisco is a driver.
Isabel **es** profesora.
Isabel is a teacher.

[1] **De** does not form contractions with **la, los,** or **las.**
[2] Spanish does not use **un** or **una** after **ser** when mentioning a person's occupation, unless the occupation is accompanied by an adjective.

¡Manos a la obra!

Provide the correct subject pronouns in the first column, and the correct present forms of **ser** in the second column. The first item has been done for you.

1. Gabriel	él	es
2. Juan y yo	nosotros	somos
3. Tú, el pasajero	tú	eres
4. Adriana	ella	es
5. las turistas	ellas	son
6. el chico	él	es
7. Yo, el conductor	yo	soy
8. el señor y la señora Ruiz	ellos	son

1.4 Telling time

- Use numbers with the verb **ser** to tell time. To ask what time it is, use **¿Qué hora es?** To say what time it is, use **es la** with **una** and **son las** with other hours.

Es la una.

Son las cuatro.

- Express time from the hour to the half hour by adding minutes.

Son las dos **y diez**.

Son las ocho **y veinte**.

- Use **y cuarto** or **y quince** to say that it's fifteen minutes past the hour. Use **y media** or **y treinta** to say that it's thirty minutes past the hour.

Son las cuatro **y cuarto**.

Son las nueve **y media**.

Práctica

1 Emparejar Match each watch with the correct statement.

1. Son las ocho menos veinticinco de la mañana.
2. Es la una menos diez de la mañana.
3. Son las tres y cinco de la mañana.
4. Son las dos menos cuarto de la tarde.
5. Son las seis y media de la mañana.
6. Son las once y veinte de la noche.

2 ¿Qué hora es? With a partner, answer the questions using the clocks as a guide.

Estudiante 1: *Son las siete de la noche en Los Ángeles. ¿Qué hora es en San Antonio?*
Estudiante 2: *Son las nueve de la noche en San Antonio.*

Miami

San Antonio

Denver

Los Ángeles

1. Son las cuatro en punto de la tarde en Los Ángeles. ¿Qué hora es en Miami? *Son las siete de la tarde.*
2. Son las seis de la tarde en San Antonio. ¿Qué hora es en Denver? *Son las cinco de la tarde.*
3. Son las siete de la noche en Denver. ¿Qué hora es en Los Ángeles? *Son las seis de la tarde.*
4. Son las dos y media de la tarde en Los Ángeles. ¿Qué hora es en Miami? *Son las cinco y media de la tarde.*
5. Son las once de la mañana en San Antonio. ¿Qué hora es en Los Ángeles? *Son las nueve de la mañana.*
6. Es la una de la tarde en Los Ángeles. ¿Qué hora es en San Antonio? *Son las tres de la tarde.*

Conversación

3 En la televisión With a partner, take turns asking and answering questions about these television listings. *Answers will vary.*

modelo

Estudiante 1: *¿A qué hora es el programa Las computadoras?*
Estudiante 2: *Es a las nueve en punto de la noche.*

TV Hoy

Programación

11:00 am	Telenovela: *Cuatro viajeros y un autobús*
12:00 pm	Película: *El cóndor* (drama)
2:00 pm	Telenovela: *Dos mujeres y dos hombres*
3:00 pm	Programa juvenil: *Fiesta*
3:30 pm	Telenovela: *¡Sí, sí, sí!*
4:00 pm	Telenovela: *El diario de la Sra. González*
5:00 pm	Telenovela: *Tres mujeres*
6:00 pm	Noticias
7:00 pm	Especial musical: *Música folklórica de México*
7:30 pm	La naturaleza: *Jardín secreto*
8:00 pm	Noticiero: *Veinticuatro horas*
9:00 pm	Documental: *Las computadoras*
10:00 pm	Telecomedia: *Don Paco y doña Tere*
11:00 pm	Película: *Pedro Páramo*

4 Entrevista Use the following questions to interview a classmate. *Answers will vary.*

1. ¿Qué hora es?
2. ¿A qué hora es la clase de español?
3. ¿A qué hora es el programa *60 minutes?*
4. ¿A qué hora es el programa *Nightline*?
5. ¿Hay una fiesta el sábado (*on Saturday*)? ¿A qué hora es?
6. ¿Hay un concierto el sábado? ¿A qué hora es?

5 ¿Qué hora es? Your instructor will give you and your partner handouts so that you may complete this information gap activity.

▸ To express time from the half-hour to the hour in Spanish, subtract minutes or a portion of an hour from the next hour.

Son las dos **menos cuarto.**

Son las once **menos quince.**

Son las nueve **menos diez.**

Son las ocho **menos cinco.**

Time-telling expressions

▸ Here are some useful phrases related to time-telling.

—¿Qué hora es?
What time is it?

—Son las cuatro **de la tarde.**
It's 4 p.m. (in the afternoon).

—Son las diez **de la noche.**
It's 10 p.m. (at night).

—¿A qué hora es la clase?
(At) what time is the class?

—La clase es **a la una.**
The class is at one o'clock.

—Son las nueve **de la mañana.**
It's 9 a.m. (in the morning).

—Es **el mediodía.**
It's noon.

—Es **la medianoche.**
It's midnight.

—La clase es **a las dos.**
The class is at two o'clock.

—La clase es a las ocho **en punto.**
The class is at 8 o'clock on the dot (sharp).

¡Manos a la obra!

Practice telling time by completing these sentences. The first item has been done for you.

1. (1:00 a.m.) Es la ___una___ de la mañana.
2. (2:50 a.m.) Son las tres ___menos___ diez de la mañana.
3. (4:15 p.m.) Son las cuatro y ___cuarto/quince___ de la tarde.
4. (8:30 p.m.) Son las ocho y ___media/treinta___ de la noche.
5. (9:15 a.m.) Son las nueve y quince de la ___mañana___.
6. (12:00 p.m.) Es el ___mediodía___.
7. (6:00 a.m.) Son las seis de la ___mañana___.
8. (4:05 p.m.) Son las cuatro y cinco de la ___tarde___.
9. (12:00 a.m.) Es la ___medianoche___.
10. (9:55 p.m.) Son las ___diez___ menos cinco de la noche.

Repaso

1.1 Nouns and adjectives

1 Combinar Combine the articles and the nouns. There are at least two correct answers for each noun.

un	chicas	*unas, las*
una	país	*un, el*
unos	profesoras	*unas, las*
unas	videos	*unos, los*
el	conductora	*una, la*
la	cuaderno	*un, el*
los	estudiantes	*unos, unas, los, las*
las	lápiz	*un, el*
	conversación	*una, la*
	nacionalidades	*unas, las*

2 Examinarse *(Test yourselves)* Write at least six singular or plural nouns on a sheet of paper and the appropriate definite and indefinite articles. Then work with a partner. One person says a noun and the other responds saying the correct articles and the noun. *Answers will vary.*

modelo

Estudiante 1: autobuses
Estudiante 2: los autobuses, unos autobuses

1.2 Numbers 0–30

3 Bingo With a partner, take turns announcing these numbers.

4 Precios *(Prices)* Using the cues provided, tell how much each item costs.

modelo

cuaderno / $3.00
Un cuaderno cuesta *(costs)* tres dólares.

1. grabadora / $25.00 *Una grabadora cuesta veinticinco dólares.*
2. mapa del país / $6.00 *Un mapa del país cuesta seis dólares.*
3. diccionario / $11.00 *Un diccionario cuesta once dólares.*
4. mochila / $28.00 *Una mochila cuesta veintiocho dólares.*
5. video / $20.00 *Un video cuesta veinte dólares.*
6. diario / $9.00 *Un diario cuesta nueve dólares.*

1.3 Present tense of ser

5 ¿Tú, usted o ustedes? Which form of *you* would you use when addressing these people?

1 DOCTORA MÁRQUEZ · 2 ÁLEX Y JAVIER · 3 INÉS · 4 UN POLICÍA · 5 MANUEL · 6 DON FRANCISCO Y SEÑORA RAMOS

1. Doctora Márquez *Ud.*
2. Alex y Javier *Uds.*
3. Ines *tú*
4. un policía *Ud.*
5. Manuel *tú*
6. Don Francisco y señora Ramos *Uds.*

6 Completar Get together with a classmate and complete the correct forms of the verb **ser**.

DAVID ¡Hola! Tú (1) *eres* Teresa, ¿verdad?
TERESA Sí, yo (2) *soy* Teresa y ésta (3) *es* Elena. ¿Y quiénes (4) *son* ustedes?
DAVID (5) *Soy* David y él (6) *es* Roberto. ¿De dónde (7) *son* ustedes?
TERESA (8) *Somos* de México, de la capital. ¿Y tú?
DAVID Yo (9) *soy* de Los Ángeles, pero (*but*) Roberto (10) *es* de San Francisco.
TERESA ¿De quién (11) *es* la guitarra (*guitar*)? ¿(12) *Eres* músico, David?
DAVID No, no (13) *soy* músico. La guitarra (14) *es* de Roberto.

1.4 Telling time

7 ¿Qué hora es? Say what time it is.

1. 

Son las cinco y media de la tarde./ Son las cinco y treinta de la tarde.

2. 

Son las nueve menos diez de la mañana.

3. 

Es el mediodía./Son las doce de la tarde.

4. 

Son las cuatro y trece de la tarde.

5. 

Son las seis menos cuarto de la mañana.

6. 

Son las diez y veinticinco de la noche.

8 En el Aeropuerto Internacional de Miami With a partner, take turns asking and answering questions about the departure times and the gate numbers of these flights.

modelo

Estudiante 1: ¿A qué hora es el vuelo (*flight*) para Bogotá?
Estudiante 2: Es a las diez de la mañana.
Estudiante 1: ¿Y cuál (*what*) es el número de la puerta (*gate*)?
Estudiante 2: Es E9.

Destino	Salida	Puerta
Bogotá	10:00 a.m.	E9
Cancún	2:10 p.m.	A7
Caracas	11:02 a.m.	A14
La Habana	12:30 p.m.	G5
Lima	4:40 p.m.	E11
Montreal	1:27 p.m.	D24
Quito	11:59 a.m.	E6
San Juan	8:15 a.m.	E10

Síntesis

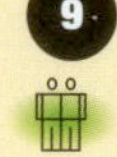

9 Una excursión You are going on one of Ecuatur's tours. This is the first day, and you want to get to know some of the people. With a classmate, act out this situation. Use the cues in brackets to answer some of the questions. *Answers will vary.*

- Greet someone, tell the person who you are, and find out his or her name.
- Find out if the person is from the United States.
- Ask if he/she is a professor.
- Find out how many people are taking the tour (*hacen la excursión*). [21 people]

Ritmos hispanos

NATIONAL STANDARDS communication cultures

Alejandro Sanz:

Un latino de origen español

The Spanish pop musician, composer and singer **Alejandro Sanz** started playing guitar when he was seven years old. He started composing his own songs when he was ten, and he recorded his first song at the age of sixteen. His professional debut began in 1991 with the album *Viviendo de prisa,* a work that launched one of the most remarkable Spanish music careers. Now, more than fourteen years later, his albums have exceeded all sales predictions and have been recognized with multiple awards, including several Latin Grammies and Platinum Europe Awards. Additionally, Sanz is the first Spanish singer to record an "MTV Unplugged" album. His music is a fusion of cultures and a blend of styles, mixing flamenco, Latin-jazz, Caribbean and Hip Hop, while his lyrics describe political subjects, environmental issues, and our daily lives.

Discografía selecta

- *Viviendo de prisa* (1991; 7 Platinum albums)
- *Básico* (1994)
- *Alejandro Sanz III* (1995)
- *Más* (1997)
- *MTV Unplugged* (2001; ASCAP Record and Song of the Year)
- *No es lo mismo* (2003; Grammy for Best Latin Pop Album; Latin Grammy for Best Album of the Year)

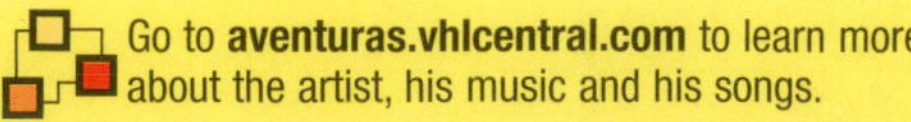
Go to **aventuras.vhlcentral.com** to learn more about the artist, his music and his songs.

NATIONAL
communication
STANDARDS

Ampliación

1 Escuchar

A Listen to the conversation between Srta. Martínez and a traveler. Then fill in the missing information on the form.

TIP **Listen for words you know.** Listening for familiar words and phrases will help you follow a conversation.

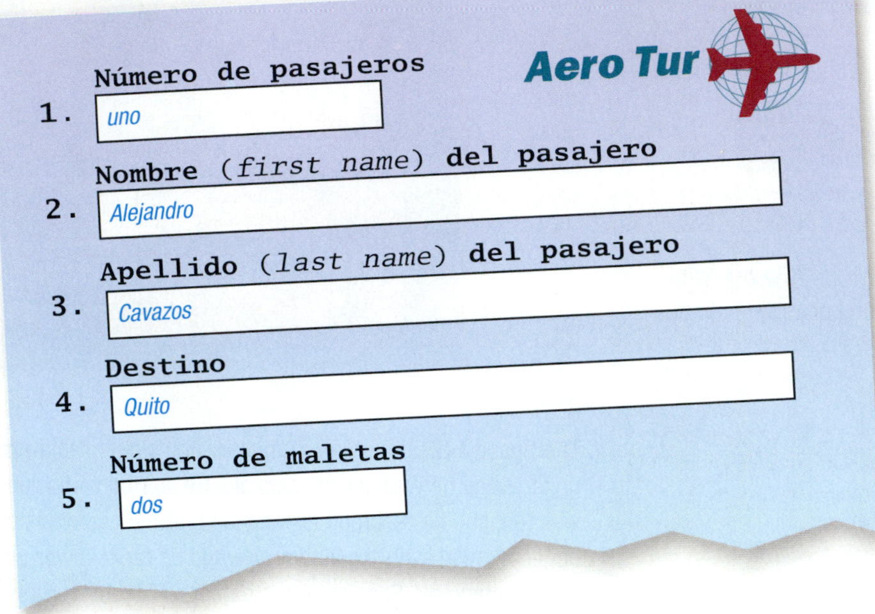

Aero Tur

1. Número de pasajeros: *uno*
2. Nombre (*first name*) del pasajero: *Alejandro*
3. Apellido (*last name*) del pasajero: *Cavazos*
4. Destino: *Quito*
5. Número de maletas: *dos*

B When does this conversation take place? How do you know?

2 Conversar

With two classmates, act out an interview between school newspaper reporters and a visiting **profesor de literatura.** After introducing themselves, the reporters should find out the following information.

Answers will vary.

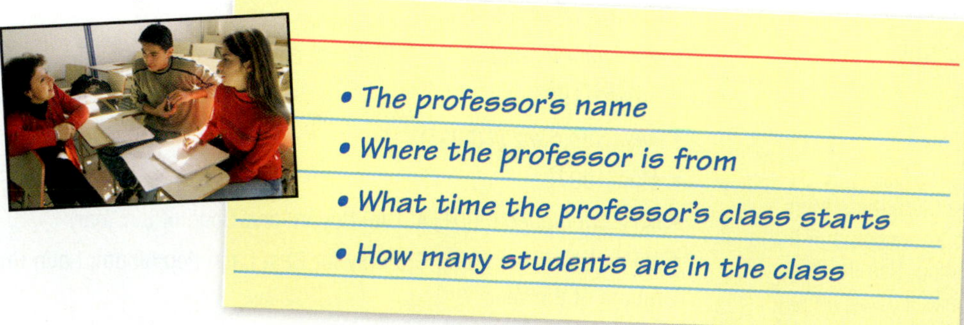
• The professor's name
• Where the professor is from
• What time the professor's class starts
• How many students are in the class

recursos

WB pp. 3–8	LM pp. 3–8	Text MP3s Lección 1	Lab MP3s Lección 1	aventuras.vhlcentral.com Lección 1

1 SCRIPT
Dr. Cavazos: Buenos días, señorita.
Srta. Martínez: Buenos días, señor. ¿En qué le puedo servir?
Dr. Cavazos: Yo soy el doctor Alejandro Cavazos. Voy a Quito. Aquí tiene mi boleto. Deseo facturar mis maletas.
Srta. Martínez: ¿Alejandro Cavazos? ¿C-A-V-A-Z-O-S?
Dr. Cavazos: Sí, señorita.
Srta. Martínez: ¿Un viaje de ida y vuelta a Quito?
Dr. Cavazos: Sí.
Srta. Martínez: ¿Cuántas maletas tiene usted? ¿Tres?
Dr. Cavazos: Dos.
Srta. Martínez: Bueno, aquí tiene usted su boleto.
Dr. Cavazos: Muchas gracias, señorita.
Srta. Martínez: No hay de qué, doctor Cavazos. ¡Buen viaje!
Dr. Cavazos: Gracias. ¡Adiós!

1 SUGGESTION Point out to students that the tips in the **Escuchar** activities will help improve their listening skills in Spanish.

2 EXPANSION Tell the reporters to jot down the responses to their questions. Then ask them to write a brief description about the professor based on the person's responses, or have them report the information to the class.

INSTRUCTIONAL RESOURCE Text MP3s, WB, LM, Ans. Key, Lab, Website

Ampliación

3 SUGGESTION Write the standard headings used in a telephone/address list on the board: **Nombre, Teléfono, Dirección electrónica**. You may also want to add **Número de casa, Número de oficina**, and **Número de fax** to the list. Encourage students to use their imagination in adding categories and to make annotations on their lists.

3 EVALUATION

Criteria	Scale
Content	1 2 3 4
Organization	1 2 3 4
Comprehensibility	1 2 3 4
Accuracy	1 2 3 4
Creativity	1 2 3 4

Scoring	
Excellent	18-20 points
Good	14-17 points
Satisfactory	10-13 points
Unsatisfactory	< 10 points

4 SUGGESTION Have students brainstorm a list of possible cities or assign students specific cities so that a wide variety is covered.

4 EXPANSION Bring in a map of the United States and ask students to name the cities described in the presentations as you mark them on the map.

4 EXPANSION You might have students read the **Aventuras en los países hispanos** on pages 53–56 at this point.

3 Escribir

Write a list of names, numbers, addresses, and websites that will help you in your study of Spanish. Use the plan below to guide you in your writing. *Answers will vary.*

TIP Write in Spanish. Use grammar and vocabulary that you know. Also, look at your textbook for examples of style, format, and expressions in Spanish.

Organízalo	Make a list of campus resources and contact information. Then explore web resources and jot down a few addresses.
Escríbelo	Using the material you have compiled, write the first draft of your list.
Corrígelo	Exchange papers with a classmate and comment on the organization, style, and grammatical correctness of each other's work. Then revise your first draft, keeping your classmate's comments in mind.
Compártelo	Share your list with two new classmates. If they found resources you didn't mention, add them to your list. Store your list with your other study aids.

4 Un paso más

Prepare a presentation about how Hispanic cultures have influenced an American city. Include the following in your presentation: *Answers will vary.*

- An introduction of yourself in Spanish
- A general description of the city
- Examples of how Hispanic cultures have influenced the city
- Photos, drawings, and charts to make your presentation more interesting

En Internet

Investiga estos temas en el sitio aventuras.vhlcentral.com.

- Ciudad de Nueva York
- Ciudad de Miami
- Ciudad de Los Ángeles

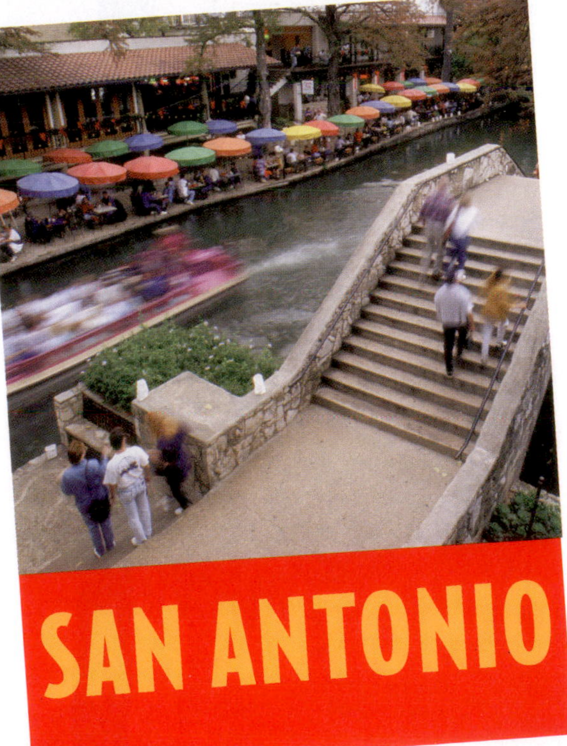

Antes de leer

Cognates are words that share similar meanings and spellings in two or more languages. The Spanish words **computadora**, **problema**, and **programa** are examples of cognates.

When you read in Spanish, look for cognates and use them to get the general meaning of what you're reading. But watch out for false cognates such as **librería**, which means *bookstore*, not *library*.

Laura, a university student, made a list of important names and numbers she needed to remember. Look for cognates while you read her list.

For now, read the phone numbers one digit at a time. The period (.) is called **punto** and the "at" symbol (@) is called **arroba.**

SUGGESTION Write the following suffixes on the board and have students guess the English meaning: **-ción/-sión** = -tion/-sion **(información, nación, televisión, decisión)**; **-ante/-ente** = -ant/-ent **(inteligente, elegante)**; **-ia/-ía** = -y **(sociología, historia, agencia)**; **-dad** = -ty **(oportunidad, universidad)**.

SUGGESTION As a prereading activity, have students scan the two lists and identify the cognates. Then have them compare their lists in groups.

EXPANSION Have students correct the false statements in **¿Comprendiste?**

EXPANSION Have students write additional true/false statements on the reading to ask their classmates.

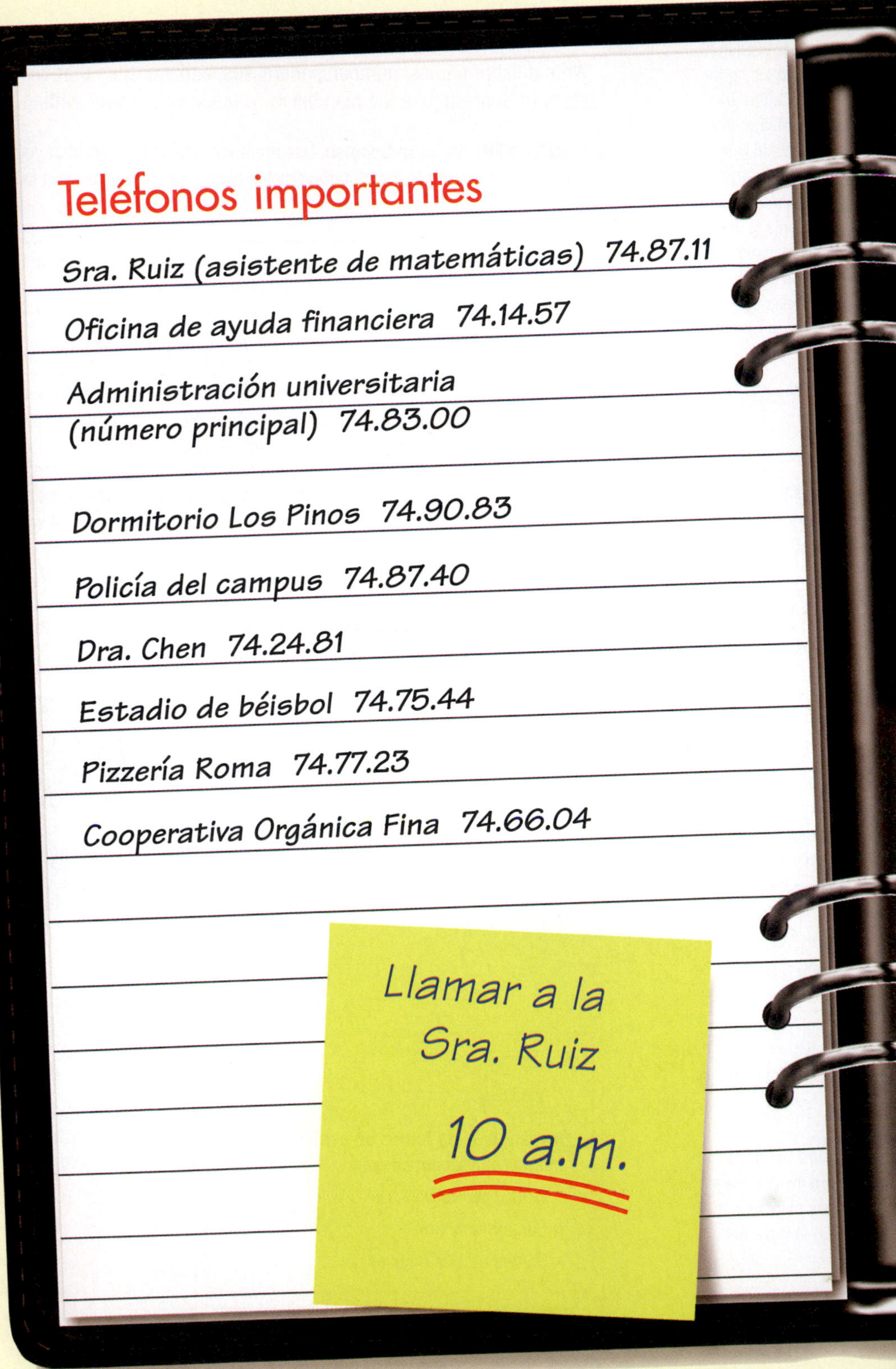

Teléfonos importantes
Sra. Ruiz (asistente de matemáticas) 74.87.11
Oficina de ayuda financiera 74.14.57
Administración universitaria
(número principal) 74.83.00
Dormitorio Los Pinos 74.90.83
Policía del campus 74.87.40
Dra. Chen 74.24.81
Estadio de béisbol 74.75.44
Pizzería Roma 74.77.23
Cooperativa Orgánica Fina 74.66.04
Llamar a la
Sra. Ruiz
10 a.m.

 INSTRUCTIONAL RESOURCE Website

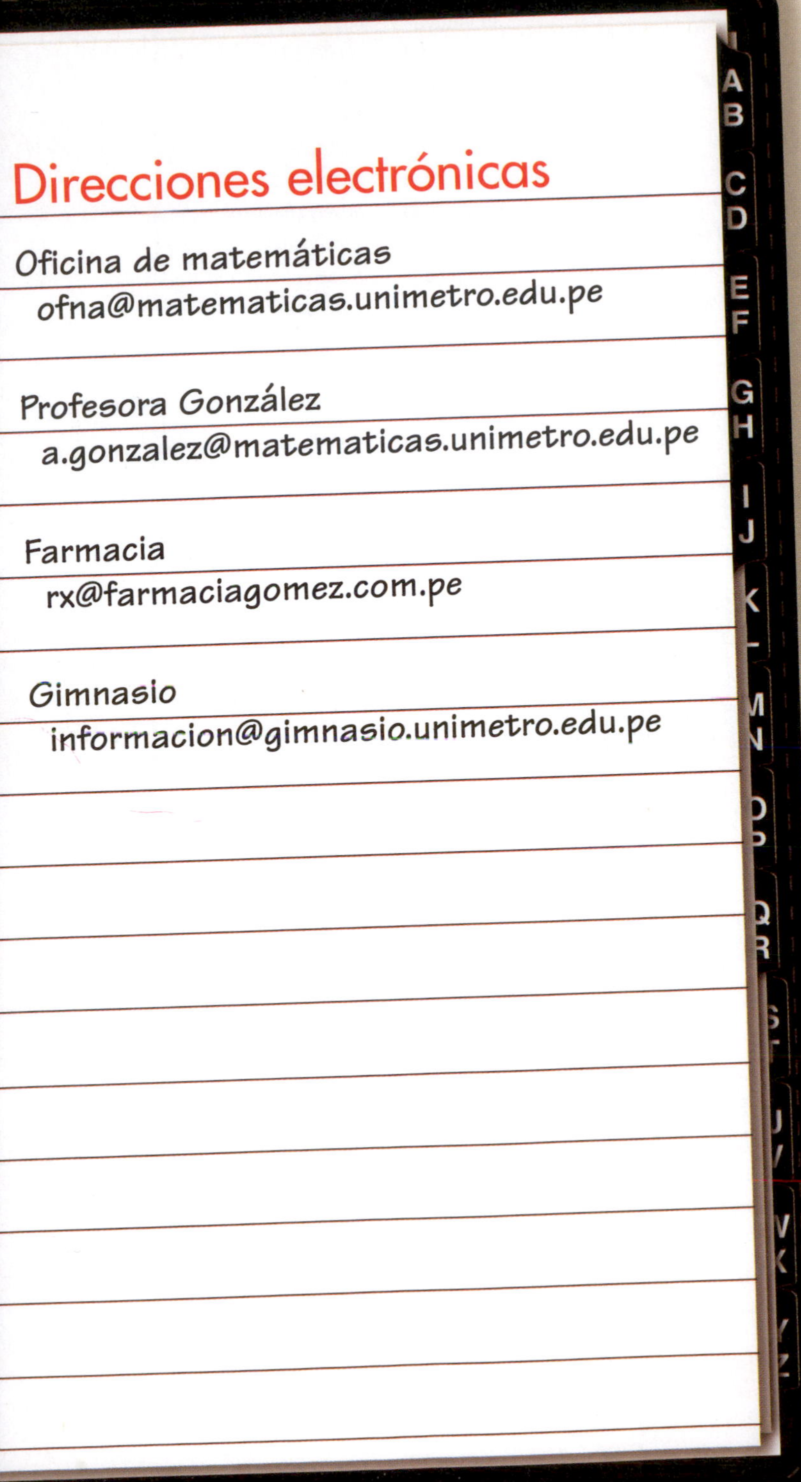

Direcciones electrónicas
Oficina de matemáticas
ofna@matematicas.unimetro.edu.pe
Profesora González
a.gonzalez@matematicas.unimetro.edu.pe
Farmacia
rx@farmaciagomez.com.pe
Gimnasio
informacion@gimnasio.unimetro.edu.pe

Después de leer

¿Comprendiste?

Indicate whether each statement is **cierto** (*true*) or **falso** (*false*).

Cierto	Falso	
✓	___	1. Professor González works in the math department.
___	✓	2. If Laura wanted to get a student loan, she would call 74.83.00.
___	✓	3. Laura never eats pizza.
✓	___	4. If Laura needed to report a crime, she would call 74.87.40.
✓	___	5. To find out the price of organic apples, Laura would call 74.66.04.
✓	___	6. Laura would call 74.75.44 to get a baseball ticket.

Coméntalo

Think about the names, phone numbers, and e-mail addresses that Laura keeps in her address book. If you were preparing a similar address book, what names, telephone numbers, and e-mail addresses would you include?

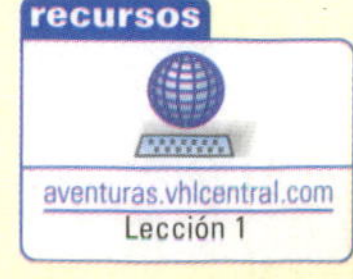

1 VOCABULARIO

Saludos

Hola.	*Hello; hi.*
Buenos días.	*Good morning.*
Buenas tardes.	*Good afternoon.*
Buenas noches.	*Good evening; good night.*

Despedidas

Adiós.	*Good-bye.*
Nos vemos.	*See you.*
Hasta luego.	*See you later.*
Hasta la vista.	*See you later.*
Hasta pronto.	*See you soon.*
Hasta mañana.	*See you tomorrow.*
Saludos a…	*Greetings to…*
Chau.	*Bye.*

¿Cómo está?

¿Cómo está usted?	*How are you? (form.)*
¿Cómo estás?	*How are you? (fam.)*
¿Qué hay de nuevo?	*What's new?*
¿Qué pasa?	*What's happening?; what's going on?*
¿Qué tal?	*How are you?; how is it going?*
(Muy) bien, gracias.	*(Very) well, thanks.*
Nada.	*Nothing.*
No muy bien.	*Not very well.*
Regular.	*So-so; OK.*

Expresiones de cortesía

De nada.	*You're welcome.*
Lo siento.	*I'm sorry.*
(Muchas) gracias.	*Thank you (very much); thanks (a lot).*
No hay de qué.	*You're welcome.*
Por favor.	*Please.*

Títulos

señor (Sr.)	*Mr.; sir*
señora (Sra.)	*Mrs.; ma'am*
señorita (Srta.)	*Miss*

Presentaciones

¿Cómo se llama usted?	*What's your name? (form.)*
¿Cómo te llamas (tú)?	*What's your name? (fam.)*
Me llamo…	*My name is…*
¿Y tú?	*And you? (fam.)*
¿Y usted?	*And you? (form.)*
Mucho gusto.	*Pleased to meet you.*
El gusto es mío.	*The pleasure is mine.*
Encantado/a.	*Delighted; Pleased to meet you.*
Igualmente.	*Likewise.*
Éste/Ésta es…	*This is…*
Le presento a…	*I would like to introduce you to… (form.)*
Te presento a…	*I would like to introduce you to… (fam.)*

Países

Ecuador	*Ecuador*
España	*Spain*
Estados Unidos (EE.UU.)	*United States*
México	*Mexico*
Puerto Rico	*Puerto Rico*

Verbos

ser	*to be*

¿De dónde es?

¿De dónde es usted?	*Where are you from? (form.)*
¿De dónde eres?	*Where are you from? (fam.)*
Soy de...	*I'm from…*

Expresiones adicionales

¿Cuánto(s)/a(s)?	*How many?*
¿De quién...?	*Whose…? (sing.)*
¿De quiénes...?	*Whose…? (plural)*
(No) Hay	*There is (not); there are (not)*
¿Qué es?	*What is it?*
¿Quién es?	*Who is?*

Sustantivos

el autobús	*bus*
la capital	*capital city*
la chica	*girl*
el chico	*boy*
la computadora	*computer*
la comunidad	*community*
el/la conductor(a)	*driver; chauffeur*
la conversación	*conversation*
la cosa	*thing*
el cuaderno	*notebook*
el día	*day*
el diario	*diary*
el diccionario	*dictionary*
la escuela	*school*
el/la estudiante	*student*
la foto(grafía)	*photograph*
la grabadora	*tape recorder*
el hombre	*man*
el/la joven	*youth; young person*
el lápiz	*pencil*
la lección	*lesson*
la maleta	*suitcase*
la mano	*hand*
el mapa	*map*
la mochila	*backpack*
la mujer	*woman*
la nacionalidad	*nationality*
el número	*number*
el país	*country*
la palabra	*word*
el/la pasajero/a	*passenger*
el problema	*problem*
el/la profesor(a)	*teacher*
el programa	*program*
el/la turista	*tourist*
el video	*video*

Expresiones útiles	*See page 9.*
Numbers 0–30	*See page 14.*
Subject pronouns	*See page 16.*
Time-telling expressions	*See pages 18–19.*

recursos

Text MP3s Lección 1

INSTRUCTIONAL RESOURCES Text MP3s, IRM (additional vocabulary), Test Program, Test MP3s, Website

2 Las clases

PARA EMPEZAR Have students look at the photo. Say: **Es una foto de dos jóvenes en la universidad.** Then ask: **¿Qué son los jóvenes? (Son estudiantes.) ¿Qué hay en la mano de la chica? (un libro)**

Communicative Goals

You will learn how to:

- talk about people, places, classes
- express likes and dislikes
- chat with a new friend
- talk about prices

PARA EMPEZAR

- ¿Cuántos chicos hay en la foto? ¿Dos o tres?
- ¿Cuántos hombres y cuántas mujeres?
- ¿Qué hora es?
  a. La una de la tarde. b. Las dos de la mañana.
  c. Es la medianoche.

LAS CLASES

el laboratorio
laboratory

LOS LUGARES

la cafetería *cafeteria*
la librería *bookstore*
la residencia estudiantil *dormitory*
la universidad *university*

el estadio
stadium

la biblioteca
library

EXPANSION Write **¿Qué clases tomas?** and **Tomo...** on the board and explain their meaning. Have students circulate, introducing themselves, finding where others are from, and asking what classes they are taking. Conclude by asking students to present the information they have found about a classmate.

la química
chemistry

LOS CURSOS

la administración de empresas *business administration*
el arte *art*
la biología *biology*
la clase *class*
la contabilidad *accounting*
los cursos *courses*
el español *Spanish*
la física *physics*
la historia *history*
el inglés *English*
las lenguas extranjeras *foreign languages*

las matemáticas *mathematics*
el periodismo *journalism*
la psicología *psychology*
la sociología *sociology*

la computación
computer science

la geografía
geography

recursos

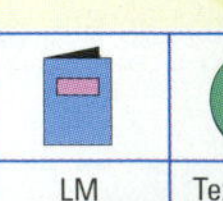
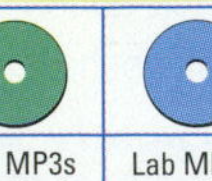
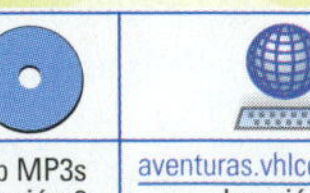

WB pp. 9–10	LM p. 7	Text MP3s Lección 2	Lab MP3s Lección 2	aventuras.vhlcentral.com Lección 2

INSTRUCTIONAL RESOURCES WB, LM, Ans. Key, Lab, Text MP3s, IRM (tapescript, additional vocabulary), Website

SUGGESTION Identify items in the transparency or the text, then in the room, and ask questions. Ex: (Transparency) **Es un lápiz**. (Looking around the room) Ex: **¿Hay un lápiz en la clase? ¿Cuántos lápices hay en la clase? ¿Dónde hay un libro de biología? ¿De quién es el libro de historia?**

el reloj
clock; watch

EN LA CLASE

el borrador *eraser*
el examen *test; exam*
el horario *schedule*
la mesa *table*
el papel *paper*
la pizarra *blackboard*
la pluma *pen*
la prueba *test; quiz*
la puerta *door*
el semestre *semester*
la silla *chair*
la tarea *homework*
la tiza *chalk*
el trimestre *trimester; quarter*
la ventana *window*

el mapa
map

el libro
book

Variación léxica
pluma ⟷ bolígrafo
pizarra ⟷ tablero (*Col.*)
tarea ⟷ asignación (*P. Rico*); deberes (*Esp., Arg.*)

el escritorio
desk

EXPANSION Ask students what phrases or words they associate with various items. Ex: **la pizarra** (**la tiza, el borrador**), **el reloj** (**¿Qué hora es? Son las...**), **la biblioteca (los libros, los exámenes, las materias).**

el profesor
teacher, professor

LAS PERSONAS

el/la compañero/a de clase *classmate*
el/la compañero/a de cuarto *roommate*
el/la estudiante *student*

LOS DÍAS DE LA SEMANA

lunes *Monday*
martes *Tuesday*
miércoles *Wednesday*
jueves *Thursday*
viernes *Friday*
sábado *Saturday*
domingo *Sunday*

el día *day*
la semana *week*

Hoy es... *Today is...*

A escuchar

1 Escuchar Listen to Professor Morales talk about her Spanish classroom, then check the items she mentions.

1. puerta	☑	7. sillas	☐
2. ventanas	☑	8. libros	☑
3. pizarra	☑	9. plumas	☑
4. borrador	☐	10. mochilas	☐
5. tiza	☑	11. papel	☑
6. escritorios	☑	12. reloj	☑

2 Mis clases Listen and fill in the calendar with María's class schedule. Then complete the sentences below.

María

Estudiante	María		Semestre Nº 1		
	lunes	martes	miércoles	jueves	viernes
AM	*10:30 arte*				
			11:00 periodismo		
PM					*biblioteca*
		2:15 computación			
				3:30 geografía	

1. Éste es el primer (*first*) ___*semestre*___ de María en la universidad.
2. El horario de María es de cuatro ___*clases*___ .
3. La clase de ___*arte*___ es el lunes a las diez y media de la mañana.
4. La clase de ___*computación*___ es el martes a las dos y quince de la tarde.
5. La clase de periodismo es el ___*miércoles*___ a las once de la mañana.
6. La clase de ___*geografía*___ es el jueves a las tres y media de la tarde.
7. María estudia (*studies*) en la ___*biblioteca*___ los viernes.

recursos

1 SCRIPT ¿Qué hay en mi clase de español? ¡Muchas cosas! Hay una puerta y cinco ventanas. Hay una pizarra con tiza. Hay muchos escritorios para los estudiantes. En los escritorios de los estudiantes hay libros plumas. En la mesa de la profesora hay papel. Hay un mapa y un reloj en la clase también.

2 SCRIPT Hola, ¿qué tal? Me llamo María. Éste es mi primer semestre en la universidad. M horario es de cuatro clases. M clase de arte es el lunes a la diez y media de la mañana, m clase de computación es el martes a las dos y quince de tarde y mi clase de periodism es el miércoles a las once de la mañana. Mi clase de geografía es el jueves a las tres y media de la tarde. Mi c de biblioteca es el viernes. E la biblioteca estudio para mis exámenes y la tarea.

2 SUGGESTION Using sentences 2 through 6 as a model, have students prepa four statements about their classes to share with the cla or a partner. Prepare a class schedule like María's on the board if time permits.

2 SUGGESTION Point out t the days of the week are always written in lowercase

INSTRUCTIONAL RESOURCE Text MP3s, Website

A practicar

3 SUGGESTION Ask students to provide additional examples for the class to classify.

3 EXPANSION Ask students for additional examples for each category.

4 EXPANSION Ask students to provide examples of famous people from other fields such as **física** (ex: Albert Einstein), **computación** (ex: Bill Gates), **economía** (ex: Alan Greenspan), **periodismo** (ex: Barbara Walters)

4 EXPANSION Ask students to give additional examples and have classmates identify the class.

5 SUGGESTION Have students write analogies using the unused words.

3 Clasificar Indicate whether each word is a **Persona**, **Objeto**, **Curso**, or **Lugar** (*place*).

	Persona	Objeto	Curso	Lugar
1. el periodismo			✓	
2. la residencia estudiantil				✓
3. la estudiante	✓			
4. el estadio				✓
5. la tiza		✓		
6. la contabilidad			✓	
7. la pluma		✓		
8. la compañera de clase	✓			

4 Cursos What is the subject matter of each class?

modelo
la cultura de España, los verbos
Es la clase de español.

1. los microbios, los animales
   Es la clase de biología.
2. George Washington, Martin Luther King, Jr.
   Es la clase de historia.
3. la geometría, la trigonometría
   Es la clase de matemáticas.
4. Frida Kahlo, Leonardo da Vinci
   Es la clase de arte.
5. África, el río Amazonas
   Es la clase de geografía.
6. Freud, Jung
   Es la clase de psicología.

Frida Kahlo, famosa pintora (*painter*) mexicana.

El río Amazonas, en América del Sur.

5 Analogías Use these words to complete the analogies. Five words will not be used.

1. dos ↔ cuatro = martes ↔ *jueves*
2. hoy ↔ mañana = viernes ↔ *sábado*
3. EE.UU. ↔ mapa = hora ↔ *reloj*
4. inglés ↔ lengua = miércoles ↔ *día*
5. maleta ↔ pasajero/a = mochila ↔ *estudiante*
6. pluma ↔ papel = tiza ↔ *pizarra*
7. papel ↔ cuaderno = libro ↔ *biblioteca*

biblioteca	**pizarra**	**profesor(a)**
jueves	**semana**	**miércoles**
estudiante	**día**	**reloj**
sábado	**martes**	**domingo**

A conversar

6 Horario Create your own class schedule like the one below. Then discuss it with a classmate.
Answers will vary.

Manuel Domínguez

Estudiante	Manuel Domínguez		Semestre N° 1	
lunes	**martes**	**miércoles**	**jueves**	**viernes**
8:30 biología Profesora Morales		**8:30 biología**		**8:30 biología**
10:15 inglés Profesor Herrera	**9:45 historia Península Ibérica** Profesora Cortés	**10:15 inglés**	**9:45 historia**	**10:15 inglés**
	12:45 psicología Profesor Blanco	**1:15 arte** Profesor Pérez	**12:45 psicología**	**1:15 arte**
3:30 laboratorio (biología)				
4:30 discusión (historia) biblioteca				

modelo

Estudiante 1: ¿Cuándo tomas (*when do you take*) biología?
Estudiante 2: Los lunes, miércoles y viernes tomo (*I take*) biología a las ocho y media de la mañana.
Estudiante 1: ¿Quién es el profesor?
Estudiante 2: Es la profesora Morales.

7 Entrevistas Use these questions to interview two classmates. Then share the results of your interviews with the class. *Answers will vary.*

1. ¿Cómo te llamas?
2. ¿Cómo estás hoy?
3. ¿De dónde eres?
4. ¿Cuántos cursos tomas?
5. ¿Cuándo tomas…?
6. ¿A qué hora es la clase de…?
7. ¿Quién es el/la profesor(a)?
8. ¿Qué hora es ahora (*now*)?

8 Nuevos amigos You meet a new student in the cafeteria. Have a conversation based on the following cues. *Answers will vary.*

- Greet your new acquaintance.
- Find out how he or she is doing.
- Ask where he or she is from.
- Compare class schedules.
- Say goodbye.

7 SUGGESTION Have students jot down the responses to their questions. Then ask them to report what one partner said and to write a paragraph about the other partner.

7 EXPANSION Have students prepare and ask additional interview questions.

TEACHING OPTION Have students work in groups, imagining that they are meeting several new students on campus. Remind students to include introductions as par of their conversations. Have th groups practice and present the activity as a skit without using notes of any kind.

Pronunciación

SUGGESTION Model pronunciation and have students watch the shape of your mouth as you pronounce each word. Have them repeat after you.

SUGGESTION Model the pronunciation of each word, sentence, and **refrán,** and have students repeat after you.

EXPANSION Provide more place names from Spain, avoiding diphthongs. Ex: **Sevilla, Salamanca, Albacete, Gerona, Badajoz, Pamplona, Bilbao, Valladolid, Orense.**

Spanish vowels

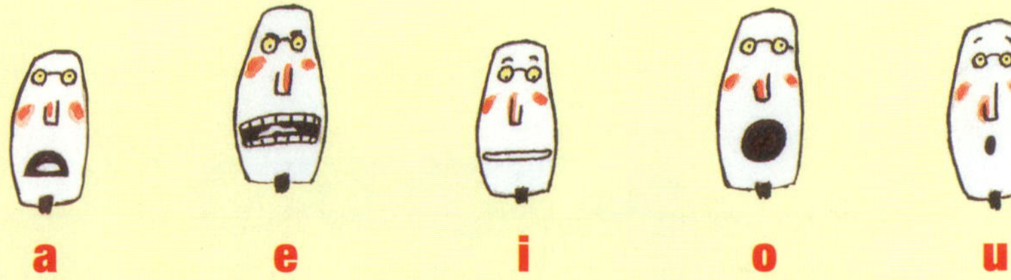

Spanish vowels are never silent; they are always pronounced in a short, crisp way without the glide sounds used in English.

Álex **clase** **nada** **encantada**

The letter **a** is pronounced like the *a* in *father,* but shorter.

el **ene** **mesa** **elefante**

The letter **e** is pronounced like the *e* in *they*, but shorter.

Inés **chica** **tiza** **señorita**

The letter **i** sounds like the *ee* in *beet,* but shorter.

hola **con** **libro** **don Francisco**

The letter **o** is pronounced like the *o* in *tone*, but shorter.

uno **regular** **saludos** **gusto**

The letter **u** sounds like the *oo* in *room,* but shorter.

Práctica Practice the vowels by saying the names of these places in Spain.

1. Madrid
2. Alicante
3. Tenerife
4. Toledo
5. Barcelona
6. Granada
7. Burgos
8. La Coruña

Oraciones Read the sentences aloud, focusing on the vowels.

1. Hola. Me llamo Ramiro Morgado.
2. Estudio arte en la Universidad de Salamanca.
3. Tomo también (*also*) literatura y contabilidad.
4. Ay, tengo clase en cinco minutos. ¡Nos vemos!

Refranes Practice the vowels by reading these sayings aloud.

Cada loco con su tema.[2]
Del dicho al hecho hay un gran trecho.[1]

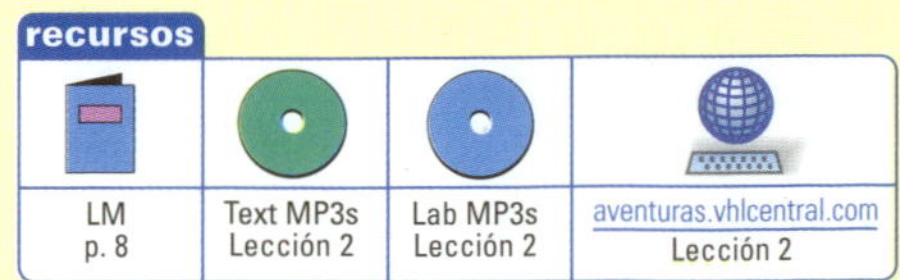

recursos
LM p. 8
Text MP3s Lección 2
Lab MP3s Lección 2
aventuras.vhlcentral.com Lección 2

1 Easier said than done.
2 To each his own.

INSTRUCTIONAL RESOURCES Text MP3s, LM, Ans. Key, Lab, Website

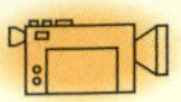

¿Qué clases tomas?

Maite, Inés, Javier y Álex hablan de las clases.

VIDEO SYNOPSIS While Álex writes an e-mail, Maite pretends to be a radio reporter and asks Inés and Javier a few questions about school. Álex is shocked that Javier doesn't like computers.

ÁLEX Hola Ricardo... Aquí estamos en la Mitad del Mundo. ¿Qué tal las clases en la UNAM?

MAITE Es exactamente como las fotos en los libros de geografía.

INÉS ¡Sí! ¿También tomas tú geografía?

MAITE Yo no. Yo tomo inglés y literatura. También tomo una clase de periodismo.

MAITE Muy buenos días. María Teresa Fuentes, de Radio Andina FM 93. Hoy estoy con estudiantes de la Universidad San Francisco de Quito. ¡A ver! La señorita que está cerca de la ventana... ¿Cómo te llamas y de dónde eres?

MAITE ¿En qué clase hay más chicos?

INÉS Bueno, eh... en la clase de historia.

MAITE ¿Y más chicas?

INÉS En la de sociología hay más chicas, casi un ochenta y cinco por ciento.

MAITE Y tú, joven, ¿cómo te llamas y de dónde eres?

JAVIER Me llamo Javier Gómez y soy de San Juan, Puerto Rico.

MAITE ¿Tomas muchas clases este semestre?

JAVIER Sí, tomo tres: historia y arte los lunes, miércoles y viernes, y computación los martes y jueves.

MAITE ¿Te gustan las computadoras, Javier?

JAVIER No me gustan nada. Me gusta mucho más el arte... y, sobre todo, me gusta dibujar.

ÁLEX ¿Cómo que no? ¿No te gustan las computadoras?

recursos

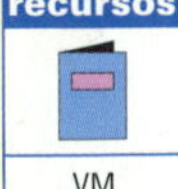	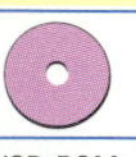	
VM pp. 171–172	VCD-ROM Lección 2	aventuras.vhlcentral.com Lección 2

PREVIEW Have students cover the **Expresiones útiles** and scan the captions under the video stills to find two phrases about classes and two phrases that express likes and dislikes. Have volunteers read aloud the phrases they find.

INSTRUCTIONAL RESOURCES VM, Ans. Key, DVD, VCD-ROM, IRM (videoscript, translation), Website

Para recordar

Before doing this Fotonovela section, review the previous one with this activity.

1. ¿Quiénes son Maite, Inés, Javier y Álex? *estudiantes*
2. ¿Cómo se llama el conductor? *don Francisco*
3. ¿Quiénes son del Ecuador? *don Francisco e Inés*
4. ¿De dónde es Maite? ¿Y Álex? ¿Y Javier? *España, México y Puerto Rico*

SUGGESTION Point out concepts from this lesson's **Gramática** section, including **tomo** and **tomas** as a regular **–ar** verb, **está** and **estamos** from **estar** to express location and well-being, and using **¿no?**, **¿qué?**, and **¿dónde?** to form questions. Point out the written accent on the question words.

4

INÉS Hola. Me llamo Inés Ayala Loor y soy del Ecuador, de Portoviejo.

MAITE Encantada. ¿Qué clases tomas en la universidad?

INÉS Tomo geografía, inglés, historia, sociología y arte.

MAITE Tomas muchas clases, ¿no?

INÉS Pues sí, me gusta estudiar mucho.

ÁLEX Pero si son muy interesantes, hombre.

JAVIER Sí, ¡muy interesantes!

SUGGESTION Point out that **UNAM** is the **Universidad Nacional Autónoma de México**, located in Mexico City.

SUGGESTION Play the segment and have students give you a play-by-play description of the action.

Personajes

JAVIER

INÉS

ÁLEX

MAITE

Expresiones útiles

Talking about classes

¿Qué tal las clases en la UNAM?
How are classes going at UNAM?
Tomas muchas clases, ¿no?
You're taking lots of classes, aren't you?
Pues sí.
Well, yes.
¿En qué clase hay más chicos?
In which class are there more guys?
En la clase de historia.
In history class.

Talking about likes/dislikes

¿Te gusta estudiar?
Do you like to study?
Sí, me gusta mucho. Pero también me gusta mirar la televisión.
Yes, I like it a lot. But I also like to watch television.
¿Te gustan las computadoras?
Do you like computers?
Sí, me gustan muchísimo.
Yes, I like them very much.
No, no me gustan nada.
No, I don't like them at all.

Talking about location

Aquí estamos en...
Here we are at/in...
¿Dónde está la señorita?
Where is the young woman?
Está cerca de la ventana.
She's near the window.

Expressing hesitation

A ver...
Let's see...
Bueno...
Well...

SUGGESTION Model the pronunciation of the **Expresiones útiles**, having students repeat after you. Then have pairs prepare a short dialogue, personalizing the questions and answers.

¿Qué piensas?

1 Escoger Choose the answer that best completes each sentence.

1. Maite toma (*is taking*) ___c___ en la universidad.
   a. geografía, inglés y periodismo b. inglés, periodismo y arte
   c. periodismo, inglés y literatura
2. Inés toma sociología, geografía, ___a___.
   a. inglés, historia y arte b. periodismo, computación y arte
   c. historia, literatura y biología
3. Javier toma ___b___ clases este semestre.
   a. cuatro b. tres
   c. dos
4. Javier toma historia y ___c___ los ___c___.
   a. computación; martes y jueves b. arte; lunes, martes y miércoles
   c. arte; lunes, miércoles y viernes

2 Completar These sentences are similar to things said in the **Aventuras** episode. Complete each sentence with the correct word(s).

1. Maite, Javier, Inés y yo estamos en ___*la Mitad del Mundo*___.
2. Hay fotos impresionantes de la Mitad del Mundo en los libros de ___*geografía*___.
3. Me llamo María Teresa Fuentes. Estoy aquí con estudiantes de ___*la Universidad San Francisco de Quito*___.
4. Hay muchos chicos en ___*la clase de historia*___.
5. No me gustan las computadoras. Me gusta más ___*el arte/dibujar*___.

3 Conversar Use the following guidelines to have a conversation with a partner. *Answers will vary.*

- Greet each other.
- Ask each other where you are from.
- Find out what each of you likes to study.
- Find out how many classes each of you is taking.
- Find out which classes each of you likes and dislikes.
- Say goodbye.

1 SUGGESTION Quickly review the names of courses, page 28, and days of the week, page 29, before doing this activity.

1 EXPANSION Ask students to create sentences about classmates using the pattern in **Escoger**.

2 SUGGESTION Have students prepare sentences with missing information, exchange papers with a classmate, complete the sentences, then check and discuss. Possible sentences include **Hay muchas chicas en ____ (la clase de sociología). A Javier no le gustan _____ (las computadoras).**

3 EXPANSION Have students present their conversations in front of the class.

SUGGESTION Have students locate the countries mentioned (**México, Argentina, España, República Dominicana**) on the maps in **Apéndice A**.

Exploración

Las universidades hispanas

SUGGESTION Explain that in Spanish-speaking countries, unlike in the United States, students usually enroll in programs that prepare them for a specific career and have few electives. Classes are conducted as lectures that meet once or twice weekly, and grades are often based on a scale of one to ten, where six or seven is passing.

Estadísticas universitarias

PRINCIPALES UNIVERSIDADES DEL MUNDO HISPANO	Número de estudiantes
1. Universidad Nacional Autónoma de México (México)	255.000
2. Universidad de Buenos Aires (Argentina)	206.700
3. Universidad Complutense de Madrid (España)	140.000
4. Universidad Autónoma de Santo Domingo (República Dominicana)	100.000

La Universidad de Salamanca, fundada en el siglo XIII (*thirteenth century*), es una de las universidades preeminentes de Europa. Ofrece muchos cursos y clases de español para extranjeros (*foreigners*).

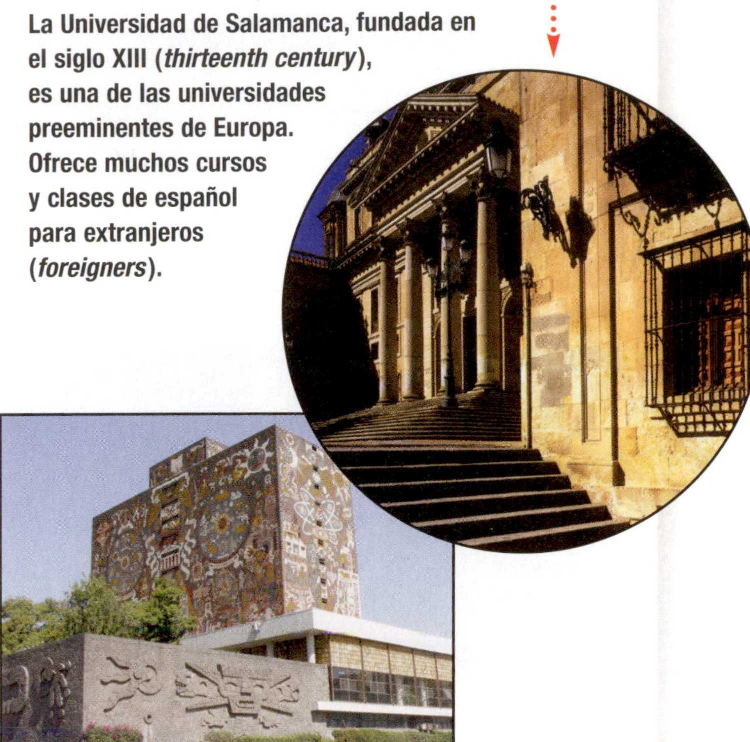

La Universidad Nacional Autónoma de México (UNAM), con unos 255.000 (doscientos cincuenta y cinco mil) estudiantes, es una de las más grandes del mundo (*biggest in the world*).

Fundada en 1821 (mil ochocientos veintiuno), la Universidad de Buenos Aires (UBA) es un importante centro de estudios sociales y científicos. La UBA ayudó (*helped*) en la formación de tres científicos que ganaron (*won*) el Premio Nobel.

EXPANSION To check comprehension, ask **1. ¿Cuál es una de la universidades más grandes del mundo? (UNAM) 2. ¿Cuál es una de las universidades preeminentes de Europa? (Universidad de Salamanca) 3. ¿Cuál es la universidad que ayudó en la formación de tres ganadores del Premio Nobel? (UBA)**

Coméntalo

With a classmate, discuss the following questions. *Answers will vary.*

- ¿Cuál (*which*) es la universidad más grande en tu ciudad (*city*) o estado (*state*)?
- ¿Te gustaría (*would you like*) estudiar español en Salamanca? (Sí, me gustaría... / No, no me gustaría...)

recursos
aventuras.vhlcentral.com
Lección 2

INSTRUCTIONAL RESOURCE Website

NATIONAL
comparisons
STANDARDS

2.1 The present tense of regular –ar verbs

- To create the forms of regular verbs, drop the infinitive endings (**–ar**, **–er**, **–ir**). Then add the endings of the different subject pronouns. The chart below demonstrates how to conjugate regular **–ar** verbs.

estudiar (*to study*)

yo	estudio	*I study*
tú	estudias	*you (fam.) study*
Ud./él/ella	estudia	*you (form.) study; he/she studies*
nosotros/as	estudiamos	*we study*
vosotros/as	estudiáis	*you (fam.) study*
Uds./ellos/ellas	estudian	*you (form.)/they study*

¿Tomas muchas clases este semestre?

Sí, tomo tres.

Common *–ar* verbs

bailar	*to dance*	explicar	*to explain*
buscar	*to look for*	hablar	*to talk; to speak*
caminar	*to walk*	llegar	*to arrive*
cantar	*to sing*	llevar	*to carry*
comprar	*to buy*	mirar	*to look (at); to watch*
contestar	*to answer*	necesitar	*to need*
conversar	*to talk*	practicar	*to practice*
descansar	*to rest*	preguntar	*to ask (a question)*
desear	*to want; to wish*	preparar	*to prepare*
dibujar	*to draw*	regresar	*to return*
enseñar	*to teach*	terminar	*to end; to finish*
escuchar	*to listen*	tomar	*to take; to drink*
esperar	*to wait (for); to hope*	trabajar	*to work*
estudiar	*to study*	viajar	*to travel*

- The Spanish present tense can be translated in several ways. Note the following examples.

Ana **trabaja** en la cafetería.
Ana works in the cafeteria.
Ana is working in the cafeteria.
Ana does work in the cafeteria.

Paco **viaja** a Madrid mañana.
Paco travels to Madrid tomorrow.
Paco is traveling to Madrid tomorrow.
Paco does travel to Madrid tomorrow.

SUGGESTION Tell students that the **recursos** boxes for the entire **Gramática** section are in **Ampliación**.

 INSTRUCTIONAL RESOURCES WB, LM, Ans. Key, Lab, IRM (teaching tips), Website

Práctica

1 ¿Te gusta... ? Get together with a classmate and take turns asking each other if you like these activities. *Answers will vary.*

¿Te gusta... ?	Sí, me gusta/No, no me gusta
Do you like... ?	*Yes, I like/No, I don't like*

modelo
Estudiante 1: ¿Te gusta tomar el autobús?
Estudiante 2: Sí, me gusta tomar el autobús. / No, no me gusta tomar el autobús.

	Sí	No
bailar	___	___
cantar	___	___
dibujar	___	___
estudiar	___	___
mirar la televisión	___	___
trabajar	___	___
viajar	___	___

2 Completar Complete the conversation with a partner.

Juan

Linda

JUAN ¡Hola, Linda! ¿Qué tal las clases?
LINDA Bien. (1) ___Tomo___ [tomar] tres clases: química, biología y computación. Y tú, ¿cuántas clases (2) ___tomas___ [tomar]?
JUAN (3) ___Tomo___ [tomar] cuatro: sociología, biología, arte y literatura. Yo (4) ___tomo___ [tomar] biología a las cuatro. ¿Y tú?
LINDA Lily, Alberto y yo (5) ___tomamos___ [tomar] biología a las diez.
JUAN ¿(6) ___Estudian___ [estudiar] ustedes mucho?
LINDA Sí, porque (*because*) hay muchos exámenes. Alberto y yo (7) ___estudiamos___ [estudiar] dos horas juntos todos los días (*together every day*).
JUAN ¿Lily no (8) ___estudia___ [estudiar] con ustedes?
LINDA No, ella (9) ___estudia___ [estudiar] con su novio (*boyfriend*), Arturo.

Conversación

NATIONAL
communication
STANDARDS

3 **Describir** With a partner, describe what the people in the photos are doing.

modelo

Manuela baila.

Manuela

Héctor

1. *Héctor dibuja.*

Ernesto

2. *Ernesto descansa.*

Mariana y Tina

3. *Mariana y Tina miran la televisión.*

Mario y Celia

4. *Mario y Celia toman el autobús.*

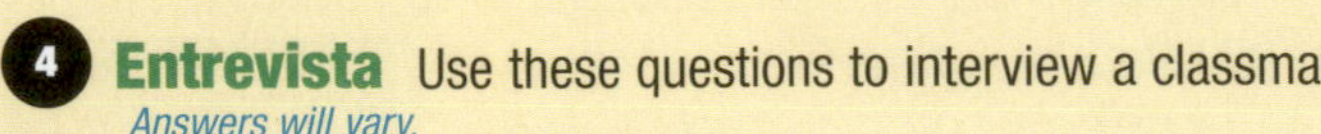

4 **Entrevista** Use these questions to interview a classmate.
Answers will vary.

1. ¿Qué clases tomas?
2. ¿A qué hora terminan las clases?
3. ¿Qué llevas a la clase de español?
4. ¿Cuántas lenguas hablas?
5. ¿Estudias en la biblioteca o en la residencia estudiantil?
6. ¿Necesitas estudiar hoy para un examen?
7. ¿Miras mucho la televisión?
8. ¿Te gusta viajar? ¿Viajas mucho?
9. ¿Te gusta bailar? ¿Bailas salsa?
10. ¿Cuándo (*when*) descansas?
11. ¿Caminas a la clase de español?
12. ¿Te gusta conversar con tus amigos? ¿Conversan ustedes en español?

Using verbs in Spanish

- When two verbs are used together with no change of subject, the second verb is generally in the infinitive.

Deseo hablar con Maite.
I want to speak with Maite.

Necesito comprar lápices.
I need to buy pencils.

- To make a sentence negative, use **no** before the conjugated verb.

Yo **no** miro la televisión.
I don't watch television.

Ella **no** desea bailar.
She doesn't want to dance.

- Subject pronouns are often omitted because the verb endings indicate who the subject is.

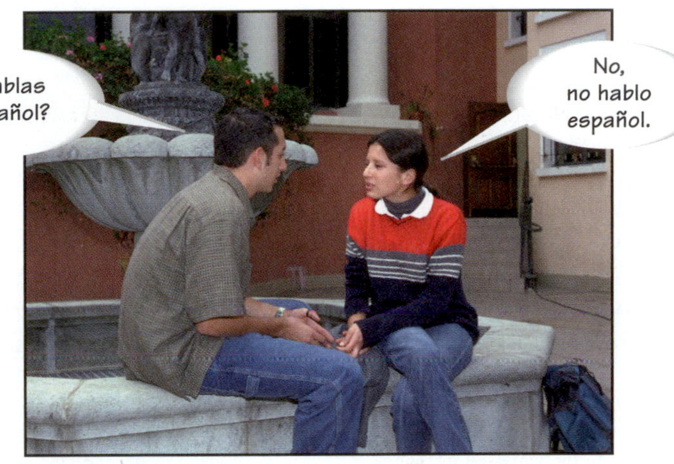
¿Hablas español?
No, no hablo español.

- Subject pronouns are occasionally used for clarification.

—¿Qué enseñan **ellos**?
What do they teach?

—**Él** enseña arte y **ella** enseña química.
He teaches art and she teaches chemistry.

- Sometimes subject pronouns are used for emphasis.

—¿Quién desea trabajar hoy?
Who wants to work today?

—**Yo** no deseo trabajar.
I don't want to work.

¡Manos a la obra!

Provide the present tense forms of the verbs.

1. ¿A qué hora *regresan* [regresar] ustedes?
2. Yo *hablo* [hablar] español.
3. Uds. *desean* [desear] trabajar.
4. Elena y yo *estudiamos* [estudiar] mucho.
5. Mateo no *baila* [bailar] muy bien.
6. Tú no *trabajas* [trabajar] en la cafetería.
7. Yo no deseo *estudiar* [estudiar].
8. Ellos *cantan* [cantar] muy bien.

2.2 Forming questions in Spanish

NATIONAL
comparisons
STANDARDS

- You can form a question by raising the pitch of your voice at the end of a sentence. Be sure to use an upside-down question mark (¿) at the beginning of a question and a regular question mark (?) at the end.

¿Dibujas mucho?

Las computadoras son muy interesantes, ¿no?

Statement	Question
Uds. trabajan los sábados. *You work on Saturdays.*	¿Uds. trabajan los sábados? *Do you work on Saturdays?*
Miguel busca un mapa. *Miguel is looking for a map.*	¿Miguel busca un mapa? *Is Miguel looking for a map?*

- You can also form a question by putting the subject after the verb. The subject may even be placed at the end of the sentence.

Statement	Question
SUBJECT VERB **Ustedes trabajan** los sábados. *You work on Saturdays.*	VERB SUBJECT **¿Trabajan ustedes** los sábados? *Do you work on Saturdays?*
SUBJECT VERB **Carlota regresa** a las seis. *Carlota returns at six.*	VERB SUBJECT **¿Regresa** a las seis **Carlota?** *Does Carlota return at six?*
SUBJECT VERB **La clase termina** a las cinco. *The class ends at five.*	VERB SUBJECT **¿Termina** a las cinco **la clase?** *Does the class end at five?*

- Questions can also be formed by adding **¿no?** or **¿verdad?** at the end of a statement.

Statement	Question
Uds. trabajan los sábados. *You work on Saturdays.*	Uds. trabajan los sábados, **¿verdad?** *You work on Saturdays, right?*
Carlota regresa a las seis. *Carlota returns at six.*	Carlota regresa a las seis, **¿no?** *Carlota returns at six, doesn't she?*
La clase termina a las cinco. *The class ends at five.*	La clase termina a las cinco, **¿no?** *The class ends at five, doesn't it?*

Práctica

1 En el centro estudiantil Use the cues to ask questions about what's going on at the student center.

modelo

Ernesto / estudiar español
¿Estudia Ernesto español? / ¿Estudia español Ernesto?

1. Sandra / hablar con su compañera de cuarto
   ¿Habla Sandra con su compañera de cuarto? / ¿Habla con su compañera de cuarto Sandra?
2. La profesora Soto / buscar una mesa
   ¿Busca la profesora Soto una mesa? / ¿Busca una mesa la profesora Soto?
3. Jaime / preparar la tarea
   ¿Prepara Jaime la tarea? / ¿Prepara la tarea Jaime?
4. Jorge y Leticia / trabajar en la cafetería
   ¿Trabajan Jorge y Leticia en la cafetería? / ¿Trabajan en la cafetería Jorge y Leticia?
5. Los chicos / escuchar música por la radio
   ¿Escuchan los chicos música por la radio? / ¿Escuchan música por la radio los chicos?

2 Una conversación Irene and Manolo are chatting (quietly!) in the library. Complete their conversation with the appropriate questions.

IRENE (1) *¿Cómo estás? / ¿Qué tal?*
MANOLO Bien, gracias. (2) *¿Y tú?*
IRENE Muy bien. (3) *¿Qué hora es?*
MANOLO Son las nueve.
IRENE (4) *¿Qué estudias?*
MANOLO Estudio historia.
IRENE (5) *¿Por qué?*
MANOLO Porque hay un examen mañana.
IRENE (6) *¿Te gusta la clase?*
MANOLO Sí, me gusta mucho la clase.
IRENE (7) *¿Quién enseña la clase?*
MANOLO El profesor Padilla enseña la clase.
IRENE (8) *¿Tomas psicología este semestre?*
MANOLO No, no tomo psicología este semestre.

INSTRUCTIONAL RESOURCES WB, LM, Ans. Key, Lab, IRM (teaching tips), Website

Conversación

3 Encuesta Change the phrases in the first column into questions and use them to survey two or three classmates. Then report the results of your survey to the class.

Answers will vary.

Actividades	Nombres
1. Estudiar contabilidad	______
2. Tomar una clase de sociología	______
3. Dibujar bien	______
4. Cantar bien	______
5. Bailar bien	______
6. Escuchar jazz	______
7. Necesitar comprar un reloj	______
8. Tomar el autobús a la escuela	______
9. Llevar una mochila a clase	______
10. Desear viajar a España	______

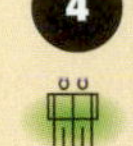

4 Entrevista Imagine that you are a reporter for the school newspaper. Use these questions and write three of your own to interview a classmate about student life.

Answers will vary.

1. ¿Dónde estudias? ¿Cuándo?
2. ¿Quién es tu profesor favorito?
3. ¿Cuántas clases tomas?
4. ¿Necesitas estudiar más (*more*)?
5. ¿Cómo llegas a la escuela?
6. ¿Trabajas? ¿Dónde?
7. ¿Qué programas miras en la televisión?
8. ¿_______________________?
9. ¿_______________________?
10. ¿_______________________?

Spanish interrogative words

- The following interrogative words are used to form questions in Spanish.

Interrogative words

¿Cómo?	*How?*	¿De dónde?	*From where?*
¿Cuál?, ¿Cuáles?	*Which?; Which one(s)?*	¿Por qué?	*Why?*
¿Cuándo?	*When?*	¿Cuánto/a?	*How much?*
¿Qué?	*What?; which?*	¿Cuántos/as?	*How many?*
¿Dónde?	*Where?*	¿Quién?, ¿Quiénes?	*Who?*
¿Adónde?	*Where (to)?*		

- Use interrogative words in questions that require more than a simple *yes* or *no* answer. Interrogative words always carry a written accent mark.

¿Cuándo descansan ustedes?
When do you rest?

¿Adónde caminamos?
Where are we walking to?

¿Qué clases tomas?
What classes are you taking?

¿De dónde son ellos?
Where are they from?

- In questions that contain interrogative words, the pitch of your voice falls at the end of the sentence.

¿Cómo llegas a la escuela?
How do you get to school?

¿Por qué necesitas estudiar?
Why do you need to study?

¡Manos a la obra!

Make questions out of these statements. Use intonation in the first column and **¿no?** in the second.

Statement	Intonation	¿no?
1. Hablas inglés.	¿Hablas inglés?	Hablas inglés, ¿no?
2. Trabajamos mañana.	*¿Trabajamos mañana?*	*Trabajamos mañana, ¿no?*
3. Ustedes desean bailar.	*¿Ustedes desean bailar?*	*Uds. desean bailar, ¿no?*
4. Raúl estudia mucho.	*¿Raúl estudia mucho?*	*Raúl estudia mucho, ¿no?*
5. Enseño a las nueve.	*¿Enseño a las nueve?*	*Enseño a las nueve, ¿no?*
6. Luz mira la televisión.	*¿Luz mira la televisión?*	*Luz mira la televisión, ¿no?*
7. Los chicos descansan.	*¿Los chicos descansan?*	*Los chicos descansan, ¿no?*
8. Él prepara la prueba.	*¿Él prepara la prueba?*	*Él prepara la prueba, ¿no?*
9. Tomamos el autobús.	*¿Tomamos el autobús?*	*Tomamos el autobús, ¿no?*
10. Necesito una pluma.	*¿Necesito una pluma?*	*Necesito una pluma, ¿no?*

2.3 The present tense of estar

- In Lesson 1, you learned how to conjugate and use the verb **ser** (*to be*). You will now learn a second verb which means *to be*, the verb **estar**.
- Although **estar** ends in **–ar**, it does not follow the pattern of regular **–ar** verbs. The **yo** form (**estoy**) is irregular. Also, all forms but the **yo** and **nosotros/as** forms have an accented **á**. As you will see, **ser** and **estar** are used in different ways.

estar (*to be*)

yo	estoy	*I am*
tú	estás	*you (fam.) are*
Ud./él/ella	está	*you (form.) are; he/she is*
nosotros/as	estamos	*we are*
vosotros/as	estáis	*you (fam.) are*
Uds./ellos/ellas	están	*you (form.)/they are*

Hola, Ricardo. Aquí estamos en la Mitad del Mundo.

Hoy estoy con estudiantes de la universidad.

Uses of *ser* and *estar*

Uses of estar	Uses of ser
LOCATION	IDENTITY
Estoy en el Ecuador.	Hola, soy Maite.
I am in Ecuador.	*Hello, I'm Maite.*
Inés está al lado de Javier.	OCCUPATION
Inés is next to Javier.	Soy estudiante.
HEALTH	*I'm a student.*
Álex está enfermo hoy.	ORIGINS
Álex is sick today.	¿Eres de España?
WELL-BEING	*Are you from Spain?*
¿Cómo estás, Maite?	Sí, soy de España.
How are you, Maite?	*Yes, I'm from Spain.*
Estoy muy bien, gracias.	TIME-TELLING
I'm very well, thank you.	Son las cuatro.
	It's four o'clock.

INSTRUCTIONAL RESOURCES WB, LM, Ans. Key, Lab, IRM (teaching tips), Website

Práctica

1 Completar Complete this phone conversation between Daniela and her mother with the correct forms of **ser** or **estar**.

MAMÁ Hola, Daniela. ¿Cómo (1) *estás* ?

DANIELA Hola, mamá. (2) *Estoy* bien. ¿Dónde (3) *está* papá? ¡Ya (*already*) (4) *son* las ocho de la noche!

MAMÁ No (5) *está* aquí. (6) *Está* en la oficina.

DANIELA Y Andrés y Margarita, ¿dónde (7) *están* ellos?

MAMÁ (8) *Están* en el restaurante García con Martín.

DANIELA ¿Quién (9) *es* Martín?

MAMÁ (10) *Es* un compañero de clase. (11) *Es* de México.

DANIELA Y el restaurante García, ¿dónde (12) *está* ?

MAMÁ (13) *Está* cerca de la Plaza Mayor, en San Modesto.

DANIELA Gracias, mamá. Voy (*I'm going*) al restaurante. ¡Hasta pronto!

2 ¿Dónde está... ? You are having trouble finding several things in the school bookstore. Look at the drawing and ask the clerk (your partner) where the items are located.

Answers will vary.

modelo

Estudiante 1: ¿Dónde están las mochilas?
Estudiante 2: Las mochilas están debajo de las computadoras.

Conversación

3 **¿Dónde estás... ?** Find out where your partner is at these times. *Answers will vary.*

1. ¿Dónde estás los viernes al mediodía?
2. ¿Dónde estás los miércoles a las nueve y cuarto de la mañana?
3. ¿Dónde estás los lunes a las once y diez de la mañana?
4. ¿Dónde estás los jueves a las doce y media de la tarde?
5. ¿Dónde estás los viernes a las dos y veinticinco de la tarde?
6. ¿Dónde estás los martes a las cuatro menos diez de la tarde?
7. ¿Dónde estás los jueves a las seis menos cuarto de la tarde?
8. ¿Dónde estás los miércoles a las ocho y veinte de la noche?

4 **La Ciudad Universitaria** You and your partner are at the **Facultad de Bellas Artes** (*School of Fine Arts*). Take turns asking each other where other buildings on the campus map are located.

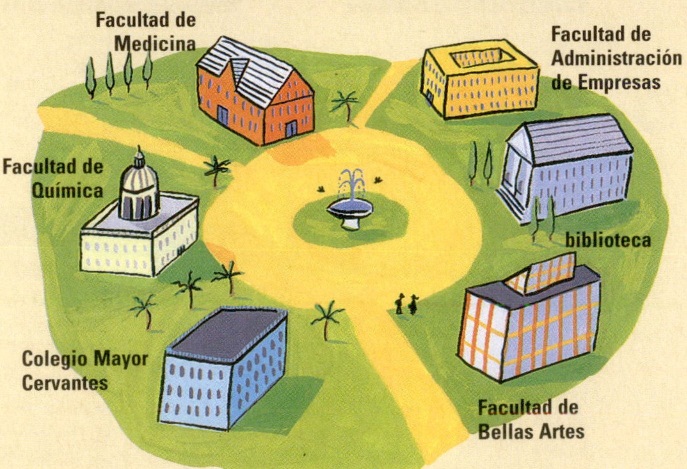

1. ¿Está lejos la biblioteca de la Facultad (*school*) de Bellas Artes?
2. ¿Dónde está la Facultad de Medicina?
3. ¿Está la Facultad de Administración de Empresas a la derecha de la biblioteca?
4. ¿Dónde está el Colegio Mayor Cervantes?
5. ¿Está la Facultad de Administración de Empresas detrás del Colegio Mayor Cervantes?
6. ¿Dónde está la Facultad de Química?

Estar with prepositions of locations

Prepositions of location

al lado de	*next to; beside*	**delante de**	*in front of*
a la derecha de	*to the right of*	**detrás de**	*behind*
a la izquierda de	*to the left of*	**encima de**	*on top of*
en	*in; on; at*	**entre**	*between; among*
cerca de	*near*	**lejos de**	*far from*
con	*with*	**sobre**	*on; over*
debajo de	*below; under*		

¡A ver! La señorita que está cerca de la ventana...

Aquí estoy con cuatro estudiantes de la universidad... ¡Qué aventura!

- **Estar** is often used with certain prepositions to describe the location of a person or an object.

La cafetería está **al lado de** la biblioteca.
The cafeteria is beside the library.

Los libros están **encima del** escritorio.
The books are on top of the desk.

El laboratorio está **cerca de** la clase.
The lab is near the classroom.

Maribel está **delante de** José.
Maribel is in front of José.

El estadio no está **lejos de** la librería.
The stadium isn't far from the bookstore.

Estamos **entre** amigos.
We are among friends.

Juan está **en** la biblioteca.
Juan is at the library.

El libro está **sobre** la mesa.
The book is on the table.

¡Manos a la obra!

Provide the present tense forms of **estar**.

1. Uds. ___*están*___ en la clase.
2. José ___*está*___ en la biblioteca.
3. Yo ___*estoy*___ en el estadio.
4. Nosotras ___*estamos*___ en la cafetería.
5. Tú ___*estás*___ en el laboratorio.
6. Elena ___*está*___ en la librería.
7. Ellas ___*están*___ en la clase.
8. Ana y yo ___*estamos*___ en la clase.
9. Ud. ___*está*___ en la biblioteca.
10. Javier y Maribel ___*están*___ en el estadio.
11. Nosotros ___*estamos*___ en la clase.
12. Yo ___*estoy*___ en el laboratorio.
13. Carmen y María ___*están*___ en la librería.
14. Tú ___*estás*___ en la clase.

2.4 Numbers 31–100

Numbers 31–100

31 treinta y uno	**37** treinta y siete	**50** cincuenta
32 treinta y dos	**38** treinta y ocho	**60** sesenta
33 treinta y tres	**39** treinta y nueve	**70** setenta
34 treinta y cuatro	**40** cuarenta	**80** ochenta
35 treinta y cinco	**41** cuarenta y uno	**90** noventa
36 treinta y seis	**42** cuarenta y dos	**100** cien, ciento

¿En qué clase hay más chicas?

En la de sociología... casi un ochenta y cinco por ciento.

- The word **y** is used in most numbers from **31** through **99**.

Hay **ochenta y cinco** exámenes.
There are eighty-five exams.

Hay **cuarenta y dos** estudiantes.
There are forty-two students.

- With numbers that end in **uno** (31, 41, etc.), **uno** becomes **un** before a masculine noun and **una** before a feminine noun.

Hay **treinta y un** chicos.
There are thirty-one guys.

Hay **treinta y una** chicas.
There are thirty-one girls.

- **Cien** is used before nouns and in counting. The words **un**, **una**, and **uno** are never used before **cien** in Spanish. **Ciento** is used for numbers over one hundred.

—¿Cuántos libros hay?
How many books are there?

—Hay **cien** libros.
There are one hundred books.

—¿Cuántas sillas hay?
How many chairs are there?

—Hay **ciento diez** sillas.
There are one hundred ten chairs.

¡Manos a la obra!

Provide the word form of each number.

1. **56** cincuenta y seis
2. **31** *treinta y uno*
3. **84** *ochenta y cuatro*
4. **99** *noventa y nueve*
5. **43** *cuarenta y tres*
6. **68** *sesenta y ocho*
7. **72** *setenta y dos*
8. **35** *treinta y cinco*
9. **87** *ochenta y siete*
10. **59** *cincuenta y nueve*
11. **100** *cien*
12. **61** *sesenta y uno*
13. **96** *noventa y seis*
14. **74** *setenta y cuatro*
15. **42** *cuarenta y dos*

Práctica

1 Baloncesto Provide these basketball scores in Spanish.

1. *ochenta y cinco, setenta y cuatro*

2. *setenta y ocho, sesenta y cuatro*

3. *cien, noventa y dos*

4. *sesenta y tres, cincuenta y siete*

5. *cincuenta y ocho, cuarenta y nueve*

6. *noventa y uno, ochenta y seis*

2 Números de teléfono You are a telephone operator in Spain. Give the appropriate phone numbers and addresses when callers ask for them. *Answers will vary.*

122 MORALES – NAYA

Morales Ballesteros, José	Venerable Centenares, 22	(91) 944-6662
Morales Benito, Francisco	Plaza Ahorro, 16	(91) 773-1216
Morales Borrego, Flora	Mayor, 51	(91) 634-3211
Morales Calvo, Emilio	Villafuerte, 49	(91) 472-2350
Morales Campos, María Josefa	Toledo, 35	(91) 419-7660
Morales Cid, Pedro	Rosal, 98	(91) 773-1382
Morales Conde, Ángel	Alameda, 67	(91) 944-3915
Morales Crespo, José Pascual	Fernando de la Peña, 13	(91) 634-7148
Morales de la Iglesia, Juliana	Buenavista, 80	(91) 834-5238
Morales Fraile, María Rosa	Plaza March, 74	(91) 834-3371

modelo

Estudiante 1: ¿Cuál es el número de teléfono de José Morales Ballesteros, por favor?
Estudiante 2: Es el noventa y uno, noventa y cuatro, cuatro, sesenta y seis, sesenta y dos.

 INSTRUCTIONAL RESOURCES WB, LM, Ans. Key, Lab, IRM (teaching tips, info gap), Website

Conversación

3 **Precios (*prices*)** With a partner, take turns asking how much the items in the ad cost. *Answers will vary.*

modelo

Estudiante 1: *Deseo comprar papel. ¿Cuánto cuesta (how much does it cost)?*
Estudiante 2: *Un paquete cuesta (costs) cuatro dólares y cuarenta y un centavos.*

4 **Entrevista** Find out the telephone numbers and e-mail addresses of four classmates.

modelo *Answers will vary.*

Estudiante 1: *¿Cuál es tu (your) número de teléfono?*
Estudiante 2: *Es el 63-5-19-51.*
Estudiante 1: *¿Y tu dirección de correo electrónico (e-mail address)?*
Estudiante 2: *Es jota-Smith-arroba (at)-pe-ele-punto-e-de-u (jsmith@pl.edu).*

5 **¿A qué distancia...?** Your instructor will give you and your partner handouts so that you may complete this information gap activity.

Español en vivo

Below is the table of contents from a Latin American magazine.

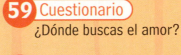

CONTENIDO

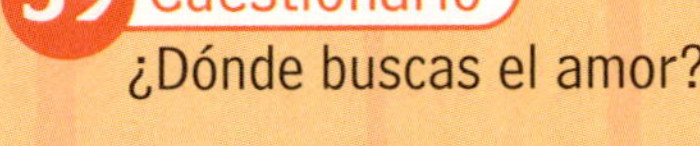

59 Cuestionario
¿Dónde buscas el amor?

62 Encuesta
Entrevistamos a 100 estudiantes de la universidad para preguntarles cuáles son los cursos más importantes para su futuro profesional.

74 Rock en Español
Conversamos con la cantante mexicana Paulina Rubio sobre su nuevo álbum.

Identificar

Identify in Spanish the numbers used in the above document.

Preguntas

1. ¿En qué página está la información sobre la familia?
2. ¿Con quién conversan en la página 74?
3. ¿Dónde buscas información sobre (*about*) tu futuro?

Repaso

2.1 The present tense of regular -ar verbs

1 **Completar** Complete the sentences with the appropriate forms of these verbs. Use each verb only once.

buscar	terminar
mirar	tomar
regresar	viajar

1. Ustedes *toman* arte, ¿no?
2. El examen *termina* a las diez.
3. ¿Qué *miras / buscas* (tú)?
4. Yo *busco / miro* un mapa.
5. Nosotros *viajamos* mañana.
6. Ellos *regresan* el lunes.

2 **Combinar** Combine words from the columns to create sentences about yourself and these people. *Answers will vary.*

modelo *Yo necesito escuchar en la clase.*

1	2	3	4
Yo	(no) desear	caminar	más
Mi (*My*) compañero/a	(no) necesitar	comprar	mucho
El/La profesor(a)		contestar	español
La clase		escuchar	música
Nosotros		esperar	el examen
Los estudiantes		explicar	los libros
		hablar	la lección 2
		llegar	la tarea
		enseñar	en la clase
		practicar	¿?

2.2 Forming questions in Spanish

3 **Examinarse** Write at least five questions about these characters in the **Aventuras** video using interrogative words. Then get together in groups of three and take turns asking and answering your questions. *Answers will vary.*

modelo

¿Quién dibuja bien?
¿Adónde viajan ellos?

4 **¿Qué pasa?** Write at least five questions about this photo using interrogative words. Then, with a partner take turns asking and answering each other's questions. *Answers will vary.*

1. ____________________
2. ____________________
3. ____________________
4. ____________________
5. ____________________

2.3 The present tense of estar

5 **Oraciones** Form sentences using the appropriate forms of **ser** or **estar** and the cues provided.

1. ¿De dónde / ustedes? *¿De dónde son ustedes?*
2. Nosotros / de Barcelona *Nosotros somos de Barcelona.*
3. ¿Por qué / ustedes en El Escorial? *¿Por qué están ustedes en El Escorial?*
4. Nosotros / profesores / historia. *Nosotros somos profesores de historia.*
5. Yo / doctor Ochoa y éste / profesor Mendoza *Yo soy el doctor Ochoa y éste es el profesor Mendoza.*
6. Nosotros / aquí para visitar / biblioteca *Nosotros estamos aquí para visitar la biblioteca.*
7. La biblioteca / izquierda, ¿verdad? *La biblioteca está a la izquierda, ¿verdad?*

6 **Entrevista** Use these questions to interview a classmate. *Answers will vary.*

1. ¿Cómo estás hoy?
2. ¿Cómo está tu (*your*) compañero/a de cuarto?
3. ¿Dónde está tu compañero/a de cuarto ahora?
4. ¿Quién(es) no está(n) en la clase hoy?
5. ¿Cuándo es la prueba sobre la lección 2?
6. ¿Dónde está tu libro de español?
7. ¿Dónde está la cafetería? ¿la librería?
8. ¿Eres de los Estados Unidos?

2.4 Numbers 31–100

7 Prueba de matemáticas Solve these math problems.

+ más − menos = es (singular)/son (plural)

30 + 40 = Treinta más cuarenta son setenta.

1. 20 + 32 = *Veinte más treinta y dos son cincuenta y dos.*
2. *65* + 18 = 83 *Sesenta y cinco más dieciocho son ochenta y tres.*
3. 46 + *51* = 97 *Cuarenta y seis más cincuenta y uno son noventa y siete.*
4. 76 + 13 = *Setenta y seis más trece son ochenta y nueve.*
5. 93 − *45* = 48 *Noventa y tres menos cuarenta y cinco son cuarenta y ocho.*
6. 81 − 34 = *Ochenta y uno menos treinta y cuatro son cuarenta y siete.*
7. *77* − 66 = 11 *Setenta y siete menos sesenta y seis son once.*
8. 90 − 55 = *Noventa menos cincuenta y cinco son treinta y cinco.*

8 El clima With a partner, take turns asking what the high and low temperatures are in these cities today.

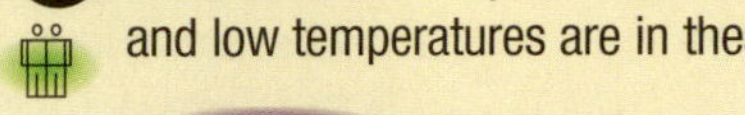

modelo *Answers will vary.*

Estudiante 1: ¿Cuál es la temperatura máxima en Nueva York para hoy?
Estudiante 2: Es cincuenta y cinco grados.
Estudiante 1: ¿Cuál es la temperatura mínima en Nueva York para hoy?
Estudiante 2: Es cuarenta grados.

Ciudad	Máx. / Mín.	Ciudad	Máx. / Mín.
Santiago de Chile	37/24	San Salvador	78/62
Buenos Aires	73/51	Montevideo	55/41
La Paz	48/35	Managua	87/64
Ciudad de México	58/42	Bogotá	72/46
San José	80/69	Quito	63/50

Síntesis

9 El Cuerpo de Paz (*The Peace Corps*) Imagine that you are a supervisor in the Peace Corps and a volunteer in El Salvador wants to start an elementary school in a remote area. You want some information about the project. With a classmate, act out this situation. *Answers will vary.*

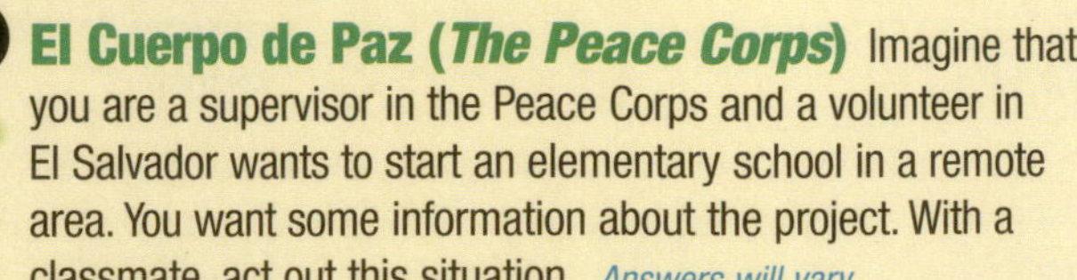

- Find out how many students there are. [31 students]
- Find out who the teacher is. [Sra. Ana Pelayo]
- Ask what furniture (*muebles*) and things she needs.
- Find out what courses she wants to teach.
- Find out if the school is located far from the village (*la aldea*).
- Say very well. I like the idea (*idea*).

Ritmos hispanos

Manu Chao:
Activista social

Manu Chao, originally Oscar Tramor, was born in Paris to Spanish parents. There, with his brother Antonio and his cousin Santiago, he started his musical career, creating the band *Hot Pants.* Later in 1987, he founded the group *Mano Negra,* and recorded five albums with folk and rock melodies. After the break up of the band, Manu Chao spent several years in South and Central America playing and recording songs that he would later release on *Clandestino,* his first solo album. He calls himself a musical journalist, as most of his songs are about worldwide social and economic problems. His music is known across different continents, as he not only sings in Spanish, but also in French, Portuguese and English. In his second album *Próxima estación: Esperanza,* this multilingual and multicultural musician mixes Latin American and African rhythms. His latest release in 2002 was recorded live with the group *Radio Bemba Sound System* that he formed in Spain in 1995.

Discografía selecta

- *Clandestino* (1998)
- *Próxima estación: Esperanza* (2001)
- *Radio Bemba Sound System* (live album, 2002)

Go to **aventuras.vhlcentral.com** to learn more about the artist, his music and his songs.

Ampliación

1 Escuchar

A Listen to Armando and Julia's conversation. Then list the classes each person is taking. *Answers will vary.*

TIP Listen for cognates. Cognates are words that have similar spellings and meanings in two or more languages. Listening for cognates will help you increase your comprehension.

Armando	Julia
1. *antropología*	1. *astronomía*
2. *filosofía*	2. *geología*
3. *japonés*	3. *italiano*
4. *italiano*	4. *cálculo*
5. *cálculo*	5.

B ¿Cuántas clases toman Armando y Julia? ¿Cuántas clases tomas tú? ¿Qué clases te gustan y qué clases no te gustan? *Answers will vary.*

2 Conversar

Greet a classmate, find out how he or she is, and get to know your classmate better by asking these questions. *Answers will vary.*

- ¿Cómo te llamas?
- ¿De dónde eres?
- ¿Qué clases tomas?
- ¿Cuántas horas estudias cada día (each day) y dónde?
- ¿Cuál es tu número de teléfono?

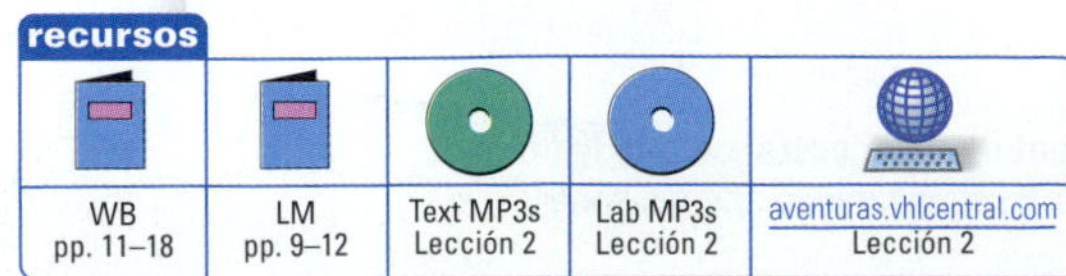

recursos

WB pp. 11–18	LM pp. 9–12	Text MP3s Lección 2	Lab MP3s Lección 2	aventuras.vhlcentral.com Lección 2

1 SCRIPT
Armando: ¡Hola, Julia! ¿Cómo estás?
Julia: Bien. ¿Y tú, Armando?
Armando: Bien, gracias. ¿Qué tal tus clases?
Julia: Van bien.
Armando: ¿Tomas biología?
Julia: Este semestre no. Pero sí tomo astronomía y geología… los lunes, miércoles y viernes.
Armando: ¿Sólo dos? ¿Qué otras clases tomas?
Julia: Italiano y cálculo, los martes y jueves. ¿Y tú?
Armando: Los lunes, miércoles y viernes tomo antropología, filosofía y japonés. Los martes y jueves tomo italiano y cálculo.
Julia: ¿A qué hora es tu clase de italiano?
Armando: A las nueve, con la profesora Menotti.
Julia: Yo también tomo italiano los martes y jueves con la profesora Menotti, pero a las once.

2 EXPANSION Have students write down and ask a few additional questions such as **¿Dónde estás los sábados a la una de la tarde? ¿Cuál es tu dirección de correo electrónico? ¿Cuál es tu programa de televisión favorito?**

INSTRUCTIONAL RESOURCE Text MP3s, WB, LM, Ans. Key, Lab, Website

3 **SUGGESTION** Tell students
) brainstorm using Spanish
whenever possible. Explain that
) brainstorm means to enjoy
hinking about possibilities, and
hat selecting and organizing
deas only comes in the second
tage of writing.

3 **EVALUATION**

riteria	Scale
ontent	1 2 3 4
omprehensibility	1 2 3 4
rganization	1 2 3 4
ccuracy	1 2 3 4
isual Appeal	1 2 3 4

coring	
xcellent	18-20 points
ood	14-17 points
atisfactory	10-13 points
nsatisfactory	< 10 points

4 **SUGGESTION** Tell students
hat information on universities
n the Spanish-speaking world
will usually appear in Spanish.
ncourage students to use
heir knowledge of cognates to
etermine meaning. Key
nternet search words include
**niversidad, estudiantes
xtranjeros, programa
nternacional, estudio
nternacional.**

4 **EXPANSION** Have students
resent their posters in class
nd give a short talk in Spanish
hat might include how many
tudents are in the university,
what interesting sites are in
he area, what courses are
ffered, what number to call
or more information, etc.

Ampliación

3 Escribir

Write a description of yourself to post on a website in order to meet Spanish-speaking people. *Answers will vary.*

TIP Brainstorm. Spend ten to fifteen minutes writing down ideas about the topic you are going to write about. The more ideas you write down, the more you'll have to choose from later when you start to organize your thoughts.

¡Hola! Me llamo Alicia Roberts. Estudio matemáticas en la Universidad de Nueva York.

Organízalo	Make a list of things you would like people to know about you, including your name, your major, where you go to school, what you're studying, where you work, and your likes and dislikes.
Escríbelo	Using the material you have compiled, write the first draft of your description.
Corrígelo	Exchange papers with a classmate and comment on the organization, style, and grammatical correctness of each other's work. Then revise your first draft, keeping your classmate's comments in mind.
Compártelo	Read your descriptions aloud in small groups. Point out the three best features of each description.

4 Un paso más

Create a poster that will encourage students to study in a university in a Spanish-speaking country. The poster might include these elements: *Answers will vary.*

- A simple title
- Photos of university locations
- A campus map
- A short summary of the university's programs
- Photos of the town where the university is located

En Internet

Investiga estos temas en el sitio aventuras.vhlcentral.com.

- Las universidades en España
- Las universidades en América Latina y en el Caribe

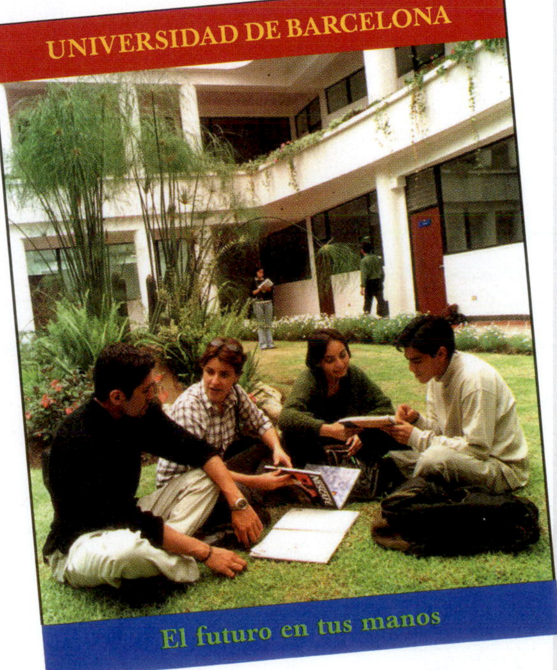

UNIVERSIDAD DE BARCELONA
El futuro en tus manos

4

Antes de leer

Examina el texto

Recognizing the format of a document can help you to predict its content. For instance, invitations and classified ads follow an easily identifiable format, which usually gives you a general idea of the information they contain. Glance at the document on this page and identify it based on its format.

Cognados

With a classmate, make a list of cognates in the text and guess their English meanings. What do the cognates reveal about the content of the document?

Piénsalo

If you guessed that this text is a brochure from a university, you are correct. You can now infer that the document contains information on courses, departments, and the university campus.

SUGGESTION Tell students there are 67 universities in Spain: 48 public universities and 19 private ones. Detailed information may be found at the Spanish Ministry of Education, www.mec.es.

SUGGESTION Point out that the photo on page 51 is of the Retiro Park **(Parque del Buen Retiro)** in Madrid. Originally the gardens of the Royal Palace, the Retiro has become a great public park.

EXPANSION Have students correct the false statements in **¿Comprendiste?.**

EXPANSION Have students check the UAM website for information on its location relative to Retiro Park and other important sites of Madrid.

UAM

LA MEJOR UNIVERSIDAD DE EUROPA

Universidad Autónoma de Madrid

En el campus de la UAM hay ocho facultades:

- Ciencias
- Derecho
- Medicina
- Psicología
- Filosofía y Letras
- Ciencias Económicas y Empresariales
- Escuela Técnica Superior de Computación
- Facultad de Formación de Profesorado y Educación

Toma cursos de:

▪ Antropología Aplicada ▪ Microbiología ▪ Contabilidad ▪ Derecho Privado ▪ Ecología ▪ Economía General ▪ Filosofía Antigua ▪ Física General ▪ Geografía ▪ Historia Contemporánea ▪ Computación ▪ Literatura Española ▪ Matemáticas ▪ Psicología Social ▪ Química ▪ Sociología ▪

INSTRUCTIONAL RESOURCE Website

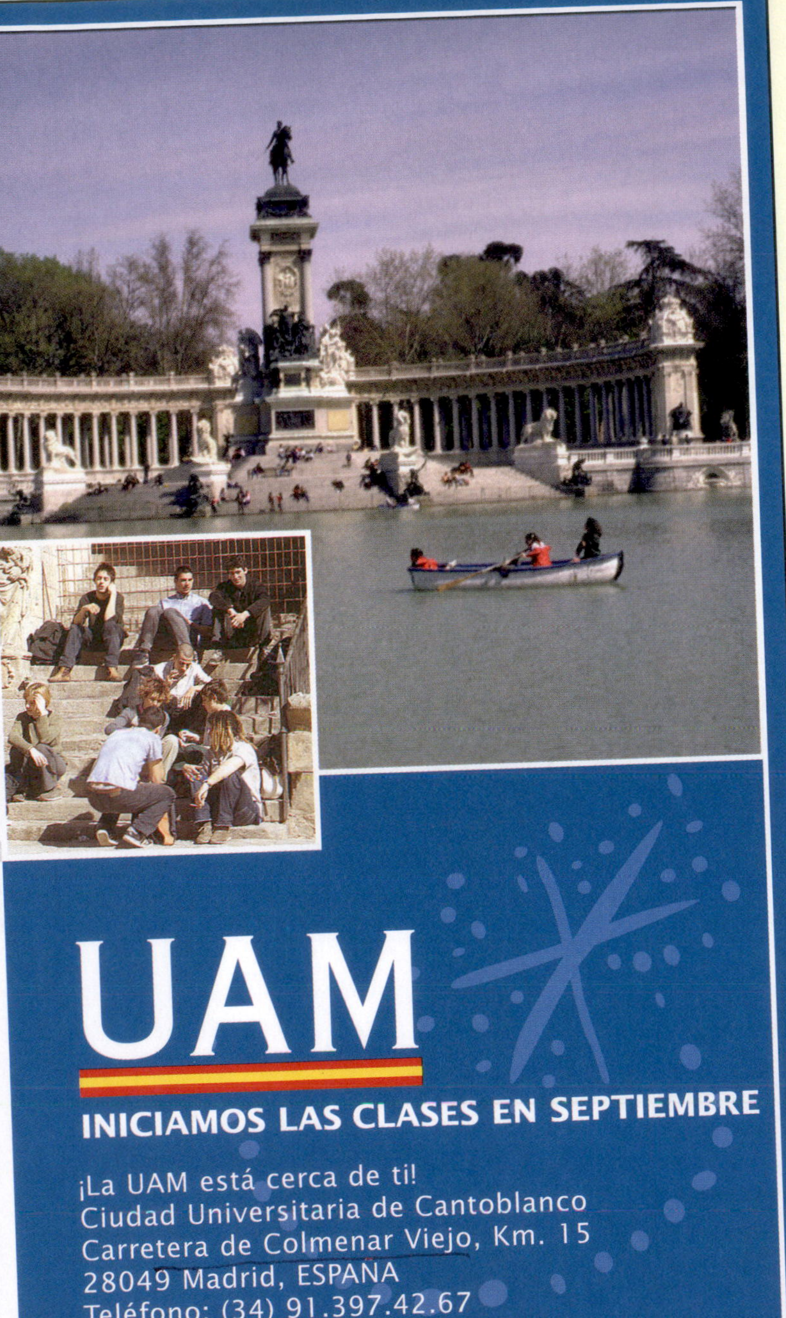

Después de leer

¿Comprendiste?

Indicate whether each statement is **cierto** (*true*) or **falso** (*false*).

Cierto	Falso	
✓		1. La Universidad Autónoma de Madrid está en Europa.
	✓	2. En la UAM hay diez facultades.
	✓	3. Filosofía y Letras es un curso.
✓		4. Es posible estudiar microbiología en la UAM.
	✓	5. Hay cursos de literatura china en la UAM.
✓		6. Hay una facultad de psicología en la UAM.
✓		7. En la UAM, las clases se inician en septiembre.
	✓	8. La UAM está en la carretera de Cantoblanco.

Preguntas

1. ¿Hay clases de contabilidad en la UAM?
   Sí, hay clases de contabilidad en la UAM.
2. ¿Es posible estudiar medicina en la UAM?
   Sí, es posible estudiar medicina en la UAM.
3. ¿En qué facultad hay clases de economía general?
   Hay clases de economía general en la Facultad de Ciencias Económicas y Empresariales.
4. ¿En qué facultad hay clases de microbiología?
   Hay clases de microbiología en la Facultad de Ciencias.
5. ¿En qué facultad hay clases de literatura española?
   Hay clases de literatura española en la Facultad de Filosofía y Letras.

Coméntalo

Look at the ad of the Universidad Autónoma de Madrid and identify the courses taught there. Does your university offer the same courses? Are you taking any of those courses? Based on this ad, would you be interested in studying at the UAM? Why or why not? *Answers will vary.*

mejor	*best*
derecho	*law*
carretera	*highway*

La clase y la universidad

el borrador	*eraser*
la clase	*class*
el/la compañero/a de clase	*classmate*
de cuarto	*roommate*
el escritorio	*desk*
el/la estudiante	*student*
el libro	*book*
el mapa	*map*
la mesa	*table*
el papel	*paper*
la pizarra	*blackboard*
la pluma	*pen*
el/la profesor(a)	*teacher; professor*
la puerta	*door*
el reloj	*clock; watch*
la silla	*chair*
la tiza	*chalk*
la ventana	*window*
la biblioteca	*library*
la cafetería	*cafeteria*
el estadio	*stadium*
el laboratorio	*laboratory*
la librería	*bookstore*
la residencia estudiantil	*dormitory*
la universidad	*university*
el curso	*course*
el examen	*test; exam*
el horario	*schedule*
la prueba	*test; quiz*
el semestre	*semester*
la tarea	*homework*
el trimestre	*trimester; quarter*

Verbos

bailar	*to dance*
buscar	*to look for*
caminar	*to walk*
cantar	*to sing*
comprar	*to buy*
contestar	*to answer*
conversar	*to talk; to chat*
descansar	*to rest*
desear	*to want; to wish*
dibujar	*to draw*
enseñar	*to teach*
escuchar	*to listen*
esperar	*to wait (for); to hope*
estar	*to be*
estudiar	*to study*
explicar	*to explain*
hablar	*to talk; to speak*
llegar	*to arrive*
llevar	*to carry*
mirar	*to look (at); to watch*
necesitar	*to need*
practicar	*to practice*
preguntar	*to ask (a question)*
preparar	*to prepare*
regresar	*to return*
terminar	*to end; to finish*
tomar	*to take; to drink*
trabajar	*to work*
viajar	*to travel*

Palabras adicionales

porque	*because*

Los cursos

la administración de empresas	*business administration*
el arte	*art*
la biología	*biology*
la computación	*computer science*
la contabilidad	*accounting*
el español	*Spanish*
la física	*physics*
la geografía	*geography*
la historia	*history*
el inglés	*English*
las lenguas extranjeras	*foreign languages*
las matemáticas	*mathematics*
el periodismo	*journalism*
la psicología	*psychology*
la química	*chemistry*
la sociología	*sociology*

Los días de la semana	*See page 29.*
Expresiones útiles	*See page 35.*
Interrogative words	*See page 41.*
Prepositions of location	*See page 43.*
Numbers 31-100	*See page 44.*

INSTRUCTIONAL RESOURCES Text MP3s, IRM (additional vocabulary), Test Program, Test MP3s, Website

AVENTURAS EN LOS PAÍSES HISPANOS

Todos los años *(every year)*, en el mes de junio, Nueva York organiza un gran desfile *(great parade)* en honor a los puertorriqueños.

ESTADOS UNIDOS Y CANADÁ

Estados Unidos

Población de origen hispano: 39.000.000

País de origen de hispanos en EE.UU.:

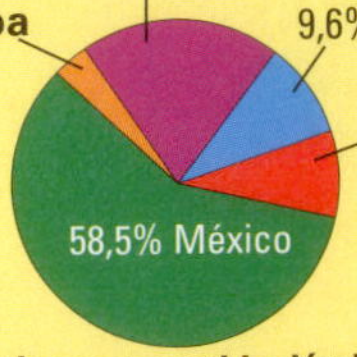

Estados de mayor población hispana:
California, Texas, Nueva York y Florida

SOURCE: U.S. Census Bureau

Canadá

Población de origen hispano: 300.000

País de origen de hispanos en Canadá:

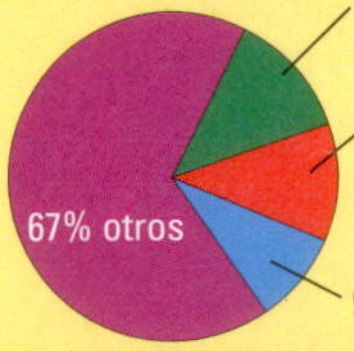

Ciudades de mayor población hispana:
Montreal, Toronto y Vancouver

SOURCE: Statistics Canada

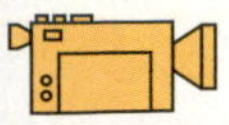

Lugares

La Pequeña Habana

La Pequeña Habana *(Little Havana)* es un barrio *(neighborhood)* de Miami, Florida, donde viven *(live)* muchos cubanoamericanos. Es un lugar donde se encuentran *(are found)* las costumbres *(customs)* de la cultura cubana, los aromas y sabores *(flavors)* de su comida y la música salsa. La Pequeña Habana es una parte de Cuba en los Estados Unidos.

CANADÁ
Vancouver
Calgary
EE.UU.
San Francisco
Los Ángeles
Las Vegas
San Diego
MÉXICO

Personalidades

Latinos famosos

Los estadounidenses de origen hispanoamericano contribuyen *(contribute)* en todos los niveles *(at all levels)* a la cultura y a la economía de los Estados Unidos.

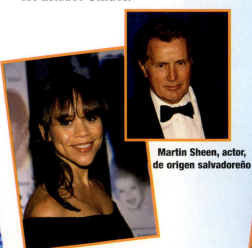

Rosie Pérez, actriz, de origen puertorriqueño

Martin Sheen, actor, de origen salvadoreño

Geraldo Rivera, periodista, de origen puertorriqueño

Ellen Ochoa, astronauta, de origen mexicano

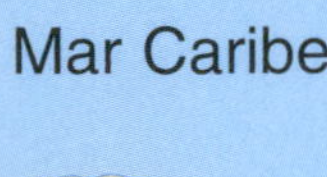

Comida

La comida mexicana

En casi todas las ciudades *(almost all cities)* de los Estados Unidos hay restaurantes mexicanos. Hoy día, los tacos y las quesadillas son tan populares como *(are as popular as)* las hamburguesas y las papas fritas *(french fries)*.

Sociedad

La influencia hispánica en Canadá

En 1998 (mil novecientos noventa y ocho) se establecieron *(were established)* los *Latin American Achievement Awards Canada*, para reconocer *(to recognize)* los logros *(achievements)* de la comunidad en varios campos *(fields)*.

Dos figuras canadienses importantes de origen argentino son: el novelista, Alberto Manguel y el Embajador *(Ambassador)* de Canadá en las Naciones Unidas *(United Nations)*, Sergio Marchi.

Algunos de los grupos musicales que son parte de la cultura hispana en Canadá son: Dominicanada, Bomba, Norteño y Rasca.

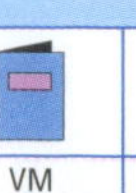

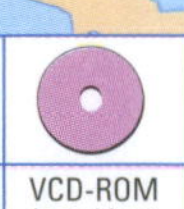

¿Qué aprendiste?

1 ¿Cierto o falso? Indicate whether the following statements are true or false, based on what you've learned about Hispanics in the USA and Canada.

Cierto	Falso	
✓		1. Los mexicanos son el grupo hispano más grande *(biggest)* de los EE.UU..
	✓	2. En Florida no hay muchas personas de origen hispano.
✓		3. En Texas hay muchos hispanos.
	✓	4. La Pequeña Habana está en la isla de Cuba.
	✓	5. Martin Sheen es un policía en Los Ángeles.
✓		6. Geraldo Rivera es de origen hispano.
	✓	7. En los Estados Unidos no hay restaurantes mexicanos.
	✓	8. A los estadounidenses, no les gustan los tacos.
	✓	9. Los chilenos son el grupo hispano más grande de Canadá.
✓		10. Dominicanada es un grupo musical de Canadá.

2 Preguntas Answer the following questions. *Answers will vary.*

1. ¿Hay muchos hispanos en tu *(your)* comunidad? ¿De dónde son?
2. ¿Quién es Ellen Ochoa?
3. ¿En qué estados de los Estados Unidos hay más habitantes hispanos?
4. ¿Te gustan los restaurantes mexicanos? ¿Por qué?
5. ¿En qué ciudades de Canadá hay muchos hispanos?
6. ¿Cuál es la población de origen hispano en Canadá?

En Internet

Busca más información sobre estos temas en el sitio aventuras.vhlcentral.com. Presenta la información a tus compañeros/as de clase.

- El desfile de los puertorriqueños
- La Pequeña Habana
- Rosie Pérez
- Geraldo Rivera
- Dominicanada

3 La familia

Communicative Goals

You will learn how to:

- talk about your family
- describe people
- express ownership

PARA EMPEZAR Here are some additional questions you can ask based on the photo: **¿Dónde está la casa de tu familia? ¿Estudias lejos o cerca de la casa de tu familia? ¿Cuántas personas hay en tu familia? ¿Quiénes son?**

PREPARACIÓN

AVENTURAS

GRAMÁTICA

LECTURA

PARA EMPEZAR

- ¿Cuántas personas hay en la fotografía? ¿Tres o cuatro?
- ¿Son ellos compañeros de clase o son una familia?
- ¿Está el hombre lejos de la mujer o al lado de ella?
- ¿Ellos conversan, descansan o bailan?

EXPANSION Use the overhead transparency. Ask: **¿Cómo se llama el padre? ¿Quién es la hija de Mirta? Con referencia a Marina, ¿quién es Héctor? Con referencia a Héctor, ¿quién es José Miguel? Con referencia a Héctor, ¿quién es Silvia?** Work through additional relationships.

SUGGESTION Ask: Who has a brother? Write **hermano** on the board. Ask: **¿Cómo se llama tu hermano?** After the student answers, ask: **¿Cómo se llama el hermano de ___?** Work through the remaining relationships in the same manner.

LA FAMILIA

LA FAMILIA

el/la esposo/a *husband/wife*
el/la hermanastro/a *stepbrother/stepsister*
el/la hermano/a *brother/sister*
el/la hijastro/a *stepson/stepdaughter*
la madrastra *stepmother*
el/la medio/a hermano/a *half-brother/half-sister*
el padrastro *stepfather*
los padres *parents*

el abuelo
grandfather

la abuela
grandmother

Variación léxica

madre ⟷ mamá, mami (*colloquial*)
padre ⟷ papá, papi (*colloquial*)
padres ⟷ papás, papis (*colloquial*)

el padre
father

la madre
mother

los hijos
sons; children

la hija
daughter

LA FAMILIA EXTENDIDA

el/la cuñado/a *brother-in-law/sister-in-law*
el/la nieto/a *grandson/granddaughter*
la nuera *daughter-in-law*
los parientes *relatives*
el/la primo/a *cousin*
el/la sobrino/a *nephew/niece*
el/la suegro/a *father-in-law/mother-in-law*
el/la tío/a *uncle/aunt*
el yerno *son-in-law*

EXPANSION Ha[ve] groups of three interview each other about thei[r] families, with or[ne] conducting the interview, one answering, and one taking note[s]. At intervals hav[e] students switch roles until all ha[ve] had a turn. As a whole class, as[k] random student[s] questions abou[t] the families of their group members.

recursos

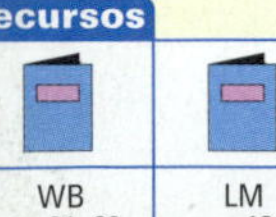
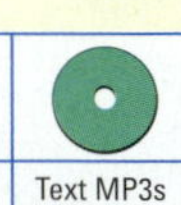
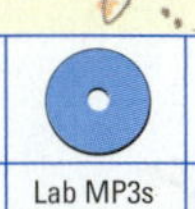
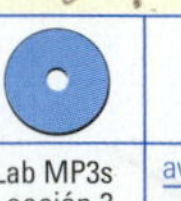
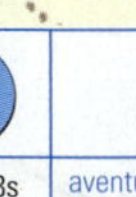

WB pp. 21–22	LM p. 13	Text MP3s Lección 3	Lab MP3s Lección 3	aventuras.vhlcentral.com Lección 3

INSTRUCTIONAL RESOURCES WB, LM, Ans. Key, Lab, Text MP3s, IRM (tapescript, additional vocabulary), Website

el artista
artist

LAS PROFESIONES

el/la ingeniero/a *engineer*
el/la médico/a *doctor*
el/la periodista *journalist*
el/la programador(a) *computer programmer*

la doctora
doctor

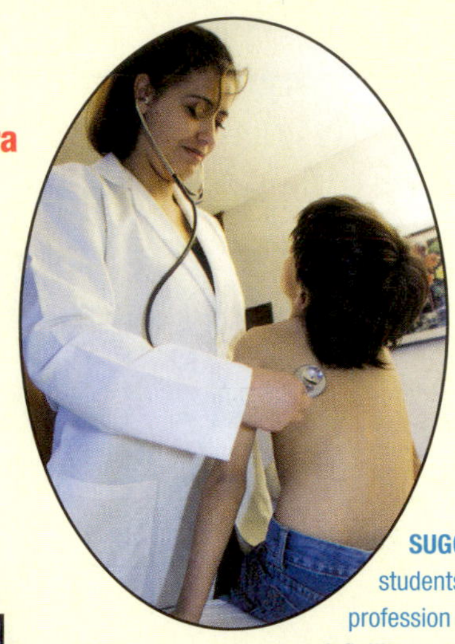

SUGGESTION Ask students to name a profession based on the definition you provide. Ex: **Un hombre que programa las computadoras, ¿qué es? (Es un programador.) Una mujer que trabaja en un hospital, ¿qué es? (Es una doctora/médica.)**

OTRAS PALABRAS

el/la amigo/a *friend*
la gente *people*
el/la muchacho/a *boy/girl*
la persona *person*

mi *my (sing.)*
mis *my (pl.)*

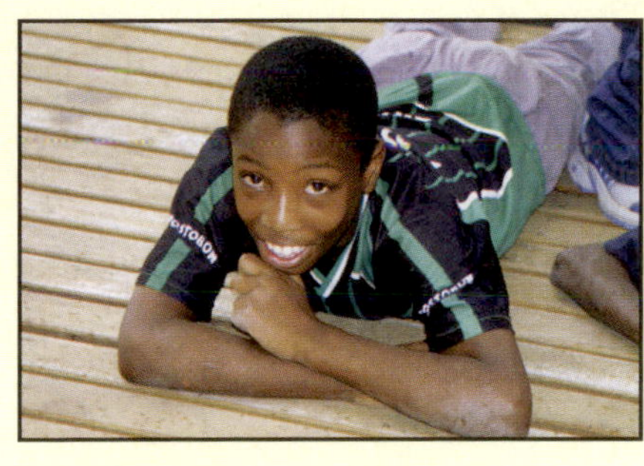

el niño
boy; child

el novio
boyfriend

la novia
girlfriend

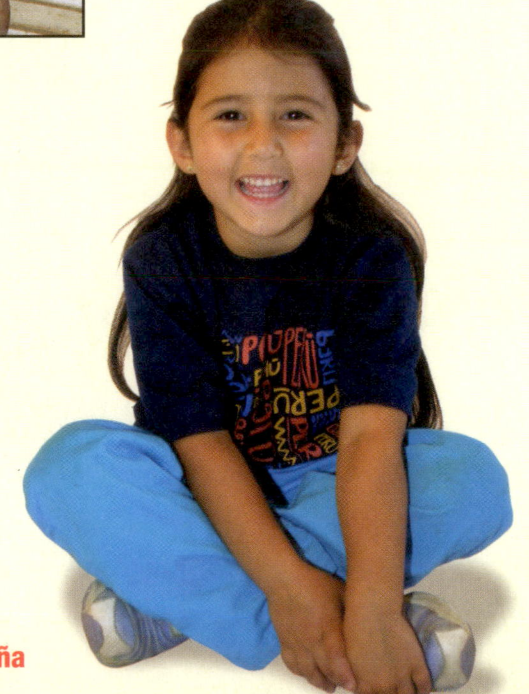

la niña
girl

A escuchar

NATIONAL communication STANDARDS

1 Escuchar Find Luisa Moya Sánchez on the family tree. Then listen to her statements and indicate whether they are **cierto** (*true*) or **falso** (*false*), based on her family tree.

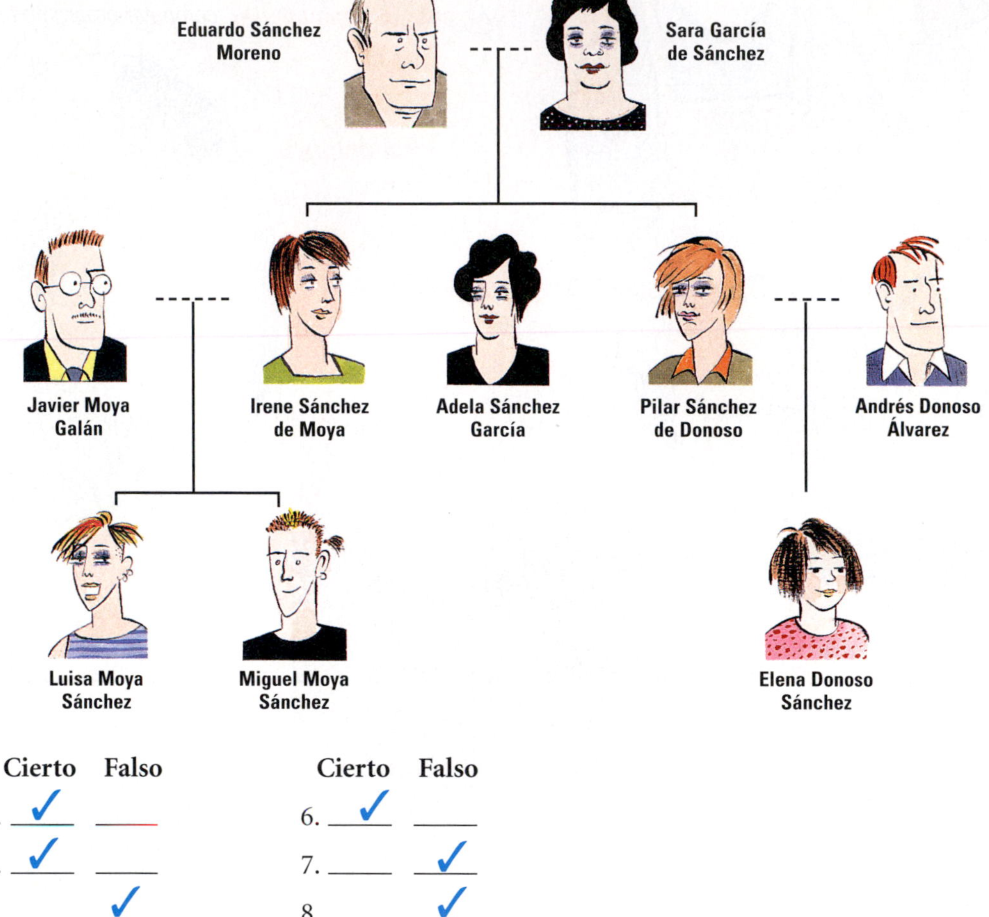

	Cierto	Falso
1.	✓	
2.	✓	
3.		✓
4.		✓
5.		✓

	Cierto	Falso
6.	✓	
7.		✓
8.		✓
9.	✓	
10.		✓

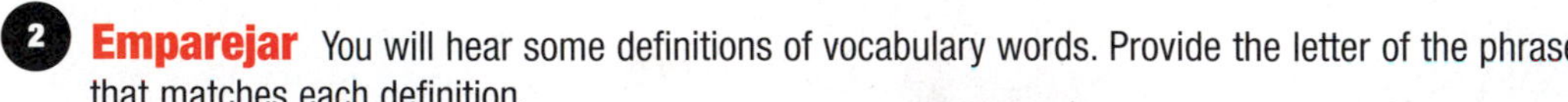

2 Emparejar You will hear some definitions of vocabulary words. Provide the letter of the phrase that matches each definition.

1. a. Son mis padres. b. Son mis abuelos. (c.) Son mis suegros.
2. (a.) Es mi yerno. b. Es mi sobrino. c. Es mi cuñado.
3. a. Es un ingeniero. b. Es una programadora. (c.) Es una artista.
4. a. Es mi prima. (b.) Es mi sobrina. c. Es mi abuela.
5. a. Son mis nietos. (b.) Son mis primos. c. Son mis abuelos.
6. (a.) Es mi nieto. b. Es mi tío. c. Es mi hermano.

recursos
Text MP3s Lección 3
aventuras.vhlcentral.com Lección 3

1 SCRIPT
1. Elena es mi prima.
2. Los yernos de mi abuela se llaman Andrés y Javier.
3. Mi hermana se llama Adela.
4. Andrés es mi abuelo.
5. Eduardo es mi tío.
6. Mis tías se llaman Pilar y Adela.
7. Javier es el padre de Adela.
8. Irene es mi abuela.
9. Elena es la sobrina de mi mamá.
10. Elena es la hija de Adela.

1 EXPANSION Play Luisa's statements again, stopping at the end of each. Where the statements are true, have students repeat. Where the statements are false, have students correct them.

2 SCRIPT
1. Son los padres de mi esposa.
2. Es el esposo de mi hija.
3. Es una mujer que dibuja mucho.
4. Es la hija de mi hermana.
5. Son los hijos de mi tío.
6. Es el hijo de mi hija.

2 EXPANSION Play the definitions again, stopping after each one so that students may provide a complete sentence that includes the definition and the answer.

INSTRUCTIONAL RESOURCE Text MP3s, Website

A practicar

3 **EXPANSION** Ask students to provide additional examples for the class to identify.

4 **EXPANSION** Ask questions about the photos and captions. Ex: **¿Quién es artista? (Elena Vargas Soto es artista.) ¿Quién trabaja con una computadora? ¿Qué es? (Irene González trabaja con una computadora. Es programadora.)**

4 **EXPANSION** Have students bring in pictures of people engaged in various activities. (Use family photos, magazine pictures, drawings, computer art, etc.) Create a class family tree and identify each picture with a name. With the whole class, ask questions about relationships and professions. Ex: **¿Quién es la abuela de ____? ¿Qué es?**

3 Completar Complete these sentences with the correct words.

1. Mi madre y mi padre son mis ___*padres*___.
2. El padre de mi madre es mi ___*abuelo*___.
3. Yo soy el ___*tío*___ del hijo de mi hermana.
4. La esposa de mi hijo es mi ___*nuera*___.
5. Yo soy el ___*yerno*___ de los padres de mi esposa.
6. La hija de mi hermana es mi ___*sobrina*___.
7. Mi hijo es el ___*nieto*___ de mi padre.
8. El esposo de mi hermana es mi ___*cuñado*___.

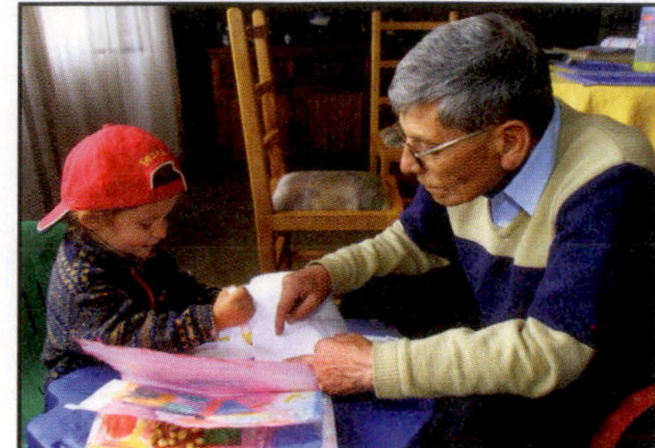

4 Profesiones Complete the description of each photo.

1. Juanita Fuertes es ___*profesora*___.

2. Héctor Ibarra es ___*periodista*___.

3. Alberto Díaz es ___*médico/doctor*___.

4. Elena Vargas Soto es ___*artista*___.

5. Carlota López es ___*ingeniera*___.

6. Irene González es ___*programadora*___.

A conversar

5 **La familia Vargas** With a classmate, identify the members in the family tree by asking questions about how each family member is related to Graciela Vargas García.

modelo

Estudiante 1: *¿Quién es Beatriz Pardo de Vargas?*
Estudiante 2: *Es la abuela de Graciela.*

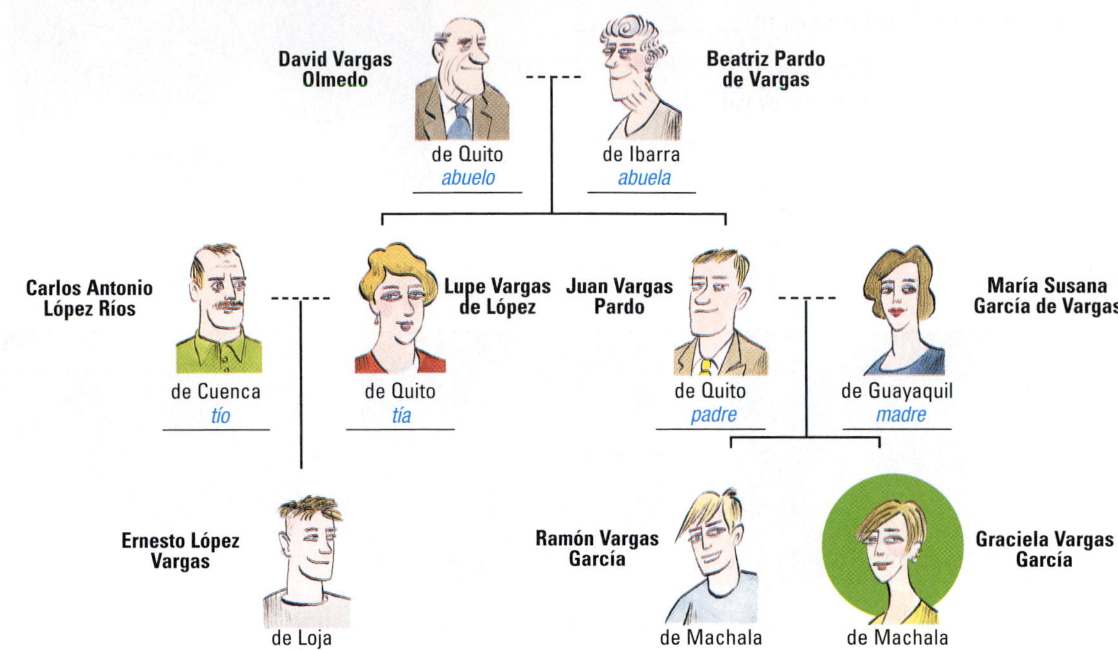

Now take turns asking each other these questions.

1. ¿Cómo se llama el tío de Graciela? *El tío de Graciela se llama Carlos Antonio.*
2. ¿De dónde es María Susana? *María Susana es de Guayaquil.*
3. ¿Cómo se llama la hermana de Juan? *La hermana de Juan se llama Lupe.*
4. ¿De dónde es el yerno de David y Beatriz? *El yerno de David y Beatriz es de Cuenca.*
5. ¿Cómo se llama el sobrino de Lupe? *El sobrino de Lupe se llama Ramón.*
6. ¿De dónde es la abuela de Ernesto? *La abuela de Ernesto es de Ibarra.*

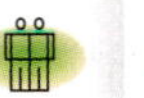

6 **¿Y tú?** With a classmate, take turns asking each other the following questions. *Answers will vary.*

1. ¿Cuántas personas hay en tu familia?
2. ¿Cómo se llaman tus padres? ¿De dónde son?
3. ¿Cuántos hermanos tienes? ¿Cómo se llaman?
4. ¿Cuántos primos tienes? ¿Cuántos son niños y cuántos son adultos?
5. ¿Eres tío/a? ¿Cómo se llaman tus sobrinos/as? ¿Dónde estudian o trabajan?
6. ¿Tienes novio/a? ¿Tienes esposo/a? ¿Cómo se llama?

tengo *I have* | **tus** *your (fam., pl.)*
tienes *you (fam.) have* | **tu** *your (fam., sing.)*

5 EXPANSION Have students prepare and ask questions about the family tree.

5 EXPANSION Have students draw their own family tree and label each position with the Spanish term and the name of the family member. Model questions about the family. Ex: **¿Cómo se llama su padre? ¿Cómo es él? ¿Qué es? ¿Quién es el padre de su padre?**

TEACHING OPTION Have pairs of students create a fantasy family tree for a famous or fictitious person. Have them prepare and present a skit for the class in which one plays the fantasy person and the other asks interview questions about family members, their professions, personalities, relationships, etc.

6 EXPANSION Ask students to prepare and ask additional interview questions.

Pronunciación

Diphthongs and linking

SUGGESTION Write **hermano**, **niña**, and **cuñado** on the board, pronounce the words, and ask students to repeat them. Ask students to identify the strong and weak vowels. Repeat writing, modeling, practicing, and identifying key pronunciation points with each of the remaining five sections.

EXPANSION Provide more model sentences to practice diphthongs and linking. Ex: **Los estudiantes extranjeros hablan inglés. Mi abuela Ana tiene ochenta años. Juan y Enrique son hermanos. ¿Tu esposa aprende una lengua extranjera? Tengo un examen en la clase de español hoy.**

hermano **niña** **cuñado**

In Spanish, **a**, **e**, and **o** are considered strong vowels. The weak vowels are **i** and **u**.

ruido **parientes** **periodista**

A diphthong is a combination of two weak vowels or of a strong vowel and a weak vowel. Diphthongs are pronounced as a single syllable.

la abuela **mi hijo** **una clase excelente**

Two identical vowel sounds that appear together are pronounced like one long vowel.

con Natalia **sus sobrinos** **las sillas**

Two identical consonants together sound like a single consonant.

es ingeniera **mis abuelos** **sus hijos**

A consonant at the end of a word is linked with the vowel at the beginning of the next word.

mi hermano **su esposa** **nuestro amigo**

A vowel at the end of a word is linked with the vowel at the beginning of the next word.

Práctica Say these words aloud, focusing on the diphthongs.

1. historia
2. nieto
3. parientes
4. novia
5. residencia
6. prueba
7. puerta
8. ciencias
9. lenguas
10. estudiar
11. izquierda
12. ecuatoriano

Oraciones Read these sentences aloud to practice diphthongs and linking words.

1. Hola. Me llamo Anita Amaral. Soy del Ecuador.
2. Somos seis en mi familia.
3. Tengo dos hermanos y una hermana.
4. Mi papá es del Ecuador y mi mamá es de España.

Refranes Read these sayings aloud to practice diphthongs and linking sounds.

Hablando del rey de Roma, por la puerta se asoma.[2]

Cuando una puerta se cierra, otra se abre.[1]

1 When one door closes, another opens.
2 Speak of the devil and he will appear.

recursos

LM p. 14

Text MP3s Lección 3

Lab MP3s Lección 3

aventuras.vhlcentral.com Lección 3

INSTRUCTIONAL RESOURCES Text MP3s, LM, Ans. Key, Lab, Website

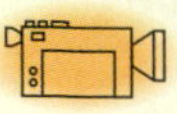

¿Es grande tu familia?

Los viajeros hablan de sus familias en el autobús.

VIDEO SYNOPSIS The bus trip continu Maite, Inés, and Javier talk about their families. As they talk, Javier secretly sketches Inés. When Maite discovers w he is drawing, both he and Inés are embarrassed. Behind the wheel, Don Francisco wonders what is happening

MAITE Inés, ¿tienes una familia grande?

INÉS Pues, sí… mis papás, mis abuelos, cuatro hermanas y muchos tíos y primos.

INÉS Sólo tengo un hermano mayor, Pablo. Su esposa, Francesca, es médica. No es ecuatoriana, es italiana. Sus papás viven en Roma, creo. Vienen de visita cada año. Ah… y Pablo es periodista.

MAITE ¡Qué interesante!

INÉS ¿Y tú, Javier? ¿Tienes hermanos?

JAVIER No, pero aquí tengo unas fotos de mi familia.

INÉS ¡Ah! ¡Qué bien! ¡A ver!

INÉS ¿Y cómo es él?

JAVIER Es muy simpático. Él es viejo, pero es un hombre muy trabajador.

MAITE Oye, Javier, ¿qué dibujas?

JAVIER ¿Eh? ¿Quién? ¿Yo? ¡Nada!

MAITE ¡Venga! ¡No seas tonto!

MAITE Jaaavieeer… Oye, pero ¡qué bien dibujas!

JAVIER Este… pues…¡Sí! ¡Gracias!

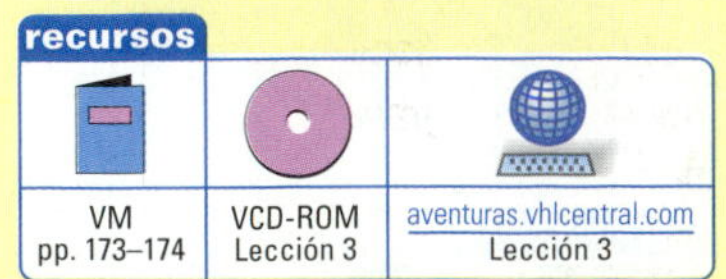

PREVIEW Ask students to read the title, glance at the video stills, and predict what they think the episode will be about. Record the predictions and return to them after having watched the video.

SUGGESTION Play the video segment without sound and have students create a plot summary based on visual cues. Then show the segment with sound and have students make corrections and fill in gaps in their work.

INSTRUCTIONAL RESOURCES VM, Ans. Key, DVD, VCD-ROM, IRM (videoscript, translation

Para recordar

Before doing this **Fotonovela** section, review the previous one with this activity.

1. ¿Quién estudia periodismo? *Maite*
2. ¿Quién toma cinco clases? *Inés*
3. ¿En qué clase de Inés hay más chicas? *sociología*
4. ¿Tiene Álex una computadora? *sí*

SUGGESTION Point out the masculine, feminine, singular, and plural forms of descriptive adjectives and the present tense of **tener** in the captions and **Expresiones útiles**. Tell students that this material will be formally presented in the upcoming **Gramática** section.

JAVIER ¡Aquí están!

INÉS ¡Qué alto es tu papá! Y tu mamá, ¡qué bonita!

JAVIER Mira, aquí estoy yo. Y éste es mi abuelo. Es el padre de mi mamá.

INÉS ¿Cuántos años tiene tu abuelo?

JAVIER Noventa y dos.

MAITE Álex, mira, ¿te gusta?

ÁLEX Sí, mucho. ¡Es muy bonito!

DON FRANCISCO Epa, ¿qué pasa con Inés y Javier?

SUGGESTION Have students review the **Expresiones útiles**. In groups of five, direct them to select a role and read **¿Es grande tu familia?** Ask one or two groups to present the script to the rest of the class.

PERSONAJES

DON FRANCISCO

JAVIER

INÉS

ÁLEX

MAITE

Expresiones útiles

Talking about your family

¿Tienes una familia grande?
Do you have a large family?
Sí… mis papás, mis abuelos, cuatro hermanas y muchos tíos.
Yes, my parents, my grandparents, four sisters, and many (aunts and) uncles.
Sólo tengo un hermano mayor/menor.
I only have one older/younger brother.
¿Tienes hermanos?
Do you have siblings?
No, soy hijo único.
No, I'm an only (male) child.
Su esposa, Francesca, es médica.
His wife, Francesca, is a doctor.
No es ecuatoriana, es italiana.
She's not Ecuadorian, she's Italian.
Pablo es periodista.
Pablo is a journalist.
Es el padre de mi mamá.
He is my mother's father.

Describing people

¡Qué alto es tu papá!
Your father is so tall!
Y tu mamá, ¡qué bonita!
And your mother, how pretty!
¿Cómo es tu abuelo?
What is your grandfather like?
Es simpático.
He's nice.
Es viejo.
He's old.
Es un hombre muy trabajador.
He's a very hard-working man.

Saying how old people are

¿Cuántos años tienes?
How old are you?
¿Cuántos años tiene tu abuelo?
How old is your grandfather?
Noventa y dos.
Ninety-two.

¿Qué piensas?

NATIONAL communication STANDARDS

1 **¿Cierto o falso?** Indicate whether each sentence is **cierto** or **falso.** Correct the false statements.

Cierto	Falso	
✓		1. Inés tiene una familia grande.
	✓	2. Pablo, el hermano de Inés, es médico. *Francesca es médica. Pablo es periodista.*
✓		3. La cuñada de Inés es italiana.
✓		4. Javier no tiene hermanos.
	✓	5. El abuelo de Javier es muy perezoso (*lazy*). *El abuelo de Javier es muy trabajador.*
	✓	6. Javier habla del padre de su (*his*) padre. *Javier habla del padre de su mamá.*

2 **Adivinar** Read these sentences and guess which video character is being described. Each name is used twice.

JAVIER INÉS MAITE

1. Tiene cuatro hermanas y muchos tíos y primos. *Inés*
2. Su abuelo tiene noventa y dos años, pero es muy trabajador. *Javier*
3. Ella dice que (*says that*) Javier dibuja muy bien. *Maite*
4. Ella tiene muchas preguntas para (*for*) sus amigos. *Maite*
5. Su mamá es muy bonita. *Javier*
6. Su cuñada es médica. *Inés*

3 **Sus familias** With a partner, use these questions to talk about your families. *Answers will vary.*

- ¿Es grande o pequeña (*small*) tu (*your*) familia? ¿Cuántas personas hay en tu familia?
- ¿Tienes muchos tíos y primos? ¿Dónde viven?
- ¿Tienes un(a) tío/a o un(a) primo/a favorito/a? ¿Cómo se llama?

1 **EXPANSION** Continue the activity with true/false statements such as: **El padre de Javier es alto. (Cierto) Javier tiene tres hermanos. (Falso; Javier no tiene hermanos.) Javier tiene una fotos de su familia. (Cierto) Inés es italiana. (Falso; Inés es del Ecuador.)**

2 **EXPANSION** Taking each sentence in turn, expand (or have students expand) the information given by asking questions based on additional information provided in the video segment. Ex: 1. **¿Tiene Inés sólo hermanas? (No, tiene un hermano.) ¿Cómo llama su hermano? (Pablo) ¿Qué es? (Es periodista.) ¿Tiene esposa? (Sí) ¿Cómo se llama ella? (Francesca) ¿De dónde es? (Italia) ¿Qué es? (Es médica.)**

3 **EXPANSION** Have studen prepare additional interview questions to ask their partne

Exploración

La familia en el mundo hispano

SUGGESTION Have students locate the Spanish-speaking countries mentioned (**Colombia, México, Argentina, Uruguay, España, Venezuela**) on the maps in **Apéndice A**.

EXPANSION Ask questions (or have students prepare questions) about the photos on this page. Ex: **¿En qué país vive Eduardo Mansur Amaya? En la foto de la familia, ¿cuántas personas hay? ¿Qué son? ¿Cómo son? ¿Cuántos años tienen? ¿Quién es Osvaldo? ¿Dónde está Mónica?**

EXPANSION Discuss the pattern of Hispanic last names (**apellidos**). For example, write this formula on the board: the person's first name + his/her father's first last name + his/her mother's first last name. If your name follows this pattern, you may wish to use it as an example.

SUGGESTION Explain that although it is difficult to generalize about families in any culture, the family is traditionally an important social institution for Spanish speakers.

En los países hispanos las personas usan dos apellidos (*two last names*): uno del padre y el otro (*other*) de la madre. En la foto está Juan Antonio Moreno López con su esposa, María Eugenia Rojas de Moreno, y sus hijos Emilio Moreno Rojas y Ana Moreno Rojas.

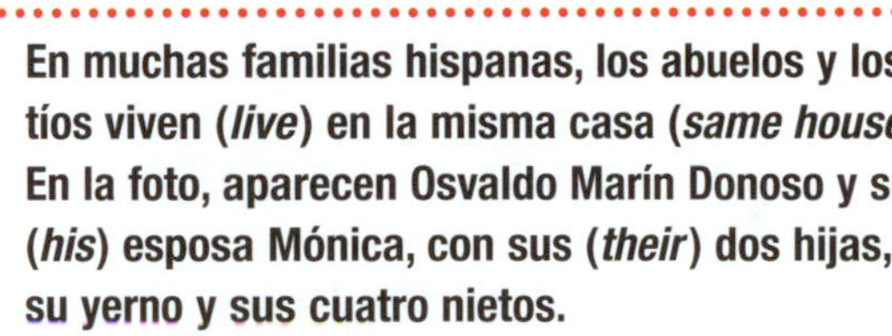

En muchas familias hispanas, los abuelos y los tíos viven (*live*) en la misma casa (*same house*). En la foto, aparecen Osvaldo Marín Donoso y su (*his*) esposa Mónica, con sus (*their*) dos hijas, su yerno y sus cuatro nietos.

Muchos estudiantes universitarios viven (*live*) con sus padres durante sus estudios (*during their studies*). Eduardo Mansur Amaya, en la foto, asiste (*attends*) a la Universidad de Caracas y vive en casa con sus padres José Manuel y Laura.

Estadísticas de la familia

Tamaño medio (*average size*) de la familia

País	Tamaño
Colombia	5.2
México	5.0
Argentina	3.7
Uruguay	3.3
España	2.9
Estados Unidos	2.6

SOURCE: UN Secretariat

Coméntalo

With a classmate, discuss these questions. *Answers will vary.*

- ¿Usas dos apellidos? ¿cuál sería (*would be*) tu nombre con dos apellidos?
- ¿Te gustaría vivir (*would you like to live*) con tu familia extendida? ¿Por qué sí o por qué no? (Sí, me gustaría... / No, no me gustaría...)
- ¿Te gustaría vivir con tus padres hasta (*until*) tu graduación de la universidad?
- ¿Quiénes son los miembros de tu familia que viven contigo (*with you*)?

INSTRUCTIONAL RESOURCE Website

3.1 Descriptive adjectives

- Descriptive adjectives describe nouns. In Spanish, most adjectives agree in gender and number with the nouns or pronouns they describe.
- Adjectives that end in **–o** and **–or** have four forms.

Masculine	Feminine
el chico alto	la chica alta
los chicos altos	las chicas altas
el hombre trabajador	la mujer trabajadora
los hombres trabajadores	las mujeres trabajadoras

- Adjectives that end in **–e** or a consonant have the same masculine and feminine forms.

Masculine	Feminine
el chico inteligente	la chica inteligente
los chicos inteligentes	las chicas inteligentes
el chico joven	la chica joven
los chicos jóvenes	las chicas jóvenes

- Adjectives that refer to nouns of different genders use the masculine plural form.

Paco es alto. Ana es alta. → Paco y Ana son altos.

Common adjectives

alto/a	tall	gordo/a	fat	moreno/a	dark-haired
antipático/a	unpleasant	grande	large; great	mucho/a	much; many; a lot of
bajo/a	short	guapo/a	handsome	pelirrojo/a	red-haired
bonito/a	pretty	importante	important	pequeño/a	small
bueno/a	good	inteligente	intelligent	rubio/a	blond
delgado/a	thin; slender	interesante	interesting	simpático/a	nice; likeable
difícil	hard; difficult	joven	young	tonto/a	silly; foolish
fácil	easy	malo/a	bad	trabajador(a)	hard-working
feo/a	ugly	mismo/a	same	viejo/a	old

Adjectives of nationality

- Adjectives of nationality are formed like other descriptive adjectives. Note that adjectives of nationality that end in a consonant add **–a** to form the feminine.

Masculine	Feminine
Toño es mexicano.	Gloria es mexicana.
Ellos son mexicanos.	Ellas son mexicanas.
Héctor es español.	Sara es española.
Ellos son españoles.	Ellas son españolas.

SUGGESTION Tell students that the **recursos** boxes for the entire **Gramática** section are in **Ampliación**.

Práctica

1 Emparejar Read the descriptions and match them with the photos.

1. E Mateo es moreno.
2. D Henri es francés.
3. F Luisa es rubia.
4. B Andrés hace el (*acts*) tonto.
5. A Tanya es vieja.
6. C Raquel es pelirroja.

2 Completar Look at the photo of Amanda's family and imagine their personalities. Complete the sentences with appropriate adjectives. *Answers will vary.*

1. Mi familia es ___________.
2. Mis abuelos son ___________. Mi abuelo es ___________ y mi abuela es ___________.
3. Mi padre se llama Julio. Él es ___________.
4. Mi madre se llama Victoria. Ella es ___________.
5. Mi hermana se llama Rosa. Ella es ___________.
6. Y mi hermano Tomás es muy ___________.

 INSTRUCTIONAL RESOURCES WB, LM, Ans. Key, Lab, IRM (teaching tips, info gap), Website

Conversación

3 **Describir** With a partner, take turns describing each photo. Tell your partner whether you agree **(Estoy de acuerdo)** or disagree **(No estoy de acuerdo)** with the descriptions. *Answers will vary.*

modelo

Estudiante 1: *Los Ángeles es muy bonita.*
Estudiante 2: *No estoy de acuerdo. Es muy fea.*

Los Ángeles

1. **Celia Cruz**

2. **La Torre (Tower) Sears**

3. **Plácido Domingo**

4. **Enrique Iglesias**

5. **Santa Fe, Nuevo México**

6. **Nelly Furtado**

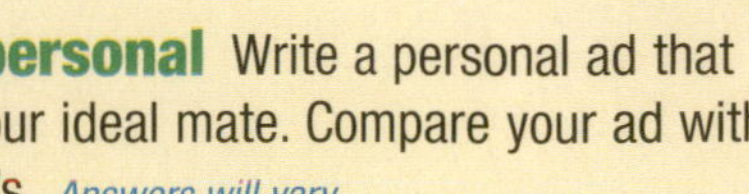

4 **Anuncio personal** Write a personal ad that describes your ideal mate. Compare your ad with a classmate's. *Answers will vary.*

SOY ALTA, morena y bonita. Estudio arte en la universidad. Busco un chico similar. Mi novio ideal es alto, moreno, inteligente y muy simpático.

5 **Diferencias** Your instructor will give you and your partner handouts so that you may complete this information gap activity.

Some adjectives of nationality

alemán, alemana	*German*	**francés, francesa**	*French*
canadiense	*Canadian*	**japonés, japonesa**	*Japanese*
ecuatoriano/a	*Ecuadorian*	**inglés, inglesa**	*English*
español(a)	*Spanish*	**mexicano/a**	*Mexican*
estadounidense	*from the United States*	**norteamericano/a**	*(North) American*
		puertorriqueño/a	*Puerto Rican*

The position of adjectives

- Adjectives generally follow the nouns they modify.

La mujer **rubia** es de España.
The blond girl is from Spain.

¿Cómo se llama la mujer **ecuatoriana**?
What is the Ecuadorian woman's name?

¡ojo! Unlike descriptive adjectives, adjectives of quantity are placed before the modified noun.

Hay **muchos** estudiantes.
There are many students.

Hablo con **dos** turistas.
I am talking with two tourists.

- **Bueno/a** and **malo/a** can be placed before or after a noun. Before a masculine singular noun, the forms are shortened: **bueno → buen; malo → mal.**

José es un **buen** amigo.
José es un amigo **bueno**.
José is a great friend.

Hoy es un **mal** día.
Hoy es un día **malo**.
Today is a bad day.

- When **grande** appears before a singular noun, it is shortened to **gran**.

¡ojo! The adjective **grande** also changes its definition depending on its position: **gran** = *great*, but **grande** = *big, large*.

Mandela es un **gran** hombre.
Mandela is a great man.

La familia de Inés es **grande.**
Inés' family is large.

¡Manos a la obra!

Give the appropriate forms of the adjectives provided.

1. Eres *simpático/a*.
2. Yolanda es *simpática*.
3. Nosotros somos *simpáticos*.
4. Dolores y Pilar son *simpáticas*.
5. Diego es *simpático*.
6. Tomás y yo somos *trabajadores*.
7. Ellas son *trabajadoras*.
8. La médica es *trabajadora*.
9. Los niños son *trabajadores*.
10. Él es *trabajador*.

1. Soy *español(a)*.
2. Ángela es *española*.
3. Los turistas son *españoles*.
4. Nosotros somos *españoles*.
5. El periodista es *español*.
6. Ellos son *norteamericanos*.
7. Clara y Bárbara son *norteamericanas*.
8. Ella es *norteamericana*.
9. Rafael y yo somos *norteamericanos*.
10. Luis es *norteamericano*.

3.2 Possessive adjectives

▶ Possessive adjectives express ownership.

Forms of possessive adjectives

Singular forms	Plural forms	
mi	mis	*my*
tu	tus	*your (fam.)*
su	sus	*his, her, its, your (form.)*
nuestro/a	nuestros/as	*our*
vuestro/a	vuestros/as	*your (fam.)*
su	sus	*their, its, your (form.)*

¡ojo! Spanish possessive adjectives agree in number with the nouns they modify. **Nuestro** and **vuestro** agree in gender and number.

mi primo | mis primos
nuestro tío | nuestros tíos

mi tía | mis tías
nuestra tía | nuestras tías

▶ Possessive adjectives are placed before the nouns they modify.

¡Qué alto es tu papá! Y tu mamá, ¡qué bonita!

Éste es mi abuelo. Es el padre de mi mamá.

▶ **Su** and **sus** have multiple meanings (*your, his, her, their, its*). To avoid confusion, use this construction: [*article*] + [*noun*] + **de** + [*subject pronoun*].

sus parientes ◀
- los parientes de él/ella — *his/her relatives*
- los parientes de Ud./Uds. — *your relatives*
- los parientes de ellos/ellas — *their relatives*

¡Manos a la obra!

Provide the appropriate form of each possessive adjective.

1. Es ___mi___ (*my*) libro.
2. ___Mi___ (*my*) familia es ecuatoriana.
3. ___Tu___ (*your, fam.*) esposo es italiano.
4. ___Nuestro___ (*our*) profesor es español.
5. Es ___su___ (*her*) reloj.
6. Es ___tu___ (*your, fam.*) mochila.
7. Es ___su___ (*your, form.*) maleta.
8. ___Su___ (*their*) sobrina es alemana.
9. ___Sus___ (*her*) primos son franceses.
10. ___Nuestros___ (*our*) primos son canadienses.
11. Son ___sus___ (*their*) lápices.
12. ___Sus___ (*their*) nietos son japoneses.

Práctica

1 Completar Marta just took a photo of her family. Complete her description of the photo.

Ésta es una foto de (1) ___mi___ familia. Aquí están (2) ___mis___ abuelos. Son los padres de (3) ___mi___ papá. (4) ___Su/Mi___ casa (*home*) está en Chicago.

Este hombre es (5) ___mi___ papá. Se llama David y es doctor. (6) ___Mi___ mamá se llama Rebeca; es periodista. (7) ___Mi___ tía Silvia es la hermana de (8) ___ella___.

Y aquí está (9) ___mi___ hermano Ramón. La esposa de (10) ___él___ se llama Sonia. (11) ___Sus___ hijos Javier y Sara son (12) ___mis___ sobrinos. Son muy simpáticos.

2 ¿Dónde está? You can't remember where you put some of your belongings. Your partner will look at the pictures and remind you. *Answers will vary.*

modelo

Estudiante 1: ¿Dónde está mi pluma?
Estudiante 2: Tu pluma está al lado de la computadora.

1. 

2. 

3. 

4. 

5. 

6. 

INSTRUCTIONAL RESOURCES WB, LM, Ans. Key, Lab, IRM (teaching tips), Website

Conversación

3 **Describir** With a partner, describe these people and places. *Answers will vary.*

modelo

La biblioteca de tu universidad
La biblioteca de mi universidad es muy grande. Hay muchos libros en la biblioteca.

1. Tus padres
2. Tus abuelos
3. Tu mejor (*best*) amigo/a
4. Tu novio/a ideal
5. Tu universidad
6. La librería de tu universidad
7. Tu profesor(a) favorito/a
8. Tu clase de español

4 **Tres fotos** Choose one of the three family photos and describe the family as if it were your own. Your partner will guess which photo you are describing. Then switch roles. *Answers will vary.*

Familia 1

Familia 2

Familia 3

Español en vivo

Identificar

Scan the advertisement above, and identify the instances where possessive adjectives are used.

Preguntas

1. ¿Quiénes son las personas del anuncio (*advertisement*)?
2. ¿Qué beben (*do they drink*)?
3. ¿Por qué les gusta la leche?

3.3 Present tense of regular -er and -ir verbs

- In Lesson 2, you learned how to form the present tense of regular **–ar** verbs. You also learned about the importance of verb forms, which change to show who is performing the action. The chart below contains the forms of the regular **–ar** verb **trabajar**, which is conjugated just like **hablar, enseñar, comprar, estudiar,** and other **–ar** verbs you have learned. The chart also shows the forms of an **–er** verb and an **–ir** verb.

- **–Ar, –er,** and **–ir** verbs have very similar endings. Study the following chart to detect the patterns that make it easier for you to learn the forms of these verbs and to use them to communicate in Spanish.

Inés y Javier comen.

Maite escribe.

Present tense of *-ar, -er,* and *-ir* verbs

	trabajar	comer	escribir
	to work	*to eat*	*to write*
yo	trabajo	como	escribo
tú	trabajas	comes	escribes
Ud./él/ella	trabaja	come	escribe
nosotros/as	trabajamos	comemos	escribimos
vosotros/as	trabajáis	coméis	escribís
Uds./ellos/ellas	trabajan	comen	escriben

- The **yo** forms of all three types of verbs end in **–o**.

  trabajo   como   escribo

- The endings for **–ar** verbs begin with **–a**, except for the **yo** form.

  hablo   habla   habláis
  hablas   hablamos   hablan

- The endings for **–er** verbs begin with **–e**, except for the **yo** form.

  como   come   coméis
  comes   comemos   comen

- **–Er** and **–ir** verbs have the exact same endings, except in the **nosotros/as** and **vosotros/as** forms.

nosotros ◀ comemos / escribimos

vosotros ◀ coméis / escribís

 INSTRUCTIONAL RESOURCES WB, LM, Ans. Key, Lab, IRM (teaching tips), Website

Práctica

1 Emparejar Susana is describing her family. Complete each sentence with the correct verb form.

1. Mi familia y yo _*vivimos*_ [vivir] en Montevideo, Uruguay.
2. Mi hermano Alfredo es muy inteligente. Él _*asiste*_ [asistir] a clases de lunes a viernes.
3. Los martes Alfredo y yo _*corremos*_ [correr] en el parque.
4. Mis padres _*comen*_ [comer] mucho; son un poco gordos.
5. Yo _*creo*_ [creer] que (*that*) mis padres [deber] _*deben*_ comer menos.

2 Completar Juan is talking about what he and his friends do after school. Complete his sentences.

modelo

Yo _corro_ por (*for*) una hora.

1. Nosotros _*comemos*_ en el restaurante.

2. Elena _*escribe*_ en su diario.

3. Sofía y Eugenio _*beben*_ café.

4. Susana y Bárbara _*comparten*_ unas fotos.

5. Carlos _*lee*_ en la biblioteca.

Conversación

3 Entrevista Use these questions to interview a classmate. Then report the results of your interview to the class. *Answers will vary.*

1. ¿Dónde comes al mediodía? ¿Comes mucho?
2. ¿Debes comer más (*more*) o menos (*less*)?
3. ¿Dónde vives?
4. ¿Con quién vives?
5. ¿Qué días asistes a tus clases?
6. ¿Cuál es tu clase favorita? ¿Por qué?
7. ¿Qué cursos debes tomar el próximo (*next*) semestre?
8. ¿Lees *The National Enquirer*? ¿Qué periódicos (*newspapers*) leen tus padres?
9. ¿Recibes muchos mensajes electrónicos (*e-mails*)? ¿De quién?
10. ¿Escribes poemas o cuentos (*stories*)?

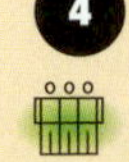

4 Encuesta Walk around the class and ask your classmates if they do (or should do) the things mentioned on the questionnaire. Try to find at least two people for each item. *Answers will vary.*

Actividad	Nombres
1. Asistir a conciertos de rock	
2. Correr todos los días *(every day)*	
3. Comprender chino	
4. Deber ser más *(more)* trabajador(a)	
5. Leer mucho para *(for)* un examen	
6. Compartir sus cosas	
7. Abrir las ventanas cuando hace frío *(it's cold)*	
8. Trabajar en las tardes	
9. Aprender contabilidad	
10. Creer que *(that)* la clase de español es fácil	
11. Vivir en una residencia estudiantil	
12. Comer en la escuela	

Common –er and –ir verbs

Common –er and –ir verbs

–er verbs		–ir verbs	
aprender	*to learn*	abrir	*to open*
beber	*to drink*	asistir (a)	*to attend*
comer	*to eat*	compartir	*to share*
comprender	*to understand*	decidir	*to decide*
correr	*to run*	describir	*to describe*
creer (en)	*to believe (in)*	escribir	*to write*
deber (+ inf.)	*should, ought to; must*	recibir	*to receive*
leer	*to read*	vivir	*to live*

Eugenio y Lilia **corren** en el parque.

Ramón **escribe** una carta.

¡Manos a la obra!

Provide the correct forms of the verbs below.

correr

1. Graciela _corre_.
2. Tú _corres_.
3. Mi primo y yo _corremos_.
4. Yo _corro_.
5. Mis hermanos _corren_.
6. Ud. _corre_.
7. Uds. _corren_.
8. La familia _corre_.
9. Marcos y yo _corremos_.

abrir

1. Ellos _abren_ la puerta.
2. Carolina _abre_ la maleta.
3. Yo _abro_ las ventanas.
4. Nosotras _abrimos_ los libros.
5. Ud. _abre_ el cuaderno.
6. Tú _abres_ la ventana.
7. Uds. _abren_ las maletas.
8. Él _abre_ el libro.
9. Los muchachos _abren_ los cuadernos.

aprender

1. Él _aprende_ español.
2. Uds. _aprenden_ español.
3. Maribel y yo _aprendemos_ inglés.
4. Tú _aprendes_ japonés.
5. Uds. _aprenden_ francés.
6. Mi hijo _aprende_ chino.
7. Yo _aprendo_ alemán.
8. Ud. _aprende_ inglés.
9. Nosotros _aprendemos_ italiano.

3.4 Present tense of tener and venir

NATIONAL
comparisons
STANDARDS

- The verbs **tener** (*to have*) and **venir** (*to come*) are frequently used. You will have to learn each form individually because most of the forms are irregular.

Present tense of *tener* and *venir*

	tener *to have*	venir *to come*
yo	tengo	vengo
tú	tienes	vienes
Ud./él/ella	tiene	viene
nosotros/as	tenemos	venimos
vosotros/as	tenéis	venís
Uds./ellos/ellas	tienen	vienen

¿Tienes hermanos?

Sí, tengo cuatro hermanas y un hermano mayor.

- Note that the **yo** forms are irregular:

tengo vengo

- The **nosotros** and **vosotros** forms are regular:

tenemos venimos
tenéis venís

- In the **tú, Ud./él/ella** and **Uds./ellos/ellas.** forms, the **e** of the stem changes to **ie** as shown below.

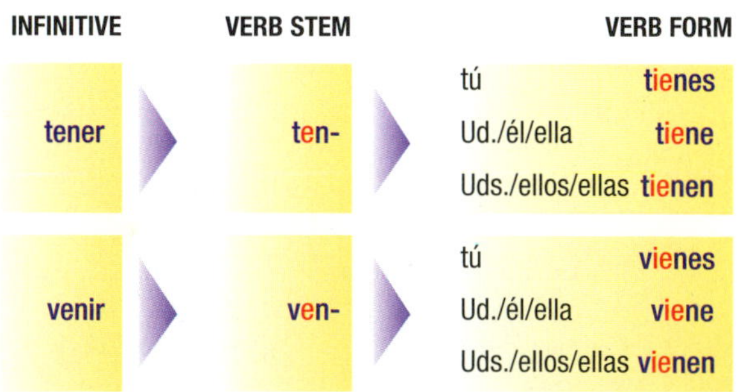

INFINITIVE	VERB STEM	VERB FORM	
tener	ten-	tú	tienes
		Ud./él/ella	tiene
		Uds./ellos/ellas	tienen
venir	ven-	tú	vienes
		Ud./él/ella	viene
		Uds./ellos/ellas	vienen

Práctica

1 Completar Complete the sentences with the forms of **tener** or **venir**.

1. Hoy nosotros *tenemos* una reunión familiar.
2. Todos (*all*) mis parientes *vienen*, excepto mi tío Ricardo.
3. Él no *viene* porque vive en Guayaquil.
4. Mi prima Inés y su novio no *vienen* hasta las ocho porque ella *tiene* que trabajar.
5. En las fiestas mis sobrinos siempre (*always*) *tienen* ganas de cantar y bailar.
6. Después de (*after*) las fiestas, mi madre siempre dice que mis sobrinos son muy simpáticos. Creo que ella *tiene* razón.

2 Describir Describe these people using **tener** expressions.

1. *Tiene (mucha) prisa.*

2. *Tienen (mucha) hambre.*

3. *Tiene (mucho) calor.*

4. *Tienen (mucho) frío.*

21

5. *Tiene veintiún años.*

6. *Tiene (mucha) sed.*

 INSTRUCTIONAL RESOURCES WB, LM, Ans. Key, Lab, IRM (teaching tips), Website

Conversación

3 **¿Sí o no?** Decide if these statements are true for you. Then, find out if they apply to your partner. *Answers will vary.*

modelo

Estudiante 1: *Sí, mi madre tiene cincuenta años.*
Estudiante 1: *¿Tiene tu madre cincuenta años?*
Estudiante 2: *No, tiene cuarenta y dos años.*

	Yo	Mi amigo/a
1. Mi madre tiene cincuenta años.	Sí	No
2. Mi padre tiene 57 años.		
3. Mis padres vienen mucho a la universidad.		
4. Vengo a clase a la medianoche.		
5. Tengo dos pruebas hoy.		
6. Mis amigos vienen mucho a mi casa (*house*).		
7. Tengo muchos problemas con mi novio/a.		
8. Tengo sed.		
9. Tengo miedo de comer sushi.		
10. Tengo que estudiar los domingos.		
11. Tengo una familia grande.		

4 **Entrevista** Use these questions to interview a classmate. *Answers will vary.*

1. ¿Cuántos años tienes? ¿Y tus hermanos?
2. ¿Cuándo vienes a la clase de español?
3. ¿Tienes que estudiar hoy? ¿Por qué?
4. ¿Siempre (*always*) tienes razón?
5. ¿Tienes muchas fiestas en tu casa (*house*)? ¿Quiénes vienen a tus fiestas?
6. ¿Tienes sueño? ¿Por qué?
7. ¿Qué tienes ganas de hacer (*what do you feel like doing*) el sábado?
8. ¿De qué tienes miedo? ¿Por qué?
9. ¿Cuándo vienen tus amigos a tu casa, apartamento o residencia estudiantil?

Expressions with tener

- In certain expressions, Spanish uses the construction **tener** + [*noun*] instead of **ser** or **estar** to express the English equivalent *to be* + [*adjective*].

Expressions with *tener*

tener… años	*to be . . . years old*
tener (mucho) calor	*to be (very) hot*
tener (mucho) cuidado	*to be (very) careful*
tener (mucho) frío	*to be (very) cold*
tener (mucha) hambre	*to be (very) hungry*
tener (mucho) miedo	*to be (very) afraid/scared*
tener (mucha) prisa	*to be in a (big) hurry*
tener razón	*to be right*
no tener razón	*to be wrong*
tener (mucha) sed	*to be (very) thirsty*
tener (mucho) sueño	*to be (very) sleepy*
tener (mucha) suerte	*to be (very) lucky*

- To express an obligation, use **tener que** (*to have to*) + [*infinitive*].

—**¿Tienes que** estudiar hoy?
Do you have to study today?

—**Sí, tengo que** estudiar física.
Yes, I have to study physics.

- To ask people if they feel like doing something, use **tener ganas de** (*to feel like*) + [*infinitive*].

—**¿Tienes ganas de** comer?
Do you feel like eating?

—No, **tengo ganas de** dormir.
No, I feel like sleeping.

¡Manos a la obra!

Provide the appropriate forms of **tener** and **venir**.

tener

1. Ellos *tienen* dos hermanos.
2. Yo *tengo* una hermana.
3. El artista *tiene* tres primos.
4. Nosotros *tenemos* diez tíos.
5. Eva y Diana *tienen* un sobrino.
6. Ud. *tiene* cinco nietos.
7. Tú *tienes* dos hermanastras.
8. Uds. *tienen* cuatro hijos.
9. Ella *tiene* una hija.

venir

1. Mis padres *vienen* de México.
2. Tú *vienes* de España.
3. Nosotras *venimos* de Cuba.
4. Pepe *viene* de Italia.
5. Yo *vengo* de Francia.
6. Uds. *vienen* de Canadá.
7. Alfonso y yo *venimos* de Portugal.
8. Ellos *vienen* de Alemania.
9. Ud. *viene* de Venezuela.

Repaso

3.1 Descriptive adjectives

1 Corregir All of these statements are false. Change the adjectives of nationality to make them true.

1. Antonio Banderas y Penélope Cruz son canadienses.
   Antonio Banderas y Penélope Cruz son españoles.
2. Una persona de Ecuador es estadounidense.
   Una persona de Ecuador es ecuatoriana.
3. Celine Dion y Mike Myers son españoles.
   Celine Dion y Mike Myers son canadienses.
4. Salma Hayek es japonesa.
   Salma Hayek es mexicana.
5. Los habitantes de Puerto Rico son franceses.
   Los habitantes de Puerto Rico son puertorriqueños.
6. Tony Blair y Margaret Thatcher son alemanes.
   Tony Blair y Margaret Thatcher son ingleses.

2 Oraciones Combine words from the boxes to create sentences about yourself and the people you know. *Answers will vary.*

modelo Mi familia no es grande.

A		B	C	
Yo	Mis hijos/as	(no) ser	alto/a	moreno/a
Mi abuelo/a	Mi padre/madre		bajo/a	pelirrojo/a
Mi esposo/a	Mis padres		grande	rubio/a
Mi familia	Mis primos		inteligente	simpático/a
Mi familia y yo	Mis tíos		interesante	tonto/a
Mi hermano/a	Mi ¿?		joven	trabajador(a)
			viejo/a	¿?

3.2 Possessive adjectives

3 La familia de Carmen Complete each sentence with the correct possessive adjective. Use the subject of each sentence as a guide.

1. Me llamo Carmen. __*c*__ hermano es Javier.
   a. Nuestro b. Sus c. Mi
2. __*a*__ madre es médica y trabaja en un hospital.
   a. Nuestra b. Sus c. Mis
3. __*b*__ padre es profesor y enseña biología.
   a. Tus b. Nuestro c. Nuestros
4. Él admira mucho a __*c*__ estudiantes porque trabajan mucho.
   a. mis b. su c. sus
5. Yo estudio en la misma universidad, pero no tomo clases con __*b*__ padre.
   a. nuestras b. mi c. tus
6. Y dime (*tell me*), ¿cómo es __*a*__ familia?
   a. tu b. mi c. su

4 Entrevista Get together with a classmate and ask each other these questions. *Answers will vary.*

1. ¿Cómo se llaman los miembros (*members*) de tu familia?
2. ¿Cómo es tu familia?
3. ¿Cómo son tus amigos/as?
4. ¿Cómo son tus profesores/as?

3.3 Present tense of regular -er and -ir verbs

5 Oraciones Form sentences using the cues provided.

1. Yo / asistir / clase de arte
   Yo asisto a (la) clase de arte.
2. Miguel / abrir / correo electrónico (*e-mail*)
   Miguel abre su correo electrónico.
3. Cristóbal y yo / comer / cafetería / universidad
   Cristóbal y yo comemos en la cafetería de la universidad.
4. Tomás y Luca / aprender / alemán.
   Tomás y Luca aprenden alemán.
5. Tú / leer / biblioteca
   Tú lees en la biblioteca.
6. Lisa y Cristina / correr / por el parque (*park*)
   Lisa y Cristina corren por el parque.

6 Describir Look at the drawing and describe what people are doing using **-er** and **-ir** verbs. *Answers will vary.*

Diego ______________________

Marta y Susana ______________________

Yo ______________________

Paco ______________________

3.4 Present tense of tener and venir

7 **Emparejar** React to these statements logically using **tener** expressions. *Answers will vary. Suggested answers below.*

modelo Estamos en el Polo Norte.
Tenemos frío.

1. Mi hermana come mucho. *Tiene hambre.*
2. Estoy en una sauna. *Tengo calor.*
3. Mis primos son muy inteligentes. *Tienen razón.*
4. Luisa y Marta terminan de estudiar a las dos de la mañana. *Tienen sueño.*
5. Estás en *La casa de terror*. *Tienes miedo.*
6. Viajo solo (*alone*). *Tengo cuidado.*

8 **Completar** Complete Juan's e-mail to David with the forms of **tener** or **venir**.

Email

Juan:
¿Qué (1) *tienes* ganas de hacer el sábado? Mis hermanos César y Beatriz (2) *vienen* a visitarme de Madrid. César (3) *tiene* 15 años y Beatriz (4) *tiene* 17 años. Ellos (5) *vienen* mucho a la universidad. Yo (6) *tengo* suerte porque mis hermanos son muy simpáticos. Mi compañero de cuarto y yo (7) *tenemos* hambre ahora. ¿(8) *Vienes* (tú) a la cafetería con nosotros?
Hasta pronto,
David

Síntesis

9 **Describe a tu familia** In groups of three, describe your families. *Answers will vary.*

- Describe your family to your classmates in several sentences (**Mi padre es alto y moreno. Mi madre es delgada y muy inteligente. Mis hermanos son . . .**)
- Your classmates will work together to try to repeat your description (**Su padre es alto y moreno. Su madre . . .**)
- If they forget any details, they will ask you questions (**¿Cuántos años tiene tu abuelo?**)
- Alternate roles until all of you have described your families.

Ritmos hispanos

Ana Belén:
Mujer de muchos talentos

The singer and actress **Ana Belén** was born in Madrid, Spain. At the age of thirteen, her career as a musician started with her first single, and later, in 1966, her career as an actress began with her participation in the movie *Zampo y yo.* In 1986 Belén was distinguished by the French government for contributions to popular culture. Over the years, she continued singing and acting, and in 1991 she started a new adventure: filmmaking. She directed the movie *Cómo ser mujer y no morir en el intento,* in which Belén was nominated for best director by the Spanish Cinematography Academy. Her big breakthrough in music came with the smash hit *Balancé* on her album, *Ana en Río,* produced with Brazilian musicians.

Discografía selecta

- *Rosa de amor y fuego* (1989)
- *Ana en Río* (1991)
- *Mucho mas que dos* (1994)
- *Mírame* (1997)
- *Peces de ciudad* (2001)
- *Viva L'Italia* (2003)
- *Como una novia* (2004)

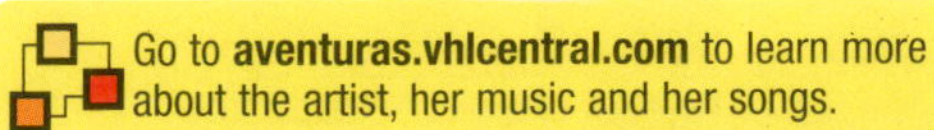

Go to **aventuras.vhlcentral.com** to learn more about the artist, her music and her songs.

Ampliación

1 Escuchar

A Listen to Cristina and Laura's conversation. Then indicate who would make each statement.

TIP Ask for repetition. You can ask someone to repeat by saying **¿Cómo?** (*What?*) or **¿Perdón?** (*Pardon me?*). You can ask your teacher to repeat by saying **Repítalo, por favor** (*Repeat it, please*). If you don't understand a recorded activity, simply replay it.

	Cristina	Laura
1. Mi novio habla sólo (*only*) del fútbol y del béisbol.	✓	
2. Tengo un novio muy interesante y simpático.		✓
3. Mi novio es alto y moreno.	✓	
4. Mi novio trabaja mucho.		✓
5. Mi amiga no tiene buena suerte con los muchachos.		✓
6. Mi novio es un poco gordo, pero guapo.		✓

B ¿Cómo son Laura y Cristina? ¿Cómo son sus novios? ¿Tienes novio/a? ¿Cómo es? *Answers will vary.*

2 Conversar

You are taking a friend to a reunion of your extended family. So that there will not be any surprises for your friend, you have a conversation with him or her to talk about your relatives. During the conversation, your friend should find out about the following: *Answers will vary.*

- Which family members are coming, including their names and their relationship to you
- What each family member is like
- How old each person is
- Where each person is from
- Where each person lives

recursos

WB pp. 23–30	LM pp. 15–17	Text MP3s Lección 3	Lab MP3s Lección 3	aventuras.vhlcentral.com Lección 3

1 SCRIPT
Laura: ¿Qué hay de nuevo, Cristina?
Cristina: No mucho… sólo problemas con mi novio.
Laura: ¿Perdón?
Cristina: No hay mucho de nuevo… sólo problemas con mi novio, Rafael.
Laura: ¿Qué les pasa?
Cristina: Bueno, Rafael es alto y moreno…es muy guapo. Y es buena gente. Es inteligente también… pero es que no lo encuentro muy interesante.
Laura: ¿Cómo?
Cristina: No es muy interesante. Sólo habla del fútbol y béisbol. No me gusta hablar de fútbol las veinticuatro horas al día. No comprendo a los muchachos. ¿Cómo es tu novio, Laura?
Laura: Esteban es muy simpático. Es un poco gordo pero creo que es muy guapo. También es muy trabajador.
Cristina: ¿Es interesante?
Laura: Sí. Hablamos dos o tres horas cada día. Hablamos de muchas cosas… las clases, los amigos… de todo.
Cristina: ¡Qué bien! Siempre tengo mala suerte con los novios.

2 SUGGESTION Before beginning the conversation, have students review descriptive adjectives and the present tense of regular verbs. You may also wish to have them brainstorm a list of words and ideas for each item.

2 TEACHING OPTION Ask for a few volunteers to present a summary of their conversation to the rest of the class.

INSTRUCTIONAL RESOURCE Text MP3s, WB, LM, Ans. Key, Lab, Website

Ampliación

3 EXPANSION Tell students that they may find it helpful to create idea maps with note cards. Writing each detail on a separate card allows students to rearrange ideas and experiment with organization. Remind students to write their ideas in Spanish, since they may not have the vocabulary or structures for some English items they generate.

3 EVALUATION

Criteria	Scale
Content	1 2 3 4
Comprehensibility	1 2 3 4
Organization	1 2 3 4
Accuracy	1 2 3 4
Use of visuals	1 2 3 4

Scoring	
Excellent	18-20 points
Good	14-17 points
Satisfactory	10-13 points
Unsatisfactory	< 10 points

4 SUGGESTION Students may use newspaper or magazine photos for their family tree. Encourage students to use poster paper, overhead transparencies, or computer presentations.

4 SUGGESTION Have students practice before a small group of classmates who can make suggestions before the student presents in front of the whole class. Extend the presentations over more than one class period so that each student will have sufficient time to present.

3 Escribir

An e-mail friend wants to know about your family. Write a letter describing your family or an imaginary family. *Answers will vary.*

TIP **Use idea maps.** Idea maps help you group your information.

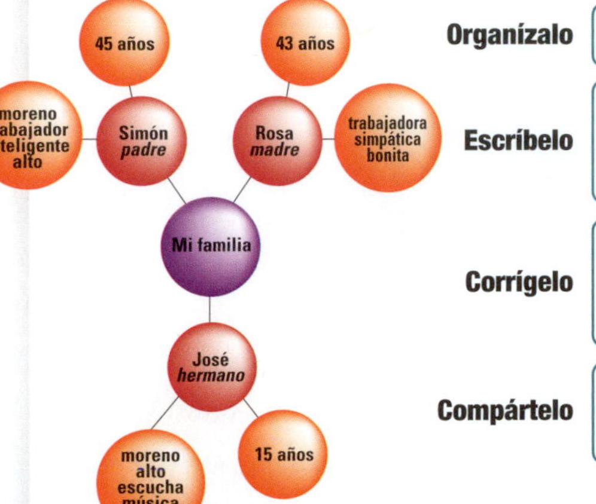

Organízalo	Use an idea map to help you list and organize information about your family.
Escríbelo	Using the material you have compiled, write the first draft of your letter. Use an appropriate greeting, such as **Querido/a** (*Dear*), and an appropriate closing, such as **Un abrazo** (*A hug*).
Corrígelo	Exchange papers with a classmate and comment on the organization, style, and grammatical correctness of each other's work. Then revise your first draft, keeping your classmate's comments in mind.
Compártelo	Read your letter aloud to a small group of classmates. Discuss how your families are similar (**semejantes**) and how they are different (**distintas**).

4 Un paso más

Create an illustrated family tree for your family and share it with the class. Your family tree might include these elements: *Answers will vary.*

- A simple title
- A format that clearly shows the relationships between family members
- Photos of family members and their names, following Hispanic naming conventions
- A few adjectives that describe each family member.

En Internet

Investiga estos temas en el sitio **aventuras.vhlcentral.com.**

- La familia en las culturas hispanas
- La amistad (*friendship*) en las culturas hispanas

Antes de leer

You don't need to understand every word you read in Spanish. When you come across words you haven't learned, try to guess what they mean by looking at the context—the surrounding words and sentences. Look at this article about families and find a few words or phrases you don't know. Then guess what they mean, using the context as your guide.

SUGGESTION Guide students to see that the photos and captions reveal that the paragraphs are about several different families. Review cognates by having them find at least five in the reading.

SUGGESTION Have students read the **Hermana dedicada** section silently. Point out the phrase **le ayudo a usar** and ask a volunteer to explain how context and the photo might give clues to the meaning.

Familias de todo tipo

Hermana dedicada

Me llamo Isabel y tengo dieciocho años. Vivo con mi hermanito Daniel, mi padre Carlos y mi madre Estela. Estudio para programadora en la universidad. Soy muy buena para las computadoras. Por las tardes, le ayudo a Daniel a usar la computadora para hacer sus tareas. ¡Daniel aprende muy rápido!

Una madre orgullosa

Me llamo Ángela. Tengo dos hijos. Estoy muy orgullosa de ellos. La mayor se llama Lourdes y el menor José María. Lourdes tiene 18 años y José María tiene 15 años. Mis dos hijos son unos excelentes estudiantes. Lourdes toma clases de arquitectura y José María toma clases de italiano.

Primas futbolistas

Me llamo Roberto Sandoval. Mi hija se llama Mónica y es una aficionada al fútbol. Los sábados y domingos ella juega al fútbol con su prima Carolina y juntas ven todos los partidos de fútbol en la televisión. Mónica y Carolina desean jugar en el equipo nacional. ¡Qué honor... dos primas en el equipo nacional!

GESTION Have partners check their work in **nprendiste?** by locating the words and ses which enabled them to infer their nings.

TEACHING OPTION Have pairs read the paragraphs aloud and write two questions about each. Then have them exchange their questions with another pair.

Nieto único

Me llamo Luis y vivo con mi abuelo Artemio y mi abuela María. Soy su único nieto. No tengo hermanos ni primos. Mis abuelos trabajan mucho. Los fines de semana comemos con mis tías Carmen y Beatriz. Mis tías son muy cómicas.

MAYO DE 2003

Después de leer

¿Comprendiste?

Look at the magazine article and see how the words and phrases in the first box are used in context. Then find their translations in the second box.

1. ayudo *e*	a. the oldest
2. aficionada *h*	b. producer
3. la mayor *a*	c. proud
4. el menor *f*	d. they watch
5. orgullosa *c*	e. I help
6. único *g*	f. the youngest
	g. only
	h. fan

Preguntas

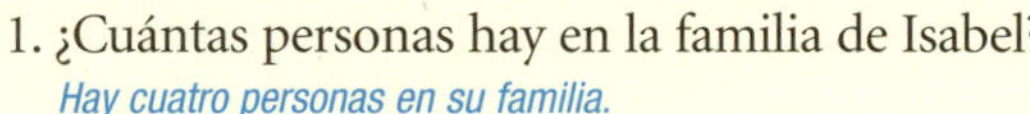

1. ¿Cuántas personas hay en la familia de Isabel?
   Hay cuatro personas en su familia.
2. ¿Con quién vive Luis?
   Luis vive con sus abuelos.
3. ¿Cómo se llaman los abuelos de Luis?
   Los abuelos de Luis se llaman Artemio y María.
4. ¿Quiénes desean jugar en el equipo nacional?
   Mónica y Carolina desean jugar en el equipo nacional.
5. ¿Son Mónica y Carolina hermanas?
   No, Mónica y Carolina son primas.
6. ¿Cuántos hijos tiene Ángela?
   Ángela tiene dos hijos.

Coméntalo

¿Es similar tu familia a las familias del artículo? En tu opinión, ¿son ideales las familias del artículo? ¿Cómo es la familia ideal? *Answers will vary.*

juega *plays*
juntas *together*
ven *they watch*
partidos *games*
jugar *to play*
equipo *team*
ni *nor*

INSTRUCTIONAL RESOURCE Website

3 VOCABULARIO

La familia

el/la abuelo/a	grandfather/ grandmother
el/la cuñado/a	brother-in-law/ sister-in-law
el/la esposo/a	husband/wife; spouse
la familia	family
el/la hermanastro/a	stepbrother/stepsister
el/la hermano/a	brother/sister
el/la hijastro/a	stepson/stepdaughter
el/la hijo/a	son/daughter
los hijos	children; sons
la madrastra	stepmother
la madre	mother
el/la medio/a hermano/a	half-brother/ half-sister
el/la nieto/a	grandson/ granddaughter
la nuera	daughter-in-law
el padrastro	stepfather
el padre	father
los padres	parents
los parientes	relatives
el/la primo/a	cousin
el/la sobrino/a	nephew/niece
el/la suegro/a	father-in-law/ mother-in-law
el/la tío/a	uncle/aunt
el yerno	son-in-law

Otras personas

el/la amigo/a	friend
la gente	people
el/la muchacho/a	boy/girl
el/la niño/a	child; boy/girl
el/la novio/a	boyfriend/girlfriend
la persona	person

Adjetivos

alto/a	tall
antipático/a	unpleasant
bajo/a	short
bonito/a	pretty
buen, bueno/a	good
delgado/a	thin; slender
difícil	difficult; hard
fácil	easy
feo/a	ugly
gordo/a	fat
gran, grande	big, large; great
guapo/a	handsome; good-looking
importante	important
inteligente	intelligent
interesante	interesting
joven	young
mal, malo/a	bad
mismo/a	same
moreno/a	dark-haired
mucho/a	much; many; a lot of
pelirrojo/a	red-haired
pequeño/a	small
rubio/a	blond
simpático/a	nice; likeable
tonto/a	silly; foolish
trabajador(a)	hard-working
viejo/a	old

Las profesiones

el/la artista	artist
el/la doctor(a)	doctor; physician
el/la ingeniero/a	engineer
el/la médico/a	doctor; physician
el/la periodista	journalist
el/la programador(a)	computer programmer

Verbos

abrir	to open
aprender	to learn
asistir (a)	to attend
beber	to drink
comer	to eat
compartir	to share
comprender	to understand
correr	to run
creer (en)	to believe (in)
deber (+ inf.)	to have to; should
decidir	to decide
describir	to describe
escribir	to write
leer	to read
recibir	to receive
tener	to have
venir	to come
vivir	to live

Expresiones con *tener*

tener… años	to be… years old
tener (mucho) calor	to be (very) hot
tener (mucho) cuidado	to be (very) careful
tener (mucho) frío	to be (very) cold
tener ganas de (+ inf.)	to feel like (doing something)
tener (mucha) hambre	to be (very) hungry
tener (mucho) miedo	to be (very) afraid/scared
tener (mucha) prisa	to be in a (big) hurry
tener que (+ inf.)	to have to (do something)
tener razón	to be right
no tener razón	to be wrong
tener (mucha) sed	to be (very) thirsty
tener (mucho) sueño	to be (very) sleepy
tener (mucha) suerte	to be (very) lucky

Expresiones útiles	See page 65.
Nationalities	See page 69.
Possessive adjectives	See page 70.

recursos
Text MP3s Lección 3
aventuras.vhlcentral.com Lección 3

INSTRUCTIONAL RESOURCES Text MP3s, IRM (additional vocabulary), Test Program, Test MP3s, Website

El fin de semana

PARA EMPEZAR Here are some additional questions you can ask based on the photo: **¿Por qué crees que son importantes los pasatiempos? ¿Trabajas mucho los sábados y los domingos? ¿Te gusta bailar? ¿Y leer? ¿Y escuchar música?**

Communicative Goals

You will learn how to:

- talk about pastimes, weekend activities, and sports
- make plans and invitations
- say what you are going to do

PREPARACIÓN

pages 84–89

- Words related to pastimes and sports
- Places and activities in the city
- Word stress and accent marks

AVENTURAS

pages 90–93

- Don Francisco informs the students that they have an hour of free time. Inés and Javier decide to walk through the city. Maite and Álex go to a park.

GRAMÁTICA

pages 94–105

- Present tense of **ir**
- Present tense of stem-changing verbs
- Verbs with irregular **yo** forms

LECTURA

pages 106–107

- Newspaper article: *Guía para el fin de semana*

PARA EMPEZAR

- ¿Cómo son estas personas? ¿Gordas o flacas?
- ¿Son pelirrojas, morenas o rubias?
- ¿Son jóvenes o viejas?
- ¿Tienen calor o frío?
- ¿Crees que son amigos?

EL FIN DE SEMANA

LAS ACTIVIDADES Y LAS DISTRACCIONES

escalar montañas *to climb mountains*

escribir una carta *to write a letter*

un mensaje electrónico *to write an e-mail*

esquiar *to ski*

ir de excursión (a las montañas) *to go on a hike (in the mountains)*

leer el periódico *to read the newspaper*

el correo electrónico *to read e-mail*

una revista *to read a magazine*

nadar en la piscina *to swim in the pool*

pasear por la ciudad/el pueblo *to walk around the city/town*

practicar deportes (m. pl.) *to practice sports*

ver películas *to see movies*

visitar un monumento *to visit a monument*

EXPANSION Describe some activities you want to do and have students guess where you will go. Ex: **Deseo nadar. ¿Adónde voy?** (Write **voy** on the board and explain the meaning.) **(la piscina) Deseo tomar café. ¿Adónde voy? (el café)**

pasear en bicicleta *to ride a bicycle*

patinar (en línea) *to skate (in-line)*

tomar el sol *to sunbathe*

bucear *to scuba dive*

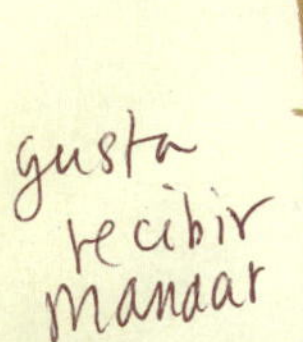

una (tarjeta) postal *a postcard*

recursos

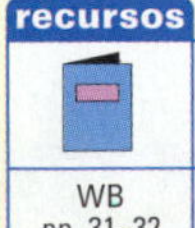		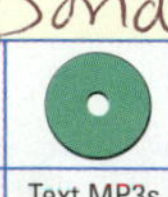		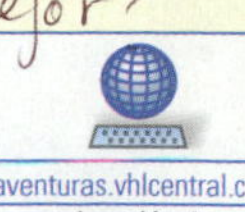
WB pp. 31–32	LM p. 19	Text MP3s Lección 4	Lab MP3s Lección 4	aventuras.vhlcentral.com Lección 4

INSTRUCTIONAL RESOURCES WB, LM, Ans. Key, Lab, Text MP3s, IRM (tapescript, additional vocabulary), Website

SUGGESTION Write **practicar un deporte** on the board and explain the meaning. Then use the overhead transparencies to present the vocabulary. Point to different items and ask yes/no questions. Ex: **¿Practicas el béisbol? ¿el baloncesto? ¿Paseas en bicicleta? ¿Te gusta patinar en línea?**

LOS DEPORTES

el/la excursionista *hiker*

el baloncesto *basketball*
el ciclismo *cycling*
el esquí (acuático) *(water) skiing*
el fútbol americano *football*
el golf *golf*
el hockey *hockey*
la natación *swimming*
el tenis *tennis*
el vóleibol *volleyball*

el equipo *team*
el/la jugador(a) *player*
el partido *game*
la pelota *ball*
ganar *win*
ser aficionado/a (a) *to be a fan (of)*

deportivo/a *sports-related*

el fútbol *soccer*

el béisbol *baseball*

Variación léxica
piscina ⟷ pileta (*Arg.*), alberca (*Méx.*)
baloncesto ⟷ básquetbol (*Amér. L.*)
béisbol ⟷ pelota (*P. Rico, Rep. Dom.*)

LOS LUGARES

la iglesia *church*

la casa *house*
el centro *downtown*
el cine *movie theater*
el gimnasio *gym, gymnasium*
el museo *museum*
el parque *park*
el restaurante *restaurant*

el café *café*

EXPANSION Have students write their three favorite sports or leisure activities in Spanish. Then tell them to share this information with a classmate who must remember it without writing it down. Ask various students to report their partners' activities.

SUGGESTION Point out that some Spanish names for sports are derived from English **(el béisbol, el fútbol, el básquetbol, el golf, el hockey, el vóleibol, el tenis)**. Tell students that in the English-speaking world outside of the United States and Canada, soccer is called football. The game Americans know as football is called **fútbol americano** in the Spanish-speaking world.

la piscina *pool*

OTRAS PALABRAS

la diversión *entertainment; fun activity*
el fin de semana *weekend*
el lugar *place*
el pasatiempo *pastime, hobby*
los ratos libres *spare time*
el tiempo libre *free tim*
favorito/a *favorite*
pasar el tiempo *to s*

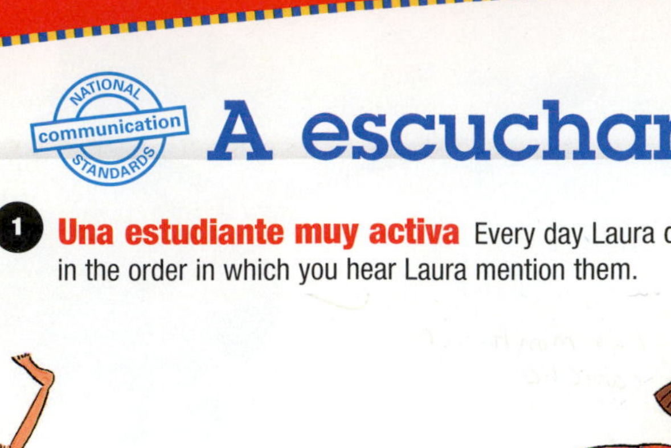

A escuchar

1 Una estudiante muy activa Every day Laura does many things. Number the drawings in the order in which you hear Laura mention them.

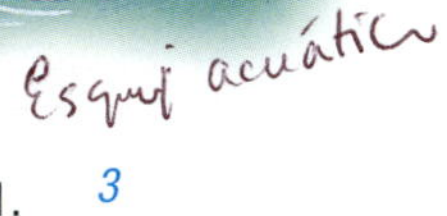

1. 3

2. 1

3. 2

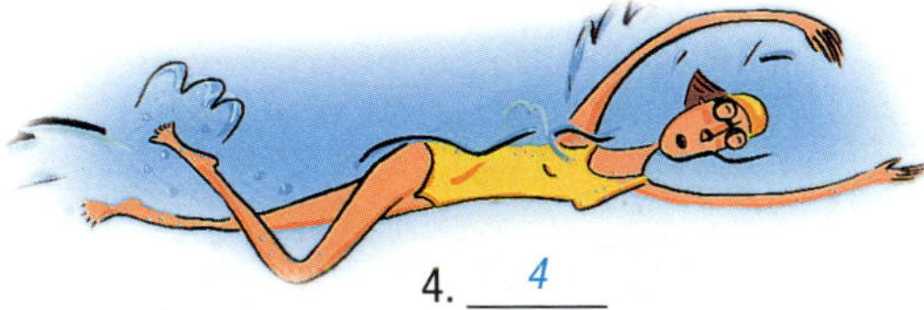

4. 4

5. 5

2 ¿Qué haces? Berta and Julio are discussing their plans for this weekend. Listen to their conversation and mark the activities that correspond to each person.

	Berta	Julio
1. El domingo voy a la piscina con mis amigas.	✓	
2. El sábado voy a jugar un partido de fútbol.		✓
3. Voy a ver una película.	✓	✓
4. Practico el fútbol todos los días.		✓
5. El sábado por la tarde trabajo en el café de mis padres.	✓	

1 SCRIPT
Laura: Cuando hace buen tiempo y tengo tiempo libre, me gusta practicar deportes. Soy muy aficionada al fútbol y al baloncesto. También practico el esquí acuático. Ah, y nadar. Nado casi todos los días en la piscina que hay en el centro. Cuando no tengo tiempo para ir a la piscina, patino en un parque cerca de casa. Cuando hace mal tiempo, voy a mi gimnasio favorito.

2 SCRIPT
Julio: Berta, ¿qué vas a hacer este fin de semana?
Berta: El domingo mis amigas y yo vamos a la piscina. Me gusta mucho tomar el sol. ¿Y tú? ¿Qué vas a hacer?
Julio: El sábado por la tarde voy a jugar un partido de fútbol con el equipo de la universidad.
Berta: ¿Juegas al fútbol?
Julio: Sí, practico todos los días. ¿Quieres venir al partido?
Berta: Lo siento, no puedo. El sábado por la tarde tengo que trabajar en el café de mis padres. Pero tengo tiempo libre por la noche… Voy muchos sábados al cine. ¿Vienes a ver una película?
Julio: ¡Muy bien! Hablamos más tarde para decidir la película. Tengo que irme ahora. Chau.

INSTRUCTIONAL RESOURCE Text MP3s, Website

A practicar

3 EXPANSION Have students correct the false statements.

3 EXPANSION For review, ask students to describe the people in the photos.

4 EXPANSION Ask students to provide sentences using the circled words or phrases.

5 EXPANSION Have students act out the conversation in pairs and tell them to continue the conversation by adding at least two lines.

5 EXPANSION Tell students to work in pairs and rewrite the conversation, substituting their own preferences.

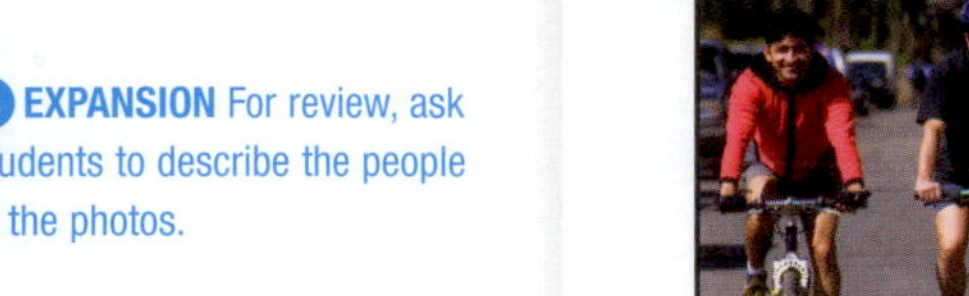

3 Tiempo libre Indicate whether each statement is **cierto** or **falso**.

Gustavo y Simón

Los chicos

José

Don Fernando

Maribel

Doña Leonor

1. _Cierto_ Gustavo y Simón pasean por la ciudad en bicicleta.
2. _Cierto_ Los chicos juegan al fútbol.
3. _Falso_ José hace una excursión a las montañas.
4. _Cierto_ Don Fernando lee el periódico en el parque.
5. _Falso_ Maribel patina en línea.
6. _Cierto_ Doña Leonor pasea por la ciudad.

4 Los pasatiempos Circle the word or phrase that doesn't belong.

1. bucear • ir de excursión • (leer una revista) • esquiar
2. el baloncesto • (el ciclismo) • el vóleibol • el fútbol
3. (la natación) • el cine • el café • la iglesia
4. (el golf) • la aficionada • el jugador • el excursionista
5. el periódico • (el pasatiempo) • la revista • el correo
6. ver películas • ir al museo • (practicar el hockey) • leer un periódico

5 Dos amigos Complete the conversation with the words given.

centro	pasar	semana
cine	pasatiempos	tiempo
gimnasio	piscina	vóleibol

LUISA ¿Cómo te gusta (1) _pasar_ los ratos libres, Manuel?

MANUEL Bueno, Luisa, no tengo mucho (2) _tiempo_ libre, pero los fines de (3) _semana_ me gusta ver películas. Y tú, Luisa, ¿cuáles son tus (4) _pasatiempos_ favoritos?

LUISA Voy al (5) _gimnasio_. Nado en la (6) _piscina_. Y los sábados juego al (7) _vóleibol_.

MANUEL ¡Uf! ¿Y qué haces para descansar?

LUISA Pues… para descansar me gusta ver películas.

MANUEL ¡Excelente! Hay una buena en un (8) _cine_ del (9) _centro_. ¿Quieres ir?

LUISA Sí, Manuel. Buena idea.

A conversar

6 **¿Y tú?** Interview your partner using these questions. *Answers will vary.*

1. ¿Te gustan los deportes?
2. ¿Qué deportes practicas?
3. ¿Cuál es tu deporte favorito? ¿Por qué te gusta?
4. ¿Te gusta pasear en bicicleta? ¿Dónde paseas y con quién?
5. ¿Escribes muchos mensajes electrónicos? ¿Te gusta recibir mensajes electrónicos?
6. ¿Qué periódicos y revistas lees? ¿Por qué?

7 **En el campus** With a partner, describe what the people in the illustration are doing. *Answers will vary.*

8 **¿Quién soy?** Using **yo** forms, write a description of a famous athlete and read it to the class, mentioning the athlete's initials (**iniciales**). The class will guess who you described. *Answers will vary.*

modelo

Estudiante: Soy muy famosa. Vivo en la Florida con mi familia. Practico el tenis. Soy una jugadora profesional. Mi hermana practica el tenis también. Mis iniciales son V. W. ¿Quién soy?
Clase: ¿Eres Venus Williams?
Estudiante: ¡Sí!

6 EXPANSION Using the lesson vocabulary, have students add at least two of their own questions to the list.

6 EXPANSION Have students jot down the responses to their questions. Then ask them to report what their partner said to the class. Have them write a paragraph about their partner.

7 EXPANSION Ask students additional questions related to the drawing. Ex: **¿Dónde están estas personas? ¿Cuántos chicos practican el fútbol? ¿y el fútbol americano? ¿Debe la gente tomar mucho el sol?**

TEACHING OPTION Play a game of continuous narration. One student begins: **Es sábado por la tarde y voy [al parque].** The next student then describes what he or she is doing there. **Estoy en el parque y patino en línea.** If necessary, students may change the location. You may want to write some phrases on the board to help them: **voy a/al…, luego, después.**

Pronunciación

Word stress and accent marks

pe-lí-cu-la **e-di-fi-cio** **ver** **yo**

Every Spanish syllable contains at least one vowel. When two vowels (two weak vowels or one strong and one weak) are joined in the same syllable, they form a **diphthong**. A **monosyllable** is a word formed by a single syllable.

bi-blio-te-ca **vi-si-tar** **par-que** **fút-bol**

The syllable of a Spanish word that is pronounced most emphatically is the "stressed" syllable.

pe-lo-ta **pis-ci-na** **ra-tos** **ha-blan**

Words that end in **n, s,** or a **vowel** are usually stressed on the next-to-last syllable.

na-ta-ción **pa-pá** **in-glés** **Jo-sé**

If words that end in **n, s,** or a **vowel** are stressed on the last syllable, they must carry an accent mark on the stressed syllable.

bai-lar **es-pa-ñol** **u-ni-ver-si-dad** **tra-ba-ja-dor**

Words that do **not** end in **n, s,** or a **vowel** are usually stressed on the last syllable.

béis-bol **lá-piz** **ár-bol** **Gó-mez**

If words that do **not** end in **n, s,** or a **vowel** are stressed on the next-to-last syllable, they must carry an accent mark on the stressed syllable.

SUGGESTION Model pronunciation having students repeat after you. Explain that **¿Cómo?** (**Práctica** item 6) has an accent because it is a question word.

EXPANSION Write a list of words on the board. In small groups, have students come up with the stress rule that applies to each word. Ex: **Inés, lápiz, equipo, pluma, Javier, chicas, francés, comer, mujer, tenis, hombre, libros, papel, Álex, excursión, deportes, pasear, esquí, vóleibol, película, mensaje, practican.** Then have the class pronounce each word, paying particular attention to the word stress.

Práctica Pronounce each word, stressing the correct syllable. Then give the word stress rule for each word.

1. profesor
2. Puebla
3. ¿Cuántos?
4. Mazatlán
5. examen
6. ¿Cómo?
7. niños
8. Guadalajara
9. programador
10. México
11. están
12. geografía

Oraciones Read the conversation aloud to practice word stress.

MARINA Hola, Carlos. ¿Qué tal?
CARLOS Bien. Oye, ¿a qué hora es el partido de fútbol?
MARINA Creo que es a las siete.
CARLOS ¿Quieres ir?
MARINA Lo siento, pero no puedo. Tengo que estudiar biología.

Refranes Read these sayings aloud to practice word stress.

En la unión está la fuerza.[2]

Quien ríe de último, ríe mejor.[1]

1 *He who laughs last laughs loudest.*
2 *In unity, there is strength.*

recursos

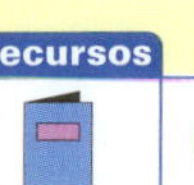
LM p. 20

Text MP3s Lección 4

Lab MP3s Lección 4

aventuras.vhlcentral.com Lección 4

INSTRUCTIONAL RESOURCES Text MP3s, LM, Ans. Key, Lab, Website

¡Vamos al parque!

Los estudiantes pasean por la ciudad y hablan de sus pasatiempos.

NATIONAL communication cultures STANDARDS

VIDEO SYNOPSIS The travelers have an hour to explore the city before checking into the cabins. Javier and Inés decide to stroll around the city. Álex and Maite go to the park. While Maite writes postcards, Álex and a young man play soccer. A stray ball hits Maite. Álex and Maite return to the bus, and Álex invites her to go running with him that evening.

DON FRANCISCO Tienen una hora libre. Pueden explorar la ciudad, si quieren.

JAVIER Inés, ¿quieres ir a pasear por la ciudad?

INÉS Sí, vamos.

ÁLEX ¿Por qué no vamos al parque, Maite? Podemos hablar y tomar el sol.

MAITE ¡Buena idea! También quiero escribir unas postales.

ÁLEX ¡Maite!

MAITE ¡Dios mío!

JOVEN Mil perdones. Lo siento muchísimo.

MAITE ¡No es nada! Estoy bien.

PREVIEW Have students glance over the **fotonovela** and list the cognates they find. Ask them to guess what this episode is about based on the visuals and the cognates.

ÁLEX Ya son las dos y treinta. Debemos regresar al autobús, ¿no?

MAITE Tienes razón.

ÁLEX Oye, Maite, ¿qué vas a hacer esta noche?

MAITE No tengo planes. ¿Por qué?

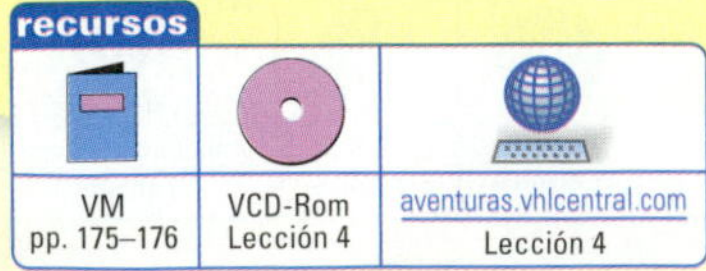

INSTRUCTIONAL RESOURCES VM, Ans. Key, DVD, VCD-ROM, IRM (videoscript, translation), Website

Para recordar

Before doing this **Fotonovela** section, review the previous one with this activity.

1. ______ tiene una familia grande. *Inés*
2. El ______ de Javier es viejo y trabajador. *abuelo*
3. ______ no tiene hermanos. *Javier*
4. Inés tiene ______ hermanas. *cuatro*

MAITE ¿Eres aficionado a los deportes, Álex?

ÁLEX Sí, me gusta mucho el fútbol. Me gusta también nadar, correr e ir de excursión a las montañas.

MAITE Yo también corro mucho.

ÁLEX Oye, Maite, ¿por qué no jugamos al fútbol con él?

MAITE Mmm… No quiero. Voy a terminar de escribir unas postales.

ÁLEX Eh, este… A veces salgo a correr por la noche. ¿Quieres venir a correr conmigo?

MAITE Sí, vamos. ¿A qué hora?

ÁLEX ¿A las seis?

MAITE Perfecto.

DON FRANCISCO Esta noche van a correr. ¡Y yo no tengo energía para pasear!

SUGGESTION Point out that soccer is the most popular sport in the Spanish-speaking world. You may also wish to have students read the **Exploración** section on page 93 at this time.

PERSONAJES

DON FRANCISCO

JAVIER

INÉS

ÁLEX

MAITE

JOVEN

SUGGESTION Point out that going to a park is a popular pastime in Spanish-speaking countries. People go to parks to socialize with their friends and to enjoy themselves.

Expresiones útiles

Making invitations

¿Por qué no vamos al parque?
Why don't we go to the park?
¡Buena idea!
Good idea!
¿Por qué no jugamos al fútbol?
Why don't we play soccer?
Mmm… no quiero.
Hmm… I don't want to.
Lo siento, pero no puedo.
I'm sorry, but I can't.
¿Quieres pasear por la ciudad conmigo?
Do you want to walk around the city with me?
Sí, vamos.
Yes, let's go.

Making plans

¿Qué vas a hacer esta noche?
What are you going to do tonight?
No tengo planes.
I don't have any plans.

Talking about pastimes

¿Eres aficionado/a a los deportes?
Are you a sports fan?
Sí, me gustan todos los deportes.
Yes, I like all sports.
Sí, me gusta mucho el fútbol.
Yes, I like soccer a lot.

Apologizing

Mil perdones./Lo siento muchísimo.
I'm so sorry.

SUGGESTION Model the pronunciation of the **Expresiones útiles**, having students repeat after you. Then explain that **vas, vamos**, and **van** are forms of **ir**. Point out that **quiero, quieres**, and **siento** are forms of **querer** and **sentir**, which have a stem change from **e** to **ie** in certain forms. Tell students they will learn more about these verbs in **Gramática** sections 4.1 and 4.2.

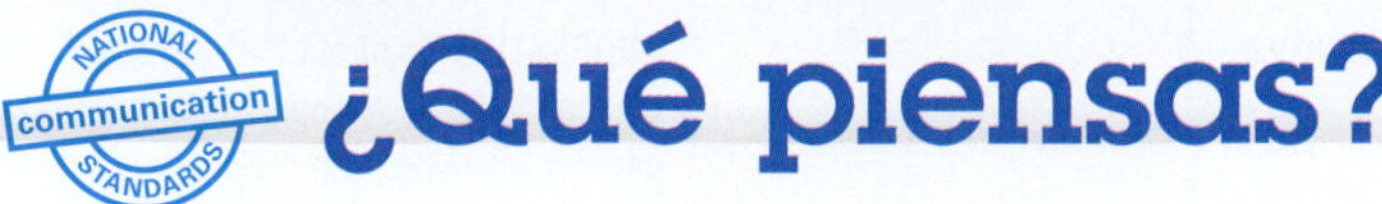

¿Qué piensas?

1 Ordenar Put the following events in order from 1 to 5.

1 a. Álex y Maite deciden ir al parque.

3 b. Álex y el joven juegan al fútbol.

5 c. Maite y Álex vuelven al autobús.

2 d. Maite decide escribir unas postales.

4 e. El joven causa un accidente.

2 Pasatiempos Scan **Aventuras** and indicate which pastimes the characters mention. Then indicate whether you participate in each pastime. *Answers will vary.*

ÁLEX

nadar, correr, ir de excursión a las montañas, jugar al fútbol, tomar el sol

MAITE

correr, pasear, escribir postales

3 Preguntas Get together with a partner and take turns asking each other these questions. *Answers will vary.*

1. ¿Qué desean hacer Inés y Javier?
2. ¿Cuáles son los deportes favoritos de Álex?
3. ¿Qué desea hacer Maite en el parque?
4. ¿Qué desea hacer Álex en el parque?
5. ¿Qué deciden hacer Álex y Maite esta noche?
6. ¿Cuáles son tus pasatiempos favoritos?
7. ¿Cuáles son los pasatiempos favoritos de tu mejor (*best*) amigo/a?

1 SUGGESTION Have students write each sentence on a separate slip of paper so they can easily rearrange them to determine the correct order.

1 EXPANSION Ask students to add one or two sentences about events preceding and following those listed.

2 SUGGESTION Have students work on this activity in pairs or groups.

TEACHING OPTION To review the **Expresiones útiles**, have students complete these statements.

1. **____ a terminar de escribir unas postales. (Voy)**
2. **¡Mil ____! Lo siento muchísimo. (perdones)**
3. **Inés, ¿____ ir a pasear por la ciudad? (quieres)**
4. **¿Por qué no ____ al parque, Maite? (vamos)**
5. **Maite, ¿qué vas a ____ esta noche? (hacer)**

Exploración

El fútbol: pasión de multitudes

NATIONAL STANDARDS communication cultures

SUGGESTION Have students ocate the countries mentioned **España, México, Argentina** nd **Uruguay**) n the maps in **péndice A**.

SUGGESTION oint out that nany people articipate as players in ocal soccer clubs, and larger ities have professional clubs hat may be known throughout he country. Team rivalries can e fierce, especially during the **opa Mundial** (*World Cup*), vhich is the sport's nternational hampionship. he first **Copa** **lundial** was layed in Uruguay 1930.

XPANSION Ask: **¿Cuál es el deporte más popular del mundo hispanohablante? (el fútbol) ¿Qué celebran los aficionados en los centros de las ciudades? (los triunfos de sus equipos) ¿Qué equipo ha ganado la Copa Europa más de siete veces? (Real Madrid) ¿Cuál es el estadio más grande del mundo hispanohablante? (Estadio Azteca en la Ciudad de México)**

El Real Madrid, equipo español, ha ganado (*has won*) la Copa de Europa nueve veces.

La Copa Mundial de Fútbol (*World Cup*) es uno de los eventos más vistos en los países hispanos. Los aficionados celebran los triunfos de sus equipos con grandes fiestas en los centros de las ciudades.

Estadísticas de la Copa Mundial

Equipos ganadores	
Argentina	2
Uruguay	2
Equipos con más participaciones	
Argentina	13
México	12
Jugadores con más participaciones	
Antonio Carvajal, Méx.	5
Pedro Rocha, Uru.	4
Andoni Zubizarreta, Esp.	4
Mundiales sin un equipo suramericano en la final	6

El fútbol es el deporte más popular en todo el mundo hispanohablante. El Estadio Azteca de la Ciudad de México tiene una capacidad de 106.000 (ciento seis mil) espectadores. Es el estadio más grande (*the biggest*) de los países hispanohablantes.

Coméntalo

With a classmate, discuss these questions. *Answers will vary.*

- ¿Te gusta el fútbol? Explica por qué.
- ¿Crees que el fútbol va a ser más (*is going to be more*) popular en los Estados Unidos?
- ¿Se juega (*do they play*) al fútbol en tu comunidad?

INSTRUCTIONAL RESOURCE Website

4.1 The present tense of ir

ir (*to go*)

Singular forms		Plural forms	
yo	voy	nosotros/as	vamos
tú	vas	vosotros/as	vais
Ud./él/ella	va	Uds./ellos/ellas	van

- The verb **ir** (*to go*) is irregular in the present tense.
- **Ir** is often used with the preposition **a** (*to*). When **a** is followed by the article **el,** they form the contraction **al**. There is no contraction when **a** is followed by **la**, **las**, and **los**.

Voy al cine con María.
I'm going to the movies with María.

Ellos **van a** las montañas.
They are going to the mountains.

- The construction **ir a** + [*infinitive*] expresses actions that are going to happen in the future. It is equivalent to the English *to be going to* + [*infinitive*].

Voy a escribir unas postales.

Álex y Maite van a volver al autobús.

- **Vamos a** + [*infinitive*] can also express the idea of *let's (do something)*.

Vamos a pasear.
Let's take a stroll.

¡**Vamos a** ver!
Let's see!

¡ojo! Use **adónde** instead of **dónde** when asking a question with **ir**.

¿Adónde vas?
Where are you going?

¿Adónde van hoy?
Where are they going today?

¡Manos a la obra!

Provide the present tense forms of **ir**.

1. Ellos _van_.
2. Yo _voy_.
3. Tu novio _va_.
4. Adela _va_.
5. Mi prima y yo _vamos_.
6. Tú _vas_.
7. Ustedes _van_.
8. Nosotros _vamos_.
9. Usted _va_.
10. Nosotras _vamos_.
11. Miguel _va_.
12. Ellos _van_.

SUGGESTION Tell the students that the **recursos** boxes for the entire **Gramática** section are in **Ampliación**.

INSTRUCTIONAL RESOURCES WB, LM, Ans. Key, Lab, IRM (teaching tips), Website

Práctica

1 Adivina Roberto has gone to see Doña Imelda, a fortune teller. Using **ir a** + [*infinitive*], say what Doña Imelda predicts.

modelo

Tu hermano Gabriel _va a_ ir a Europa.

1. Tú _vas a_ correr en el Maratón de Boston.
2. Tú y tu familia _van a_ escalar el monte Everest.
3. Tu hermano Pablo _va a_ jugar en la Liga Nacional de Fútbol.
4. Tu hermana Tina _va a_ recibir una carta misteriosa.
5. Tu hermana Rosario _va a_ patinar en los Juegos Olímpicos.
6. Tus padres _van a_ tomar el sol en Acapulco.
7. Tú _vas a_ ver las pinturas *(paintings)* de tu amiga en el Museo Nacional de Arte.
8. ¡Y yo _voy a_ ser muy, muy rica!

2 ¿Adónde vas? You and some friends are visiting Madrid. Work with a partner and ask each other which sites you will visit today. Use the cues provided in the map. *Answers will vary.*

modelo

Estudiante 1: ¿Adónde va Ricardo?
Estudiante 2: Va al Palacio Real.

Conversación

3 **Situaciones** With a partner, say where you and your friends go in the following situations. *Answers will vary.*

1. Cuando deseo descansar…
2. Cuando mi novio/a tiene que estudiar…
3. Si mis amigos necesitan practicar el español…
4. Si deseo hablar con unos amigos…
5. Cuando tengo dinero *(money)*…
6. Cuando mis amigos y yo tenemos hambre…
7. Si tengo tiempo libre…
8. Cuando mis amigos desean esquiar…
9. Si estoy de vacaciones (*on vacation*)…
10. Si quiero leer…

4 **Encuesta** Walk around the class and ask your classmates if they are going to do these activities today. Try to find at least two people for each item and write their names on the worksheet. Report your findings to the class. *Answers will vary.*

Actividades	Nombres
1. Comer en un restaurante	________
2. Mirar la televisión	________
3. Leer una revista	________
4. Escribir un mensaje electrónico	________
5. Correr	________
6. Ver una película	________
7. Pasear en bicicleta	________
8. Estudiar en la biblioteca	________

5 **Entrevista** Interview two classmates to find out what they are going to do this weekend. *Answers will vary.*

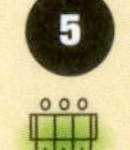

modelo

Estudiante 1: *¿Adónde vas este (this) fin de semana?*
Estudiante 2: *Voy a Guadalajara con mis amigos.*
Estudiante 1: *¿Y qué van a hacer (to do) ustedes en Guadalajara?*
Estudiante 2: *Vamos a visitar unos monumentos y unos museos.*

Español en vivo

NATIONAL communication cultures STANDARDS

Esta familia siempre va a estar unida,
porque el Banco Atlantis siempre va a estar con ellos.
Luis va a trabajar lejos de su familia, pero ellos van a estar tranquilos. Luis va a depositar su sueldo en el Banco Atlantis y así, él va a ahorrar mucho dinero.
BANCO ATLANTIS
Vamos a ganarle dinero

Identificar

Scan the advertisement above and identify the instances where the **ir a** + [*infinitive*] construction is used.

Preguntas

1. ¿Quiénes son las personas de la familia?
2. ¿Cómo va a estar la familia?
3. ¿Qué va a hacer (*to do*) el hijo?
4. En tu opinión, ¿por qué el hijo escoge (*does he choose*) el Banco Atlantis?

4.2 Stem-changing verbs: e → ie, o → ue

NATIONAL
comparisons
STANDARDS

▸ In stem-changing verbs, the stressed vowel of the stem changes when the verb is conjugated.

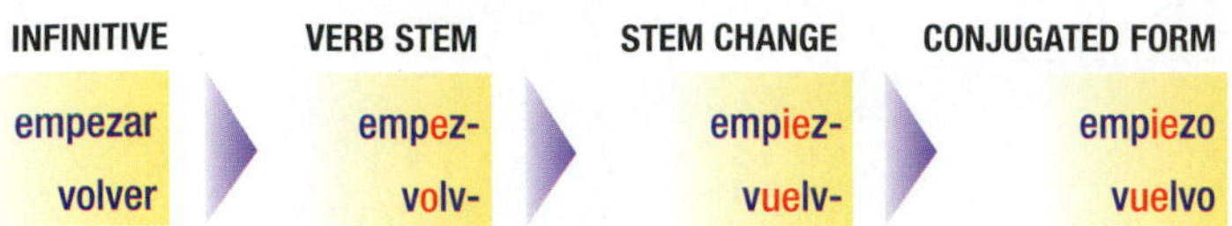

INFINITIVE	VERB STEM	STEM CHANGE	CONJUGATED FORM
empezar	empez-	empiez-	empiezo
volver	volv-	vuelv-	vuelvo

▸ In many verbs, such as **empezar** (*to begin*), the stem vowel changes from **e** to **ie**. Note that the **nosotros/as** and **vosotros/as** forms don't have a stem change.

empezar (e:ie)

Singular forms		Plural forms	
yo	empiezo	nosotros/as	empezamos
tú	empiezas	vosotros/as	empezáis
Ud./él/ella	empieza	Uds./ellos/ellas	empiezan

Álex y Maite vuelven al autobús.

Álex empieza a enviar mensajes.

▸ In many other verbs, such as **volver** (*to return*), the stem vowel changes from **o** to **ue**. The **nosotros/as** and **vosotros/as** forms have no stem change.

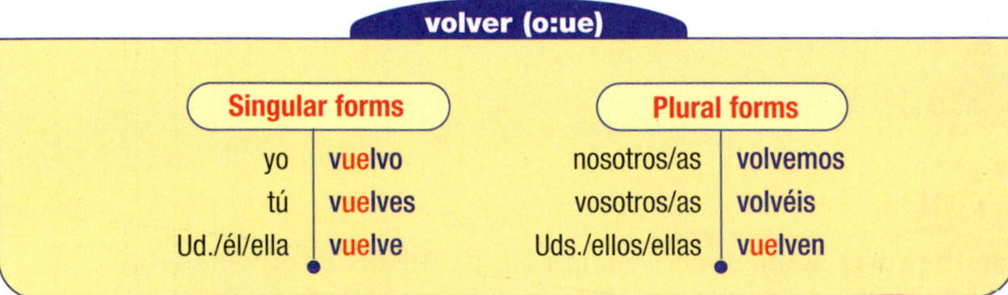

volver (o:ue)

Singular forms		Plural forms	
yo	vuelvo	nosotros/as	volvemos
tú	vuelves	vosotros/as	volvéis
Ud./él/ella	vuelve	Uds./ellos/ellas	vuelven

▸ To help you identify stem-changing verbs, they will appear as follows throughout the text:

empezar (e:ie) volver (o:ue)

Práctica

1 Preferencias With a partner, take turns asking and answering questions about what these people want to do.

modelo

Guillermo: estudiar / pasear en bicicleta
Estudiante 1: *¿Quiere estudiar Guillermo?*
Estudiante 2: *No, prefiere pasear en bicicleta.*

1. **tú:** trabajar / dormir
   E1: ¿Quieres trabajar? E2: No, prefiero dormir.
2. **ustedes:** mirar la televisión / ir al cine
   E1: ¿Quieren ustedes mirar la televisión? E2: No, preferimos ir al cine.
3. **tus amigos:** ir de excursión / descansar
   E1: ¿Quieren ir de excursión tus amigos? E2: No, mis amigos prefieren descansar.
4. **tú:** comer en la cafetería / ir a un restaurante
   E1: ¿Quieres comer en la cafetería? E2: No, prefiero ir a un restaurante.
5. **Elisa:** ver una película / leer una revista
   E1: ¿Quiere ver una película Elisa? E2: No, (Elisa) prefiere leer una revista.
6. **María y su hermana:** tomar el sol / practicar el esquí *E1: ¿Quieren tomar el sol María y su hermana? E2: No, (María y su hermana) prefieren practicar el esquí.*

2 El día del partido Complete this pre-game conversation between two friends with the appropriate verb forms. Then act it out with a partner.

PABLO Óscar, voy al centro ahora. (1) ¿*Quieres* [querer] venir?
ÓSCAR No, yo (2) *prefiero* [preferir] descansar un poco y ver la televisión.
PABLO ¡Qué perezoso (*how lazy*) eres!
ÓSCAR No, hombre. Es que estoy muy cansado.
PABLO Todos los días la misma cosa…
ÓSCAR Vas a ver, vas a ver... Oye, ¿a qué hora (3) *piensas* [pensar] regresar? El partido de fútbol (4) *empieza* [empezar] a las dos.
PABLO A la una. (5) *Quiero* [querer] ver el partido también.
ÓSCAR (6) ¿*Piensas* [pensar] que (*that*) nuestro equipo (7) *puede* [poder] ganar?
PABLO No, (8) *pienso* [pensar] que vamos a (9) *perder* [perder]. Los jugadores del Guadalajara (10) *juegan* [jugar] muy bien.

 INSTRUCTIONAL RESOURCES WB, LM, Ans. Key, Lab, IRM (teaching tips, info gap), Website

Conversación

3 **En la televisión** Read the listing of sports events to be televised this weekend and choose the programs you want to watch. Compare your choices with a classmate and explain why you made them. Then agree on one program you will watch together on each day. *Answers will vary.*

sábado

13:30 NATACIÓN
1 Copa Mundial *(World Cup)* de Natación

15:00 TENIS
8 Abierto *(Open)* Mexicano de Tenis: Alejandro Hernández (México) vs. Jacobo Díaz (España) Semifinales

16:00 FÚTBOL NACIONAL
3 Chivas vs. Monterrey

16:30 FÚTBOL AMERICANO PROFESIONAL
21 los Vaqueros de Dallas vs. los Leones de Detroit

20:00 BALONCESTO PROFESIONAL
16 los Knicks de Nueva York vs. los Toros de Chicago

domingo

13:00 GOLF
40 Audi Senior Classic: Lee Treviño, Jack Nicklaus, Arnold Palmer

14:30 VÓLEIBOL
1 Campeonato *(Championship)* Nacional de México

16:00 BALONCESTO
3 Campeonato de Cimeba: los Correcaminos de Tampico vs. los Santos de San Luis Final

17:00 ESQUÍ ALPINO
19 Eslálom

18:30 FÚTBOL INTERNACIONAL
30 Copa América: México vs. Argentina. Ronda final

20:00 PATINAJE ARTÍSTICO
16 Exhibición mundial

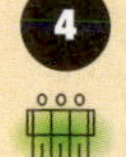

4 **Turistas** You and two classmates are spending a long weekend in a new city. Talk about the things you want to do, then fill in the day-planner with the things you plan to do each day. Use **querer** and **pensar**. *Answers will vary.*

5 **Situación** Your instructor will give you and your partner handouts so that you may complete this information gap activity.

Common stem-changing verbs

e:ie		o:ue	
cerrar	*to close*	**dormir**	*to sleep*
comenzar	*to begin*	**encontrar**	*to find*
empezar	*to begin*	**mostrar**	*to show*
entender	*to understand*	**poder**	*to be able to; can*
pensar	*to think*	**recordar**	*to remember*
perder	*to lose; to miss*	**volver**	*to return*
preferir	*to prefer*		
querer	*to want; to love*		

- **Jugar** (*to play* a sport or a game) is the only Spanish verb that has a **u:ue** stem change. **Jugar** is followed by **a** + [*definite article*] when the name of a sport or game is mentioned.

Me gusta mucho jugar al fútbol.

Álex y el joven juegan al fútbol.

- **Comenzar** and **empezar** require the preposition **a** when they are followed by an infinitive.

Comienzan a jugar a las siete.
They begin playing at seven.

Ana **empieza a** escribir una postal.
Ana starts to write a postcard.

- **Pensar** + [*infinitive*] means *to plan* or *to intend to do something*. **Pensar en** means *to think about someone or something*.

¿Piensan ir al gimnasio?
Are you planning to go to the gym?

¿En qué **piensas?**
What are you thinking about?

¡Manos a la obra!

Provide the correct forms of the verbs.

cerrar (e:ie)

1. Ustedes cierran.
2. Tú cierras.
3. Nosotras cerramos.
4. Mi hermano cierra.
5. Yo cierro.
6. Usted cierra.
7. Los chicos cierran.
8. Ella cierra.

dormir (o:ue)

1. Mi abuela no duerme.
2. Yo no duermo.
3. Tú no duermes.
4. Mis hijos no duermen.
5. Usted no duerme.
6. Nosotros no dormimos.
7. Él no duerme.
8. Ustedes no duermen.

4.3 Stem-changing verbs: e → i

- In some verbs, such as **pedir** (*to ask for; to request*), the stressed vowel in the stem changes from **e** to **i**, as shown in the diagram.

INFINITIVE	VERB STEM	STEM CHANGE	CONJUGATED FORM
pedir	ped-	pid-	pido

- As with other stem-changing verbs you have learned, there is no stem change in the **nosotros/as** or **vosotros/as** forms in the present tense.

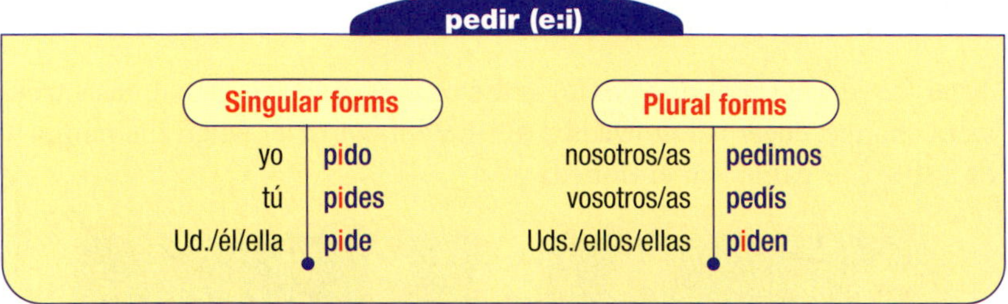

pedir (e:i)

Singular forms		Plural forms	
yo	pido	nosotros/as	pedimos
tú	pides	vosotros/as	pedís
Ud./él/ella	pide	Uds./ellos/ellas	piden

- To help you identify verbs with the **e:i** stem change, they will appear as follows throughout the text:

pedir (e:i)

- The following are the most common **e:i** stem-changing verbs:

conseguir *to get; to obtain*

repetir *to repeat*

seguir *to follow; to continue; to keep (doing something)*

Le pido un favor a un amigo.
I'm asking a friend for a favor.

Consiguen ver buenas películas.
They get to see good movies.

Repito la pregunta.
I repeat the question.

Sigue esperando.
He keeps waiting.

¡ojo! The **yo** forms of **seguir** and **conseguir** have a spelling change as well as a stem change.

Sigo su plan.
I'm following their plan.

Consigo novelas en la librería.
I get novels at the bookstore.

¡Manos a la obra!

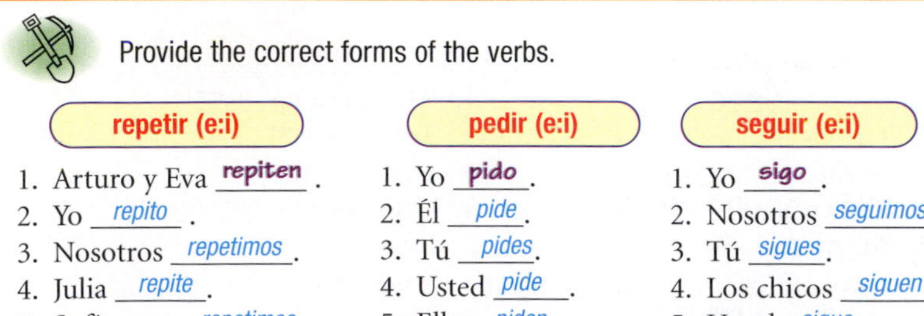

Provide the correct forms of the verbs.

repetir (e:i)

1. Arturo y Eva repiten.
2. Yo repito.
3. Nosotros repetimos.
4. Julia repite.
5. Sofía y yo repetimos.
6. Tú repites.

pedir (e:i)

1. Yo pido.
2. Él pide.
3. Tú pides.
4. Usted pide.
5. Ellas piden.
6. Nosotros pedimos.

seguir (e:i)

1. Yo sigo.
2. Nosotros seguimos.
3. Tú sigues.
4. Los chicos siguen.
5. Usted sigue.
6. Anita sigue.

Práctica

1 En la clase You're teaching Spanish at an elementary school. Fill in the blanks to describe a typical day in your class. Use stem-changing verbs **(e:ie)**, **(o:ue)**, and **(e:i)**.

1. Yo entro en la clase y cierro [cerrar] la puerta.
2. La clase comienza [comenzar] a las nueve en punto.
3. Yo pido [pedir] la tarea del día anterior (*previous*).
4. Los estudiantes repiten [repetir] las palabras del vocabulario.
5. Pablo no sigue [seguir] mis instrucciones.
6. Pedro pierde [perder] su lápiz.
7. Otro estudiante encuentra [encontrar] el lápiz de Pedro.
8. La clase termina y yo vuelvo [volver] a casa muy cansado/a.

2 Combinar Combine words from the columns to create sentences about yourself and people you know. *Answers will vary.*

Yo	pedir muchos favores
Mi compañero/a de cuarto	dormir hasta el mediodía
Mi mejor (*best*) amigo/a	nunca (*never*) pedir perdón
Mi familia	nunca seguir las instrucciones del profesor
Mis amigos/as	siempre seguir las instrucciones del profesor
Mis amigos/as	conseguir libros en Internet
Mis padres	poder hablar dos lenguas extranjeras
Mi hermano/a	repetir el vocabulario
Mi profesor(a) de español	siempre perder sus libros

 INSTRUCTIONAL RESOURCES WB, LM, Ans. Key, Lab, IRM (teaching tips), Website

Conversación

3 **Opiniones** Work in pairs to guess how your partner completed the sentences from **Actividad 2**. If you guess incorrectly, your partner must supply the correct answer. Switch roles. *Answers will vary.*

modelo

Estudiante 1: Tus padres consiguen libros en Internet.
Estudiante 2: ¡No! Mi hermana consigue libros en Internet.

4 **Las películas** Use these questions to interview a classmate. *Answers will vary.*

1. ¿Prefieres las películas románticas, las películas de acción o las películas de horror? ¿Por qué?
2. ¿Dónde consigues información sobre (*about*) una película?
3. ¿Dónde consigues las entradas (*tickets*) para una película?
4. Para decidir qué películas vas a ver, ¿sigues las recomendaciones de los críticos?
5. ¿Qué cines en tu comunidad muestran las mejores (*best*) películas?
6. ¿Vas a ver una película esta semana? ¿A qué hora empieza la película?

Español en vivo

Identificar

Scan the movie poster above and identify the stem-changing verbs.

Preguntas

1. ¿Qué palabras indican que *Un mundo azul oscuro* (*Dark Blue World*) es una película dramática?
2. ¿Cuántas personas hay en el póster?
3. ¿Cómo son las personas del póster? ¿Qué relación tienen?
4. ¿Te gustan las películas como ésta (*this one*)?

4.4 Verbs with irregular yo forms

- In Spanish, several verbs have irregular **yo** forms in the present tense.
- The verbs **hacer** (*to do, to make*), **poner** (*to put, to place*), **salir** (*to leave*), **suponer** (*to suppose*), and **traer** (*to bring*) have **yo** forms that end in **–go**. The other forms are regular.

Verbs with irregular yo forms

	hacer	poner	salir	suponer	traer
yo	hago	pongo	salgo	supongo	traigo
tú	haces	pones	sales	supones	traes
Ud./él/ella	hace	pone	sale	supone	trae
nosotros/as	hacemos	ponemos	salimos	suponemos	traemos
vosotros/as	hacéis	ponéis	salís	suponéis	traéis
Uds./ellos/ellas	hacen	ponen	salen	suponen	traen

A veces salgo a correr por la noche.

Nunca salgo a correr, no hago ejercicio, pero sí tengo energía... ¡para leer el periódico y tomar un café!

- **Poner** can mean *to turn on* a household appliance.

Carlos **pone** la radio.
Carlos turns on the radio.

María **pone** la televisión.
María turns on the television.

- **Salir de** is used to indicate that someone is leaving a particular place.

Hoy **salgo del** hospital.
Today I leave the hospital.

Sale de la clase a las cuatro.
He leaves class at four.

- **Salir para** is used to indicate someone's destination.

Mañana **salgo para** México.
Tomorrow I leave for Mexico.

Hoy **salen para** España.
Today they leave for Spain.

- **Salir con** means *to leave with someone or something*, or *to date someone.*

Alberto **sale con** su amigo.
Alberto is leaving with his friend.

Margarita **sale con** Guillermo.
Margarita is going out with Guillermo.

Hoy voy a **salir con** mi hermana.
Today I'm going out with my sister.

Mi primo **sale con** una chica muy bonita.
My cousin is going out with a very pretty girl.

INSTRUCTIONAL RESOURCES WB, LM, Ans. Key, Lab, IRM (teaching tips), Website

Práctica

1 Completar Complete this conversation with the appropriate verb forms. Then act it out with a partner.

ERNESTO David, ¿qué (1) _haces_ [hacer] hoy?

DAVID Ahora estudio biología, pero esta noche (2) _salgo_ [salir] con Luisa. Vamos al cine. Queremos (3) _ver_ [ver] la nueva (*new*) película de Almodóvar.

ERNESTO ¿Y Diana? ¿Qué (4) _hace_ [hacer] ella?

DAVID (5) _Sale_ [salir] a comer con sus padres.

ERNESTO ¿Qué (6) _hacen_ [hacer] Andrés y Javier?

DAVID Tienen que (7) _hacer_ [hacer] las maletas. (8) _Salen_ [salir] para Monterrey mañana.

ERNESTO Pues, ¿qué (9) _hago_ [hacer] yo?

DAVID (10) _Supongo_ [suponer] que puedes estudiar o (11) _ver_ [ver] la televisión.

ERNESTO No quiero estudiar. Mejor (12) _pongo_ [poner] la televisión.

2 Describir Form complete sentences with the cues provided. *Answers will vary.*

1. Fernán/poner

2. Yo/traer

3. Nosotras/ver

4. El estudiante/hacer

3 Oraciones Form sentences using the cues given.

modelo
Tú / ? / los libros / debajo de / escritorio
Tú pones los libros debajo del escritorio.

1. Nosotros / ? / mucha / tarea *Nosotros hacemos mucha tarea.*
2. ¿Tú / ? / la radio? *¿Tú oyes la radio?*
3. Yo / no / ? / el problema *Yo no veo el problema.*
4. Marta / ? / una grabadora / clase *Marta trae una grabadora a clas*
5. Los señores Marín / ? / su casa / siete *Los señores Marín salen para su casa a las siete.*
6. Yo / ? / que (*that*) / tú / ir / cine / ¿no? *Yo supongo que tú vas a ¿no?*

Conversación

4 Preguntas Get together with a classmate and ask each other these questions. *Answers will vary.*

1. ¿A qué hora sales de tu residencia o de tu casa por la mañana? ¿A qué hora llegas a la universidad?
2. ¿A qué hora comienza la clase de español?
3. ¿Traes un diccionario a la clase de español? ¿Por qué? ¿Qué más traes?
4. ¿A qué hora salimos de la clase de español?
5. Cuando vuelves a la casa, ¿dónde pones tus libros? ¿Siempre (*always*) pones tus cosas en su lugar?
6. ¿Pones fotos de tu familia en tu casa? ¿De quiénes son las fotos?
7. ¿Cuándo estudias? ¿Haces la tarea cada (*each*) noche o prefieres ver la televisión?
8. ¿Oyes la radio cuando estudias?
9. ¿Qué vas a hacer mañana?
10. ¿Qué haces los fines de semana? ¿Sales con los amigos? ¿Adónde van?

5 Charadas In groups, play a game of charades. Each person should think of a phrase using **hacer, poner, salir, oír, traer,** or **ver** and act out the phrase. The first person to guess correctly acts out the next charade. *Answers will vary.*

6 Situación Ask a classmate if he or she wants to go out. He or she will accept. Then find out what activities your classmate prefers so you can decide where you want to go. Finally, negotiate the place and the time for your date with your classmate. *Answers will vary.*

The verbs ver and oír

- The verb **ver** (*to see*) has an irregular **yo** form. The other forms of **ver** are regular but note that the **vosotros/as** forms do not carry an accent.

ver (*to see*)

Singular forms		Plural forms	
yo	veo	nosotros/as	vemos
tú	ves	vosotros/as	veis
Ud./él/ella	ve	Uds./ellos/ellas	ven

Oye, ¿por qué no jugamos al fútbol?

Maite ve la pelota.

- The verb **oír** (*to hear*) has an irregular **yo** form and a spelling change in the **tú, usted, él, ella, ustedes, ellos,** and **ellas** forms. The **nosotros/as** and **vosotros/as** forms have an accent mark.

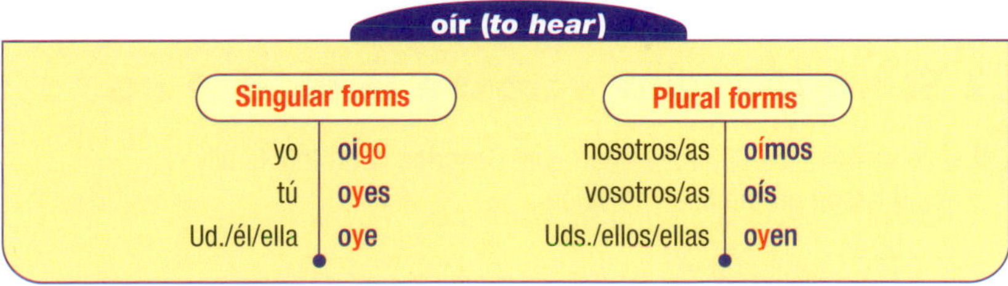

oír (*to hear*)

Singular forms		Plural forms	
yo	oigo	nosotros/as	oímos
tú	oyes	vosotros/as	oís
Ud./él/ella	oye	Uds./ellos/ellas	oyen

Oigo a unas personas en la otra sala.
I hear some people in the other room.

¿Oyes la música latina?
Do you hear the Latin music?

¡Manos a la obra!

Provide the correct forms of the verbs.

1.	**salir**	Isabel *sale*.	Nosotros *salimos*.	Yo *salgo*.
2.	**ver**	Yo *veo*.	Ustedes *ven*.	Tú *ves*.
3.	**poner**	Rita y yo *ponemos*.	Yo *pongo*.	Los niños *ponen*.
4.	**hacer**	Yo *hago*.	Tú *haces*.	Usted *hace*.
5.	**oír**	Él *oye*.	Nosotros *oímos*.	Yo *oigo*.
6.	**traer**	Ellas *traen*.	Yo *traigo*.	Tú *traes*.
7.	**suponer**	Yo *supongo*.	Mi amigo *supone*.	Nosotras *suponemos*.

Repaso

4.1 The present tense of ir

1 Estoy aburrido/a (*bored*) You are bored. With a partner, take turns suggesting various places you can go or things you can do. *Answers will vary.*

modelo

Estudiante 1: Estoy aburrido/a.
Estudiante 2: ¡Vamos al parque!
Estudiante 1: No, no deseo ir al parque ahora. Vamos . . .

2 Agendas para la semana Make a schedule listing your activities for this week. Write at least one or two activities for each day. Then in groups of three compare what you are going to do. *Answers will vary.*

modelo

domingo: practicar tenis, terminar la tarea
Estudiante 1: El domingo voy a practicar tenis. ¿Van ustedes a practicar tenis también?
Estudiante 2: No, no voy a practicar tenis el domingo. Voy a terminar la tarea.
Estudiante 3: Sí, voy a practicar tenis también.

4.2 Stem-changing verbs: e → ie, o → ue

3 Describir It's Saturday afternoon. Describe what this family is doing based on the cues provided.

1. papá / jugar / golf
   Papá juega al golf.
2. niños / preferir / nadar / piscina
   Los niños prefieren nadar en la piscina.
3. yo / pensar / jugar / béisbol
   Yo pienso jugar al béisbol.
4. mamá / querer / leer / revista
   Mamá quiere leer una revista.
5. Los gatos Fritz y Mauricio / dormir / casa
   Los gatos Fritz y Mauricio duermen en la casa.
6. El perro Maximiliano / encontrar / una pelota
   El perro Maximiliano encuentra una pelota.

4 Entrevista Use these questions to interview a classmate. *Answers will vary.*

1. ¿A qué hora vuelves a casa (a la residencia) hoy?
2. ¿Recuerdas la dirección de correo electrónico del / de la profesor/a? ¿Cuál es?
3. ¿Qué piensas del / de la profesor/a de español?
4. ¿A qué hora empiezas a estudiar por la noche?
5. ¿Duermes mucho? ¿Cuántas horas duermes?
6. ¿Pierdes tus cosas mucho?

4.3 Stem-changing verbs: e → i

5 Oraciones Form sentences using the cues provided. Use stem-changing verbs **(e:ie)**, **(o:ue)**, and **(e:i)**.

1. ¿Querer / conocer / equipo / fútbol / Monterrey?
   ¿Quieres conocer al equipo de fútbol Monterrey?
2. Por favor / conseguir / entrevista (*interview*) / Monterrey
   Por favor consigue una entrevista con el Monterrey.
3. Yo / no / querer / perder / oportunidad (*opportunity*) / conocer / Monterrey
   Yo no quiero perder la oportunidad de conocer al Monterrey.
4. El equipo / jugar / Estadio Tecnológico / domingo
   El equipo juega en el Estadio Tecnológico el domingo.
5. Millones de / aficionados / seguir / al fútbol
   Millones de aficionados siguen al fútbol.
6. Pedir / 100 pesos por / boleto
   Piden cien pesos por un boleto.

6 Los videojuegos (*video games*) Use these questions to interview a classmate. *Answers will vary.*

1. ¿Te gusta jugar videojuegos?
2. ¿Cuál es tu videojuego favorito? ¿Por qué?
3. ¿Prefieres los videojuegos de deportes o (*or*) de acción y aventura?
4. ¿Sigues las aventuras de Dante, Lara Croft o los Sims?
5. ¿Dónde consigues videojuegos?
6. Antes de (*Before*) comprar un videojuego, ¿pides recomendaciones a tus amigos?

4.4 Verbs with irregular yo forms

7 **Las diversiones** Complete Jorge's description of what he and his friends do on Saturday nights.

El sábado por la noche yo (1) *hago* [hacer] muchas cosas diferentes. Unas semanas yo (2) *salgo* [salir] con amigos. Nosotros (3) *vamos* [ir] al cine o (*or*) a un club. Otras (*Other*) semanas mis amigos (4) *vienen* [venir] a mi casa. Uno (5) *trae* [traer] pizza y nosotros (6) *vemos* [ver] un video. O yo (7) *pongo* [poner] música y nosotros (8) *bailamos* [bailar]. ¡Nos divertimos mucho!

8 **Situación** You are doing a market research report on lifestyles. Interview a classmate to find out when he/she goes out with the following people and what they do for entertainment. *Answers will vary.*

- la familia
- los amigos
- el/la novio/a
- compañeros/as

Síntesis

9 **Situación** Imagine that you are speaking with your roommate. With a partner, prepare a conversation using these cues. *Answers will vary.*

Estudiante 1

1. Ask your partner what he or she is doing.
2. Say what you suppose he or she is watching.
3. Say no, because you are going out with friends and say where you are going.
4. Say what you are going to do, and ask your partner whether he or she wants to come along.

Estudiante 2

1. Tell your partner that you are watching TV.
2. Say that you like the show ________. Ask if he or she wants to watch.
3. Say you think that's a good idea, and ask what your partner and his friends are doing there.
4. Say no and tell your partner what you prefer to do.

Ritmos hispanos

Los Fabulosos Cadillacs:

Querer es poder

Formed in 1985, the Argentine rock group, **Los Fabulosos Cadillacs,** is considered one of the premier rock bands in Latin America. Their music began by being imitative of ska, but it quickly evolved into their own distinctive style which combines ska, reggae, calypso, rap, jazz, salsa, and other Latin rhythms. In the 1990s, after having survived Argentina's severe economic crisis, Los Fabulosos Cadillacs toured internationally, filling theaters and stadiums with their fans everywhere they appeared. They have collaborated with various stars of Latin music like Celia Cruz, and their music can be heard in the films of Quentin Tarantino and John Cusack. Vicentico Fernández, the band's founder, lead singer, and composer of the majority of its songs is, together with Flavio Cianciarullo, the soul of the band. In the year 2000, the band celebrated fifteen years together.

Discografía selecta

- *Bares y fondas* (1986)
- *Yo te avisé* (Gold album, Double Platinum album,1987)
- *El ritmo mundial* (1988)
- *El león* (1992)
- *Vasos vacíos* (Platinum album,1993)
- *Fabulosos Calavera* (Latin Grammy for Best Album of 1998)

Go to **aventuras.vhlcentral.com** to learn more about the band, its music and its songs.

Ampliación

1 Escuchar

A First you will hear José talking, then Anabela. Which person does each statement best describe?

TIP Listen for general meaning. You will be surprised at how much you can understand even if you don't know every word.

Descripción	José	Anabela
1. Es muy aficionado/a a los deportes.	☐	☑
2. Usa mucho la computadora.	☑	☐
3. Va mucho al cine.	☑	☐
4. Es una persona muy activa.	☐	☑
5. Le gusta descansar por la tarde.	☑	☐
6. Es una persona estudiosa.	☐	☑
7. Su deporte favorito es el ciclismo.	☐	☑
8. A veces va a ver un partido de béisbol.	☑	☐

B ¿Tienes más cosas en común (*more in common*) con José o con Anabela? Explica tu respuesta. *Answers will vary.*

2 Conversar

You are planning to visit a friend who lives in another state. Call your friend and discuss your plans, including the following information: *Answers will vary.*

- When you are going to arrive
- When are you planning to arrive and return
- What places you want to visit
- A few activities you can do together

recursos

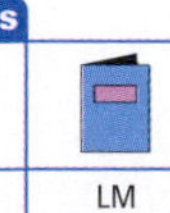

WB pp. 33–40

LM pp. 21–24

Text MP3s Lección 4

Lab MP3s Lección 4

aventuras.vhlcentral.com Lección 4

1 SCRIPT
José: No me gusta practicar deportes, pero sí tengo muchos pasatiempos. Me gusta mucho escribir y recibir correo electrónico. Me gusta también ir con mis amigos a mi café favorito. Siempre duermo una siesta por la tarde. A veces voy a ver un partido de béisbol. Me gusta mucho ver películas de acción pero mi novia prefiere las de romance… y por lo tanto veo muchas películas de romance.
Anabela: Todos mis parientes dicen que soy demasiado activa. Soy aficionada a los deportes, pero también estudio mucho y necesito diversión. Aunque prefiero practicar el ciclismo, me gustan mucho la natación, el tenis, el golf… bueno, en realidad todos los deportes. No, eso no es cierto—no juego al baloncesto porque no soy alta. Para mis vacaciones quiero esquiar o escalar la montaña—depende si nieva. Suena divertido, ¿no?

1 EXPANSION Have students listen to the descriptions again and ask them to make a list of José's and Anabela's favorite pastimes.

2 SUGGESTION Give pairs of students a few minutes to plan what they are going to say. Have them role-play the conversation. Then tell them to change partners and repeat the conversation. Ask a couple of pairs to share their conversations with the whole class.

INSTRUCTIONAL RESOURCE Text MP3s, WB, LM, Ans. Key, Lab, Website

Ampliación

3 Escribir

Write a flyer describing the sports and recreational activities offered at your school.
Answers will vary.

TIP Use bilingual dictionaries carefully. Use a Spanish-English dictionary to look up words you don't know, but consider each entry carefully in order to find the best word for your needs.

Organízalo	List the activities you could include in the flyer. Use an idea map to organize them.
Escríbelo	Using your idea map, write the first draft of your flyer.
Corrígelo	Exchange papers with a classmate and comment on the organization, style, and grammatical correctness of each other's work. Then revise your first draft, keeping your classmate's comments in mind.
Compártelo	Exchange papers with a new partner. Note any words that are new to you, so you can look them up later. Then turn your paper in to your teacher.

4 Un paso más

Prepare a radio broadcast of weekend sports events for a major city in the Spanish-speaking world. Include the following in your broadcast: *Answers will vary.*

- An introduction of yourself and your program
- A list of local sports events
- The location and time of each event
- A brief sign-off

En Internet

Investiga estos temas en el sitio aventuras.vhlcentral.com.

- Los deportes más (*most*) populares del mundo hispano
- Los pasatiempos más populares del mundo hispano

---

3 EXPANSION Write a few dictionary entries on the board and explain the abbreviations. Ex: gymnastics n. **gimnasia, *f.***; bowling n. **bolos, *m. pl.*** (game); pitch n. **lanzamiento, *m.*** (in baseball). Point out that when multiple Spanish translations are given without clarification they should look up the words in the Spanish section of the dictionary to verify the English meaning.

3 EVALUATION

Criteria	Scale
Appropriate details	1 2 3 4
Organization	1 2 3 4
Use of vocabulary	1 2 3 4
Grammatical accuracy	1 2 3 4
Mechanics	1 2 3 4

Scoring	
Excellent	18 20 points
Good	14–17 points
Satisfactory	10–13 points
Unsatisfactory	< 10 points

4 SUGGESTION Provide students with opening and closing phrases for their broadcasts. Opening: **Buenas tardes, estimados radioyentes. Hoy es domingo, el ____, y su reportero(a) es ____.** Closing: **Y por ahora, estimados radioyentes, eso es todo. Hasta el próximo domingo.** Also remind students to address their audience as **ustedes**.

4 SUGGESTION Have students record their broadcasts on audiocassettes or CDs. Point out that sound effects can add appeal or make their broadcasts more realistic.

Antes de leer

The following article appeared in one of Mexico City's daily newspapers. Scan the headings and the visual elements of the article. Based on what you see, what do you think the reading is about?

Can you guess the meaning of the following cognates that appear in the article?

baladas	**misticismo**
concierto	**naturaleza**
exposición	**realista**
festival	**recomendar**
isla	**romántico/a**
majestuosidad	**pintor**
misterio	**serenidad**

SUGGESTION Tell students there are theaters in the United States that show foreign films, which are often dubbed in English or have English subtitles like *El hijo de la novia.* Some cities have Latino film festivals, and some schools even offer courses in Latin American cinema. Give examples if available in your community. Encourage students to go see a foreign film or have them research the plot of *El hijo de la novia* online.

SUGGESTION Point out that Juan José Campanella lives in New York City and directs episodes of the TV series *Law and Order.*

EXPANSION Have students correct the false statements in **¿Comprendiste?**

SUGGESTION Point out that Tomás Sánchez was born in Aguada de Pasajeros in 1948. In 1993 he moved to Miami, Florida, which has a large community of Cuban artists, and now he lives in San Antonio del Casuco, Costa Rica. Besides the Museo Nacional de Bellas Artes in La Habana, his works have been exhibited in Spain, Greece, Austria, and other countries.

EXPANSION In groups, have students prepare a similar **Guía para el fin de semana** for their school or community.

GUÍA para el fin

CINE

Festival de cine argentino

Para los aficionados al cine este fin de semana comienza El Festival de cine argentino en el Cine Rex. Se muestran las últimas películas de directores como Juan José Campanella, Fito Páez, Gabriela Tagliavini y Aníbal Di Salvo. Recomendamos especialmente la película *El hijo de la novia* del director Juan José Campanella. Esta película fue nominada para el Óscar como mejor película extranjera.

Fechas: 10-14 de marzo
Hora: 8:00 p.m.
Lugar: Cine Rex
Dirección: Calle del Espanto, 152

CONCIERTO

Canta Maribel Puértolas

Si quiere escuchar música, la cantante Maribel Puértolas va a ofrecer un concierto en el Café Los Amigos. Puértolas es una joven cantante de origen puertorriqueño. Sus baladas están en el nuevo CD *Verano de amor.* Si quiere pasar una noche muy romántica con su novio o novia, recomendamos este concierto.

Fecha: 15 de marzo
Hora: 7:00 p.m.
Lugar: Café Los Amigos
Dirección: Avenida Bolívar, 345

INSTRUCTIONAL RESOURCE Website

de semana

EXPOSICIÓN

El pintor Tomás Sánchez

El Museo de Arte Moderno ofrece una exposición del pintor cubano Tomás Sánchez. Las obras de Sánchez son paisajes realistas de la naturaleza de la isla de Cuba. Las pinturas expresan la serenidad y majestuosidad de la selva tropical cubana, en una atmósfera de misterio y misticismo. Tomás Sánchez es tal vez uno de los pintores cubanos contemporáneos más conocidos.

Fechas: 12 de marzo – 8 de abril
Lugar: Museo de Arte Moderno
Dirección: Avenida Juárez, 248

Después de leer

¿Comprendiste?

Based on the article, are these statements **cierto** or **falso?**

Cierto	Falso	
___	✓	1. El artículo presenta noticias sobre eventos deportivos.
✓	___	2. La película *El hijo de la novia* fue nominada para un Óscar.
✓	___	3. Maribel Puértolas es una cantante de baladas.
___	✓	4. Las pinturas de Tomás Sánchez se exhiben en el Cine Rex.
✓	___	5. Juan José Campanella es un director de cine argentino.
___	✓	6. En el Café Los Amigos hay una exposición de arte.

Preguntas

Answer these questions based on the information provided in the reading.

1. ¿De dónde es Maribel Puértolas?
Es de Puerto Rico.
2. ¿Qué clase de canciones (*songs*) canta ella?
Canta baladas.
3. ¿Cómo son las pinturas de Tomás Sánchez?
Son realistas.
4. ¿Dónde está la exposición de Tomás Sánchez?
Está en el Museo de Arte Moderno, en la Avenida Juárez, 248.
5 ¿Qué película está dirigida por Juan José Campanella?
El hijo de la novia está dirigida por Campanella.
6 ¿Dónde es el festival de cine?
Es en el Cine Rex, en la Calle del Espanto, 152.

Coméntalo

Get together with several classmates. Discuss which of the activities in the article you would each prefer to do on a weekend and why.

últimas *latest*
fue nominada para *was nominated for*
extranjera *foreign*
cantante *singer*
ofrecer *to offer*
verano *summer*
paisajes *landscapes*
selva *jungle*

Las actividades

bucear	*to scuba dive*
escalar montañas (f. pl.)	*to climb mountains*
escribir una carta	*to write a letter*
un mensaje electrónico	*an e-mail message*
una (tarjeta) postal	*a postcard*
esquiar	*to ski*
ganar	*to win*
ir de excursión (a las montañas)	*to go for a hike (in the mountains)*
leer el correo electrónico	*to read e-mail*
un periódico	*a newspaper*
una revista	*a magazine*
nadar	*to swim*
pasar el tiempo	*to spend time*
pasear en bicicleta	*to ride a bicycle*
pasear por la ciudad/el pueblo	*to walk around the city/town*
patinar (en línea)	*to skate (in-line)*
practicar deportes (m. pl.)	*to play sports*
ser aficionado/a (a)	*to be a fan (of)*
tomar el sol	*to sunbathe*
ver películas (f. pl.)	*to see movies*
visitar un monumento	*to visit a monument*
la diversión	*entertainment; fun activity*
el/la excursionista	*hiker*
el fin de semana	*weekend*
el pasatiempo	*pastime, hobby*
los ratos libres	*spare time*
el tiempo libre	*free time*

Los deportes

el baloncesto	*basketball*
el béisbol	*baseball*
el ciclismo	*cycling*
el equipo	*team*
el esquí (acuático)	*(water) skiing*
el fútbol	*soccer*
el fútbol americano	*football*
el golf	*golf*
el hockey	*hockey*
el/la jugador(a)	*player*
la natación	*swimming*
el partido	*game*
la pelota	*ball*
el tenis	*tennis*
el vóleibol	*volleyball*

Verbos

cerrar (e:ie)	*to close*
comenzar (e:ie)	*to begin*
conseguir (e:i)	*to get; to obtain*
dormir (o:ue)	*to sleep*
empezar (e:ie)	*to begin*
encontrar (o:ue)	*to find*
entender (e:ie)	*to understand*
hacer	*to do, to make*
ir	*to go*
ir a (+ inf.)	*to be going to do something*
jugar (u:ue)	*to play*
mostrar (o:ue)	*to show*
oír	*to hear*
pedir (e:i)	*to ask for; to request*
pensar (e:ie)	*to think*
pensar (+ inf.)	*to intend; to plan*
pensar en	*to think about*
perder (e:ie)	*to lose; to miss*
poder (o:ue)	*to be able to, can*
poner	*to put; to place*
preferir (e:ie)	*to prefer*
querer (e:ie)	*to want; to love*
recordar (o:ue)	*to remember*
repetir (e:i)	*to repeat*
salir	*to leave*
seguir (e:i)	*to follow; to continue; to keep (doing something)*
suponer	*to suppose*
traer	*to bring*
ver	*to see*
volver (o:ue)	*to return*

Adjetivos

deportivo/a	*sports-related*
favorito/a	*favorite*

Los lugares

el café	*café*
la casa	*house*
el centro	*downtown*
el cine	*movie theater*
el gimnasio	*gym, gymnasium*
la iglesia	*church*
el lugar	*place*
el museo	*museum*
el parque	*park*
la piscina	*swimming pool*
el restaurante	*restaurant*

Expresiones útiles	*See page 91.*

recursos

Text MP3s Lección 4 | aventuras.vhlcentral.com Lección 4

INSTRUCTIONAL RESOURCES Text MP3s, IRM (additional vocabulary), Test Program, Test MP3s, Website

En Acapulco, un saltador (*diver*) salta desde un acantilado (*cliff*) frente al océano Pacífico. El lugar se llama La Quebrada y miles de turistas lo visitan cada (*each*) día. ¿Te gustaría (*would you like*) visitarlo algún (*some*) día?

MÉXICO

MÉXICO

Área: 1.972.550 km^2 (761.603 millas^2)
Población: 110.139.000
Capital: México, D.F. – 18.934.000
Ciudades importantes: Guadalajara, Monterrey, Puebla, Cancún, Ciudad Juárez
Moneda: peso mexicano

SOURCE: Population Division, UN Secretariat

CELEBRACIONES

La independencia de México

El 16 de septiembre los mexicanos celebran la independencia de su país. A estas celebraciones se les llaman las fiestas patrias. En todas las ciudades se ponen decoraciones con los colores de la bandera (*flag*) mexicana y se hacen fiestas con mariachis, comida típica y bailes (*dances*) tradicionales.

ESTADOS UNIDOS
Ciudad Juárez
Golfo de California
Baja California
Río Bra
MÉXICO
Océano Pacífico
Puerto Vallarta
Guadalaj

ARTE

Diego Rivera y Frida Kahlo

Frida Kahlo y Diego Rivera son los pintores mexicanos más famosos. Casados (*married*) en 1929, los dos se interesaron (*became interested*) en las condiciones sociales de la gente indígena y de los campesinos (*farmers*) de su país. Puedes ver algunas de sus obras (*works*) en el Museo de Arte Moderno de la Ciudad de México.

INSTRUCTIONAL RESOURCES WB, VM, Ans. Key, OT, DVD, IRM (videoscripts, translations), Website

HISTORIA

Los mayas

La cultura maya habitó (*inhabited*) la región del sur de México, la península de Yucatán y otros países de Centroamérica. Los mayas crearon (*created*) formidables ciudades con templos religiosos en forma de pirámide, que hoy día son visitados (*are visited*) por millones de turistas.

Golfo de México

Península de Yucatán

Mérida

Cancún

Monterrey

Bahía de Campeche

Veracruz

Istmo de Tehuantepec

BELICE

GUATEMALA

COMIDA

Las tortillas

La base de la comida mexicana es la tortilla, que está hecha (*is made from*) de maíz (*corn*) y de harina (*wheat flour*). Los tacos, las enchiladas y las quesadillas están hechos (*are made*) con tortillas y son tan populares en México como en los Estados Unidos. ¿Conoces un restaurante mexicano en tu comunidad?

Hispanos en los Estados Unidos

Alfonso Cuarón, director de cine
Carmen Lomas Garza, pintora
Eva Longoria, actriz
Jorge Ramos, periodista
Lee Treviño, golfista (ganador de *US Open* y *US PGA*)
Linda Ronstadt, cantante (Premio Grammy)
Loretta Sánchez, política
Mario Molina, químico (Premio Nobel)
Óscar de la Hoya, boxeador (campeón mundial)
Sandra Cisneros, escritora

recursos

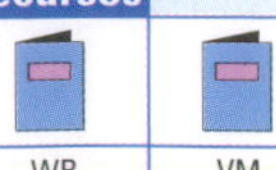	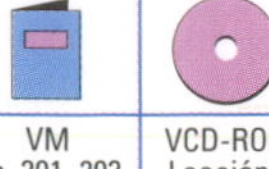	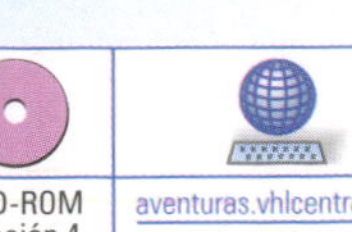	
WB pp. 41–42	VM pp. 201–202	VCD-ROM Lección 4	aventuras.vhlcentral.com Lección 4

¿Qué aprendiste?

1 ¿Cierto o falso? Say whether the following statements are **cierto** or **falso**, based on what you've learned about Mexico.

Cierto	Falso	
	✓	1. La Quebrada está en México D.F.
✓		2. Frida Kahlo es una pintora.
	✓	3. El 16 de septiembre en México organizan una celebración religiosa.
	✓	4. Los mayas inventaron (*invented*) las tortillas.
✓		5. En México celebran la independencia con las fiestas patrias.
	✓	6. Los mexicanos hacen las tortillas con tomates.
✓		7. Diego Rivera fue (*was*) el esposo de Frida Kahlo.
	✓	8. Puebla es la capital de México.
	✓	9. La harina es la base de la comida mexicana.
	✓	10. La moneda mexicana es el dólar mexicano.

2 Preguntas Answer the following questions, based on what you've learned about Mexico. *Answers will vary.*

1. ¿Qué aspecto cultural te interesa más (*interests you most*) de México: el arte, la historia o la comida? Explica tu respuesta.
2. ¿Cómo celebran los mexicanos la independencia de su país?
3. ¿Te gustan los cuadros de Diego Rivera y Frida Kahlo? Explica por qué.
4. ¿Por qué piensas que los mayas son importantes en la historia de México?
5. ¿Qué platos (*dishes*) típicos de México te gustan más? ¿Por qué?
6. ¿Por qué Diego Rivera y Frida Kahlo decidieron pintar (*decided to paint*) gente indígena y campesinos?

En Internet

Busca más información sobre estos temas en el sitio aventuras.vhlcentral.com. Presenta la información a tus compañeros/as de clase.

- El 16 de septiembre en México
- Frida Kahlo y Diego Rivera
- Los mayas
- La comida mexicana

5 Las vacaciones

PARA EMPEZAR Here are some additional questions you can ask based on the photo: **¿Dónde te gusta pasar tus vacaciones? ¿Qué te gusta hacer? ¿Te gusta nadar?**

Communicative Goals

You will learn how to:

- talk to hotel personnel
- describe a hotel
- talk about how you feel

PREPARACIÓN

pages 114–119

- Words related to vacationing and travel
- Weather, seasons, months, ordinal numbers
- Pronouncing **b** and **v**

AVENTURAS

pages 120–123

- The travelers check in at a hotel. Álex and Javier drop by the girls' cabin. Inés and Javier decide to explore the city further. Álex and Maite decide to stay behind. Maite notices that Javier and Inés spend lots of time together.

GRAMÁTICA

pages 124–135

- **Estar** with conditions and emotions
- The present progressive
- Comparing **ser** and **estar**
- Direct object nouns and pronouns

LECTURA

pages 136–137

- Brochure: *¡Descubre el Viejo San Juan!*

PARA EMPEZAR

- ¿Los chicos en la foto, nadan, bucean o toman el sol?
- ¿Están ellos en el mar o en una piscina?
- ¿Quién tiene sueño? ¿El hombre o la mujer?
- ¿Cuántos años crees que tienen: veinte o cuarenta?
- ¿Es el mediodía o la medianoche?

SUGGESTION Ask: ¿A quién le gusta mucho viajar? Y, ¿cómo prefieres viajar? ¿Te gusta viajar en tren? ¿En auto? ¿Cómo le gusta viajar a ____? Y a ti, ¿adónde te gusta viajar? ¿Cómo puedes viajar a ____?

LAS VACACIONES

la estación del tren
train station

LAS VACACIONES Y LOS VIAJES

el aeropuerto *airport*
la agencia de viajes *travel agency*
el/la agente de viajes *travel agent*
la estación de autobuses *bus station*
del metro *subway station*
el/la inspector(a) de aduanas *customs officer*
el pasaje (de ida y vuelta) *(round-trip) ticket*
la tienda de campaña *tent*
el/la viajero/a *traveler*

el pasaporte
passport

¿QUÉ TIEMPO HACE?

¿Qué tiempo hace? *How's the weather?; What's the weather like?*
Está despejado. *It's clear.*
(muy) nublado. *It's (very) cloudy.*
Hace buen/mal tiempo. *It's nice/bad weather.*
(mucho) calor. *It's (very) hot.*
fresco. *It's cool.*
(mucho) frío. *It's (very) cold.*
(mucho) sol. *It's (very) sunny.*
(mucho) viento. *It's (very) windy.*
Hay (mucha) niebla. *It's (very) foggy.*

llover (o:ue) *to rain*
Llueve. *It's raining.*
nevar (e:ie) *to snow*
Nieva. *It's snowing.*

el botones
bellhop

EN EL HOTEL

el alojamiento *lodging*
el ascensor *elevator*
la cabaña *cabin*
la cama *bed*
el/la empleado/a *employee*
el equipaje *luggage*
la habitación *room*
individual *single room*
doble *double room*
el hotel *hotel*
el/la huésped *guest*
la pensión *boarding house*
el piso *floor (of a building)*
la planta baja *ground floor*

la llave
key

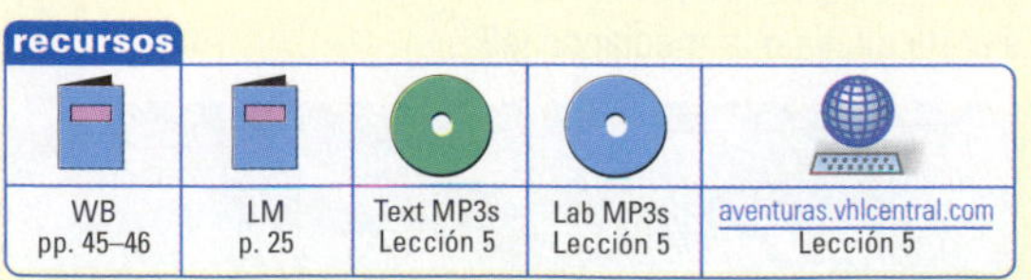

recursos
WB pp. 45–46
LM p. 25
Text MP3s Lección 5
Lab MP3s Lección 5
aventuras.vhlcentral.com Lección 5

LAS ACTIVIDADES

acampar *to camp*
confirmar una reservación *to confirm a reservation*
estar de vacaciones *to be on vacation*
hacer turismo (m.) *to go sightseeing*
un viaje *to take a trip*
una excursión *to go on a hike; to go on a tour*
ir a la playa *to go to the beach*
ir de pesca *to go fishing*
de vacaciones *to go on vacation*
ir en autobús (m.) *to go by bus*
en auto(móvil) (m.) *to go by car*
en avión (m.) *to go by plane*
en barco (m.) *to go by boat*
en taxi (m.) *to go by taxi*
pasar por la aduana *to go through customs*
pescar *to fish*

ir en motocicleta (f.)
to go by motorcycle

Variación léxica

automóvil ⟷ coche (*Esp.*), carro (*Amér. L.*)
autobús ⟷ camión (*Méx.*), guagua (*P. Rico*)
motocicleta ⟷ moto (*colloquial*)

hacer las maletas
to pack (one's suitcases)

sacar fotos (f. pl.)
to take pictures

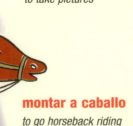

montar a caballo
to go horseback riding

LAS ESTACIONES Y LOS MESES

el invierno *winter*
la primavera *spring*
el verano *summer*
el otoño *fall, autumn*

el año *year*
la estación *season*
el mes *month*

SUGGESTION Point out that Spanish speakers label the ground floor of buildings **la planta baja** (first floor in the United States).

EXPANSION Play "20 Questions" with the months of the year.

LOS NÚMEROS ORDINALES

primer, primero/a *first*
segundo/a *second*
tercer, tercero/a *third*
cuarto/a *fourth*
quinto/a *fifth*
sexto/a *sixth*
séptimo/a *seventh*
octavo/a *eighth*
noveno/a *ninth*
décimo/a *tenth*

OTRAS PALABRAS Y EXPRESIONES

el campo *countryside*
la llegada *arrival*
el mar *ocean, sea*
la salida *departure; exit*

¿Cuál es la fecha de hoy? *What is today's date?*
Hoy es el primero (dos, tres,...) de marzo. *Today is March first (second, third,...).*

INSTRUCTIONAL RESOURCES WB, LM, Ans. Key, Lab, Text MP3s, IRM (tapescript, additional vocabulary), Website

A escuchar

1 Escuchar Indicate who would probably make each statement you hear. Each answer is used twice.

El agente de viajes

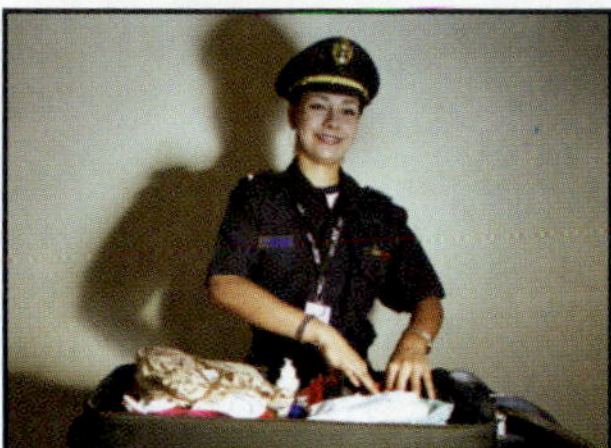
La inspectora de aduanas

El empleado del hotel

	El agente de viajes	La inspectora de aduanas	El empleado del hotel
1.	✓		
2.	✓		
3.			✓
4.		✓	
5.			✓
6.		✓	

2 ¿Cierto o falso? Listen to each sentence and indicate whether it is **cierto** or **falso**. Correct the false statements.

Cierto	Falso	
	✓	1. *Abrimos la puerta con una llave.*
✓		2.
	✓	3. *Necesitas el pasaporte para pasar por la aduana.*
	✓	4. *Un turista es una persona que hace turismo.*
✓		5.
✓		6.
	✓	7. *Debes pasar por la aduana en el aeropuerto.*
✓		8.

1 SCRIPT
1. ¡Deben ir a Puerto Rico! Allí hay unas playas muy hermosas y pueden acampar.
2. Deben llamarme el lunes para confirmar la reservación.
3. Muy bien, señor… aquí tiene la llave de su habitación.
4. Lo siento, pero tengo que abrir sus maletas.
5. Su habitación está en el piso once, señora.
6. Necesito ver su pasaporte y sus maletas, por favor.

1 EXPANSION Ask students to describe what different people do. Ex: **¿Qué hace un agente de viajes? Un agente de viajes prepara el pasaje de ida y vuelta.** Then ask about **un botones, un huésped, un viajero, un inspector de aduanas, un empleado de hotel.**

2 SCRIPT
1. Abrimos la puerta con una cabaña.
2. Compramos los pasajes en la agencia de viajes.
3. Necesitas el pasaporte para ir a la playa.
4. Un botones es una persona que hace turismo.
5. Tomamos el avión en el aeropuerto.
6. En una habitación individual hay una cama.
7. Debes pasar por la aduana en la estación del metro.
8. Hacemos las maletas para ir de vacaciones.

INSTRUCTIONAL RESOURCE Text MP3s, Website

A practicar

3 **SUGGESTION** Present these items orally using the formula: ***Primero* tiene la misma relación con *segundo* que *enero* tiene con ... (*febrero*).**

3 **EXPANSION** Ask volunteers to explain the relationship between each pair of words in the analogy. Ex: **Primero es número uno y segundo es número dos de los números. Enero es número uno y febrero es número dos de los meses.**

4 **EXPANSION** Ask individuals to share their answers to the personal questions. Ex: _____, **cuando estás de vacaciones, ¿qué haces?** Ask other students to report on the preferences of their classmates. Ex: _____, **¿qué hace** _____ **cuando está de vacaciones?** Students must use complete sentences.

3 Analogías

Complete the analogies.

equipaje	huésped	sacar
inspector	habitación	mar
febrero	llover	viajar
pasaporte		

1. primero → segundo = enero → *febrero*
2. aeropuerto → viajero = hotel → *huésped*
3. invierno → nevar = primavera → *llover*
4. mes → año = maleta → *equipaje*
5. hotel → botones = aduana → *inspector*
6. pasaje → avión = llave → *habitación*
7. acampar → campo = pescar → *mar*
8. estudiante → libro = turista → *pasaporte*
9. llave → abrir = pasaje → *viajar*
10. maleta → hacer = foto → *sacar*

4 Contestar

Answer these questions with a classmate. *Answers will vary.*

modelo

¿Cuál es el primer mes de la primavera?
Estudiante 1: ¿Cuál es el primer mes de la primavera?
Estudiante 2: Marzo.

1. ¿Cuál es la fecha de hoy?
2. ¿Qué estación es? ¿Te gusta esta (*this*) estación?
3. ¿Cuál es el segundo mes del verano?
4. ¿Cuál es el primer mes del invierno?
5. ¿Cuál es la cuarta estación del año?
6. ¿Prefieres el otoño o la primavera? ¿Por qué?
7. ¿Prefieres el mar o la montaña? ¿Por qué?
8. ¿Te gusta más el campo o la ciudad?
9. ¿Cuando estás de vacaciones, qué clima prefieres: el calor o el frío?
10. ¿En qué mes piensas ir de vacaciones este año? ¿Adónde quieres ir?
11. ¿Cómo vas a ir: en barco, en motocicleta…?
12. ¿Prefieres comprar el pasaje en una agencia de viajes o en Internet?

A conversar

5 **Describir** With a partner, describe what these people are doing.

1. Enrique y Juan
Enrique y Juan van de pesca.

2. Josefina
Josefina monta a caballo.

3. Ricardo
Ricardo va en motocicleta.

4. Don Luis
Don Luis abre la puerta.

5. Amalia
Amalia saca fotos.

6. El señor y la señora Montes
El señor y la señora Montes hacen las maletas.

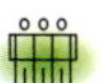

6 **Minidrama** With two or three classmates, prepare and act out a skit about people who are on or are going on vacation. The skit should take place in one of the areas mentioned below. *Answers will vary.*

1. Una agencia de viajes
2. Una casa
3. Una estación de tren
4. Un aeropuerto
5. Un hotel
6. Una playa

7 **Un viaje** Your instructor will give you and your partner handouts so that you may complete this information gap activity.

5 EXPANSION Have students take turns asking a partner questions about each illustration, imagining details when no specific information is provided. Ex: 1. **¿Qué estación es? ¿Dónde están? ¿Qué tiempo hace? ¿Qué mes es? ¿Dónde trabajan cuando no están de vacaciones?**

5 EXPANSION Have pairs select one of the illustrations. Have them create a story about it, inventing details liberally. Tell them to include both description and monologue/dialogue. Ask pairs to present their story to the class.

6 EXPANSION Have students judge the skits in categories such as most original, funniest, most realistic, etc.

TEACHING OPTION Have pairs or small groups of students prepare original skits to present to the class. Have them use the activity questions to brainstorm and organize.

INSTRUCTIONAL RESOURCES IRM (info gap)

Pronunciación

SUGGESTION Emphasize that **b** and **v** are pronounced alike. Model both sounds these letters make based on their position in a word and ask students to repeat after you. Take special care to model the soft **b** sound and note that it has no equivalent in English. Also explain that Spanish has no sound like the English **v**.

SUGGESTION Model the pronunciation of each word, sentence, and **refrán**, having students repeat after you.

EXTRA PRACTICE Write some additional proverbs for students to practice pronunciation. Ex: **Más vale que sobre y no que falte.** (*Better too much than too little.*) **No sólo de pan vive el hombre.** (*Man does not live by bread alone.*) **A caballo regalado no se le ve el colmillo.** (*Don't look a gift horse in the mouth.*)

Spanish b and v

bueno **vóleibol** **biblioteca** **vivir**

There is no difference in pronunciation between the Spanish letters **b** and **v**. However, each letter can be pronounced two different ways, depending on which letters appear next to them.

bonito **viajar** **también** **investigar**

B and **v** are pronounced like the English hard *b* when they appear either as the first letter of a word, at the beginning of a phrase, or after **m** or **n**.

deber **novio** **abril** **cerveza**

In all other positions, **b** and **v** have a softer pronunciation, which has no equivalent in English. Unlike the hard **b**, which is produced by tightly closing the lips and stopping the flow of air, the soft **b** is produced by keeping the lips slightly open.

bola **vela** **Caribe** **declive**

In both pronunciations, there is no difference between **b** and **v**. The English *v* sound, produced by friction between the upper teeth and lower lip, does not exist in Spanish. Instead, the soft **b** comes from friction between the two lips.

Verónica y su esposo cantan boleros.

When **b** or **v** begins a word, its pronunciation depends on the previous word. At the beginning of a phrase or after a word that ends in **m** or **n**, it is pronounced as a hard **b**.

Benito es de Boquerón pero vive en Victoria.

Words that begin with **b** or **v** are pronounced with a soft **b** if they appear immediately after a word that ends in a vowel or any consonant other than **m** or **n**.

Práctica Read these words aloud to practice the **b** and the **v**.

1. hablamos
2. trabajar
3. botones
4. van
5. contabilidad
6. bien
7. doble
8. novia
9. béisbol
10. cabaña
11. llave
12. invierno

Oraciones Read these sentences aloud to practice the **b** and the **v**.

1. Vamos a Guaynabo en autobús.
2. Voy de vacaciones a la Isla Culebra.
3. Tengo una habitación individual en el octavo piso.
4. Víctor y Eva van en avión al Caribe.
5. La planta baja es bonita también.

Refranes Read these sayings aloud to practice the **b** and the **v**.

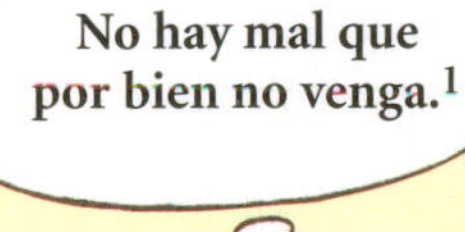

No hay mal que por bien no venga.1

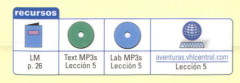

Hombre prevenido vale por dos.[2]

1 Every cloud has a silver lining.
2 An ounce of prevention equals a pound of cure.

recursos

LM p. 26	Text MP3s Lección 5	Lab MP3s Lección 5	aventuras.vhlcentral.com Lección 5

INSTRUCTIONAL RESOURCES Text MP3s, LM, Ans. Key, Lab, Website

VIDEO SYNOPSIS Th travelers check in at hotel. Álex and Javie by the girls' cabin. In and Javier decide to explore the city furth Álex and Maite decid stay behind. Maite n that Javier and Inés a lot of time togethe

Tenemos una reservación.

Don Francisco y los estudiantes llegan al hotel.

EMPLEADA ¿En qué puedo servirles?

DON FRANCISCO Mire, yo soy Francisco Castillo Moreno y tenemos una reservación a mi nombre.

EMPLEADA Mmm… No veo su nombre aquí. No está.

DON FRANCISCO ¿Está segura, señorita? Quizás la reservación está a nombre de la agencia de viajes, Ecuatur.

EMPLEADA Pues sí, aquí está... dos habitaciones dobles y una individual, de la ciento uno a la ciento tres... todas en las primeras cabañas.

DON FRANCISCO Gracias, señorita. Muy amable.

BOTONES Bueno, la habitación ciento dos… Por favor.

INÉS Oigan, yo estoy aburrida. ¿Quieren hacer algo?

JAVIER ¿Por qué no vamos a explorar la ciudad un poco más?

INÉS ¡Excelente idea! ¡Vamos!

MAITE No, yo no voy. Estoy cansada y quiero descansar un poco porque a las seis voy a correr con Álex.

ÁLEX Y yo quiero escribir un mensaje electrónico antes de ir a correr.

JAVIER Pues nosotros estamos listos, ¿verdad, Inés?

INÉS Sí, vamos.

MAITE Adiós.

INÉS & JAVIER ¡Chau!

recursos

VM pp. 177–178

VCD-ROM Lección 5

aventuras.vhlcentral.com Lección 5

PREVIEW Have students look over the video stills and list words and phrases related to tourism.

SUGGESTION Play the video segment without sound and have students create a plot summary based on visual clues. Then show the segment with sound and have students make corrections and fill in gaps.

Para recordar

Before doing this Fotonovela section, review the previous one with this activity.

1. ¿Qué van a hacer Inés y Javier en su hora libred? *van a pasear por la ciudad*
2. ¿A dónde van Maite y Álex? *van al parque*
3. ¿Por qué no quiere Maite jugar al fútbol? *prefiere escribir unas postales*
4. ¿Qué van a hacer Maite y Álex a las seis? *van a correr*

EXTRA PRACTICE Have students review the **Expresiones útiles**. Assign students to groups of six or seven and direct them to select a role and read **Tenemos una reservación**. Ask one or two groups to present the script to the rest of the class.

4

ÁLEX Hola, chicas. ¿Qué están haciendo?

MAITE Estamos descansando.

5

JAVIER Oigan, no están nada mal las cabañas, ¿verdad?

INÉS Y todo está muy limpio y ordenado.

ÁLEX Sí, es excelente.

MAITE Y las camas son tan cómodas.

9

ÁLEX Bueno, nos vemos a las seis.

MAITE Sí, hasta luego.

ÁLEX Adiós.

10

MAITE ¿Inés y Javier? Juntos otra vez.

Expresiones útiles

Talking to hotel personnel

¿En qué puedo servirles?
How can I help you?
Tenemos una reservación a mi nombre.
We have a reservation in my name.
Mmm... No veo su nombre. No está.
I don't see your name. It's not here.
¿Está seguro/a? Quizás/Tal vez está a nombre de Ecuatur.
Are you sure? Maybe it's in the name of Ecuatur.
Aquí está... dos habitaciones dobles y una individual.
Here it is, two double rooms and one single.
Aquí tienen las llaves.
Here are your keys.
Gracias, señorita. Muy amable.
Thank you, miss. You're very kind.
¿Dónde pongo las maletas?
Where do I put the suitcases?
Allí, encima de la cama.
There, on the bed.

Describing a hotel

No están nada mal las cabañas.
The cabins aren't bad at all.
Todo está muy limpio y ordenado.
Everything is very clean and orderly.
Es excelente/estupendo/fabuloso/fenomenal.
It's excellent/stupendous/fabulous/great.
Es increíble/magnífico/maravilloso/perfecto.
It's incredible/magnificent/marvelous/perfect.
Las camas son tan cómodas.
The beds are so comfortable.

Talking about how you feel

Estoy un poco aburrido/a/cansado/a.
I'm a little bored/tired.

PERSONAJES

DON FRANCISCO | JAVIER | INÉS | ÁLEX | MAITE | EMPLEADA | BOTONES

INSTRUCTIONAL RESOURCES VM, Ans. Key, DVD, VCD-ROM, IRM (videoscript, translation), Website

¿Qué piensas?

1 Ordenar Put these events in the correct order.

3 a. Las chicas descansan en su habitación.

5 b. Javier e Inés deciden ir a explorar la ciudad.

1 c. Don Francisco habla con la empleada del hotel.

4 d. Javier, Maite, Inés y Álex hablan en la habitación de las chicas.

2 e. El botones pone las maletas en la cama.

2 Completar Complete these sentences using the words below.

descansar	aburrida	el empleado
habitación individual	las camas	habitaciones dobles
las maletas	hacer las maletas	
cansada	la agencia de viajes	

1. La reservación para el hotel está a nombre de *la agencia de viajes*.
2. Los estudiantes tienen dos *habitaciones dobles*.
3. Don Francisco tiene una *habitación individual*.
4. Maite va a *descansar* porque está *cansada*.
5. El botones lleva *las maletas* a las habitaciones.
6. Las habitaciones son buenas y *las camas* son cómodas.

3 Minidrama With two or three classmates, prepare a skit with the following scenes:
Answers will vary.

Scene 1: You call your travel agent and make a hotel reservation for a specific date.

Scene 2: You go to the front desk at the hotel to check in and find out that there are problems with your reservation. You solve the problems and check in.

Scene 3: You find a bellhop to take your bags to your room.

Scene 4: Your bellhop shows you to your room and asks you where to put your bags. You tell the bellhop where to put them and thank him or her.

1 SUGGESTION Have students write the sentences on slips of paper so that they can rearrange them in the correct order.

1 EXPANSION Have students work in groups of three or four and write each sentence in large letters on individual pieces of paper. After arranging the sentences in order, the group creates a short skit related to the content of each sentence. Ask for groups to volunteer to present the sentences and the skit for the class.

2 SUGGESTION Students may do this activity individually or in pairs, orally or in writing.

3 SUGGESTION Before beginning the skits, have the groups read **Tenemos una reservación** together to review vocabulary and phrases.

3 EXPANSION Have students continue the skit with a scene inside the room in which they discuss the condition and comfort of the room, its furnishings, and their plans for the day.

SUGGESTION Ask students if any of the photos look like places they have stayed, or if they have been in any of the hotel chains listed in the statistics box. What were their stays like?

SUGGESTION Mention that youth hostels are found in large cities and small towns. Hostels are inexpensive because rooms contain more beds than would be found in hotels, and luxuries are scarce. Also, hostels are often in the lively parts of town, and young travelers discover lots to do and meet new friends.

EXPANSION After pairs discuss the first item of the **Coméntalo** section, have each pair meet with another to share comments and thoughts. Then ask for volunteers to report the comments of the group to the whole class. As time permits, you may want to lead students in summarizing class preferences.

NATIONAL communication cultures STANDARDS

Exploración
El alojamiento

España tiene unos paradores impresionantes. Generalmente los paradores son castillos o palacios que reflejan la cultura de la región.

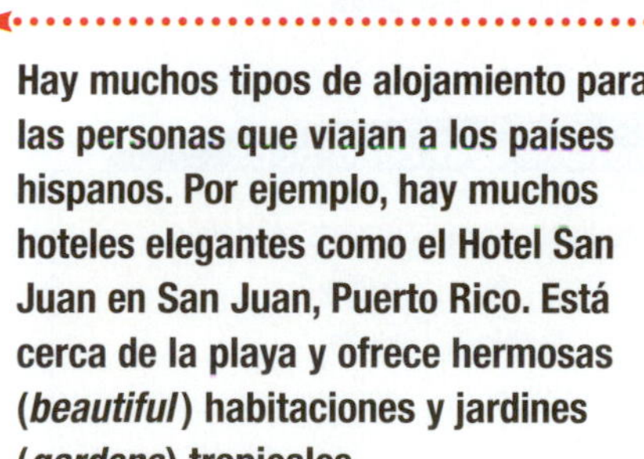

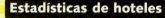

Hay muchos tipos de alojamiento para las personas que viajan a los países hispanos. Por ejemplo, hay muchos hoteles elegantes como el Hotel San Juan en San Juan, Puerto Rico. Está cerca de la playa y ofrece hermosas (*beautiful*) habitaciones y jardines (*gardens*) tropicales.

Muchos estudiantes prefieren los albergues juveniles (*youth hostels*) porque son baratos (*inexpensive*). Además, los huéspedes tienen la oportunidad de conocer (*meet*) a personas de todo el mundo (*around the world*).

Estadísticas de hoteles

Cadenas de hoteles más importantes:

- Sol Meliá (España)
- Posadas de México (México)
- N.H. Hoteles (España)

Hoteles más grandes del mundo hispano:

- Moon Palace Hotel (Cancún, México)
- Oasis Cancún Hotel (Cancún, México)
- Sheraton María Isabel Hotel & Towers (México, D.F.)
- Hilton (Caracas, Venezuela)
- Catalonia Bávaro Resort (República Dominicana)
- Caribe Hilton Hotel (San Juan, Puerto Rico)

Coméntalo

With a classmate, discuss these questions. *Answers will vary.*

- Imagina que vas de vacaciones. ¿Prefieres estar en un hotel, un parador o en un albergue juvenil? ¿Por qué?
- ¿Hay un albergue juvenil en tu comunidad? ¿Hay un lugar similar a un parador?

INSTRUCTIONAL RESOURCE Website

5.1 Estar with conditions and emotions

NATIONAL
comparisons
STANDARDS

- **Estar** is used to talk about health and to say where nouns are located. (See page 42.)

Estoy bien, gracias.	Juan **está** en la biblioteca.
I'm fine, thanks.	*Juan is at the library.*

- **Estar** is used with adjectives to describe the physical condition of nouns.

La puerta **está** cerrada.	Todo **está** muy limpio.
The door is closed.	*Everything is very clean.*

- **Estar** is also used with adjectives to describe how people feel.

Estoy aburrida.

Estoy cansada.

Adjectives that describe emotions and conditions

abierto/a	*open*	**equivocado/a**	*wrong; mistaken*
aburrido/a	*bored; boring*	**feliz**	*happy*
alegre	*happy, joyful*	**limpio/a**	*clean*
avergonzado/a	*embarrassed*	**nervioso/a**	*nervous*
cansado/a	*tired*	**ocupado/a**	*busy*
cerrado/a	*closed*	**ordenado/a**	*orderly*
cómodo/a	*comfortable*	**preocupado/a (por)**	*worried (about)*
contento/a	*happy, content*	**seguro/a**	*sure; safe*
desordenado/a	*disorderly; messy*	**sucio/a**	*dirty*
enamorado/a (de)	*in love (with)*	**triste**	*sad*
enojado/a	*mad, angry*		

¡Manos a la obra!

Provide the correct forms of **estar**.

1. La biblioteca ___*está*___ cerrada los domingos por la noche.
2. Nosotros ___*estamos*___ muy ocupados todos los lunes.
3. Ellas ___*están*___ alegres porque tienen tiempo libre.
4. Javier ___*está*___ enamorado de Maribel.
5. Diana ___*está*___ enojada con su novio.
6. Yo ___*estoy*___ nerviosa por el examen.
7. La habitación ___*está*___ ordenada cuando vienen sus padres.
8. Ustedes ___*están*___ equivocados.
9. Ana ___*está*___ cansada.

SUGGESTION Tell the students that the **recursos** boxes for the entire **Gramática** section are in **Ampliación**.

Práctica

1 Un viaje Tere is going on a trip. Say how she, her family, and her friends are feeling.

Tere

nerviosa	enojado	felices
equivocados	están	estamos
estoy	está	

1. Hoy yo ___*estoy*___ muy contenta porque mañana voy a hacer un viaje a Chicago.
2. También estoy ___*nerviosa*___ porque voy en avión.
3. Mis padres ___*están*___ preocupados porque voy sola (*alone*).
4. Mi amiga Patricia y yo ___*estamos*___ tristes porque ella no puede ir.
5. Es que Patricia ___*está*___ ocupada con sus clases.
6. Mi novio César está ___*enojado*___ porque no puede ir.
7. Mis hermanos Juan y Rafael están ___*felices*___ porque no voy a estar en casa.
8. Todos (*they all*) piensan que voy a tener problemas. Creo que están ___*equivocados*___.

2 ¿Dónde están y cómo están? Indicate where these people are and how they feel.

PARQUE

Sebastián

1. *Sebastián está en el parque. Está contento/feliz/alegre.*

Olivia y Marco

2. *Olivia y Marco están en el parque. Están enamorados.*

Mónica

3. *Mónica está en la biblioteca. Está cansada.*

El profesor Olmos

4. *El profesor Olmos está en la clase. Está enojado.*

 INSTRUCTIONAL RESOURCES WB, LM, Ans. Key, Lab, IRM (teaching tips), Website

Conversación

3 Situaciones With a partner, talk about how you feel in these situations. *Answers will vary.*

1. Cuando estoy de vacaciones...
2. Cuando hago un examen...
3. Cuando estoy con la familia...
4. Cuando estoy en la clase de español...
5. Cuando llueve...
6. Cuando asisto a un funeral...
7. Cuando mi novio/a sale con otro/a chico/a...

4 Describir With a partner, describe the following people and places.

1. Anabela
Está contenta.

2. Juan y Luisa
Están enojados.

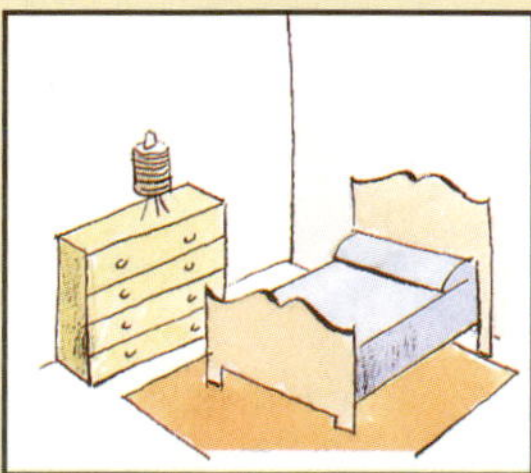

3. la habitación de Teresa
Está ordenada/limpia.

4. la habitación de César
Está desordenada/sucia.

5 Preguntas Use these questions to interview your partner. *Answers will vary.*

1. ¿Estás ocupado/a este fin de semana? ¿Qué vas a hacer?
2. ¿Estás enamorado/a? ¿De quién?
3. ¿Qué haces cuando estás contento/a?
4. ¿Qué haces cuando estás aburrido/a?
5. ¿Qué haces cuando estás cansado/a?
6. ¿Qué haces cuando estás nervioso/a?

Español en vivo

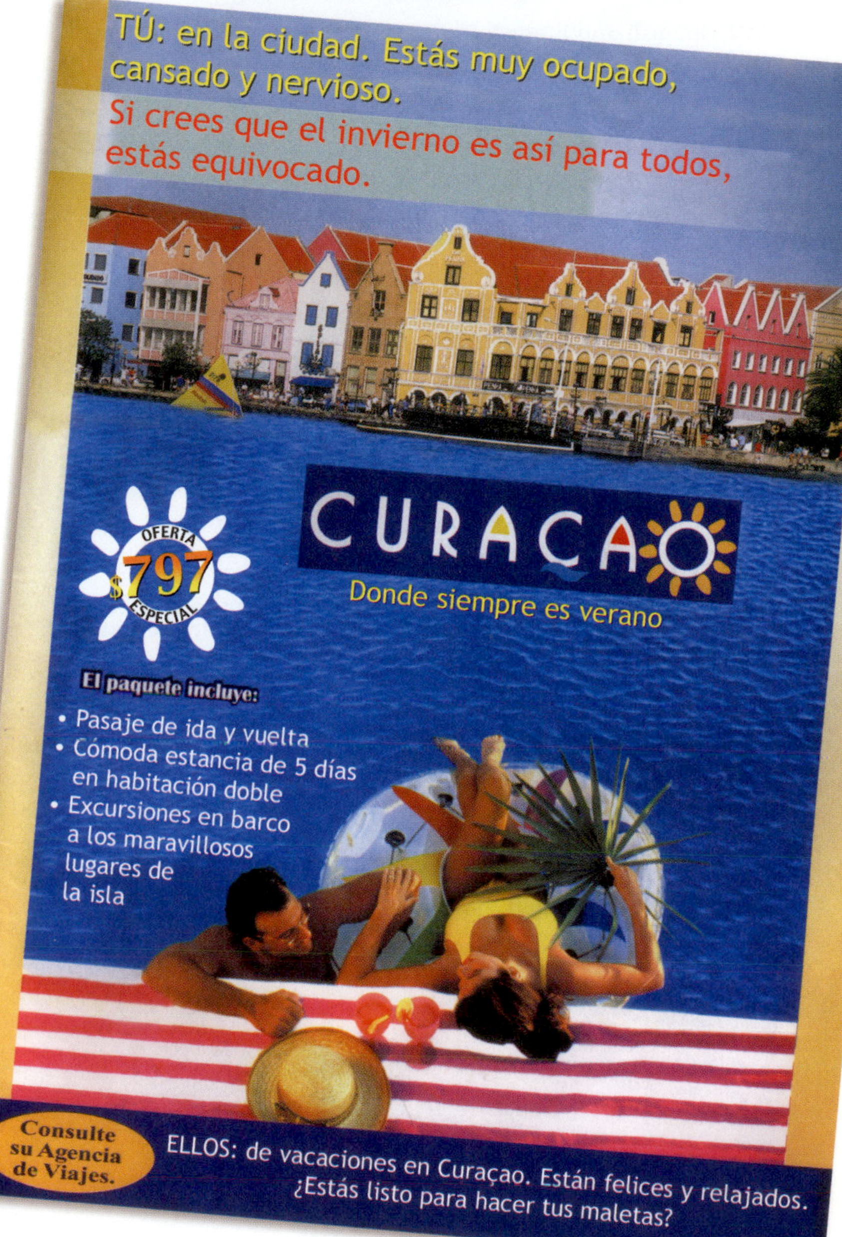

TÚ: en la ciudad. Estás muy ocupado, cansado y nervioso.
Si crees que el invierno es así para todos, estás equivocado.
OFERTA $797 ESPECIAL
CURAÇAO
Donde siempre es verano
El paquete incluye:
• Pasaje de ida y vuelta
• Cómoda estancia de 5 días en habitación doble
• Excursiones en barco a los maravillosos lugares de la isla
Consulte su Agencia de Viajes.
ELLOS: de vacaciones en Curaçao. Están felices y relajados.
¿Estás listo para hacer tus maletas?

Identificar

Scan the above advertisement and identify the adjectives that take the verb **estar**.

Preguntas

1. ¿Cómo están las personas del anuncio?
2. ¿Cuál es el aspecto más atractivo de la oferta (*offer*)?
3. ¿Te identificas (*do you identify*) con la descripción de la vida en la ciudad?

5.2 The present progressive

- Both Spanish and English have a present progressive tense, which consists of the present tense of the verb *to be* and the present participle (the *-ing* form of the verb in English).

Los chicos **están jugando.**
The kids are playing.

Los turistas **están viajando.**
The tourists are traveling.

Estoy escribiendo una postal.
I am writing a postcard.

Estás mirando la televisión.
You are watching television.

- The present progressive is formed with **estar** and the present participle of the main verb.

ESTAR + PRESENT PARTICIPLE
Están cantando.
They are singing.

Estamos esperando.
We are waiting.

ESTAR + PRESENT PARTICIPLE
Estoy comiendo.
I am eating.

Ella **está trabajando.**
She is working.

- The present participle of regular verbs is formed as follows:

INFINITIVE	STEM	ENDING	PRESENT PARTICIPLE
hablar	habl-	-ando	hablando
comer	com-	-iendo	comiendo
escribir	escrib-	-iendo	escribiendo

- When the stem of an **-er** or **-ir** verb ends in a vowel, the present participle ends in **-yendo**.

INFINITIVE	STEM	ENDING	PRESENT PARTICIPLE
leer	le-	-yendo	leyendo
oír	o-	-yendo	oyendo
traer	tra-	-yendo	trayendo

Práctica

1 De vacaciones Mauricio and his family are vacationing in Mazatlan, Mexico. Complete his description of what everyone is doing right now.

1. Yo *estoy tomando el sol.*
2. Mi mamá *está sacando fotos.*

3. Mi hermana Elena *está nadando.*
4. Mis hermanos *están jugando al vóleibol.*

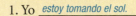

5. Mi papá *está montando a caballo.*
6. Mi abuela *está patinando en línea.*

2 Un amigo preguntón You are on summer vacation. A nosy friend calls you at all hours to see what you're doing. Look at the clocks and tell him. *Answers will vary.*

modelo

Estoy descansando.

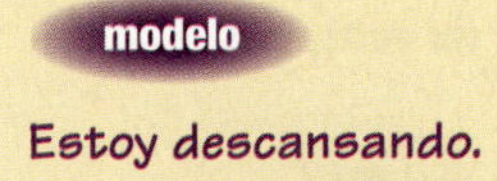

1. ______________
2. ______________

3. ______________
4. ______________

 INSTRUCTIONAL RESOURCES WB, LM, Ans. Key, Lab, IRM (teaching tips, info gap), Website

Conversación

3  **¿Qué están haciendo?** With a partner, say what these celebrities are doing right now, using the cues provided.

Tiger Woods está jugando al golf.

Tiger Woods

1. Carlos Costa
Carlos Costa está jugando al tenis.

2. Nomar Garciaparra
Nomar Garciaparra está jugando al béisbol.

3. Marion Jones
Marion Jones está corriendo.

4. Michelle Kwan
Michelle Kwan está patinando.

5. Carlos Santana
Carlos Santana está cantando.

6. Christina Aguilera
Christina Aguilera está bailando.

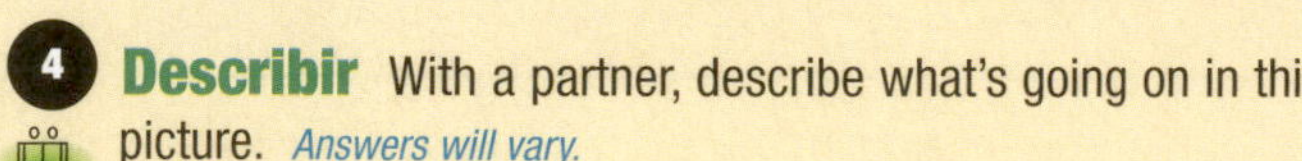

4 **Describir** With a partner, describe what's going on in this picture. *Answers will vary.*

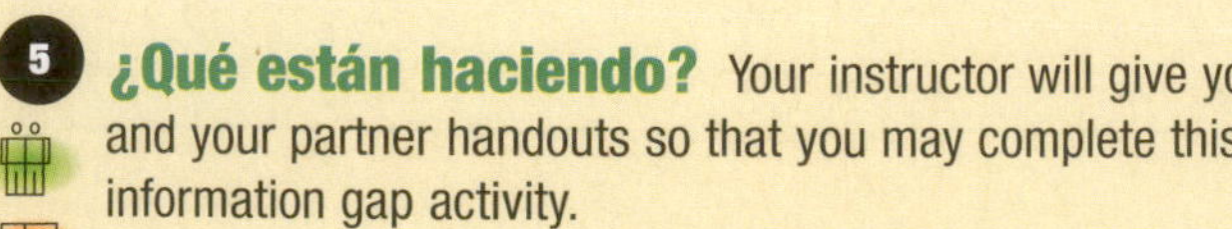

5 **¿Qué están haciendo?** Your instructor will give you and your partner handouts so that you may complete this information gap activity.

Irregular present participles

- The verbs **ir, poder,** and **venir** have irregular present participles (**yendo, pudiendo, viniendo**). Several other verbs have irregular present participles.

-ir stem-changing verbs

		PRESENT PARTICIPLE
e:ie in the present tense		
preferir	→	prefiriendo
sentir		sintiendo
e:i in the present tense		
conseguir		consiguiendo
pedir	→	pidiendo
seguir		siguiendo
o:ue in the present tense		
dormir	→	durmiendo

Using the present progressive

- The present progressive is used less in Spanish than in English. In Spanish, the present progressive emphasizes that an action is *in progress*.

Ella todavía **está escuchando** música.
She is still listening to music.

Javier **está dibujando** ahora mismo.
Javier is drawing right now.

- In English, the present progressive is used with actions that occur over time or in the future. In Spanish, the simple present tense is used.

Practican fútbol este verano.
They're playing soccer this summer.

Salgo hoy a las tres.
I'm leaving today at three.

¡Manos a la obra!

Create complete sentences using the present progressive.

1. Mis amigos / descansar en la playa *Mis amigos están descansando en la playa.*
2. Nosotros / practicar deportes *Nosotros estamos practicando deportes.*
3. Carmen / comer en casa *Carmen está comiendo en casa.*
4. Nuestro equipo / ganar el partido *Nuestro equipo está ganando el partido.*
5. Yo / traer el periódico *Yo estoy trayendo el periódico.*
6. Él / pensar en comprar una bicicleta *Él está pensando en comprar una bicicleta.*
7. Ustedes / explicar la lección *Ustedes están explicando la lección.*
8. José y Francisco / pedir café *José y Francisco están pidiendo café.*
9. Marisa / leer el correo electrónico *Marisa está leyendo el correo electrónico.*
10. Yo / preparar sándwiches *Yo estoy preparando sándwiches.*
11. Carlos / tomar fotos *Carlos está tomando fotos.*
12. ¿Tú / dormir? *¿Estás durmiendo?*

5.3 Comparing ser and estar

▸ **Ser** and **estar** both mean *to be,* but are used for different purposes.

Uses of *ser*

Nationality and place of origin	Los Gómez son peruanos. Luisa es de Cuzco.
Profession or occupation	Adela es ingeniera. Ana y yo somos médicos.
Traits of people and things	Sus padres son amables. El hotel es muy grande.
Generalizations	Es necesario trabajar.
Possession	Las postales son de Maite.
What something is made of	Las llaves son de metal.
Date and time	¿Qué hora es? Son las tres. ¿Qué día es hoy? Hoy es lunes. Hoy es el dos de abril.
Where or when events occur	La fiesta es en mi casa. El concierto es a las ocho.

Soy Francisco Castillo Moreno. Yo soy de la agencia Ecuatur.

Horario
Check
Su nombre no está en mi lista.

Uses of *estar*

Location or spatial relationships	El hotel no está lejos. Álex está en el cine.
Health	¿Cómo estás? Estoy enfermo.
Physical states and conditions	El conductor está cansado. Las puertas están cerradas.
Emotional states	Silvio está aburrido. Estoy contenta con el viaje.
Certain weather expressions	Está despejado. Está nublado.
On-going actions (progressive)	Estamos buscando el museo. Chela está durmiendo.

Práctica

1 Completar Complete this conversation with the correct forms of **ser** and **estar**.

TINA ¡Hola, Ricardo! ¿Cómo (1) _estás_?

RICARDO Hola, Tina. Bien, gracias. ¡Qué guapa (2) _estás_ hoy!

TINA Gracias. (3) _Eres_ muy amable. Oye, ¿qué (4) _estás_ haciendo? (5) ¿_Estás_ ocupado?

RICARDO No, sólo (6) _estoy_ escribiendo un mensaje electrónico a mi amigo Sancho.

TINA ¿De dónde (7) _es_ él?

RICARDO Sancho (8) _es_ de Ponce, pero ahora él y su familia (9) _están_ de vacaciones en Nueva York.

TINA Y… ¿cómo (10) _es_ Sancho?

RICARDO (11) _Es_ moreno y un poco bajo. También (12) _es_ muy listo. Quiere (13) _ser_ ingeniero.

2 En el aeropuerto Describe a person in the picture telling what he or she looks like and what he or she is doing. Have your partner guess the name of the person. *Answers will vary.*

INSTRUCTIONAL RESOURCES WB, LM, Ans. Key, Lab, IRM (teaching tips), Website

Conversación

3 **Adivinar** Using the questions below as a guide, describe a few classmates to your partner. Don't mention their names. Your partner should guess which classmates you are describing. For a challenge, describe a couple of celebrities and your partner will guess their identities. *Answers will vary.*

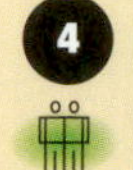

- ¿Cómo es?
- ¿Cómo está?
- ¿De dónde es?
- ¿Dónde está?
- ¿Qué está haciendo?

4 **Describir** With a partner, describe the people in the drawing. Your descriptions should answer these questions. *Answers will vary.*

1. ¿Quiénes son?
2. ¿Dónde están?
3. ¿Cómo son?
4. ¿Cómo están?
5. ¿Qué están haciendo?
6. ¿Qué estación es?
7. ¿Qué tiempo hace?

Ser and estar with adjectives

- With many adjectives, both **ser** and **estar** can be used, but with different connotations. Statements with **ser** describe inherent, permanent qualities. **Estar** is used to describe temporary and changeable conditions.

Juan **es** nervioso. *Juan is nervous.*	Juan **está** nervioso hoy. *Juan is nervous today.*
Ana siempre **es** feliz. *Ana is always happy.*	Ana **está** feliz hoy. *Ana is happy today.*

- Some adjectives change in meaning depending on whether they are used with **ser** or **estar**.

With *ser*	With *estar*
El chico **es listo.** *The boy is **smart.***	El chico **está listo.** *The boy is **ready.***
La profesora **es mala.** *The professor is **bad.***	La profesora **está mala.** *The professor is **sick.***
Jaime **es aburrido.** *Jaime is **boring.***	Jaime **está aburrido.** *Jaime is **bored.***
Las peras **son verdes.** *The pears are **green.***	Las peras **están verdes.** *The pears are **not ripe.***
El gato **es muy vivo.** *The cat is very **lively.***	El gato **está vivo.** *The cat is **alive.***
El puente **es seguro.** *The bridge is **safe.***	Él no **está seguro.** *He's not **sure.***

¡Manos a la obra!

Form complete sentences with **ser** or **estar**.

1. Alejandra / cansado
   Alejandra está cansada.
2. Ellos / guapo hoy
   Ellos están guapos hoy.
3. Carmen / alto
   Carmen es alta.
4. Yo / la clase de español
   Yo estoy en la clase de español.
5. Película / a las once
   La película es a las once.
6. Hoy / viernes
   Hoy es viernes.
7. Nosotras / enojado
   Nosotras estamos enojadas.
8. Antonio / médico
   Antonio es médico.
9. Romeo y Julieta / enamorado
   Romeo y Julieta están enamorados.
10. Libros / de Ana
    Los libros son de Ana.
11. Marisa y Juan / estudiando
    Marisa y Juan están estudiando.
12. Fiesta / gimnasio
    La fiesta es en el gimnasio.

5.4 Direct object nouns and pronouns

- A direct object noun receives the action of the verb directly and generally follows the verb. In the example below, the direct object noun answers the question *What is Maite writing?*

SUBJECT		VERB		DIRECT OBJECT NOUN
Maite *Maite*	▶	está escribiendo *is writing*	▶	unas postales. *some postcards.*

¿Dónde pongo las maletas?
Puede ponerlas encima de la cama.
Hay muchos lugares interesantes por aquí. ¿Quieren ir a verlos?

- When a direct object noun is a person or a pet, it is preceded by the word **a**. The "personal **a**" has no English equivalent.

Marta busca **a** sus amigos. *Marta looks for her friends.*	Escucho **al** profesor. *I listen to the professor.*

Direct object pronouns

Singular forms		Plural forms	
me	*me*	**nos**	*us*
te	*you (fam.)*	**os**	*you (fam.)*
lo	*you (m., form.); him; it (m.)*	**los**	*you (m., form.); them (m.)*
la	*you (f., form.); her; it (f.)*	**las**	*you (f., form.); them (f.)*

- Direct object pronouns replace direct object nouns. Like English, Spanish sometimes uses a direct object pronoun to avoid repetition.

DIRECT OBJECT		DIRECT OBJECT PRONOUN	
Maribel hace las maletas.	▶	Maribel las hace.	*Maribel packs them.*
Felipe compra el sombrero.		Felipe lo compra.	*Felipe buys it.*
Vicky tiene la llave.		Vicky la tiene.	*Vicky has it.*

¡ojo! In Spain and parts of Latin America, **le** and **les** are used when referring to people.

No **le** veo. *I don't see him/her.*	No **les** escucha. *He/she doesn't listen to them.*

Práctica

1 Seleccionar Choose the correct response.

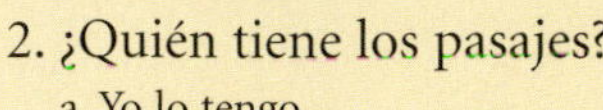

1. ¿El artista quiere dibujarte con tu mamá?
   a. Sí, quiere dibujarlos mañana.
   (b.) Sí, nos quiere dibujar mañana.
   c. Sí, quiere dibujarte mañana.

2. ¿Quién tiene los pasajes?
   a. Yo lo tengo.
   b. Rita las lleva al aeropuerto.
   (c.) Mónica los tiene.

3. ¿Vas a llevar a tu hermana a la playa?
   a. No, no voy a llevarlas.
   b. No, no voy a llevarte.
   (c.) No, no voy a llevarla.

4. ¿Vas a hacer las maletas?
   a. Sí, voy a hacerla.
   (b.) Sí, voy a hacerlas.
   c. Sí, los voy a hacer.

5. ¿Quién tiene la llave de nuestra habitación?
   (a.) Yo no la tengo.
   b. Amalia los tiene.
   c. Yo lo tengo.

6. ¿Me puedes llevar al partido de fútbol?
   a. No, no las puedo llevar.
   b. Sí, los puedo llevar.
   (c.) Sí, te puedo llevar.

2 ¿Qué estás haciendo? A classmate has called to find out what you are doing to prepare for your trip to Cancún. Answer his or her questions. *Answers will vary.*

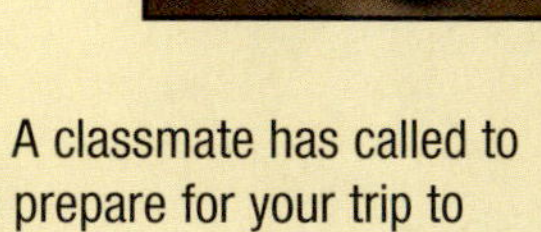

modelo

buscar tu cámara
Estudiante 1: ¿Estás buscando tu cámara?
Estudiante 2: No, no estoy buscándola.
Estudiante 1: ¿Cuándo la vas a buscar?
Estudiante 2: Voy a buscarla mañana (el lunes, a las dos, etc.).

1. preparar los documentos de viaje
2. confirmar tus reservaciones
3. buscar tu pasaje
4. buscar tu mochila
5. hacer tus maletas

 INSTRUCTIONAL RESOURCES WB, LM, Ans. Key, Lab, IRM (teaching tips), Website

Conversación

3 Entrevista Use these questions to interview a classmate. Your classmate should respond using direct object pronouns. *Answers will vary.*

1. ¿Quién prepara la comida (*food*) en tu casa?
2. ¿Visitas mucho a tus abuelos?
3. ¿Cuándo ves a tus amigos?
4. ¿Estudias español todos los días?
5. ¿Traes tu libro a clase? ¿Y tu cuaderno?
6. ¿Cuándo vas a hacer la tarea de la clase de español?
7. ¿Ves mucho la televisión? ¿Cuándo vas a ver tu programa favorito?
8. ¿Tienes las llaves de tu casa? ¿De tu carro (*car*)?

4 En un café Get together with a partner and take turns asking each other questions about the drawing. *Answers will vary.*

modelo

Estudiante 1: *¿Quién está leyendo el mapa?*
Estudiante 2: El Sr. Torres está leyéndolo.

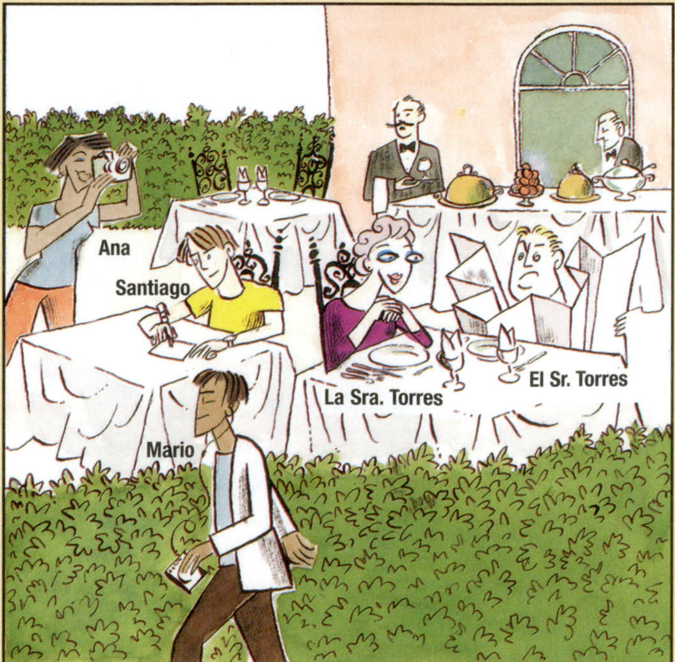

Using direct object pronouns

- In affirmative sentences, direct object pronouns generally appear before the conjugated verb. In negative sentences, the pronoun is placed between the word **no** and the verb.

Armando me escucha.	Armando no me escucha.
Katia las tiene.	Katia no las tiene.

- In the present progressive and in infinitive constructions, such as **ir a** + [*infinitive*], the direct object pronoun can be placed before the conjugated form, or attached to the present participle or infinitive.

Laura nos quiere ver.	Laura quiere vernos.
Lo vamos hacer.	Vamos a hacerlo.

- When a pronoun is attached to the present participle, an accent mark is added to maintain the proper stress.

Te están llamando.	Están llamándote.
Los estás mirando.	Estás mirándolos.

¡Manos a la obra!

Write new sentences, changing the direct object nouns into pronouns and making any other necessary changes.

1. Juan tiene el pasaporte.
   Juan lo tiene.
2. Confirman la reservación.
   La confirman.
3. Tengo los pasajes.
   Los tengo.
4. Van a ver la película.
   Van a verla./La van a ver.
5. Quiero ver los monumentos.
   Quiero verlos./Los quiero ver.
6. Están explorando el pueblo.
   Están explorándolo./Lo están explorando.

Complete these sentences with the appropriate direct object pronouns.

1. (me) Quiere.
   Me quiere.
2. (you, *fam.*) Busco.
   Te busco.
3. (us) Enrique no habla.
   Enrique no nos habla.
4. (you, *fam.*) Quiero ver.
   Quiero verte.
5. (us) Van a llamar.
   Van a llamarnos.
6. (me) Javier dibuja.
   Javier me dibuja.

Repaso

5.1 Estar with conditions and emotions

1 Más situaciones Describe how you feel in these situations. *Answers will vary.*

1. Cuando hace sol . . .
2. Cuando tienes mucho trabajo . . .
3. Cuando viajas en avión . . .
4. Cuando vas al partido de tu equipo favorito . . .
5. Cuando ves una película con tu actor/actriz favorito/a . . .
6. Cuando vas a la playa . . .
7. Cuando tu habitación está desordenada . . .
8. Cuando pierdes algo . . .

2 Adivinanzas Play a guessing game in which you describe what you or someone else is doing, and your partner guesses where you are. Then switch roles. Each person should give at least four descriptions. *Answers will vary.*

modelo

Estudiante 1: Mi novio y yo montamos a caballo.
Estudiante 2: ¿Están ustedes en el campo?
Estudiante 1: Sí, estamos en el campo.

5.2 The present progressive

3 Puerto de escala (*Port of call*) Karla and her family are on a Caribbean cruise and the ship has stopped in San Juan. Complete her e-mail with the correct forms of the present progressive.

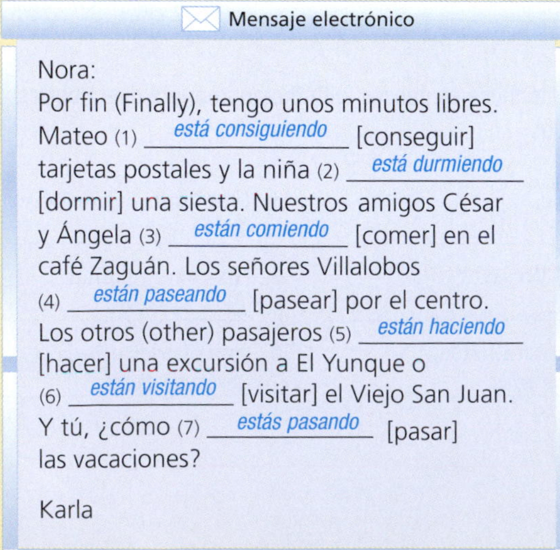
Mensaje electrónico

Nora:
Por fin (Finally), tengo unos minutos libres. Mateo (1) *está consiguiendo* [conseguir] tarjetas postales y la niña (2) *está durmiendo* [dormir] una siesta. Nuestros amigos César y Ángela (3) *están comiendo* [comer] en el café Zaguán. Los señores Villalobos (4) *están paseando* [pasear] por el centro. Los otros (other) pasajeros (5) *están haciendo* [hacer] una excursión a El Yunque o (6) *están visitando* [visitar] el Viejo San Juan. Y tú, ¿cómo (7) *estás pasando* [pasar] las vacaciones?

Karla

4 Situaciones With a partner, describe what these people are doing in these situations. Write at least two possibilities. Then get together with another pair and compare your ideas. *Answers will vary.*

modelo

tú / en las montañas
Yo estoy acampando en las montañas.

1. el inspector / en la aduana
2. tu familia / en el parque
3. los turistas / en el hotel
4. los pasajeros / en un barco de cruceros (*cruise ship*)
5. tus padres / en la agencia de viajes
6. tú / en la aduana
7. tus amigos y tú / en el campo
8. tu compañero/a de cuarto / en la habitación

5.3 Comparing ser and estar

5 Completar Complete these sentences using the cues provided and either **ser** o **estar**.

1. Carolina *está/es* mala.
2. El ascensor *es* seguro.
3. Nosotros *estamos* listos para ir de pesca.
4. Las bananas *están/son* verdes.
5. Este programa *es* aburrido. Los jóvenes *están/son* aburridos.
6. Ernesto *es* muy listo. Va a *ser* arquitecto (*architect*).

6 Combinar Combine words from the boxes to create sentences describing a hotel and the people there. *Answers will vary.*

modelo Mi amiga es simpática.

A	B	C
Yo	(no) ser	bonito/a
Tú	(no) estar	grande
Mi amigo/a		norteamericano/a
El hotel		ocupado/a
El botones		trabajador(a)
Nosotros		de vacaciones
Los huéspedes		en el tercer piso
Las habitaciones		en la habitación
El equipaje		cómodo/a
		simpático/a

5.4 Direct object nouns and pronouns

7 **Identificar** Match the photos of the people in the video with the direct object pronouns in the sentences. Then form the questions that would correspond to these answers.

A	B	C	D

INÉS Y MAITE	**DON FRANCISCO**	**INÉS Y JAVIER**	**SEÑORA RAMOS**

1. Sí, la veo. __d__ *¿Ves a la señora Ramos?*
2. Sí, los vemos. __c__ *¿Ven ustedes a Inés y Javier?*
3. Sí, las vemos. __a__ *¿Ven ustedes a Inés y Maite?*
4. Sí, lo veo. __b__ *¿Ves a Don Francisco?*

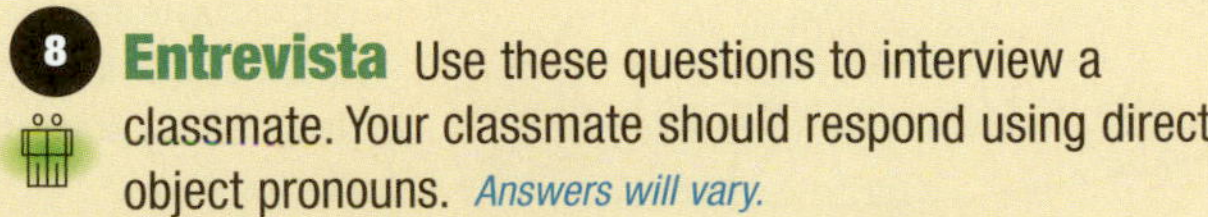

8 **Entrevista** Use these questions to interview a classmate. Your classmate should respond using direct object pronouns. *Answers will vary.*

1. ¿Te llama tu novio/a esta noche?
2. ¿Quién te llama mucho?
3. ¿Me esperas después de (*after*) la clase?
4. ¿Ahora mismo te esperan tus amigos? ¿Dónde?
5. ¿Me escuchas?
6. ¿Quién nos escucha cuando hablamos en clase?
7. ¿Nos mira el/la profesor/a?
8. ¿Por qué me miras?
9. ¿Te visitan tus padres este fin de semana?
10. ¿Me llevas al aeropuerto el sábado?

Síntesis

9 **Nuestras vacaciones** Work in groups of three. Each person will describe his or her ideal vacation at one of these places: **un centro turístico** (*resort*) **en las montañas o cerca del mar, un campamento** (*campground*) **o una ciudad.** *Answers will vary.*

- Describe the location and who is with you.
- Describe the weather.
- Describe your accommodations.
- Describe what activities you are doing there in the morning, afternoon, and evening using the present progressive.

Ritmos hispanos

Miguel Bosé:
Un amante de la música

Spanish musician and actor **Miguel Bosé** was born in 1956 to a Spanish bullfighter father and an Italian actress mother. Growing up with Pablo Picasso as his godfather and Ernest Hemingway as a family friend, the arts were always an important part of his life. In 1973, he moved to London to study art, and two years later, he debuted as a singer. Since then, his music has been in the top charts in Spain, Latin American, and Italy. He has recorded over thirty albums, and had various songs translated to different languages. He has also appeared in over twenty Italian, French, Mexican, and Spanish movies, such as Pedro Almodovar´s *Tacones lejanos*. Throughout his career, he has received several awards, including a Latin Grammy. Because of his humanitarian contributions, he has also been designated as a UNESCO Artist for Peace.

Discografía selecta

- *Bandido* (1984)
- *Salamandra* (1986)
- *XXX* (1987)
- *Los chicos no lloran* (1990)
- *Bajo el signo de Cain* (1993; Platinum album)
- *11 maneras de ponerse un sombrero* (1998)
- *Sereno* (2001; Latin Grammy: Best Male Pop Album)

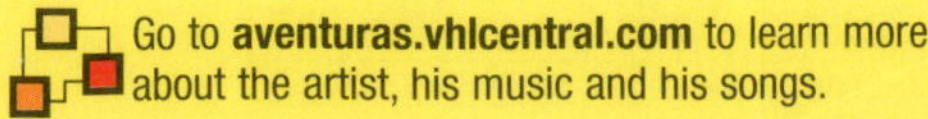
Go to **aventuras.vhlcentral.com** to learn more about the artist, his music and his songs.

Ampliación

1 Escuchar

A Listen to the weather report by Hernán Jiménez and indicate which of these phrases are correct.

TIP Listen for key words. Listening for key words and phrases will help you identify the subject and main ideas, as well as some of the details.

Santo Domingo

✓ 1. hace sol
___ 2. va a hacer frío
___ 3. una mañana de mal tiempo
✓ 4. va a estar nublado
___ 5. buena tarde para tomar el sol
✓ 6. buena mañana para ir a la playa

San Francisco de Macorís

✓ 1. hace frío
___ 2. hace sol
___ 3. va a nevar
✓ 4. va a llover
✓ 5. hay niebla
___ 6. buen día para excursiones

B ¿Qué tiempo hace en Santo Domingo ahora? ¿Y en San Francisco de Macorís? ¿Qué tiempo hace en tu ciudad?

2 Conversar

Get together with a classmate you don't know very well and ask each other questions using **ser, estar**, and other verbs. Be sure to ask about the following topics. *Answers will vary.*

- Las clases
- Las vacaciones
- La familia
- Los parientes
- Los amigos
- El tiempo
- Los pasatiempos
- Los compañeros de clase

recursos

WB pp. 47–52	LM pp. 27–30	Text MP3s Lección 5	Lab MP3s Lección 5	aventuras.vhlcentral.com Lección 5

1 SCRIPT Buenos días, queridos televidentes, les saluda el meteorólogo Hernán Jiménez, con el pronóstico del tiempo para nuestra bella isla. Hoy, 17 de octubre, a las diez de la mañana, la temperatura en Santo Domingo es de 26 grados. Hace so[l] con viento del este a 1[…] kilómetros por hora. En la tarde, va a estar u[n] poco nublado con la posibilidad de lluvia. La temperatura máxima del día va a ser de 30 grados. Es una buena mañana par[a] ir a la playa. En las montañas hace bastante frío ahora y hay niebla, especialmente en el área de San Francisco de Macorís. La temperatura mínima de estas 24 horas va a ser de 18 grados. Va a llover casi todo e[l] día. ¡No es buen día para excursiones a las montañas! Hasta el noticiero del mediodí[a] me despido de ustedes. ¡Qué les vaya bien!

2 SUGGESTION Have students list the interrogative words they will use. Then hav[e] them list the uses of **ser** and **estar** they could use with eac[h] interrogative word.

INSTRUCTIONAL RESOURCE Text MP3s, WB, LM, Ans. Key, Lab, Website

Ampliación

3 SUGGESTION Tell students that outlines are a great way to think about and organize their ideas before spending a lot of time and effort on writing. Outlines also allow the writer to focus attention on specific parts without losing sight of the project as a whole.

3 EVALUATION

Criteria	Scale
Appropriate details	1 2 3 4 5
Organization	1 2 3 4 5
Use of vocabulary	1 2 3 4 5
Grammar	1 2 3 4 5

Scoring	
Excellent	18–20 points
Good	14–17 points
Satisfactory	10–13 points
Unsatisfactory	< 10 points

4 SUGGESTION You may want to teach additional terms related to the Internet: **navegar en Internet** (to surf Internet), **página principal** (home page), **hacer clic** (click), **pasar a la próxima página** (go to the next page).

4 EVALUATION If an oral presentation is required, the presentation would be a fifth criterion and the scale would be modified to 4 points per item.

Criteria	Scale
Content	1 2 3 4
Organization	1 2 3 4
Accuracy	1 2 3 4
Creativity	1 2 3 4
Oral presentation	1 2 3 4

Scoring	
Excellent	18–20 points
Good	14–17 points
Satisfactory	10–13 points
Unsatisfactory	< 10 points

3 Escribir

Write a tourist brochure for a hotel or resort. *Answers will vary.*

TIP Make an outline. Separate topics and subtopics in order to provide a framework for the information you want to present.

Descripción del sitio (con foto)
A. Playa Grande
  1. Playas seguras y limpias
  2. Ideal para tomar el sol y descansar
B. El hotel
  1. Abierto los 365 días del año
  2. Piscina grande

Organízalo	Jot down the most attractive aspects of your hotel or resort. Then, organize your ideas into an outline.
Escríbelo	Using the outline you have compiled, write the first draft of your brochure.
Corrígelo	Exchange papers with a classmate and comment on the brochure's completeness, organization, grammatical correctness, and level of interest. Then revise your first draft, keeping your classmate's comments in mind.
Compártelo	Swap brochures with a classmate. After you have read the brochure, name the three aspects of the hotel or resort that appeal to you most or least.

4 Un paso más

Create a real or simulated website to promote a travel package to a resort in a Spanish-speaking country. Include images whenever possible. Your website should consist of the following pages:
Answers will vary.

- A home page with a general description of the tour and links to your other pages
- A page describing the means of transportation
- A page describing hotels and accommodations
- A page about the locations to be visited
- A page detailing activities available to travelers

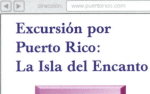

dirección: www.puertorico.com buscar imprimir

Excursión por Puerto Rico: La Isla del Encanto

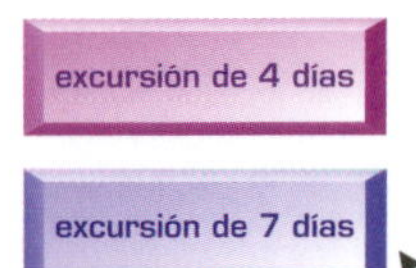

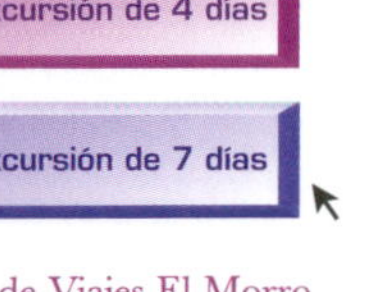

Agencia de Viajes El Morro
Tel: 787-234-5678
Fax: 787-876-5432

NATIONAL connections communities STANDARDS

En Internet

Investiga estos temas en el sitio aventuras.vhlcentral.com.

- Balnearios (*resorts*) de España
- Balnearios de América del Sur
- Balnearios de México, Centroamérica y el Caribe

SUGGESTION Remind students that at the time El Morro was built, piracy was a major concern for Spain and its Caribbean colonies.

Antes de leer

By scanning for specific information, you can learn a great deal about a text without reading it word for word. For example, you can scan a document to identify its format, to find cognates, or to find specific facts.

Examinar el texto

Scan the reading selection for cognates and write a few of them down.

1. ____________
2. ____________
3. ____________
4. ____________
5. ____________

Based on the cognates you found, what do you think this document is about?

____

____

Preguntas

Read the following questions. Then scan the document again to look for answers to the questions.

1. What is the format of the reading selection?

   ____

2. What place is the document about?

   ____

3. What are some of the visual cues this document provides? What do they tell you about the content of the document?

   ____

   ____

4. Who produced the document, and what do you think the document is for?

   ____

   ____

¡Descubre el Viejo San Juan!

El Morro

El Morro es una fortaleza que defendió la bahía de San Juan entre los años 1500 y 1900. La arquitectura del lugar es extraordinaria. El Morro tiene numerosos túneles secretos, oscuras mazmorras y fantásticas vistas de la bahía. Además, en su interior hay un museo donde se explica la historia de la fortaleza.

La Iglesia de San José

La Iglesia de San José está en el norte de la ciudad, en la famosa plaza del mismo nombre. Esta iglesia es una construcción de 1532. De hecho, es la iglesia más antigua de la isla y un excelente ejemplo de la arquitectura gótica española del siglo XVI.

El Museo Pablo Casals

Pablo Casals es un famoso violonchelista español, que vivió los últimos años de su vida, de 1956 a 1973, en la isla de Puerto Rico. El Museo Pablo Casals es un interesante edificio del siglo XVIII. En su interior hay muchos objetos personales del músico, como su chelo, su piano y una gran cantidad de manuscritos y fotografías.

Hermosos hoteles y cafés

El Viejo San Juan ofrece unos hoteles impresionantes, con habitaciones lujosas y vistas increíbles de la ciudad y del mar. Cerca de los hoteles hay cafés muy agradables, donde los viajeros pueden conversar y escuchar diferentes estilos de música.

EXPANSION
Have students check www.vistahigherlearning.com for additional information on Puerto Rico.

Después de leer

SUGGESTION Play an excerpt from a recording of Pablo Casals. Note that Casals' musicianship has been an inspiration for composers and musicians for many decades.

¿Comprendiste?

Indicate whether each statement is **cierto** or **falso**.

Cierto	Falso	
✓		1. El Morro es una fortaleza en la bahía de San Juan.
	✓	2. El Viejo San Juan no tiene hoteles buenos.
✓		3. El Museo Pablo Casals tiene muchos artículos personales del famoso violonchelista.
	✓	4. La Iglesia de San José tiene un museo donde se explica la historia de Puerto Rico.
✓		5. El Museo Pablo Casals es un edificio del siglo XVIII.
	✓	6. La Iglesia de San José es de estilo moderno.

Preguntas

1. ¿Dónde pasa Pablo Casals los últimos años de su vida?
   Pablo Casals pasa los últimos años de su vida en Puerto Rico.
2. Describe la arquitectura de la Iglesia de San José.
   Es un excelente ejemplo de la arquitectura gótica española del siglo XVI.
3. ¿Qué podemos hacer en los cafés del Viejo San Juan?
   Podemos conversar y escuchar música.
4. ¿Qué hay en el interior de El Morro?
   Hay un museo donde se explica la historia de la fortaleza.
5. ¿Dónde está la Iglesia de San José?
   La Iglesia de San José está en el norte de la ciudad, en la famosa plaza del mismo nombre.

Coméntalo

Imagina que vas de vacaciones al Viejo San Juan. ¿En qué mes del año deseas ir? ¿Por qué? ¿Cómo prefieres viajar, en avión o en barco? ¿Quieres visitar los lugares mencionados aquí? ¿Por qué? *Answers will vary.*

mazmorras *dungeons*
además *besides*
se explica *they explain; (something) is explained*
de hecho *in fact*
más antigua *oldest*
siglo *century*
edificio *building*
lujosas *luxurious*

Las vacaciones y los viajes

el aeropuerto	*airport*
la agencia de viajes	*travel agency*
el/la agente de viajes	*travel agent*
la estación de autobuses	*bus station*
del metro	*subway station*
del tren	*train station*
el/la inspector(a) de aduanas	*customs inspector*
el pasaje (de ida y vuelta)	*(round-trip) ticket*
el pasaporte	*passport*
la tienda de campaña	*tent*
el/la viajero/a	*traveler*
acampar	*to camp*
confirmar una reservación	*to confirm a reservation*
estar de vacaciones	*to be on vacation*
hacer las maletas	*to pack (one's suitcases)*
hacer turismo (m.)	*to go sightseeing*
hacer un viaje	*to take a trip*
una excursión	*to go on a hike; to go on a tour*
ir a la playa	*to go to the beach*
ir de pesca	*to go fishing*
ir de vacaciones	*to go on vacation*
ir en autobús (m.)	*to go by bus*
en auto(móvil) (m.)	*to go by car*
en avión (m.)	*to go by plane*
en barco (m.)	*to go by boat*
en motocicleta (f.)	*to go by motorcycle*
en taxi (m.)	*to go by taxi*
montar a caballo	*to ride a horse*
pasar por la aduana	*to go through customs*
pescar	*to fish*
sacar fotos (f. pl.)	*to take pictures*

En el hotel

el alojamiento	*lodging*
el/la botones	*bellhop*
la cabaña	*cabin*
la cama	*bed*
el/la empleado/a	*employee*
la habitación	*room*
individual	*single room*
doble	*double room*
el hotel	*hotel*
el/la huésped	*guest*
la llave	*key*
la pensión	*boarding house*
el piso	*floor (of a building)*
la planta baja	*ground floor*

Adjetivos

abierto/a	*open*
aburrido/a	*bored; boring*
alegre	*happy; joyful*
amable	*nice; friendly*
avergonzado/a	*embarrassed*
cansado/a	*tired*
cerrado/a	*closed*
cómodo/a	*comfortable*
contento/a	*happy; content*
desordenado/a	*disorderly; messy*
enamorado/a (de)	*in love (with)*
enojado/a	*mad, angry*
equivocado/a	*wrong; mistaken*
feliz	*happy*
limpio/a	*clean*
listo/a	*ready; smart*
malo/a	*bad; sick*
nervioso/a	*nervous*
ocupado/a	*busy*
ordenado/a	*orderly*
preocupado/a (por)	*worried (about)*
seguro/a	*sure; safe*
sucio/a	*dirty*
triste	*sad*
verde	*green; not ripe*
vivo/a	*lively; alive*

¿Qué tiempo hace?

¿Qué tiempo hace?	*How's the weather?; What's the weather like?*
Está despejado.	*It's clear.*
Está (muy) nublado.	*It's (very) cloudy.*
Hace buen/mal tiempo.	*It's nice/bad weather.*
(mucho) calor.	*It's (very) hot.*
fresco.	*It's cool.*
(mucho) frío.	*It's (very) cold.*
(mucho) sol.	*It's (very) sunny.*
(mucho) viento.	*It's (very) windy.*
Hay (mucha) niebla.	*It's (very) foggy.*
llover (o:ue)	*to rain*
Llueve.	*It's raining.*
nevar (e:ie)	*to snow*
Nieva.	*It's snowing.*

Palabras y expresiones adicionales

el ascensor	*elevator*
el campo	*countryside*
el equipaje	*luggage*
la llegada	*arrival*
el mar	*ocean, sea*
la salida	*departure; exit*
ahora mismo	*right now*
todavía	*yet; still*
¿Cuál es la fecha de hoy?	*What is today's date?*
Hoy es el primero (dos, tres,...) de marzo.	*Today is March first (second, third,...).*

Las estaciones y los meses	*See page 115.*
Los numeros ordinales	*See page 115.*
Expresiones útiles	*See page 121.*
Direct object pronouns	*See page 130.*

INSTRUCTIONAL RESOURCES Text MP3s, IRM (additional vocabulary), Test Program, Test MP3s, Website

6 ¡De compras!

Communicative Goals

You will learn how to:

- discuss how much things cost
- talk about clothing
- talk to salespeople

PARA EMPEZAR Here are some additional questions you can ask based on the photo: **¿Te gusta ir de compras? ¿Por qué? ¿Qué compras cuando estás de vacaciones? ¿Estás pensando ir de vacaciones en el verano?**

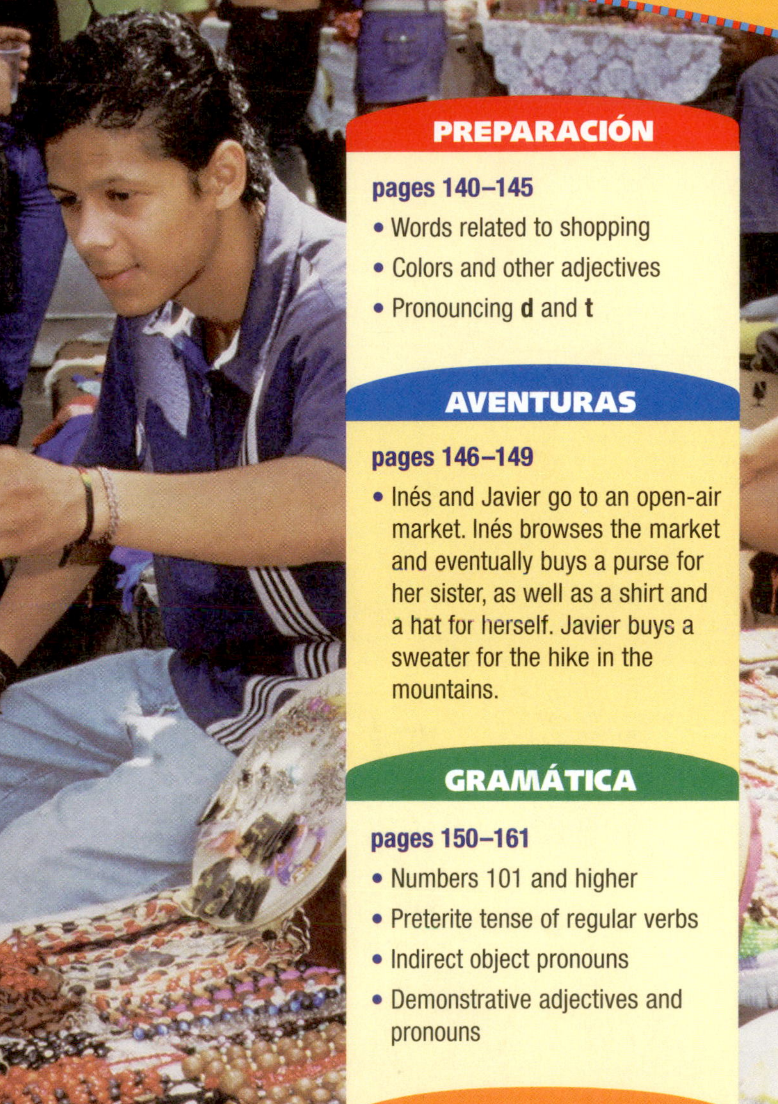

PREPARACIÓN

AVENTURAS

GRAMÁTICA

LECTURA

PARA EMPEZAR

- ¿Crees que está comprando algo el hombre?
- ¿Crees que el empleado es amable?
- ¿Es delgado? ¿Es moreno?
- ¿Quién lleva bluejeans: el empleado o el cliente?
- ¿Qué tiempo crees que hace: frío o calor?

SUGGESTION Have students look at the money from various countries and compare it with that of the U.S. Point out that as of 2002 Spain uses the currency of the European Union, the **euro**, in place of the traditional **peseta**.

¡DE COMPRAS!

DE COMPRAS

el almacén *department store*
la caja *cash register*
el centro comercial *shopping mall*
el/la cliente/a *client*
el/la dependiente/a *clerk*
el mercado (al aire libre) *(open-air) market*
la rebaja *sale*
la tienda *shop, store*
el/la vendedor(a) *salesperson*

costar (o:ue) *to cost*
gastar *to spend (money)*
hacer juego (con) *to match*
ir de compras *to go shopping*
llevar *to wear*
regatear *to bargain*
usar *to wear; to use*
vender *to sell*

el precio (fijo)
(fixed, set) price

la tarjeta de crédito
credit card

el dinero
money

SUGGESTION Ask students about their shopping habits. Write terms on the board as you say them. Ex: **¿A quién le gusta ir de compras? ¿Qué te gusta comprar? ¿discos compactos? ¿ropa?** (Point to your own clothing.) **¿Adónde vas para comprar estas cosas? ¿Cuánto dinero gastas?** (Pantomime paying.) **¿Te gusta regatear?** (Then, to another student:) **¿Adónde va ____? ¿Qué compra allí? ¿Cuánto gasta? Y a ti, ¿qué te gusta comprar?**

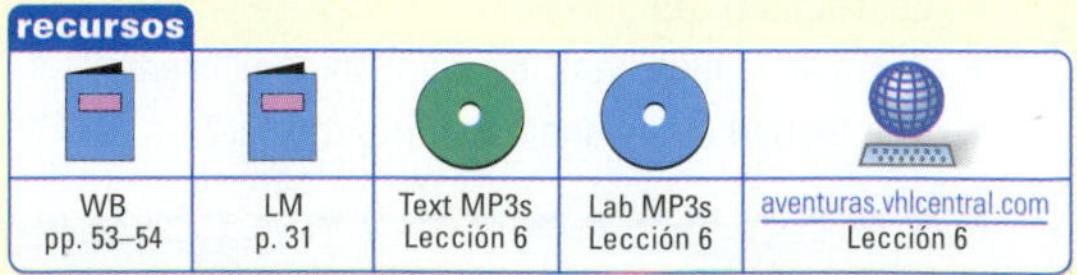

recursos
WB pp. 53–54
LM p. 31
Text MP3s Lección 6
Lab MP3s Lección 6
aventuras.vhlcentral.com Lección 6

INSTRUCTIONAL RESOURCES WB, LM, Ans. Key, Lab, Text MP3s, IRM (tapescript, additional vocabulary), Website

SUGGESTION Name a vacation spot and ask students what clothing they need to take. Make it a continuing narration whereby the next student must repeat all the items before adding one. Ex: (you say:) **Vas a la playa. ¿Qué vas a llevar?** (S1:) **Voy a llevar un traje de baño.** (S2:) **Voy a llevar un traje de baño y gafas de sol.**

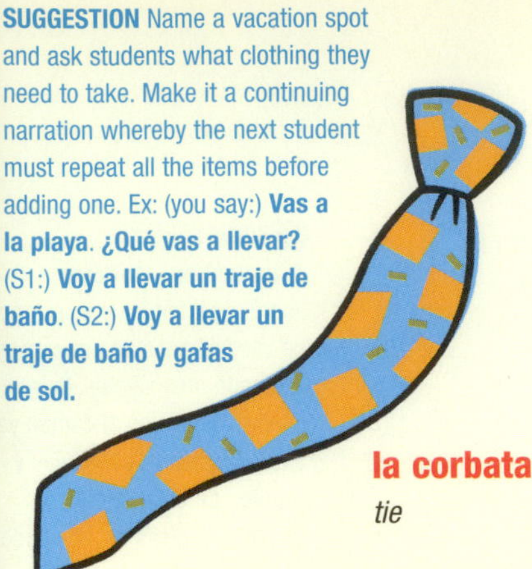

la corbata
tie

Variación léxica

calcetines ⟷ medias (*Amér. L.*)
cinturón ⟷ correa (*Col., Venez.*)
gafas de sol ⟷ lentes oscuros, lentes negros (*Amér. L.*)
zapatos de tenis ⟷ zapatillas de deporte (*Esp.*) zapatillas (*Arg., Perú*)
bluejeans ⟷ pantalones de mezclilla (*Méx.*), vaqueros, tejanos (*Esp.*)

LA ROPA

el abrigo *coat*
los bluejeans *jeans*
la blusa *blouse*
la bolsa *bag; purse*
las botas *boots*
los calcetines *socks*
la camisa *shirt*
la camiseta *t-shirt*
la cartera *wallet*
la chaqueta *jacket*
el cinturón *belt*
la falda *skirt*
los guantes *gloves*
el impermeable *raincoat*
las medias *pantyhose, stockings*
los pantalones *pants*
cortos *shorts*
el par *pair*
la ropa *clothing, clothes*
interior *underwear*
las sandalias *sandals*
el sombrero *hat*
el suéter *sweater*
el traje *suit*
de baño *bathing suit*
el vestido *dress*
los zapatos de tenis *sneakers*

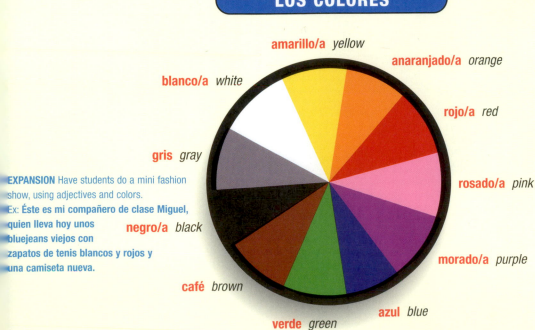

las gafas (de sol)
(sun)glasses

los zapatos
shoes

LOS COLORES

amarillo/a *yellow*
anaranjado/a *orange*
blanco/a *white*
rojo/a *red*
gris *gray*
rosado/a *pink*
negro/a *black*
morado/a *purple*
café *brown*
azul *blue*
verde *green*

EXPANSION Have students do a mini fashion show, using adjectives and colors. Ex: **Éste es mi compañero de clase Miguel, quien lleva hoy unos bluejeans viejos con zapatos de tenis blancos y rojos y una camiseta nueva.**

ADJETIVOS

barato/a *cheap*
bueno/a *good*
cada *each*
caro/a *expensive*
corto/a *short*
elegante *elegant*
hermoso/a *beautiful*
largo/a *long*
loco/a *crazy*
nuevo/a *new*
otro/a *other; another*
pobre *poor*
rico/a *rich*

A escuchar

1 Escuchar Listen to Juanita and Vicente talk about what they're packing for their vacations. Indicate who is packing each item. If both are packing an item, write both names. If neither is packing an item, write an X.

Vicente

Juanita

Artículo	Nombre(s)	Artículo	Nombre(s)
1. abrigo	*Vicente*	7. gafas de sol	*Vicente*
2. zapatos de tenis	*Juanita, Vicente*	8. camisetas	*Juanita, Vicente*
3. impermeable	*X*	9. traje de baño	*Juanita*
4. chaqueta	*Vicente*	10. botas	*Vicente*
5. sandalias	*Juanita*	11. pantalones cortos	*Juanita*
6. bluejeans	*Juanita, Vicente*	12. suéter	*Vicente*

2 ¿Cierto o falso? Look at the drawing and indicate whether each statement you hear is **cierto** or **falso**.

	Cierto	Falso
1.	✓	
2.	✓	
3.		✓
4.		✓
5.		✓
6.	✓	
7.		✓
8.	✓	

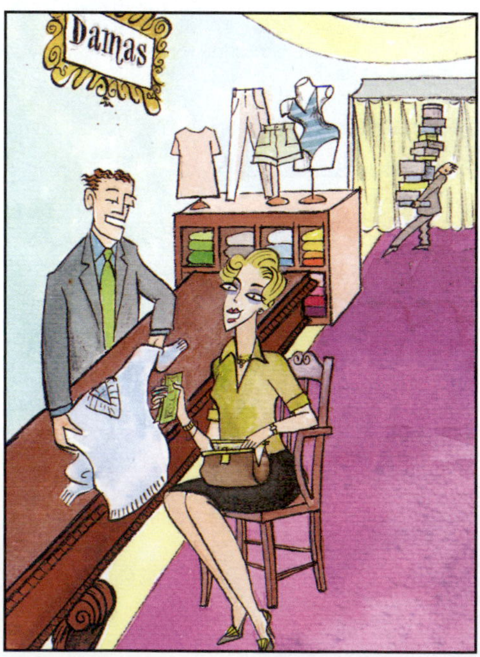

1 SCRIPT
Juanita: Hola. Me llamo Juanita. Mi familia y yo salimos de vacaciones mañana y estoy haciendo mis maletas. Para nuestra excursión al campo ya tengo bluejeans, camisetas y zapatos de tenis. También vamos a la playa… ¡no puedo esperar! Para ir a la playa necesito un traje de baño, pantalones cortos y sandalias. ¿Qué más necesito? Creo que es todo.
Vicente: Buenos días. Soy Vicente. Estoy haciendo mis maletas porque mi familia y yo vamos a las montañas a esquiar. Los primeros dos días vamos a hacer una excursión por las montañas. Necesito zapatos de tenis, camisetas, una chaqueta y bluejeans. El tercer día vamos a esquiar. Necesito un abrigo, un suéter, botas… y gafas de sol.

2 SCRIPT
1. El dependiente lleva una corbata verde.
2. La clienta mira un suéter.
3. La clienta no tiene dinero.
4. El dependiente lleva gafas de sol.
5. El dependiente lleva un traje de baño.
6. La clienta lleva una bolsa.
7. La clienta lleva sandalias.
8. La clienta lleva una blusa y una falda.

2 EXPANSION Have students correct the false statements.

2 EXPANSION Have students prepare a drawing and a series of true/false statements.

recursos
Text MP3s Lección 6
aventuras.vhlcentral.com Lección 6

INSTRUCTIONAL RESOURCE Text MP3s, Website

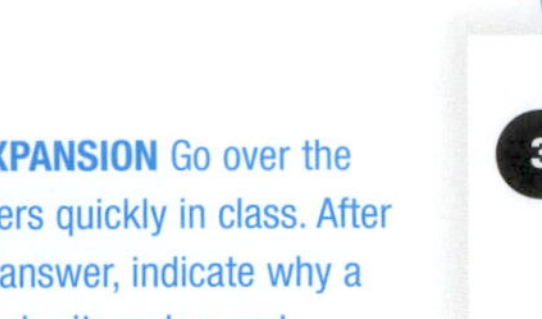

A practicar

3 EXPANSION Go over the answers quickly in class. After each answer, indicate why a particular item does not belong. Ex: 1. **La bolsa. La bolsa no se lleva en el cuerpo.**

4 EXPANSION Have students bring in pictures with people whose clothing you can see. Have them make false statements about them to a partner, who then objects and corrects the statements.

5 EXPANSION Go over answers by having students give complete sentences. Ex: **La rosa de Texas es amarilla.**

5 EXPANSION Have pairs spend a few minutes creating a physical description of a well-known TV or cartoon character, which they then read aloud as the class guesses the identity. Ex: **Soy bajo y un poco gordo. Llevo pantalones cortos azules y una camiseta anaranjada. Tengo el pelo amarillo. También soy amarillo. ¿Quién soy? (Bart Simpson)**

3 Escoger Which item in each group does not belong?

1. (bolsa) • camiseta • blusa
2. medias • calcetines • (sombrero)
3. chaqueta • (falda) • abrigo
4. almacén • (vendedora) • tienda • mercado
5. regatear • gastar • (llevar) • costar
6. (vestido) • dinero • caja • tarjeta de crédito

4 Anita la contraria Your friend Anita always contradicts you. Indicate how she would respond to each sentence.

modelo
El suéter nuevo de Tina es muy hermoso.
No, su suéter es muy feo.

1. Las sandalias de Rufino están sucias. *No, sus sandalias están limpias.*
2. El impermeable de don José es muy grande. *No, su impermeable es muy pequeño.*
3. La corbata del señor Garza es larga. *No, su corbata es corta.*
4. Los trajes de Mauricio son bonitos. *No, sus trajes son feos.*
5. Los zapatos de tenis de Noelia son nuevos. *No, sus zapatos de tenis son viejos.*
6. El cinturón de Amalia es caro. *No, su cinturón es barato.*

5 Preguntas Answer these questions with a classmate.

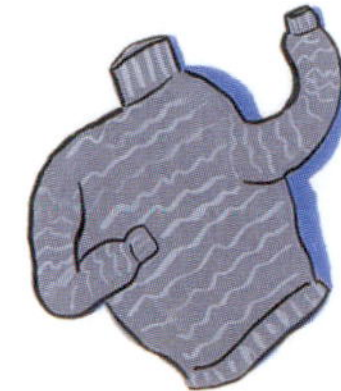

1. ¿De qué color es el suéter?
Es gris.

2. ¿De qué color es la corbata?
Es roja y azul.

3. ¿De qué color es la planta?
Es verde.

4. ¿De qué color es la rosa de Texas?
Es amarilla.

5. ¿De qué color es la casa donde vive el presidente de EE.UU.?
Es blanca.

6. ¿De qué color es una cebra?
Es blanca y negra.

A conversar

6 Marta y el señor Vega With a classmate, answer the questions about the drawing.

1. ¿Qué lleva Marta? *Marta lleva un vestido, un sombrero, unas gafas de sol, una bolsa, un par de zapatos y unos guantes.*
2. ¿De qué color es su vestido? *Su vestido es rojo.*
3. ¿De qué color son sus zapatos? *Sus zapatos son negros.*
4. ¿De qué color son su sombrero y su bolsa? *Su sombrero y su bolsa son blancos.*
5. ¿Qué lleva el señor Vega? *Él lleva una chaqueta, una camisa, una corbata, un cinturón, unos pantalones, calcetines y zapatos de tenis.*
6. ¿De qué color es su camisa? *Su camisa es anaranjada.*
7. ¿De qué color son sus pantalones? *Sus pantalones son rosados.*
8. ¿Hacen juego la chaqueta, la camisa y los pantalones del señor Vega? *No, no hacen juego.*

7 Entrevista Use these questions to interview a classmate. Then report your findings to the class. *Answers will vary.*

1. ¿Adónde vas para (*in order to*) comprar ropa? ¿Por qué?
2. ¿Cuánto dinero gastas en ropa cada mes? ¿Cada año?
3. Cuando vas de compras, ¿buscas rebajas? ¿regateas?
4. ¿Prefieres pagar en efectivo (*cash*) o con una tarjeta de crédito?

8 El Almacén Gigante Your instructor will give you and your partner handouts so that you may complete this information gap activity.

6 SUGGESTION Remind students to answer the questions in complete sentences.

6 EXPANSION Have students circulate around the room asking each other questions about the clothing they are wearing. Then ask volunteers to describe in detail one article of clothing or a complete outfit of someone in the class without identifying who they are. The class should guess the identity of the person.

6 EXPANSION Bring in additional photos, drawings, and clip art or ask students to do so. Have students prepare questions about the illustrations to ask a partner or the class. Require that the answers be in complete sentences.

7 EXPANSION As students are reporting, have the class jo down preferences and any other important information. After all presentations are finished, have students discuss and prepare a summary of the class preferences.

INSTRUCTIONAL RESOURCES IRM (info gap)

Pronunciación

The consonants d and t

SUGGESTION Point out that the letter before the **d** determines whether its sound is hard or soft.

¿Dónde? **vender** **nadar** **verdad**

Like **b** and **v**, the Spanish **d** can also have a hard sound or a soft sound, depending on which letters appear next to it.

Don **dinero** **tienda** **falda**

At the beginning of a phrase and after **n** or **l**, the letter **d** is pronounced with a hard sound. This sound is similar to the English *d* in *dog,* but a little softer and duller. The tongue should touch the back of the upper teeth, not the roof of the mouth.

medias **verde** **vestido** **huésped**

In all other positions, **d** has a soft sound. It is similar to the English *th* in *there,* but a little softer.

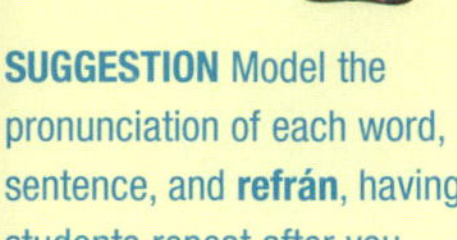

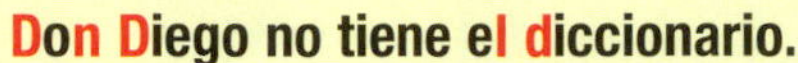

Don Diego no tiene el diccionario.

When **d** begins a word, its pronunciation depends on the previous word. At the beginning of a phrase or after a word that ends in **n** or **l,** it is pronounced as a hard **d**.

SUGGESTION Model the pronunciation of each word, sentence, and **refrán**, having students repeat after you.

Doña Dolores es de la capital.

Words that begin with **d** are pronounced with a soft **d** if they appear immediately after a word that ends in a vowel or any consonant other than **n** or **l**.

EXPANSION Write some additional proverbs for students to practice. Ex: **De tal padre, tal hijo.** (*Like father, like son.*) **El que tiene tejado de cristal no tira piedras al vecino.** (*People who live in glass houses shouldn't throw stones.*) **Cuatro ojos ven más que dos.** (*Two heads are better than one.*)

traje **pantalones** **tarjeta** **tienda**

When pronouncing the Spanish **t,** the tongue should touch the back of the upper teeth, not the roof of the mouth. Unlike the English *t,* no air is expelled from the mouth.

Práctica Read these phrases aloud to practice the **d** and the **t**.

1. Hasta pronto.
2. De nada.
3. Mucho gusto.
4. Lo siento.
5. No hay de qué.
6. ¿De dónde es usted?
7. ¡Todos a bordo!
8. No puedo.
9. Es estupendo.
10. No tengo computadora.
11. ¿Cuándo vienen?
12. Son las tres y media.

Una tienda Read these sentences aloud to practice the **d** and the **t**.

1. Don Teodoro tiene una tienda en un almacén en La Habana.
2. Don Teodoro vende muchos trajes, vestidos y zapatos todos los días.
3. Un día un turista, Federico Machado, entra en la tienda para comprar un par de botas.
4. Federico regatea con don Teodoro y compra las botas y también un par de sandalias.

En la variedad está el gusto.1

Refranes Read these sayings aloud to practice the **d** and the **t**.

Aunque la mona se vista de seda, mona se queda.2

1 Variety is the spice of life.
2 You can't make a silk purse out of a sow's ear.

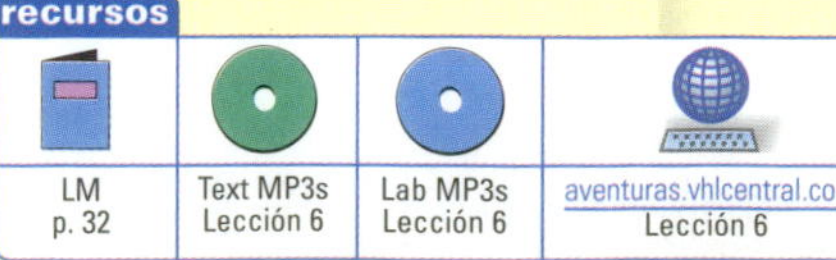

INSTRUCTIONAL RESOURCES Text MP3s, LM, Ans. Key, Lab, Website

¡Qué ropa más bonita!

Javier e Inés van de compras al mercado.

NATIONAL STANDARDS communication cultures

VIDEO SYNOPSIS Inés and Javier go to an open-air market. Inés browses and eventually buys a purse for her sister, as well as a shirt and a hat for herself. Javier buys a sweater for hiking in the mountains.

INÉS Javier, ¡qué ropa más bonita! A mí me gusta esa camisa blanca y azul. Debe ser de algodón. ¿Te gusta?

JAVIER Yo prefiero la camisa de la izquierda, la gris con rayas rojas. Hace juego con mis botas marrones.

INÉS Está bien, Javier. Mira, necesito comprarle un regalo a mi hermana Graciela. Acaba de empezar un nuevo trabajo…

JAVIER ¿Tal vez una bolsa?

VENDEDOR Esas bolsas son típicas de las montañas. ¿Le gustan?

INÉS Sí. Quiero comprarle una a mi hermana.

VENDEDOR Buenas tardes, joven. ¿Le puedo servir en algo?

JAVIER Sí. Voy a ir de excursión a las montañas y necesito un buen suéter.

VENDEDOR ¿Qué talla usa usted?

JAVIER Uso talla grande.

VENDEDOR Éstos son de talla grande.

JAVIER ¿Qué precio tiene ése?

VENDEDOR ¿Le gusta este suéter? Le cuesta ciento cincuenta mil sucres.

JAVIER Quiero comprarlo. Pero, señor, no soy rico. ¿Ciento veinte mil sucres?

VENDEDOR Bueno, para usted… sólo ciento treinta mil sucres.

JAVIER Está bien, señor.

EXPANSION Tell the class that in many open-air markets in the Spanish-speaking world, customers are expected to engage in good-natured bargaining (**regateo**) with the sellers.

SUGGESTION Assign students to groups of three and, have them read **¡Qué ropa más bonita!**. Ask a few groups to present the script to the rest of the class.

recursos

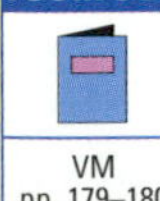
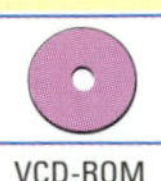

VM pp. 179–180	VCD-ROM Lección 6	aventuras.vhlcentral.com Lección 6

INSTRUCTIONAL RESOURCES VM, Ans. Key, DVD, VCD-ROM, IRM (videoscript, translation), Website

Para recordar

Before doing this Fotonovela section, review the previous one with this activity.

1. ¿Qué pasa cuando llegan al hotel? *la empleada no encuentra la reservación*
2. ¿Qué piensan Javier, Inés, Maite y Álex de las cabañas? *no están nada mal; son muy limpias y ordenadas*
3. ¿Por qué quiere Maite descansar? *a las seis va a correr con Álex*
4. ¿Qué está pensando Maite cuando los demás salen de la habitación? *Inés y Javier están juntos otra vez*

INÉS Me gusta aquélla. ¿Cuánto cuesta?

VENDEDOR Ésa cuesta ciento sesenta mil sucres. ¡Es de muy buena calidad!

INÉS Uy, demasiado cara. Quizás otro día.

JAVIER Acabo de comprarme un suéter. Y tú, ¿qué compraste?

INÉS Compré esta bolsa para mi hermana.

INÉS También compré una camisa y un sombrero. ¿Qué tal me veo?

JAVIER ¡Guapa, muy guapa!

PREVIEW Have students scan the captions for vocabulary related to clothing or colors, and study the **Aventuras** and **Expresiones útiles** as homework.

SUGGESTION Photocopy the **fotonovela** and erase 7-10 words with white correction fluid. Hand out copies and have students fill in the missing words as they watch the video segment.

Expresiones útiles

Talking about clothing

¡Qué ropa más bonita!
What pretty clothing!
Me gusta esta/esa camisa blanca de rayas negras.
I like this/that white shirt with black stripes.
Está de moda.
It's in fashion.
Debe ser de algodón/lana/seda.
It must be cotton/wool/silk.
Es de cuadros/lunares/rayas.
It's plaid/polka-dotted/striped.
Me gusta este/ese suéter.
I like this/that sweater.
Es de muy buena calidad.
It's very good quality.
¿Qué talla lleva/usa usted?
What size do you wear?
Llevo/Uso talla grande.
I wear a large.
¿Qué número calza usted?
What (shoe) size do you wear?
Calzo el treinta y seis.
I wear a size thirty-six.

Talking about how much things cost

¿Cuánto cuesta?
How much does it cost?
Sólo cuesta noventa mil sucres.
It only costs ninety thousand sucres.
Demasiado caro/a.
Too expensive.
Es una ganga.
It's a bargain.

Saying what you bought

¿Qué compró usted/él/ella?
What did you (form.)/he/she buy?
Compré esta bolsa para mi hermana.
I bought this bag for my sister.
¿Qué compraste?
What did you buy?
Acabo de comprarme un sombrero.
I have just bought myself a hat.

Personajes

JAVIER

INÉS

EL VENDEDOR

¿Qué piensas?

1 **¿Cierto o falso?** Indicate whether each sentence is **cierto** or **falso**. Correct the false statements.

Cierto	Falso	
	✓	1. A Inés le gusta la camisa verde y amarilla. *A Inés le gusta la camisa blanca y azul.*
	✓	2. Javier necesita comprarle un regalo a su hermana. *Inés necesita comprarle un regalo a su hermana.*
✓		3. Las bolsas del mercado son típicas de las montañas.
	✓	4. Javier busca un traje de baño en el mercado. *Javier busca un suéter.*
	✓	5. Inés compró un sombrero, un suéter y una bolsa. *Inés compró una bolsa, una camisa y un sombrero.*
✓		6. Javier regatea con el vendedor.

2 **Contestar** Answer these questions about the **Aventuras** episode.

1. Inés quiere comprarle un regalo a su hermana. ¿Por qué?
   Inés quiere comprarle un regalo a su hermana porque ella acaba de empezar un nuevo trabajo.
2. ¿Cuánto cuesta la bolsa típica de las montañas?
   La bolsa típica de las montañas cuesta ciento sesenta mil sucres.
3. ¿Por qué necesita Javier un buen suéter?
   Javier necesita un buen suéter porque va a ir de excursión a las montañas.
4. ¿Cuánto cuesta el suéter que compra Javier?
   El suéter que compra Javier cuesta ciento treinta mil sucres.
5. ¿Cuántas cosas compró Inés en el mercado?
   Inés compró tres cosas: una bolsa, una camisa y un sombrero.
6. ¿Qué talla usa Javier?
   Javier usa talla grande.

3 **Conversar** With a classmate, role-play a conversation in which the salesperson greets a customer in an open-air market and offers assistance. The customer is looking for a particular item of clothing. The salesperson and the customer discuss colors, sizes, and negotiate a price. *Answers will vary.*

1 SUGGESTION Have students change the six statements in this activity to yes-no questions.

1 SUGGESTION Have students read the six statements and then quickly read through the video stills before doing this activity. Note that this activity may be done orally or in writing, by individual students, pairs, groups, or the whole class.

2 EXPANSION Have the class work in small groups to write statements about the video segment. Ask each group to exchange its statements with another group. Each group then writes out the question that would have elicited each statement. Ex: (G1:) **Graciela acaba de empezar un nuevo trabajo.** (G2:) **¿Quién acaba de empezar un nuevo trabajo?**

3 SUGGESTION Tell your students to devote extra attention and effort to Activity 3, since it is an excellent summary of all they have learned in this lesson so far, and it reflects a common real-life situation in a Spanish-speaking country.

Exploración

De compras en los países hispanos

UGGESTION Lead students in discussion of places they go hopping in the U.S. Point out ıe various shopping venues ound in the photos, and ask if ıey have been to similar 'aces, and where. Point out ıat additional shopping ıoices in Spanish-peaking areas ıclude ıpermarkets, epartment ores, and e Internet.

JGGESTION xplain to udents that ere are many her open-air markets. ıe **Rastro** in Madrid is held 'ery Sunday, and is a popular urce for antiques and many her goods. Another famous arket, in Otavalo, Ecuador, s taken place every Saturday ıce pre-Incan times.

(PANSION After the pairs scuss the second item of the **méntalo** section, have each ir meet with another to share mments and thoughts. Then k for volunteers to report ck on the comments of their rtners and the group to the ıole class. As time permits, u may want to lead students summarizing class ormation and preferences.

Las tiendas pequeñas son muy populares en los países hispanos. El nombre de muchas de estas tiendas se refiere al producto que venden. Por ejemplo, una tienda que vende zapatos es una zapatería y una tienda que vende libros es una librería.

Los mercados al aire libre son muy importantes en el mundo hispano. En ellos se venden muchos productos como ropa, comida (*food*) y libros. En estos mercados tienes que pagar en efectivo (*cash*), pero puedes regatear. El Rastro en Madrid es un mercado muy conocido (*well-known*).

Datos interesantes

- El centro comercial Larcomar en Lima, Perú, está situado sobre un espléndido acantilado (*cliff*).
- En los pueblos pequeños las tiendas generalmente cierran durante la hora del almuerzo (*lunch*).
- El Centro Sambil en Caracas, Venezuela, es el centro comercial más grande de Suramérica. Tiene una terraza, con restaurantes y cafés, que ofrece una vista espectacular de la ciudad.

Muchas ciudades grandes, como la Ciudad de México, Caracas y Madrid, tienen centros comerciales que ofrecen tiendas exclusivas, restaurantes y música en vivo (*live music*).

Coméntalo

Con un(a) compañero/a, contesta las siguientes preguntas. *Answers will vary.*

- ¿Conoces alguna tienda que tiene un nombre similar al producto que vende?
- Piensa en los artículos que te gusta comprar. ¿Dónde prefieres comprarlos?
- ¿Hay un mercado al aire libre o un centro comercial en tu comunidad?

INSTRUCTIONAL RESOURCE Website

6.1 Numbers 101 and higher

- Note that Spanish uses a period, rather than a comma, to indicate thousands and millions.

Numbers 101 and higher

101	ciento uno	1.000	mil
200	doscientos/as	1.100	mil cien
300	trescientos/as	2.000	dos mil
400	cuatrocientos/as	5.000	cinco mil
500	quinientos/as	100.000	cien mil
600	seiscientos/as	200.000	doscientos mil
700	setecientos/as	550.000	quinientos cincuenta mil
800	ochocientos/as	1.000.000	un millón (de)
900	novecientos/as	8.000.000	ocho millones (de)

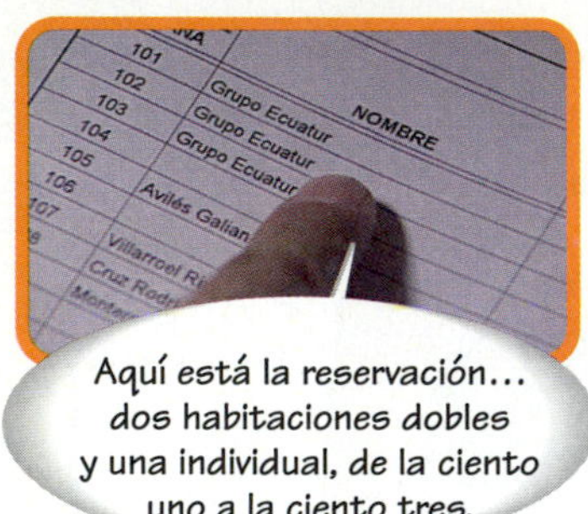

NOMBRE
Grupo Ecuatur
Grupo Ecuatur
Grupo Ecuatur
Avilés Galian
Aquí está la reservación... dos habitaciones dobles y una individual, de la ciento uno a la ciento tres.

- The numbers **200** through **999** agree in gender with the nouns they modify.

324 tiendas
trescient**as** veinticuatro tiendas

605 clientes
seiscient**os** cinco clientes

873 habitaciones
ochocient**as** setenta y tres habitaciones

990 euros
novecient**os** noventa euros

500 mujeres
quinient**as** mujeres

257 estudiantes
doscient**os** cincuenta y siete estudiantes

- **Mil** can mean *a thousand* or *one thousand*. The plural form **miles** is rarely used. The plural form of **un millón** (*a million* or *one million*) is **millones**, which has no accent.

1.000 dólares
mil dólares

2.000.000 de pesos
dos millones de pesos

1.000 aviones
mil aviones

1.000.000 de personas
un millón de personas

5.000 bicicletas
cinco mil bicicletas

1.000.000 de aficionados
un millón de aficionados

SUGGESTION Tell the students that the **recursos** boxes for the entire **Gramática** section are in **Ampliación.**

Práctica

1 Completar Complete these sequences in Spanish.

1. 100, 120, 140, ... 200
   cien, ciento veinte, ciento cuarenta, ciento sesenta, ciento ochenta, doscientos
2. 5.000, 10.000, 15.000, ... 30.000
   cinco mil, diez mil, quince mil, veinte mil, veinticinco mil, treinta mil
3. 50.000, 100.000, 150.000, ... 300.000
   cincuenta mil, cien mil, ciento cincuenta mil, doscientos mil, doscientos cincuenta mil, trescientos mil
4. 100.000.000, 200.000.000, 300.000.000, ... 900.000.000
   cien millones, doscientos millones, trescientos millones, cuatrocientos millones, quinientos millones, seiscientos millones, setecientos millones, ochocientos millones, novecientos millones

2 Resolver Read the math problems aloud and solve them.

modelo

300
+400
700

Trescientos más cuatrocientos son setecientos.

+ más − menos = es (singular)/son (plural)

1. 150 +150
   Ciento cincuenta más ciento cincuenta son trescientos.
2. 3.000 + 753
   Tres mil más setecientos cincuenta y tres son tres mil setecientos cincuenta y tres.
3. 43.000 −10.000
   Cuarenta y tres mil menos diez mil son treinta y tres mil.
4. 200.000 +350.000
   Doscientos mil más trescientos cincuenta mil son quinientos cincuenta mil.
5. 20.000 + 555
   Veinte mil más quinientos cincuenta y cinco son veinte mil quinientos cincuenta y cinco mil.
6. 1.000.000 − 75.000
   Un millón menos setenta y cinco mil son novecientos veinticinco mil.
7. 32.000 −30.000
   Treinta y dos mil menos treinta mil son dos mil.
8. 800.000 + 175.000
   Ochocientos mil más ciento setenta y cinco mil son novecientos setenta y cinco mil.

 INSTRUCTIONAL RESOURCES WB, LM, Ans. Key, Lab, IRM (teaching tips), Website

Conversación

NATIONAL
communication
STANDARDS

3 **¿Cuándo?** With a partner, look at the timeline and say when these events occur.

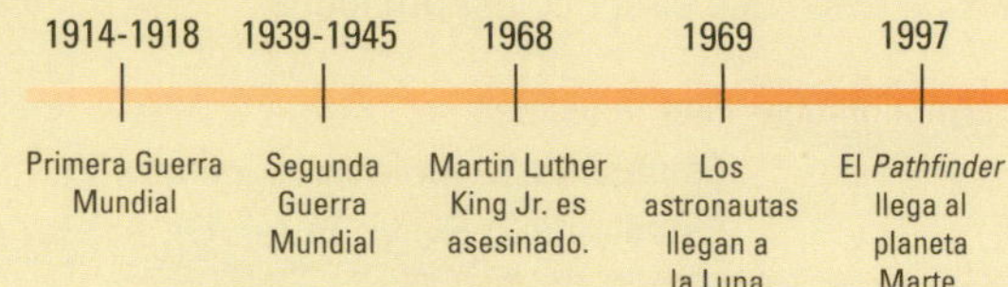
1914-1918
1939-1945
1968
1969
1997
Primera Guerra Mundial
Segunda Guerra Mundial
Martin Luther King Jr. es asesinado.
Los astronautas llegan a la Luna.
El Pathfinder llega al planeta Marte.

1. La Primera Guerra Mundial comienza.
   La Primera Guerra Mundial comienza en mil novecientos catorce.
2. El *Pathfinder* llega al planeta Marte.
   El Pathfinder llega al planeta Marte en mil novecientos noventa y siete.
3. Martin Luther King Jr. es asesinado.
   Martin Luther King Jr. es asesinado en mil novecientos sesenta y ocho.
4. La Primera Guerra Mundial termina.
   La Primera Guerra Mundial termina en mil novecientos dieciocho.
5. La Segunda Guerra Mundial termina.
   La Segunda Guerra Mundial termina en mil novecientos cuarenta y cinco.
6. Los astronautas llegan a la Luna (*moon*).
   Los astronautas llegan a la Luna en mil novecientos sesenta y nueve.
7. La Segunda Guerra Mundial comienza.
   La Segunda Guerra Mundial comienza en mil novecientos treinta y nueve.

4 **¿Cuánto cuesta?** Ask your partner how much each item costs.

modelo

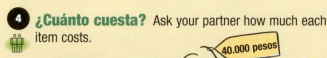

40.000 pesos

Estudiante 1: ¿Cuánto cuestan las gafas de sol?
Estudiante 2: Cuarenta mil pesos.

1. 
210.000 pesos

E1: ¿Cuánto cuesta el vestido?
E2: Doscientos diez mil pesos.

2. 
61.500 pesos

E1: ¿Cuánto cuestan los pantalones cortos?
E2: Sesenta y un mil quinientos pesos.

3. 
160.150 pesos

E1: ¿Cuánto cuesta el traje de baño?
E2: Ciento sesenta mil ciento cincuenta pesos.

4. 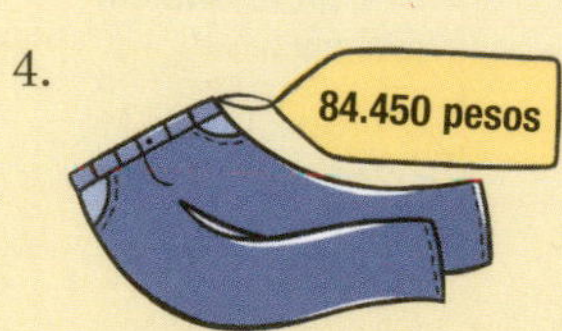
84.450 pesos

E1: ¿Cuánto cuestan los bluejeans?
E2: Ochenta y cuatro mil cuatrocientos cincuenta pesos.

5. 
48.200 pesos

E1: ¿Cuánto cuesta la camiseta?
E2: Cuarenta y ocho mil doscientos pesos.

6. 
22.790 pesos

E1: ¿Cuánto cuestan los calcetines?
E2: Veintidós mil setecientos noventa pesos.

Using numbers

- In Spanish, years are not expressed as pairs of 2-digit numbers as they are in English (*1979, nineteen seventy-nine*).

1945	**2005**
mil novecientos cuarenta y cinco	dos mil cinco
1898	**1220**
mil ochocientos noventa y ocho	mil doscientos veinte

Le cuesta ciento cincuenta mil sucres.

Bueno, para usted... sólo ciento treinta mil sucres.
Pero, señor, no soy rico. ¿Ciento veinte mil sucres?

- When **millón** or **millones** are used before a noun, place **de** between the two.

1.000.000 **de** hombres = un **millón de** hombres
12.000.000 **de** aviones = doce **millones de** aviones
15.000.000 **de** personas = quince **millones de** personas

¡ojo! Note this difference between Spanish and English:

mil millones	**un billón**
a billion (1.000.000.000)	*a trillion (1.000.000.000.000)*
Hay **mil millones** de personas en China.	Hay un **billón** de planetas en el universo.
There are a billion people in China.	*There are a trillion planets in the universe.*

¡Manos a la obra!

Give the Spanish equivalent of each number.

1. 102 *ciento dos*
2. 935 *novecientos treinta y cinco*
3. 5.000.000 *cinco millones*
4. 2001 *dos mil uno*
5. 1776 *mil setecientos setenta y seis*
6. 345 *trescientos cuarenta y cinco*
7. 550.300 *quinientos cincuenta mil trescientos*
8. 235 *doscientos treinta y cinco*
9. 1999 *mil novecientos noventa y nueve*
10. 113 *ciento trece*
11. 205 *doscientos cinco*
12. 2.105 *dos mil ciento cinco*
13. 17.123 *diecisiete mil ciento veintitrés*
14. 497 *cuatrocientos noventa y siete*

6.2 The preterite tense of regular verbs

NATIONAL
comparisons
STANDARDS

▸ The preterite is used to talk about actions or states completed in the past.

Preterite of regular -ar, -er, and -ir verbs

	comprar	vender	escribir
yo	compré / *bought*	vendí / *sold*	escribí / *wrote*
tú	compraste	vendiste	escribiste
Ud./él/ella	compró	vendió	escribió
nosotros/as	compramos	vendimos	escribimos
vosotros/as	comprasteis	vendisteis	escribisteis
Uds./ellos/ellas	compraron	vendieron	escribieron

▸ The preterite endings for regular **-er** and **-ir** verbs are identical. Also, note that all **yo** and **Ud./él/ella** forms have accents on the last syllable.

¿Qué compraste?

Compré esta bolsa.

▸ Note that the **nosotros/as** forms of regular **-ar** and **-ir** verbs in the preterite are identical to the present tense forms. The context will help you tell the difference.

En invierno **compramos** suéteres.
In the winter we buy sweaters.

Anoche **compramos** unas sandalias.
Last night we bought some sandals.

Escribimos poemas en clase.
We write poems in class.

Ya **escribimos** dos veces al presidente.
We already wrote to the president twice.

▸ **-Ar** and **-er** verbs that have a stem change in the present tense do *not* have a stem change in the preterite.

INFINITIVE	PRESENT	PRETERITE
cerrar (e:ie)	Ana cierra la puerta.	Ana cerró la puerta.
volver (o:ue)	Memo vuelve a las dos.	Memo volvió a las dos.
jugar (u:ue)	Él juega al fútbol.	Él jugó al fútbol.
pensar (e:ie)	Pienso mucho.	Pensé mucho.

Práctica

1 Preguntas A pesky friend keeps asking you questions. Respond that you already did or have just done what he/she asks. Use direct object pronouns.

modelo
leer la lección
Estudiante 1: ¿Leíste la lección?
Estudiante 2: Sí, ya la leí./Sí, acabo de leerla.

1. lavar (*to wash*) la ropa
   E1: ¿Lavaste la ropa? E2: Sí, ya la lavé./Sí, acabo de lavarla.
2. encontrar tu tarjeta de crédito
   E1: ¿Encontraste tu tarjeta de crédito? E2: Sí, ya la encontré./Sí, acabo de encontrarl
3. comprar los suéteres
   E1: ¿Compraste los suéteres? E2: Sí, ya los compré./Sí, acabo de comprarlos.
4. practicar los verbos
   E1: ¿Practicaste los verbos? E2: Sí, ya los practiqué./Sí, acabo de practicarlos.
5. empezar la composición
   E1: ¿Empezaste la composición? E2: Sí, ya la empecé./Sí, acabo de empezarla.
6. ver la película *La momia* (*The Mummy*)
   E1: ¿Viste la película La momia*? E2: Sí, ya la vi./Sí, acabo de verla.*

2 ¿Qué hicieron? Combine words from each list to talk about things you and others did. *Answers will vary.*

modelo
Yo leí un buen libro la semana pasada.

¿Quién?	¿Qué?	¿Cuándo?
yo	ver la televisión	anoche
mi compañero/a de cuarto	hablar con un(a) chico/a guapo/a	anteayer
mis amigos y yo	estudiar español	ayer
mis padres	comprar ropa nueva	la semana pasada
mi abuelo/a	leer un buen libro	el año pasado
el/la profesor(a) de español	bailar en el centro comercial	una vez
el presidente de los Estados Unidos	viajar a la Luna (*moon*)	dos veces
mi perro (*dog*)	llegar tarde a clase	
	viajar a Europa	
	escribir una carta	
	llevar ropa muy fea	
	comer siete hamburguesas	

 INSTRUCTIONAL RESOURCES WB, LM, Ans. Key, Lab, IRM (teaching tips), Website

Conversación

3 Encuesta Find out if your partner did the activities listed. Report the results to the class. *Answers will vary.*

modelo

llevar un impermeable ayer
Estudiante 1: ¿Llevaste un impermeable ayer?
Estudiante 2: No, no llevé un impermeable ayer.

Actividades	Respuestas
1. Ver cuatro películas de aventura el año pasado	________
2. Escribir una telenovela (*soap opera*) el mes pasado	________
3. Viajar a Latinoamérica el verano pasado	________
4. Salir con una persona famosa la semana pasada	________
5. Comprar ropa interior ayer	________
6. Recibir un regalo (*gift*) de un(a) "admirador(a) secreto/a" anteayer	________

4 Nuestras vacaciones You took these photos on a vacation with friends. Use the pictures to tell your partner about the trip. *Answers will vary.*

1.

2.

3.

4.

5 ¿Qué hiciste ayer? Get together with a partner and take turns asking each other what you did yesterday, the day before yesterday, and last week. *Answers will vary.*

Verbs with spelling changes

- Verbs that end in **–car**, **–gar**, and **–zar** have a spelling change in the **yo** form of the preterite. All the other forms are regular.

buscar → busqué   llegar → llegué   empezar → empecé

- **Creer**, **leer**, and **oír** have spelling changes in the preterite.

creer: creí, creíste, creyó, creímos, creísteis, creyeron
leer: leí, leíste, leyó, leímos, leísteis, leyeron
oír: oí, oíste, oyó, oímos, oísteis, oyeron

- **Ver** is regular in the preterite, but none of its forms has an accent.

ver → vi, viste, vio, vimos, visteis, vieron

Words commonly used with the preterite

anoche	*last night*	desde... hasta...	*from... until...*
anteayer	*the day before yesterday*	pasado/a	*(adj.) last; past*
		la semana pasada	*last week*
el año pasado	*last year*	una vez	*once; one time*
ayer	*yesterday*	dos veces	*twice; two times*
de repente	*suddenly*	ya	*already*

Compré una camisa **ayer**.
I bought a shirt yesterday.

Miré la televisión **anoche**.
I watched TV last night.

Useful phrases

¿Qué hiciste?	*What did you (fam., sing.) do?*
¿Qué hizo usted?	*What did you (form., sing.) do?*
¿Qué hicieron ustedes?	*What did you (form., pl.) do?*
¿Qué hizo él/ella?	*What did he/she do?*
¿Qué hicieron ellos/ellas?	*What did they do?*

¡ojo! **Acabar de** + [*infinitive*] is used to say that something has just occurred. Note that **acabar** is in the present tense in this construction.

Acabo de comprar un suéter.
I just bought a sweater.

Acabas de ir de compras.
You just went shopping.

¡Manos a la obra!

Give the preterite form of each verb.

1. Elena *celebró* [celebrar].
2. Ellos *oyeron* [oír].
3. Emilio y yo *compramos* [comprar].
4. Los niños *comieron* [comer].
5. Usted *salió* [salir].
6. Yo *llegué* [llegar].
7. Yo *empecé* [empezar].
8. Tú *vendiste* [vender].
9. Ustedes *escribieron* [escribir].
10. Juan *vio* [ver].

6.3 Indirect object pronouns

SUBJECT	INDIRECT OBJECT	VERB	DIRECT OBJECT	INDIRECT OBJECT
Roberto	le	prestó	cien pesos	a Luisa.
Roberto		*loaned*	*100 pesos*	*to Luisa.*

- An indirect object is the noun or pronoun that answers the question *to whom* or *for whom* an action is done. In the example above, the indirect object answers this question: **¿A quién le prestó Roberto cien pesos?** *To whom did Roberto loan 100 pesos?*

Indirect object pronouns

Singular forms		Plural forms	
me	*(to, for) me*	**nos**	*(to, for) us*
te	*(to, for) you (fam.)*	**os**	*(to, for) you (fam.)*
le	*(to, for) you (form.);* *(to, for) him; (to, for) her*	**les**	*(to, for) you (form.);* *(to, for) them*

¿Le puedo servir en algo?

Sí, necesito comprarme un buen suéter.

- The indirect object pronoun and the indirect object noun (to which the pronoun refers) are often used in the same sentence. This is done to emphasize or clarify *to whom* the pronoun refers. The indirect object pronoun is often used without its indirect object noun when the person for whom the action is being done is known.

Iván **le** prestó un lápiz **a Rico**.
Iván loaned a pencil to Rico.

También **le** prestó papel.
He also loaned him paper.

Sabrina **le** compró un café **a Sarah**.
Sabrina bought Sarah a coffee.

También **le** compró un sándwich.
She also bought her a sandwich.

 Since **le** and **les** have multiple meanings, **a** + [*noun*] or **a** + [*pronoun*] is often used to clarify to whom the pronouns refer.

Unclear	Clearer
Ella **les** vendió ropa. *She sold clothing (to them or to you all).*	Ella **les** vendió ropa **a ellos**. *She sold clothing to them.*
Yo **le** presté una camisa. *I loaned a shirt (to you or to him or to her).*	Yo **le** presté una camisa **a Luis**. *I loaned a shirt to Luis.*

 INSTRUCTIONAL RESOURCES WB, LM, Ans. Key, Lab, IRM (teaching tips, info gap), Website

Práctica

1 **Completar** Complete Emilio's description of his family's holiday shopping.

1. Yo ___le___ compré una cartera a mi padre.
2. Mi tía ___me___ compró una corbata muy fea (a mí).
3. Mis primos ___les___ compraron a mis padres dos pares de guantes.
4. A mi mamá yo ___le___ compré un suéter azul.
5. A nosotros mis abuelos ___nos___ compraron muchos regalos.
6. Y yo ___le___ compré una camiseta bonita a mi novia.

2 **Minidiálogos** Supply the missing words.

ESPOSO ¿Vas a comprarme una cartera? ¿Un cinturón?
ESPOSA No, (1) ___voy a comprarte/te voy a comprar___ ropa interior.

. . .

PACO ¿Vas a comprarle un regalo a tu novio?
GISELA ¡No (2) ___voy a comprarle/le voy a comprar___ nada!

. . .

NIÑOS Mamá, ¿vas a leernos un cuento (*story*)?
MAMÁ Sí, (3) ___voy a leerles/les voy a leer___ "Blancanieves" (*Snow White*).

. . .

PROFESORA Andrés, ¿ (4) ___me dices___ la verdad?
ANDRÉS Claro que (*of course*) le digo la verdad, profesora.

. . .

ALFREDO Ramón, (5) ___me puedes prestar/puedes prestarme___ tu bicicleta hoy?
RAMÓN No, no te puedo prestar mi bicicleta. Lo siento, pero es que tienes muchos accidentes.

. . .

ELISA ¿ (6) ___Estás escribiéndole/Le estás escribiendo___ una tarjeta postal a Maripili?
NACHO No, estoy escribiéndoles una tarjeta postal a Laura y Enrique. ¿Por qué?

Conversación

3 **Describir** With a partner, describe what's happening in these photos based on the cues provided. Use indirect object pronouns.

1. escribir / mensaje electrónico
Álex le escribe un mensaje electrónico a un amigo.

2. mostrar / fotos
Javier les muestra las fotos.

3. pedir / llaves
Don Francisco le pide las llaves.

4. vender / suéter
El vendedor le vende el suéter.

4 **Entrevista** Use these questions to interview a classmate. *Answers will vary.*

1. ¿Te gusta ir de compras?
2. ¿Qué tiendas o centros comerciales prefieres?
3. ¿Le compras mucha ropa a tu novio/a?
4. ¿Les compras regalos a tus amigos?
5. ¿Me compraste un regalo el año pasado?
6. Quiero ir de compras. ¿Cuánto dinero me prestas?

5 **¡Somos ricos!** You and your classmates are very rich and want to spend money on your loved ones. In groups of three, discuss what each person is buying. *Answers will vary.*

modelo

Estudiante 1: *Quiero comprarle un vestido nuevo a mi mamá y una camiseta a mi novio.*
Estudiante 2: *Y yo voy a darles un carro nuevo a mis padres. A mis compañeras de cuarto les voy a comprar blusas y faldas nuevas.*
Estudiante 3: *Voy a comprarles una casa a mis padres. Pero a mis amigos no les voy a dar nada.*
Estudiante 1: *¡Qué malo eres!*

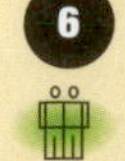

6 **El fin de semana** Your instructor will give you and your partner handouts so that you may complete this information gap activity.

Using indirect object pronouns

- Indirect object pronouns usually precede the conjugated verb. In negative phrases, place the pronoun between **no** and the conjugated verb.

Le compré un abrigo.	**No le compré** nada.
I bought him a coat.	*I didn't buy him anything.*

- When an infinitive or present participle follows the conjugated verb, the indirect object pronoun may be placed before the conjugated verb, or attached to the infinitive or present participle. When a pronoun is attached to a present participle, an accent mark is added.

Estoy mostrándo**les** las fotos.	¿Vas a comprar**le** un regalo?
Les estoy mostrando las fotos.	¿**Le** vas a comprar un regalo?
I'm showing them the photos.	*Are you going to buy a gift for her?*

- The irregular verbs **dar** (*to give*) and **decir** (*to say; to tell*) often occur with indirect object pronouns.

Dar and decir

	dar	decir
yo	doy	digo
tú	das	dices
Ud./él/ella	da	dice
nosotros/as	damos	decimos
vosotros/as	dais	decís
Uds./ellos/ellas	dan	dicen
Present Participle	dando	diciendo

Mi abuela **me da** muchos regalos.	**Te digo** la verdad.
My grandmother gives me lots of gifts.	*I'm telling you the truth.*
Voy a **darle** un beso.	No les **digo** mentiras a mis padres.
I'm going to give her a kiss.	*I don't tell lies to my parents.*

¡Manos a la obra!

Use the cues in parentheses to provide the indirect object pronoun for the sentence. The first item has been done for you.

1. Martha ____le____ quiere dar un regalo. *(to Elena)*
2. Alfonso ____*nos*____ prepara un café. *(for us)*
3. Guillermo y Alejandra ____*me*____ escriben de Cuba. *(to me)*
4. Francisco y yo ____*les*____ compramos unos guantes. *(for them)*
5. Los vendedores ____*te*____ venden ropa. *(to you, fam. sing.)*
6. La dependienta ____*nos*____ enseña los guantes. *(to us)*

NATIONAL
comparisons
STANDARDS

6.4 Demonstrative adjectives and pronouns

Demonstrative adjectives

- Demonstrative adjectives demonstrate or point out nouns. Demonstrative adjectives precede the nouns they modify and agree with them in gender and number.

este vestido	**esos** zapatos	**aquella** tienda
this dress	*those shoes*	*that store (over there)*

Demonstrative adjectives

Singular forms		Plural forms		
MASCULINE	FEMININE	MASCULINE	FEMININE	
este	esta	estos	estas	this; these
ese	esa	esos	esas	that; those
aquel	aquella	aquellos	aquellas	that; those (over there)

- The demonstrative adjectives **este**, **esta**, **estos**, and **estas** are used to point out nouns that are close to both the speaker and the listener.

Me gusta este vestido.

- The demonstrative adjectives **ese**, **esa**, **esos**, and **esas** are used to point out nouns that are not close to the speaker. The objects may, however, be close to the listener.

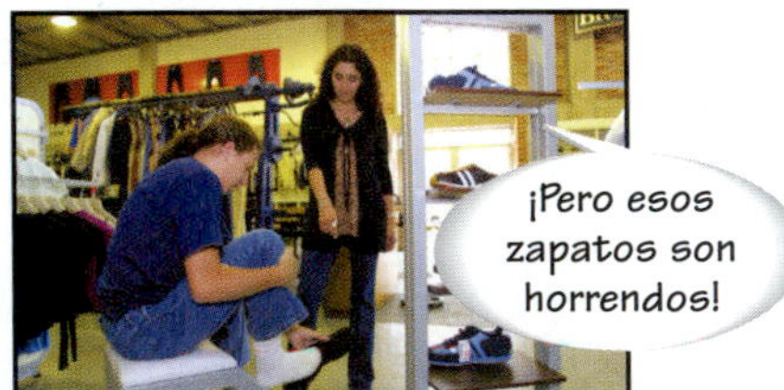
¡Pero esos zapatos son horrendos!

- The demonstrative adjectives **aquel**, **aquella**, **aquellos**, and **aquellas** are used to point out nouns that are far away from both the speaker and the listener.

Aquella tienda es mi favorita.

Práctica

1 En un almacén Gabriel and María are at a department store. Complete their conversation.

MARÍA No me gustan (1) ___esos___ (*those*) pantalones. Voy a comprar (2) ___éstos___ (*these*).

GABRIEL Yo prefiero (3) ___aquéllos___ (*those over there*).

MARÍA Sí, me gustan a mí también. ¿Qué piensas de (4) ___estos___ (*these*) cinturones?

GABRIEL (5) ___Éstos___ (*these*) cuestan demasiado (*too much*).

MARÍA También busco un vestido elegante. ¿Te gusta (6) ___éste___ (*this one*)?

GABRIEL No, es muy feo. ¿Necesitas una falda nueva? (7) ___Ésta___ (*this one*) es bonita.

MARÍA No, no necesito una falda. Vamos, Gabriel. Me gusta (8) ___este___ (*this*) almacén, pero (9) ___aquél___ (*that one over there*) es mejor (*better*).

2 ¿De qué color es? Use demonstrative adjectives and pronouns to discuss the colors of your classmates' clothing.
Answers will vary.

rojo/a
amarillo/a
azul
verde
anaranjado/a
blanco/a
café
negro/a

modelo

Estudiante 1: ¿Esos zapatos son azules?
Estudiante 2: No, ésos son verdes. Aquéllos son azules.
Estudiante 1: Y esa camiseta, ¿es roja?
Estudiante 2: No, ésa es blanca. Aquélla es roja.

 INSTRUCTIONAL RESOURCES WB, LM, Ans. Key, Lab, IRM (teaching tips), Website

Conversación

3 Nuestros compañeros Get together with a partner and take turns asking each other questions about the people around you. *Answers will vary.*

¿Cómo se llama... ?	¿Cómo es/son... ?
¿Qué clases toma(n)... ?	¿De dónde es/son... ?
¿Cuándo... ?	¿De quién es/son... ?
¿A qué hora... ?	¿Cuántos años tiene(n)... ?

modelo

Estudiante 1: *¿De dónde es ese chico?*
Estudiante 2: *Es de Nueva York. ¿De dónde es esa chica?*
Estudiante 1: *Creo que es de Los Ángeles. ¿Qué clases toma aquella chica?*
Estudiante 2: *Ella toma inglés, español y arte.*

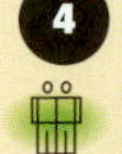

4 En una tienda You and a classmate are in a small clothing store. Look at the illustration, then have a conversation about what you see around you. *Answers will vary.*

modelo

Estudiante 1: *¿Te gusta esa chaqueta que está debajo de las camisas?*
Estudiante 2: *No, prefiero aquélla que está al lado de los pantalones. ¿Dónde están los zapatos?*
Estudiante 1: *Están en el centro de la tienda.*

Demonstrative pronouns

- Demonstrative pronouns are identical to demonstrative adjectives, except that they carry an accent mark on the stressed vowel. They agree in number and gender with the corresponding noun.

No me gusta **este** suéter. Prefiero **ése**.
I don't like this sweater. I prefer that one.

Ella quiere comprar **esa** bolsa, no **aquélla**.
She wants to buy that purse, not that one over there.

No voy a comprar **estos** zapatos. Quiero **aquéllos**.
I'm not going to buy these shoes. I want those ones over there.

¿Qué precio tienen **esos** pantalones? **Ésos** cuestan quince dólares.
How much do those pants cost? Those cost fifteen dollars.

Demonstrative pronouns

Singular forms		Plural forms		
MASCULINE	FEMININE	MASCULINE	FEMININE	
éste	ésta	éstos	éstas	*this one; these*
ése	ésa	ésos	ésas	*that one; those*
aquél	aquélla	aquéllos	aquéllas	*that one; those (over there)*

- There are three neuter forms: **esto**, **eso**, and **aquello**. These forms refer to unidentified or unspecified nouns, situations, and ideas. They do not change in gender or number and never carry an accent mark.

¿Qué es **esto**?
What's this?

Eso es interesante.
That's interesting.

Aquello es bonito.
That's pretty.

¡Manos a la obra!

Provide the correct form of the demonstrative adjective and demonstrative pronoun for these nouns.

1. la falda / este — *esta falda; ésta*
2. los estudiantes / este — *estos estudiantes; éstos*
3. los países / aquel — *aquellos países; aquéllos*
4. la ventana / ese — *esa ventana; ésa*
5. los periodistas / ese — *esos periodistas; ésos*
6. las empleadas / ese — *esas empleadas; ésas*
7. el chico / aquel — *aquel chico; aquél*
8. las sandalias / este — *estas sandalias; éstas*
9. el autobús / ese — *ese autobús; ése*
10. las chicas / aquel — *aquellas chicas; aquéllas*
11. el abrigo / aquel — *aquel abrigo; aquél*
12. los pantalones / este — *estos pantalones; éstos*
13. las medias / ese — *esas medias; ésas*
14. la bolsa / aquel — *aquella bolsa; aquélla*

Repaso

6.1 Numbers 101 and higher

1 **Inventario *(Inventory)*** You are taking inventory in a store. With a partner, take turns asking how many items there are.

modelo cinturones: 274

Estudiante 2: *Hay doscientos setenta y cuatro cinturones.*

1. abrigos: 190
   E2: Hay ciento noventa abrigos.
2. chaquetas: 351
   E2: Hay trescientas cincuenta y una chaquetas.
3. pares de botas: 436
   E2: Hay cuatrocientos treinta y seis pares de botas.
4. camisas: 912
   E2: Hay novecientas doce camisas.
5. faldas: 685
   E2: Hay seiscientas ochenta y cinco faldas.
6. vestidos: 562
   E2: Hay quinientos sesenta y dos vestidos.
7. suéteres: 829
   E2: Hay ochocientos veintinueve suéteres.
8. corbatas: 743
   E2: Hay setecientas cuarenta y tres corbatas.

2 **Estadísticas** With a partner, take turns asking each other what the populations of these countries are.

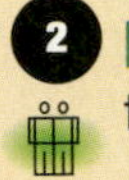

modelo

Estudiante 1: *¿Cuál es la población (population) de Colombia? (45.600.000)*
Estudiante 2: *Colombia tiene cuarenta y cinco millones seiscientos mil habitantes (inhabitants).*

Poblaciones

México: 110.139.000 *E2: México tiene ciento diez millones ciento treinta y nueve mil habitantes.*
España: 43.064.000 *E2: España tiene cuarenta y tres millones sesenta y cuatro mil habitantes.*
Venezuela: 26.749.000 *E2: Venezuela tiene veintiséis millones setecientos cuarenta y nueve mil habitantes.*
Cuba: 11.369.000 *E2: Cuba tiene once millones trescientos sesenta y nueve mil habitantes.*
Rep. Dominicana: 9.026.000 *E2: La República Dominicana tiene nueve millones veintiséis mil habitantes.*
Puerto Rico: 4.091.000 *E2: Puerto Rico tiene cuatro millones noventa y un mil habitantes.*

6.2 The preterite tense of regular verbs

3 **Completar** Complete this conversation with the appropriate verb form using the preterite.

OMAR Pedro, ¿(1) *asististe* [asistir] al partido de fútbol anoche? Te (2) *llamé* [llamar] pero tú no (3) *contestaste* [contestar].

PEDRO Dora y yo (4) *decidimos* [decidir] no ir. (Nosotros) (5) *Miramos* [mirar] un video.

OMAR Entonces, (6) ¿*oíste* [oír] (tú) que *(that)* los Dorados (7) *ganaron* [ganar]? Te (8) *perdiste* [perder] un partido fenomenal. Todos (9) *jugaron* [jugar] muy bien y Álvarez (10) *hizo* [hacer] dos goles *(goals)*. Nosotros (11) *celebramos* [celebrar] en El Reloj. (Nosotros) (12) *Bailamos* [bailar] mucho.

4 **Una cita** Get together with a partner and take turns asking and answering questions about a recent date **(una cita reciente)** you had.
Answers will vary.

- Find out whom he or she went out with and what time they left
- Ask what he or she wore
- Find out what they did on their date and what time they returned home
- Ask if he or she is going to go out with the person again

6.3 Indirect object pronouns

5 **Encuesta** Using indirect object pronouns, find out to or for whom your partner usually does these things. *Answers will vary.*

modelo abrir la puerta

Estudiante 1: *¿A quién(es) abres la puerta?*
Estudiante 2: *Les abro la puerta a las mujeres.*

Actividades	¿A quiénes?
1. Dar regalos	________
2. Mostrar las compras	________
3. Prestar ropa	________
4. Pedir favores	________
5. Dar un beso	________
6. Decir mentiras	________
7. Hablar en español	________

6 **Combinar** Combine indirect object pronouns with the words from each column to create sentences about yourself and these people.
Answers will vary.

modelo El profesor les explicó la tarea a ellos.

¿Quién?	¿Qué?	¿A quién?
Yo	(no) explicar la tarea	mí
Tú	preguntar	ti
Mi amigo/a	contestar	el/la novio/a
Mi hermano/a	enseñar español	mi compañero/a
El/La profesor(a)	buscar un libro	nosotros
Él/Ella	explicar el problema	los padres
Nosotros	vender la motocicleta	ellos/as
Mis padres	prestar $20.00	el/la profesor(a)
Los chicos	comprar un abrigo	tu primo

6.4 Demonstrative adjectives and pronouns

7 **¿De quién es?** Some passengers left these items on your tour bus, and the driver wants to know to whom they belong. With a partner, alternate asking and answering the questions using the cues provided.

modelo

Estudiante 1: *¿De quién es esta chaqueta?*
Estudiante 2: *¿Ésa? Es de Daniel.*

1. Raquel

E1: ¿De quién es este sombrero?
E2: ¿Ése? Es de Raquel.

2. Miguel

E1: ¿De quién son estas sandalias?
E2: ¿Ésas? Son de Miguel.

3. Señor Romero

E1: ¿De quién es este suéter?
E2: ¿Ése? Es del señor Romero.

4. Señora Espinosa

E1: ¿De quién es esta bolsa?
E2: ¿Ésa? Es de la señora Espinosa.

5. yo

E1: ¿De quién son estas gafas (de sol)?
E2: ¿Ésas? Son mis gafas (de sol).

6. Señora Cifuentes

E1: ¿De quién es esta cartera?
E2: ¿Ésa? Es de la señora Cifuentes.

Síntesis

8 **Hacer las compras en Internet** In groups of three, discuss your online shopping experiences.
Answers will vary.

- Explain why you like or don't like to shop on the Internet.
- Describe the items you bought on the Internet in the past year, for whom you bought each item, how much each item cost and where you bought it. If you have one or more of the items with you, show it to the group as you talk about it.
- Explain how you paid (pagar) for your purchases.

Ritmos hispanos

Maná:
Una banda de música pop

The Mexican group **Maná** started in the mid 1970's when the lead singer Fernando Olvera and his friends formed the garage band *Green Hat*. In 1986, drummer Alex Gonzalez was added to the band under the new name Maná. Since then, the group has been followed by a growing number of fans around the world. Their music blends rock with more mellow pop sounds and hints of calypso and reggae. In fall 2000, they won the first annual Latin Grammy Award for Best Pop Performance with *Se me olvidó otra vez* from their *MTV Unplugged* CD. The members of the band address environmental problems in their lyrics and also in their actions. In fact, they started the non-profit foundation Selva Negra to fund several projects, including protecting the Pacific Coastline, saving turtles threatened with extinction, and providing food to needy communities.

Discografía selecta

- *Maná* (1987; 4 Gold albums)
- *¿Dónde jugarán los niños?* (1992; Latin Billboard Award)
- *Cuando los ángeles lloran* (1995)
- *Sueños líquidos* (1997; Grammy: Best Latin Rock Performance)
- *MTV Unplugged* (1999: Latin Billboard Award; Latin Grammy: Best Pop Performance)
- *Revolución de amor* (2002; Latin Grammy: Best Latin Rock Album)

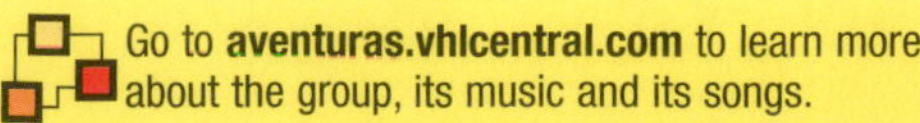
Go to **aventuras.vhlcentral.com** to learn more about the group, its music and its songs.

Ampliación

1 Escuchar

A Listen to Marisol and Alicia's conversation. Make a list of the clothing items that each person mentions, then note if she actually purchased it.

TIP Listen for linguistic cues. Listening for the verb endings of conjugated verbs will help you identify when an event occurs—in the past, present, or future. Verb endings also give cues about who is doing the action.

Marisol	Alicia
1. *pantalones* ✓	1. *falda*
2. *blusa* ✓	2. *blusa*
3. ________	3. *zapatos*
4. ________	4. *cinturón*

B ¿Crees que la moda (*fashion*) es importante para Alicia? ¿Y para Marisol? ¿Por qué? En tu opinión, ¿es importante estar a la moda (*to be in fashion*)? *Answers will vary.*

2 Conversar

With a classmate, take turns playing the roles of a shopper and a clerk in a clothing store. Use the following guidelines. *Answers will vary.*

- The shopper talks about the clothing he/she is looking for as a gift, mentions for whom the clothes are intended, and says what he/she bought for the same person last year
- The clerk recommends items, based on the shopper's descriptions
- The shopper asks how much items cost, and the clerk answers

recursos

WB pp. 55–62	LM pp. 33–36	Text MP3s Lección 6	Lab MP3s Lección 6	aventuras.vhlcentral.com Lección 6

1 SCRIPT
Marisol: Oye, Alicia, ¿qué estás haciendo?
Alicia: Estudiando no más. ¿Qué hay de nuevo?
Marisol: Acabo de comprarme esos pantalones que andaba buscando.
Alicia: ¿Los encontraste en el centro comercial? ¿Y cuánto te costaron?
Marisol: Míralos. ¿Te gustan? En el almacén Melo tienen tremenda rebaja. Como estaban baratos me compré una blusa también. Es de cuadros pero creo que hace juego con los pantalones por e color rojo. ¿Qué piensas?
Alicia: Es de los mismos colores que la falda y la blusa que llevaste cuando fuimos al cine anoche. La verdad es que te quedan muy bien esos colores. ¿No encontraste unos zapatos y un cinturón para completar el juego?
Marisol: No lo digas ni de chiste. Mi tarjeta de crédito está que no aguanta más. Y trabajé poco la semana pasada. ¡Acabo de gastar todo el dinero para la semana!
Alicia: ¡Ay, chica! Fui al centro comercial el mes pasado y encontré unos zapatos muy, pero muy de moda. Muy caros… pero buenos. No me los compré porque no los tenían en mi número. Voy a comprarlos cuando lleguen más… el vendedor me va a llamar.
Marisol: Ajá… ¿Y va a invitarte a salir con él?
Alicia: ¡Ay! ¡No seas así! Ven, vamos al café. Te ves muy bie y no hay que gastar eso aquí.
Marisol: De acuerdo. Vamos.

2 SUGGESTION Review the vocabulary for clothing, colors and adjectives, and the **Expresiones útiles**.

INSTRUCTIONAL RESOURCE Text MP3s, WB, LM, Ans. Key, Lab, Website

Ampliación

3 Escribir

Write a report for the school newspaper about an interview you conducted with a student concerning his or her shopping habits and clothing preferences.
Answers will vary.

TIP Reporting an interview. You may transcribe the interview verbatim, simply summarize it, or summarize it with occasional speaker quotes. Your report will be more interesting if you include a title and introduction, and end with a conclusion.

Organízalo	Use an idea map to organize the interview questions and develop an outline for your report. Then brainstorm a title for your report.
Escríbelo	Using your outline as a guide, write the first draft of your report.
Corrígelo	Exchange papers with a classmate and comment on the report's title, introduction, conclusion, organization, level of interest, and correctness. Then revise your first draft, with your classmate's comments in mind.
Compártelo	Exchange reports in groups of four. Give a superlative title to each report on the basis of its strongest points, for example, "best use of Spanish" or "most interesting questions."

4 Un paso más

Develop a business plan to open a store in a Spanish–speaking country.
Answers will vary.

- Decide which products you are going to sell and select an appealing name for your store
- Choose a location for your store
- Include a visual presentation of your products
- Itemize your products' prices and your expected profits
- Explain why you think your store will be successful

En Internet

Investiga estos temas en el sitio aventuras.vhlcentral.com.

- Tiendas y almacenes famosos
- La moneda de los países hispanos

3 EVALUATION

Criteria	Scale
Content	1 2 3 4
Organization	1 2 3 4
Accuracy	1 2 3 4
Oral Presentation	1 2 3 4
Creativity	1 2 3 4

Scoring	
Excellent	18–20 points
Good	14–17 points
Satisfactory	10–13 points
Unsatisfactory	< 10 points

4 SUGGESTION Students may acquire templates of business plans from the Small Business Administration (www.sba.gov) or SCORE (Service Corps of Retired Executives, www.score.org).

4 EXPANSION Have students work in pairs to create a mini drama of a meeting with the banker whose financial backing is critical. Remind students that the meeting should reflect a formal, business-like atmosphere. Would the class as a whole back the business plan? Why or why not?

4 EVALUATION

Criteria	Scale
Content	1 2 3 4 5
Organization	1 2 3 4 5
Accuracy	1 2 3 4 5
Creativity	1 2 3 4 5

Scoring	
Excellent	18–20 points
Good	14–17 points
Satisfactory	10–13 points
Unsatisfactory	< 10 points

Antes de leer

Skimming involves quickly reading through a document to absorb its general meaning. This strategy allows you to understand the main ideas without having to read word for word. Skim the reading selection to get its general meaning.

Examinar el texto

Look at the format of the reading selection. How is it organized? What does the organization of the document tell you about its content?

Buscar cognados

Scan the reading selection to locate cognates and write a few of them down. Based on the cognates, what is the reading selection about?

1. *suéter*
2. *pantalones*
3. *blusas*
4. *chaquetas*
5. *precio*
6. The reading selection is about *ropa*.

Impresiones generales

Now skim the reading selection to understand its general meaning. Jot down your impressions. What new information did you learn about the document by skimming it? Based on all the information you have, answer these questions.

1. Who produced this document?
2. What is its purpose?
3. Who is its intended audience?

GAME Write items of clothing on slips of paper. Divide the class into two teams. Have a member of one team draw a slip. That team member pantomimes putting on the clothing while the other team guesses what the item is. The team with the most correct answers wins.

El Palacio de la

¡Donde la rebaja es la reina! ¡Aproveche nuestras oferta

Abierto de lunes a viernes de 10 a 21 horas • sábado de 12 a 20 hora

Suéter de algodón para mujeres/todas las tallas Rebajados de 3.450,00 PESOS A SÓLO 2.760,00 PESOS

Pantalones formales para caballeros/colores gris, negro y azul con el 30% de rebaja, de 5.200,00 PESOS A SÓLO 3.640,00 PESOS

Hermosas **blusas** de seda para damas/tallas mediana y grande Rebajadas de 2.030,00 PESOS al increíble precio de 1.450,00 PESOS

Elegantes **chaquetas** para caballeros/colores café, negro, azul y verde con rebaja del 25%, de 5.370,00 PESOS A SÓLO 4.027,50 PESOS

INSTRUCTIONAL RESOURCE Website

GANGA

Aceptamos todas las tarjetas de crédito.

Faldas largas para mujeres/colores café, morado, azul y gris
rebajadas de 2.468,00 PESOS
A SÓLO 1.974,00 PESOS

Baratos **trajes de baño**
para hombres en amarillo, blanco, azul, verde y morado
Con rebaja del 40%, de 1.384,00 PESOS A SÓLO 830,40 PESOS

Nuevo **modelo de botas**
Para mujeres
Números 35 a 38
Rebajados de 3.370,00 PESOS A SÓLO 2.596,00 PESOS

Zapatos de tenis
Para hombres
Números 40 a 45
rebajados de 2.976,00 PESOS A SÓLO 2.315,00 PESOS

Después de leer

¿Comprendiste?

Indicate whether each statement is **cierto** or **falso.** Correct the false statements.

Cierto	Falso	
✓		1. Con 4.000 pesos un cliente puede comprar un pantalón formal para hombre.
✓		2. Normalmente las blusas de seda cuestan más de 2.000 pesos.
	✓	3. El Palacio de la Ganga abre a las diez de la mañana los domingos. *No abre los domingos.*
✓		4. Una elegante chaqueta azul cuesta 4.027,50 pesos.
	✓	5. Los trajes de baño para hombre tienen una rebaja del veinticinco por ciento. *Tienen una rebaja del cuarenta por ciento.*
	✓	6. Hay rebaja de suéteres de algodón para hombres. *Hay rebaja de suéteres para mujeres.*
✓		7. El Palacio de la Ganga acepta tarjetas de crédito.
✓		8. El Palacio de la Ganga está abierto los sábados.

Preguntas

1. ¿Cuánto cuestan los zapatos de tenis?
   Los zapatos de tenis cuestan 2.315 pesos.
2. ¿Hay rebaja de blusas de algodón?
   No, hay rebaja de blusas de seda.
3. ¿Hay rebaja de ropa para niños en el Palacio de la Ganga? *No, no hay rebaja de ropa para niños.*
4. ¿Hay rebaja de minifaldas? *No, hay rebaja de faldas largas.*

Coméntalo

Imagina que vas a ir al Palacio de la Ganga. ¿Qué ropa vas a comprar? ¿Hay tiendas similares al Palacio de la Ganga en tu comunidad? ¿Cómo se llaman? ¿Tienen muchas rebajas?

Answers will vary.

el palacio *palace*
la reina *queen*
aproveche *take advantage of*
caballeros *gentlemen*
damas *ladies*

6 VOCABULARIO

La ropa

el abrigo	*coat*
los bluejeans	*jeans*
la blusa	*blouse*
la bolsa	*bag; purse*
las botas	*boots*
los calcetines	*socks*
la camisa	*shirt*
la camiseta	*t-shirt*
la cartera	*wallet*
la chaqueta	*jacket*
el cinturón	*belt*
la corbata	*tie*
la falda	*skirt*
las gafas (de sol)	*(sun)glasses*
los guantes	*gloves*
el impermeable	*raincoat*
las medias	*pantyhose; stockings*
los pantalones	*pants*
los pantalones cortos	*shorts*
el par	*pair*
la ropa	*clothing, clothes*
la ropa interior	*underwear*
las sandalias	*sandals*
el sombrero	*hat*
el suéter	*sweater*
el traje	*suit*
el traje de baño	*bathing suit*
el vestido	*dress*
los zapatos	*shoes*
los zapatos de tenis	*sneakers*

Adjetivos

barato/a	*cheap*
bueno/a	*good*
cada	*each*
caro/a	*expensive*
corto/a	*short*
elegante	*elegant*
hermoso/a	*beautiful*
largo/a	*long*
loco/a	*crazy*
nuevo/a	*new*
otro/a	*other; another*
pobre	*poor*
rico/a	*rich*

De compras

el almacén	*department store*
la caja	*cash register*
el centro comercial	*shopping mall*
el/la cliente/a	*client*
el/la dependiente/a	*clerk*
el dinero	*money*
el mercado (al aire libre)	*(open-air) market*
el precio (fijo)	*(fixed, set) price*
la rebaja	*sale*
la tarjeta de crédito	*credit card*
la tienda	*shop, store*
el/la vendedor(a)	*salesperson*
costar (o:ue)	*to cost*
gastar	*to spend (money)*
hacer juego (con)	*to match*
ir de compras	*to go shopping*
llevar	*to wear*
regatear	*to bargain*
usar	*to wear; to use*
vender	*to sell*

Palabras y expresiones

anoche	*last night*
anteayer	*the day before yesterday*
el año pasado	*last year*
ayer	*yesterday*
de repente	*suddenly*
desde	*from*
hasta	*until*
pasado/a	*(adj.) last; past*
la semana pasada	*last week*
una vez	*once; one time*
dos veces	*twice; two times*
ya	*already*
el beso	*kiss*
la mentira	*lie*
el regalo	*gift*
la verdad	*truth*
¿Qué hiciste?	*What did you (fam., sing.) do?*
¿Qué hizo usted?	*What did you (form., sing.) do?*
¿Qué hizo él/ella?	*What did he/she do?*
¿Qué hicieron ustedes?	*What did you (form., pl.) do?*
¿Qué hicieron ellos/ellas?	*What did they do?*
acabar de (+ inf.)	*to have just done something*
dar	*to give*
decir	*to say; to tell*
prestar	*to loan*

Los colores	*See page 141.*
Expresiones útiles	*See page 147.*
Numbers 101 and higher	*See page 150.*
Indirect object pronouns	*See page 154.*
Demonstrative adjectives and pronouns	*See pages 156–157.*

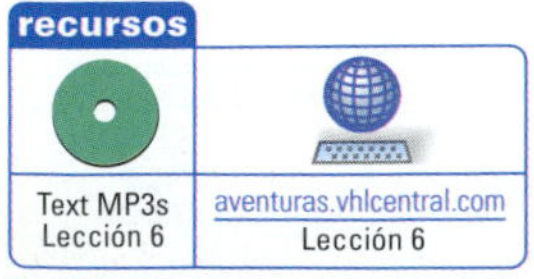

INSTRUCTIONAL RESOURCES Text MP3s, IRM (additional vocabulary), Test Program, Test MP3s, Website

AVENTURAS EN LOS PAÍSES HISPANOS

El mar Caribe, de aguas cálidas *(warm)* y transparentes, está al este de América Central y rodea *(surrounds)* a las Islas Antillas. Cuba, Puerto Rico y República Dominicana son tres de estas islas. El Caribe goza *(enjoys)* de un clima tropical todo el año. Las plantas y animales del Caribe son muy variados y exóticos. Personas de todo el mundo *(world)* viajan al Caribe para disfrutar *(to enjoy)* del clima, la naturaleza y las hermosas playas. ¿Te gustaría ir al Caribe algún día?

EL CARIBE

Puerto Rico

Área: 8.959 km^2 (3.459 millas^2)
Población: 4.091.000
Capital: San Juan – 1.466.000
Ciudades principales: Caguas, Mayagüez, Ponce
Moneda: dólar estadounidense

SOURCE: Population Division, UN Secretariat

Cuba

Área: 110.860 km^2 (42.083 millas^2)
Población: 11.369.000
Capital: La Habana – 2.306.000
Ciudades principales: Santiago de Cuba, Camagüey, Holguín, Guantánamo
Moneda: peso cubano

SOURCE: Population Division, UN Secretariat

República Dominicana

Área: 48.730 km^2 (18.815 millas^2)
Población: 9.026.000
Capital: Santo Domingo – 2.889.000
Ciudades principales: Santiago de los Caballeros, La Vega
Moneda: peso dominicano

SOURCE: Population Division, UN Secretariat

ESTADOS UNIDOS

Lugares

La Habana Vieja

La Habana Vieja es la parte antigua *(old)* de la capital de Cuba. Fue *(was)* declarada Patrimonio Cultural de la Humanidad por la UNESCO en 1982. Tiene muchas construcciones coloniales, como el Palacio de los Capitanes generales, que ahora es un museo. También hay calles estrechas *(narrow)* y casas antiguas con balcones.

Estrecho de la Florida

ISLAS BAHAMAS

La Habana

Cordillera de los Órganos

Isla de la Juventud

CUBA

Mar de las Antillas

Camagüey

Holguín

Sierra Maestra

Santiago de Cuba

Guantána

Deportes

El béisbol

El béisbol es un deporte muy popular en el Caribe. Los primeros países hispanos en tener una liga de béisbol fueron *(were)* Cuba y México, en el siglo XIX. El béisbol es el deporte nacional de la República Dominicana. David Ortiz y Pedro Martínez son dos de los muchos beisbolistas dominicanos que alcanzaron *(achieved)* la fama en este deporte.

JAMAICA

INSTRUCTIONAL RESOURCES WB, VM, Ans. Key, OT, DVD, IRM (videoscripts, translations), Website

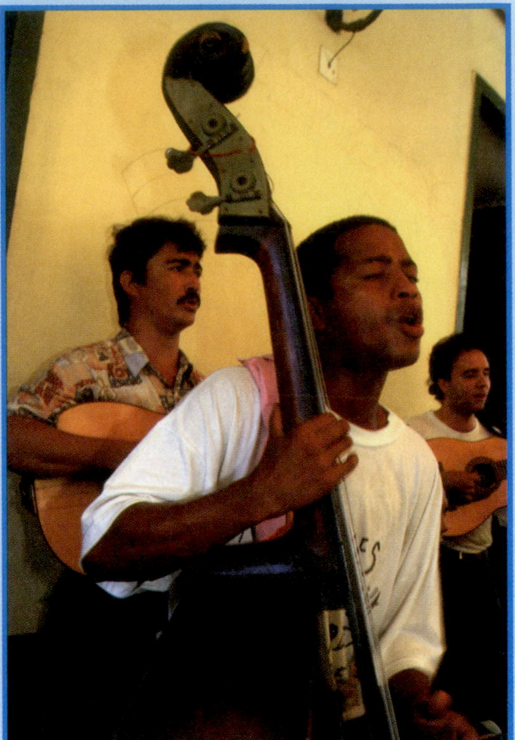

Océano Atlántico

Música

La salsa y el merengue

La música salsa nació en Nueva York entre los inmigrantes de Puerto Rico y Cuba. Esta música es muy rítmica y está hecha *(is made)* para bailar. Tiene ese nombre porque es la "salsa" *(sauce)* de las fiestas. Tres de los músicos de salsa más populares son Tito Puente, Willie Colón y Héctor Lavoe.

El merengue, una música tradicional de la República Dominicana, tiene sus raíces *(roots)* en el campo. Tradicionalmente, las canciones eran *(were)* historias de los problemas sociales de los campesinos *(country people)*. El merengue también está hecho para bailar. Hay muchos músicos de merengue famosos internacionalmente. Juan Luis Guerra es uno de ellos.

Monumentos

El Morro

El Morro es un fuerte *(fort)* que está en la bahía *(bay)* de San Juan, Puerto Rico. Lo hicieron los españoles en el siglo *(century)* XVI para defenderse de los piratas. Desde mil novecientos sesenta y uno, El Morro es un museo que atrae *(attracts)* a miles de turistas. También es el sitio más fotografiado de Puerto Rico. La arquitectura del fuerte es impresionante. Tiene túneles misteriosos, mazmorras *(dungeons)* y vistas *(views)* fabulosas de la bahía.

Hispanos en los Estados Unidos

Puerto Rico

Benicio del Toro, actor (Premio Oscar)
Esmeralda Santiago, escritora
Gigi Fernández, tenista (medalla olímpica)

Cuba

Cameron Diaz, actriz
Nilo Cruz, compositor musical (Premio Pulitzer)
Ray Rodríguez, empresario Univision

La República Dominicana

Felix Berroa, pintor
Michelle Jiménez, bailarina
Zoé Saldaña, actriz

Puerto Plata
Santiago
HAITÍ
Río Yuna
LA REPÚBLICA DOMINICANA
Sierra de Neiba
Sierra de Baoruco
Santo Domingo
San Pedro de Macorís
San Juan
Arecibo
Fajardo
Isla Culebra
Mayagüez
Ponce
Isla de Vieques
PUERTO RICO

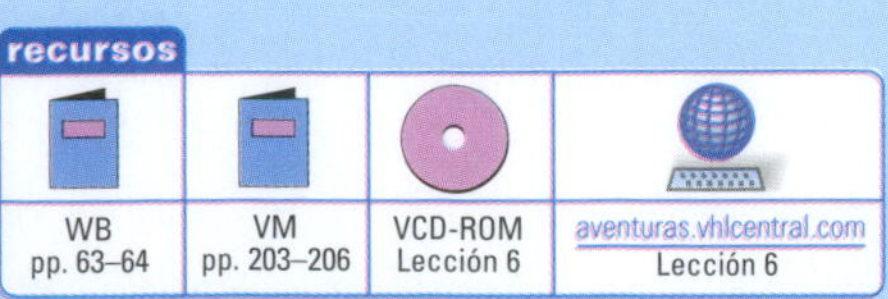

¿Qué aprendiste?

1 ¿Cierto o falso? Indica si las siguientes frases son **ciertas** o **falsas**.

	Cierto	Falso
1. El mar Caribe está al Norte de América Central.		✓
2. El área de Cuba es mayor que el área de Puerto Rico.	✓	
3. San Juan es la capital de Puerto Rico.	✓	
4. El Morro fue construido por los piratas en el siglo XVI.		✓
5. El Morro es actualmente un museo.	✓	
6. La Habana Vieja es Patrimonio Cultural de la Humanidad.	✓	
7. La Habana Vieja es la parte nueva de la capital de Cuba.		✓
8. Los primeros países hispanos en tener una liga de béisbol fueron Chile y Uruguay.		✓
9. El béisbol es el deporte nacional de la República Dominicana.	✓	
10. La salsa nació en Nueva York.	✓	
11. El merengue tiene sus raíces en la ciudad.		✓
12. Juan Luis Guerra es un cantante de merengue.	✓	

2 Preguntas Contesta las siguientes preguntas con frases completas. *Answers will vary.*

1. ¿Dónde está el mar Caribe? ¿Cómo son sus aguas?
2. ¿Cómo es la arquitectura del fuerte El Morro?
3. ¿Por qué crees que la Habana Vieja fue declarada Patrimonio Cultural de la Humanidad?
4. ¿En qué países del Caribe es popular el béisbol?
5. ¿En qué país nació la música salsa? ¿En qué país nació el merengue?

En Internet

Busca más información sobre estos temas en el sitio aventuras.vhlcentral.com. Presenta la información a tus compañeros/as de clase.

- El Morro
- La Habana Vieja
- El béisbol
- La salsa y el merengue

7 La vida diaria

PARA EMPEZAR Here are some additional questions you can ask based on the photo: **¿Con quién vives? ¿Qué le dices antes de salir de casa? ¿Qué tipo de ropa llevas para ir a tus clases? ¿Les prestas esta ropa a tus amigos/as? ¿Qué ropa usaste en el verano? ¿Y en el invierno?**

Communicative Goals

You will learn how to:

- tell where you went
- talk about daily routines and personal hygiene
- reassure someone

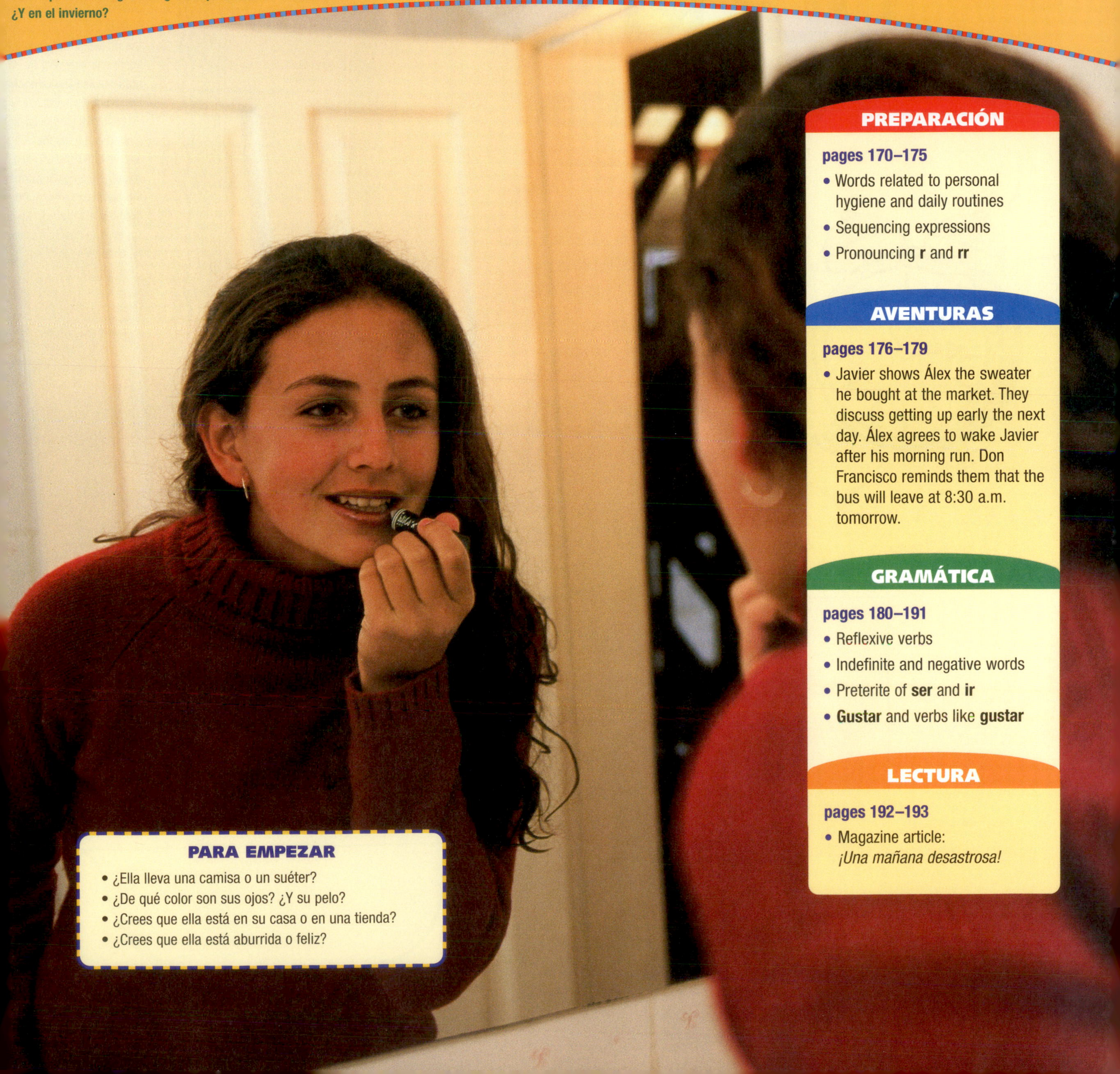

PREPARACIÓN

pages 170–175

- Words related to personal hygiene and daily routines
- Sequencing expressions
- Pronouncing **r** and **rr**

AVENTURAS

pages 176–179

- Javier shows Álex the sweater he bought at the market. They discuss getting up early the next day. Álex agrees to wake Javier after his morning run. Don Francisco reminds them that the bus will leave at 8:30 a.m. tomorrow.

GRAMÁTICA

pages 180–191

- Reflexive verbs
- Indefinite and negative words
- Preterite of **ser** and **ir**
- **Gustar** and verbs like **gustar**

LECTURA

pages 192–193

- Magazine article: *¡Una mañana desastrosa!*

PARA EMPEZAR

- ¿Ella lleva una camisa o un suéter?
- ¿De qué color son sus ojos? ¿Y su pelo?
- ¿Crees que ella está en su casa o en una tienda?
- ¿Crees que ella está aburrida o feliz?

LA VIDA DIARIA

LA HIGIENE PERSONAL

cepillarse el pelo *to brush one's hair*
ducharse *to shower*
lavarse la cara *to wash one's face*
las manos *to wash one's hands*
maquillarse *to put on makeup*
peinarse *to comb one's hair*

el baño *bathroom*
el champú *shampoo*
la crema de afeitar *shaving cream*
el maquillaje *makeup*
la rutina diaria *daily routine*
la toalla *towel*

el espejo
mirror

SUGGESTION Use the overhead transparencies to present the new vocabulary. Create two columns on the board and write **Por la mañana** and **Por la noche** at the top of each. Discuss your own morning and evening routine and write the appropriate tasks in each column. Ex: **Por la mañana me despierto a las 7:00. Me ducho y me visto**. Then ask students to describe their routines using the two columns.

el despertador
alarm clock

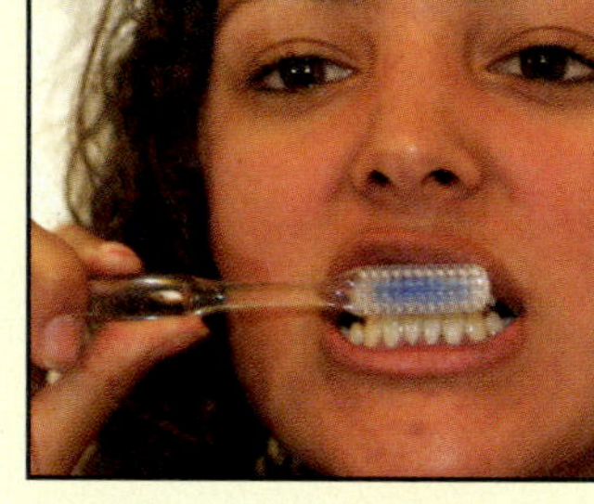

cepillarse los dientes
to brush one's teeth

el jabón
soap

afeitarse
to shave

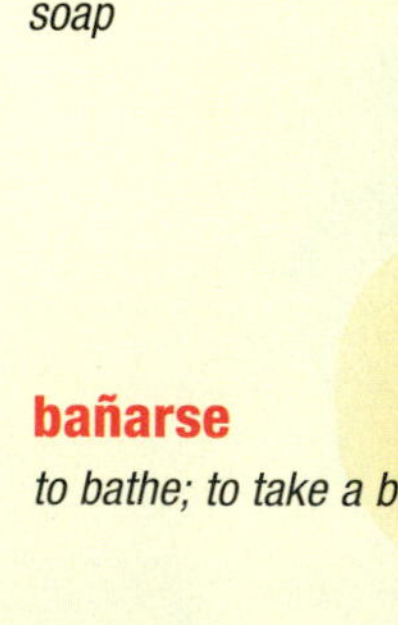

bañarse
to bathe; to take a bath

recursos

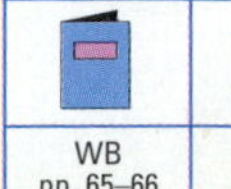				
WB pp. 65–66	LM p. 37	Text MP3s Lección 7	Lab MP3s Lección 7	aventuras.vhlcentral.com Lección 7

INSTRUCTIONAL RESOURCES WB, LM, Ans. Key, Lab, Text MP3s, IRM (tapescript, additional vocabulary), Website

LA MAÑANA Y ...OR LA NOCHE

...o:ue) *to lie down; to go to bed*

...e (e:ie) *to wake up*

...i) *to get dressed*

...ariación léxica

... ⟷ rasurarse (*Méx., Amér. C.*)

... ⟷ regadera (*Col., Méx., Venez.*)

ducharse ⟷ bañarse (*Amér. L.*)

dormirse (o:ue)
to go to sleep; to fall asleep

levantarse
to get up

EXPANSION Divide the class into two teams to play this game. Have a person from each team take turns acting out various actions associated with a daily routine for their team to identify. Ex: **Usted se lava las manos.** The team with the most correct answers wins.

OTRAS PALABRAS Y EXPRESIONES

Se acuesta. *He/she goes to bed; you (form.) go to bed.*

Se afeita. *He/she shaves; you shave.*

Se cepilla los dientes. *He/she brushes his/her teeth; you brush your teeth.*

Se despierta. *He/she wakes up; you wake up.*

Se peina. *He/she combs his/her hair; you comb your hair.*

Se viste. *He/she gets dressed; you get dressed.*

SUGGESTION Write **levantarse por la mañana** on the board and explain what it means. Do the same with **dormirse por la noche**. Have students tell what time they get up (or go to sleep) on a weekday.

ADVERBIOS Y PREPOSICIONES DE TIEMPO

antes (de) *before*

después *afterwards; then*

después de *after*

durante *during*

entonces *then*

luego *afterwards; then*

más tarde *later*

por la mañana *in the morning*

por la noche *at night*

por la tarde *in the afternoon; in the (early) evening*

por último *finally*

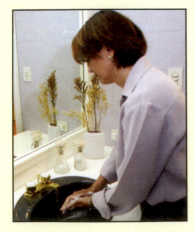

Se lava las manos.
She washes her hands.

Se ducha.
He takes a shower.

TEACHING OPTION Have students write out four daily routine activities. With a partner, have them organize those activities in the most logical order using adverbs of time. Go over answers with the whole class. Ex: **Ella se ducha después de levantarse.**

A escuchar

1 ¿Cierto o falso? Escucha las frases, mira las fotos e indica si cada frase es **cierta** o **falsa**.

	Cierto	Falso
1.	✓	
2.	✓	
3.		✓
4.	✓	
5.	✓	
6.		✓
7.	✓	
8.		✓

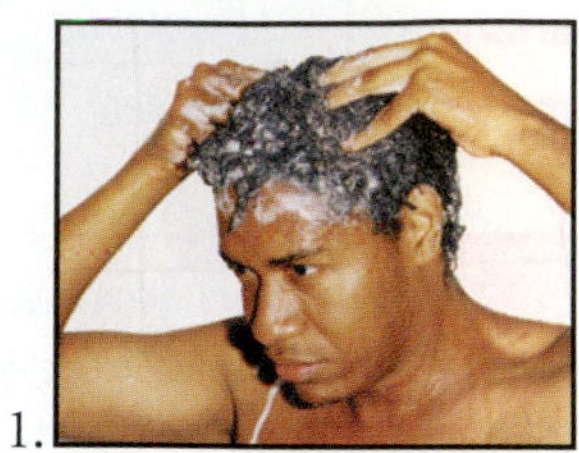
1.

2.

3.

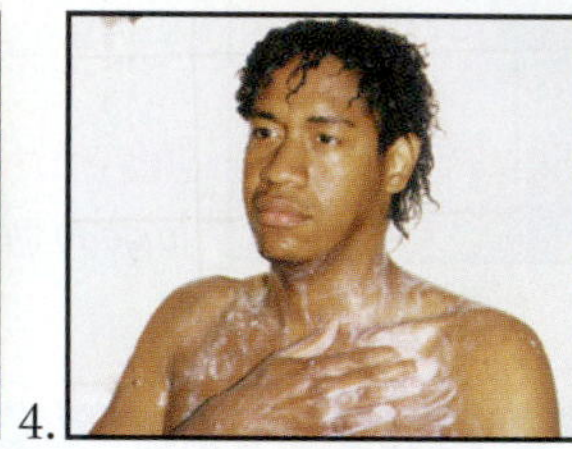
4.

5.

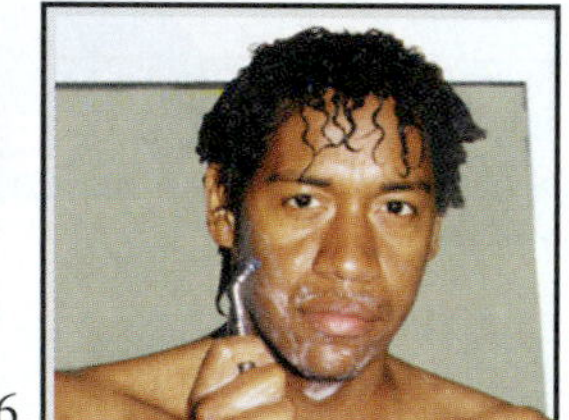
6.

7.

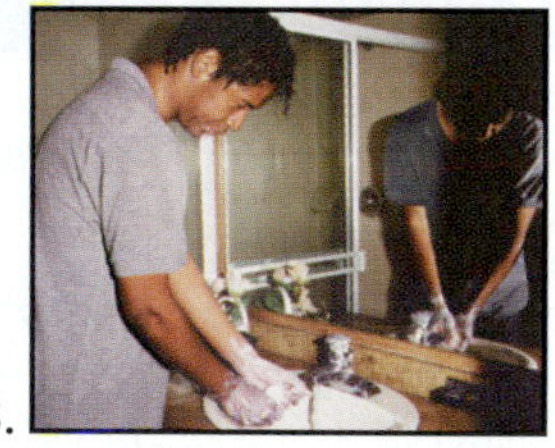
8.

2 Escuchar Escucha las frases e indica si cada frase es **lógica** o **ilógica**.

	Lógico	Ilógico
1.		✓
2.	✓	
3.		✓
4.	✓	
5.	✓	
6.		✓

recursos

Text MP3s Lección 7

aventuras.vhlcentral.com Lección 7

1 SCRIPT
1. Mauricio se lava el pelo.
2. Luisa se cepilla los dientes.
3. Luisa se lava las manos.
4. Mauricio se ducha.
5. Luisa se maquilla.
6. Mauricio se lava la cara.
7. Luisa se peina.
8. Mauricio se afeita.

1 EXPANSION Have students identify if these routine activities are **por la mañana** or **por la noche** and place them in a logical order.

2 SCRIPT
1. Alberto se baña por la mañana y entonces se despierta.
2. Lola se despierta antes de levantarse.
3. Andrés se lava las manos y después se baña.
4. Marina se ducha antes de vestirse.
5. Pablo se despierta y entonces se afeita.
6. Jaime se levanta, se peina y por último se despierta.

2 SUGGESTION Have students rephrase the illogical sentences so that they are logical.

INSTRUCTIONAL RESOURCE Text MP3s, Website

A practicar

3 EXPANSION When students have completed the exercise, quickly go over answers in class.

3 EXPANSION Ask students if Fabio's schedule is typical for a student at their school. Ask: **¿Un estudiante típico se despierta normalmente a las seis y media de la mañana?**

4 EXPANSION Ask follow-up questions about the actions described. Ex: **¿Qué hace Daniel antes de acostarse? (Se cepilla los dientes.) ¿Qué más necesita Mercedes para lavarse la cara? (agua)**

TEACHING OPTION Name daily routine activities and have students make a list of all the words they associate with each activity. Ex: **lavarse las manos: el jabón, el cuarto de baño, el agua, la toalla**, and so forth.

3 Ordenar Pon (*put*) esta historia (*story*) en orden.

___3___ a. Después de afeitarse, cepillarse los dientes y vestirse, sale para las clases.
___6___ b. Por último, se acuesta a las once y media de la noche.
___2___ c. Entonces se ducha antes de afeitarse.
___5___ d. Por la noche come un poco. Luego estudia antes de acostarse.
___4___ e. Asiste a todas sus clases y vuelve a casa por la tarde.
___1___ f. Por la mañana, Fabio se despierta a las seis y media.

4 Identificar Con un(a) compañero/a, indica las cosas que cada persona necesita.

modelo

Manuel / vestirse
Estudiante 1: ¿Qué necesita Manuel para (*in order to*) vestirse?
Estudiante 2: Necesita una camiseta y unos pantalones.

1. **Daniel / acostarse**
E1: ¿Qué necesita Daniel para acostarse?
E2: Necesita una cama.

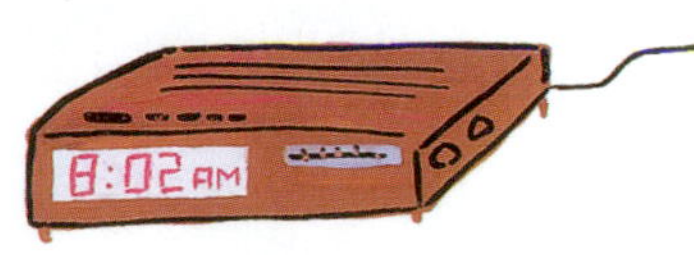

2. **Raúl / despertarse**
E1: ¿Qué necesita Raúl para despertarse?
E2: Necesita un despertador.

3. **Mercedes / lavarse la cara**
E1: ¿Qué necesita Mercedes para lavarse la cara?
E2: Necesita jabón y una toalla.

4. **Leonardo / afeitarse**
E1: ¿Qué necesita Leonardo para afeitarse?
E2: Necesita crema de afeitar.

5. **Sofía / lavarse el pelo**
E1: ¿Qué necesita Sofía para lavarse el pelo?
E2: Necesita champú.

6. **Yolanda / maquillarse**
E1: ¿Qué necesita Yolanda para maquillarse?
E2: Necesita un espejo y el maquillaje.

5 **La rutina dia**[...] ue hace cada (*each*) perso[...]

modelo

Estudiante 1: ¿Qué h[...]
Estudiante 2: Se afeit[...]

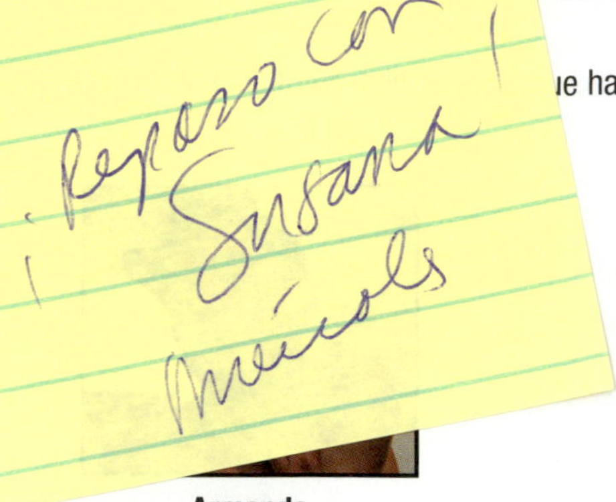

Armando

Rocío

E1: ¿Qué hace Rocío? E2: Se maquilla.

Noelia

E1: ¿Qué hace Noelia? E2: Se baña.

don Carlos

E1: ¿Qué hace don Carlos? E2: Se lava las manos.

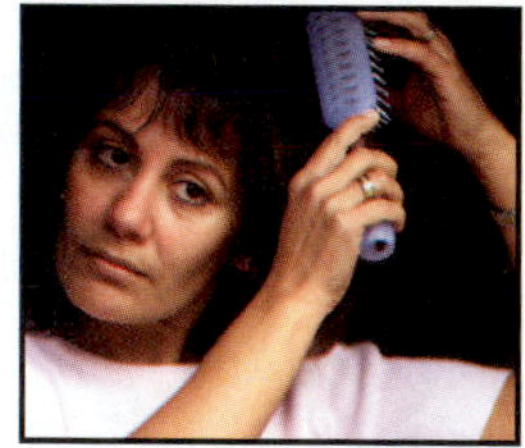

doña Juana

E1: ¿Qué hace doña Juana? E2: Se cepilla el pelo.

Marisela

E1: ¿Qué hace Marisela? E2: Se cepilla los dientes.

Néstor

E1: ¿Qué hace Néstor? E2: Se ducha.

6 **Describir** Trabajen en parejas (*pairs*) para describir la rutina diaria de dos o tres de estas personas. Pueden usar las palabras de la lista. *Answers will vary.*

1. mi mejor (*best*) amigo/a
2. nuestro/a profesor(a) de español
3. mi padre/madre
4. mi compañero/a de cuarto

primero	**durante el día**	**después**
luego	**antes**	**después de**
entonces	**antes de**	**por último**

7 **Diferencias** Your instructor will give you and your partner handouts so that you may complete this information gap activity.

5 EXPANSION Ask additional questions about the people in the photos. Ex: **¿Quién se baña? ¿Quién se ducha? ¿Quién se cepilla los dientes?**

6 TEACHING OPTION In groups of three or four, students choose a famous person and describe his or her daily routine. The rest of the class guesses who is being described.

INSTRUCTIONAL RESOURCES IRM (info gap)

NATIONAL
comparisons
STANDARDS

Pronunciación

The consonant r

ropa **rutina** **rico** **Ramón**

In Spanish, **r** has a strong trilled sound at the beginning of a word. No English words have a trill, but English speakers often produce a trill when they imitate the sound of a motor.

gustar **durante** **primero** **crema**

In any other position, **r** has a weak sound similar to the English *tt* in *better* or the English *dd* in *ladder*. In contrast to English, the tongue touches the roof of the mouth behind the teeth.

pizarra **corro** **marrón** **aburrido**

The letter combination **rr**, which only appears between vowels, always has a strong trilled sound.

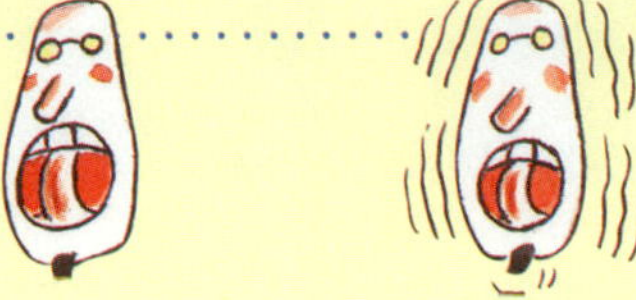

caro **carro** **pero** **perro**

Between vowels, the difference between the strong trilled **rr** and the weak **r** is very important, as a mispronunciation could lead to confusion between two different words.

SUGGESTION Model the pronunciation of each word or sentence, having students repeat after you.

EXPANSION Have students close their books. To help students discriminate between **r** and **rr**, pronounce the pairs **caro/carro** and **pero/perro**. Write each word on the board as you pronounce it. Then pronounce them in random order and have students identify which word you said.

EXPANSION Try this sentence with students to practice the **r** and **rr** sounds. **El carro corre por la carretera pero el tren corre por el ferrocarril.**

Práctica Lee las palabras en voz alta, prestando (*paying*) atención a la pronunciación de la **r** y la **rr**.

1. Perú	4. madre	7. rubio	10. tarde
2. Rosa	5. comprar	8. reloj	11. cerrar
3. borrador	6. favor	9. Arequipa	12. despertador

Oraciones Lee las oraciones en voz alta, prestando atención a la pronunciación de la **r** y la **rr**.

1. Ramón Robles Ruiz es programador. Su esposa Rosaura es artista.
2. A Rosaura Robles le encanta regatear en el mercado.
3. Ramón nunca regatea… le aburre regatear.
4. Rosaura siempre compra cosas baratas.
5. Ramón no es rico, pero prefiere comprar cosas muy caras.
6. ¡El martes Ramón compró un carro nuevo!

Refranes Lee en voz alta los refranes, prestando atención a la **r** y a la **rr**.

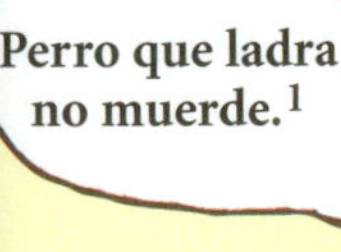
Perro que ladra no muerde.1

No se ganó Zamora en una hora.2

1 The dog's bark is worse than its bite.
2 Rome wasn't built in a day.

recursos

LM p. 38	Text MP3s Lección 7	Lab MP3s Lección 7	aventuras.vhlcentral.com Lección 7

INSTRUCTIONAL RESOURCES Text MP3s, LM, Ans. Key, Lab, Website

¡Jamás me levanto temprano!

Álex y Javier hablan de sus rutinas diarias.

JAVIER Hola, Álex. ¿Qué estás haciendo?

ÁLEX Nada... Sólo estoy leyendo mi correo electrónico. ¿Adónde fueron?

JAVIER Inés y yo fuimos a un mercado. Fue muy divertido. Mira, compré este suéter. Me encanta. No fue barato, pero es chévere, ¿no?

ÁLEX Sí, es ideal para las montañas.

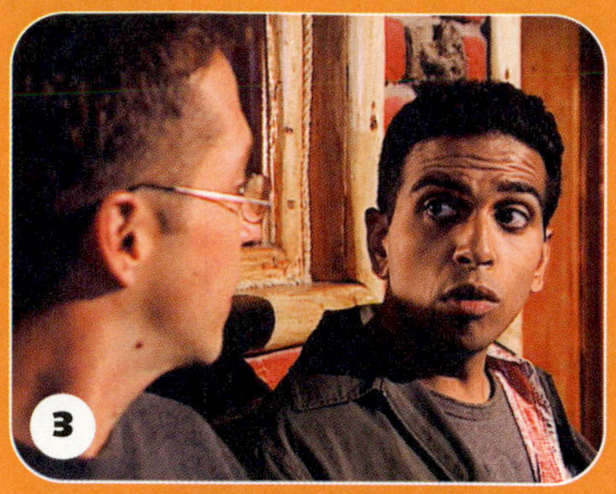

JAVIER ¡Qué interesantes son los mercados al aire libre! Me gustaría volver, pero ya es tarde. Oye, Álex, ¿sabes que mañana tenemos que levantarnos temprano?

ÁLEX Ningún problema.

JAVIER ¡Increíble! ¡Álex, el superhombre!

ÁLEX Oye, Javier, ¿por qué no puedes levantarte temprano?

JAVIER Es que por la noche no quiero dormir, sino dibujar y escuchar música. Por eso es difícil despertarme por la mañana.

JAVIER El autobús no sale hasta las ocho y media. ¿Vas a levantarte mañana a las seis también?

ÁLEX No, pero tengo que levantarme a las siete menos cuarto porque voy a correr.

JAVIER Ah, ya... ¿Puedes despertarme después de correr?

ÁLEX Éste es el plan para mañana. Me levanto a las siete menos cuarto y corro por treinta minutos. Vuelvo, me ducho, me visto y a las siete y media te despierto. ¿De acuerdo?

JAVIER ¡Absolutamente ninguna objeción!

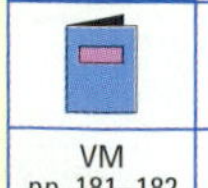

VM pp. 181–182

VCD-ROM Lección 7

aventuras.vhlcentral.com Lección 7

PREVIEW Have students skim the **fotonovela** for the gist and write down their impressions. Ask for a few volunteers to share their impressions with the class.

SUGGESTION Have students view the video module and jot down notes on what they see and hear. Then have them work in small groups to prepare a brief plot summary. Play the segment again and have them refine their summaries.

INSTRUCTIONAL RESOURCES VM, Ans. Key, DVD, VCD-ROM, IRM (videoscript, translation), Website

Para recordar

Before doing this Fotonovela section, review the previous one with this activity.

1. ¿Qué está buscando Inés en el mercado? *un regalo para su hermana Gabriela*
2. ¿Qué necesita Javier para su excursión a las montañas? *un suéter*
3. ¿Por qué le da el vendedor un buen precio a Javier? *Javier regatea*
4. ¿Qué compró Inés en el mercado? *una bolsa, una camisa y un sombrero*

VIDEO SYNOPSIS Javier returns from the market and shows Álex the sweater he bought. Álex, an early riser, agrees to wake Javier up after his morning run. Don Francisco comes by to remind them that the bus will leave at 8:30 the next morning.

JAVIER ¿Seguro? Pues yo jamás me levanto temprano. Nunca oigo el despertador cuando estoy en casa y mi mamá se enoja mucho.

ÁLEX Tranquilo, Javier. Yo tengo una solución.

ÁLEX Cuando estoy en casa en la Ciudad de México, siempre me despierto a las seis en punto. Me ducho en cinco minutos y luego me cepillo los dientes. Después me afeito, me visto y ¡listo! ¡Me voy!

DON FRANCISCO Hola, chicos. Mañana salimos temprano, a las ocho y media... ni un minuto antes ni un minuto después.

ÁLEX No se preocupe, don Francisco. Todo está bajo control.

DON FRANCISCO Bueno, pues, hasta mañana.

DON FRANCISCO ¡Ay, los estudiantes! Siempre se acuestan tarde. ¡Qué vida!

SUGGESTION Draw attention to the verb forms **fui**, **fuiste**, **fue**, and **fuimos**. Explain that these are forms of the verbs **ir** and **ser** in the preterite tense. The context will always clarify the meaning. They will learn more about them in **Gramática** 7.3.

Expresiones útiles

Telling where you went

¿Adónde fuiste/fue usted?
Where did you (sing.) go?
Fui a un mercado.
I went to a market.
¿Adónde fueron ustedes?
Where did you (pl.) go?
Fuimos a un mercado. Fue muy divertido.
We went to a market. It was a lot of fun.

Talking about morning routine

(Jamás) me levanto temprano/tarde.
I (never) get up early/late.
Nunca oigo el despertador.
I never hear the alarm clock.
Es difícil/fácil despertarme.
It's hard/easy for me to wake up.
Cuando estoy en casa, siempre me despierto a las seis en punto.
When I'm at home, I always wake up at six on the dot.
Me ducho y luego me cepillo los dientes.
I take a shower and then I brush my teeth.
Después me afeito y me visto.
Afterwards, I shave and get dressed.

Reassuring someone

Ningún problema.
No problem.
No te preocupes. / No se preocupe.
Don't worry.

Additional vocabulary

sino
but (rather)
Es chévere.
It's cool.

SUGGESTION Work quickly through the **Expresiones útiles** pronouncing each expression and having the class repeat after you.

PERSONAJES

DON FRANCISCO

ÁLEX

JAVIER

SUGGESTION Point out that **me levanto, me despierto, me ducho, me cepillo, me afeito,** and **no te preocupes** are examples of reflexive verbs. Students will learn more about them in **Gramática** 7.1.

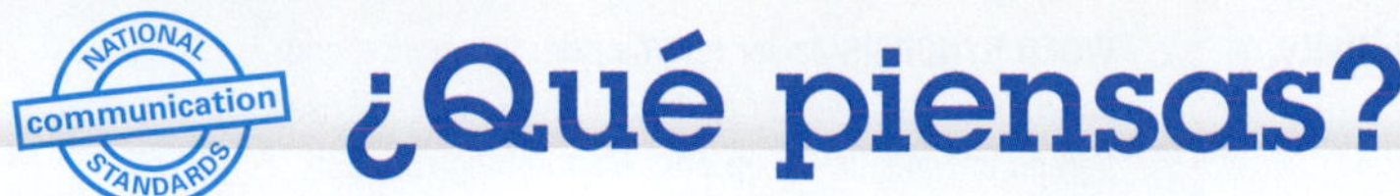

¿Qué piensas?

1 ¿Cierto o falso? Indica si las frases son **ciertas** o **falsas.** Corrige (*correct*) las frases falsas.

Cierto	Falso	
✓		1. Álex siempre se despierta a las seis cuando está en casa.
	✓	2. Álex está mirando la televisión. *Álex está leyendo su correo electrónico.*
✓		3. El suéter que Javier acaba de comprar es caro, pero es muy bonito.
✓		4. A Javier le gusta mucho dibujar y escuchar música por la noche.
	✓	5. Javier cree que los mercados al aire libre son aburridos. *Javier cree que los mercados al aire libre son muy interesantes.*
	✓	6. El autobús va a salir hoy a las siete y media en punto. *El autobús va a salir mañana a las ocho y media en punto.*
	✓	7. Álex va a nadar por la mañana. *Álex va a correr por la mañana.*
	✓	8. Javier siempre oye el despertador cuando está en casa. *Javier nunca oye el despertador cuando está en casa.*

2 Los planes de Álex Ordena correctamente los planes que tiene Álex para mañana. Si hay algo (*something*) que Álex no menciona, escribe una **X.**

X a. Voy a lavarme las manos.
5 b. Voy a vestirme.
2 c. Voy a correr por media hora.
X d. Voy a acostarme temprano.
6 e. Voy a despertar a mi amigo a las siete y media.
3 f. Voy a volver a la habitación.
1 g. Voy a levantarme a las siete menos cuarto.
4 h. Voy a ducharme.

3 Conversación En parejas (*pairs*), preparen una conversación sobre sus rutinas de los domingos. Pregunten a qué hora hacen las actividades más importantes. *Answers will vary.*

modelo

Estudiante 1: ¿Prefieres levantarte temprano o tarde?
Estudiante 2: Prefiero levantarme tarde... muy tarde.
Estudiante 1: ¿A qué hora desayunas?
Estudiante 2: A las once. ¿Y tú?

1 EXPANSION Additional items: **Javier quiere volver al mercado pero no hay tiempo. (cierto) Javier siempre se despierta muy temprano en su casa. (falso, es Álex)**

2 SUGGESTION Have students write each sentence on a separate slip of paper so they can easily rearrange them to determine the correct order.

3 EXPANSION Possible questions: **¿Prefieres levantarte tarde o temprano? ¿A qué hora te levantas durante la semana? ¿A qué hora te acuestas durante la semana?**

3 TEACHING OPTION After students talk about their daily routines in pairs, ask a few volunteers to describe the daily routine of their partner to the rest of the class.

Exploración

La vida diaria

SUGGESTION Have students locate the cities and countries mentioned (**Barcelona**, **España**, **Caracas**, **Venezuela**, and **Ciudad de México**, **México** (location of **UNAM**) on the maps in **Apéndice A**.

EXPANSION Mention that **Ciudad de México** is also called el **Distrito Federal**, or **D.F.** for short.

EXPANSION Explain that the **siesta**, a two-hour lunch break after the day's largest meal and a period of rest, is becoming less common in the Spanish-speaking world. Have students discuss this custom of the **siesta** and its impact on businesses and on individual workers. Have them discuss if the **siesta** should be added to the daily routine in the United States.

TEACHING OPTION To check comprehension, ask **1. ¿Quién trabaja en casa? (Margarita) 2. ¿Quién trabaja en una oficina? (Alejandra) 3. ¿Quién estudia en la UNAM? (Luis)**

Alejandra Arce de Valera vive en Barcelona, España. Va a la oficina a las ocho de la mañana y trabaja hasta las cinco. Durante la mañana ella y dos o tres colegas (*colleagues*) descansan de quince a treinta minutos. Pero no se quedan en la oficina para descansar; van a un café para relajarse (*relax*), tomar un café (*have a cup of coffee*) y conversar.

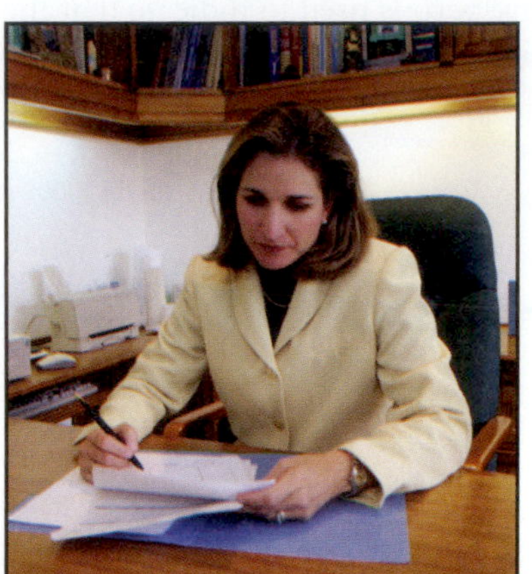

Margarita Benítez Morales vive en Caracas, Venezuela. Trabaja en casa cuidando de (*taking care of*) sus hijas. ¡Pero Margarita no se queda (*doesn't stay*) en el sofá mirando la televisión! Durante un día típico, prepara tres comidas (*meals*), arregla la casa (*straightens the house*), va de compras, juega con las niñas y les lee varios cuentos (*stories*).

Luis Romero Reyes tiene diecinueve años y es estudiante de la Universidad Nacional Autónoma de México (UNAM). En un día típico se levanta temprano, asiste a una clase y estudia en la biblioteca. Va a su casa para comer al mediodía, pero después vuelve al campus para asistir a las clases de la tarde.

Observaciones

- Hay mujeres hispanas que prefieren ser amas de casa (*housewives*). Pero cada año hay más mujeres que escogen (*choose*) una carrera profesional.
- La costumbre de la siesta (un descanso de dos o tres horas durante el día) no es hoy tan común como (*as common as*) antes. Cuando España entró en la Unión Europea, por ejemplo, muchas empresas (*businesses*) eliminaron la siesta para tener el mismo horario que los otros países.
- La siesta es más común en los pueblos pequeños que en las ciudades grandes.

Coméntalo

Con un(a) compañero/a, contesta las siguientes preguntas. *Answers will vary.*

- Piensa en la rutina diaria de tu familia y de tus amigos/as. ¿Es similar a la rutina diaria de Margarita Benítez Morales, Alejandra Arce de Valera y Luis Romero Reyes?
- ¿Descansas un poco durante un día típico? ¿Cuándo y dónde descansas?

INSTRUCTIONAL RESOURCE Website

7.1 Reflexive verbs

- A reflexive verb is used to indicate that the subject does something to or for himself or herself. Reflexive verbs always use reflexive pronouns.

SUBJECT	REFLEXIVE VERB
Carlos	**se afeita** todos los días.

Reflexive verbs

lavarse
to wash oneself

yo	**me lavo**	*I wash (myself)*
tú	**te lavas**	*you wash (yourself)*
Ud.	**se lava**	*you wash (yourself)*
él/ella	**se lava**	*he/she washes (himself/herself)*
nosotros/as	**nos lavamos**	*we wash (ourselves)*
vosotros/as	**os laváis**	*you wash (yourselves)*
Uds.	**se lavan**	*you wash (yourselves)*
ellos/ellas	**se lavan**	*they wash (themselves)*

- The pronoun **se** attached to an infinitive identifies it as a reflexive verb, as in **lavarse** (*to wash oneself*) and **levantarse** (*to get up*).

Me ducho, me cepillo los dientes, me visto y ¡listo!

¡Ay, los estudiantes! ¡Siempre se acuestan tarde!

- Reflexive pronouns follow the same rules for placement as object pronouns. They are placed before the conjugated verb, or attached to the infinitive or present participle. When a pronoun is attached to the participle, an accent mark is added.

José **se** levanta temprano.
José gets up early.

José **se** va a levantar temprano.
José va a levantar**se** temprano.
José is going to get up early.

Carlos **se** afeita.
Carlos shaves.

Carlos está afeitándo**se**.
Carlos **se** está afeitando.
Carlos is shaving.

¡ojo! The definite article, not a possesive article, is usually used when referring to clothing or parts of the body.

La niña se quitó **los** zapatos.

Me cepillé **los** dientes.

Práctica

1 Emparejar Empareja las fotos con las frases que siguen.

1.

2.

3.

4.

5.

6.

__*2*__ a. Julia se enoja.
__*6*__ b. Juan y Enrique se despiden.
__*1*__ c. Manuela baña a su hija.
__*4*__ d. Estela se pone los calcetines.
__*5*__ e. El abuelo despierta a sus nietas.
__*3*__ f. Ramón se cepilla los dientes.

2 Conversaciones Completa las conversaciones.

MARIO Tú (1) __*lavaste*__ [lavar / lavarse] los platos ayer, ¿no?
TOMÁS Sí, los (2) __*lavé*__ [lavar / lavarse] después de las clases.

• • •

BEATRIZ ¿Normalmente (3) __*te duchas*__ [duchar / ducharse] antes de ir a clase?
DAVID Sí, (4) __*me ducho*__ [duchar / ducharse] por la mañana después de despertarme.

• • •

MAMÁ ¿Anoche (5) __*acostaste*__ [acostar / acostarse] a los niños a las ocho?
PAPÁ No, no los (6) __*acosté*__ [acostar / acostarse] a las ocho.

• • •

ANA Yo (7) __*me siento*__ [sentir / sentirse] nerviosa hoy.
PATRICIA Bueno…tú siempre (*always*) (8) __*te sientes*__ [sentir / sentirse] nerviosa antes de un examen de biología.

 INSTRUCTIONAL RESOURCES WB, LM, Ans. Key, Lab, IRM (teaching tips, info gap), Website

Conversación

3 **Preguntas** Usa estas preguntas para entrevistar (*interview*) a un(a) compañero/a. *Answers will vary.*

1. ¿Cuándo te enojas?
2. ¿Cuándo te sientes feliz?
3. ¿Te duermes en la clase de español?
4. ¿Te lavas las manos antes de comer?
5. ¿A qué hora te despertaste ayer?
6. ¿A qué hora te levantaste hoy?
7. ¿Te cepillaste los dientes esta mañana?
8. ¿A qué hora te vas a acostar esta noche?

4 **Charadas** Piensa en una frase con un verbo reflexivo y dramatízala en frente de tus compañeros/as. La primera persona que adivina (*guesses*) la frase selecciona a la persona para dramatizar la próxima (*next*) charada. *Answers will vary.*

5 **Entrevista** Prepara un horario con las actividades que hiciste (*you did*) anoche. Después de completar el horario, trabajen en parejas, comparen las actividades y tomen apuntes (*notes*) de lo que hizo el/la compañero/a. *Answers will vary.*

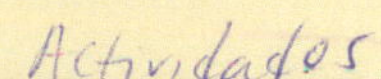

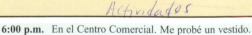

6:00 p.m.	En el Centro Comercial. Me probé un vestido.
7:30 p.m.	Cine con Javier. Muy aburrido. Casi me dormí.
9:00 p.m.	En el restaurante "Cangrejo". Me enojé con Ana.
11:00 p.m.	Fiesta en casa de Antonio. Me acosté tarde.

6 **La familia ocupada** Your instructor will give you and your partner handouts so that you may complete this information gap activity.

Common reflexive verbs

Common reflexive verbs

acordarse (de) (o:ue)	*to remember*	**levantarse**	*to get up*
acostarse (o:ue)	*to go to bed*	**llamarse**	*to be called/named*
afeitarse	*to shave*	**maquillarse**	*to put on makeup*
bañarse	*to bathe; to take a bath*	**peinarse**	*to comb one's hair*
cepillarse	*to brush*	**ponerse**	*to put on*
despedirse (de) (e:i)	*to say goodbye (to)*	**ponerse + adj.**	*to become + adj.*
despertarse (e:ie)	*to wake up*	**preocuparse (por)**	*to worry (about)*
dormirse (o:ue)	*to go to sleep*	**probarse (o:ue)**	*to try on*
ducharse	*to shower*	**quedarse**	*to stay; to remain*
enojarse (con)	*to get angry (with)*	**quitarse**	*to take off*
irse	*to go away; to leave*	**sentarse (e:ie)**	*to sit down*
lavarse	*to wash oneself*	**sentirse (e:ie)**	*to feel*
		vestirse (e:i)	*to get dressed*

- Most Spanish verbs can be reflexive. If the verb acts on the subject, use the reflexive form. If it acts on something else, use the non-reflexive form.

Lola **lava** los platos.

Lola **se lava** la cara.

¡ojo! Reflexive verbs and their non-reflexive counterparts sometimes have different meanings.

acordar *to agree* — **acordarse** *to remember*
levantar *to lift* — **levantarse** *to get up*

¡Manos a la obra!

Indica el presente de los verbos reflexivos.

despertarse

1. Ellos *se despiertan* tarde.
2. Tú *te despiertas* tarde.
3. Nosotros *nos despertamos* tarde.
4. Benito *se despierta* tarde.
5. Yo *me despierto* tarde.
6. Ustedes *se despiertan* tarde.

ponerse

1. Ella *se pone* la blusa.
2. Yo *me pongo* la blusa.
3. Usted *se pone* la blusa.
4. Nosotras *nos ponemos* la blusa.
5. Las niñas *se ponen* la blusa.
6. Tú *te pones* la blusa.

7.2 Indefinite and negative words

- Indefinite words, like *someone* or *something*, refer to people and things that are not specific. Negative words, like *no one* or *nothing*, deny the existence of people and things or contradict statements.

Indefinite and negative words

Indefinite words		Negative words	
algo	*something; anything*	**nada**	*nothing; not anything*
alguien	*someone; anyone*	**nadie**	*no one; not anyone*
alguno/a(s), algún	*some; any*	**ninguno/a, ningún**	*no; none; not any*
o... o	*either... or*	**ni... ni**	*neither... nor*
siempre	*always*	**nunca, jamás**	*never*
también	*also; too*	**tampoco**	*neither; not either*

- There are two ways to form negative sentences in Spanish. You can place the negative word before the verb, or you can place **no** before the verb and the negative word after the verb.

Nadie está en casa.
No está **nadie** en casa.
Nobody is home.

Ellos **no** se enojan **nunca**.
Ellos **nunca** se enojan.
They never get angry.

Ninguno me gusta.
No me gusta **ninguno**.
I don't like any.

Nada me despierta.
No me despierta **nada**.
Nothing wakes me.

Yo siempre me despierto a las seis.

Yo jamás me levanto temprano. Nunca oigo el despertador.

- In Spanish, sentences frequently contain two or more negative words. Once a sentence is negative, all indefinite ideas must be expressed in the negative.

Ella **no** tiene **ninguna** idea.
She doesn't have any idea.

Jamás me preocupo por **nada**.
I never worry about anything.

Nunca te pido **nada**.
I never ask you for anything.

Tampoco me despido de **nadie**.
I don't say goodbye to anyone either.

 INSTRUCTIONAL RESOURCES WB, LM, Ans. Key, Lab, IRM (teaching tips), Website

Práctica

1 La familia de Claudia Completa las frases con **pero** o **sino**.

modelo

Mi abuela es aburrida, *pero* amable.

1. No me ducho por la mañana, *sino* por la noche.
2. A mí no me gusta nadar, *sino* correr.
3. Mi hermana María Luisa es alta, *pero* delgada.
4. Mi hermano Emilio no es moreno, *sino* rubio.
5. Mis padres no se acuestan temprano, *sino* tarde.
6. Mi primo Manuel es inteligente, *pero* no es interesante.
7. Mi madre y yo siempre nos despertamos temprano, *pero* nunca estamos cansadas.
8. Mi amiga Mariana es pequeña, *pero* fuerte.

2 Completar Completa la conversación con palabras negativas.

AURELIO Ana María, ¿encontraste algún regalo para Eliana?
ANA MARÍA (1) *No, no encontré ningún regalo/nada para Eliana.*
AURELIO ¿Viste a algunas amigas en el centro comercial?
ANA MARÍA (2) *No, no vi a ninguna amiga/nadie en el centro comercial.*
AURELIO Ana María, ¿quieres ir al teatro o al cine esta noche conmigo?
ANA MARÍA (3) *No, no quiero ir ni al teatro ni al cine contigo.*
AURELIO ¿Quieres salir a comer?
ANA MARÍA (4) *No, no quiero salir a comer (tampoco).*
AURELIO ¿Hay algo interesante en la televisión esta noche?
ANA MARÍA (5) *No, no hay nada interesante en la televisión.*
AURELIO ¿Tienes algún problema?
ANA MARÍA (6) *No, no tengo ningún problema.*
AURELIO ¿Eres siempre tan antipática?
ANA MARÍA (7) *No, nunca soy antipática.*

Conversación

3 **Quejas** Con un(a) compañero/a, prepara una lista de las quejas (*complaints*) comunes de los estudiantes universitarios. *Answers will vary.*

modelo ¡Nadie me entiende! ¡Jamás puedo levantarme tarde!

Ahora preparen una lista de las quejas que los padres tienen de sus hijos.

modelo ¡Nunca limpian sus habitaciones! ¡No se lavan las manos tampoco!

4 **Anuncios** Mira el anuncio (*ad*). Con un(a) compañero/a, prepara otro anuncio usando expresiones indefinidas o negativas. *Answers will vary.*

¿Buscas algún producto especial?
¡Siempre hay algo para todos en las tiendas García!

Using indefinite words

- **Alguien** and **nadie** are often used with the personal **a.** The personal **a** is also used before **alguno/a**, **algunos/as**, and **ninguno/a** when these words refer to people.

—Carlos, ¿ves **a alguien** allí?
—No, no veo **a nadie**.

—¿Oyes **a alguno** de los chicos?
—No, no oigo **a ninguno**.

¡ojo! Before a masculine singular noun, **alguno** and **ninguno** are shortened to **algún** and **ningún**.

—¿Tienen ustedes **algún** amigo peruano?
—No, no tenemos **ningún** amigo peruano.

- Although **pero** and **sino** both mean *but*, they are not interchangeable. **Sino** is used when the first part of a sentence is negative and the second part contradicts it. In this context, **sino** means *but rather* or *on the contrary*. **Pero** is used in all other cases.

No se acuesta temprano, **sino** tarde.
*He doesn't go to bed early, **but rather** late.*

Canto, **pero** nunca en público.
*I sing, **but** never in public.*

No queremos irnos, **sino** quedarnos.
*We don't want to leave, **but rather** stay.*

Me desperté a las once, **pero** estoy cansada.
*I woke up at eleven, **but** I'm tired.*

¡Manos a la obra!

Cambia las frases para que sean negativas.

1. Siempre se viste bien. _Nunca_ se viste bien. _No_ se viste bien _nunca_.
2. Alguien se ducha. _Nadie_ se ducha. _No_ se ducha _nadie_.
3. Ellas van también. Ellas _tampoco_ van. Ellas _no_ van _tampoco_.
4. Alguien se pone nervioso. _Nadie_ se pone nervioso. _No_ se pone nervioso _nadie_.
5. Tú siempre te lavas las manos. Tú _nunca_ te lavas las manos. Tú _no_ te lavas las manos _nunca/jamás_.
6. Juan también se afeita. Juan _tampoco_ se afeita. Juan _no_ se afeita _tampoco_.
7. Voy a traer algo. _No_ voy a traer _nada_.
8. Mis amigos viven en una residencia o en una casa. Mis amigos _no_ viven _ni_ en una residencia _ni_ en una casa.
9. La profesora hace algo en su escritorio. La profesora _no_ hace _nada_ en su escritorio.
10. Tú y yo vamos al mercado. _Ni_ tú _ni_ yo vamos al mercado.
11. Tienen un espejo en su casa. _No_ tienen _ningún_ espejo en su casa.
12. Algunos niños se ponen el abrigo. _Ningún_ niño se pone el abrigo.

7.3 Preterite of ser and ir

▸ The preterite forms of **ir** (*to go*) and **ser** (*to be*) are irregular, so you will need to memorize them. None of these forms has an accent mark.

Preterite of *ser* and *ir*

	ser *to be*	**ir** *to go*
yo	fui	fui
tú	fuiste	fuiste
Ud./él/ella	fue	fue
nosotros/as	fuimos	fuimos
vosotros/as	fuisteis	fuisteis
Uds./ellos/ellas	fueron	fueron

▸ The preterite forms of **ser** and **ir** are identical. The context clarifies which of the two verbs is being used.

Lina **fue** a ver una película.
Lina went to see a film.

La película **fue** muy interesante.
The film was very interesting.

Fui a Barcelona el año pasado.
I went to Barcelona last year.

Fue un viaje maravilloso.
It was a wonderful trip.

¿Adónde fueron Uds.?

Fuimos a un mercado. Fue muy divertido.

¡Manos a la obra!

Completa las siguientes frases usando el pretérito de **ir** y **ser**.

ir

1. Los viajeros ___fueron___ a Perú.
2. Patricia ___fue___ a Cuzco.
3. Tú ___fuiste___ a Iquitos.
4. Gregorio y yo ___fuimos___ a Lima.
5. Yo ___fui___ a Trujillo.
6. Ustedes ___fueron___ a Arequipa.
7. Mi padre ___fue___ a Lima.
8. Nosotras ___fuimos___ a Cuzco.

ser

1. Usted ___fue___ muy amable.
2. Yo ___fui___ muy cordial.
3. Ellos ___fueron___ muy simpáticos.
4. Nosotros ___fuimos___ muy impacientes.
5. Ella ___fue___ muy antipática.
6. Tú ___fuiste___ muy listo.
7. Ustedes ___fueron___ muy cordiales.
8. La gente ___fue___ muy paciente.

Práctica

1 Conversación Andrés y Laura están chismeando (*gossiping*). Completa su conversación con el pretérito de **ser** e **ir.**

ANDRÉS Cristina y Vicente (1) ___fueron___ novios, ¿no?
LAURA Sí, pero ahora no salen. Anoche Cristina (2) ___fue___ a comer con Luis y la semana pasada ellos (3) ___fueron___ al partido de fútbol.
ANDRÉS ¿Ah, sí? Mercedes y yo (4) ___fuimos___ al partido y no los vimos.
LAURA ¿(5) ___Fuiste___ tú con Mercedes? Y después del partido, ¿adónde (6) ___fueron___ ustedes?
ANDRÉS (7) ___Fuimos___ al café Paraíso y vimos a Vicente con otra chica.
LAURA ¿Él (8) ___fue___ al café Paraíso con otra chica? ¡Qué horror!

2 Frases Forma frases con los siguientes elementos. Usa el pretérito. *Answers will vary.*

Sujetos	Verbos	Actividades
yo	(no) ir	a un restaurante
tú	(no) ser	en autobús a Nueva York
mis amigos		estudiante(s)
nosotros/as		a una discoteca en Buenos Aires
ustedes		por avión a Europa
Antonio Banderas		a casa muy tarde
Gloria Estefan		a la playa con su novio/a
		dependiente/a en una tienda

 INSTRUCTIONAL RESOURCES WB, LM, Ans. Key, Lab, IRM (teaching tips), Website

Conversación

3 **Preguntas** En parejas, túrnense (*take turns*) para hacerse las siguientes preguntas. *Answers will vary.*

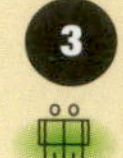

1. ¿Adónde fuiste de vacaciones este año?
2. ¿Con quién fuiste de vacaciones?
3. ¿Cómo fueron tus vacaciones?
4. ¿Fuiste de compras esta semana? ¿Qué compraste?
5. ¿Cómo se llama la última (*last*) película que viste?
6. ¿Cuándo fuiste a ver esta película?
7. ¿Cómo fue la película?
8. ¿Adónde fuiste durante el fin de semana? ¿Por qué?

4 **El fin de semana pasado** En parejas, hablen de lo que hicieron (*you did*) ustedes el fin de semana pasado por la mañana, por la tarde y por la noche. Luego reporten la información a la clase. *Answers will vary.*

	Yo	Mi compañero/a
Por la mañana	________	________
	________	________
	________	________
Por la tarde	________	________
	________	________
	________	________
Por la noche	________	________
	________	________
	________	________

5 **Personas famosas** En grupos pequeños, cada estudiante debe pensar en una de estas persona famosa del pasado u otras. Luego, los miembros del grupo tienen que hacer preguntas usando el pretérito hasta que adivinen (*they guess*) la identidad de la persona. Por ejemplo, pueden hacer preguntas acerca de (*about*) su profesión, su nacionalidad, su personalidad o su apariencia (*appearance*) física. *Answers will vary.*

- George Washington
- Eli Whitney
- Thomas Edison
- Martin Luther King Jr.

Español en vivo

Fue una experiencia increíble.
Cuando fui a Caldea, me olvidé de todo. Fui para despedirme de todas mis preocupaciones y descubrir los efectos calmantes del agua de las lagunas. Después de bañarme en las aguas termales, se me fueron el cansancio y el estrés. Fueron unas vacaciones extraordinarias.
caldea
SIEMPRE TE ESTAMOS ESPERANDO.

Identificar

Lee el anuncio (*advertisement*) y busca ejemplos del pretérito de los verbos **ser** e **ir**.

Preguntas

1. ¿Cómo se siente el hombre del anuncio?
2. ¿Por qué fue a Caldea? ¿Cómo fue su visita?
3. En tu opinión, ¿se acuerda este hombre de sus responsabilidades diarias mientras (*while*) está en Caldea?
4. En tu opinión, ¿va a volver a Caldea este hombre? ¿Por qué?

7.4 Gustar and verbs like gustar

NATIONAL
comparisons
STANDARDS

- **Me gusta(n)** and **te gusta(n)** express the concepts of *I like* and *you* (fam.) *like*. The literal meaning of **gustar** is *to be pleasing to (someone)*.

Me gusta ese champú.	¿**Te gustan** los deportes?
That shampoo is pleasing to me.	*Are sports pleasing to you?*
I like that shampoo.	*Do you like sports?*

- **Me gusta(n)** and similar constructions require an indirect object pronoun. In Spanish, the object or thing being liked (**el champú**) is the subject of the sentence. The person who likes the object is an indirect object that answers the question *to whom is the object pleasing?*

I.O. PRONOUN	SUBJECT	SUBJECT		DIRECT OBJECT
Me gusta	**ese champú.**	*I*	*like*	*that shampoo.*

Me gusta
el suéter que
compraste.

Me gustan
el arte y
la música.

- **Gustar** and similar verbs are usually used in the third-person singular and plural. When the object or person liked is singular, the form **gusta** is used. When two or more objects or persons are liked, **gustan** is used.

Me gustan el mar y la montaña.	¿**Les gusta** la ciudad?
I like the ocean and the mountains.	*Do they like the city?*

SINGULAR	**me, te, le**	**gusta** **gustó**	**la película** **el concierto**
PLURAL	**nos, os, les**	**gustan** **gustaron**	**las papas fritas** **los helados**

- To express what someone likes or does not like to do, the singular form **gusta** is used, followed by one or more infinitives.

Me gusta levantarme tarde.	**Me gusta comer** y **dormir.**
I like to get up late.	*I like to eat and sleep.*

- To express the English equivalent of *would like* (*something* or *to do something*), use the construction [*i.o. pronoun*] + **gustaría(n)**.

Nos gustaría ver esa película.	**Me gustarían** unos días sin clases.
We would like to see that movie.	*I would like a few days without class.*

Práctica

1 Describir Describe los dibujos con uno de los siguientes verbos.

aburrir	**interesar**
encantar	**molestar**
faltar	**quedar**

1. A Mauricio / libros
   A Mauricio le interesan los libros.

2. A Lorena / despertador
   A Lorena le molesta el despertador.

3. A ellos / bailar
   A ellos les encanta bailar.

4. A él / camisa
   A él le queda grande la camisa.

2 Completar Completa las siguientes frases.

1. *A* Adela *le gustan* [gustar] las canciones (*songs*) de Enrique Iglesias.
2. A *mí* me *gusta* [gustar] más la música de Ricky Martin.
3. A mis amigos *les encanta* [encantar] la música de Gloria Estefan.
4. *A* Juan y Rafael les *encanta* [encantar] la música de Shakira.
5. *A* nosotros *nos fascinan* [fascinar] los grupos de pop latino.
6. Creo que a Elena *le interesa* [interesar] más la música clásica.
7. A *mí* me *aburre* [aburrir] la música clásica.
8. ¿A *ti* te *falta* [faltar] dinero para el concierto de Carlos Santana?
9. Sí. Sólo *me quedan* [quedar] cinco dólares.
10. ¿Cuánto dinero te *queda* [quedar] a *ti*?

Conversación

3 Preguntas En parejas, túrnense (*take turns*) para hacer y contestar estas preguntas. *Answers will vary.*

1. ¿Te gusta levantarte temprano o tarde? ¿Por qué?
2. ¿A tu compañero/a de cuarto le gusta levantarse temprano o tarde?
3. ¿Te molesta cuando tu compañero/a de cuarto se levanta muy temprano?
4. ¿Te gusta acostarte temprano o tarde?
5. ¿Prefiere tu compañero/a de cuarto acostarse temprano o tarde?
6. ¿Te gusta bañarte o ducharte?
7. ¿Qué te gusta de esta universidad? ¿Qué te molesta?
8. ¿Te interesan más las ciencias o las humanidades? ¿Por qué?
9. ¿Te aburren las películas románticas?
10. ¿Te molesta cuando alguien llega tarde a una cita (*appointment*)?

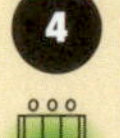

4 Encuesta Pregúntales a dos o tres compañeros qué cosas o actividades les encantan, les aburren o les molestan. *Answers will vary.*

Nombre	Le encanta(n)	Le aburre(n)	Le molesta(n)

Using the verb gustar

- The construction **a** + [*personal pronoun*] (**a mí, a ti, a usted, a él, a ella, a nosotros/as, a vosotros/as, a ellos, a ellas, a ustedes**) clarifies or emphasizes the people who are pleased. **A** + [*noun*] can also be used.

A mí me gusta levantarme temprano. ¿Y **a ti**?
I like to get up early. How about you?

Al profesor le gustó el libro.
The teacher liked the book.

- Here is a list of common verbs used in the same way as **gustar.**

Verbs like *gustar*

aburrir	*to bore*	**importar**	*to be important to; to matter*
encantar	*to like very much; to love (objects)*	**interesar**	*to be interesting to; to interest*
faltar	*to lack; to need*	**molestar**	*to bother; to annoy*
fascinar	*to fascinate*	**quedar**	*to be left over; to fit (clothing)*

- **Faltar** and **quedar** express what someone lacks or has left. Also, **quedar** is used to talk about how clothing fits or looks on someone.

Le falta dinero.
He/she is short of money.

Me faltan dos pesos.
I need two pesos.

Nos quedan cinco libros.
We have five books left.

La falda **te queda** bien.
The skirt looks good on you.

¡Manos a la obra!

Indica el pronombre de objeto indirecto y la forma del tiempo presente adecuados en cada frase.

gustar

1. A él *le gusta* viajar.
2. A mí *me gusta* bailar.
3. A nosotras *nos gusta* cantar.
4. A ustedes *les gusta* leer.
5. A ti *te gusta* correr, ¿no?
6. A Elena *le gusta* gritar.
7. A mis padres *les gusta* beber.
8. A usted *le gusta* jugar al tenis.
9. A mi esposo y a mí *nos gusta* dormir.
10. A Pinto *le gusta* dibujar.
11. A nosotros *nos gusta* leer.
12. A Pili no *le gusta* trabajar.

aburrir

1. A ellos *les aburren* los deportes.
2. A ti *te aburren* las películas, ¿no?
3. A usted *le aburren* los viajes.
4. A mí *me aburren* las revistas.
5. A ellas *les aburren* los deportes.
6. A nosotros *nos aburren* las clases.
7. A ustedes *les aburren* las fiestas.
8. A Marcela *le aburre* leer.
9. A ellos *les aburren* los museos.
10. A ella *le aburre* la televisión.
11. A Pedro *le aburre* ir de compras.
12. A ti y a mí *nos aburre* bailar.

7.1 Reflexive verbs

1 De vacaciones Tus amigos y tú están de vacaciones en la playa. Forma oraciones en el presente con los siguientes elementos.

1. Martín y Mónica / sentarse / en la cafetería del hotel
   Martín y Mónica se sientan en la cafetería del hotel.
2. Armando / ponerse / bloqueador *(sun block)* / antes de tomar el sol *Armando se pone bloqueador antes de tomar el sol.*
3. Ustedes / quedarse / en el cuarto del hotel / durante la noche *Ustedes se quedan en el cuarto del hotel durante la noche.*
4. Josefina y yo / probarse / trajes de baño / en la tienda
   Josefina y yo nos probamos trajes de baño en la tienda.
5. Tú / ducharse / después / nadar en el mar
   Tú te duchas después de nadar en el mar.
6. Lucía / quitarse / las sandalias / antes de entrar a la piscina *Lucía se quita las sandalias antes de entrar a la piscina.*

2 Fiesta Los hermanos Angélica y Mauricio tienen un horario de su rutina para ir a una fiesta. Contesta las preguntas.

Hora	Angélica	Mauricio
6:00 p.m.	bañarse	afeitarse
6:30 p.m.	peinarse	ducharse
7:00 p.m.	maquillarse	peinarse
7:30 p.m.	vestirse	vestirse
8:00 p.m.	irse a la fiesta	irse a la fiesta

modelo ¿Qué hace Mauricio a las seis de la tarde?
Mauricio se afeita a las seis de la tarde.

1. ¿Qué hace Angélica antes de maquillarse?
   Angélica se peina antes de maquillarse.
2. ¿Qué hacen Angélica y Mauricio a las siete de la noche?
   A las siete de la noche, Angélica se maquilla y Mauricio se peina.
3. ¿Qué hace Mauricio después de afeitarse?
   Mauricio se ducha después de afeitarse.
4. ¿Qué hace Angélica antes de peinarse?
   Angélica se baña antes de peinarse.
5. ¿Qué hace Mauricio a las siete y media?
   Mauricio se viste a las siete y media.
6. ¿Qué hacen Angélica y Mauricio a las ocho de la noche?
   Angélica y Mauricio se van a la fiesta a las ocho de la noche.

7.2 Indefinite and negative words

3 Tu novio/a ideal En parejas, describan a su novio/a ideal usando expresiones indefinidas. *Answers will vary.*

modelo **Es alguien que siempre dice la verdad.**

4 La rutina diaria Cambia las oraciones para que sean negativas.

modelo Algunas personas se duchan por la noche.
Ninguna persona se ducha por la noche.

1. Siempre nos acostamos a las diez en punto.
   Nunca/Jamás nos acostamos a las diez en punto./No nos acostamos a las diez en punto nunca/jamás.
2. Mis padres se levantan a las seis o a las seis y media.
   Mis padres no se levantan ni a las seis ni a las seis y media.
3. Alguien se baña antes de ir a la escuela.
   Nadie se baña antes de ir a la escuela./No se baña nadie antes de ir a la escuela.
4. Yo también trabajo por la tarde.
   Yo tampoco trabajo por la tarde./Yo no trabajo por la tarde tampoco.
5. Ustedes comen algo. *Ustedes no comen nada.*
6. Tú te lavas el pelo con algún champú caro.
   Tú no te lavas el pelo con ningún champú caro.

7.3 Preterite of ser and ir

5 Un mensaje electrónico Completa con el pretérito de los verbos **ser** o **ir**. Después indica si se trata del infinitivo del verbo **ser** o del verbo **ir**.

Mensaje electrónico

Hola Lulú:

Ayer (1) *fue (ser)* un día loco. Mi hermano y yo nos levantamos muy temprano y (2) *fuimos (ir)* a correr al parque. Después me duché y (3) *fui (ir)* a mi oficina. Por la tarde, mis primos (4) *fueron (ir)* a mi casa. ¡Y en la noche me sentí muy cansado! Tú (5) *fuiste (ser)* muy amable por contestar mi mensaje. Tu familia y tú (6) *fueron (ser)* muy cordiales conmigo cuando los visité en España. ¿Cuándo vienes a México?

Esteban

6 Ayer En parejas, describan las actividades que hicieron durante el día de ayer, usando el pretérito de los verbos **ir** y **ser**. *Answers will vary.*

modelo **Por la mañana, yo fui a hacer ejercicio.**

1. Mi rutina de la mañana . . .
2. Por la tarde, . . .
3. Por la noche, . . .
4. Antes de acostarme, . . .

7.4 Gustar and verbs like gustar

7 Combinar Forma oraciones lógicas usando un elemento de cada columna. *Answers will vary.*

A	B	C
Al empleado del hotel	me	aburrir
A mí	te	encantar
A nosotros	le	fascinar
A Elena y a ti	nos	gustar
A ti	les	importar
A los estudiantes		molestar

8 Gustos y disgustos En grupos de tres, túrnense *(take turns)* para hacer estas preguntas y contestarlas siguiendo el modelo. *Answers will vary.*

modelo

Estudiante 1: ¿A tus amigas les gusta maquillarse mucho?
Estudiante 2: No, a mis amigas no les gusta maquillarse mucho.
Estudiante 3: A tus amigas les gusta maquillarse poco.

1. ¿Te gusta ducharte por la mañana?
2. ¿A tu novio/a le gustan los perfumes?
3. ¿A tu compañero/a de cuarto y a ti les gusta acostarse tarde?
4. ¿Te gusta comprar ropa cara?
5. ¿A tu mejor amigo/a le gusta levantarse temprano?
6. ¿A tus padres les gusta dormir una siesta por la tarde?

Síntesis

9 Un día típico En parejas, describan la rutina diaria de dos o tres de estas personas. Usen tres o más verbos reflexivos, una expresión indefinida, una palabra negativa y dos expresiones con el verbo **gustar**. *Answers will vary.*

- Shakira
- Pedro Martínez
- El presidente de los Estados Unidos
- La reina Sofía de España
- Soledad O'Brien

Ritmos hispanos

NATIONAL communication cultures STANDARDS

Luis Miguel:
Una estrella mexicana

Luis Miguel was born in Puerto Rico in 1970, but raised in Mexico. Since 1982, he has been recording Latin pop, boleros, and mariachi albums. He is considered to be an international star both for the quality of his albums and for his live performances. Not only does Luis Miguel have a star on the Hollywood Boulevard, he was also invited to record the soundtrack for Disney's *Hunchback of Notre Dame* and the theme song for the Barcelona Olympic Games. He has won numerous Grammies and Billboard awards, as well an MTV award for Best International Video. With his four romantic bolero albums, Luis Miguel has been able to revive the bolero genre that was very popular in the early 1900s.

Discografía selecta

- *Soy como quiero ser* (1988; 5 Platinum albums, 8 Gold albums)
- *Busca una mujer* (1989; #1 for more than a year on Billboard Hot Latin Tracks)
- *Romance* (1992; Billboard for Best Latin Artist, Best Album, and Best Song in Spanish)
- *Segundo romance* (1993; Grammy for Best Latin Pop Performance)
- *Nada es igual* (1996; 30 Platinum albums)
- *Romances* (1997; Grammy for Best Latin Pop Performance)
- *Amarte es un placer* (1999; 2 Latin Grammies: Best Male Pop Performance and Best Pop Album)

Go to **aventuras.vhlcentral.com** to learn more about the artist, his music and his songs.

Ampliación

1 Escuchar

A Escucha la entrevista entre Carolina y Julián, teniendo en cuenta (*taking into account*) lo que ya sabes sobre este tipo de situación. Elige la opción que completa correctamente cada oración.
Answers will vary.

TIP Use background information. Use what you already know about a topic to help you guess the meaning of unknown words or linguistic structures.

1. Julián es
   a. político. b. deportista profesional.
   (c.) artista de cine.
2. El público de Julián quiere saber de
   a. sus películas. (b.) su vida.
   c. su novia.
3. Julián habla de
   (a.) sus viajes y sus rutinas. b. sus parientes y amigos.
   c. sus comidas favoritas.
4. Julián
   a. se levanta y se acuesta a horas diferentes todos los días.
   (b.) tiene una rutina diaria. c. no quiere hablar de su vida.

B ¿Crees que Julián siempre ha sido (*has been*) rico? ¿Por qué? ¿Qué piensas de Julián como persona?

2 Conversar

Túrnense (*take turns*) para hacerse estas preguntas. *Answers will vary.*

- ¿A qué hora te levantaste ayer? ¿Usaste un despertador?
- ¿Cuántas veces te cepillaste los dientes ayer?
- ¿Adónde fuiste ayer después de las clases?
- ¿Te gusta mirar la televisión antes de acostarte?
- ¿A qué hora te acostaste anoche?

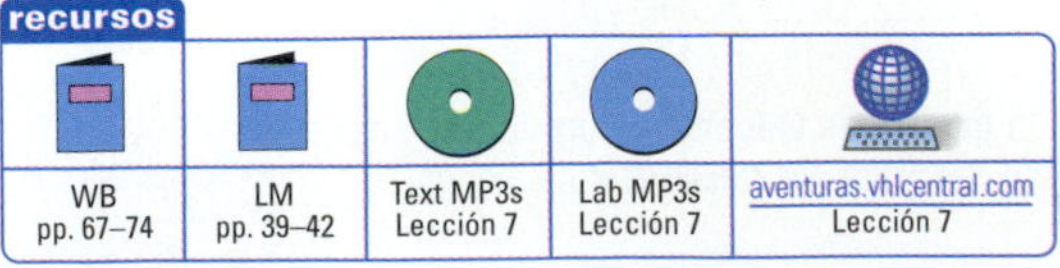

recursos
WB
pp. 67–74
LM
pp. 39–42
Text MP3s
Lección 7
Lab MP3s
Lección 7
aventuras.vhlcentral.com
Lección 7

SCRIPT
CAROLINA: Buenas tardes, queridos televidentes, y bienvenidos a "Carolina al mediodía". Tenemos el gran placer de conversar hoy con Julián Larrea, un joven actor de extraordinario talento. Bienvenido, Julián. Ya sabes que tienes muchas admiradoras entre nuestro público y más que todo quiere saber los detalles de tu vida.
JULIÁN: Buenas, Carolina, y saludos a todos. No sé qué decirles; en realidad en mi vic hay rutina, como en la vida de todos.
C: No puede ser. Me imagino que tu vida es mucho más exótica que la mía. Bueno, pa comenzar, ¿a qué hora te levantas?
J: Normalmente me levanto todos los días a la misma hor también cuando estoy de viaj filmando una película. Siemp me despierto a las cinco y treinta. Antes de ducharme y vestirme, siempre me gusta tomar un café mientras escucho un poco de música clásica. Así medito, escribo u poco y pienso sobre el día.
C: Cuando no estás filmando, ¿te quedas en casa durante e día?
J: Pues, en esos momentos, uso el tiempo libre para sentarme en casa a escribir. Pero sí tengo una rutina diari de ejercicio. Corro unas 5 millas diarias y si hace mal tiempo voy al gimnasio.
C: Veo que eres una persona activa. Te mantienes en muy buena forma. ¿Qué más nos puedes decir de tu vida?
J: Bueno, no puedo negar qu me encanta viajar. ¡Y la elegancia de algunos hoteles es increíble! Estuve en un ho en Londres que tiene una ducha del tamaño de un cua normal.
C: Ya vemos que tu vida no e nada aburrida. Qué gusto hablar contigo hoy.
J: El placer es mío. Gracias p la invitación, Carolina.

INSTRUCTIONAL RESOURCE Text MP3s, WB, LM, Ans. Key, Lab, Website

Ampliación

3 **SUGGESTION** Read through the instructions so students understand what they need to do. Have students who have chosen the same location get together to brainstorm how their daily routines would be different there.

3 **EVALUATION**

Criteria	Scale
Content	1 2 3 4 5
Organization	1 2 3 4 5
Use of Vocabulary	1 2 3 4 5
Grammatical accuracy	1 2 3 4 5

Scoring	
Excellent	18–20 points
Good	14–17 points
Satisfactory	10–13 points
Unsatisfactory	< 10 points

4 **SUGGESTION** Students may search for information on the Internet. They can also gather maps, magazines, or tourism information from the local library or travel agencies. Encourage them to collect visuals to illustrate their brochure.

4 **EXPANSION** Students can gather information on typical foods and local restaurants, transportation, featured tourist attractions and their hours of operation, local customs, shopping for typical crafts of the region, and much more.

3 Escribir

Escribe una composición en la que describes tu rutina diaria en algún lugar interesante de tu propia invención (en una isla desierta, en el Polo Norte, en el desierto, etc.). Considera los elementos básicos de tu rutina: ¿Dónde vas a dormir? ¿Cómo te vas a bañar? *Answers will vary.*

TIP Use adverbs to sequence events. You can use adverbs and adverbial phrases as transitions between the introduction, the body, and the conclusion of a narrative.

Organízalo	Utiliza estos adverbios para planear la secuencia de tu composición: **primero, después, entonces, más tarde** y **al final.** Escribe unas notas sobre la introducción a tu narración. Recuerda: **¿qué?, ¿quién?, ¿cuándo?, ¿dónde?, ¿cómo?** y **¿por qué?**
Escríbelo	Utiliza tus notas para escribir el primer borrador de la composición.
Corrígelo	Intercambia tu composición con un(a) compañero/a. Comenta sobre la introducción, la secuencia de eventos, el nivel de interés y los errores de gramática o de ortografía. Revisa el primer borrador según las indicaciones de tu compañero/a.
Compártelo	Intercambia tu composición con otro/a compañero/a. Lee su trabajo y en otra hoja de papel dibuja las escenas que describe, utilizando los adverbios que introducen la narración. Tu compañero/a puede usar los dibujos para presentar la composición a la clase.

4 Un paso más

Planea un viaje a un lugar famoso del mundo hispano. Utiliza elementos visuales en tu proyecto. *Answers will vary.*

- Prepara un folleto (*pamphlet*) para presentar el itinerario de cada día de viaje e indica la hora para cada actividad.
- Describe la rutina diaria de un viajero típico.
- Describe el país, la historia del lugar y también las actividades programadas para el viaje.
- Comenta sobre los restaurantes, el transporte y los hoteles.

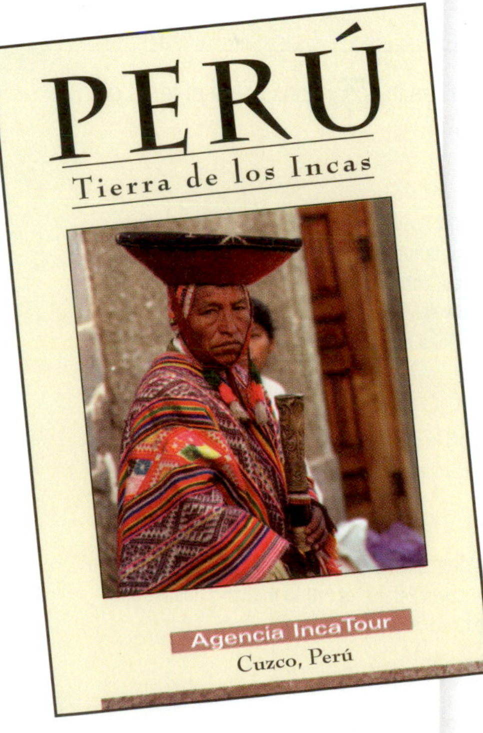

PERÚ
Tierra de los Incas
Agencia IncaTour
Cuzco, Perú

En Internet

Investiga estos temas en el sitio aventuras.vhlcentral.com.

- Lugares de interés en España y América del Sur
- Lugares de interés en México, Centroamérica y el Caribe

Antes de leer

Predicting content from the title will help you increase your reading comprehension in Spanish. We can usually predict the content of a newspaper article in English from its headline, for example.

Examinar el texto

Lee el título de la lectura y haz tres predicciones sobre el contenido. Escribe tus predicciones en una hoja de papel. *Answers will vary.*

Compartir

Comparte tus ideas con un(a) compañero/a de clase. *Answers will vary.*

Cognados

Escribe una lista de cuatro cognados que encuentres en la lectura. *Answers will vary.*

1. ______________________________
2. ______________________________
3. ______________________________
4. ______________________________

¿Qué te dicen los cognados sobre el tema de la lectura?

SUGGESTION Possible cognates in the text include: **desastrosa, autobús, televisión, cereales, sándwiches, botas, teléfono, automóvil, clases**. Discuss how scanning for cognates can help you predict the content of a text.

EXPANSION In groups, have students rewrite the story from the perspective of Yolanda and Dolores.

SUGGESTION Have pairs of students work together to write their own version of **"¡Una mañana desastrosa!"** from their own experiences.

15 de octubre

¡Una mañana desastrosa!

—Me levanté de la cama a las seis y media.

Esta mañana me levanté de la cama a las seis y media y corrí a despertar a mis dos hijas. —Yola Dolores, van a perder el autobús de la escuela, —les grité. Pero ellas no se despertaron. Jamás s despiertan temprano. Siempre se sientan a ver televisión por la noche y se acuestan muy tard

—Corrimos para llegar a la parada del autobús.

Yolanda y Dolores salieron de la casa sin cepillarse los dientes, pero eso no importa. Por lo menos se acordaron de ponerse las botas y el abrigo antes de irse. Corrimos para llegar a la parada del autobús de la escuela, que pasa a las siete de la mañana.

—Nunca llegó el autobú

Esperamos media hora, pero nunca llegó el autobús. Regresamos a casa. Llamamc por teléfono a la escuela, pero nadie contestó. Tomamos el automóvil y salimos de casa.

INSTRUCTIONAL RESOURCE Website

—¡Por fin se despertaron mis hijas!

¡Por fin se despertaron! Medio dormidas y medio enojadas, ellas entraron al baño para lavarse la cara y peinarse. Luego volvieron a su habitación para vestirse. Yo fui a la cocina para prepararles el desayuno. A mis hijas les encanta comer un buen desayuno, pero hoy les di cereales y les preparé dos sándwiches para el almuerzo.

—¡Hoy es sábado!

Llegamos a la escuela antes de las ocho y entonces me di cuenta de que hoy es sábado. ¡Y los sábados no hay clases!

Después de leer

¿Comprendiste?

Selecciona la respuesta *(answer)* correcta.

1. ¿Quién es el/la narrador(a)?
   a. el padre de las chicas b. Yolanda c. Dolores
2. ¿A qué hora se despertó el papá?
   a. a las seis de la mañana b. a las seis y media c. a las siete y media
3. ¿Qué comieron las chicas antes de salir de la casa?
   a. un sándwich b. cereales c. dos sándwiches
4. ¿Cómo fueron las chicas a la escuela?
   a. Corrieron. b. Fueron en autobús. c. Fueron en automóvil.

Preguntas

1. ¿Por qué nunca se despiertan temprano las chicas?
   Las chicas nunca se despiertan temprano porque siempre se acuestan muy tarde.
2. ¿Se bañaron las chicas esta mañana?
   No se bañaron, pero se lavaron la cara y se peinaron.
3. ¿A qué hora llega generalmente el autobús?
   Llega a las siete de la mañana.
4. ¿A qué hora llegó el autobús hoy?
   El autobús nunca llegó.
5. ¿Por qué no contestó nadie cuando llamaron a la escuela?
   No contestó nadie porque no hay clases los sábados.

Coméntalo

¿Qué crees que le dicen Yolanda y Dolores a su papá después de volver de la escuela? Imagina que eres el papá. ¿Cómo respondes a lo que te dicen las chicas? *Answers will vary.*

grité	*I shouted*
medio dormidas y medio enojadas	*half asleep and half mad*
desayuno	*breakfast*
almuerzo	*lunch*
sin	*without*
di	*I gave*
parada	*stop*
llamamos por teléfono	*we called on the phone*
me di cuenta de que	*I realized that*

Los verbos reflexivos

acordarse (de) (o:ue)	*to remember*
acostarse (o:ue)	*to lie down; to go to bed*
afeitarse	*to shave*
bañarse	*to bathe; to take a bath*
cepillarse el pelo	*to brush one's hair*
cepillarse los dientes	*to brush one's teeth*
despedirse (de) (e:i)	*to say goodbye (to)*
despertarse (e:ie)	*to wake up*
dormirse (o:ue)	*to go to sleep; to fall asleep*
ducharse	*to shower, to take a shower*
enojarse (con)	*to get angry (with)*
irse	*to go away; to leave*
lavarse la cara	*to wash one's face*
lavarse las manos	*to wash one's hands*
levantarse	*to get up*
llamarse	*to be called; to be named*
maquillarse	*to put on makeup*
peinarse	*to comb one's hair*
ponerse	*to put on*
ponerse (+ adj.)	*to become (+ adj.)*
preocuparse (por)	*to worry (about)*
probarse (o:ue)	*to try on*
quedarse	*to stay, to remain*
quitarse	*to take off*
sentarse (e:ie)	*to sit down*
sentirse (e:ie)	*to feel*
vestirse (e:i)	*to get dressed*

En el baño

el baño	*bathroom*
el champú	*shampoo*
la crema de afeitar	*shaving cream*
el espejo	*mirror*
el jabón	*soap*
el maquillaje	*makeup*
la toalla	*towel*

Adverbios y preposiciones de tiempo

antes (de)	*before*
después	*afterwards; then*
después de	*after*
durante	*during*
entonces	*then*
luego	*afterwards; then*
más tarde	*later*
por último	*finally*

Verbos como *gustar*

aburrir	*to bore*
encantar	*to like very much; to love (inanimate objects)*
faltar	*to lack; to need*
fascinar	*to fascinate*
gustar	*to be pleasing to; to like*
importar	*to be important to; to matter*
interesar	*to be interesting to; to interest*
me gustaría(n)...	*I would like...*
molestar	*to bother; to annoy*
quedar	*to be left over; to fit (clothing)*

Otras palabras y expresiones

el despertador	*alarm clock*
por la mañana	*in the morning*
por la noche	*at night*
por la tarde	*in the afternoon; in the (early) evening*
la rutina diaria	*daily routine*

Expresiones útiles	*See page 177.*
Indefinite and negative words	*See page 182.*

recursos

Text MP3s Lección 7

aventuras.vhlcentral.com Lección 7

INSTRUCTIONAL RESOURCES Text MP3s, IRM (additional vocabulary), Test Program, Test MP3s, Website

8 ¡A comer!

PARA EMPEZAR Here are some additional questions you can ask based on the photo: **¿Siempre comes algo cuando te despiertas por la mañana? ¿Dónde te encanta comer? ¿Por qué? ¿Qué ropa te pones para salir a comer en una ocasión especial? ¿Qué más haces antes de salir?**

Communicative Goals

You will learn how to:

- talk about food
- order at a restaurant
- talk about where you are
- discuss familiar people and places

PREPARACIÓN

pages 196–201

- Words related to restaurants and meals
- Adjectives that describe food
- Pronouncing **ll, ñ, c,** and **z**

AVENTURAS

pages 202–205

- Don Francisco takes the travelers to El Cráter restaurant for lunch. The owner of the restaurant, Doña Rita, makes recommendations about what to order. After the food is served, Don Francisco and Doña Rita plan a surprise birthday party for Maite.

GRAMÁTICA

pages 206–217

- Preterite of stem-changing verbs
- Double object pronouns
- **Saber** and **conocer**
- Comparisons and superlatives

LECTURA

pages 218–219

- Newspaper restaurant review: *Cinco estrellas para El Palmito*

PARA EMPEZAR

- ¿Están los muchachos en un mercado al aire libre?
- ¿Crees que las frutas son caras o baratas?
- ¿De qué color es el suéter del empleado?
- ¿Crees que el cliente está contento?
- ¿Te gusta esta fotografía?

¡A COMER!

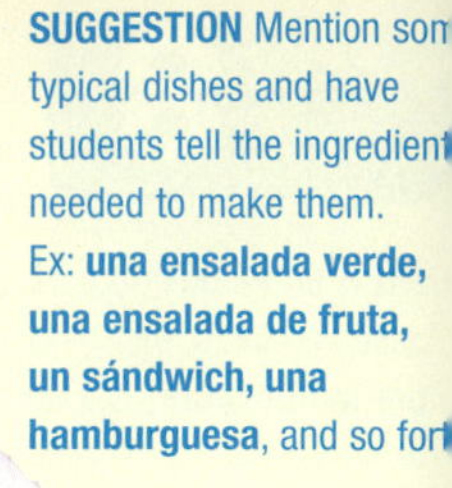

SUGGESTION Mention some typical dishes and have students tell the ingredients needed to make them. Ex: **una ensalada verde, una ensalada de fruta, un sándwich, una hamburguesa**, and so forth.

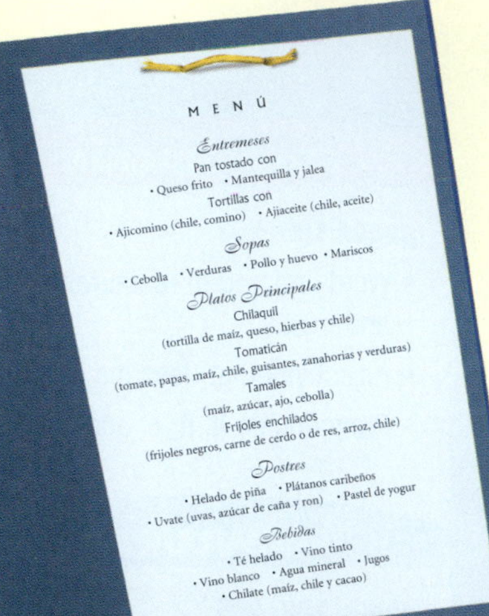

MENÚ

Entremeses
Pan tostado con
• Queso frito • Mantequilla y jalea
Tortillas con
• Ajicomino (chile, comino) • Ajiaceite (chile, aceite)

Sopas
• Cebolla • Verduras • Pollo y huevo • Mariscos

Platos Principales
Chilaquil
(tortilla de maíz, queso, hierbas y chile)
Tomaticán
(tomate, papas, maíz, chile, guisantes, zanahorias y verduras)
Tamales
(maíz, azúcar, ajo, cebolla)
Frijoles enchilados
(frijoles negros, carne de cerdo o de res, arroz, chile)

Postres
• Helado de piña • Plátanos caribeños
• Uvate (uvas, azúcar de caña y ron) • Pastel de yogur

Bebidas
• Té helado • Vino tinto
• Vino blanco • Agua mineral • Jugos
• Chilate (maíz, chile y cacao)

el menú *menu*

EN UN RESTAURANTE

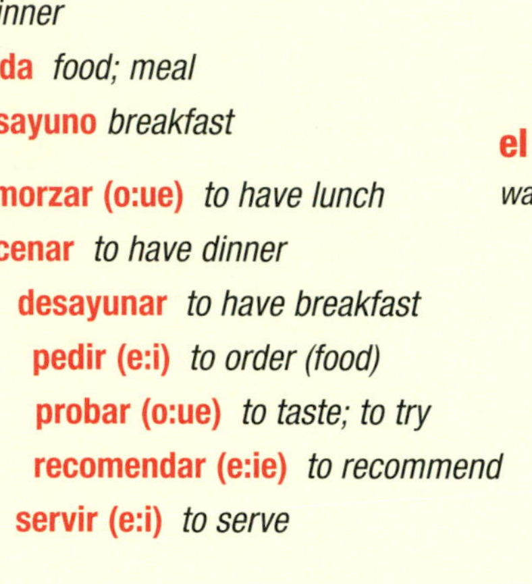

el plato (principal) *(main) dish*
la sección de (no) fumadores *(non)smoking section*

el almuerzo *lunch*
la cena *dinner*
la comida *food; meal*
el desayuno *breakfast*

almorzar (o:ue) *to have lunch*
cenar *to have dinner*
desayunar *to have breakfast*
pedir (e:i) *to order (food)*
probar (o:ue) *to taste; to try*
recomendar (e:ie) *to recommend*
servir (e:i) *to serve*

el camarero *waiter*

los entremeses *hors d'oeuvres*

LOS SABORES

agrio/a *sour*
delicioso/a *delicious*
dulce *sweet*
picante *hot, spicy*
rico/a *tasty; delicious*
sabroso/a *tasty; delicious*
salado/a *salty*

LAS CARNES Y LOS MARISCOS

el atún *tuna*
los camarones *shrimp*
la carne *meat*
la carne de res *beef*
la chuleta de cerdo *pork chop*
la hamburguesa *hamburger*
el jamón *ham*
la langosta *lobster*
el pavo *turkey*
el pescado *fish*
la salchicha *sausage*
el salmón *salmon*

el bistec *steak*

el pollo (asado) *(roast) chicken*

los mariscos *seafood*

recursos

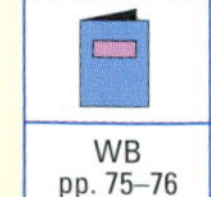	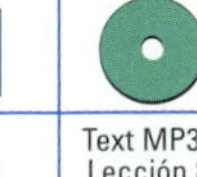	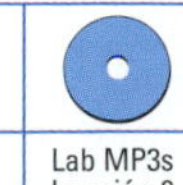		
WB pp. 75–76	LM p. 43	Text MP3s Lección 8	Lab MP3s Lección 8	aventuras.vhlcentral.com Lección 8

INSTRUCTIONAL RESOURCES WB, LM, Ans. Key, Lab, Text MP3s, IRM (tapescript, additional vocabulary), Website

EXPANSION Review color vocabulary by asking the colors of different food items. Ex: **las bananas (amarillas), los tomates (rojos)**.

LAS FRUTAS

la banana *banana*
el limón *lemon*
la manzana *apple*
la naranja *orange*
las uvas *grapes*

EXPANSION Play "Twenty Questions." Ask a volunteer to think of a food item. The other students ask yes-no questions until someone guesses the item correctly. Ex: **¿Es una fruta? ¿Es roja?**

las frutas
fruit

Variación léxica

camarones ⟷ gambas (*Esp.*)
refresco ⟷ gaseosa (*Amér. L.*)
sándwich ⟷ bocadillo (*Esp.*), torta (*Méx.*)
arveja ⟷ guisante (*Esp.*), chícharo (*Méx.*)
papa ⟷ patata (*Esp.*)

LOS GRANOS Y LAS VERDURAS

las arvejas *peas*
la cebolla *onion*
los frijoles *beans*
la lechuga *lettuce*
el maíz *corn*
la papa/patata *potato*
el tomate *tomato*
la zanahoria *carrot*
las verduras *vegetables*

los champiñones
mushrooms

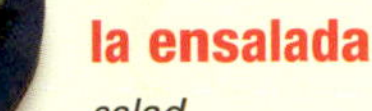

la ensalada
salad

OTRAS COMIDAS

el aceite *oil*
el ajo *garlic*
el arroz *rice*
el azúcar *sugar*
los cereales *cereal; grain*
la ensalada *salad*
el huevo *egg*
la mantequilla *butter*
la margarina *margarine*
la mayonesa *mayonnaise*
el pan (tostado) *(toasted) bread*
las papas/patatas fritas *French fries*
el queso *cheese*
la sal *salt*
la sopa *soup*
el vinagre *vinegar*

la pimienta
pepper

el sándwich
sandwich

LAS BEBIDAS

la bebida *drink*
la cerveza *beer*
el jugo (de fruta) *(fruit) juice*
la leche *milk*
el refresco *soft drink*
el té (helado) *(iced) tea*
el vino (blanco/tinto) *(white/red) wine*

el agua (f.) (mineral)
(mineral) water

el café
coffee

A escuchar

1 **¿Lógico o ilógico?** Escucha las frases e indica si son **lógicas** o **ilógicas**.

	Lógico	Ilógico
1.	✓	
2.		✓
3.	✓	
4.		✓
5.	✓	
6.	✓	
7.		✓
8.		✓

2 **¿Qué pide Nora?** Escucha la conversación entre Nora y el camarero en un restaurante. Luego indica las comidas y las bebidas que Nora pide.

recursos

Text MP3s Lección 8

aventuras.vhlcentral.com Lección 8

1 SCRIPT
1. Tengo mucho frío. ¿Me puedes traer un café?
2. El almuerzo va a ser sabroso. La mayonesa va a se el plato principal.
3. Tengo mucho calor. ¿Puede usted traerme un refresco?
4. Me encantan las frutas. Los camarones son mi fruta favorita.
5. Las bebidas favoritas de Ernesto son el jugo de naranja y el agua mineral.
6. Juana no desayuna porque se levanta muy tarde.
7. Alberto es camarero. Trabaj en una librería.
8. El pollo es la verdura favorita de Teresa.

2 SCRIPT
CAMARERO: Buenas tardes, señorita.
NORA: Muy buenas.
C: ¿En qué le puedo servir?
N: Bueno, ¿qué me recomienc usted?
C: Le recomiendo la sopa de verduras. Es muy sabrosa. También le recomiendo el poll asado. Es la especialidad de la casa. Nuestras enchiladas de res y de queso son excelentes también.
N: Mmm… no quiero sopa. ¿Me puede traer el cóctel de frutas con queso y un poco de pan con mantequilla?
C: Sí, señorita.
N: No me gusta el pollo asado pero me gustaría probar las enchiladas de res.
C: Nuestras enchiladas son muy ricas. ¿Y para tomar? ¿Le puedo traer un café, té helado…?
N: Café, no. Hace mucho calo Pero me puede traer agua mineral.
C: Sí, señorita. Gracias.

INSTRUCTIONAL RESOURCE Text MP3s, Website

A practicar

3 EXPANSION With the class, list major categories on the board (**carnes, frutas, verduras, bebidas, condimentos**) and categorize all the items from the vocabulary list.

TEACHING OPTION Bring in a copy of the food pyramid (often on the back of cereal boxes) and have students categorize the food items in Spanish.

4 SUGGESTION Have students name the category for each set of food items and add more examples if they can.

5 SUGGESTION Have students work in pairs to complete the sentences. Go over correct answers with the whole class.

3 ¿Qué es? Identifica estas comidas. Luego indica si son **carnes, frutas, verduras, bebidas** o **condimentos.**

modelo

Un limón: es una fruta.

1. *Un pollo (asado): es una carne.*

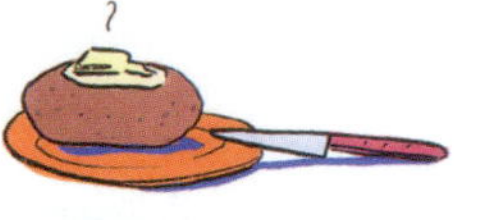

2. *Una papa: es una verdura.*

3. *Una lechuga: es una verdura.*

4. *La sal y la pimienta: son condimentos.*

5. *El jugo de naranja: es una bebida.*

6. *Un bistec: es una carne.*

7. *Una zanahoria: es una verdura.*

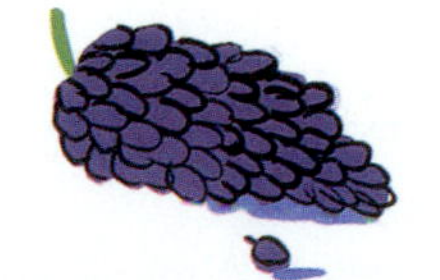

8. *La uva: es una fruta.*

4 La comida Indica la palabra que no está relacionada con su grupo.

1. (mariscos) • manzana • banana
2. salmón • (cereales) • camarones
3. frijoles • champiñón • (naranja) • cebolla
4. (mantequilla) • salchicha • carne de res • jamón
5. arvejas • lechuga • zanahoria • (cerveza)
6. refresco • (sopa) • agua mineral • leche

5 Completar Completa las frases con las palabras correctas.

1. El hombre que sirve la comida en un restaurante es el *camarero*.
2. Camarero, ¿puedo ver el *menú*, por favor?
3. El bistec y el jamón son dos tipos de *carne*.
4. El té helado, el café y el refresco son ejemplos de *bebidas*.
5. El condimento blanco que pongo en mi café es el *azúcar*.
6. Las tres comidas principales del día son el *desayuno*, el almuerzo y la cena.

A conversar

6 **¿Te gusta(n)?** Mira la lista e indica si te gusta cada comida o bebida. *Answers will vary.*

¿Te gusta(n)?	Me gusta(n)	No me gusta(n)
1. el vino tinto	________	________
2. la hamburguesa	________	________
3. el queso	________	________
4. los camarones	________	________
5. el tomate	________	________
6. los champiñones	________	________
7. los huevos	________	________
8. los limones	________	________

Ahora compara tus reacciones con las opiniones de un(a) compañero/a.

modelo

la carne de res
Estudiante 1: A mí me gusta mucho la carne de res.
Estudiante 2: A mí no. Prefiero el pollo.

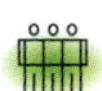

7 **Conversación** En grupos, contesten las preguntas. *Answers will vary.*

1. ¿Desayunas? ¿Qué comes y bebes por la mañana?
2. ¿A qué hora, dónde y con quién almuerzas?
3. ¿Cuáles son las comidas típicas de tu almuerzo?
4. ¿A qué hora, dónde y con quién cenas?
5. ¿Qué comidas prefieres para la cena?
6. ¿Cuáles son las comidas y bebidas más frecuentes en tu dieta?
7. ¿Te gusta cocinar (*to cook*)? ¿Qué comidas preparas para tus amigos? ¿Y para tu familia?
8. ¿Qué comida les recomiendas a tus amigos? ¿Por qué?
9. ¿Qué comidas te gustaría probar?
10. ¿Eres vegetariano/a? ¿Crees que ser vegetariano/a es una buena idea? ¿Por qué?

8 **Crucigrama** Su profesor(a) va a darles a ti y a tu compañero/a la información necesaria para completar esta actividad.

6 EXPANSION Take a class survey and determine how many students like and don't like the foods on this list. Then survey the class for their favorite and least favorite foods.

7 SUGGESTION Have students work in groups of 3 to 5, taking turns asking and answering questions. Have them report on their group's eating habits to the rest of the class.

7 SUGGESTION Point out to students that in addition to **beber**, the verb **tomar** is also used to express *to drink*.

7 SUGGESTION Mention that the midday meal is the largest one in many Spanish-speaking countries.

 INSTRUCTIONAL RESOURCES IRM (info gap)

NATIONAL
comparisons
STANDARDS

Pronunciación

SUGGESTION Model the pronunciation of each word or sentence, having students repeat after you.

EXPANSION Pronounce the following food items from the vocabulary list and have students repeat after you: **champiñones, comida, carne, cerdo, cena, dulce, picante, almuerzo**.

ll, ñ, c, and z

pollo **llave** **ella** **cebolla**

Most Spanish speakers pronounce the letter **ll** like the *y* in *yes.*

mañana **señor** **baño** **niña**

The letter **ñ** is pronounced much like the *ny* in *canyon.*

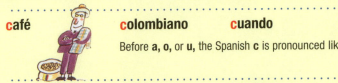

café **colombiano** **cuando** **rico**

Before **a, o,** or **u,** the Spanish **c** is pronounced like the *c* in *car.*

cereales **delicioso** **conducir** **conocer**

Before **e** or **i**, the Spanish **c** is pronounced like the *s* in *sit.* (In parts of Spain, **c** before **e** or **i** is pronounced like the *th* in *think.)*

zeta **zanahoria** **almuerzo** **cerveza**

The Spanish **z** is pronounced like the *s* in *sit.* (In parts of Spain, **z** before a vowel is pronounced like the *th* in *think.*)

Práctica Lee las palabras en voz alta.

1. mantequilla
2. cuñado
3. aceite
4. manzana
5. español
6. cepillo
7. zapato
8. azúcar
9. quince
10. compañera
11. almorzar
12. calle

Oraciones Lee las oraciones en voz alta.

1. Mi compañero de cuarto se llama Toño Núñez. Su familia es de la Ciudad de Guatemala y de Quetzaltenango.
2. Dice que la comida de su mamá es deliciosa, especialmente su pollo al champiñón y sus tortillas de maíz.
3. Creo que Toño tiene razón porque hoy cené en su casa y quiero volver mañana para cenar allí otra vez.

Refranes Lee los refranes en voz alta.

Panza llena,
corazón contento.2

Las apariencias
engañan.1

1 Looks can be deceiving.
2 A full belly makes a happy heart.

recursos

LM p. 44	Text MP3s Lección 8	Lab MP3s Lección 8	aventuras.vhlcentral.com Lección 8

INSTRUCTIONAL RESOURCES Text MP3s, LM, Ans. Key, Lab, Website

¿Qué tal la comida?

Don Francisco y los estudiantes van al restaurante El Cráter.

VIDEO SYNOPSIS Don Francisco takes the travelers to the **Restaurante El Cráter** for lunch. The owner of the restaurant, Doña Rita, welcomes the group and makes recommendations about what to order. After the food has been served, Don Francisco and Doña Rita plan a surprise birthday party for Maite.

JAVIER ¿Sabes dónde estamos?

INÉS Mmm, no sé. Oiga, don Francisco, ¿sabe usted dónde estamos?

DON FRANCISCO Estamos cerca de Cotacachi.

ÁLEX ¿Dónde vamos a almorzar, don Francisco? ¿Conoce un buen restaurante en Cotacachi?

DON FRANCISCO Pues, conozco a doña Rita Perales, la dueña del mejor restaurante de la ciudad, el restaurante El Cráter.

DOÑA RITA Hombre, don Paco, ¿usted por aquí?

DON FRANCISCO Sí, doña Rita... y hoy le traigo clientes. Le presento a Maite, Inés, Álex y Javier. Los llevo a las montañas para ir de excursión.

MAITE Voy a tomar un caldo de patas y un lomo a la plancha.

JAVIER Para mí las tortillas de maíz y el ceviche de camarón.

ÁLEX Yo también quisiera las tortillas de maíz y el ceviche de camarón.

INÉS Voy a pedir caldo de patas y lomo a la plancha.

DON FRANCISCO Yo quiero tortillas de maíz y una fuente de fritada, por favor.

DOÑA RITA Y de tomar, les recomiendo el jugo de piña, frutilla y mora. ¿Se lo traigo a todos?

TODOS Sí, perfecto.

PREVIEW Have the class predict the content of the **fotonovela** based on its title and the video stills. Record the predictions.

CAMARERO ¿Qué plato pidió usted?

MAITE Un caldo de patas y lomo a la plancha.

SUGGESTION Play only the first half of the video and have the class give you a description of what they see. Then have them guess what will happen in the rest of the segment. Play the entire video segment and discuss the plot.

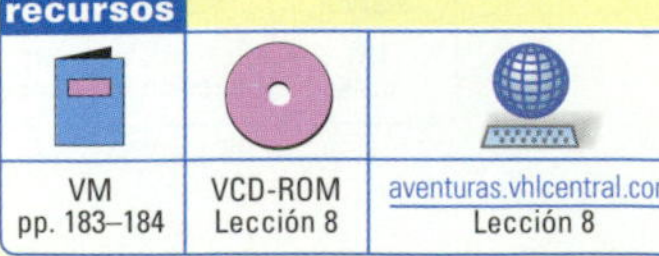

INSTRUCTIONAL RESOURCES VM, Ans. Key, DVD, VCD-ROM, IRM (videoscript, translation), Website

Para recordar

Before doing this Fotonovela section, review the previous one with this activity.

1. ¿Qué no hace Javier jamás? *jamás se levanta temprano*
2. ¿Qué hace Javier por la noche? *dibuja y escucha música*
3. ¿Qué va a hacer Álex por Javier? *va a despertarlo*
4. ¿Qué hace Álex por la mañana? *se levanta, corre, se ducha y se viste*

EXPANSION Ask students about their favorite restaurants, using the active vocabulary in **Expresiones útiles**. Ex: **¿Conoces un buen restaurante en esta ciudad? ¿Cómo se llama? ¿Qué plato pides? ¿Qué tal la comida en ___?**

DOÑA RITA ¡Bienvenidos al restaurante El Cráter! Están en muy buenas manos... don Francisco es el mejor conductor del país. Y no hay nada más bonito que nuestras montañas. Pero, si van a ir de excursión, deben comer bien. Vengan, chicos, por aquí.

JAVIER ¿Qué nos recomienda usted?

DOÑA RITA Bueno, las tortillas de maíz son riquísimas. La especialidad de la casa es el caldo de patas... ¡tienen que probarlo! El lomo a la plancha es un poquito más caro que el caldo, pero es sabrosísimo. También les recomiendo el ceviche de camarón y la fuente de fritada.

DOÑA RITA ¿Qué tal la comida? ¿Rica?

JAVIER Rica, no. ¡Riquísima!

ÁLEX Sí, y nos la sirvieron tan rápidamente.

MAITE Una comida deliciosa, gracias.

DON FRANCISCO Hoy es el cumpleaños de Maite...

DOÑA RITA ¡Ah! Tenemos unos pasteles que están como para chuparse los dedos...

SUGGESTION Point out that meal times in Spanish-speaking countries differ from country to country.

PERSONAJES

DON FRANCISCO

JAVIER

INÉS

ÁLEX

MAITE

DOÑA RITA

CAMARERO

Expresiones útiles

Finding out where you are

¿Sabe usted/Sabes dónde estamos?
Do you know where we are?
Estamos cerca de Cotacachi.
We're near Cotacachi.

Talking about people and places you're familiar with

¿Conoce usted/Conoces un buen restaurante en Cotacachi?
Do you know a good restaurant in Cotacachi?
Sí, conozco varios.
Yes, I know several.
¿Conoce/Conoces a doña Rita?
Do you know Doña Rita?
Sí, es la dueña del mejor restaurante de la ciudad.
Yes, she's the owner of the best restaurant in the city.

Ordering food

¿Qué le puedo traer?
What can I bring you?
Voy a tomar/pedir un caldo de patas y un lomo a la plancha.
I am going to have/to order the beef soup and grilled flank steak.
Para mí las tortillas de maíz y el ceviche de camarón, por favor.
Corn tortillas and lime-marinated shrimp for me, please.
Yo también quisiera...
I would also like...
Y de tomar, el jugo de piña, frutilla y mora.
And to drink, pineapple-strawberry-blackberry juice.
¿Qué plato pidió usted?
What did you order?
Yo pedí un caldo de patas.
I ordered the beef soup.

Talking about the food at a restaurant

¿Qué tal la comida?
How is the food?
Muy rica, gracias.
Very tasty, thanks.
¡Riquísima!
Extremely delicious!

¿Qué piensas?

1 En el restaurante Escoge la respuesta (*answer*) que completa cada oración.

1. Inés va a pedir
   a. las tortillas de maíz y la fuente de fritada (*mixed grill*). b. el ceviche y el caldo de patas. (c.) el caldo de patas y el lomo a la plancha.
2. Doña Rita es
   a. la hermana de don Francisco. (b.) la dueña del restaurante. c. una camarera que trabaja en El Cráter.
3. Don Francisco lleva a los estudiantes a
   a. cenar. b. desayunar. (c.) almorzar.
4. Doña Rita les recomienda a los viajeros
   (a.) el caldo de patas y el lomo a la plancha. b. el bistec, las verduras frescas y el vino tinto. c. unos pasteles (*cakes*).

1 SUGGESTION Warm up by asking: **¿Qué es El Cráter? (un restaurante) ¿Quién es doña Rita? (la dueña del restaurante) ¿Cuáles son algunas de las comidas del menú? (el caldo de patas, el lomo a la plancha, el ceviche de camarón, las tortillas de maíz, la fuente de fritada) ¿En qué ciudad está el restaurante El Cráter? (Cotacachi)**

2 Preguntas Contesta las preguntas.

1. ¿Dónde comieron don Francisco y los estudiantes? *Comieron en el restaurante de doña Rita/El Cráter.*
2. Según (*according to*) doña Rita, ¿por qué deben comer bien los viajeros? *Según doña Rita, los viajeros deben comer bien porque van a ir de excursión a las montañas.*
3. ¿Cuál es la especialidad del restaurante? *La especialidad del restaurante es el caldo de patas.*
4. ¿Qué pidió Maite? *Maite pidió el caldo de patas y el lomo a la plancha.*
5. ¿Qué pidió Álex? *Álex pidió las tortillas de maíz y el ceviche de camarón.*
6. ¿Qué tomaron todos? *Todos tomaron el jugo.*
7. ¿Cuándo es el cumpleaños (*birthday*) de Maite? *Hoy es el cumpleaños de Maite.*
8. ¿Qué tal son los pasteles (*cakes*) en El Cráter? *Los pasteles en El Cráter son muy ricos.*

2 SUGGESTION Have students work in pairs to check their answers.

3 Dos situaciones

1. Prepara con un(a) compañero/a una conversación en la que le preguntas si conoce algún buen restaurante en su comunidad. Tu compañero/a responde que sí conoce un restaurante donde sirven comida deliciosa. Lo/La invitas a cenar y él/ella acepta. Determinan la hora para verse en el restaurante y se despiden. *Answers will vary.*
2. Trabaja con un(a) compañero/a para representar un diálogo entre un(a) cliente/a y un(a) camarero/a en un restaurante. El/La camarero/a te pregunta qué te puede servir y tú preguntas cuál es la especialidad del restaurante. El/La camarero/a te lo dice y te recomienda algunos platos del menú. Tú pides entremeses, un plato principal y una bebida. El/La camarero/a te da las gracias y luego te sirve la comida. *Answers will vary.*

3 SUGGESTION Have students work in pairs or small groups to prepare the skits. Have several groups perform their skit in front of the class.

Exploración

La comida hispana

GGESTION Point out that viche is made with raw ı, shrimp or ellfish, ons, and peppers. e ingredients marinated ime juice d salt for veral hours fore serving.

PANSION e is a ple of ribbean, ntral erican, and xican cuisine. It often companies main dishes d is served with beans, oz con frijoles, or with cken, arroz con pollo.

PANSION Typical breakfast ds vary in different parts the Spanish-speaking rld. Some popular akfasts are: Guatemala: evos, frijoles, and tortillas champurradas (eggs, ans and tortillas, or sugar kies); Spain: madalenas ffins); Costa Rica: gallo to (black beans and rice); l Venezuela: perico rambled eggs with natoes and onions.)

PANSION After students rk in pairs to list traditional ional dishes in méntalo, have them ate the recipe for one and cribe how the dish is pared. Ask for volunteers present the recipes to the ole class.

El asado es la barbacoa (*barbecue*) argentina. Un asado típico consiste en chorizos (*sausages*) y otras carnes a la parrilla (*grilled*). Según los argentinos, el secreto de un buen asado es el corte (*cut*) de la carne y el control del fuego (*fire*).

La paella es el plato típico de España. Tradicionalmente se prepara al aire libre. Los ingredientes principales son: arroz, mariscos, pescado, carne y verduras.

El ceviche es una comida muy popular en el Perú y el Ecuador. En su preparación, se combina el jugo de limón con pescado o mariscos crudos (*raw*).

Observaciones

- Hay cerca de 4.000 variedades de papa.
- La palabra **papa** es de origen quechua (la lengua de los incas).
- En el Perú, hay 35 variedades de maíz, más que en ningún otro país del mundo.
- En Madrid, España, el restaurante más antiguo es la Casa Botín, fundado en el año 1725.

Coméntalo

Con un(a) compañero/a, contesta las siguientes preguntas. *Answers will vary.*

- ¿Te gustaría probar los platos mencionados en esta página? ¿Por qué o por qué no?
- Describe los platos tradicionales de tu región o comunidad. ¿Los preparas con frecuencia en tu casa? ¿Son fáciles o difíciles de preparar?

INSTRUCTIONAL RESOURCE Website

8.1 Preterite of stem-changing verbs

▶ As you know, **-ar** and **-er** stem-changing verbs have no stem change in the preterite. **-Ir** stem-changing verbs, however, do have a stem change.

Preterite of *-ir* stem-changing verbs

	servir (e→i)	morir (*to die*) (o→u)
yo	serví *I served*	morí *I died*
tú	serviste	moriste
Ud./él/ella	sirvió	murió
nosotros/as	servimos	morimos
vosotros/as	servisteis	moristeis
Uds./ellos/ellas	sirvieron	murieron

▶ Stem-changing **-ir** verbs, in the preterite only, have an **e** to **i** or **o** to **u** stem change in the **Ud./él/ella** and **Uds./ellos/ellas** forms.

INFINITIVE	VERB STEM	STEM CHANGE	PRETERITE
pedir	ped-	pid-	pidió, pidieron
dormir	dor-	dur-	durmió, durmieron

Perdón, ¿quiénes pidieron las tortillas de maíz?

¿Y qué plato pidió usted?

¡Manos a la obra!

Cambia los infinitivos al pretérito.

1. yo [servir, dormir, pedir, preferir, repetir, seguir]
   serví, dormí, pedí, preferí, repetí, seguí
2. usted [morir, conseguir, pedir, sentirse, despedirse, vestirse]
   murió, consiguió, pidió, se sintió, se despidió, se vistió
3. tú [conseguir, servir, morir, pedir, dormir, repetir]
   conseguiste, serviste, moriste, pediste, dormiste, repetiste
4. ellas [repetir, dormir, seguir, preferir, morir, servir]
   repitieron, durmieron, siguieron, prefirieron, murieron, sirvieron
5. nosotros [seguir, preferir, servir, vestirse, despedirse, dormirse]
   seguimos, preferimos, servimos, nos vestimos, nos despedimos, nos dormimos
6. ustedes [sentirse, vestirse, conseguir, pedir, despedirse, dormirse]
   se sintieron, se vistieron, consiguieron, pidieron, se despidieron, se durmieron

SUGGESTION Tell the students that the **recursos** boxes for the entire **Gramática** section are in **Ampliación**.

Práctica

1 ¡Pobre señor Suárez! Completa las frases.

1. Los señores Suárez llegaron al restaurante a las ocho y *siguieron* [seguir] al camarero a una mesa.
2. El señor Suárez *pidió* [pedir] una chuleta de cerdo. La señora Suárez decidió probar los camarones.
3. Para tomar, los dos *pidieron* [pedir] vino.
4. El camarero *repitió* [repetir] el pedido (*the order*) para confirmarlo.
5. La comida tardó mucho (*took a long time*) en llegar y los señores Suárez casi (*almost*) *se durmieron* [dormirse] esperándola.
6. A las nueve les *sirvió* [servir] la comida.
7. Después de comer la chuleta de cerdo, el señor Suárez *se sintió* [sentirse] muy mal.
8. De repente, el señor Suárez se *murió* [morir].
9. ¡Pobre señor Suárez! ¿Por qué no *pidió* [pedir] los camarones?

2 El camarero loco Indica lo que los clientes pidieron y lo que el camarero loco les sirvió.

modelo

Claudia / hamburguesa

Claudia pidió una hamburguesa, pero el camarero le sirvió zanahorias.

1. Juan y Rafael / té helado
   Juan y Rafael pidieron un té helado, pero el camarero les sirvió vino tinto.

2. Laura / arroz
   Laura pidió arroz, pero el camarero le sirvió camarones.

3. Nosotros / papas fritas
   Nosotros pedimos papas fritas, pero el camarero nos sirvió maíz.

4. Margarita / salmón
   Margarita pidió salmón, pero el camarero le sirvió uvas.

INSTRUCTIONAL RESOURCES WB, LM, Ans. Key, Lab, IRM (teaching tips), Website

Conversación

3 **Preguntas** Usa estas preguntas para entrevistar a tu compañero/a. *Answers will vary.*

¿Te acostaste tarde o temprano anoche?
Me acosté tarde, a la una de la mañana.

1. ¿Te acostaste tarde o temprano anoche? ¿A qué hora te dormiste? ¿Dormiste bien?
2. ¿A qué hora te despertaste esta mañana? ¿A qué hora te levantaste?
3. ¿Llegaste a tiempo (*on time*) a la clase de español?
4. ¿Cuándo empezaste a estudiar español?
5. ¿Se durmió alguien en alguna de tus clases la semana pasada? ¿En qué clase?
6. ¿Quién preparó anoche la cena en tu casa? ¿Y quién la sirvió?

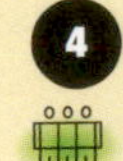

4 **Una cena romántica** En grupos, describan la cena romántica de Eduardo y Rosa. Usen la foto y las preguntas como guía (*as a guide*). *Answers will vary.*

- ¿Adónde salieron a cenar?
- ¿Qué pidieron?
- ¿Les sirvieron rápidamente (*quickly*) la comida?
- ¿Les gustó la comida?
- ¿Cuánto costó?
- ¿Van a volver a ese restaurante en el futuro?

Español en vivo

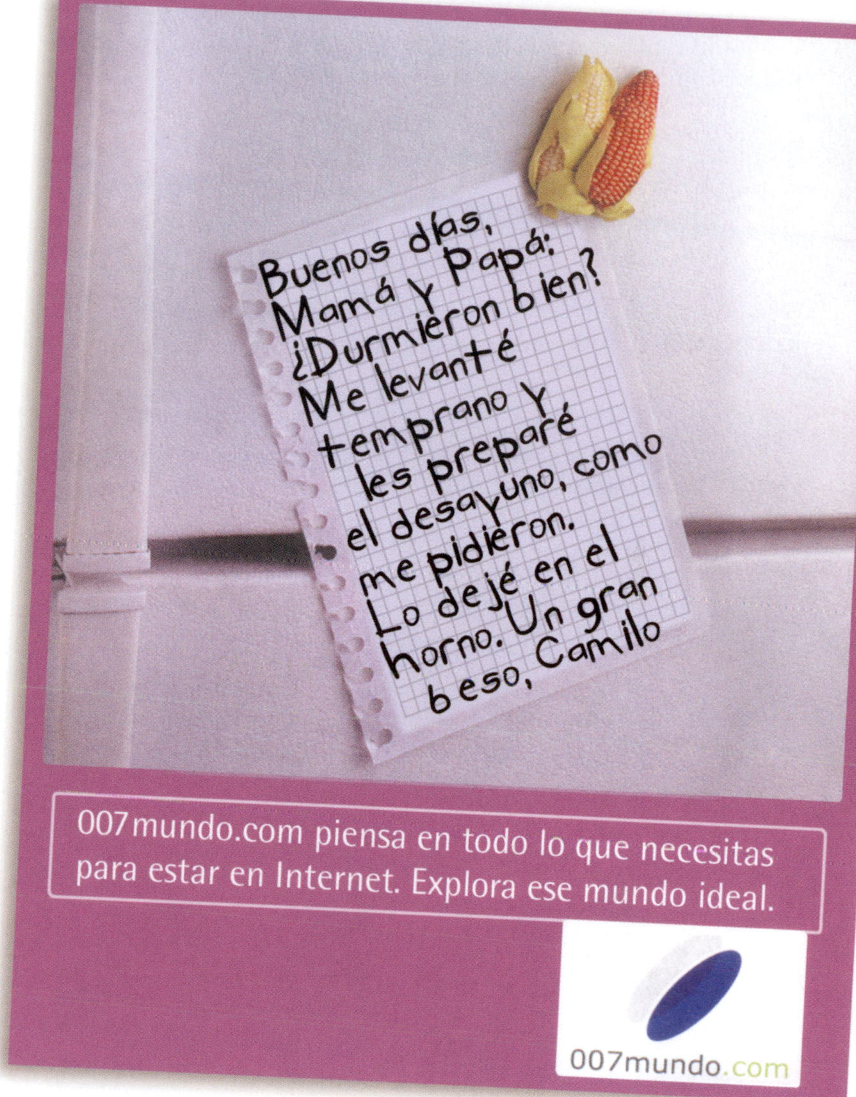

Buenos días,
Mamá y Papá:
¿Durmieron bien?
Me levanté
temprano y
les preparé
el desayuno, como
me pidieron.
Lo dejé en el
horno. Un gran
beso, Camilo
007mundo.com piensa en todo lo que necesitas para estar en Internet. Explora ese mundo ideal.
007mundo.com

Identificar

Lee el anuncio (*advertisement*) e identifica los verbos que cambian de raíz (*stem*) en el pretérito.

Preguntas

1. ¿Quién escribió la nota del anuncio?
2. ¿Qué les preguntó Camilo a sus padres?
3. En tu opinión, ¿se sintieron los padres felices o infelices cuando se despertaron?

8.2 Double object pronouns

- In previous lessons you learned that direct and indirect object pronouns replace nouns. You'll now learn how to use direct and indirect object pronouns together.

INDIRECT OBJECT PRONOUNS

me te le (se) nos os les (se)

+

DIRECT OBJECT PRONOUNS

lo la los las

- When direct and indirect object pronouns are used together, the indirect object pronoun goes before the direct object pronoun.

I.O. D.O.	DOUBLE OBJECT PRONOUNS
El camarero me muestra el menú. *The waiter shows me the menu.*	**El camarero me lo muestra.** *The waiter shows it to me.*
Nos sirven los platos. *They serve us the dishes.*	**Nos los sirven.** *They serve them to us.*
Maribel te pidió una hamburguesa. *Maribel ordered a hamburger for you.*	**Maribel te la pidió.** *Maribel ordered it for you.*

Les recomiendo el jugo de piña... ¿Se lo traigo a todos?

- The indirect object pronouns **le** and **les** always change to **se** when they are used with **lo, los, la,** and **las**.

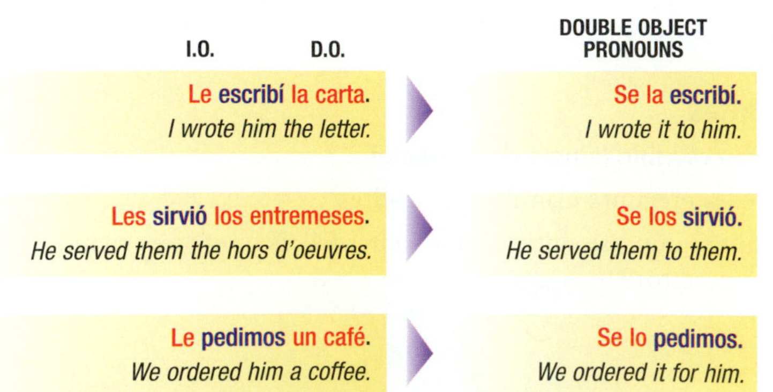

I.O. D.O.	DOUBLE OBJECT PRONOUNS
Le escribí la carta. *I wrote him the letter.*	**Se la escribí.** *I wrote it to him.*
Les sirvió los entremeses. *He served them the hors d'oeuvres.*	**Se los sirvió.** *He served them to them.*
Le pedimos un café. *We ordered him a coffee.*	**Se lo pedimos.** *We ordered it for him.*

Práctica

1 **En un restaurante** Imagínate que trabajas de camarero/a en un restaurante. Indica lo que se dicen (*say to each other*) tú y tus clientes. *Answers will vary.*

señora Guzmán

señora Guzmán: Una hamburguesa, por favor.
camarero/a: Enseguida (*right away*) se la traigo.

1. tus compañeros/as de cuarto

2. tus padres

3. Tu profesor(a) de español

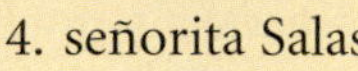

4. señorita Salas

5. señor Ramos

6. doctor Cifuentes

2 **¿Quién?** La señora Ceballos está hablando sola de los planes para una cena. Cambia los sustantivos subrayados (*underlined nouns*) por pronombres de objeto directo.

modelo ¿Quién va a traerme la carne del supermercado? [Mi esposo]
Mi esposo va a traérmela./Mi esposo me la va a traer.

1. ¿Quién les mandó las invitaciones a los invitados (*guests*)? [Mi hija] *Mi hija se las mandó.*
2. ¿Quién me puede comprar el pan? [Mi hijo] *Mi hijo puede comprármelo./Mi hijo me lo puede comprar.*
3. ¿Quién puede prestarme los platos que necesito? [Mi mamá] *Mi mamá puede prestármelos./Mi mamá me los puede prestar.*
4. Nos falta mantequilla. ¿Quién nos trae la mantequilla? [Mi cuñada] *Mi cuñada nos la trae.*
5. ¡Los postres (*desserts*)! ¿Quién está preparándonos los postres? [Silvia y Renata] *Silvia y Renata están preparándonoslos./Silvia y Renata nos los están preparando.*
6. ¿Quién puede pedirle el azúcar a Mónica? [Mi hijo] *Mi hijo puede pedírselo./Mi hijo se lo puede pedir.*

INSTRUCTIONAL RESOURCES WB, LM, Ans. Key, Lab, IRM (teaching tips, info gap), Website

Conversación

3 Contestar Trabajen en parejas (*pairs*) y formulen preguntas usando las palabras interrogativas **¿Quién?** o **¿Cuándo?** *Answers will vary.*

modelo

nos enseña español
Estudiante 1: ¿Quién nos enseña español?
Estudiante 2: La profesora Castro nos lo enseña.

Preguntas	Respuestas
1. te escribe mensajes electrónicos	______
2. me vas a prestar tu computadora	______
3. les vende los libros de texto a los estudiantes	______
4. le enseñó español al/a la profesor(a)	______
5. te compró esa camiseta	______
6. me vas a mostrar tu casa o apartamento	______

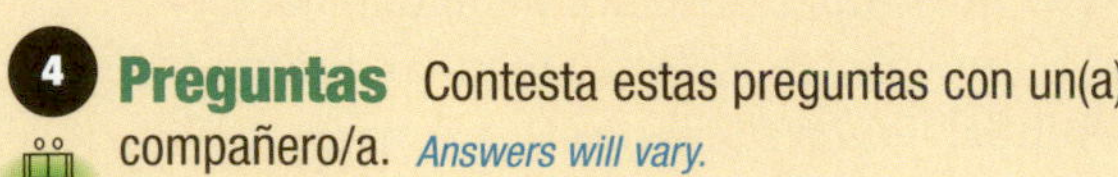

4 Preguntas Contesta estas preguntas con un(a) compañero/a. *Answers will vary.*

1. ¿Me prestas tu coche (*car*)? ¿Ya le prestaste tu coche a otro amigo?
2. ¿Me puedes comprar un coche nuevo?
3. ¿Quién te presta dinero cuando lo necesitas?
4. ¿Les prestas dinero a tus amigos? ¿Por qué?
5. ¿Les prestas tu casa o apartamento a tus amigos? ¿Por qué?
6. ¿Nos compras el almuerzo a mí y a los otros compañeros de clase?
7. ¿Me describes tu casa?
8. ¿Quién te va a preparar la cena esta noche?
9. ¿Quién te va a preparar el desayuno mañana?
10. ¿Vas a leerles el cuento (*story*) de "Blancanieves" (*Snow White*) a tus nietos? ¿Qué otros cuentos les vas a leer?

5 Regalos de Navidad Su profesor(a) va a darles a ti y a tu compañero/a la información necesaria para completar esta actividad.

- Because **se** has multiple meanings, Spanish speakers clarify to whom the pronoun refers by adding **a Ud., a él, a ella, a Uds., a ellos,** or **a ellas**.

¿El sombrero? Carlos **se** lo vendió **a ella.**
The hat? Carlos sold it to her.

¿Las verduras? Ellos **se** las compran **a usted.**
The vegetables? They buy them for you.

- Double object pronouns are placed before a conjugated verb. With infinitives and present participles, double object pronouns may be placed before the conjugated verb or attached to the end of the infinitive or present participle.

- When double object pronouns are attached to an infinitive or a present participle, an accent mark is added to maintain the original stress.

Me lo estoy comiendo.
Estoy comiéndo**melo.**
I am eating it.

Se la van a traer.
Van a traér**sela.**
They are going to bring it to you.

DOUBLE OBJECT PRONOUNS		DOUBLE OBJECT PRONOUNS
Te lo voy a mostrar.	→	Voy a mostrártelo.
Nos las están sirviendo.	→	Están sirviéndonoslas.

Qué tal la comida, ¿rica?

Sí, y nos la sirvieron tan rápidamente.

¡Manos a la obra!

Escribe el pronombre de objeto directo o indirecto que falta en cada frase.

Objeto directo

1. ¿La ensalada? El camarero nos __la__ sirvió.
2. ¿El salmón? La dueña me __lo__ recomienda.
3. ¿La comida? Voy a preparárte __la__.
4. ¿Las bebidas? Estamos pidiéndose __las__.
5. ¿Los refrescos? Te __los__ puedo traer ahora.
6. ¿Los platos de arroz? Van a servírnos __los__ después.

Objeto indirecto

1. ¿Puedes traerme tu plato? No, no __te__ lo puedo traer.
2. ¿Quieres mostrarle la carta? Sí, voy a mostrár __se__ la ahora.
3. ¿Les serviste la carne? No, no __se__ la serví.
4. ¿Vas a leerle el menú? No, no __se__ lo voy a leer.
5. ¿Me recomiendas la langosta? Sí, __te__ la recomiendo.
6. ¿Cuándo vas a prepararnos la cena? __Se__ la voy a preparar en una hora.

8.3 Saber and conocer

- Spanish has two verbs that mean *to know*, **saber** and **conocer**, but they are used differently. Note that only the **yo** forms of **saber** and **conocer** are irregular in the present tense.

Saber and conocer

	saber	conocer
yo	sé	conozco
tú	sabes	conoces
Ud./él/ella	sabe	conoce
nosotros/as	sabemos	conocemos
vosotros/as	sabéis	conocéis
Uds./ellos/ellas	saben	conocen

- **Saber** means *to know a fact or piece(s) of information* or *to know how to do something.*

No **sé** tu número de teléfono.
I don't know your telephone number.

Mi hermana **sabe** hablar francés.
My sister knows how to speak French.

- **Conocer** means *to know or be familiar/acquainted with a person, place, or thing.*

¿**Conoces** la ciudad de Nueva York?
Do you know New York City?

No **conozco** a tu amigo Esteban.
I don't know your friend Esteban.

- When the direct object of **conocer** is a person or pet, the personal **a** is used. Compare these sentences.

¿**Conoces a** Rigoberta Menchú?

¿**Conoces** ese restaurante?

¡ojo! These verbs are conjugated like **conocer**.

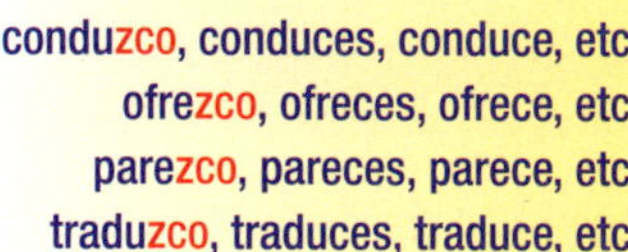

conducir (*to drive*)	conduzco, conduces, conduce, etc.
ofrecer (*to offer*)	ofrezco, ofreces, ofrece, etc.
parecer (*to seem*)	parezco, pareces, parece, etc.
traducir (*to translate*)	traduzco, traduces, traduce, etc.

¡Manos a la obra!

Escribe las formas apropiadas de **saber** y **conocer**.

1. José no ___sabe___ la hora.
2. Usted y yo ___conocemos___ bien Miami.
3. Mis padres ___saben___ hablar japonés.
4. Nadie me ___conoce___ bien.
5. ¿ ___Conoces___ tú a la tía de Eduardo?
6. ¿Por qué no ___sabes___ tú estos verbos?
7. Mis hermanas no ___saben___ nadar.
8. Yo ___sé___ a qué hora empieza la clase.
9. ¿ ___Conoce___ usted las librerías de Madrid?
10. Sara y yo ___sabemos___ jugar al tenis.

Práctica

1 Completar Completa las frases con la forma apropiada de **saber** o **conocer**.

Quetzaltenango

1. —¿___Saben___ ustedes dónde vive Pilar?
—No, nosotras no lo ___sabemos___.
2. Mi amiga Carla ___sabe___ conducir, pero yo no ___sé___.
3. —¿___Conoces___ tú a Mateo, mi hermano mayor?
—No, no lo ___conozco___.
4. —Yo todavía no ___conozco___ a tu novio.
—Sí, ya lo ___conoces___.
5. Tú ___sabes___ esquiar, pero Tino y Luis son pequeños y no ___saben___.
6. —Nosotros no ___conocemos___ Guatemala.
—Ah, ¿no? Yo ___conozco___ bien las ciudades de Escuintla, Quetzaltenango y Antigua.
7. Roberto ___conoce___ bien el *Popol Vuh*, el libro sagrado de los mayas; también ___sabe___ leer los jeroglíficos de los templos mayas.

2 Oraciones Combina las palabras de las tres columnas para hacer oraciones completas. *Answers will vary.*

modelo

No conozco a Cher. Yo conozco a Andy García.

Sujetos	Verbos	Objetos directos
Katie Couric Cher Ozzy Osbourne Tom Hanks Carlos Santana Manny Ramírez yo tú tu compañero/a tu profesor(a)	(no) conocer (no) saber	Cameron Díaz Andy García cantar el lago de Maracaibo en Venezuela hablar dos lenguas extranjeras hacer reír (*laugh*) a la gente la fecha de hoy escribir novelas de terror programar computadoras muchas personas importantes

INSTRUCTIONAL RESOURCES WB, LM, Ans. Key, Lab, IRM (teaching tips), Website

Conversación

3 Deportes Pregúntale a un(a) compañero/a qué deportes practica y por qué. *Answers will vary.*

modelo

Estudiante 1: ¿Sabes esquiar?
Estudiante 2: Sí, sé esquiar porque aprendí de niño. / Sí, sé esquiar porque me gusta mucho el invierno.

1.

2.

3.

4.

5.

6.

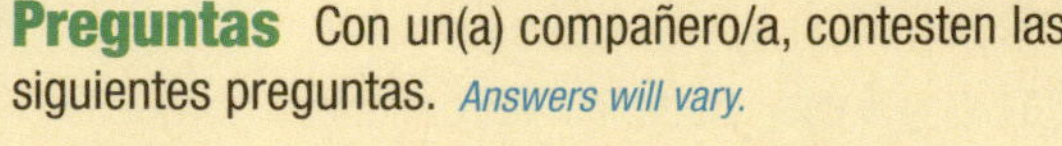

4 Preguntas Con un(a) compañero/a, contesten las siguientes preguntas. *Answers will vary.*

1. ¿Qué restaurantes buenos conoces? ¿Cenas en los restaurantes frecuentemente (*frequently*)?
2. En tu familia, ¿quién sabe cantar mejor (*best*)? ¿Tu opinión es objetiva?
3. ¿Conoces a algún/alguna artista hispano/a?
4. ¿Sabes usar bien Internet? ¿Te parece fácil o difícil usar la computadora?
5. ¿Sabes escuchar cuando alguien te habla de sus problemas?
6. ¿Conoces a algún/alguna chef famoso/a? ¿Qué tipo de comida prepara?
7. ¿Conoces a algún/alguna escritor(a) famoso/a?
8. ¿Sabes si ofrecen cursos de administración de empresas en tu universidad?

Español en vivo

Él sabe dónde comer
lo que más le gusta
Él sabe cómo jugar
cuatro horas seguidas
Él sabe dónde
está su regalo
de cumpleaños
Él sabe dónde divertirse
... y usted sabe dónde puede
encontrar un poco de todo.
¿Conoce algún otro lugar como éste?

Oviedo
Centro Comercial
Sabe lo que te gusta

Identificar

Lee el anuncio (*advertisement*) y busca ejemplos de los verbos **saber** y **conocer.**

Preguntas

1. Después de leer el anuncio, ¿qué sabes del Centro Comercial Oviedo?
2. ¿Qué puedes hacer en el Centro Comercial Oviedo?
3. ¿A quién está dirigido el anuncio?
4. ¿Conoces un centro comercial como éste? ¿Cómo se llama? ¿En qué ciudad está?

8.4 Comparisons and superlatives

Comparisons of inequality

- Comparisons of inequality are formed by placing **más** (*more*) or **menos** (*less*) before adjectives, adverbs, and nouns and **que** (*than*) after them. When the comparison involves a numerical expression, **de** is used before the number.

El lomo a la plancha es un poquito más caro que el caldo.

El té es **más caro que** el jugo.
The tea is more expensive than the juice.

Tú eres **más alto que** Jorge.
You are taller than Jorge.

Susana es **menos generosa que** su prima.
Susana is less generous than her cousin.

Hay **más de cincuenta** naranjas.
There are more than fifty oranges.

- With verbs, use this construction to make comparisons of inequality: [*verb*] + **más/menos que**.

Mis hermanos **comen más que** yo.
My brothers eat more than I (do).

Arturo **duerme menos que** su padre.
Arturo sleeps less than his father (does).

Antonio **viaja más que** tú.
Antonio travels more than you (do).

Ana **habla menos que** yo.
Ana talks less than I (do).

Comparisons of equality

- The constructions **tan** + [*adverb, adjective*] + **como** and **tanto/a(s)** + [*singular noun, plural noun*] + **como** are used to make comparisons of equality.

Este plato es **tan delicioso como** aquél.
This dish is as delicious as that one.

Tu amigo es **tan simpático como** tú.
Your friend is as nice as you (are).

Yo comí **tanta comida como** tú.
I ate as much food as you (did).

Ustedes probaron **tantos platos como** ellos.
You tried as many dishes as they (did).

- Comparisons of equality with verbs are formed by placing **tanto como** after the verb. Note that **tanto** does not change in number or gender.

No **duermo tanto como** mi tía.
I don't sleep as much as my aunt (does).

Estudiamos tanto como ustedes.
We study as much as you (do).

Práctica

1 Lucila y Tita Escoge (*choose*) la palabra correcta para comparar a dos hermanas muy diferentes. Haz (*make*) las adaptaciones necesarias.

1. Lucila es más alta y más bonita ___que___ [de, más, menos, que] Tita.
2. Tita es más delgada porque practica deportes ___más___ [de, más, menos, que] que su hermana.
3. Lucila es más ___simpática___ [listo, simpático, bajo] que Tita porque es alegre.
4. A Tita le gusta quedarse en casa. Va a ___menos___ [de, más, menos, que] fiestas que su hermana.
5. Tita es tímida e inteligente. ___Estudia___ [abrir, oír, estudiar] más que Lucila. Ahora está tomando más ___de___ [de, más, menos, que] cinco clases.
6. Lucila se preocupa ___menos___ [de, más, menos, que] que Tita por estudiar. ¡Son ___tan___ [como, tan, tanto] diferentes!

2 Mario y Luis Completa las oraciones (*sentences*) con las palabras correctas para comparar a Mario y a Luis, los novios de Lucila y Tita.

amigos extranjeros	**tan guapo**
como	**tan interesante**
diferencia	**tantas**
francés	**tantos**

1. Mario es ___tan interesante___ como Luis.
2. Mario viaja tanto ___como___ Luis.
3. Luis habla ___tantas___ lenguas extranjeras como Mario.
4. Luis habla ___francés___ tan bien como Mario.
5. Mario tiene tantos ___amigos extranjeros___ como Luis.
6. ¡Qué casualidad (*coincidence*)! Mario y Luis también son hermanos, pero no hay tanta ___diferencia___ entre ellos como entre Lucila y Tita.

INSTRUCTIONAL RESOURCES WB, LM, Ans. Key, Lab, IRM (teaching tips), Website

Conversación

3 **Comparaciones** En parejas, conversen sobre los siguientes temas u otros. *Answers will vary.*

modelo papas fritas

Estudiante 1: Las papas fritas del restaurante Los Pinos son las mejores del mundo.
Estudiante 2: Pues yo creo que las papas fritas del restaurante López son tan buenas como las papas fritas del restaurante Los Pinos.
Estudiante 1: No, porque son más saladas que las papas fritas del restaurante Los Pinos.

cafés en tu comunidad	**las personas famosas**
comidas favoritas	**los profesores**
los cursos que tomas	**restaurantes en tu comunidad**
libros favoritos	**revistas favoritas**
periódicos en tu comunidad	**tiendas en tu comunidad**

4 **La familia García** En grupos, túrnense (*take turns*) para hacer comparaciones entre Rafael, Eva, Esteban y Lourdes García. *Answers will vary.*

modelo

Estudiante 1: Esteban es el más guapo de la familia.
Estudiante 2: Pues yo creo que Rafael es tan guapo como Esteban.
Estudiante 1: Mmm, pero Esteban es mucho más alto.

Superlatives

- The following construction is used to form superlatives. Note that the noun is always preceded by a definite article and that **de** is equivalent to the English *in* or *of*.

el/la/los/las + [*noun*] + más/menos + [*adjective*] + de

Es **el café más rico del** país.
It's the most delicious coffee in the country.

Es **el menú menos caro de** todos éstos.
It is the least expensive menu of all of these.

- The noun in a superlative construction can be omitted if it is clear to whom or what the superlative refers.

¿El restaurante El Cráter? Es **el más elegante de** la ciudad.
The El Cráter restaurant? It's the most elegant (one) in the city.

Recomiendo el pollo asado. Es **el más sabroso del** menú.
I recommend the roast chicken. It's the most delicious item on the menu.

¡ojo! The absolute superlative, which ends in **–ísimo/a(s)**, is equivalent to the English *extremely/very* + [*adjective*] or *extremely/very* + [*adverb*]. For example: **muchísimo** (*very much*), **malísimo** (*very bad*), **facilísimo** (*extremely easy*).

Irregular comparisons and superlatives

Irregular comparative and superlative forms

Adjective		Comparative form		Superlative form	
bueno/a	*good*	**mejor**	*better*	**el/la mejor**	*(the) best*
malo/a	*bad*	**peor**	*worse*	**el/la peor**	*(the) worst*
grande	*big*	**mayor**	*bigger*	**el/la mayor**	*(the) biggest*
pequeño/a	*small*	**menor**	*smaller*	**el/la menor**	*(the) smallest*
joven	*young*	**menor**	*younger*	**el/la menor**	*(the) youngest*
viejo/a	*old*	**mayor**	*older*	**el/la mayor**	*(the) oldest*

- When **grande** and **pequeño/a** refer to age, the irregular comparative and superlative forms, **mayor/menor**, are used. However, when **grande** and **pequeño/a** refer to size, the regular forms, **más grande/más pequeño/a**, are used.

Isabel es **la mayor de** los hermanos.
Isabel is the biggest (oldest) of the siblings.

Tu ensalada es **más grande que** ésa.
Your salad is bigger than that one.

- The adverbs **bien** and **mal** have the same irregular comparative forms as **bueno/a** and **malo/a**.

Julio nada **mejor que** los otros chicos.
Julio swims better than the other boys.

Ellas cantan **peor que** las otras chicas.
They sing worse than the other girls.

Repaso

8.1 Preterite of stem-changing verbs

1 **Por comer mucho** Toño y sus tíos fueron a cenar a un restaurante. Indica las diferencias entre las acciones de Toño y las de sus tíos.

modelo Toño/sus tíos
vestirse con ropa informal / ropa elegante
Toño se vistió con ropa informal. Sus tíos se vistieron con ropa elegante.

1. pedir dos refrescos / vino tinto
   Toño pidió dos refrescos. Sus tíos pidieron vino tinto.
2. preferir la carne de res con papas / el pescado con ajo
   Toño prefirió la carne de res con papas. Sus tíos prefirieron el pescado con ajo.
3. servirse entremeses picantes / ensalada de verduras
   Toño se sirvió entremeses picantes. Sus tíos se sirvieron ensalada de verduras.
4. (no) despedirse del camarero / (sí) del camarero
   Toño no se despidió del camarero. Sus tíos sí se despidieron del camarero.
5. sentirse mal en la noche / bien en la noche
   Toño se sintió mal en la noche. Sus tíos se sintieron bien en la noche.
6. dormirse tarde / temprano
   Toño se durmió tarde. Sus tíos se durmieron temprano.

2 **¿Qué desayunaron?** En parejas, describan el desayuno de las personas en los dibujos. Usen el pretérito de los verbos **pedir, preferir, servir, repetir, sentirse y despedirse.** *Answers will vary.*

1. Elisa y Ana

2. Memo y Olga

8.2 Double object pronouns

3 **En la cafetería** Cambia los sustantivos *(nouns)* por pronombres de objeto directo. Después, usa un pronombre de objeto directo y un pronombre de objeto indirecto en una palabra.

modelo Me están sirviendo café.
Me lo están sirviendo. Están sirviéndomelo.

1. Nos van a dar unas patatas fritas. *Nos las van a dar. Van a dárnoslas.*
2. Te van a servir los refrescos. *Te los van a servir. Van a servírtelos.*
3. Le están preparando la ensalada. *Se la están preparando. Están preparándosela.*
4. Les voy a recomendar unos postres. *Se los voy a recomendar. Voy a recomendárselos.*
5. Te están pidiendo las bebidas. *Te las están pidiendo. Están pidiéndotelas.*
6. Me voy a comer los champiñones. *Me los voy a comer. Voy a comérmelos.*

4  **¿Quién tiene el menú?** Andrea prestó un menú del restaurante y lo perdió. En parejas, lean las siguientes pistas *(cues)* y encuentren *(find out)* quién le dio *(gave)* el menú a cada persona.

Andrea → Lola	a. Andrea le dio el menú a Lola.
Daniel → Mónica	b. Daniel le dio el menú a Mónica.
Lola ↛ Daniel	c. Lola no se lo dio a Daniel.
Mónica ↛ Luis	d. Mónica no se lo dio a Luis.
Luis ↛ Fernando	e. Luis no se lo dio a Fernando.

modelo ¿A quién le dio el menú Andrea?
Andrea se lo dio a Lola.

1. ¿A quién le dio el menú Daniel? *Daniel se lo dio a Mónica.*
2. ¿A quién le dio el menú Mónica? *Mónica se lo dio a Fernando.*
3. ¿A quién le dio el menú Lola? *Lola se lo dio a Luis.*
4. ¿A quién le dio el menú Luis? *Luis se lo dio a Daniel.*
5. ¿A quién le dio el menú Fernando? *Fernando no se lo dio a nadie.*
6. ¿Quién tiene el menú? *El menú lo tiene Fernando./Fernando lo tiene.*

8.3 Saber and conocer

5 **Completar** Escribe las formas apropiadas de los verbos correctos. No todos los verbos se usan.

conducir	ofrecer	preparar	servir
conocer	parecer	saber	traducir

Mis amigos y yo estamos de vacaciones en Perú. Nosotros no (1) *conocemos* Lima. Don Antonio (2) *conduce* un taxi por Lima y nos (3) *ofrece* llevarnos a conocer la ciudad. Mis amigos (4) *parecen* preocupados porque no hablan bien español. Yo les (5) *traduzco* lo que *(what)* dice don Antonio. Yo sí (6) *sé* hablar español.

6 **¿Quién soy?** Escribe oraciones con los verbos **saber** y **conocer** para describir a tres personas famosas. En grupos de tres, cada persona lee sus oraciones y los demás miembros del grupo adivinan *(guess)* de quién está hablando. *Answers will vary.*

modelo **Estudiante 1:** *Sé cantar canciones románticas. Conozco a Julio Iglesias porque es mi padre.*
Estudiante 2: *¡Enrique Iglesias!*

8.4 Comparisons and superlatives

7 **En el restaurante del señor Chávez** Cambia las oraciones omitiendo *(omitting)* el sujeto y usando los superlativos.

modelo Jorge es mal camarero. (el restaurante)
Es el peor del restaurante.

1. La leche es deliciosa. (las bebidas) *Es la más deliciosa de las bebidas.*
2. El restaurante del señor Chávez es elegante. (la ciudad) *Es el más elegante de la ciudad.*
3. Los señores García son cordiales. (los clientes) *Son los más cordiales de los clientes.*
4. El pollo con zanahorias es un buen plato. (el menú) *Es el mejor del menú.*
5. Juliana y Marcela son camareras jóvenes. (las camareras) *Son las menores de las camareras.*
6. El arroz con leche es sabroso. (los postres) *Es el más sabroso de los postres.*

8 **El almuerzo familiar** La familia Solís está almorzando. En parejas, escriban comparaciones usando las formas superlativas y comparativas. *Answers will vary.*

modelo *El sándwich de Sandra es grandísimo. La abuela Beatriz es la mayor de la familia.*

Síntesis

9 **¡Su restaurante es malísimo!** En parejas, escriban una carta al dueño de un restaurante. Comenten que fueron a cenar a su restaurante y que la comida fue muy mala. *Answers will vary.*

- Expliquen lo que ustedes pidieron y lo que les sirvieron.
- Expliquen que ustedes saben cocinar muy bien y que la comida fue muy mala.
- Expliquen que conocen otros restaurantes mejores.
- Comparen el restaurante con otros restaurantes.
- Despídanse.

Ritmos hispanos

NATIONAL STANDARDS communication cultures

Inti Illimani:
La magia de la música andina

En 1966 empezaron a reunirse en Santiago de Chile varios estudiantes de la ex-Universidad del Estado para escuchar la música de varios grupos universitarios. De ahí surgió el grupo **Inti Illimani** (Inti: sol en aymará; Illimani: montaña cerca de La Paz, Bolivia). Desde entonces, el grupo chileno, que ha tenido varios miembros diferentes, ha viajado extensamente ofreciendo sus interpretaciones de la música andina a audiencias de todo el mundo. En los años setenta ya eran muy conocidos por sus habilidades musicales y por los temas políticos de sus canciones. Sus miembros tocan más de treinta instrumentos de viento, cuerda y percusión. La combinación de instrumentos y voces crea un sonido único lleno de pasión y poesía que invita a la paz individual y a la paz mundial. En 1997 la Universidad de California, Berkeley les otorgó el Premio de Derechos Humanos.

Discografía selecta

- *Fragments of a Dream* 1987
- *Leyenda* 1990
- *Andadas* 1993
- *Arriesgaré la piel* 1996
- *La rosa de los vientos* 1999
- *Lugares comunes* 2003

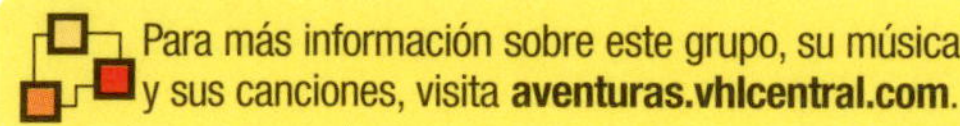

Para más información sobre este grupo, su música y sus canciones, visita **aventuras.vhlcentral.com**.

andina from the Andes **reunirse** to meet **surgió** rose **ha tenido** has had **extensamente** extensively **todo el mundo** all over the world **cuerda** string **voces** voices **crea** create **sonido** sound **lleno** full **paz** peace **otorgó** granted **premio** *prize* **Derechos** Rights **Andadas** Wanderings **Arriesgaré la piel** I will give it my all

Ampliación

1 Escuchar

A Escucha a Ramón Acevedo. Toma apuntes (*notes*) de las instrucciones que él da.

TIP Jot down notes as you listen. Jotting down notes while you listen will help you to focus actively on comprehension rather than on remembering what you have heard.

Ingredientes del relleno:	Poner dentro del pavo:
carne de cerdo	*relleno*
zanahorias	*sal*
papas	*pimienta*
consomé	
pimienta	
aceite	
ajo	

- Untarlo con *margarina*.
- Cubrirlo con *papel* de aluminio.
- Ponerlo en el horno a *trescientos veinticinco* grados, por unas *cuatro* horas.

B ¿Es similar el plato que prepara Ramón Acevedo a algún plato que tu familia come habitualmente? ¿En qué es similar? ¿En qué es distinto? *Answers will vary.*

2 Conversar

En parejas, túrnense (*take turns*) para contestar estas preguntas. Luego informen a la clase de los resultados. *Answers will vary.*

- ¿Con quién comiste la semana pasada?
- ¿A qué restaurante fueron?
- ¿Qué pidieron? ¿Les gustó la comida?
- ¿Se la sirvieron rápidamente (quickly)?
- ¿Fue mejor o peor que la comida que comes en casa? ¿Fue muy cara?
- ¿Van a volver a ese restaurante en el futuro?

recursos

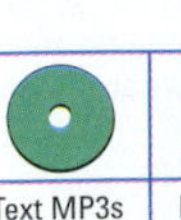

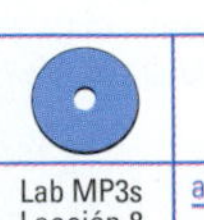

WB pp. 77–84	LM pp. 45–48	Text MP3s Lección 8	Lab MP3s Lección 8	aventuras.vhlcentral.com Lección 8

1 SCRIPT
Bienvenidos a "La hora de la cocina". Hoy vamos a prepara un menú de Guatemala: pavo relleno, verduras en escabech y un rico dulce de leche. Bueno, vamos a comenzar cor el pavo relleno. Necesitan los siguientes ingredientes para servir de diez a doce personas 1 pavo de 6 kilos, 500 gramos de carne de cerdo, 250 gramo de papas, 250 gramos de zanahorias, pimienta, sal, ajo, consomé, aceite y margarina.

Vamos a comenzar con el relleno. Hay que picar la carn de cerdo y las verduras en pedazos de un centímetro o menos. Ponemos a freír la carne con el ajo. Ponemos las papas a cocinar en un poco d agua. En otra sartén, vamos a freír las zanahorias en aceite, añadimos las papas cocinada pimienta y consomé. Bueno, y están las verduras. Las revolvemos con la carne. Ahora, vamos a preparar el pavo. Tenemos que lavarlo bien. Le ponemos sal y pimienta por dentro y le ponemos el relleno. Hay que ponerle sal y pimienta por fuera, untarlo con margarina, cubrirlo con papel de alumini Ya estamos listos para ponert en el horno a 325 grados por unas 4 horas, más o menos. Les recomiendo un vino blan para acompañar este plato. ¡Delicioso!

Regresaremos en unos minutos después de los siguientes anuncios importantes. ¡No se vayan! Vamos a preparar unas sabrosas verduras en escabeche.

INSTRUCTIONAL RESOURCE Text MP3s, WB, LM, Ans. Key, Lab, Website

Ampliación

3 Escribir

Escribe una crítica culinaria sobre un restaurante local para el periódico de la universidad. *Answers will vary.*

TIP Expressing and supporting opinions. Use details, facts, examples, and other forms of evidence to convince your readers to take your opinions seriously.

Organízalo	Usa un mapa de ideas para organizar tus comentarios sobre la comida, el servicio, el ambiente (*atmosphere*) y otras informaciones sobre el restaurante.
Escríbelo	Utiliza tus notas para escribir el primer borrador de tu artículo culinario.
Corrígelo	Intercambia (*exchange*) tu composición con un(a) compañero/a. Comenta sobre el título, la organización, los detalles específicos y los errores de gramática o de ortografía.
Compártelo	Revisa el primer borrador según las indicaciones de tu compañero/a. Incorpora nuevas ideas y/o más información para reforzar (*support*) tu opinión. Luego entrégale (*hand in*) la crítica culinaria a tu profesor(a).

4 Un paso más

Diseña el menú de un nuevo restaurante en la capital de un país hispano. *Answers will vary.*

- Decide en qué país y ciudad vas a abrir el restaurante.
- Investiga cuáles son las comidas típicas y los platos más populares del país.
- Indica el nombre del restaurante.
- Diseña el menú, incluyendo entremeses, platos principales, ensaladas, postres (*desserts*) y bebidas.
- Indica los precios de los platos en la moneda del país.
- Intercambia tu menú con tres o cuatro compañeros y comparen los platos que escogieron.

El Tamalito
Especialidades guatemaltecas
5a calle (Los Próceres)
Zona 4
Tel: (502) 345 89 76
Fax: (502) 243 56 34

En Internet

Investiga estos temas en el sitio aventuras.vhlcentral.com.

- Capitales de los países hispanos
- Comidas del mundo hispano

SUGGESTION Provide students with some questions to use as a guide in writing their restaurant reviews. Ex: **¿Qué tipo de comida sirven? ¿Cuál es el mejor plato? ¿Y el peor? ¿Hay que esperar mucho? ¿Es el ambiente informal o elegante? ¿Cómo son los precios? ¿Cuál es la dirección y el número de teléfono?**

3 EVALUATION

Criteria	Scale
Content	1 2 3 4 5
Organization	1 2 3 4 5
Accuracy	1 2 3 4 5
Creativity	1 2 3 4 5

Scoring	
Excellent	18–20 points
Good	14–17 points
Satisfactory	10–13 points
Unsatisfactory	< 10 points

4 SUGGESTION Provide students with several menus written in Spanish and English. Ask them to discuss the design of each and integrate what they like into their own menus.

4 SUGGESTION Have students work in small groups to design their menus. Assign different countries to different groups and have them share their projects with the rest of the class.

4 EVALUATION

Criteria	Scale
Content	1 2 3 4 5
Organization	1 2 3 4 5
Accuracy	1 2 3 4 5
Creativity	1 2 3 4 5

Scoring	
Excellent	18–20 points
Good	14–17 points
Satisfactory	10–13 points
Unsatisfactory	< 10 points

Antes de leer

Reading for the main idea is a useful strategy; it involves locating the topic sentences of each paragraph in order to determine the author's purpose for writing a particular piece. The first sentence in each paragraph can provide clues about the content of each paragraph, as well as impressions of how the entire reading selection is organized.

Examinar el texto

En esta sección tenemos dos textos diferentes. ¿Qué estrategias puedes usar para leer la crítica culinaria? ¿Cuáles son las apropiadas para familiarizarte con el menú? Utiliza las estrategias más eficaces para cada texto. ¿Qué tienen en común?

Identificar la idea principal

Lee la primera frase de cada párrafo de la crítica culinaria del restaurante **El Palmito**. Apunta el tema principal de cada párrafo. Luego lee todo el primer párrafo. ¿Crees que el restaurante le gustó a la autora de la crítica culinaria? ¿Por qué? Ahora lee la crítica entera. En tu opinión, ¿cuál es la idea principal de la crítica? ¿Por qué la escribió la autora? Compara tus opiniones con las de un(a) compañero/a.

SUGGESTION Ask students to scan the menu and give the English equivalents of **Entremeses** (Hors d'oeuvres), **Sopas** (Soups), **Entradas** (Entrees), **Postres** (Desserts), and **Bebidas** (Beverages).

SUGGESTION Discuss the classification of 1 star (*) to 5 stars (*****) when rating the qualities of a restaurant. You may want to give examples from local restaurants that students know.

37E

Restaurantes

Cinco estrellas para El Palmito

Margarita Galán, crítica de restaurantes

El viernes pasado cené en el restaurante **El Palmito,** donde se unen de una manera extraordinaria la comida tradicional de nuestra región y la belleza arquitectónica de nuestra ciudad. Su propietario, Héctor Suárez, es uno de los jefes de cocina más respetados del país.

El exterior del restaurante refleja el estilo colonial de la ciudad. Por dentro, la decoración rústica crea un ambiente cálido. Hay que mencionar también el hermoso patio, lleno de plantas y flores, donde muchas personas se reúnen para tomar un café en un ambiente relajado y cordial.

Uno no se puede quejar del servicio de **El Palmito.** El personal del restaurante es muy amable y atento, desde los cocineros que preparan la comida hasta los camareros que la sirven.

La comida del restaurante es exquisita. Las tortillas, que se sirven con ajiaceite, son deliciosas. La sopa de pollo y huevo es excelente, y los frijoles enchilados, ricos. También recomiendo el tomaticán, cocinado con una gran variedad de verduras muy ricas. De postre, don Héctor me preparó su especialidad, un rico pastel de yogur.

Les recomiendo que visiten **El Palmito** cuando tengan ocasión.

El Palmito
de lunes a sábado 10:00a.m.-11:00p.m.
domingo 11:00a.m.-10:00p.m.

Comida *****
Servicio *****
Ambiente *****
Precio ****

EXPANSION To further check comprehension ask, **¿Cómo es el servicio en el restaurante? ¿Cuál fue la opinión de la crítica respecto a la comida? ¿Cómo son los precios en El Palmito? ¿Cuándo está abierto El Palmito?**

TEACHING OPTION Divide the class into small groups and have them take turns ordering from the El Palmito menu. They should take turns being the waiter/waitress and the customer.

MENÚ

Entremeses

Pan tostado con
• Queso frito • Mantequilla y jalea

Tortillas con
• Ajicomino (chile, comino) • Ajiaceite (chile, aceite)

Sopas

• Cebolla • Verduras • Pollo y huevo • Mariscos

Platos Principales

Chilaquil
(tortilla de maíz, queso, hierbas y chile)

Tomaticán
(tomate, papas, maíz, chile, arvejas, zanahorias y verduras)

Tamales
(maíz, azúcar, ajo, cebolla)

Frijoles enchilados
(frijoles negros, carne de cerdo o de res, arroz, chile)

Postres

• Helado de piña • Plátanos caribeños
• Uvate (uvas, azúcar de caña y ron) • Pastel de yogur

Bebidas

• Té helado • Vino tinto
• Vino blanco • Agua mineral • Jugos
• Chilate (maíz, chile y cacao)

Después de leer

¿Comprendiste?

Selecciona las palabras que mejor completan cada frase.

1. La arquitectura del restaurante es *colonial* [moderna, colonial, fea].
2. [Los clientes, Los cocineros, Los camareros] *Los camareros* sirven la comida.
3. [Los clientes, Los cocineros, Los camareros] *Los cocineros* preparan la comida.
4. El dueño del restaurante es uno de los *mejores* [peores, menores, mejores] jefes de cocina del país.
5. La comida en este restaurante, según la autora, es *muy buena* [muy buena, mala, regular].

Preguntas

1. ¿Cómo se llama el dueño del restaurante?
   Se llama Héctor Suárez.
2. ¿Qué tipo de comida se sirve en El Palmito?
   Se sirve comida tradicional de la región.
3. ¿Cómo es el ambiente del restaurante?
   El ambiente del restaurante es cálido, relajado y cordial.
4. ¿Quién escribió este artículo?
   Margarita Galán escribió este artículo.
5. ¿Qué es la autora del artículo?
   Ella es crítica de restaurantes.
6. ¿Cuántos platos probó la autora del artículo?
   La autora probó cinco platos.

Coméntalo

¿Te interesan las comidas y bebidas que sirven en El Palmito? ¿Cuáles te interesan más? ¿Por qué? ¿Se sirven platos y bebidas similares a éstos en tu región o comunidad? *Answers will vary.*

jefes de cocina *head chefs*
por dentro *inside*
cálido *warm*
hay que *one must*
lleno *full*
ambiente *atmosphere*
relajado *relaxed*
uno no se puede quejar *one can't complain*
postres *desserts*
cuando tengan ocasión *when you have the opportunity*
jalea *jelly*
comino *cumin*
helado *ice cream*

Las comidas

el/la camarero/a	*waiter*
el/la dueño/a	*owner*
el menú	*menu*
la sección de (no) fumadores	*(non)smoking section*
el almuerzo	*lunch*
la cena	*dinner*
la comida	*food; meal*
el desayuno	*breakfast*
los entremeses	*hors d'oeuvres*
el plato (principal)	*(main) dish*
agrio/a	*sour*
delicioso/a	*delicious*
dulce	*sweet*
picante	*hot, spicy*
rico/a	*tasty; delicious*
sabroso/a	*tasty; delicious*
salado/a	*salty*
almorzar (o:ue)	*to have lunch*
cenar	*to have dinner*
desayunar	*to have breakfast*
pedir (e:i)	*to order (food)*
probar (o:ue)	*to taste; to try*
recomendar (e:ie)	*to recommend*
servir (e:i)	*to serve*

Las bebidas

el agua (f.) (mineral)	*(mineral) water*
la bebida	*drink*
el café	*coffee*
la cerveza	*beer*
el jugo (de fruta)	*(fruit) juice*
la leche	*milk*
el refresco	*soft drink*
el té (helado)	*(iced) tea*
el vino (blanco/tinto)	*(white/red) wine*

Los granos y las verduras

las arvejas	*peas*
la cebolla	*onion*
el champiñón	*mushroom*
la ensalada	*salad*
los frijoles	*beans*
la lechuga	*lettuce*
el maíz	*corn*
la papa/patata	*potato*
el tomate	*tomato*
las verduras	*vegetables*
la zanahoria	*carrot*

La carne y el pescado

el atún	*tuna*
el bistec	*steak*
los camarones	*shrimp*
la carne	*meat*
la carne de res	*beef*
la chuleta de cerdo	*pork chop*
la hamburguesa	*hamburger*
el jamón	*ham*
la langosta	*lobster*
los mariscos	*seafood*
el pavo	*turkey*
el pescado	*fish*
el pollo (asado)	*(roast) chicken*
la salchicha	*sausage*
el salmón	*salmon*

Las frutas

la banana	*banana*
las frutas	*fruit*
el limón	*lemon*
la manzana	*apple*
la naranja	*orange*
las uvas	*grapes*

Otras comidas

el aceite	*oil*
el ajo	*garlic*
el arroz	*rice*
el azúcar	*sugar*
los cereales	*cereals; grains*
el huevo	*egg*
la mantequilla	*butter*
la margarina	*margarine*
la mayonesa	*mayonnaise*
el pan (tostado)	*(toasted) bread*
las papas/patatas fritas	*French fries*
la pimienta	*pepper*
el queso	*cheese*
la sal	*salt*
el sándwich	*sandwich*
la sopa	*soup*
el vinagre	*vinegar*

Verbos

conocer	*to know; to be acquainted with*
conducir	*to drive*
morir (o:ue)	*to die*
ofrecer	*to offer*
parecer	*to seem*
saber	*to know; to know how*
servir (e:i)	*to serve*
traducir	*to translate*

Expresiones útiles	*See page 203.*
Comparisons and superlatives	*See pages 212–213.*

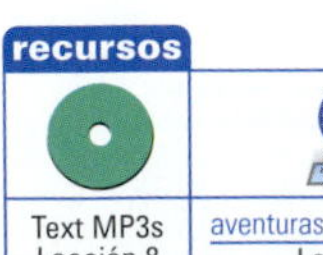

INSTRUCTIONAL RESOURCES Text MP3s, IRM (additional vocabulary), Test Program, Test MP3s, Website

AVENTURAS EN LOS PAÍSES HISPANOS

El Amazonas es el río más caudaloso *(the largest)* del mundo. Por ser muy profundo *(deep)* y ancho *(wide)*, tiene otro nombre: "río océano". Los barcos más grandes pueden navegar en él. También pueden navegar barcos pequeños, como la canoa que vemos en la foto. Alrededor *(around)* del río Amazonas hay una gran selva *(jungle)* y muy poca gente vive allí.

SURAMÉRICA I

Venezuela

Área: 912.050 km^2 (352.144 $millas^2$)
Población: 26.468.000
Capital: Caracas–3.261.000
Ciudades principales: Maracaibo, Valencia, Maracay, Barquisimeto
Moneda: bolívar

SOURCE: Population Division, UN Secretariat

Colombia

Área: 1.138.910 km^2 (439.734 $millas^2$)
Población: 45.580.000
Capital: Bogotá–7.596.000
Ciudades principales: Cali, Medellín, Barranquilla, Cartagena
Moneda: peso colombiano

SOURCE: Population Division, UN Secretariat

Ecuador

Área: 283.560 km^2 (109.483 $millas^2$)
Población: 13.798.000
Capital: Quito–1.832.000
Ciudades principales: Guayaquil, Cuenca, Machala, Portoviejo
Moneda: dólar estadounidense

SOURCE: Population Division, UN Secretariat

Perú

Área: 1.285.220 km^2 (496.224 $millas^2$)
Población: 27.804.000
Capital: Lima–8.185.000
Ciudades principales: Arequipa, Trujillo, Chiclayo, Iquitos
Moneda: nuevo sol

SOURCE: Population Division, UN Secretariat

Gente

Indígenas de Ecuador

Ecuador tiene mucha población indígena *(native)*. La lengua oficial de Ecuador es el español, pero la gente habla otras lenguas en el país. Aproximadamente unos 4.000.000 de ecuatorianos hablan lenguas indígenas. La mayoría de ellos habla quechua. Los indígenas son agricultores y excelentes tejedores *(weavers)*. Los tejidos de Ecuador son famosos en todo el mundo por sus colores vivos y sus hermosos diseños *(designs)*. En el mercado de Otavalo se venden mantas *(blankets)*, ropas tradicionales y tapices *(tapestries)* hechos por los indígenas.

Lugares

El Salto Ángel

El Salto Ángel, en el sureste de Venezuela, es la catarata *(waterfall)* más alta del mundo. Tiene 979 m. (3.212 pies) de altura *(height)*. Es diecisiete veces más alta que las cataratas del Niágara. El Salto Ángel tiene su nombre porque James C. Angel lo descubrió *(discovered)* en 1937. Está en el Parque Nacional Canaima y los indígenas lo llaman *Churún Merú*.

recursos

WB pp. 85–86	VM pp. 207–210	VCD-ROM Lección 8	aventuras.vhlcentral.com Lección 8

INSTRUCTIONAL RESOURCES WB, VM, Ans. Key, OT, DVD, IRM (videoscripts, translations), Webiste

Puerto España
TRINIDAD
Caracas
VENEZUELA
R. Orinoco
GUAYANA
BRASIL
PARAGUAY

NATIONAL STANDARDS cultures connections

Literatura

Gabriel García Márquez

El colombiano Gabriel García Márquez es uno de los escritores contemporáneos más importantes del mundo. Ganó el Premio Nobel de Literatura en 1982. García Márquez publicó su primer cuento *(story)* en 1947, cuando era *(was)* un estudiante universitario. Su libro más famoso se llama *Cien años de soledad*. El estilo literario de García Márquez es el "realismo mágico", un estilo que mezcla *(mixes)* la realidad con la fantasía. Otros escritores relacionados *(related)* con el realismo mágico son Alejo Carpentier *(Cuba)*, Arturo Uslar Pietri *(Venezuela)* y Julio Cortázar *(Argentina)*.

Hispanos en los Estados Unidos

Venezuela
Luis Aparicio, beisbolista
Marisol Escobar, pintora y escultora
Xiomara González, periodista

Colombia
Juanes, cantante (Pemios Grammy)
Rafael Palomino, chef
Rodolfo Llinás Riascos, científico

Ecuador
Christina Aguilera, cantante
Lourdes G. Baird, jueza
Martha de la Torre, periodista

Perú
Carlos Noriega, astronauta
Ernesto Palacios, tenor
Sofía Mulanovich, surfista

Economía

Las alpacas del Perú

La alpaca es un animal sudamericano de la familia de la llama y la vicuña. Vive en rebaños *(herds)* en los Andes del Perú. La alpaca escupe *(spits)* para defenderse. Es un animal muy importante para la economía del país. Da una lana muy buena que los indígenas peruanos utilizan para hacer ropa, mantas y bolsas.

¿Qué aprendiste?

1 ¿Cierto o falso? Indica si las oraciones son **ciertas** o **falsas**.

	Cierto	Falso
1. El río Amazonas es el más caudaloso del mundo.	✓	
2. Alrededor del río Amazonas hay una gran playa.		✓
3. La moneda de Ecuador es el dólar estadounidense.	✓	
4. Arequipa es una de las ciudades principales de Venezuela.		✓
5. La lengua oficial de Ecuador es el quechua.		✓
6. Los tejidos de Ecuador son famosos en todo el mundo.	✓	
7. Las cataratas del Niágara son más altas que el Salto Ángel.		✓
8. Los indígenas llaman *Churún Merú* al Salto Ángel.	✓	
9. García Márquez ganó el Premio Nobel en 1982.	✓	
10. García Márquez publicó su primer cuento en 1999.		✓
11. La alpaca es de la familia de la llama y la vicuña.	✓	
12. La alpaca escupe para defenderse.	✓	

2 Preguntas Contesta las siguientes preguntas.

1. ¿Qué otro nombre tiene el río Amazonas? ¿Por qué?
   El otro nombre del río Amazonas es "río océano", por ser muy profundo y ancho.
2. ¿Qué se vende en el mercado de Otavalo? ¿Qué te gustaría comprar allí?
   En el mercado de Otavalo se venden tapices, mantas y ropas tradicionales hechos por los indígenas.
3. ¿Dónde está el Salto Ángel? ¿Crees que se puede nadar allí?
   El Salto Ángel está en el Parque Nacional Canaima, en Venezuela. No se puede nadar en el Salto Ángel porque es muy alto.
4. ¿Cuál es el estilo literario de Gabriel García Márquez? Explica.
   El estilo literario de Gabriel García Márquez es el realismo mágico, un estilo que mezcla la realidad con la fantasía.
5. ¿Por qué crees que la alpaca es importante para la economía del Perú?
   La alpaca es muy importante para la economía del Perú porque da una lana muy buena.

En Internet

Busca más información sobre estos temas en el sitio aventuras.vhlcentral.com. Presenta la información a tus compañeros/as de clase.

- Indígenas de Ecuador
- El Salto Ángel
- Gabriel García Márquez
- Las alpacas del Perú

9 Las celebraciones

PARA EMPEZAR Here are some additional questions you can ask based on the photo: **¿Fuiste a una fiesta importante el año pasado? ¿Cuál fue la ocasión? ¿Sirvieron comida? ¿Qué sirvieron? En tu opinión, ¿qué fiestas son las más divertidas?**

Communicative Goals

You will learn how to:

- wish somebody a happy birthday
- talk about celebrations and personal relationships
- ask for the bill in a restaurant
- express gratitude

PREPARACIÓN

pages 226–231

- Words related to celebrations and desserts
- Personal relationships and stages of life
- The letters **h**, **j**, and **g**

AVENTURAS

pages 232–235

- The students and Don Francisco order dessert while Doña Rita surprises Maite by serving cake, ice cream, and a bottle of wine for her birthday. Everyone congratulates Maite and expresses their gratitude to Doña Rita.

GRAMÁTICA

pages 236–247

- Irregular preterites
- Verbs that change meaning in the preterite
- Relative pronouns
- **¿Qué?** and **¿cuál?**

LECTURA

pages 248–249

- Newspaper article: *Sociedad: Fiesta de cumpleaños, Aniversario, Boda*

PARA EMPEZAR

- ¿Cómo crees que se sienten ellos, alegres o tristes?
- ¿De qué color es el vestido de la mujer joven, blanco o amarillo?
- ¿Crees que los jóvenes tienen planes para ir de vacaciones?

SUGGESTION Write **divertirse** and **pasarlo bien** on the board and explain their meanings. Then ask students about a recent party they attended. Ex: **¿Te divertiste? ¿Lo pasaste bien?**

SUGGESTION Introduce active vocabulary by asking students if they went to a party recently. Ex: **¿Quiénes fueron a una fiesta este fin de semana? ¿Qué tipo de fiesta? ¿Qué comiste y qué tomaste? ¿Bailaste?**

LAS CELEBRACIONES

LAS FIESTAS

la boda *wedding*

el aniversario (de bodas) *(wedding) anniversary*
el día de fiesta *holiday*
la fiesta *party*
el/la invitado/a *guest*
la Navidad *Christmas*
la quinceañera *young woman's fifteenth birthday celebration*
la sorpresa *surprise*

el cumpleaños *birthday*

cambiar (de) *to change*
celebrar *to celebrate*
cumplir años *to have a birthday*
dejar una propina *to leave a tip*
divertirse (e:ie) *to have fun*
invitar *to invite*
pagar la cuenta *to pay the bill*
pasarlo bien/mal *to have a good/bad time*
regalar *to give (a gift)*
reírse (e:i) *to laugh*
relajarse *to relax*
sonreír (e:i) *to smile*
sorprender *to surprise*

graduarse (de) *to graduate (from)*

brindar *to toast*

LOS POSTRES Y OTRAS COMIDAS

las galletas *cookies*

la botella de vino *bottle of wine*
los dulces *sweets; candy*
el helado *ice cream*
el pastel *cake*
de cumpleaños *birthday cake*
los postres *desserts*

el flan *baked custard*

el champán *champagne*

recursos

WB	LM	Text MP3s	Lab MP3s	aventuras.vhlcentral.com
pp. 89–90	p. 49	Lección 9 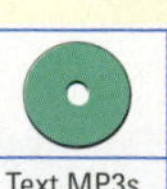	Lección 9 	Lección 9 

INSTRUCTIONAL RESOURCES WB, LM, Ans. Key, Lab, Text MP3s, IRM (tapescript, additional vocabulary), Website

LAS ETAPAS DE LA VIDA

la etapa *stage*
la juventud *youth*
el nacimiento *birth*
la vida *life*

jubilarse *to retire (from work)*
nacer *to be born*

la niñez
childhood

SUGGESTION Point out that many Hispanics may celebrate their **día del santo**, or Saint's Day. This is the day that commemorates the saint for whom a person was named.

Variación léxica
comprometerse ⟷ prometerse (*Esp.*)
pastel ⟷ torta (*Arg., Venez.*), queque (*C. Rica*)

la adolescencia
adolescence

SUGGESTION To review new vocabulary and check comprehension, ask: **¿Tiene un soltero una esposa? ¿Cuándo es tu cumpleaños? ¿Qué tipo de pastel te gusta para el cumpleaños? ¿Estás casado/a? ¿Cuándo es tu aniversario? ¿Ocurre la vejez antes o después de la niñez?**

la madurez
maturity; middle age

la vejez
old age

la muerte
death

LAS RELACIONES PERSONALES

la alegría *happiness*
la amistad *friendship*
el amor *love*
el divorcio *divorce*
el estado civil *marital status*
el matrimonio *marriage; married couple*
la pareja *couple; partner*
el/la recién casado/a *newlywed*

casado/a *married*
divorciado/a *divorced*
juntos/as *together*
separado/a *separated*
soltero/a *single*
viudo/a *widowed*

casarse (con) *to get married (to)*
comprometerse (con) *to get engaged (to)*
divorciarse (de) *to get divorced (from)*
enamorarse (de) *to fall in love (with)*
llevarse bien/mal (con) *to get along well/badly (with)*
odiar *to hate*
romper (con) *to break up (with)*
salir (con) *to go out (with); to date*
separarse (de) *to separate (from)*
tener una cita *to have a date; to have an appointment*

OTRAS PALABRAS

el apellido *last name*
el consejo *advice*
la respuesta *answer*

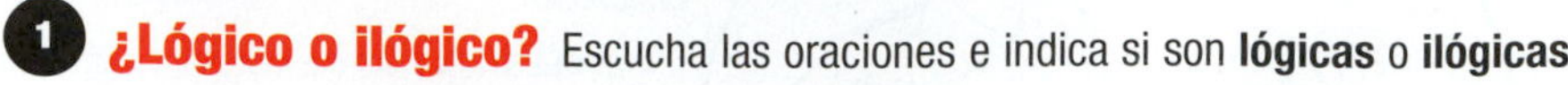

A escuchar

1 ¿Lógico o ilógico? Escucha las oraciones e indica si son **lógicas** o **ilógicas**.

	Lógico	Ilógico
1.	✓	
2.		✓
3.	✓	
4.		✓
5.		✓
6.		✓
7.	✓	
8.	✓	

2 ¡Feliz cumpleaños! Los amigos de Silvia están preparándole una fiesta de cumpleaños. Escucha la conversación y contesta las preguntas.

1. ¿Sabe Silvia que sus amigos le van a dar una fiesta? *No, porque es una sorpresa.*
2. ¿Qué van a comer los amigos en la fiesta? *Van a comer pastel de chocolate y helado.*
3. ¿A Silvia le gusta el chocolate? *Sí, le encanta el chocolate.*
4. ¿Dónde compraron el helado? *Compraron el helado en la tienda que está al lado de la residencia estudiantil.*
5. ¿Por qué no quieren comer el helado de la cafetería? *Porque el helado de la tienda es mejor.*
6. ¿Cuántos años cumple Silvia? *Silvia cumple dieciocho años.*
7. ¿Con qué brindan los amigos? *Los amigos brindan con champán.*
8. ¿Silvia es mayor o menor que sus amigos? *Silvia es menor que sus amigos.*

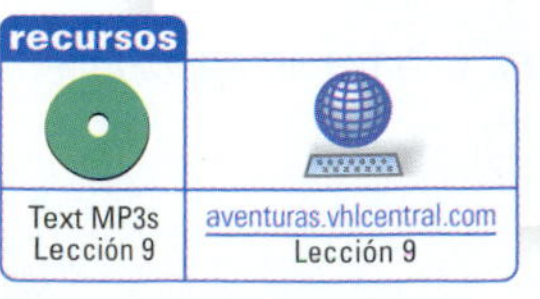

recursos
Text MP3s Lección 9
aventuras.vhlcentral.com Lección 9

1 SCRIPT
1. El flan y el helado son postres.
2. Después de divorciarse, una persona está casada.
3. En una fiesta los invitados se ríen y se relajan.
4. Alicia acaba de romper con su novio. Va a casarse con él.
5. Cuando una chica hispana cumple los dieciséis años, celebra su quinceañera.
6. Nuestro camarero fue horrible. Quiero dejarle una buena propina.
7. Después de cenar en un restaurante es importante pagar la cuenta.
8. Amalia Ferrero y su esposo no se llevan bien. Van a separarse.

2 SCRIPT
A1: ¿Estamos listos, amigos? **A2**: Creo que sí. Aquí tenemos el pastel y el helado… **A3**: De chocolate, espero. Ustedes saben cómo le encanta a Silvia el chocolate… **A2**: Por supuesto, el chocolate para Silvia. Bueno, un pastel de chocolate, el helado… **A3**: ¿El helado es de la cafetería o lo compraste cerca de la residencia estudiantil? **A2**: Lo compré en la tienda que está al lado de nuestra residencia. Es mejor que el helado de la cafetería. **A1**: Psstt… aquí viene Silvia… **A1**, **A2**, **A3**: ¡Sorpresa! ¡Sorpesa, Silvia! ¡Felicidades! **SILVIA**: ¡Qué sorpresa! **A3**: ¿Y cuántos años cumples? **SILVIA**: Dieciocho. ¡Gracias, amigos, muchas gracias! **A1**: Y ahora, ¡brindamos por nuestra amiga! **A2**: ¿Con qué brindamos? ¿Con el champán? **A1**: ¡Cómo no! ¡Por nuestra amiga Silvia, la más joven de todos nosotros!

INSTRUCTIONAL RESOURCE Text MP3s, Website

A practicar

3 SUGGESTION If the activity was done as homework, quickly go over answers in class.

4 EXPANSION Have students work in pairs to tell each other about celebrations in their own families. Remind them to use as many expressions as possible from the lesson vocabulary. Follow up by asking several students to describe the celebrations in their partner's families.

5 SUGGESTION After students complete this activity with a partner, go over the answers with the class.

3 Seleccionar Selecciona la mejor expresión o palabra.

dejó una propina	se jubiló
nació	se llevan bien
nos divertimos	sonrió
lo pasaron mal	tenemos una cita
se casaron	

1. Nelson y Mildred *se casaron* el septiembre pasado. La boda fue maravillosa.
2. Mi tía le *dejó una propina* muy grande al camarero.
3. Mi padrastro *se jubiló* hace un año.
4. A Alejandra le gustan las galletas. Ella *sonrió* después de comérselas todas.
5. Luis y yo *nos divertimos* en la fiesta. Bailamos y comimos mucho.
6. ¡Tengo una nueva sobrina! Ella *nació* ayer por la mañana.
7. Irene y su esposo *se llevan bien*. Son muy felices.
8. Rocío y Eddie *lo pasaron mal* en el cine. La película fue muy mala.
9. Isabel y yo *tenemos una cita* esta noche. Vamos a ir a un restaurante muy elegante.

4 La fiesta de Susana Completa las frases con palabras adecuadas.

1. Susana siempre *celebra* su cumpleaños con su familia y sus amigos.
2. Su mamá invitó a mucha gente; todos los *invitados* llegaron tarde.
3. Su papá contó chistes (*told jokes*) y todos *se rieron*.
4. A Susana le *regalaron* muchos regalos.
5. El hermano de Susana comió muchos trozos (*pieces*) de *pastel*.
6. Su amiga Anabela va a *casarse* con su novio en dos semanas.
7. Susana está un poco triste porque ayer *rompió con* su novio.
8. Pero Susana *tiene una cita* el próximo viernes con su amigo Jorge.

5 Te equivocas Túrnate (*take turns*) con un(a) compañero/a para decir que sus afirmaciones son falsas. Corrige las afirmaciones falsas usando el opuesto de las expresiones subrayadas.

modelo

Nuestros amigos lo pasaron mal en la playa.
Estudiante 1: Nuestros amigos lo pasaron mal en la playa.
Estudiante 2: No, te equivocas (*you're wrong*). Ellos lo pasaron bien.

1. El nacimiento es el fin de la vida.
   E1: El nacimiento es el fin de la vida. E2: No, te equivocas. La muerte es el fin de la vida.
2. A los sesenta y cinco años muchas personas comienzan a trabajar.
   E1: A los sesenta y cinco años muchas personas comienzan a trabajar. E2: No, te equivocas. A los sesenta y cinco años muchas personas se jubilan.
3. Francisco y Gloria se divorcian mañana.
   E1: Francisco y Gloria se divorcian mañana. E2: No, te equivocas. Ellos se casan mañana.
4. Pancho se comprometió con Yolanda.
   E1: Pancho se comprometió con Yolanda. E2: No, te equivocas. Pancho rompió con Yolanda.
5. Marcela odia a Ramón.
   E1: Marcela odia a Ramón. E2: No, te equivocas. Marcela quiere a Ramón.
6. La juventud es la etapa de la vida cuando nos jubilamos.
   E1: La juventud es la etapa de la vida cuando nos jubilamos. E2: No, te equivocas. La vejez es la etapa de la vida cuando nos jubilamos.

A conversar

6 Planes para una fiesta Trabaja con dos compañeros/as para planear una fiesta. Recuerda incluir la siguiente información. *Answers will vary.*

1. ¿Qué tipo de fiesta es?
2. ¿Dónde va a ser? ¿Cuándo va a ser?
3. ¿A quién van a invitar?
4. ¿Qué van a comer? ¿Quién va a llevar o a preparar la comida?
5. ¿Qué van a beber? ¿Quién va a traer las bebidas?
6. ¿Qué van a hacer todos durante la fiesta?
7. Después de la fiesta, ¿qué van a hacer?

6 SUGGESTION Give studen ten minutes to plan the party. Ask volunteers to describe th party plans to the class.

6 EXPANSION Have student make invitations for their part They may also make a shopping list and a "to do" lis

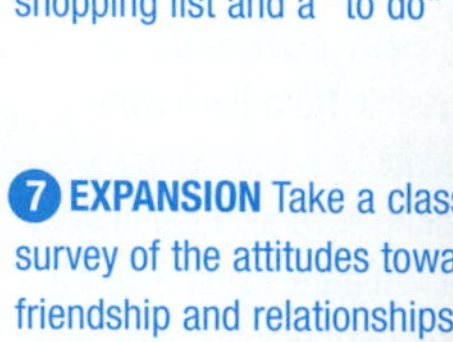

7 EXPANSION Take a class survey of the attitudes towarc friendship and relationships. Write the questions on the board and ask for a show of hands. Tally the results of the survey.

8 SUGGESTION After studer complete the oral exercise, yc may want to assign this as written homework.

8 EXPANSION Ask voluntee to talk about their memorable party experiences. Ask others comprehension questions about what was said.

7 Encuesta Pregunta a dos o tres compañeros/as para saber qué actitudes (*attitudes*) tienen en sus relaciones personales. Comparte los resultados de la encuesta con la clase. *Answers will vary.*

Preguntas	Nombres	Actitudes
1. ¿Te importa la amistad? ¿Por qué?	________	________
2. ¿Es mejor tener un(a) buen(a) amigo/a o muchos amigos?	________	________
3. ¿Cuáles son las características que buscas en tus amigos?	________	________
4. ¿Tienes novio/a? ¿A qué edad (*age*) es posible enamorarse?	________	________
5. ¿Debe la pareja hacer todas las cosas juntos?	________	________
6. ¿Debe la pareja tener siempre las mismas opiniones? ¿Por qué?	________	________

8 Una fiesta memorable Cuéntale (*tell*) a un(a) compañero/a cómo fue una fiesta memorable. Incluye los siguientes elementos. *Answers will vary.*

- ¿Qué?
- ¿Cómo?
- ¿Por qué?
- ¿Quién?
- ¿Cuándo?
- ¿Cuántos?
- ¿Dónde?
- ¿A qué hora?

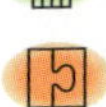

9 La historia de Ana Su profesor(a) va a darles a ti y a tu compañero/a la información necesaria para completar esta actividad.

INSTRUCTIONAL RESOURCES IRM (info gap)

Pronunciación

SUGGESTION Model the pronunciation of each word or sentence, having students repeat after you.

EXPANSION Other words with **h**, **j**, or **g** from the vocabulary list include: **alegría, graduarse, pagar, relajarse, juntos, consejo, vejez**, and **juventud**. Have students repeat these words after you.

SUGGESTION Have students work in pairs to read aloud the sentences in **Oraciones**. Circulate around the class and model correct pronunciation as needed, focusing on the letters **h**, **j**, and **g**.

The letters h, j, and g

helado **hombre** **hola** **hermosa**

The Spanish **h** is always silent.

José **jubilarse** **dejar** **pareja**

The letter **j** is pronounced much like the English *h* in *his*.

agencia **general** **Gil** **Gisela**

The letter **g** can be pronounced three different ways. Before **e** or **i**, the letter **g** is pronounced much like the English *h*.

Gustavo, gracias por llamar el domingo.

At the beginning of a phrase or after the letter **n**, the Spanish **g** is pronounced like the English *g* in *girl*.

Me gradué en agosto.

In any other position, the Spanish **g** has a somewhat softer sound.

Guerra **conseguir** **guantes** **agua**

In the combinations **gue** and **gui**, the **g** has a hard sound and the **u** is silent. In the combination **gua**, the **g** has a hard sound and the **u** is pronounced like the English *w*.

Práctica Lee las palabras en voz alta, prestando atención a la **h**, la **j** y la **g**.

1. hamburguesa
2. jugar
3. oreja
4. guapa
5. geografía
6. magnífico
7. espejo
8. hago
9. seguir
10. gracias
11. hijo
12. galleta
13. Jorge
14. tengo
15. ahora
16. guantes

Oraciones Lee las oraciones en voz alta, prestando atención a la **h**, la **j** y la **g**.

1. Hola. Me llamo Gustavo Hinojosa Lugones y vivo en Santiago de Chile.
2. Tengo una familia grande; somos tres hermanos y tres hermanas.
3. Voy a graduarme en mayo.
4. Para celebrar mi graduación mis padres van a regalarme un viaje a Egipto.
5. ¡Qué generosos son!

Refranes Lee los refranes en voz alta, prestando atención a la **h**, la **j** y la **g**.

El hábito no hace al monje.[2]

A la larga, lo más dulce amarga.[1]

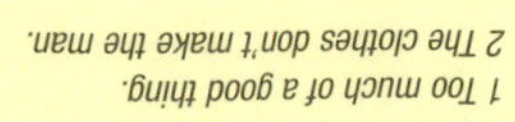

1 Too much of a good thing.
2 The clothes don't make the man.

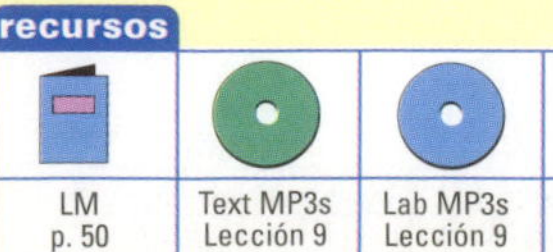

INSTRUCTIONAL RESOURCES Text MP3s, LM, Ans. Key, Lab, Website

VIDEO SYNOPSIS While the travelers are looking the dessert menu, Doña Rita and the waiter bring some flan, a cake, and some wine to celebrate Maite's birthday. The gro leaves Doña Rita a nice thanks her, and says goo

¡Feliz cumpleaños, Maite!

NATIONAL STANDARDS communication cultures

Don Francisco y los estudiantes celebran el cumpleaños de Maite en el restaurante El Cráter.

INÉS A mí me encantan los dulces. Maite, ¿tú qué vas a pedir?

MAITE Ay, no sé. Todo parece tan delicioso. Quizás el pastel de chocolate.

JAVIER Para mí el pastel de chocolate con helado. Me encanta el chocolate. Y tú Álex, ¿qué vas a pedir?

ÁLEX Generalmente prefiero la fruta, pero hoy creo que voy a probar el pastel de chocolate.

DON FRANCISCO Yo siempre tomo un flan y un café.

DOÑA RITA & CAMARERO ¡Feliz cumpleaños, Maite!

INÉS ¿Hoy es tu cumpleaños, Maite?

MAITE Sí, el 22 de junio. Y parece que vamos a celebrarlo.

TODOS MENOS MAITE ¡Felicidades!

ÁLEX Yo también acabo de cumplir los veintitrés años.

MAITE ¿Cuándo?

ÁLEX El cuatro de mayo.

DOÑA RITA Aquí tienen un flan, pastel de chocolate con helado... y una botella de vino para dar alegría.

MAITE ¡Qué sorpresa! ¡No sé qué decir! Muchísimas gracias.

DON FRANCISCO El conductor no puede tomar vino. Doña Rita, gracias por todo. ¿Puede traernos la cuenta?

DOÑA RITA Enseguida, Paco.

PREVIEW Have students read the first line of dialogue in each video still and then make an educated guess about what happens in this **fotonovela** episode. Record their guesses.

SUGGESTION Ask students to brainstorm a list of things that might happen at a surprise birthday party. Then play the video module and ask students to take notes. Work with the students to lead them to an accurate plot summary.

recursos

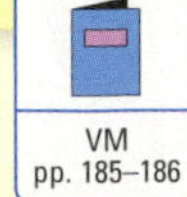

VM pp. 185–186

VCD-ROM Lección 9

aventuras.vhlcentral.com Lección 9

INSTRUCTIONAL RESOURCES VM, Ans. Key, DVD, VCD-ROM, IRM (Videoscript, translation), Website

Para recordar

Before doing this Fotonovela section, review the previous one with this activity.

1. ¿Quién es doña Rita Perales? *la dueña del restaurante El Cráter*
2. ¿Qué platos sirven en El Cráter? *tortillas de maíz, caldo de patatas, lomo a la plancha, ceviche, fuente de fritada, pasteles*
3. ¿Qué opinión tienen los estudiantes de la comida? *que es riquísima*
4. ¿Cuál es la ocasión especial ese día? *el cumpleaños de Maite*

MAITE ¡Gracias! Pero, ¿quién le dijo que es mi cumpleaños?

DOÑA RITA Lo supe por don Francisco.

ÁLEX Ayer te lo pregunté, ¡y no quisiste decírmelo! ¿Eh? ¡Qué mala eres!

JAVIER ¿Cuántos años cumples?

MAITE Veintitrés.

INÉS Creo que debemos dejar una buena propina. ¿Qué les parece?

MAITE Sí, vamos a darle una buena propina a la señora Perales. Es simpatiquísima.

DON FRANCISCO Gracias una vez más. Siempre lo paso muy bien aquí.

MAITE Muchísimas gracias, señora Perales. Por la comida, por la sorpresa y por ser tan amable con nosotros.

PERSONAJES

DON FRANCISCO

JAVIER

INÉS

ÁLEX

MAITE

DOÑA RITA

CAMARERO

SUGGESTION Have the class look at the **Expresiones útiles**. Draw attention to the verbs **dijo** and **supe**. Explain that these are irregular preterite forms of the verbs **decir** and **saber**. They will learn more about these verbs in **Gramática 9.1**.

Expresiones útiles

Celebrating a birthday party

¡Feliz cumpleaños!
Happy birthday!
¡Felicidades!/¡Felicitaciones!
Congratulations!
¿Quién le dijo que es mi cumpleaños?
Who told you that it's my birthday?
Lo supe por don Francisco.
I found out from Don Francisco.
¿Cuántos años cumples/cumple usted?
How old are you now?
Veintitrés.
Twenty-three.

Asking for the bill

¿Puede traernos la cuenta?
Can you bring us the bill?
La cuenta, por favor.
The bill, please.
Enseguida, señor/señora/señorita.
Right away, sir/ma'am/miss.

Expressing gratitude

¡(Muchas) gracias!
Thank you (very much)!
Muchísimas gracias.
Thank you very, very much.
Gracias por todo.
Thanks for everything.
Gracias una vez más.
Thanks once again.

Leaving a tip

Creo que debemos dejar una buena propina. ¿Qué les parece?
I think we should leave a good tip. What do you guys think?
Sí, vamos a darle una buena propina.
Yes, let's give him/her a good tip.

1 Completar Completa las frases con la información correcta.

1. De postre, don Francisco siempre pide *un café y un flan*.
2. A Javier le encanta *el chocolate*.
3. Álex cumplió los *veintitrés* años *el cuatro de mayo*.
4. Hoy Álex quiere probar algo diferente. De postre, va a pedir *pastel de chocolate*.
5. El conductor no puede *tomar vino*.
6. Los estudiantes van a dejar *una buena propina* a doña Rita.

2 Seleccionar Selecciona algunas de las opciones de la lista para completar las frases.

una botella de vino	**¡Qué sorpresa!**
comer	**la quinceañera**
la cuenta	**una sorpresa**
pedir	**veintidós**
el postre	**veintitrés**

1. Hoy Maite cumple *veintitrés* años.
2. Maite no sabe que van a celebrar su cumpleaños porque es *una sorpresa*.
3. Cuando una pareja celebra su aniversario y quiere tomar algo especial, compra *una botella de vino*.
4. Después de una cena o un almuerzo, es normal pedir *el postre/la cuenta*.
5. De postre, Inés y Maite no saben exactamente lo que van a *comer/pedir*.
6. Álex tiene *veintitrés* años.

3 Situación Trabajen en grupos para representar una conversación. Uno/a de ustedes está celebrando su cumpleaños en un restaurante. Un(a) amigo/a le desea feliz cumpleaños y le pregunta cuántos años cumple. Luego, cada uno/a le pide al/a la camarero/a un postre y algo para beber. Después de comer los postres, un(a) amigo/a pide la cuenta y otro/a habla de dejar una propina. Los amigos dicen que quieren pagar la cuenta y la persona que cumple años les da las gracias por todo. *Answers will vary.*

1 EXPANSION Have students work in pairs or small groups to write a question that would have elicited each of these statements.

2 SUGGESTION Have students review the vocabulary before doing this activity.

3 TEACHING OPTION Have students work in pairs to ad-lib the restaurant scene from the **fotonovela** for the class. They should try to get the general meaning across using the vocabulary and expressions they know.

Exploración

Fiestas y celebraciones

TEACHING OPTION Tell the class that in the Spanish-speaking world many young girls celebrate their **quinceañera**, or fifteenth birthday, which marks their transition into adulthood. The **quinceañera** can be a lavish event with live music, catered food, and many guests.

En Sevilla, la Semana Santa (*Holy Week*) es especialmente colorida (*colorful*) y emocionante. Las procesiones religiosas son muy famosas y muchos turistas quieren verlas.

Argentina celebra su independencia el 25 de mayo, fecha en que, en 1810, los argentinos establecieron su propio gobierno (*own government*). La celebración es en la Plaza de Mayo de Buenos Aires; hay discursos (*speeches*) oficiales y fuegos artificiales (*fireworks*).

En México, se celebra el Día de los Muertos (*the dead*) el primero y el segundo de noviembre. Mucha gente va al cementerio para honrar a sus seres queridos (*loved ones*). Es común ofrecerles flores, incienso y comida a los muertos.

EXPANSION Ask students about their family's traditions for remembering their loved ones who have passed away. Have them compare their traditions with those of Mexico's **Día de los Muertos**.

EXPANSION Ask students to describe how their town or region celebrates Independence Day. Have them compare their traditions with those of Argentina.

Observaciones

- Los españoles celebran el Año Nuevo comiendo rápidamente doce uvas. Una uva por cada mes del año.
- En las regiones de Suramérica donde hace calor en diciembre, es común celebrar la Navidad en la playa.
- En el Ecuador se celebra el Carnaval tirando (*throwing*) agua a todos los que pasan.

Coméntalo

Con un(a) compañero/a, contesta las siguientes preguntas. *Answers will vary.*

- ¿Cuál de estas celebraciones te interesa más? ¿Por qué?
- ¿Son similares o diferentes a los días de fiesta en tu comunidad?
- ¿Cuáles son las fiestas más populares en tu comunidad o región? ¿Cómo las celebras?

recursos
aventuras.vhlcentral.com
Lección 9

INSTRUCTIONAL RESOURCE Website

9 GRAMÁTICA

9.1 Irregular preterites

- You already know that **ir** and **ser** are irregular in the preterite. Here are some other verbs that are irregular in the preterite.

Preterite of *tener, venir,* and *decir*

	tener (e ➤ u)	venir (e ➤ i)	decir (e ➤ i)
yo	tuve	vine	dije
tú	tuviste	viniste	dijiste
Ud./él/ella	tuvo	vino	dijo
nosotros/as	tuvimos	vinimos	dijimos
vosotros/as	tuvisteis	vinisteis	dijisteis
Uds./ellos/ellas	tuvieron	vinieron	dijeron

- Observe the stem changes in the chart: the **e** in **tener** changes to **u**, and the **e** in **venir** and **decir** changes to **i**. Note also that the **c** in **decir** changes to **j**. None of these verbs have written accents in the **yo** or **Ud./él/ella** forms.
- These verbs have similar stem changes.

INFINITIVE	U-STEM	PRETERITE FORMS
poder	pud-	pude, pudiste, pudo, pudimos, pudisteis, pudieron
poner	pus-	puse, pusiste, puso, pusimos, pusisteis, pusieron
saber	sup-	supe, supiste, supo, supimos, supisteis, supieron
estar	estuv-	estuve, estuviste, estuvo, estuvimos, estuvisteis, estuvieron
INFINITIVE	**I-STEM**	
querer	quis-	quise, quisiste, quiso, quisimos, quisisteis, quisieron
hacer	hic-	hice, hiciste, hizo, hicimos, hicisteis, hicieron
INFINITIVE	**J-STEM**	
traer	traj-	traje, trajiste, trajo, trajimos, trajisteis, trajeron
conducir	conduj-	conduje, condujiste, condujo, condujimos, condujisteis, condujeron
traducir	traduj-	traduje, tradujiste, tradujo, tradujimos, tradujisteis tradujeron

¡ojo! Verbs with **j**-stems omit the letter **i** in the **Uds.** form. For example, **tener ➤ tuvieron,** but **decir ➤ dijeron.**

Most verbs that end in **–cir** are **j**-stem verbs in the preterite. For example, **producir ➤ produje, produjiste**, etc.

En tarjetas prepagadas ninguna te da más minutos para hablar

SUGGESTION Tell the students that the **recursos** boxes for the entire **Gramática** section are in **Ampliación**.

Práctica

1 Una fiesta sorpresa Completa estas frases con el pretérito de los verbos indicados.

1. El sábado *hubo* [haber] una fiesta sorpresa para Elsa en mi casa.
2. Sofía *hizo* [hacer] un pastel para la fiesta y Miguel *trajo* [traer] un flan.
3. Los amigos y parientes de Elsa *vinieron* [venir] y *trajeron* [traer] regalos.
4. El hermano de Elsa no *vino* [venir] porque *tuvo* [tener] que trabajar.
5. Su tía María Dolores tampoco *pudo* [poder] venir.
6. Cuando Elsa abrió la puerta, todos gritaron (*shouted*): "¡Feliz cumpleaños!" y su esposo le *dio* [dar] un beso.
7. Al final de la fiesta, todos *dijeron* [decir] que se divirtieron mucho.
8. La fiesta le *dio* [dar] a Elsa tanta alegría que no *pudo* [poder] dormir esa noche.

2 ¿Qué hicieron? Usa los verbos apropiados para describir lo que hicieron estas personas.

dar	hacer	venir	traducir
estar	poner	tener	traer

1. El señor López/dinero
El señor López le dio dinero a su hijo.

2. Nosotros/fiesta
Nosotros tuvimos (hicimos/dimos) una fiesta./Nosotros estuvimos en una fiesta.

3. Norma/pavo
Norma puso el pavo en la mesa.

4. Roberto y Elena/regalo
Roberto y Elena le trajeron/dieron un regalo a su amigo.

INSTRUCTIONAL RESOURCES WB, LM, Ans. Key, Lab, IRM (teaching tips), Website

Conversación

3 **Preguntas** En parejas, túrnense para contestar estas preguntas. *Answers will vary.*

1. ¿Qué hiciste anoche?
2. ¿Quiénes no estuvieron en clase la semana pasada?
3. ¿Qué trajiste a clase ayer?
4. ¿Qué trajiste a clase hoy?
5. ¿Hiciste la tarea para esta clase?
6. ¿Cuándo hiciste la tarea? ¿Se la diste al/a la profesor(a)?
7. ¿Hubo una fiesta en tu casa o residencia el sábado pasado?
8. ¿Alguien dio una fiesta para tu cumpleaños el año pasado? ¿Quién?
9. ¿Cuándo fue la última (*last*) vez que tus parientes vinieron a visitarte? ¿Te trajeron algo? ¿Qué te trajeron?
10. ¿Les diste a tus padres un regalo para su aniversario de bodas? ¿Qué les regalaste?
11. ¿Le dijiste una mentira a tu novio/a o esposo/a la semana pasada?

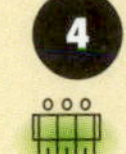

4 **Encuesta** Circula por la clase y formula preguntas hasta que encuentres a alguien que corresponda a alguna descripción de la lista. Luego informa a la clase de los resultados de tu encuesta. *Answers will vary.*

Descripciones	Nombres
1. Tuvo un examen ayer.	______
2. Trajo dulces a clase.	______
3. Condujo su carro (*car*) a clase.	______
4. Estuvo en la biblioteca ayer.	______
5. Le dio consejos a alguien ayer.	______
6. No pudo levantarse esta mañana.	______
7. Tuvo que levantarse temprano ayer.	______
8. Hizo un viaje a un país hispano el verano pasado.	______
9. Tuvo una cita anoche.	______
10. Dijo una mentira ayer.	______
11. Fue a una fiesta el fin de semana pasado.	______
12. Tuvo que trabajar el sábado pasado.	______

The preterite of dar

The preterite of *dar*

yo	**di**	nosotros/as	**dimos**
tú	**diste**	vosotros/as	**disteis**
Ud./él/ella	**dio**	Uds./ellos/ellas	**dieron**

▸ The endings for **dar** are the same as the regular preterite endings for **-er** and **-ir** verbs, but there are no written accent marks.

La camarera me **dio** el menú.
The waitress gave me the menu.

Los invitados le **dieron** un regalo.
The guests gave him a gift.

Le **di** a Juan algunos consejos.
I gave Juan some advice.

Nosotros **dimos** una gran fiesta.
We gave a great party.

▸ The preterite of **hay** (*inf.* **haber**) is **hubo** (*there was/were*).

Hubo una fiesta el sábado pasado.
There was a party last Saturday.

Hubo una sorpresa especial para mi hermana.
There was a special surprise for my sister.

Hubo muchos invitados.
There were a lot of guests.

También **hubo** muchos regalos y champán.
There were also a lot of gifts and champagne.

Hubo una fiesta en el restaurante El Cráter.

Doña Rita les dio una botella de vino a los viajeros.

¡Manos a la obra!

Escribe en cada espacio en blanco la forma correcta del pretérito de cada verbo.

1. Tú _quisiste_ [querer].
2. Usted _dijo_ [decir].
3. Nosotras _hicimos_ [hacer].
4. Yo _traje_ [traer].
5. Ellas _condujeron_ [conducir].
6. Ella _estuvo_ [estar].
7. Tú _tuviste_ [tener].
8. Ella y yo _dimos_ [dar].
9. Yo _traduje_ [traducir].
10. Ayer _hubo_ [haber].
11. Usted _supo_ [saber].
12. Ellos _pusieron_ [poner].
13. Yo _vine_ [venir].
14. Tú _pudiste_ [poder].
15. Ustedes _quisieron_ [querer].
16. Nosotras _estuvimos_ [estar].
17. Tú _dijiste_ [decir].
18. Ellos _supieron_ [saber].
19. Él _hizo_ [hacer].
20. Yo _puse_ [poner].
21. Nosotras _trajimos_ [traer].
22. Yo _tuve_ [tener].
23. Tú _diste_ [dar].
24. Ustedes _pudieron_ [poder].

9.2 Verbs that change meaning in the preterite

▸ **Conocer, saber, poder,** and **querer** change meanings in the preterite.

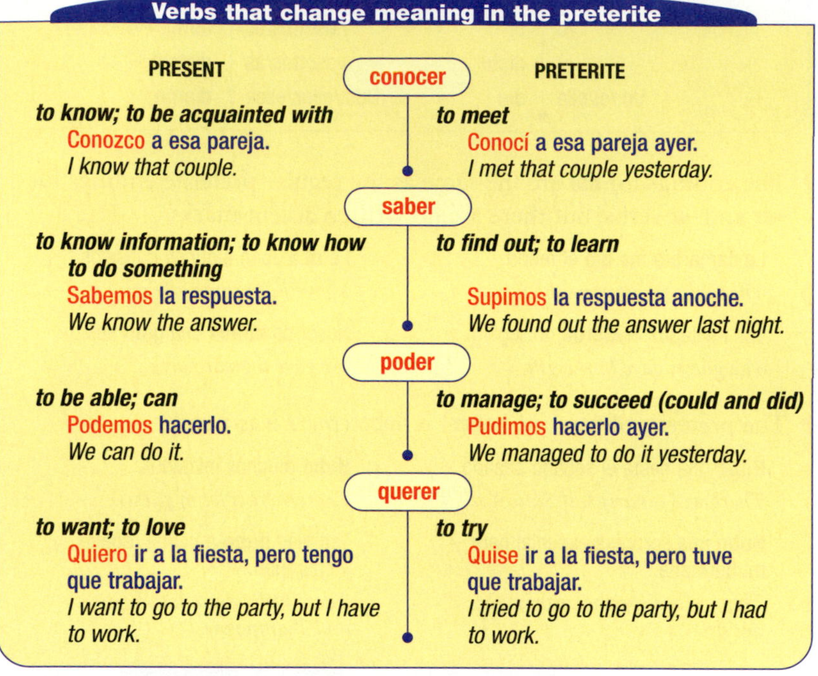

Verbs that change meaning in the preterite

	PRESENT	PRETERITE
conocer	***to know; to be acquainted with*** Conozco a esa pareja. *I know that couple.*	***to meet*** Conocí a esa pareja ayer. *I met that couple yesterday.*
saber	***to know information; to know how to do something*** Sabemos la respuesta. *We know the answer.*	***to find out; to learn*** Supimos la respuesta anoche. *We found out the answer last night.*
poder	***to be able; can*** Podemos hacerlo. *We can do it.*	***to manage; to succeed (could and did)*** Pudimos hacerlo ayer. *We managed to do it yesterday.*
querer	***to want; to love*** Quiero ir a la fiesta, pero tengo que trabajar. *I want to go to the party, but I have to work.*	***to try*** Quise ir a la fiesta, pero tuve que trabajar. *I tried to go to the party, but I had to work.*

▸ In the preterite, **poder** and **querer** have different meanings, depending on whether they are used in affirmative or negative sentences.

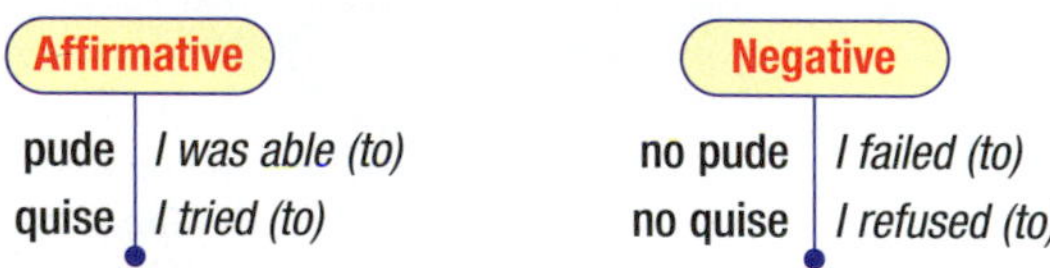

Affirmative		Negative	
pude	*I was able (to)*	**no pude**	*I failed (to)*
quise	*I tried (to)*	**no quise**	*I refused (to)*

¡Manos a la obra!

Cambia los verbos del presente al pretérito.

1. No quiero hacerlo. No ___quise___ hacerlo.
2. ¿Sabes la respuesta? ¿ ___Supiste___ la respuesta?
3. Las chicas pueden divertirse. Las chicas ___pudieron___ divertirse.
4. ¿Conoces a los recién casados? ¿ ___Conociste___ a los recién casados?
5. No puedo encontrar a Patricia. No ___pude___ encontrar a Patricia.
6. Josefina quiere relajarse. Josefina ___quiso___ relajarse.
7. Conocemos a Julio. ___Conocimos___ a Julio ayer.
8. Ella no puede venir a la fiesta. Ella no ___pudo___ venir a la fiesta.
9. Queremos pasarlo bien. ___Quisimos___ pasarlo bien.
10. Ustedes saben del problema, ¿no? Ustedes ___supieron___ del problema, ¿no?
11. No queremos ir a la fiesta. No ___quisimos___ ir a la fiesta.
12. Puedes venir conmigo. ___Pudiste___ venir conmigo.

Práctica

1 Oraciones Forma frases con los siguientes elementos. Usa el pretérito.

modelo

Mis padres / no querer / venir / fiesta

Mis padres no quisieron venir a la fiesta.

1. Anoche / nosotros / saber / que / Carlos y Eva / divorciarse *Anoche supimos que Carlos y Eva se divorciaron.*
2. Tú / conocer / Nora / clase / historia / ¿no? *Tú conociste a Nora en la clase de historia, ¿no?*
3. ¿Poder / ustedes / visitar / la Isla de Pascua? *¿Pudieron ustedes visitar la Isla de Pascua?*
4. Ayer / yo / saber / que / Paco / querer / romper / Olivia *Ayer yo supe que Paco quiso romper con Olivia.*
5. El señor Navarro / querer / jubilarse / pero / no poder *El señor Navarro quiso jubilarse pero no pudo.*
6. Gustavo y Elena / conocer / mi esposo / quinceañera de Ana *Gustavo y Elena conocieron a mi esposo en la quinceañera de Ana.*
7. Yolanda / no poder / dormir / anoche *Yolanda no pudo dormir anoche.*
8. Irma / saber / que / nosotros / traer / galletas *Irma supo que nosotros trajimos las galletas.*
9. Ayer / yo / no poder / llamar / tú *Ayer no pude llamarte.*
10. Nosotros / querer / pagar la cuenta *Nosotros quisimos pagar la cuenta.*

2 Completar Completa estas frases de una manera lógica. *Answers will vary.*

1. Ayer yo supe…
2. Ayer mi compañero/a de cuarto supo…
3. Esta mañana no pude…
4. El fin de semana pasado mis amigos y yo no pudimos…
5. Conocí a mi mejor amigo/a en…
6. Mis padres no quisieron…
7. Mi mejor amigo/a no pudo…
8. Mi novio/a y yo nos conocimos en…
9. La semana pasada supe…
10. Ayer mis amigos quisieron…
11. Mis abuelos pudieron…

INSTRUCTIONAL RESOURCES WB, LM, Ans. Key, Lab, IRM (teaching tips), Website

Conversación

3 **Telenovela** En parejas, preparen un diálogo para una escena de una telenovela (*soap opera*). La escena trata de (*is about*) una situación amorosa entre tres personas: Mirta, Daniel y Raúl. Usen el pretérito de **conocer, poder, querer** y **saber** en su diálogo. *Answers will vary.*

1. Daniel

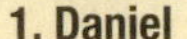
2. Mirta

3. Raúl

4 **El fin de semana** Escribe dos listas: las cosas que hiciste durante el fin de semana pasado y las cosas que quisiste hacer, pero no pudiste. Luego, con un(a) compañero/a, comparen sus listas y expliquen por qué no pudieron hacer esas cosas. *Answers will vary.*

Cosas que hice	Cosas que quise hacer
1. ____	1. ____
2. ____	2. ____
3. ____	3. ____
4. ____	4. ____
5. ____	5. ____
6. ____	6. ____
7. ____	7. ____
8. ____	8. ____
9. ____	9. ____
10. ____	10. ____

Español en vivo

Hubo un día en el que la humanidad quiso ir más allá de sus límites.
Pudo conocer un mundo increíble.
Supo asegurar su futuro.
Ahora todos lo pueden hacer.
BANCO DAVIVIENDA

Identificar

Lee el anuncio e identifica los verbos en el pretérito.

Preguntas

1. ¿Qué quiso hacer la humanidad? ¿Qué pudo conocer?
2. ¿Cuándo llegó el hombre a la Luna (*Moon*)?
3. ¿Qué tipo de compañía es la del anuncio?
4. ¿Es eficaz (*effective*) la conexión entre el viaje a la Luna y los servicios bancarios?

9.3 Relative pronouns

NATIONAL
comparisons
STANDARDS

- Relative pronouns are used to combine two sentences or clauses that share a common element, such as a noun or pronoun. Study the following diagrams.

Éste es el flan. *This is the flan.*

Manuela preparó el flan. *Manuela made the flan.*

Éste es el flan que Manuela preparó. *This is the flan that Manuela made.*

Lourdes es muy inteligente. *Lourdes is very intelligent.*

Lourdes estudia español. *Lourdes studies Spanish.*

Lourdes, quien estudia español, es muy inteligente. *Lourdes, who studies Spanish, is very intelligent.*

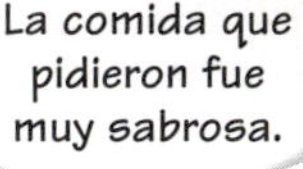
La comida que
pidieron fue
muy sabrosa.

Doña Rita, quien les sirve el vino, es la dueña del restaurante.

- Spanish has three commonly-used relative pronouns. Note that relative pronouns never carry an accent, unlike interrogative words such as **¿qué?** and **¿quién(es)?**.

Common relative pronouns

que	*that; which; who*
quien(es)	*who; whom; that*
lo que	*that which; what*

- **Que**, the most frequently used relative pronoun, can refer to things or to people. Unlike the English *that*, **que** is never omitted.

¿Dónde está el pastel **que** pedí?
Where is the cake (that) I ordered?

El hombre **que** sirve la comida se llama Diego.
The man who serves the food is named Diego.

Práctica

1 **Una fiesta de aniversario** Amparo está hablando de la fiesta de aniversario de sus abuelos. Completa las oraciones con las expresiones de la lista.

a quien conozco muy bien, se llama Ana	que se graduó
de quienes te hablé	quien es la novia de Ramón
que saqué	quien se jubiló

1. El sábado fui a la fiesta de aniversario de mis abuelos, *de quienes te hablé* la semana pasada.
2. Éstas son las fotos *que saqué* durante la fiesta.
3. Éste es Ramón, mi primo. Es el chico *que se graduó* de la universidad en junio.
4. Éste es mi abuelo, *quien se jubiló* el año pasado.
5. La mujer en esta foto, *a quien conozco muy bien, se llama Ana*.
6. Y ésta es Lucita, *quien es la novia de Ramón*.

2 **Una fiesta de cumpleaños** Describe la fiesta sorpresa que van a dar Jaime y Tina, usando los pronombres relativos **que, quien, quienes** y **lo que**.

1. Jaime y Tina son las personas *que* están planeando la fiesta.
2. Manuela, *quien* cumple veintiún años mañana, no sabe que ellos están planeando una fiesta.
3. Éstas son las personas *que* van a invitar.
4. Juan y Luz, *quienes* son los hermanos de Manuela, van a venir.
5. Marco, *quien* es el novio de Manuela, va a venir también.
6. *Lo que* Jaime y Tina van a servir de postre es un pastel de chocolate.
7. Después del pastel, *que* está delicioso, todos brindan con champán.

 INSTRUCTIONAL RESOURCES WB, LM, Ans. Key, Lab, IRM (teaching tips), Website

Conversación

3 **Entrevista** En parejas, túrnense para hacerse las siguientes preguntas. *Answers will vary.*

1. ¿Qué es lo que más te gusta de los días de fiesta? ¿Por qué?
2. ¿Qué es lo que menos te gusta de los días de fiesta? ¿Por qué?
3. ¿Quiénes son las personas con quienes celebras tu cumpleaños?
4. ¿Quién es el/la pariente o amigo/a a quien más le gustan los cumpleaños? ¿Por qué le gustan tanto?
5. ¿Dónde compras los regalos que le regalas a tu mejor amigo/a?
6. ¿Tienes hermanos o amigos que están casados? ¿Dónde viven?
7. ¿Quién es la persona que más te importa?
8. ¿Quiénes son las personas con quienes te diviertes más? ¿Por qué lo pasas bien con ellos/ellas?

4 **Definiciones** En parejas, definan las siguientes palabras, usando **que, quien(es)** y **lo que.** Luego compartan sus definiciones con la clase. *Answers will vary.*

modelo

un pastel de cumpleaños

Estudiante 1: ¿Qué es un pastel de cumpleaños?
Estudiante 2: Es un postre que comes en tu cumpleaños./Es lo que comes en tu cumpleaños.

1. el helado
2. el champán
3. una propina
4. una boda
5. un invitado
6. la Navidad
7. una recién casada
8. los dulces
9. la camarera
10. la leche
11. una viuda
12. una quinceañera

Uses of quien(es), and lo que

- **Quien** (singular) and **quienes** (plural) refer only to people and are often used after a preposition or the personal **a**.

Eva, **a quien** vi anoche, cumple veinticinco años hoy.
Eva, whom I saw last night, turns twenty-five today.

¿Son ésas las chicas **de quienes** me hablaste la semana pasada?
Are those the girls you told me about last week?

- **Quien(es)** is occasionally used instead of **que** in clauses set off by commas.

Lola, **quien** es cubana, es médica.
Lola, who is Cuban, is a doctor.

Mi hermana, **quien** vive en Madrid, me llamó por teléfono.
My sister, who lives in Madrid, called me on the phone.

Su tía, **que** es alemana, ya llegó.
Her aunt, who is German, already arrived.

Juan, **que** estuvo muy contento, brindó conmigo.
Juan, who was very happy, toasted with me.

- **Lo que** refers to an idea, a situation, or a past event and means *what, that which,* or *the thing that.*

Juana tiene todo **lo que** necesitamos.
Juana has everything we need.

Lo que quiero es verte.
What I want is to see you.

Lo que me molesta es el calor.
What bothers me is the heat.

Lo que más te gusta es divertirte.
What you like most is to have fun.

Maite, a quien le compramos un pastel, cumple años hoy.

Lo que le gusta a Inés son los dulces.

¡Manos a la obra!

Completa las siguientes oraciones con pronombres relativos.

1. La chica ___que___ me invitó a la fiesta se llama Anabel.
2. Ese mercado tiene todo ___lo que___ necesitamos.
3. Úrsula, ___quien___ es la dueña del restaurante, es de Uruguay.
4. Donaldo, a ___quien___ viste en la fiesta, es chileno.
5. A Cecilia no le gusta el regalo ___que___ le compré.
6. No me gusta hablar con personas a ___quienes___ no conozco.
7. Rosana es la chica de ___quien___ te hablé.
8. El chico ___que___ está a la izquierda es mi primo.
9. Ana, con ___quien___ voy a la fiesta, es muy simpática.
10. ___Lo que___ me sorprendió fue ver a tantos invitados.

9.4 ¿Qué? and ¿cuál?

- As you know, **¿qué?** and **¿cuál?** or **¿cuáles?** mean *what?* or *which?* However, they are not interchangeable.
- **¿Qué?** is used to ask for a definition or explanation.

¿Qué es un flan? *What is flan?*

¿Qué estudias? *What do you study?*

- **¿Cuál(es)?** is used when there is a choice among several possibilities.

¿Cuáles quieres, éstos o ésos? *Which (ones) do you want, these ones or those ones?*

¿Cuál es tu apellido, Martínez o Vilanova? *What is your last name, Martínez or Vilanova?*

- **¿Cuál(es)?** cannot be used before a noun **¿qué?** is used instead.

¿Cuál es tu color favorito? *What is your favorite color?*

¿Qué colores te gustan? *What colors do you like?*

- **¿Qué?** used before a noun has the same meaning as **¿cuál?**.

¿Qué regalo te gusta? *What/which gift do you like?*

¿Qué dulces quieren ustedes? *What/which sweets do you want?*

Review of interrogative words and phrases

¿a qué hora?	*at what time?*	¿cuánto/a?	*how much?*
¿adónde?	*(to) where?*	¿cuántos/as?	*how many?*
¿cómo?	*how?*	¿de dónde?	*from where?*
¿cuál(es)?	*what?; which?*	¿dónde?	*where?*
¿cuándo?	*when?*	¿qué?	*what?; which?*
		¿quién(es)?	*who?*

¡Manos a la obra!

Completa las preguntas con **¿qué?** o **¿cuál(es)?**, según el contexto.

1. ¿__Cuál__ te gusta más?
2. ¿__Cuál__ es tu teléfono?
3. ¿__Qué__ tipo de pastel pediste?
4. ¿__Qué__ es una quinceañera?
5. ¿__Qué__ haces ahora?
6. ¿__Cuáles__ son tus platos favoritos?
7. ¿__Qué__ bebidas te gustan más?
8. ¿__Qué__ es esto?
9. ¿__Cuál__ es el mejor?
10. ¿__Cuál__ es tu opinión?
11. ¿__Qué__ fiestas celebras tú?
12. ¿__Qué__ vino prefieres?
13. ¿__Cuál__ es tu clase favorita?
14. ¿__Qué__ pones en la mesa?
15. ¿__Qué__ restaurante prefieres?
16. ¿__Qué__ clases tomas?
17. ¿__Qué__ quieres comer ahora?
18. ¿__Cuál__ es la tarea para mañana?
19. ¿__Qué__ color prefieres?
20. ¿__Qué__ opinas?

Práctica

1 Minidiálogos Completa los minidiálogos con las palabras interrogativas correctas.

SORAYA ¿ (1) __Cuándo__ es la fiesta de aniversario de tus padres?
ERNESTO El sábado por la noche.

• • •

MICAELA ¿ (2) __Dónde__ va a ser la fiesta de cumpleaños?
TIMOTEO En casa de mi primo.

• • •

MARCIA ¿ (3) __Cuál__ es tu clase favorita?
CARLOS La clase de arte es mi favorita.

• • •

TOMÁS ¿ (4) __Cuánto__ dinero te van a dar tus abuelos para tu graduación de la universidad?
MERCEDES Dicen que van a darme dos mil dólares.

• • •

LIDIA ¿ (5) __Qué__ compraste para tu sobrino?
MARTA Una raqueta de tenis.

• • •

BLAS ¿ (6) __Adónde__ vas después de la boda?
GIL Mi novia y yo vamos al cine. ¿Quieres venir?

2 Completar Completa estas preguntas con una palabra interrogativa. A veces se puede usar más de una palabra interrogativa.

1. ¿En __qué__ país nacieron tus padres?
2. ¿__Cuál__ es la fecha de tu cumpleaños?
3. ¿__Cuándo__ naciste?
4. ¿__Cuál__ es tu estado civil?
5. ¿__Cuándo/Cómo/Dónde__ te relajas?
6. ¿__Cuáles/A qué hora__ son tus programas favoritos de la televisión?
7. ¿__Quién__ es tu mejor amigo?
8. ¿__Adónde__ van tus amigos para divertirse?
9. ¿__Qué__ postres te gustan? ¿__Cuál__ te gusta más?
10. ¿__Qué__ problemas tuviste el primer día de clase?
11. ¿__Cuántos__ primos tienes?

 INSTRUCTIONAL RESOURCES WB, LM, Ans. Key, Lab, IRM (teaching tips, info gap), Website

Conversación

NATIONAL
communication
STANDARDS

3 Una invitación En parejas, lean esta invitación. Luego, túrnense para hacerse (*ask each other*) preguntas basadas en la información de la invitación. *Answers will vary.*

> Fernando Sandoval Valera — Lorenzo Vásquez Amaral
> Isabel Arzipe de Sandoval — Elena Soto de Vásquez
>
> tienen el agrado de invitarlos
> a la boda de sus hijos
>
> María Luisa y José Antonio
>
> La ceremonia religiosa tendrá lugar
> el sábado 10 de junio a las dos de la tarde
> en el Templo de Santo Domingo
> (Calle Santo Domingo, 961).
>
> Después de la ceremonia sírvanse pasar a la recepción en el salón
> de baile del Hotel Metrópoli (Sotero del Río, 465).

4 Preguntas Con un(a) compañero/a, formula preguntas sobre las fotos. *Answers will vary.*

modelo

Estudiante 1: *¿Quién es esta mujer?*
Estudiante 2: *Es una estudiante.*
Estudiante 1: *¿Dónde está?*
Estudiante 2: *En la biblioteca.*
Estudiante 1: *¿Qué está haciendo?*
Estudiante 2: *Está estudiando.*

1. 
2. 
3. 
4. 

5 Quinceañera Su profesor(a) va a darles a ti y a tu compañero/a la información necesaria para completar esta actividad.

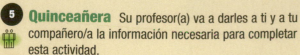

Español en vivo

NATIONAL
communication
cultures
STANDARDS

¿Con quién quieres compartir
tus momentos mágicos?
¿Cuáles son tus prioridades
en la vida?
¿Qué te sugiere la palabra "libertad"?
Tú eliges cómo vivir.
BMW
¿Te gusta conducir?

Identificar

Lee el anuncio e identifica las palabras interrogativas.

Preguntas

1. ¿Qué puedes hacer con un coche (*car*) como éste?
2. ¿Te gustaría comprar un coche como éste? ¿Por qué?
3. ¿Te gusta este anuncio? ¿Por qué? ¿Crees que es eficaz (*effective*)?

Repaso

9.1 Irregular preterites

1 **La graduación** El fin de semana pasado fue tu fiesta de graduación. Tus parientes de Colombia vinieron a la celebración. Describe qué pasó en la fiesta, usando las oraciones siguientes en el pretérito. *Answers will vary.*

conducir el automóvil	traducir del inglés
decir el discurso (*speech*)	traer un regalo
producir un video	venir desde Colombia

2 **La Navidad pasada** En parejas, túrnense para describir la fiesta de Navidad del año pasado. Comenten qué regalos dieron y qué regalos les dieron. También comenten qué hubo de cenar, de beber y de postre. *Answers will vary.*

modelo La Navidad pasada, mis padres me dieron una computadora. De beber hubo vino tinto y refrescos.

9.2 Verbs that change meaning in the preterite

3 **¡Qué desastre!** Completa el párrafo del diario (*journal*) de Romeo con el pretérito de los verbos **conocer, saber, poder** y **querer.**

Estimado diario,

Julieta y yo nos (1) *conocimos* en una fiesta el año pasado. Al día siguiente, yo (2) *quise* invitarla a salir. La llamé por teléfono, pero no (3) *pude* encontrarla. Julieta (4) *supo* que yo la llamé. Ella (5) *quiso* escribirme un mensaje electrónico, ¡pero yo no tengo correo electrónico! Julieta y yo nunca (6) *pudimos* tener una cita. ¡Estoy muy triste!

Romeo

4 **De joven . . .** Imaginen que tienen ochenta años de edad. En grupos de tres, escriban un párrafo diciendo las cosas que quisieron hacer de jóvenes, las cosas que no quisieron hacer, las actividades que pudieron hacer y las que no pudieron hacer. *Answers will vary.*

modelo De joven, siempre quise tener una cita con una actriz de cine, pero no pude conocer a ninguna.

9.3 Relative pronouns

5 **Combinar** Combina los oraciones para formar una sola oración con los pronombres relativos **que, quien(es)** y **lo que.**

modelo Mi hermano y mi novia se llevan bien. Ellos planearon una fiesta sorpresa para mí.
Mi hermano y mi novia, quienes se llevan bien, planearon una fiesta sorpresa para mí.

1. La fiesta fue en un restaurante peruano. Mi novia lo eligió (*chose*). *La fiesta fue en un restaurante peruano que mi novia eligió.*
2. Mi amigo Hernán es colombiano. Él vino desde Bogotá. *Mi amigo Hernán quien/que es colombiano, vino desde Bogotá.*
3. Los camareros trajeron un pastel de cumpleaños. El pastel es de chocolate. *Los camareros trajeron un pastel de cumpleaños que es de chocolate.*
4. Mis tíos fueron a la fiesta. Fue incómodo (*uncomfortable*) porque están separados. *Mis tíos fueron a la fiesta, lo que fue incómodo porque están separados.*
5. Mis hermanos son mayores que yo. Ellos dejaron una propina al camarero. *Mis hermanos, quienes/que son mayores que yo, dejaron una propina al camarero.*
6. Mis invitados bailaron mucho. Es bueno porque se divirtieron. *Mis invitados bailaron mucho, lo que es bueno porque se divirtieron.*

6 **Anuncio** En parejas, escriban un anuncio de un salón para celebrar bodas. Usen los pronombres relativos y los verbos **creer, pensar, decir** y **suponer**. *Answers will vary.*

modelo ¡Pensamos que este salón es perfecto para tu boda! Suponemos que quieres una boda divertidísima.

9.4 ¿Qué? and ¿cuál?

7 **Las etapas de la vida** Completa las preguntas con **¿qué?** o **¿cuál(es)?** Después responde a las preguntas.

1. ¿ *Qué* etapa de la vida ocurre después de la niñez? *La etapa de la vida que ocurre después de la niñez es la adolescencia.*
2. ¿ *Cuál* es la etapa en la que nos jubilamos? *La etapa en la que nos jubilamos es la vejez/madurez.*
3. ¿ *Cuáles* son las mejores etapas de la vida? *Answers will vary.*
4. ¿ *Cuáles* son las etapas que ocurren antes de la vejez? *Las etapas que ocurren antes de la vejez son la niñez, la adolescencia y la madurez.*
5. ¿ *Cuál* es la etapa de la vida después de la madurez? *La etapa de la vida después de la madurez es la vejez.*
6. ¿ *Qué* celebraciones son las favoritas de los niños? *Answers will vary.*

8 **La quinceañera de Ana** En parejas, escriban preguntas para entrevistar a Ana usando todas las palabras interrogativas. Después, túrnense para hacer y responder a las preguntas. *Answers will vary.*

Síntesis

9 **Conversar** Tu amigo y tú están chismeando (*gossiping*) de la vida de los artistas. En parejas, escriban un diálogo donde comenten las noticias (*news*) de las personas famosas. *Answers will vary.*

modelo

Estudiante 1: ¿Supiste que Penélope Cruz rompió con Tom Cruise?
Estudiante 2: Sí, lo supe. Creo que ella se enamoró de otro actor de cine.
Estudiante 1: ¿Quién te dijo eso?
Estudiante 2: Lo dijeron en el programa de entrevistas de las seis de la tarde. ¿No pudiste ver el programa?
Estudiante 1: No. Quise mirar la televisión, pero no pude porque tuve que ir a la biblioteca.

Ritmos hispanos

Rubén Blades:
Un poeta con ritmo

Rubén Blades es uno de los vocalistas con más éxito en la historia de la música panameña y uno de los más conocidos y versátiles artistas dentro del mundo musical latino. En 1974 se graduó en Derecho en la Universidad Nacional de Panamá y diez años más tarde realizó un máster de Derecho en la Universidad de Harvard. A partir de entonces comenzó su carrera profesional como cantante y también como actor. Este artista polifacético ha grabado más de veinte álbumes y ha actuado en veintiséis películas. En sus canciones expresa su amor por la literatura y la política. A lo largo de su trayectoria musical ha recibido muchos premios y reconocimientos internacionales. En el año 2000 fue nombrado embajador mundial contra el racismo por las Naciones Unidas. Desde el año 2004 es ministro del Instituto Panameño de Turismo.

Discografía selecta

- *Bohemio y poeta* (1979)
- *Escenas* (1985; Premio Grammy Latino)
- *Antecedente* (1988; Premio Grammy Latino)
- *La rosa de los vientos* (1996; Premio Grammy Latino)
- *Tiempos* (1999; Premio Grammy Latino)
- *Mundo* (2002; Premio Grammy Latino)

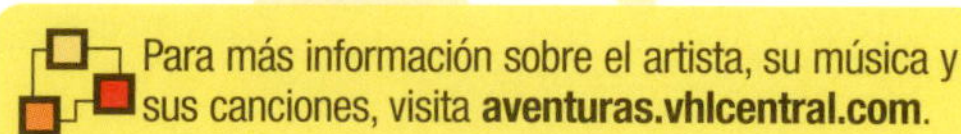
Para más información sobre el artista, su música y sus canciones, visita **aventuras.vhlcentral.com**.

éxito success **mundo** world **Derecho** Law **realizó** earned **A partir de entonces** At that point in time **carrera** career **polifacético** versatile **ha grabado** has recorded **A lo largo de** In the course of **premios** awards **reconocimientos** recognitions **nombrado** named **mundial** worldwide **contra** against

Ampliación

1 Escuchar

A Escucha la conversación entre Josefina y Rosa. Cuando oigas una de las palabras de la **columna A**, usa el contexto para identificar un sinónimo en la **columna B**.

TIP Guess the meaning of the words from context. Listen to the words and phrases around an unfamiliar word to guess its meaning.

A	B
d 1. festejar	a. conmemoración religiosa de una muerte
e 2. yo lo disfruté (disfrutar)	b. tolera
c 3. dicha	c. suerte
h 4. bien parecido	d. celebrar
g 5. finge (fingir)	e. me divertí
b 6. soporta (soportar)	f. horror
	g. crea una ficción
	h. guapo

Margarita Robles de García
y Roberto García Olmos

Piden su presencia en la celebración
del segundo aniversario de bodas
el día 13 de marzo de 2001
con una misa en la Iglesia Virgen del Coromoto
a las 6:30 p.m.

Seguida por cena y baile
en el restaurante El Campanero,
Calle Principal, Las Mercedes
a las 8:30 p.m.

B ¿Son solteras Rosa y Josefina? ¿Cómo lo sabes?
Answers will vary.

2 Conversar

Trabaja con un(a) compañero/a para comparar cómo celebraron Uds. el Día de Acción de Gracias (*Thanksgiving Day*) el año pasado. Incluyan la siguiente información en la conversación. *Answers will vary.*

- ¿Dónde celebraron el día de fiesta? ¿Lo pasaron bien?
- ¿Cuál fue el menú? ¿Quiénes prepararon la comida?
- ¿Trajeron ustedes algo? ¿Qué trajeron?
- ¿Quiénes vinieron a comer? ¿Conocieron a alguien?

recursos

WB pp. 91–97	LM pp. 51–54	Text MP3s Lección 9	Lab MP3s Lección 9	aventuras.vhlcentral.com Lección 9

1 SCRIPT
Josefina: Rosa, ¿te divertiste anoche en la fiesta? **Rosa:** Sí, me divertí más en el aniversario que en la boda. ¡La fiesta estuvo fenomenal! Fue buena idea festejar el aniversario en un restaurante. Así todos pudieron relajarse. **J:** En parte, yo lo disfruté porque son una pareja tan linda; qué dicha que estén tan enamorados después de dos años de matrimonio. Me gustaría tener una relación como la de ellos. Y también saberlo celebrar con tanta alegría. ¡Pero qué cantidad de comida y bebida! ¿Te imaginas cómo va a ser la fiesta de bautizo del primer hijo? **R:** Es verdad que Margarita y Roberto exageran un poco con sus fiestas, pero son de la clase de gente que le gusta celebrar los eventos de la vida. Y como tienen tantas amistades y dos familias tan grandes... **J:** Oye, Rosa, hablando de familia, ¿llegaste a conocer al cuñado de Magali? Es soltero, ¿no? Quise bailar con él pero no me sacó a bailar. **R:** Hablas de Rafael. Es muy bien parecido; ¡ese pelo...! Estuve hablando con él después del brindis. Me dijo que no le gustan ni el champán ni el vino; él finge tomar cuando brindan porque no lo soporta. No te sacó a bailar porque él y Susana estaban juntos en la fiesta. **J:** De todos modos, aun sin Rafael, bailé toda la noche. Lo pasé muy, pero muy bien.

INSTRUCTIONAL RESOURCE Text MP3s, WB, LM, Ans. Key, Lab, Website

Ampliación

3 Escribir

En una composición, compara dos celebraciones a las que tú asististe recientemente. *Answers will vary.*

TIP Use Venn diagrams. Use Venn diagrams to organize your ideas visually before comparing and contrasting people, places, objects, events, or issues. Differences are listed in the outer circles; similarities appear where the two circles overlap.

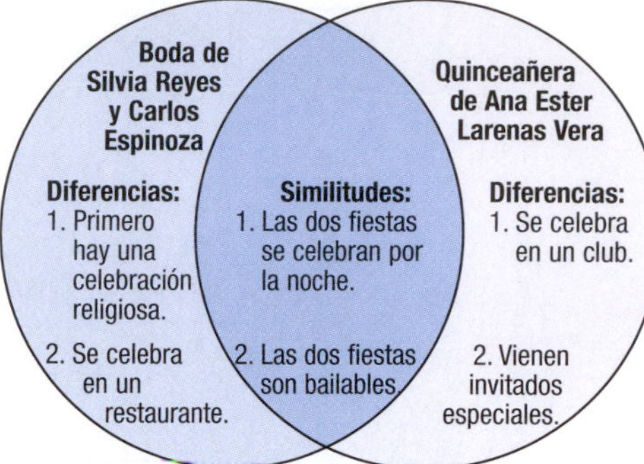
Boda de Silvia Reyes y Carlos Espinoza
Diferencias:
1. Primero hay una celebración religiosa.
2. Se celebra en un restaurante.
Similitudes:
1. Las dos fiestas se celebran por la noche.
2. Las dos fiestas son bailables.
Quinceañera de Ana Ester Larenas Vera
Diferencias:
1. Se celebra en un club.
2. Vienen invitados especiales.

Organízalo	Utiliza un diagrama de Venn para anotar las similitudes y las diferencias entre las dos celebraciones.
Escríbelo	Utiliza tus notas para escribir el primer borrador de tu composición.
Corrígelo	Intercambia tu composición con un(a) compañero/a. Ofrécele algunas sugerencias y si ves errores gramaticales u ortográficos, coméntaselos.
Compártelo	Revisa el primer borrador según las indicaciones de tu compañero/a. Incorpora nuevas ideas y/o más información para ampliar la comparación. Luego comparte tu composición con otro/a compañero/a.

4 Un paso más

Imagina que eres un(a) periodista de un país hispano. Escribe un artículo sobre un día de fiesta o una celebración que viste. *Answers will vary.*

NATIONAL
connections
communities
STANDARDS

- Investiga las fiestas, las celebraciones y los festivales de tu país. Elige la celebración que más te interese.
- Incluye en el artículo el nombre de la celebración, cuándo fue y cómo la celebraron.
- Incluye información sobre la ropa especial que llevaron, la comida, la música y el baile.
- Indica qué hiciste tú durante la celebración.
- Presenta el artículo a la clase. Es importante explicar los detalles y mostrar fotos.

En Internet

Investiga estos temas en el sitio aventuras.vhlcentral.com.

- Festivales nacionales del mundo hispano
- Fiestas religiosas del mundo hispano

3 SUGGESTION To create a Venn diagram, draw two circles that overlap and label the top of each circle with a different family celebration. List the differences between the two celebrations in the outer rings and the similarities where the two circles overlap.

3 SUGGESTION Have students hand in their Venn diagrams with their compositions.

3 4 EVALUATION

Criteria	Scale
Content	1 2 3 4
Organization	1 2 3 4
Use of comparisons/ contrasts	1 2 3 4
Use of vocabulary	1 2 3 4
Accuracy	1 2 3 4

Scoring	
Excellent	18–20 points
Good	14–17 points
Satisfactory	10–13 points
Unsatisfactory	< 10 points

4 SUGGESTION Have students interview a person from a Spanish-speaking country to get information on celebrations in that country.

4 TEACHING OPTION Have students play the role of a news reporter and present their articles to the class as if they had created live broadcasts of the event.

Antes de leer

Recognizing root words and word families can help you guess the meaning of words in context, ensuring better comprehension of a reading selection. Using this strategy will enrich your Spanish vocabulary as well.

Look through the reading selection and find words related to the following terms. Give the meanings of both sets of words, based on context and on your knowledge of these words or similar words.

Root word	Related word	Meaning
1. sabroso	________	________
2. amar	________	________
3. éxito	________	________
4. la diversión	________	________
5. el oficial	________	________
6. invitar	________	________

SUGGESTION Present these other examples of word families: **conocer, conocimiento, conocido; hablar, hablador, habla, hablante; idea, ideal, idealismo, idealista**.

SUGGESTION Have students scan the text for cues about its content. Headlines (**titulares**), photos, and layout (**composición de la página**) reveal that it is a newspaper society page (**Notas de sociedad**).

SUGGESTION To check comprehension, ask students to identify the people who fit these descriptions.
1. Organizaron la fiesta de Marisa. (Cristina Montes Vallejo y Tomás Méndez Esquivel) 2. Hizo la torta de Marisa. (Tomás) 3. Es el esposo de Lola Navarro de Ibáñez. (Bernardo Ibáñez) 4. Ofició en la ceremonia de José Luis y Elena. (la juez Maite Barrajón) 5. Tienen la casa donde tuvo lugar el banquete nupcial. (los padres de José Luis)

SOCIEDAD

Fiesta de cumpleaños

Marisa Castillo Solís

Marisa Castillo Solís cumplió 21 años el martes pasado. Para celebrarlo, sus amigos Cristina Montes Vallejo y Tomás Méndez Esquivel le organizaron una fiesta sorpresa en casa de Cristina. Marisa estudia periodismo en la Universidad de Buenos Aires y es una gran amante del cine.

A la fiesta acudió un grupo de amigos de Marisa y su hermano mayor Martín, que viajó desde Mendoza para traerle un regalo muy especial: una colección de las mejores películas argentinas de las últimas décadas. La fiesta fue un gran éxito. Todos los invitados disfrutaron de la comida y se divirtieron bailando al son de diferentes ritmos musicales. De postre, Tomás preparó un delicioso pastel. ¡Felicidades, Marisa!

Aniversario

Lola Navarro de Ibáñez y Bernardo Ibáñez Narváez

Lola Navarro de Ibáñez y Bernardo Ibáñez Narváez celebraron sus cincuenta años de matrimonio en compañía de sus hijos y nietos. La celebración tuvo lugar en el restaurante El Tulipán, donde los invitados saborearon un delicioso banquete. Después de la cena, la Orquesta Armonía animó la fiesta con canciones para todas las edades. Como regalo de aniversario de bodas, los hijos de Lola y Bernardo les organizaron un viaje a Cádiz, ciudad de la costa andaluza española donde se conocieron de niños.

INSTRUCTIONAL RESOURCE Website

Boda

José Luis Pastor Gómez y Elena Limón Ávila

El pasado 10 de agosto, a las 19 horas, se celebró la boda entre José Luis y Elena en Buenos Aires. La ceremonia fue muy emotiva al ser oficiada por un amigo de la pareja. Tras la breve e íntima ceremonia religiosa, los novios se reunieron con sus invitados en la casa de los padres de José Luis. Allí tuvo lugar el banquete nupcial, que comenzó a las 22:15 de la noche y terminó la mañana siguiente.

SUGGESTION Provide students with announcements from local newspapers and ask them to compare them to those shown here. Point out the layout, photos, format, and the information included.

Después de leer

¿Comprendiste?

Indica si lo que se dice en cada oración es **cierto** o **falso**. Corrige las oraciones falsas.

Cierto	Falso	
____	✓	1. Bernardo Ibáñez Narváez y Lola Navarro de Ibáñez tuvieron una fiesta en su casa para celebrar su aniversario de bodas. *La celebración tuvo lugar en el restaurante El Tulipán.*
____	✓	2. Martín no pudo asistir a la fiesta de cumpleaños de su hermana. *Martín vino de Mendoza para asistir a la fiesta.*
✓	____	3. A Marisa le encantan las películas.
✓	____	4. José Luis Pastor Gómez y Elena Limón Ávila se casaron en una ceremonia religiosa.
____	✓	5. Después de la boda de José Luis Pastor Gómez y Elena Limón Ávila, los invitados no comieron nada. *Hubo un banquete después de la boda.*

Preguntas

1. ¿Qué les regalaron a Bernardo y Lola sus hijos?
   Les regalaron un viaje a Cádiz.
2. ¿Cuántos años cumplió Marisa?
   Marisa cumplió veintiún años.
3. ¿Dónde tuvo lugar el banquete después de la boda?
   El banquete tuvo lugar en la casa de los padres de José Luis.
4. ¿Qué le regaló Martín a su hermana Marisa?
   Le regaló una colección de las mejores películas argentinas.
5. ¿Cuántos años de matrimonio celebran Lola y Bernardo?
   Celebran cincuenta años de matrimonio.

Coméntalo

¿Hay una sección de notas sociales en el periódico de tu universidad, comunidad o región? ¿Qué tipo de información encuentras en la sección de notas sociales? ¿La lees normalmente? ¿Por qué? *Answers will vary.*

amante del cine	*film lover*
acudió	*attended*
últimas	*last few*
son	*sound*
éxito	*success*
disfrutaron de	*enjoyed*
saborearon	*enjoyed (with respect to food)*
animó	*livened up*
tuvo lugar	*took place*

recursos

9 VOCABULARIO

Las celebraciones

el aniversario (de bodas)	*(wedding) anniversary*
la boda	*wedding*
el cumpleaños	*birthday*
el día de fiesta	*holiday*
la fiesta	*party*
el/la invitado/a	*guest*
la Navidad	*Christmas*
la quinceañera	*young woman's fifteenth birthday celebration*
la sorpresa	*surprise*
brindar	*to toast (drink)*
cambiar (de)	*to change*
celebrar	*to celebrate*
cumplir años	*to have a birthday*
dejar una propina	*to leave a tip*
divertirse (e:ie)	*to have fun*
graduarse (de)	*to graduate (from)*
invitar	*to invite*
pagar la cuenta	*to pay the bill*
pasarlo bien/mal	*to have a good/bad time*
regalar	*to give (a gift)*
reírse (e:i)	*to laugh*
relajarse	*to relax*
sonreír (e:i)	*to smile*
sorprender	*to surprise*

Los postres y otras comidas

la botella de vino	*bottle of wine*
el champán	*champagne*
los dulces	*sweets; candy*
el flan	*baked custard*
las galletas	*cookies*
el helado	*ice cream*
el pastel	*cake*
el pastel de cumpleaños	*birthday cake*
los postres	*desserts*

Las relaciones personales

la alegría	*happiness*
la amistad	*friendship*
el amor	*love*
el divorcio	*divorce*
el estado civil	*marital status*
el matrimonio	*marriage; married couple*
la pareja	*couple; partner*
el/la recién casado/a	*newlywed*
casado/a	*married*
divorciado/a	*divorced*
juntos/as	*together*
separado/a	*separated*
soltero/a	*single*
viudo/a	*widowed*
casarse (con)	*to get married (to)*
comprometerse (con)	*to get engaged (to)*
divorciarse (de)	*to get divorced (from)*
enamorarse (de)	*to fall in love (with)*
llevarse bien/mal (con)	*to get along well/badly (with)*
odiar	*to hate*
romper (con)	*to break up (with)*
salir (con)	*to go out (with); to date*
separarse (de)	*to separate (from)*
tener una cita	*to have a date; to have an appointment*

Palabras adicionales

el apellido	*last name*
el consejo	*advice*
la respuesta	*answer*

Las etapas de la vida

la adolescencia	*adolescence*
la etapa	*stage*
la juventud	*youth*
la madurez	*maturity; middle age*
la muerte	*death*
el nacimiento	*birth*
la niñez	*childhood*
la vejez	*old age*
la vida	*life*
jubilarse	*to retire (from work)*
nacer	*to be born*

Expresiones útiles	*See page 233.*
Relative pronouns	*See page 240.*
Interrogative words and phrases	*See page 242.*

INSTRUCTIONAL RESOURCES Tests, Text CD, IRM (supplemental vocabulary)

10 En el consultorio

PARA EMPEZAR Here are some additional questions you can ask based on the photo: **¿Cuándo conociste a tu médico/a? ¿Vas mucho a verlo/a? ¿Estuviste en su oficina la semana pasada? ¿El mes pasado? ¿El año pasado? ¿Cuándo?**

Communicative Goals

You will learn how to:

- discuss medical conditions
- describe your health
- talk about the body

PREPARACIÓN

pages 252–257

- Words related to sickness, symptoms, medicine, and the doctor's office
- Parts of the body
- Written accent marks and word stress

AVENTURAS

pages 258–261

- Javier hurts himself on the bus. Don Francisco takes him to see Dra. Márquez who, after examining him, concludes that he has only twisted his ankle.

GRAMÁTICA

pages 262–271

- The imperfect tense
- Constructions with **se**
- Adverbs

LECTURA

pages 272–273

- Newspaper column: *El consultorio: Dra. Fernanda Jiménez Ocaña*

PARA EMPEZAR

- ¿Crees que hace mucho tiempo que se conocen?
- ¿Cuál de ellos es doctor, el hombre o la mujer?
- ¿Es uno de ellos mayor que el otro o son aproximadamente de la misma edad?
- ¿Crees que el hombre ya pagó la cuenta?

SUGGESTION Introduce active vocabulary by pointing to parts of your body or by using the overhead transparency.

TEACHING OPTION Play a game of **Simón dice**. Write **toquen** on the board and explain that it means *touch*. Start by saying **Simón dice**… **toquen la nariz, la cabeza**, and so forth.

EN EL CONSULTORIO

EL CUERPO

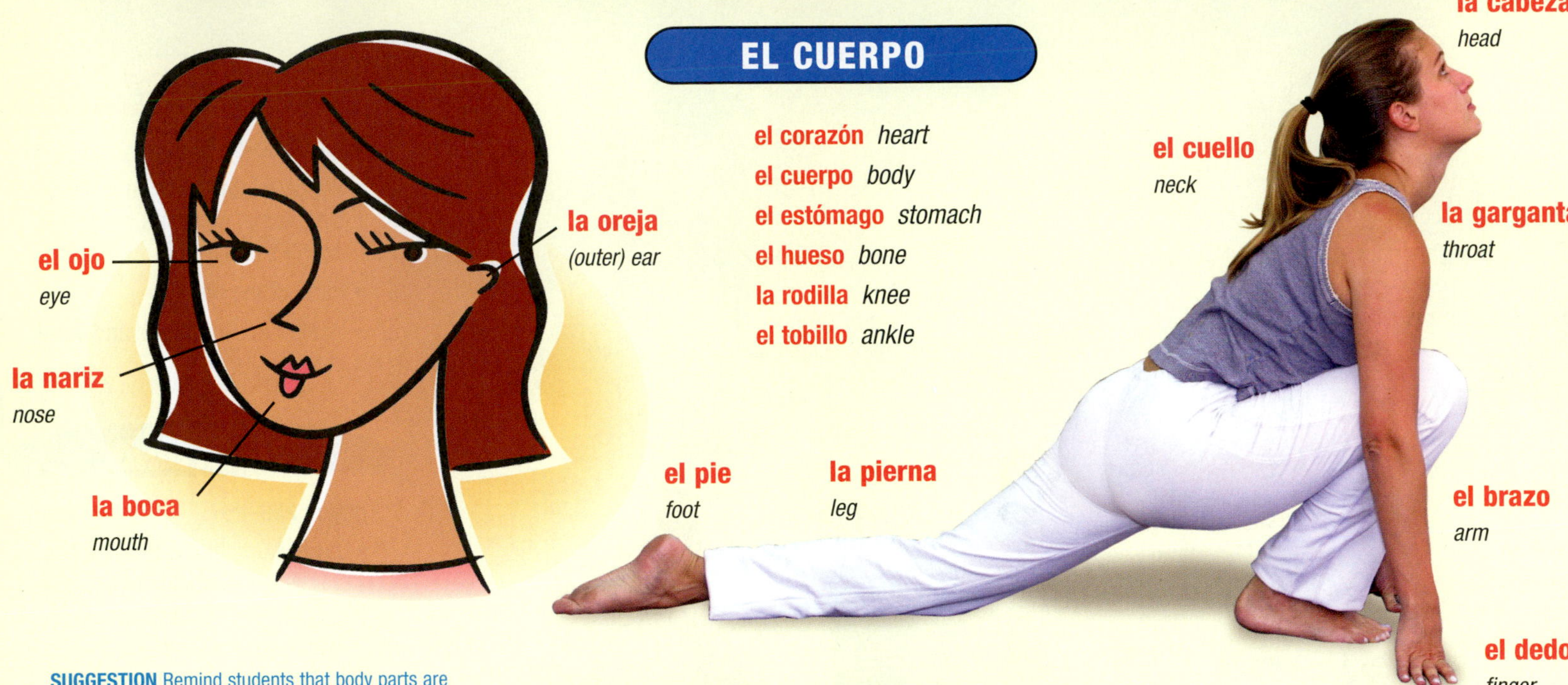

el corazón *heart*
el cuerpo *body*
el estómago *stomach*
el hueso *bone*
la rodilla *knee*
el tobillo *ankle*

SUGGESTION Remind students that body parts are referred to with the article and not the possessive: **Me duelen los pies**. The idea of "my" is expressed by the indirect object pronoun **me**.

LA SALUD

el accidente *accident*
la clínica *clinic*
el consultorio *doctor's office*
el/la doctor(a) *doctor*
el/la enfermero/a *nurse*
el examen médico *physical exam*
el hospital *hospital*
el/la paciente *patient*
la operación *operation*
la radiografía *X-ray*
la sala de emergencia(s) *emergency room*
la salud *health*

la farmacia
pharmacy

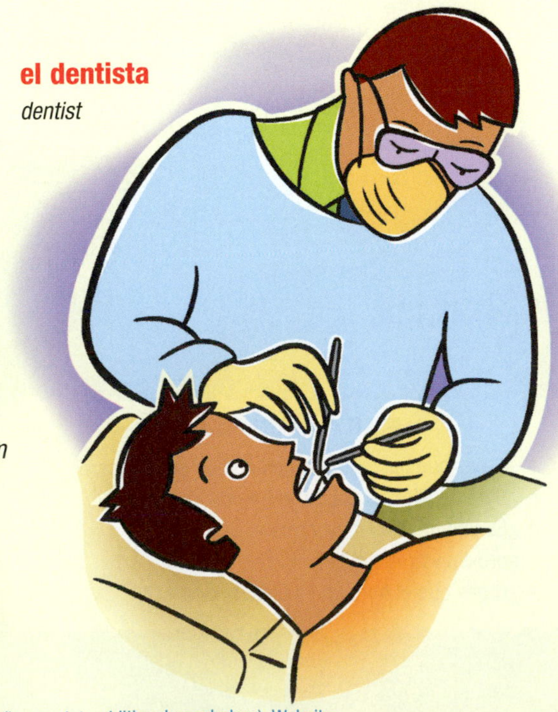

el dentista
dentist

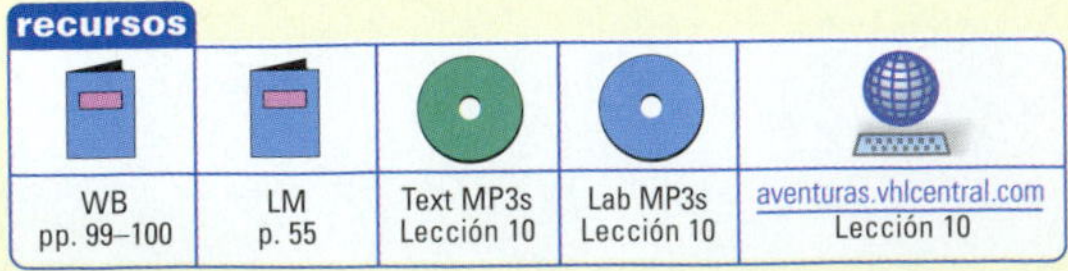

recursos
WB pp. 99–100
LM p. 55
Text MP3s Lección 10
Lab MP3s Lección 10
aventuras.vhlcentral.com Lección 10

INSTRUCTIONAL RESOURCES WB, LM, Ans. Key, Lab, Text MP3s, IRM (tapescript, additional vocabulary), Website

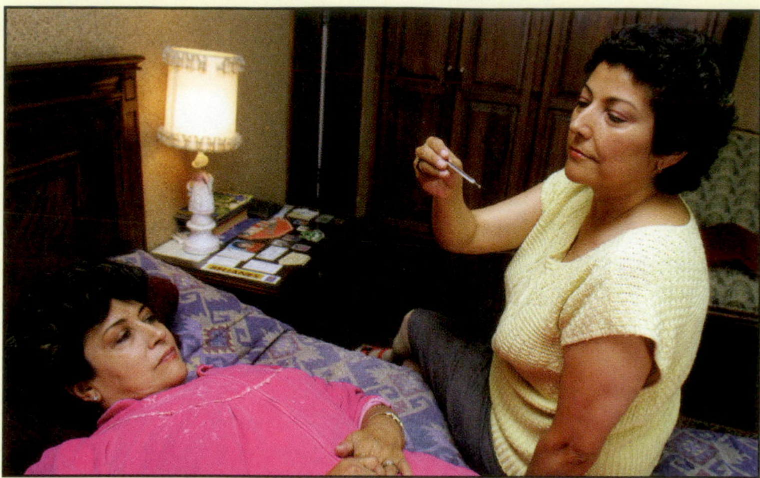

tomar(le) la temperatura (a alguien)
to take (someone's) temperature

VERBOS

caerse *to fall (down)*
doler (o:ue) *to hurt*
enfermarse *to get sick*
estar enfermo/a *to be sick*
lastimarse (el pie) *to injure (one's foot)*
poner una inyección *to give an injection*
recetar *to prescribe*
romperse (la pierna) *to break (one's leg)*
sacar(se) una muela *to have a tooth pulled*
ser alérgico/a (a) *to be allergic (to)*
tener fiebre (f.) *to have a fever*
torcerse (el tobillo) *to sprain (one's ankle)*
toser *to cough*

SUGGESTION To check comprehension, ask: **¿Cuáles son los síntomas de un resfriado? ¿de la gripe? ¿Qué necesita hacer una persona cuando tiene un resfriado? ¿Y gripe? ¿Y el tobillo torcido? ¿Y fiebre?**

estornudar
to sneeze

LAS ENFERMEDADES Y LOS SÍNTOMAS

el dolor (de cabeza) *(head)ache; pain*
la enfermedad *illness; sickness*
la gripe *flu*
la infección *infection*
el resfriado *cold*
el síntoma *symptom*
la tos *cough*

congestionado/a *congested; stuffed-up*
mareado/a *dizzy; nauseated*

Variación léxica
resfriado ⟷ resfrío (*Cono Sur*), catarro (*Méx.*)
sala de emergencia(s) ⟷ sala de urgencias (*Amér. L.*)
romperse ⟷ quebrarse (*Amér. L.*)

SUGGESTION Point out the following false cognates related to health that students should be aware of. **Embarazada** means *pregnant*, not *embarrassed*. **Constipado/a** means *congested* or *stuffed up*, not *constipated*.

LOS MEDICAMENTOS

el antibiótico *antibiotic*
el medicamento *medication*
la medicina *medicine*
las pastillas *pills; tablets*
la receta *prescription*

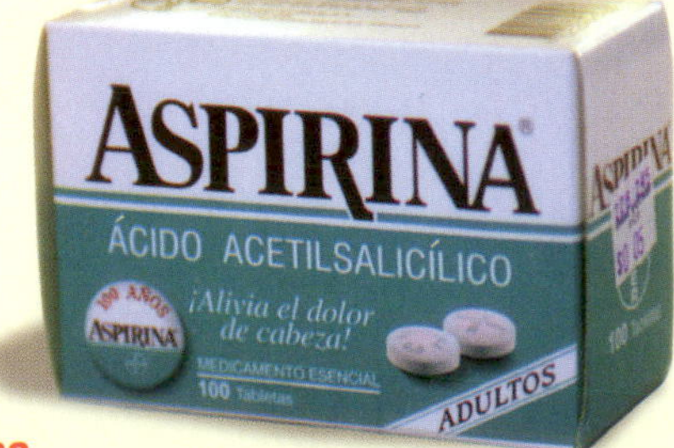

la aspirina
aspirin

ADJETIVOS

embarazada *pregnant*
grave *grave; serious*
médico/a *medical*
saludable *healthy*
sano/a *healthy*

A escuchar

1 Escuchar Escucha las frases y selecciona la respuesta más adecuada.

1. _c_ a. Tengo dolor de cabeza y fiebre.
2. _e_ b. No fui a la clase porque estaba enfermo.
3. _g_ c. Me caí ayer jugando al tenis.
4. _d_ d. Debes ir a la farmacia.
5. _f_ e. Porque tengo gripe.
6. _h_ f. Sí, tengo mucha tos por las noches.
7. _a_ g. Lo llevaron directamente a la sala de emergencia.
8. _b_ h. No sé. Todavía tienen que tomarme la temperatura.

2 Me duele Escucha la conversación entre Virginia Cubillos y el doctor Dávila. Luego indica las frases que resumen (*sum up*) la conversación.

____ 1. Virginia le dice a la enfermera que le duelen las rodillas.
_✓_ 2. La chica dice que tomó una aspirina anoche.
_✓_ 3. El médico le pregunta a Virginia si se cayó o tuvo un accidente.
____ 4. Virginia dice que ayer corrió cinco kilómetros con un amigo.
____ 5. El doctor Dávila le receta un antibiótico a Virginia.
____ 6. El médico le dice a Virginia que puede correr mañana si se toma las pastillas.
_✓_ 7. El médico le recomienda tomar dos pastillas al día.
_✓_ 8. El doctor Dávila le dice a Virginia que no debe correr por siete días.

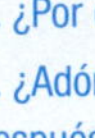

1 SCRIPT
1. ¿Cuándo te caíste?
2. ¿Por qué vas al médico?
3. ¿Adónde llevaron a Juan después del accidente?
4. ¿Adónde debo ir para conseguir estas pastillas?
5. ¿Tienes mucha tos?
6. ¿Tienes fiebre?
7. ¿Cuáles son sus síntomas, señor?
8. Ayer no te vi en la clase de biología. ¿Por qué?

2 SCRIPT
Doctor: Hola. Soy el doctor Dávila.
Virginia: Buenas tardes, doctor. Me llamo Virginia.
Doctor: ¿Cuál es el problema, señorita?
Virginia: Es que me duelen la rodillas. Tomé una aspirina anoche pero todavía me duel muchísimo.
Doctor: ¿Se cayó o tuvo algú accidente?
Virginia: No, pero el lunes cc cinco kilómetros con mi compañera de cuarto.
Doctor: ¿Corre usted mucho?
Virginia: Yo no, pero mi compañera, sí.
Doctor: Ah, ahora veo el problema. Es que usted puso mucho estrés en las rodillas corriendo. Su compañera cor mucho pero usted no… y las rodillas no estaban listas. Ahora están un poco inflamadas. Voy a recetarle unas pastillas. Tome dos pastillas al día. Y no debe correr durante una semana, ¿eh?
Virginia: Sí, doctor. Muchísimas gracias.

recursos
aventuras.vhlcentral.com
Lección 10

INSTRUCTIONAL RESOURCE Text MP3s, Website

A practicar

3 EXPANSION Give the class these additional items: **bailar, hacer la tarea, trabajar como camarero/a, ir de compras, hacer un examen físico, visitar al dentista.**

3 EXPANSION Now reverse the task by naming a body part and have students associate different activities with that body part.

4 SUGGESTION Give students ten minutes to complete the survey and then tally the class results.

4 EXPANSION Ask for a show of hands for those who fall into the different groups, then analyze the trends of the class. Are your students healthy or unhealthy?

3 Actividades En parejas, identifiquen las partes del cuerpo que ustedes asocian con las siguientes actividades.

Answers will vary.

modelo
nadar
Estudiante 1: Usamos los brazos para nadar.
Estudiante 2: También usamos las piernas.

1. estudiar biología
2. llevar zapatos
3. toser
4. comer arroz con pollo
5. comprar un perfume
6. ver una película
7. hablar por teléfono
8. correr en el parque
9. tocar el piano
10. escuchar música
11. levantar pesas
12. tomar unas pastillas

4 Cuestionario Selecciona las respuestas que mejor reflejen tus experiencias. Suma (*add*) los puntos de cada respuesta y anota el resultado. Después, compara los resultados con el resto de la clase. *Answers will vary.*

¿Tienes buena salud?

27-30 puntos	Salud y hábitos excelentes
23-26 puntos	Salud y hábitos buenos
22 puntos o menos	Salud y hábitos problemáticos

1. ¿Con qué frecuencia te enfermas (resfriados, gripe, etc.)?
   - Cuatro veces por año o más. (1 punto)
   - Dos o tres veces por año. (2 puntos)
   - Casi nunca. (3 puntos)
2. ¿Con qué frecuencia tienes dolor de estómago o problemas digestivos?
   - Con mucha frecuencia. (1 punto)
   - A veces. (2 puntos)
   - Casi nunca. (3 puntos)
3. ¿Con qué frecuencia tienes dolor de cabeza?
   - Frecuentemente. (1 punto)
   - A veces. (2 puntos)
   - Casi nunca. (3 puntos)
4. ¿Comes verduras y frutas?
   - No, casi nunca. (1 punto)
   - Sí, a veces. (2 puntos)
   - Sí, todos los días. (3 puntos)
5. ¿Eres alérgico/a a algo?
   - Sí, a muchas cosas. (1 punto)
   - Sí, a algunas cosas. (2 puntos)
   - No. (3 puntos)
6. ¿Haces ejercicios aeróbicos?
   - No, casi nunca hago ejercicios aeróbicos. (1 punto)
   - Sí, a veces. (2 puntos)
   - Sí, con frecuencia. (3 puntos)
7. ¿Con qué frecuencia te haces un examen médico?
   - Nunca o casi nunca. (1 punto)
   - Cada dos años. (2 puntos)
   - Cada año y/o antes de practicar un deporte. (3 puntos)
8. ¿Con qué frecuencia vas al dentista?
   - Nunca voy al dentista. (1 punto)
   - Sólo cuando me duele una muela. (2 puntos)
   - Por lo menos una vez por año. (3 puntos)
9. ¿Qué comes normalmente por la mañana?
   - No como nada. (1 punto)
   - Tomo una bebida dietética. (2 puntos)
   - Como cereales y fruta. (3 puntos)
10. ¿Con qué frecuencia te sientes mareado/a?
    - Frecuentemente. (1 punto)
    - A veces. (2 puntos)
    - Casi nunca. (3 puntos)

A conversar

5 **¿Cuáles son sus síntomas?** En parejas, túrnense para representar los papeles (*roles*) de un(a) médico/a y su paciente. *Answers will vary.*

modelo

Estudiante 1: ¿Cuáles son sus síntomas?
Estudiante 2: Me duele la garganta y toso.
Estudiante 1: Creo que usted tiene una infección de la garganta. Voy a recetarle un antibiótico.

6 **¿Qué le pasó?** En un grupo de dos o tres, hablen de lo que les pasó y de cómo se sienten estas personas. *Answers will vary.*

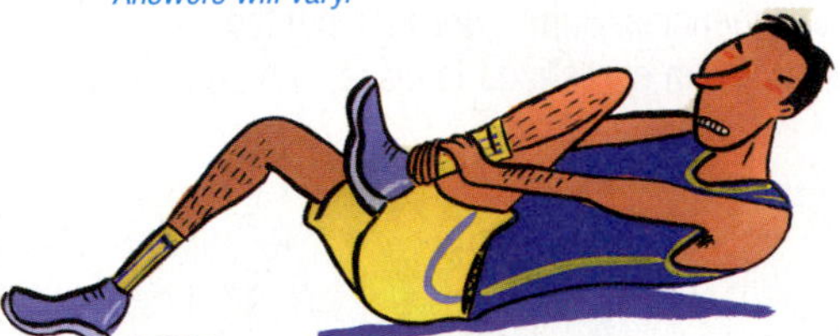

1. Víctor

2. La señora Naranjo

3. Gabriela

4. El señor Ayala

7 **Un accidente** Cuéntale (*tell*) a la clase cómo fue un accidente o una enfermedad que tuviste. Incluye información que conteste las siguientes preguntas. *Answers will vary.*

- ¿Qué ocurrió?
- ¿Cómo ocurrió?
- ¿Dónde y cuándo ocurrió?
- ¿Quién te ayudó y cómo?

8 **Crucigrama** Tu profesor(a) va a darles a ti y a tu compañero/a la información necesaria para completar esta actividad.

5 SUGGESTION Before doing **¿Cuáles son sus síntomas?**, mention that the doctor/patient relationship calls for the **usted** form.

5 SUGGESTION Before doing the activity, have students brainstorm a list of symptoms they might have.

6 EXPANSION Have students bring in magazine pictures related to illness, injury or medicine. Have students describe what is happening in each picture.

7 SUGGESTION Provide a model for students by describing an illness or accident you may have had.

7 SUGGESTION After students complete the oral activity, you may want to assign this as written homework.

INSTRUCTIONAL RESOURCES IRM (info gap)

SUGGESTION Other words from the lesson's vocabulary that require written accents include: **corazón, estómago, antibiótico, clínica, médico,** and **radiografía.**

SUGGESTION Work through the **Práctica** activities with the class for practice with written accents. Have students work in pairs to explain why each word does or does not have a written accent mark.

SUGGESTION Have students work in pairs to explain why each word in the **El ahorcado** activity does or does not have a written accent mark.

SUGGESTION Point out that **Ortografía** replaces **Pronunciación** in the Student Edition for **Lecciones 10–18**, but not in the Lab Program. The **Recursos** box references the **Pronunciación** sections found in all lessons of the Lab Program.

Ortografía

El acento y las sílabas fuertes

In Spanish, written accent marks are used on many words. Here is a review of some of the principles governing word stress and the use of written accents.

as-pi-ri-na **gri-pe** **to-man** **an-tes**

In Spanish, when a word ends in a vowel, **-n**, or **-s**, the spoken stress usually falls on the next-to-last syllable. Words of this type are very common and do not need a written accent.

a-sí **in-glés** **in-fec-ción** **hé-ro-e**

When a word ends in a vowel, **-n**, or **-s**, and the spoken stress does *not* fall on the next-to-last syllable, then a written accent is needed.

hos-pi-tal **na-riz** **re-ce-tar** **to-ser**

When a word ends in any consonant *other* than **-n** or **-s**, the spoken stress usually falls on the last syllable. Words of this type are very common and do not need a written accent.

lá-piz **fút-bol** **hués-ped** **sué-ter**

When a word ends in any consonant *other* than **-n** or **-s** and the spoken stress does *not* fall on the last syllable, then a written accent is needed.

far-ma-cia **bio-lo-gí-a** **su-cio** **frí-o**

Diphthongs (two weak vowels or a strong and weak vowel together) are normally pronounced as a single syllable. A written accent is needed when a diphthong is broken into two syllables.

sol **pan** **mar** **tos**

Spanish words of only one syllable do not usually carry a written accent.

Práctica Busca las palabras que necesitan acento y escribe su forma correcta.

1. sal-mon *salmón*
2. ins-pec-tor
3. nu-me-ro *número*
4. fa-cil *fácil*
5. ju-go
6. a-bri-go
7. ra-pi-do *rápido*
8. sa-ba-do *sábado*
9. vez
10. me-nu *menú*
11. o-pe-ra-cion *operación*
12. im-per-me-a-ble
13. a-de-mas *además*
14. re-ga-te-ar
15. an-ti-pa-ti-co *antipático*
16. far-ma-cia
17. es-qui *esquí*
18. pen-sion *pensión*
19. pa-is *país*
20. per-don *perdón*

El ahorcado Juega al ahorcado (*hangman*) para adivinar las palabras.

1. __ l __ __ __ __ a — Vas allí cuando estás enfermo. *clínica*
2. __ __ __ e __ c __ __ n — Se usa para poner una vacuna (*vaccination*). *inyección*
3. __ __ d __ o __ __ __ __ __ a — Se usa para ver los huesos. *radiografía*
4. __ __ __ i __ o — Trabaja en un hospital. *médico*
5. a __ __ __ b __ __ __ __ __ __ — Es una medicina. *antibiótico*

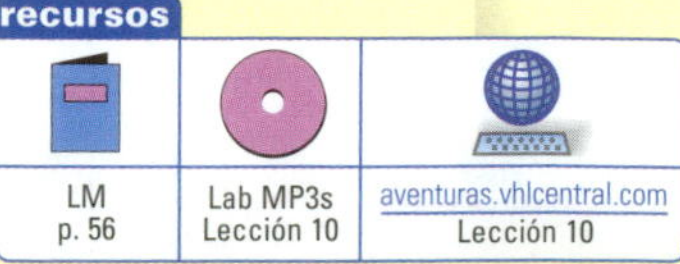

INSTRUCTIONAL RESOURCES LM, Ans. Key, Lab, Website

¡Uf! ¡Qué dolor!

Don Francisco y Javier van a la clínica de la doctora Márquez.

NATIONAL STANDARDS communication cultures

VIDEO SYNOPSIS While on the bus, Javier injures his foot. Don Francisco tells the group they are close to his friend's clinic. Dra. Márquez determines that Javier simply twisted his ankle. She prescribes some pain medication and sends Javier and Don Francisco on their way.

JAVIER Estoy aburrido... Tengo ganas de dibujar. Con permiso.

INÉS ¡Javier! ¿Qué te pasó?

JAVIER ¡Ay! ¡Uf! ¡Qué dolor! ¡Creo que me rompí el tobillo!

DON FRANCISCO No te preocupes, Javier. Estamos cerca de la clínica donde trabaja la doctora Márquez, mi amiga.

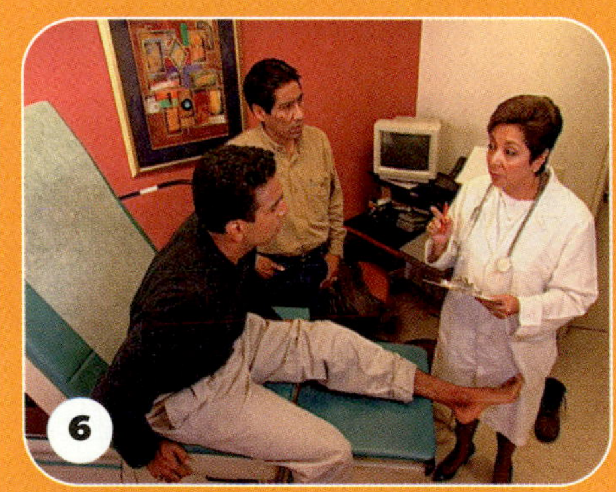

DRA. MÁRQUEZ ¿Cuánto tiempo hace que se cayó?

JAVIER Ya se me olvidó... déjeme ver... este... eran más o menos las dos o dos y media cuando me caí... o sea hace más de una hora. ¡Me duele mucho!

DRA. MÁRQUEZ Bueno, vamos a sacarle una radiografía. Queremos ver si se rompió uno de los huesos del pie.

DON FRANCISCO Sabes, Javier, cuando era chico yo les tenía mucho miedo a los médicos. Visitaba mucho al doctor porque me enfermaba con mucha frecuencia... Tenía muchas infecciones de la garganta. No me gustaban las inyecciones ni las pastillas. Una vez me rompí la pierna jugando al fútbol...

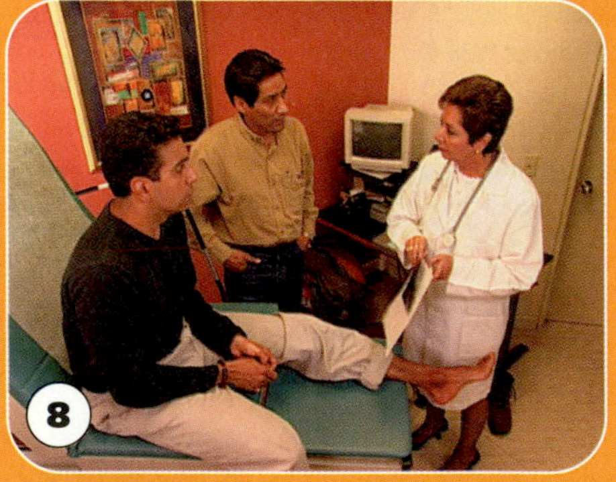

JAVIER ¡Doctora! ¿Qué dice? ¿Está roto el tobillo?

DRA. MÁRQUEZ Tranquilo, le tengo buenas noticias, Javier. No está roto el tobillo. Apenas está torcido.

PREVIEW Have students cover the **Expresiones útiles** with a sheet of paper and scan the **fotonovela** for words and expressions related to health care. Then have them predict what will happen in this episode.

recursos

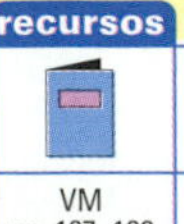	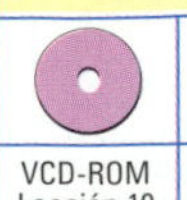	
VM pp. 187–188	VCD-ROM Lección 10	aventuras.vhlcentral.com Lección 10

INSTRUCTIONAL RESOURCES VM, Ans. Key, DVD, VCD-ROM, IRM (videoscript, translation), Website

Para recordar

Before doing this Fotonovela section, review the previous one with this activity.

1. ¿De quién fue el cumpleaños? *de Maite*
2. ¿Cómo supo doña Rita del cumpleaños? *se lo dijo don Francisco*
3. ¿Qué trajo doña Rita de comer para celebrar el cumpleaños? *flan, pastel de chocolate con helado y vino*
4. ¿Quién no tomó vino? ¿Por qué no? *don Francisco, porque es el conductor*

EXPANSION Have students make a list of their own allergies or medical needs and learn how to say them in Spanish.

4

JAVIER ¿Tengo dolor? Sí, mucho. ¿Dónde? En el tobillo. ¿Tengo fiebre? No lo creo. ¿Estoy mareado? Un poco. ¿Soy alérgico a algún medicamento? No. ¿Embarazada? Definitivamente NO.

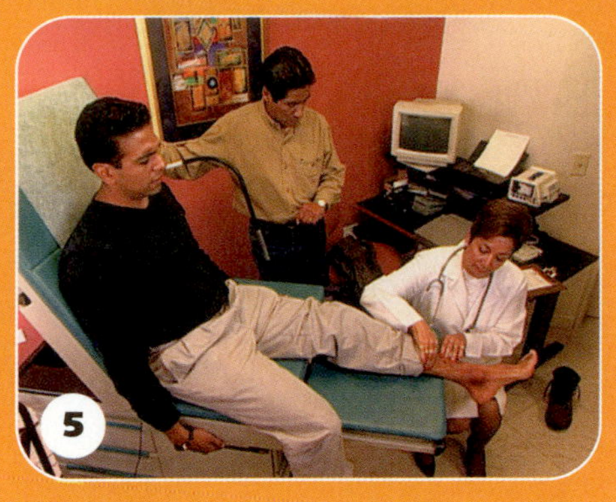

5

DRA. MÁRQUEZ ¿Cómo se lastimó el pie?

JAVIER Me caí cuando estaba en el autobús.

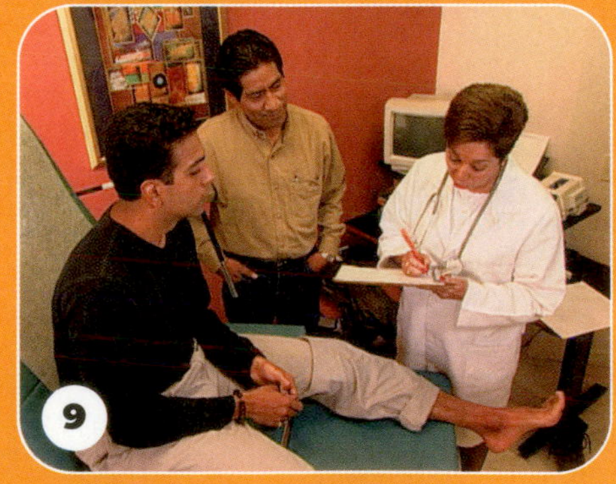

9

JAVIER Pero, ¿voy a poder ir de excursión con mis amigos?

DRA. MÁRQUEZ Creo que sí. Pero debe descansar y no caminar mucho durante un par de días. Le receto unas pastillas para el dolor.

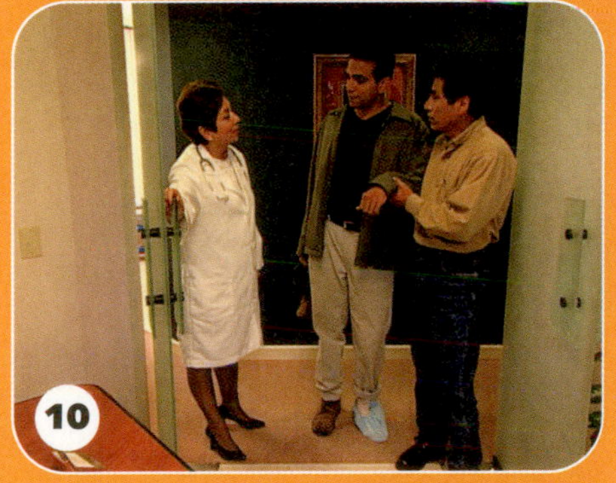

10

DRA. MÁRQUEZ Adiós, Francisco. Adiós, Javier. ¡Cuidado! ¡Buena suerte en las montañas!

SUGGESTION Have students look at the **Expresiones útiles**. Point out the verb forms **enfermaba, enfermabas, tenía**, and **gustaban**. Explain that these are imperfect tense forms used to talk about habitual events in the past. They will learn more about the imperfect concepts in **Gramática 10.1**.

PERSONAJES

DON FRANCISCO

JAVIER

INÉS

DRA. MÁRQUEZ

Expresiones útiles

Discussing medical conditions

¿Cómo se lastimó el pie?
How did you hurt your foot?
¿Te duele el tobillo?
Does your ankle hurt? (fam.)
¿Le duele el tobillo?
Does your ankle hurt? (form.)
Sí, (me duele) mucho.
Yes, (it hurts) a lot.
¿Es usted alérgico/a a algún medicamento?
Are you allergic to any medication?
Sí, soy alérgico/a a la penicilina.
Yes, I'm allergic to penicillin.
¿Está roto el tobillo?
Is the ankle broken?
No está roto. Apenas está torcido.
It's not broken. It's just twisted.
¿Te enfermabas frecuentemente?
Did you used to get sick frequently? (fam.)
Sí, me enfermaba frecuentemente.
Yes, I used to get sick frequently.
Tenía muchas infecciones.
I used to get a lot of infections.

Other expressions

hace + [*period of time*] + **que** + [*present tense*]:
¿Cuánto tiempo hace que te duele?
How long has it been hurting?
Hace una hora que me duele.
It's been hurting for an hour.

hace + [*period of time*] + **que** + [*preterite*]:
¿Cuánto tiempo hace que se cayó?
How long ago did you fall?
Me caí hace más de una hora./Hace más de una hora que me caí.
I fell more than an hour ago.

SUGGESTION After reading the **Expresiones útiles** aloud, ask students a few questions. Ex: **¿Te duele la cabeza? ¿Te duele el estómago después de comer mucho? ¿Eres alérgico/a a algún medicamento?**

¿Qué piensas?

NATIONAL communication STANDARDS

1 **¿Cierto o falso?** Decide si las siguientes frases sobre Javier son **ciertas** o **falsas**. Corrige las frases falsas.

Cierto	Falso	
✓		1. Está aburrido y tiene ganas de hacer algo creativo.
	✓	2. Cree que se rompió la rodilla. *Cree que se rompió el tobillo.*
✓		3. Se lastimó cuando se cayó en el autobús.
	✓	4. Hace menos de una hora que se cayó. *Hace más de una hora que se cayó.*
	✓	5. Es alérgico a dos medicamentos. *No es alérgico a ningún medicamento.*
	✓	6. No está mareado, pero sí tiene un poco de fiebre. *Está un poco mareado, pero no tiene fiebre.*

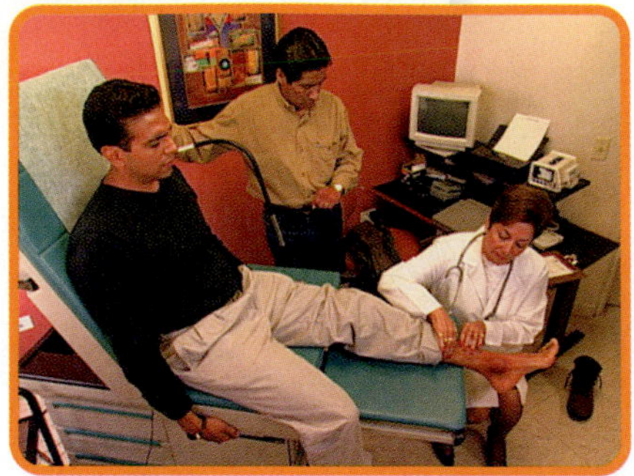

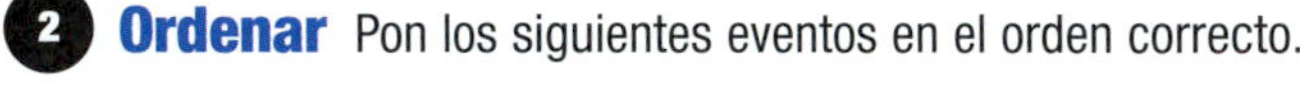

2 **Ordenar** Pon los siguientes eventos en el orden correcto.

4 a. La doctora le saca una radiografía.
6 b. La doctora le receta unas pastillas para el dolor.
2 c. Javier se lastima el tobillo en el autobús.
5 d. Don Francisco le habla a Javier de cuando era chico.
1 e. Javier quiere dibujar un rato (*a while*).
3 f. Don Francisco lo lleva a una clínica.

3 **En el consultorio** En parejas, preparen una conversación entre un(a) médico/a y su paciente. El/La paciente se cayó en su casa y piensa que se rompió un dedo. El/La médico/a le pregunta al/a la paciente si le duele y cuánto tiempo hace que se cayó. El/La paciente describe su dolor. Finalmente, el/la médico/a le recomienda un tratamiento (*treatment*). Usen las siguientes preguntas y frases en su conversación. *Answers will vary.*

¿Cómo se lastimó...?	**Estoy...**	**Hace... que me lastimé...**
¿Cuánto tiempo hace que le duele...?	**¿Es usted alérgico/a a algún medicamento?**	**¿Le duele...?**
¿Cuánto tiempo hace que se lastimó...?	**Hace... que me duele.**	**Tengo...**
		Usted debe...

1 EXPANSION Give students these additional items: **1. Javier tiene el tobillo roto. (Falso. El tobillo no está roto. Está torcido.) 2. La doctora Márquez le receta un poco de penicilina. (Falso. Le receta unas pastillas para el dolor.)**

3 SUGGESTION Give students several minutes to prepare their conversation with their partner. Then ask several pairs to present their skit in front of the class.

3 EXPANSION Have students create a conversation for the follow-up visit between the same doctor and patient. Encourage them to be creative with the ending.

EXPANSION Explain to the class that in Latin America larger cities generally have a wider variety of medical specialists, public clinics, and services than rural areas.

EXPANSION Some residents of rural areas may also seek medical assistance from **parteras** (*midwives*).

SUGGESTION Have students interview a heritage speaker about the health care system in their country of origin. They can also interview him or her about a personal experience with an injury or illness.

Exploración

La medicina en los países hispanos

En España y en muchos países de Hispanoamérica, hay clínicas y hospitales públicos donde los servicios médicos son gratuitos.

Para las personas que no quieren visitar las instalaciones (*facilities*) públicas, hay clínicas y hospitales privados.

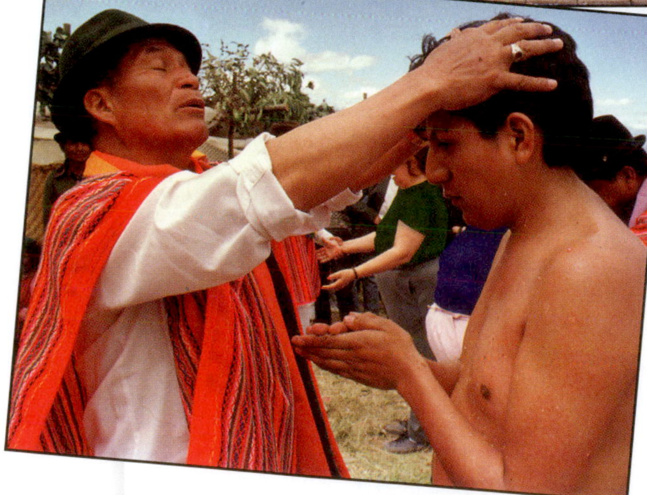

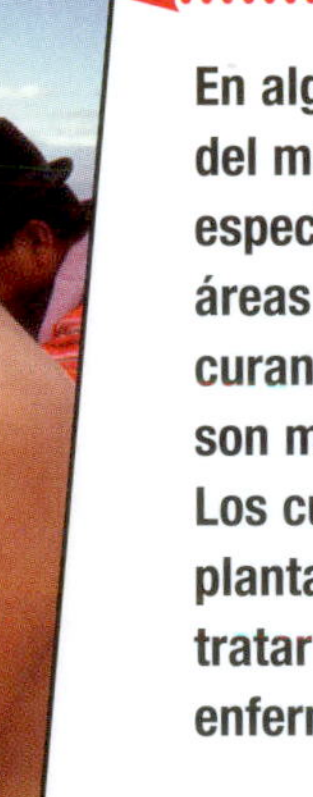

En algunas regiones del mundo hispano, especialmente en las áreas rurales, los curanderos (*healers*) son muy populares. Los curanderos usan plantas y hierbas para tratar (*treat*) las enfermedades.

Médicos célebres

- El médico argentino **René Favaloro** fue el pionero de la operación conocida (*known*) como el *bypass*.
- El doctor **Manuel Elkin Patarroyo**, de Colombia, descubrió la vacuna (*vaccine*) contra la malaria.
- La doctora **Antonia Novello**, puertorriqueña, fue la primera mujer y la primera hispana en asumir el puesto de Cirujana-General (*Surgeon General*) de los Estados Unidos.
- El doctor **Pedro Penzini Fleury** tiene mucha fama en Venezuela por sus artículos de periódico y sus programas de radio sobre medicina y nutrición.

Coméntalo

Con un(a) compañero/a, contesta las siguientes preguntas. *Answers will vary.*

- ¿Debe ofrecer el gobierno servicios médicos gratuitos? ¿Por qué?
- ¿Hay servicios médicos públicos en tu comunidad o región?
- ¿Qué piensas de la medicina alternativa? ¿Por qué?

recursos

aventuras.vhlcentral.com
Lección 10

INSTRUCTIONAL RESOURCE Website

10.1 The imperfect tense

- In Lesson 6, you learned the preterite tense. Now you will learn the imperfect tense, which describes past activities in a different way.

The imperfect of regular verbs

	cantar	beber	escribir
yo	cantaba	bebía	escribía
tú	cantabas	bebías	escribías
Ud./él/ella	cantaba	bebía	escribía
nosotros/as	cantábamos	bebíamos	escribíamos
vosotros/as	cantabais	bebíais	escribíais
Uds./ellos/ellas	cantaban	bebían	escribían

¡ojo! The imperfect endings of **–er** and **–ir** verbs are the same. The **nosotros** form of **–ar** verbs has an accent on the first **a** of the ending. **–Er** and **–ir** verb forms carry an accent on the first **i** of the ending.

Cuando era chico yo les tenía mucho miedo a los médicos.
Tenía que ir mucho a una clínica. ¡No me gustaban nada las inyecciones!

- There are no stem changes in the imperfect tense.

Me **duelen** los pies.	Me **dolían** los pies.
My feet hurt.	*My feet were hurting.*

- The imperfect form of **hay** is **había** (*there was/were/used to be*).

Había sólo un médico.	**Había** dos pacientes allí.
There was only one doctor.	*There were two patients there.*

¡ojo! **Ir, ser,** and **ver** are the only irregular verbs in the imperfect.

Irregular verbs in the imperfect

	ir	ser	ver
yo	iba	era	veía
tú	ibas	eras	veías
Ud./él/ella	iba	era	veía
nosotros/as	íbamos	éramos	veíamos
vosotros/as	ibais	erais	veíais
Uds./ellos/ellas	iban	eran	veían

SUGGESTION Tell the students that the **recursos** boxes for the entire **Gramática** section are in **Ampliación.**

Práctica

1 ¡Pobre Miguelito! Completa las frases con el imperfecto. Luego, pon las oraciones en un orden lógico.

_8_ a. Miguelito no _iba_ [ir] a jugar más. Ahora quería ir a casa a descansar.
_7_ b. El doctor dijo que no _era_ nada [ser] grave.
_5_ c. El niño le dijo a la enfermera que _le dolía_ [dolerle] la nariz.
_2_ d. Los niños _jugaban_ [jugar] en el patio.
_3_ e. Su mamá _estaba_ [estar] dibujando cuando Miguelito entró llorando.
_1_ f. _Eran_ [ser] las dos de la tarde.
_4_ g. Miguelito _tenía_ [tener] mucho dolor. Fueron a la sala de emergencias.
_6_ h. El doctor _quería_ [querer] examinar la nariz del niño.

2 La salud Completa las frases con el imperfecto.

caerse	esperar	mirar	sentirse
doler	estar	poder	tener
enfermarse	estornudar	querer	toser

1. Después de correr, a Dora le _dolían_ los pies.
2. Ana _miraba_ el termómetro; con tanta fiebre no _podía_ leerlo.
3. Él _esperaba_ porque la enfermera _estaba_ muy ocupada.
4. Ellos _tosían/estornudaban_ y _estaban/se sentían_ congestionados porque _tenían_ gripe.
5. Lorenzo _tenía_ dolor de muelas, pero no _quería_ ir al dentista.
6. Paco y Luis _tenían_ dolor de estómago y _querían_ unas pastillas para el dolor.
7. Le _dolía_ la cabeza y _estaba/ se sentía_ mareado.
8. Luisa _estornudaba_ porque es alérgica al polen.
9. Antes de la operación, le _dolía_ todo el cuerpo.
10. De niño, nunca _quería/podía_ ir al médico.
11. Ella _se caía/ se enfermaba_ con frecuencia cuando era pequeña.
12. Juan Carlos siempre _se caía_ de la bicicleta.

INSTRUCTIONAL RESOURCES WB, LM, Ans. Key, Lab, IRM (teaching tips, info gap), Website

Conversación

3 Entrevista Trabajen en parejas. Un(a) estudiante entrevista a su compañero/a. Luego compartan los resultados de la entrevista con la clase. *Answers will vary.*

Preguntas	Respuestas
1. ¿Cuántos años tenías en 1988? ¿Y en 1997?	________
2. ¿Veías mucha televisión cuando eras niño/a?	________
3. Cuando eras niño/a, ¿qué hacía tu familia durante las vacaciones?	________
4. Cuando eras estudiante de primaria, ¿te gustaban tus profesores?	________
5. Cuando tenías diez años, ¿cuál era tu programa de televisión favorito?	________
6. Cuando tenías quince años, ¿cuál era tu grupo musical favorito?	________
7. Cuando eras estudiante de secundaria, ¿qué hacías con tus amigos?	________
8. Antes de tomar esta clase, ¿sabías hablar español?	________

4 Describir En parejas, túrnense para describir lo que hacían durante algunos momentos de sus vidas. Pueden usar las preguntas de la lista u otras ideas. Luego informen a la clase sobre la vida del/de la compañero/a. *Answers will vary.*

modelo

De niña, mi familia y yo siempre íbamos a Puntarenas. Tomábamos el tren. Salíamos a las 6 de la mañana. Todos los días nadábamos. En Navidad mis papás siempre hacían una gran fiesta. Mi mamá y mis tías preparaban mucha comida. Toda la familia venía.

- ¿Qué hacías durante las vacaciones cuando eras niño/a?
- ¿Qué hacían en ocasiones especiales?
- ¿Cómo eran las celebraciones con tus amigos o familia?
- ¿Cómo era tu escuela?
- ¿Cómo eran tus amigos?
- ¿A qué jugabas?

5 En el consultorio Tu profesor(a) va a darles a ti y a tu compañero/a la información necesaria para completar esta actividad.

Uses of the imperfect

- The imperfect is used to describe past events in a different way than the preterite. Generally, the imperfect describes actions which are seen by the speaker as incomplete or continuing, while the preterite describes actions which have been completed. The imperfect expresses what was happening at a certain time or how things used to be.

—¿Qué te **pasó**?
What happened to you?

—Me **torcí** el tobillo.
I sprained my ankle.

—¿Dónde **vivías** de niño?
Where did you live as a child?

—**Vivía** en San José.
I lived in San José.

- Use the following words and expressions with the imperfect to express habitual or repeated actions: **de niño/a** (*as a child*), **todos los días** (*every day*), **mientras** (*while*).

Uses of the imperfect

Habitual or repeated actions	**Íbamos al parque los domingos.** *We used to go to the park on Sundays.*
Events or actions that were in progress	**Yo leía mientras él estudiaba.** *I was reading while he was studying.*
Time-telling	**Eran las tres y media.** *It was 3:30.*
Age	**Los niños tenían seis años.** *The children were six years old.*
Physical characteristics	**Era alto y guapo.** *He was tall and handsome.*
Mental or emotional states	**Quería mucho a su familia.** *He loved his family very much.*

¡Manos a la obra!

Indica la forma correcta de cada verbo en el imperfecto.

1. Yo [hablar, bailar, descansar, correr, comer, decidir, vivir]
   hablaba, bailaba, descansaba, corría, comía, decidía, vivía
2. Tú [nadar, encontrar, comprender, venir, ir, ser, ver]
   nadabas, encontrabas, comprendías, venías, ibas, eras, veías
3. Usted [hacer, regatear, asistir, ser, pasear, poder, ir]
   hacía, regateaba, asistía, era, paseaba, podía, iba
4. Nosotras [ser, tomar, ir, poner, seguir, ver, pensar]
   éramos, tomábamos, íbamos, poníamos, seguíamos, veíamos, pensábamos
5. Ellos [salir, viajar, ir, querer, ser, pedir, empezar]
   salían, viajaban, iban, querían, eran, pedían, empezaban
6. Yo [ver, estornudar, sufrir, ir, dar, ser, toser]
   veía, estornudaba, sufría, iba, daba, era, tosía

10.2 Constructions with se

Impersonal constructions with se

- As you know, **se** can be used as a reflexive pronoun (**Él se despierta.**). **Se** is also used in other ways.
- Non-reflexive verbs can be used with **se** to form impersonal constructions. In impersonal constructions, the person performing the action is not expressed or defined. In English, the passive voice or indefinite subjects (*you, they, one*) are used.

Se habla español en Costa Rica.
Spanish is spoken in Costa Rica.

Se puede leer en la sala de espera.
You can read in the waiting room.

¡ojo! The third person singular verb form is used with singular nouns and the third person plural form is used with plural nouns.

Se vende ropa.

Se venden camisas.

- You often see the impersonal **se** in signs and advertisements.

SE PROHÍBE NADAR

Se necesitan programadores
GRUPO TECNO
Tel. 778-34-34

ENTRADA

Se entra por la izquierda

Se for unplanned events

- **Se** is used to de-emphasize the person who performs the action in question, so as to imply that the accident or event is not his or her direct responsibility. Use the following pattern:

se + INDIRECT OBJECT PRONOUN + VERB + SUBJECT

Se me cayó la pluma.

I dropped the pen.

- In this construction, what would normally be the direct object of the sentence becomes the subject and agrees with the verb.

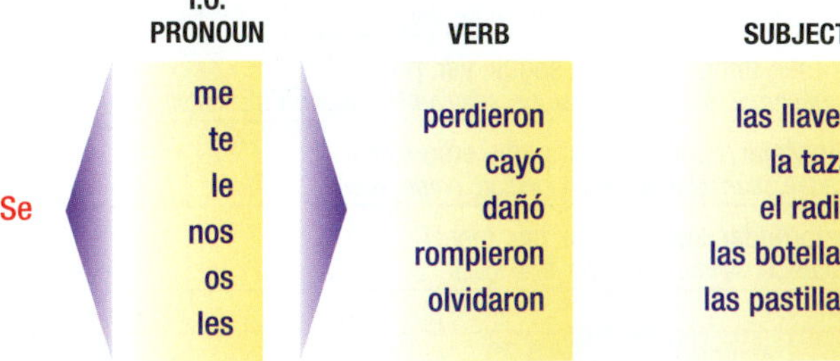

	I.O. PRONOUN	VERB	SUBJECT
Se	me	perdieron	las llaves.
	te	cayó	la taza.
	le	dañó	el radio.
	nos	rompieron	las botellas.
	os	olvidaron	las pastillas.
	les		

Práctica

1 ¿Cierto o falso? Lee estas oraciones sobre la vida en 1901. Indica si lo que dice cada oración es **cierto** o **falso**. Luego corrige las oraciones falsas.

Cierto	Falso	
	✓	1. Se veía mucha televisión. *No se veía la televisión. Se leía mucho.*
✓		2. Se escribían muchos libros.
✓		3. Se viajaba mucho en tren.
✓		4. Se montaba a caballo.
	✓	5. Se mandaba mucho correo electrónico. *No se mandaba correo electrónico. Se mandaban muchas cartas y postale*
✓		6. Se preparaban muchas comidas en casa.
	✓	7. Se llevaban minifaldas. *No se llevaban minifaldas. Se llevaban faldas largas.*
✓		8. Se pasaba mucho tiempo con la familia.

2 Letreros Traduce estos letreros (*signs*) al español con el **se** impersonal.

1. *Se necesitan ingenieros.*

2. *Se prohíbe hablar.*

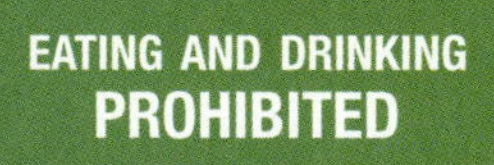

3. *Se prohíbe comer y beber.*

4. *Se necesita profesor(a).*

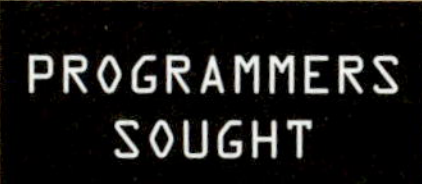

5. *Se buscan programadores.*

6. *Se venden libros.*

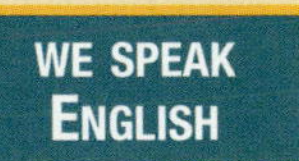

7. *Se habla inglés.*

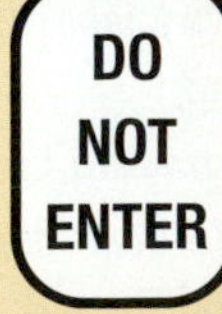

8. *Se prohíbe entrar.*

9. *Se venden computadoras.*

10. *Se habla español.*

INSTRUCTIONAL RESOURCES WB, LM, Ans. Key, Lab, IRM (teaching tips), Website

Conversación

3 Preguntas Trabajen en parejas y usen estas preguntas para entrevistarse. *Answers will vary.*

1. ¿Qué comidas se sirven en tu restaurante favorito?
2. ¿Se te olvidó invitar a alguien a tu última fiesta o cena?
3. ¿A qué hora se abre la cafetería de tu universidad?
4. ¿Alguna vez se te quedó algo importante en casa?
5. ¿Alguna vez se te perdió algo importante durante un viaje?
6. ¿Qué se vende en la librería de la universidad?
7. ¿Sabes si en la librería se aceptan cheques?
8. ¿Alguna vez se te rompió un plato o un vaso (*glass*)?
9. ¿Alguna vez se te cayó una botella de vino?

4 Minidiálogos En parejas, preparen los siguientes minidiálogos. Luego preséntenlos a la clase. *Answers will vary.*

1. A Spanish professor asks for a student's workbook. The student explains why he or she doesn't have it.
2. A tourist asks the bellhop where the best food in the city is served, and the bellhop gives several suggestions.
3. A patient tells the doctor that he or she can't walk. The doctor examines the patient and explains what's wrong.
4. A parent asks a child how the plates got broken. The child apologizes profusely and explains what happened.

5 Anuncios En grupos, preparen dos anuncios de televisión para presentar a la clase. Deben usar el imperfecto y dos construcciones con **se**.

modelo

Se me cayeron unos libros en el pie y ¡Ayyyyy! Sentía mucho, pero mucho dolor. Pero ya no, gracias a Superaspirina 500. ¡Tomé dos pastillas y se me fue el dolor! ¡Se puede comprar Superaspirina 500 en todas las farmacias Recetamax!

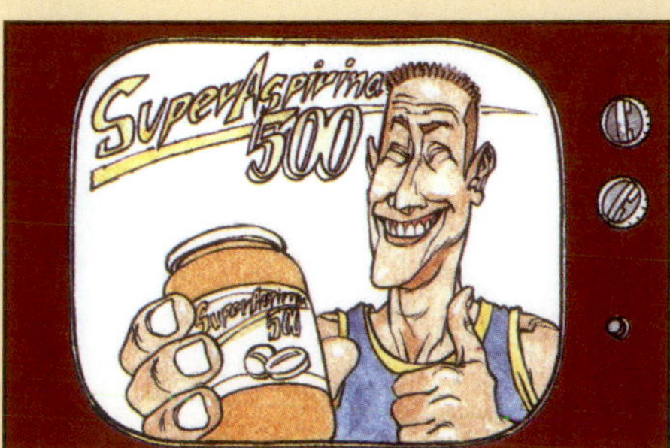

▸ These verbs are often used with **se** to describe unplanned events.

caer	*to fall; to drop*	**perder (e:ie)**	*to lose*
dañar	*to damage; to break down*	**quedar**	*to be left behind*
olvidar	*to forget*	**romper**	*to break*

¡ojo! **Dejar caer** (*to let fall*) is often used to mean *to drop*.

Elena **dejó caer** el libro.
Elena dropped the book.

El médico **dejó caer** la aspirina.
The doctor dropped the aspirin.

¿Cuánto tiempo hace que se cayó?
Ya se me olvidó.

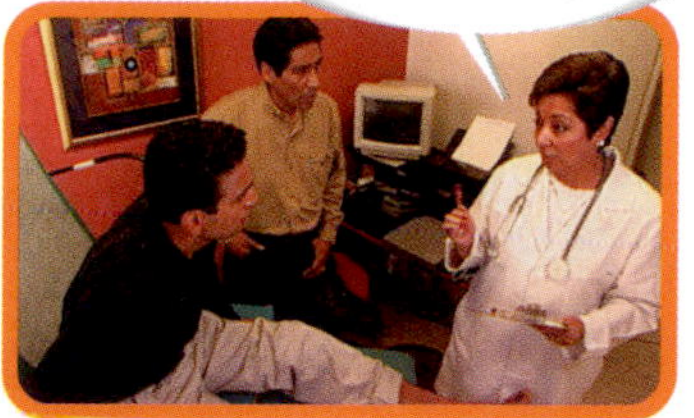

Bueno, vamos a sacarle una radiografía para ver si se le rompió un hueso.

▸ **A** + [*noun*] or **a** + [*prepositional pronoun*] is frequently used to clarify or emphasize who is involved in the action.

Al estudiante se le perdió la tarea.
The student lost his homework.

A mí se me olvidó ir a clase ayer.
I forgot to go to class yesterday.

¡Manos a la obra!

Completa las frases de la primera columna con **se** impersonal y el tiempo presente. Completa las frases de la segunda columna con **se** para sucesos imprevistos (*unplanned events*) y los verbos en pretérito.

Presente

1. ___Se enseñan___ [enseñar] cinco lenguas en esta universidad.
2. ___Se come___ [comer] muy bien en El Cráter.
3. ___Se venden___ [vender] muchas camisetas allí.
4. ___Se sirven___ [servir] platos exquisitos cada noche.
5. ___Se necesita___ [necesitar] mucho dinero.
6. ___Se busca___ [buscar] secretaria.

Pretérito

1. ___Se me rompieron___ [*I broke*] las gafas.
2. ___Se te cayeron___ [*you* (fam.) *dropped*] las pastillas.
3. ___Se les perdió___ [*they lost*] la receta.
4. ___Se le quedó___ [*you* (form.) *left*] aquí la radiografía.
5. ___Se nos olvidó___ [*we forgot*] pagar la medicina.
6. ___Se les quedaron___ [*they left*] los cuadernos en casa.

10.3 Adverbs

- Adverbs describe how, when, and where actions take place. They modify verbs, adjectives, and even other adverbs. The list below contains some adverbs you have already learned.

bien	**nunca**	**temprano**
mal	**hoy**	**ayer**
muy	**siempre**	**aquí**

- Most adverbs end in **–mente**. These are equivalent to the English adverbs which end in *-ly*.

lentamente | *slowly*
verdaderamente | *truly, really*
generalmente | *generally*
simplemente | *simply*

- To form adverbs which end in **–mente**, add **–mente** to the feminine form of the adjective. If the adjective does not have a feminine form, just add **–mente** to the standard form.

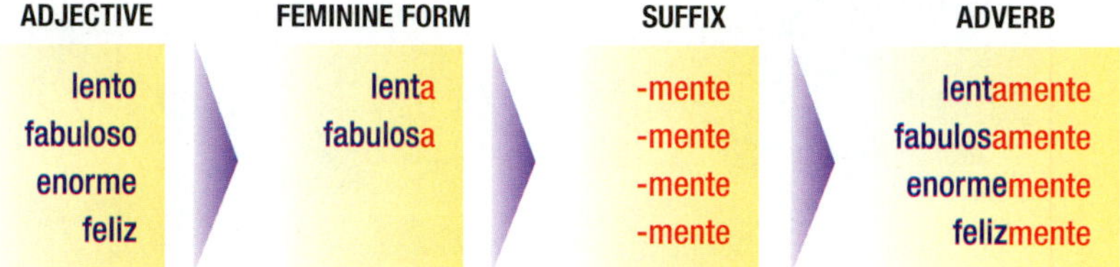

ADJECTIVE	FEMININE FORM	SUFFIX	ADVERB
lento	lenta	-mente	lentamente
fabuloso	fabulosa	-mente	fabulosamente
enorme		-mente	enormemente
feliz		-mente	felizmente

- Adverbs that end in **–mente** generally follow the verb, while adverbs that modify an adjective or another adverb precede the word they modify.

Javier dibuja **maravillosamente**.
Javier draws wonderfully.

Inés está **casi siempre** ocupada.
Inés is almost always busy.

Common adverbs and adverbial expressions

a menudo	*often*	**así**	*like this; so*	**menos**	*less*
a tiempo	*on time*	**bastante**	*enough; quite*	**muchas veces**	*a lot; many times*
a veces	*sometimes*	**casi**	*almost*	**poco**	*little*
además (de)	*furthermore; besides*	**con frecuencia**	*frequently*	**por lo menos**	*at least*
apenas	*hardly; scarcely*	**de vez en cuando**	*from time to time*	**pronto**	*soon*

¡Manos a la obra!

Transforma los siguientes adjetivos en adverbios.

1. alegre _alegremente_
2. constante _constantemente_
3. gradual _gradualmente_
4. perfecto _perfectamente_
5. real _realmente_
6. frecuente _frecuentemente_
7. tranquilo _tranquilamente_
8. regular _regularmente_
9. maravilloso _maravillosamente_
10. normal _normalmente_
11. básico _básicamente_
12. afortunado _afortunadamente_

Práctica

1 En la clínica Completa las oraciones con los adverbios adecuados.

1. La cita era a las nueve, pero llegamos _tarde_ [aquí, nunca, tarde].
2. El problema fue que _ayer_ [aquí, ayer, así] se nos rompió el despertador.
3. La recepcionista no se enojó porque sabía que normalmente llegábamos _a tiempo_ [a veces, a tiempo, poco].
4. El doctor estaba _casi_ [por lo menos, mal, casi] listo.
5. _Apenas_ [así, además, apenas] tuvimos que esperar cinco minutos.
6. El doctor dijo que nuestra hija Irene necesitaba una operación _inmediatamente_ [temprano, menos, inmediatamente].
7. Cuando Irene salió de la operación, le preguntamos _nerviosamente_ [con frecuencia, nerviosamente, muchas veces] al doctor cómo estaba nuestra hija.
8. _Afortunadamente_ [por lo menos, afortunadamente, a menudo] el médico nos contestó que Irene estaba bien.

2 Oraciones Combina palabras de las tres columnas para formar oraciones completas. *Answers will vary.*

modelo

Mi mejor amigo se enferma frecuentemente.
Britney Spears conduce rápidamente.

Sujetos	Verbos	Adverbios
mi mejor amigo/a	caerse	bien
mi(s) padre(s)	casarse	fabulosamente
el/la profesor(a) de español	conducir	felizmente
yo	divertirse	mal
los jóvenes	enfermarse	frecuentemente
Tiger Woods	estornudar	muchas veces
Britney Spears	ir	poco
Tina Turner	levantarse	rápidamente
todos nosotros	llevarse	pronto
	vestirse	tarde
		temprano
		tranquilamente

INSTRUCTIONAL RESOURCES WB, LM, Ans. Key, Lab, IRM (teaching tips), Website

Conversación

3 **Preguntas** Usa estas preguntas para entrevistar a tu compañero/a. *Answers will vary.*

1. ¿Qué sabes hacer muy bien?
2. ¿Vas al doctor de vez en cuando?
3. ¿Qué estudias además de español?
4. ¿Hay compañeros/as de clase a quienes apenas conoces?
5. ¿Te enfermas a menudo?
6. ¿Con qué frecuencia cenas en un restaurante?
7. ¿Generalmente, llegas a tiempo a las clases y citas?
8. ¿Qué haces si te sientes congestionado/a y estornudas muchas veces?

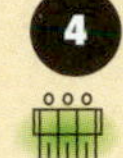

4 **¿Con qué frecuencia?** Circula por la clase y pregúntales a tus compañeros/as con qué frecuencia hacen las actividades que se mencionan en la lista. Comparte la información con la clase. *Answers will vary.*

modelo pasear en bicicleta

Estudiante 1: *¿Paseas en bicicleta con mucha frecuencia?*
Estudiante 2: *Sí, paseo en bicicleta con mucha frecuencia./No, casi nunca paseo en bicicleta.*

Actividades	con mucha frecuencia	de vez en cuando	casi nunca	nunca
1. Nadar	______	______	______	______
2. Jugar al tenis	______	______	______	______
3. Hacer la tarea	______	______	______	______
4. Salir a bailar	______	______	______	______
5. Mirar la televisión	______	______	______	______
6. Dormir en clase	______	______	______	______
7. Perder las gafas	______	______	______	______
8. Tomar una medicina	______	______	______	______
9. Ir al dentista	______	______	______	______

Español en vivo

Identificar

Lee el anuncio e identifica los adverbios.

Preguntas

1. Según el anuncio, ¿cuáles son las ventajas (*advantages*) de este tipo de aspirina? ¿Cuáles son sus cualidades?
2. ¿Te duele a menudo la cabeza? ¿Tomas aspirina cuando te duele la cabeza?
3. ¿Necesitas una receta del médico para comprar aspirina?
4. Cuando estás enfermo/a, ¿prefieres tomar un medicamento o llamar antes al doctor?

Repaso

10.1 The imperfect tense

1 El doctor Rodríguez Completa el párrafo con el imperfecto de los verbos irregulares.

Cuando nosotros (1) *éramos* (ser) niños, mi hermano y yo (2) *veíamos* (ver) al doctor Rodríguez. Nosotros (3) *íbamos* (ir) a su consultorio después de la escuela. Mi madre (4) *iba* (ir) con nosotros. El doctor Rodríguez (5) *era* (ser) muy simpático. El doctor y la enfermera (6) *eran* (ser) muy amables con nosotros. Yo siempre (7) *veía* (ver) al doctor mientras él (8) *veía* (ver) nuestras radiografías. ¿Ustedes (9) *iban* (ir) al consultorio del doctor Rodríguez?

2 En las telenovelas... En tu telenovela favorita siempre sucedían cosas dramáticas. Di lo que pasaba siguiendo el modelo.

modelo Rosalinda (estar enferma) / su mamá (llevarla al doctor)
Cuando Rosalinda estaba enferma, su mamá la llevaba al doctor.

1. Rosalinda (ir a la clínica) / ella (llorar mucho) *Cuando Rosalinda iba a la clínica, (ella) lloraba mucho.*
2. Gustavito (tener dolor de cabeza) / su abuela (no darle una aspirina) *Cuando Gustavito tenía dolor de cabeza, su abuela no le daba una aspirina.*
3. Gustavito (tener temperatura alta) / él (sentirse mareado) *Cuando Gustavito tenía temperatura alta, (él) se sentía mareado.*
4. la enfermera (ponerle una inyección a Rosalinda) / ella (sentir mucho dolor) *Cuando la enfermera le ponía una inyección a Rosalinda, ella sentía mucho dolor.*
5. Rosalinda y Gustavito (no tomarse las medicinas) / sus padres (enojarse) *Cuando Rosalinda y Gustavito no se tomaban las medicinas, sus padres se enojaban.*
6. nosotros (no hacer la tarea) / nuestros padres (no dejarnos ver la telenovela) *Cuando nosotros no hacíamos la tarea, nuestros padres no nos dejaban ver la telenovela.*

3 El dentista En parejas, describan sus visitas al dentista cuando eran niños, usando el imperfecto. *Answers will vary.*

modelo **Iba al dentista cuando me dolía alguna muela. Siempre había muchos pacientes en el consultorio del dentista.**

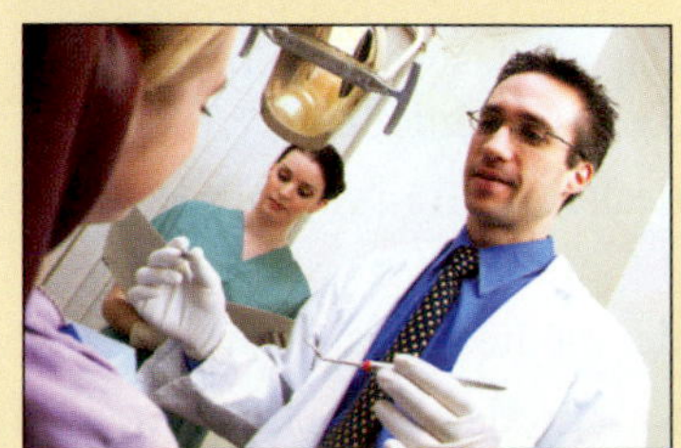

10.2 Constructions with se

4 Oraciones Forma oraciones con los siguientes elementos, usando **se** para sucesos imprevistos (*unplanned events*) y los verbos en pretérito.

modelo A Cecilia / olvidar / la medicina en la farmacia.
A Cecilia se le olvidó la medicina en la farmacia.

1. A ti / romper / el brazo y la pierna *A ti se te rompieron el brazo y la pierna.*
2. A los pacientes / dañar / las radiografías *A los pacientes se les dañaron las radiografías.*
3. Al enfermero / perder / los antibióticos *Al enfermero se le perdieron los antibióticos.*
4. A mí / quedar / la receta en el consultorio *A mí se me quedó la receta en el consultorio.*
5. A Hugo y a ti / caer / la bicicleta en los pies *A Hugo y a ti se les cayó la bicicleta en los pies.*
6. A nosotros / olvidar / el teléfono del doctor Gómez *A nosotros se nos olvidó el teléfono del doctor Gómez.*

5 El enfermero La doctora Suárez tiene un enfermero nuevo. El enfermero hace muchas preguntas. Escribe sus preguntas.

modelo Vamos a tomar la temperatura del paciente.
¿Cómo se toma la temperatura del paciente?

1. Vamos a poner una inyección. *¿Cómo se pone una inyección?*
2. Llevar a un enfermo a la sala de emergencia. *¿Cómo se lleva a un enfermo a la sala de emergencia?*
3. Vamos a sacar las radiografías. *¿Cómo se sacan las radiografías?*
4. Vamos a recetar dos medicamentos. *¿Cómo se recetan dos medicamentos?*
5. Vamos a hacer un examen médico. *¿Cómo se hace un examen médico?*
6. Vamos a buscar un antibiótico nuevo. *¿Cómo se busca un antibiótico nuevo?*

6 ¿Qué se debe hacer? En parejas, escriban qué se debe hacer en las situaciones siguientes. Después comparen sus respuestas con la clase. *Answers will vary.*

modelo Para estar sanos
Se debe hacer ejercicio. No se debe fumar.

1. Para aprender un idioma nuevo
2. Para preparar una fiesta sorpresa
3. Para llegar a tiempo a una cita
4. Para tener dientes sanos
5. Para preparar un pastel.
6. Para ir de vacaciones a una playa.

10.3 Adverbs

7 **¡Tristemente!** Escribe seis oraciones describiendo lo que le pasó a Héctor. Usa adverbios terminados en **–mente**. *Answers will vary.*

modelo *Héctor paseaba en su bicicleta felizmente.*

1. 2. 3.

8 **Consejos** Tu amiga Elsa está embarazada y no sabe cómo cuidarse. En grupos de tres, escriban consejos para Elsa usando los adverbios adecuados. *Answers will vary.*

además (de)	a veces	poco
a menudo	con frecuencia	por lo menos
así	muchas veces	pronto

modelo *Debes caminar por lo menos durante media hora cada día.*
Si te sientes mal, debes ir pronto al doctor.

Síntesis

9 **Nueva clínica** Imagina que hace diez años, en tu ciudad, no había una clínica. En parejas, describan cómo era la situación usando el imperfecto. Después describan cómo es la situación ahora, usando construcciones con **se**. Usen tres adverbios terminados en **–mente** y tres adverbios que no terminan en **–mente**. *Answers will vary.*

Antes	Ahora
Aquí no había una clínica.	Afortunadamente tenemos una clínica.

Ritmos hispanos

Juanes:
Convierte sueños en éxitos

La carrera musical de Juan Esteban Aristizábal, más conocido como **Juanes**, empezó en Medellín, Colombia, cuando sólo tenía 15 años. Allí formó el grupo rock/metal *Ekhymosis* el cual abandonó once años después y con el que grabó cinco álbumes, convirtiéndose en el grupo favorito de Colombia. En 1999, decide dejar el grupo para iniciar una carrera en solitario como Juanes y en cuatro años y tres álbumes grabados, se convierte en el artista latino con más copias vendidas en todo el mundo. Este artista colombiano es cantante, guitarrista y autor de la mayoría de los temas que interpreta. En los últimos cuatro años ha ganado 9 premios Grammy Latinos, 5 premios MTV y 6 premios Lo nuestro, entre otros muchos reconocimientos internacionales. A pesar de tener sólo tres álbumes en el mercado, Juanes es sin ninguna duda un artista consolidado, quien ha logrado una fama sin precedentes dentro de la música latina y es actualmente el artista latino con más proyección en el mercado internacional. La revista *Time* lo incluyó en la lista de "Las 100 personas más influyentes hoy en el mundo".

Discografía selecta

- *Fíjate bien* (2000; 3 premios Grammy Latinos)
- *Un día normal* (2002; 5 premios Grammy Latinos)
- *Mi sangre* (2004; Mejor video de la MTV y álbum de platino)

Para más información sobre el artista, su música y sus canciones, visita **aventuras.vhlcentral.com**.

sueños dreams **éxitos** successes **carrera** career **el cual** which **grabó** recorded **dejar** to quit **vendidas** sold **en todo el mundo** worldwide **últimos** last **premios** awards **reconocimientos** recognitions **A pesar de** In spite of **sin ninguna duda** without a doubt **consolidado** acclaimed **ha logrado** has achieved **sin** without **dentro de** in **proyección** exposure **mundo** world **Fíjate bien** Pay close attention **sangre** blood

Ampliación

1 Escuchar

A Escucha la conversación de la señorita Méndez y Carlos Peña. Marca las frases donde se mencionan los síntomas de Carlos.

TIP **Listen for specific information.** Identify the subject of a conversation and use your background knowledge to predict what kinds of information you might hear. For example, what would you expect to hear in a conversation between a sick person and a doctor's receptionist?

_____	1. Tiene infección en los ojos.	✓	8. Le duele la cabeza.
_____	2. Se lastimó el dedo.	_____	9. Es alérgico a la aspirina.
✓	3. No puede dormir.	✓	10. Tiene tos.
✓	4. Siente dolor en los huesos.	✓	11. Le duele la garganta.
_____	5. Está mareado.	_____	12. Se rompió la pierna.
✓	6. Está congestionado.	_____	13. Le duele la rodilla.
_____	7. Le duele el estómago.	✓	14. Tiene frío.

B En tu opinión, ¿qué tiene Carlos? ¿Una gripe? ¿Un resfriado? ¿Una alergia? Explica tu opinión. *Answers will vary.*

2 Conversar

Con un(a) compañero/a, prepara una conversación entre un(a) estudiante hipocondríaco/a y el/la enfermero/a. Presenten la conversación a la clase. *Answers will vary.*

- *Decidan qué síntomas tiene el/la estudiante y con qué frecuencia los tiene.*
- *Decidan qué preguntas le va a hacer el/la enfermero/a. (Por ejemplo: ¿Cuánto tiempo hace que comenzaron los síntomas? ¿Tenía el mismo problema cuando era niño/a? ¿Lo tenía la semana pasada?)*
- *Decidan qué consejos le va a dar el/la enfermero/a.*

1 SCRIPT

Srta. Méndez: Consultorio del doctor Aguilar. Buenos días.

Carlos Peña: Buenos días, señorita. Habla Carlos Peña. Mire, no me siento nada bien.

S: ¿Qué tiene?

C: Tengo mucha tos. Apenas me deja dormir. Estoy muy congestionado y tengo un tremendo dolor de cabeza.

S: ¿Cuánto tiempo hace que se siente así?

C: Bueno, hace cinco días que me empezó a doler la garganta. Fue de mal en peor.

S: ¿Tiene fiebre?

C: Pues, en realidad, no lo sé. No me tomé la temperatura, pero creo que sí tengo fiebre porque tengo mucho frío y me duelen los huesos.

S: Pienso que usted tiene la gripe. Primero hay que verificar que no tiene una infección, pero creo que el doctor le va a recetar algo que va a ayudarlo. Le puedo dar una cita con el médico hoy a las tres de la tarde.

C: Excelente.

S: ¿Cómo me dijo que se llama?

C: Carlos Peña, señorita.

S: ¿Y su fecha de nacimiento y su teléfono, por favor?

C: 4 de octubre de 1983, y mi teléfono... seis cuarenta y tres, veinticinco, cincuenta y dos.

S: Muy bien. Hasta las tres.

C: Sí. Muchas gracias, señorita y hasta luego.

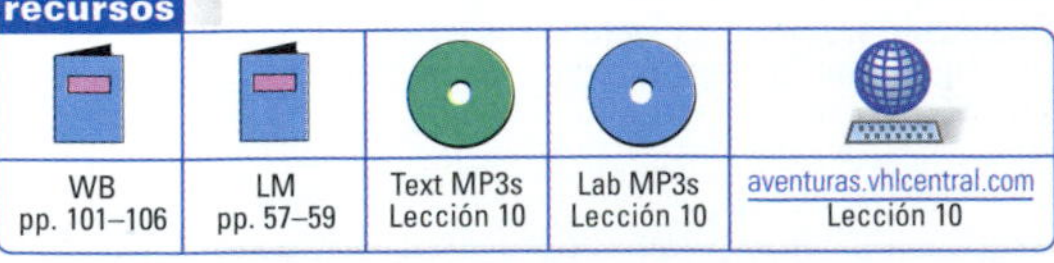

recursos
WB pp. 101–106
LM pp. 57–59
Text MP3s Lección 10
Lab MP3s Lección 10
aventuras.vhlcentral.com Lección 10

INSTRUCTIONAL RESOURCE Text MP3s, WB, LM, Ans. Key, Lab, Website

UGGESTION Discuss what
nd of information may be
cluded in a medical report
ritten by an emergency room
urse and list it on the board.

EVALUATION

riteria	Scale
ontent	1 2 3 4
ganization	1 2 3 4
ccuracy	1 2 3 4
omprehensibility	1 2 3 4
eativity	1 2 3 4

coring	
cellent	18–20 points
ood	14–17 points
tisfactory	10–13 points
nsatisfactory	< 10 points

SUGGESTION Have
udents work in small groups
d divide up the research.
ch student can present on
hat they learned about their
get country's healthcare
stem. Encourage classmates
ask questions about each
esentation.

EXPANSION Have students
scuss the similarities and
ferences between the
althcare system in the
ited States with that of their
get country. **¿Qué tienen en
mún? ¿En qué se
ferencian?**

Ampliación

3 Escribir

Eres un(a) enfermero/a en la sala de emergencias de un hospital. Tienes que escribir cada día un parte (*report*) médico para tu supervisor(a). *Answers will vary.*

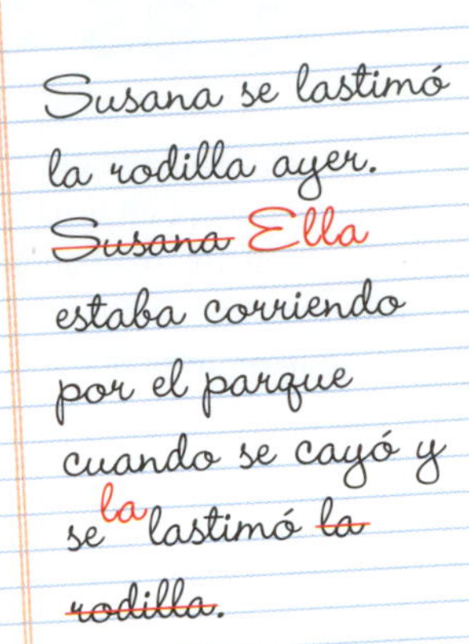

Susana se lastimó
la rodilla ayer.
Susana Ella
estaba corriendo
por el parque
cuando se cayó y
se la lastimó la
rodilla.

TIP Avoid redundancies. To avoid repetition of verbs and nouns, consult a Spanish language thesaurus. Use direct object pronouns, possessive adjectives, demonstrative adjectives and pronouns, and prepositional pronouns to streamline your writing.

Organízalo	Utiliza un mapa de ideas para organizar tu parte médico. Incluye información sobre los pacientes, sus síntomas y el resultado de los tratamientos.
Escríbelo	Utiliza tus apuntes para escribir el primer borrador de tu parte médico.
Corrígelo	Intercambia tu composición con un(a) compañero/a. Lee su borrador y anota los aspectos mejor escritos (*written*). Ofrécele sugerencias para evitar (*avoid*) redundancias, y si ves algunos errores gramaticales u ortográficos, coméntaselos.
Compártelo	Revisa el primer borrador según las indicaciones de tu compañero/a. Incorpora nuevas ideas y/o más información si es necesario antes de escribir la versión final del parte médico.

4 Un paso más

Prepara una presentación sobre el sistema de servicios médicos de un país hispano. Tu presentación debe contestar las siguientes preguntas. *Answers will vary.*

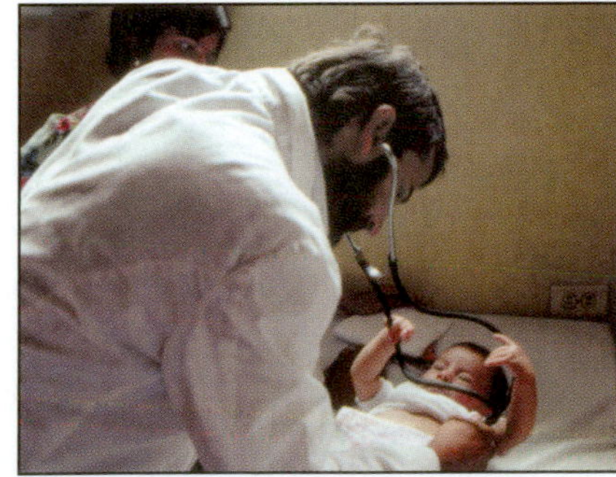

- ¿Qué servicios médicos públicos hay en el país?
- ¿Cuál es el papel (*role*) de las clínicas y los hospitales privados?
- ¿Cómo son los servicios médicos en las ciudades y en las áreas rurales?
- ¿Son populares los tratamientos alternativos?
- ¿Hay personas reconocidas por sus contribuciones a la medicina?

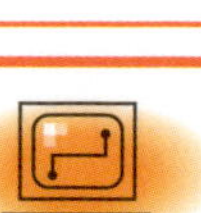

En Internet

Investiga estos temas en el sitio aventuras.vhlcentral.com.

- Hospitales en el mundo hispano
- Clínicas en el mundo hispano
- Médicos famosos del mundo hispano

Antes de leer

Using what you already know about a particular subject will often help you better understand a reading selection. For example, if you read an article about a recent medical discovery, you might think about what you already know about health in order to understand unfamiliar words or concepts.

At a glance, what does this reading selection appear to be about?

____

____

What type of document is this, and how can you tell?

____

____

Based on what you know about documents of this type, what types of information do you expect to find in this reading selection?

____

____

SUGGESTION Have students share their observations about the text. Then ask: **¿Qué tipo de texto es? (una columna de consejos médicos** medical advice column) **¿Dónde se publicó? (en un periódico o revista) ¿Quién es la doctora Fernanda Jiménez Ocaña? (la doctora que da los consejos) ¿Qué significa la "P" y la "R"? (pregunta y respuesta)**

SUGGESTION To check comprehension, ask students to summarize the medical problems in each entry.

EXPANSION Bring in samples of medical advice columns from local newspapers. Have students compare the format, the questions, and the style of the responses.

El consultorio

Dra. Fernanda Jiménez Ocaña

P: Soy una madre española y le escribo para hacerle una consulta sobre mi hijo. Tiene ocho años y hace una semana que ni come ni duerme bien. Además, desde hace cuatro días tose constantemente. Al no tomar la cantidad de alimentos necesarios ni dormir lo suficiente, mi hijo no tiene energía para realizar sus actividades diarias. Estoy un poco preocupada, porque es la primera vez que el niño presenta este tipo de síntomas. Todavía no fuimos al médico porque me interesa conocer primero su punto de vista. Muchísimas gracias por su ayuda.

R: Querida madre española: Gracias por escribir a mi columna. Cuando un niño de la edad de su hijo presenta este tipo de síntomas, puede ser señal de que tiene una pequeña infección en las vías respiratorias, producida por una bacteria o por un virus. Creo que debe llevar pronto a su hijo al consultorio de su médico, para evitar la aparición de una enfermedad crónica como la bronquitis. Si tiene alguna pregunta más o si desea contarme cómo evoluciona su hijo, ya sabe que puede escribirme otra vez.

INSTRUCTIONAL RESOURCE Website

P: Hola, doctora. Soy un ciclista profesional de Colombia. Hace dos semanas tuve un accidente con mi bicicleta y me lastimé la rodilla. Fui a la sala de emergencias y el médico me hizo una radiografía para ver si tenía un hueso roto. Afortunadamente, los resultados de la radiografía fueron muy buenos y sólo me recetaron unas pastillas y mucho reposo. Le escribo porque, después de este tiempo, sigo sintiendo dolor en la zona de la rodilla. ¿Qué puedo hacer?

R: Querido amigo ciclista: Creo que, en su caso, necesita tener más paciencia. Hay que comprender que algunas veces el cuerpo requiere más tiempo para recuperarse. Creo que tiene que esperar dos semanas más para ver si el dolor va desapareciendo o no. Si sigue las indicaciones de su médico y no nota ningún cambio, debe volver al hospital. En mi opinión, no debe hacer ningún movimiento con la pierna y debe seguir tomándose las pastillas que le recetaron.

P: Le escribo desde Puerto Rico para pedirle su opinión. Durante este mes y el anterior, tengo los síntomas de un resfriado que no desaparece nunca. Toso, estoy congestionado y tengo la garganta y los ojos irritados. Mi novia opina que soy alérgico a algo. ¿Cree que eso es posible?

R: Estimado amigo puertorriqueño: Debe empezar por observar dónde y cuándo aparecen sus síntomas. El otoño y la primavera son las épocas del año en que suele haber más reacciones alérgicas del tipo que usted presenta. Creo que debe ir al médico y esperar los resultados de las pruebas. Si le diagnostican un tipo de alergia, no debe preocuparse. En la actualidad, existen tratamientos excelentes, incluyendo antihistaminas e inyecciones, que calman los efectos de las reacciones alérgicas y lo ayudan a llevar una vida normal.

¡Salud! Dra. Fernanda Jiménez Ocaña

Después de leer

¿Comprendiste?

Indica si cada oración es **cierta** o **falsa**. Corrige las oraciones falsas.

Cierto	Falso	
✓		1. La doctora cree que el chico puertorriqueño puede tener alergias.
	✓	2. La madre española no come bien. *Su hijo no come bien.*
	✓	3. La doctora piensa que el ciclista debe practicar más el ciclismo. *La doctora piensa que él no debe hacer ningún movimiento con la pierna.*
✓		4. La doctora piensa que el hijo de la española puede tener una infección.
	✓	5. La radiografía indica que el ciclista colombiano tiene algunos huesos rotos. *Los resultados de la radiografía fueron buenos.*
✓		6. Hace dos meses que el puertorriqueño tiene los síntomas de un resfriado.

Preguntas

1. ¿Con qué frecuencia tose el hijo de la madre española? *Tose constantemente.*
2. ¿Cuánto tiempo hace que el colombiano se lastimó la rodilla? *Hace dos semanas que se lastimó la rodilla.*
3. ¿Qué hizo el médico cuando el ciclista fue a la sala de emergencias? *El médico le hizo una radiografía para ver si tenía un hueso roto.*
4. ¿Por qué debe ser paciente el ciclista? *Debe ser paciente porque el cuerpo necesita tiempo para recuperarse.*
5. ¿Qué debe hacer la madre española? *Debe llevar pronto a su hijo al consultorio de su médico.*
6. Según (*according to*) la doctora, ¿cuándo ocurren más frecuentemente las reacciones alérgicas? *Según la doctora, las reacciones alérgicas ocurren más frecuentemente durante el otoño y la primavera.*

Coméntalo

¿Hay una columna de consejos médicos en el periódico de tu ciudad? ¿La lees frecuentemente? ¿Por qué sí o por qué no? ¿Es bueno depender de los consejos que aparecen en las revistas y en los periódicos? Imagina que tú escribes esta columna. ¿Qué deben hacer las tres personas que pidieron consejos? *Answers will vary.*

desde hace cuatro días *for four days*
alimentos *foods*
Querido/a *Dear*
señal *sign*
vías *passages*
Hay que *It is necessary to*
el anterior *the previous one*
Estimado/a *Dear*
suele haber *there are customarily*
pruebas *tests*

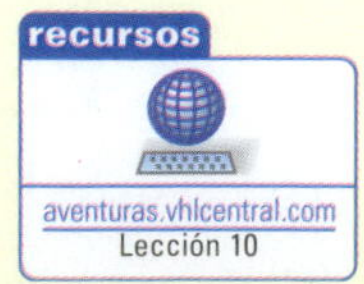

El cuerpo

la boca	*mouth*
el brazo	*arm*
la cabeza	*head*
el corazón	*heart*
el cuello	*neck*
el cuerpo	*body*
el dedo	*finger*
el estómago	*stomach*
la garganta	*throat*
el hueso	*bone*
la nariz	*nose*
el ojo	*eye*
la oreja	*(outer) ear*
el pie	*foot*
la pierna	*leg*
la rodilla	*knee*
el tobillo	*ankle*

Verbos

caer	*to fall, to drop*
caerse	*to fall (down)*
dañar	*to damage; to break down*
doler (o:ue)	*to hurt*
enfermarse	*to get sick*
estar enfermo/a	*to be sick*
estornudar	*to sneeze*
lastimarse (el pie)	*to injure (one's foot)*
olvidar	*to forget*
poner una inyección	*to give an injection*
prohibir	*to prohibit*
quedar	*to be left behind*
recetar	*to prescribe*
romper	*to break*
romperse (la pierna)	*to break (one's leg)*
sacar(se) una muela	*to have a tooth pulled*
ser alérgico/a (a)	*to be allergic (to)*
tener fiebre (f.)	*to have a fever*
tomar(le) la temperatura (a alguien)	*to take (someone's) temperature*
torcerse (el tobillo)	*to sprain (one's ankle)*
toser	*to cough*

La salud

el accidente	*accident*
el antibiótico	*antibiotic*
la aspirina	*aspirin*
la clínica	*clinic*
el consultorio	*doctor's office*
el/la dentista	*dentist*
el/la doctor(a)	*doctor*
el dolor (de cabeza)	*(head)ache; pain*
la enfermedad	*illness; sickness*
el/la enfermero/a	*nurse*
el examen médico	*physical exam*
la farmacia	*pharmacy*
la gripe	*flu*
el hospital	*hospital*
la infección	*infection*
el medicamento	*medication*
la medicina	*medicine*
la operación	*operation*
el/la paciente	*patient*
las pastillas	*pills; tablets*
la radiografía	*X-ray*
la receta	*prescription*
el resfriado	*cold*
la sala de emergencia(s)	*emergency room*
la salud	*health*
el síntoma	*symptom*
la tos	*cough*

Adjetivos

congestionado/a	*congested; stuffed-up*
embarazada	*pregnant*
grave	*grave; serious*
mareado/a	*dizzy; nauseated*
médico/a	*medical*
saludable	*healthy*
sano/a	*healthy*

Otras palabras y expresiones

Hace + *[time]* + que + *[present]*	*to have been doing something for a period of time*
Hace + *[time]* + que + *[preterite]*	*to have done something in the past (ago)*
de niño/a	*as a child*
mientras	*while*
todos los días	*every day*

Expresiones útiles	*See page 262.*
Adverbs	*See page 264.*

recursos

Text MP3s
Lección 10

aventuras.vhlcentral.com
Lección 10

INSTRUCTIONAL RESOURCES Text MP3s, IRM (additional vocabulary), Test Program, Test MP3s, Website

AVENTURAS EN LOS PAÍSES HISPANOS

Un esquiador salta *(jumps)* en el centro de esquí Portillo, uno de los más famosos y antiguos *(old)* de Chile. El esquí y el snowboard se pueden practicar en las montañas nevadas *(snow-capped mountains)* de la Cordillera de los Andes, que se extiende por todo el país. Gente de todo el mundo va a Chile a practicar los deportes de invierno. ¿Te gustaría esquiar en Chile?

SURAMÉRICA II

Argentina

Área: 2.780.400 km^2 (1.074.000 millas^2)

Población: 39.302.000

Capital: Buenos Aires – 12.439.000

Ciudades principales: Córdoba, Rosario, Mendoza

Moneda: peso argentino

SOURCE: Population Division, UN Secretariat

Chile

Área: 756.950 km^2 (292.259 millas^2)

Población: 16.136.000

Capital: Santiago de Chile – 5.867.000

Ciudades principales: Concepción, Viña del Mar, Valparaíso, Temuco

Moneda: peso chileno

SOURCE: Population Division, UN Secretariat

Uruguay

Área: 176.220 km^2 (68.039 millas^2)

Población: 3.455.000

Capital: Montevideo – 1.352.000

Ciudades principales: Salto, Paysandú, Las Piedras, Rivera

Moneda: peso uruguayo

SOURCE: Population Division, UN Secretariat

Paraguay

Área: 406.750 km^2 (157.046 millas^2)

Población: 6.216.000

Capital: Asunción – 1.472.000

Ciudades principales: Ciudad del Este, San Lorenzo, Lambaré, Fernando de la Mora

Moneda: guaraní

SOURCE: Population Division, UN Secretariat

Bolivia

Área: 1.098.580 km^2 (412.162 millas^2)

Población: 9.275.000

Capital: La Paz, sede del gobierno (*seat of government*), capital administrativa – 1.662.000; **Sucre,** capital constitucional y judicial–189.000

Ciudades principales: Santa Cruz de la Sierra, Cochabamba, Oruro, Potosí

Moneda: peso boliviano

SOURCE: Population Division, UN Secretariat

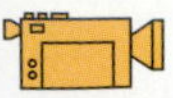

Artes

El tango argentino

El tango es una música y un baile que tienen ritmos y sonidos *(sounds)* de raíces africanas y europeas. Es uno de los símbolos culturales más importantes de Argentina, y nació en Buenos Aires en la década de 1880. El tango también tiene un lenguaje propio *(own)*: el lunfardo *(Buenos Aires slang)*. En un principio *(in the beginning)*, el tango era un baile provocativo y violento, pero comenzó a ser más romántico desde 1930. Hoy en día es popular en todo el mundo.

Ciudades

La Paz, Bolivia

La Paz es la capital más alta del mundo. Su aeropuerto está a una altitud de 3.600 metros (12.000 pies). La gran altura provoca a veces un malestar *(discomfort)* conocido como *soroche*, que en la lengua nativa aimará significa "mal de montaña" *(mountain sickness)*. La región de La Paz tiene montañas nevadas, desierto y selva *(jungle)* de clima subtropical.

PERÚ
BOLIVIA
La Paz
Océano Pacífico
Arica
Sucre
Iquique
Antofagasta
Salta
CHILE
ARGENTIN
Córdoba
Mendoza
Valparaíso
Santiago
Concepción
Bahía Blanc
Cordillera de los Andes
Puerto Montt
Estrecho de Magallanes
Punta Arenas
Tierra del Fuego

 INSTRUCTIONAL RESOURCES WB, VM, Ans. Key, OT, DVD, IRM (videoscripts, translations), Website

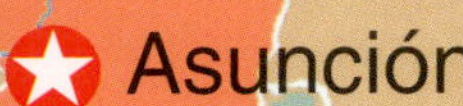

Costumbres

La carne y el mate

La ganadería *(cattle raising)* es una de las actividades económicas principales de Uruguay y Argentina. La carne de res forma parte de la dieta diaria de los dos países. Los platos más comunes son el asado *(barbecue)*, la parrillada *(grilled meat)* y el chivito *(goat)*. El mate es un té verde que se bebe en una taza hecha de calabaza *(gourd)* a través de *(through)* un popote metálico *(metal straw)* llamado bombilla. Es una bebida de origen indígena que se bebe a diario *(every day)* y reemplaza al café.

Naturaleza

Los ríos Paraguay y Paraná

Aunque *(although)* Paraguay no tiene costa *(coast)*, sus dos ríos *(rivers)* principales, el Paraguay y el Paraná, lo comunican con el océano Atlántico. El río Paraguay es el principal afluente *(tributary)* del río Paraná. Divide a Paraguay en dos regiones distintas y le da su nombre.

El río Paraná confluye *(meets)* con el río Iguazú en la frontera *(border)* entre Brasil, Argentina y Paraguay. Allí forman las famosas cataratas *(waterfalls)* del Iguazú, uno de los sitios turísticos más visitados en Suramérica. Situadas *(located)* en el Parque Nacional de Iguazú, estas hermosas y extensas cataratas tienen unos 70 m (230 pies) de altura *(height)*.

Hispanos en los Estados Unidos

Argentina
César Pelli, arquitecto
Manu Ginobili, basquetbolista *(NBA)*

Chile
Alejandro Siña, artista gráfico
Carolina Cayazzo, periodista
Isabel Allende, escritora

Uruguay
Miguel de Ángel, compositor musical
Roberto Chao, pintor

Paraguay
Berta Rojas, guitarrista
Hugo Rodríguez Alcalá, poeta

Bolivia
Jaime Escalante, maestro (Medalla presidencial de honor)
Raquel Welch, actriz *(Golden Globe)*

recursos

WB pp. 107–108

VM pp. 211–216

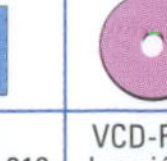
VCD-ROM Lección 10

aventuras.vhlcentral.com Lección 10

¿Qué aprendiste?

1 ¿Cierto o falso? Decide si lo que dicen las siguientes frases es **cierto** o **falso**.

	Cierto	Falso
1. Rosario es la ciudad de más población de Argentina.		✓
2. Viña del Mar y Concepción son dos de las ciudades principales de Chile.	✓	
3. Asunción es la capital de Uruguay.		✓
4. En un principio, el tango era un baile tranquilo.		✓
5. El tango es uno de los símbolos culturales más importantes de Argentina.	✓	
6. La Paz es la capital más baja del mundo.		✓
7. La región alrededor de La Paz tiene montañas nevadas, desierto y selva.	✓	
8. La carne de res forma parte de la dieta diaria de Argentina y Uruguay.	✓	
9. El mate es un té verde.	✓	
10. Paraguay tiene costa en el océano Atlántico.		✓
11. El río Paraná es el principal afluente del río Paraguay.		✓
12. Las cataratas del Iguazú están en la frontera entre Brasil, Paraguay y Argentina.	✓	

2 Preguntas Contesta las siguientes preguntas. *Answers will vary.*

1. ¿Qué país de Suramérica crees que es bueno para practicar los deportes de invierno?
2. ¿Viste gente bailando tango? Si es así, ¿dónde la viste?
3. ¿Comiste asado alguna vez? Si no, ¿crees que te gustaría?
4. ¿Crees que sería fácil correr una maratón en La Paz? ¿Por qué sí o por qué no?
5. ¿Te gustaría visitar La Paz? ¿Por qué?
6. ¿Por qué crees que el Parque Nacional de Iguazú es uno de los sitios turísticos más visitados de Suramérica?

En Internet

Busca más información sobre estos temas en el sitio aventuras.vhlcentral.com. Presenta la información a tus compañeros/as de clase.

- El tango argentino
- La ciudad de La Paz
- La carne y el mate
- Los ríos Paraguay y Paraná

11 El carro y la tecnología

PARA EMPEZAR Here are some additional questions you can ask based on the photo: **¿Te gustan las computadoras? ¿Para qué usas el correo electrónico? ¿Cómo se escribían tus padres cuando no existía el correo electrónico? ¿Se hablaban tus abuelos por teléfono con frecuencia? ¿Usan ahora ellos el correo electrónico?**

Communicative Goals

You will learn how to:

- answer the telephone
- talk about bus or car problems
- say how far away things are
- express surprise

PREPARACIÓN

pages 280–285

- Words related to driving
- Home electronics and the Internet
- Written accents with homophones

AVENTURAS

pages 286–289

- Inés and Javier tease Álex for his obsession with computers. Don Francisco asks everyone to get off the bus because of mechanical problems. Inés and Álex come to the rescue.

GRAMÁTICA

pages 290–299

- The preterite and the imperfect
- **Por** and **para**
- Stressed possessive adjectives and pronouns

LECTURA

pages 300–301

- Magazine article: *Inteligencia y memoria: la inteligencia artificial*

PARA EMPEZAR

- ¿Crees que ellos se llevan bien o mal?
- ¿Crees que hace mucho tiempo que se conocen?
- ¿Crees que están casados?
- ¿Quién tiene una blusa rosa?
- ¿Quién tiene el pelo negro?

SUGGESTION Draw a picture of a car on the board th includes identifiable parts from the active vocabulary Make cards with the Spanish names for the parts an place tape on the back. Have students place the carc on the relevant parts of the drawing.

EL CARRO Y LA TECNOLOGÍA

SUGGESTION Ask pairs of students to role-play the following situations. As they do so, wri the relevant vocabulary on th board and provide a mini-narration (or have student volunteers do 1. A driver takes his car t the mechanic. 2. One driv crashes into another. 3. A police officer gives a driv a ticket for going through light and/or speeding **(exceder la velocidad máxima)**.

EN LA CALLE

la calle *street*
el camino *route*
el garaje *mechanic's shop*
la gasolina *gasoline*
la gasolinera *gas station*
el kilómetro *kilometer*
el/la mecánico/a *mechanic*
la milla *mile*
la multa *fine*
el policía/la mujer policía *police officer*
la policía *police (force)*
el taller (mecánico) *(mechanic's) garage; repair shop*
el tráfico *traffic*
la velocidad máxima *speed limit*

arrancar *to start*
arreglar *to fix; to arrange*
bajar *to go down*
bajar(se) de *to get off of/out of (a vehicle)*
chocar (con) *to run into; to crash into*
conducir *to drive*
estacionar *to park*
manejar *to drive*
parar *to stop*
revisar (el aceite) *to check (the oil)*
subir *to go up*
subir(se) a *to get on/into (a vehicle)*

el semáforo
traffic light

LAS PARTES DEL CARRO

el carro *car, automobile*
el coche *car, automobile*
los frenos *brakes*

el capó *hood*
el parabrisas *windshield*
el volante *steering wheel*
el motor *motor*
el baúl *trunk*
la llanta *tire*

la licencia de conducir
driver's license

llenar (el tanque)
to fill up (the tank)

recursos

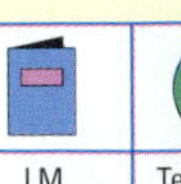
WB pp. 109–110

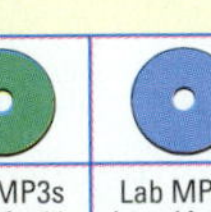
LM p. 61

Text MP3s Lección 11

Lab MP3s Lección 11

aventuras.vhlcentral.com Lección 11

INSTRUCTIONAL RESOURCES WB, LM, Ans. Key, Lab, Text MP3s, IRM (tapescript, additional vocabulary), Website

el televisor
television set

Variación léxica
baúl ⟷ cajuela (*Méx.*), maletera (*Perú*)
computadora ⟷ ordenador (*Esp.*)
gasolinera ⟷ bencinera (*Chile*)

LA TECNOLOGÍA

la cinta *(audio)tape*
la contestadora *answering machine*
el control remoto *remote control*
el disco compacto *compact disc*
el estéreo *stereo*
el fax *fax (machine)*
el radio *radio (set)*
el reproductor de DVD *DVD player*
el teléfono celular *cellular phone*
la televisión por cable *cable television*
el tocadiscos compacto *compact disc player*
el videocasete *videocassette*
la videocasetera *VCR*

apagar *to turn off*
funcionar *to work*
llamar *to call*
poner *to turn on*
prender *to turn on*
sonar (o:ue) *to ring*

la cámara (de video)
(video) camera

la calculadora
calculator

...NSION Have students list six ...ronic items that they use. ... them circulate around the ... asking other students if ... use those items too. When ...one does, the student asks ...'s or her signature (**Firma por favor.**) Students ...d try to get a signature ...ach item.

ADJETIVOS

descompuesto/a *not working; out of order*
lento/a *slow*
lleno/a *full*

INTERNET Y LA COMPUTADORA

el archivo *file*
la computadora portátil *laptop*
el disco *disk*
Internet *Internet*
el módem *modem*
la página principal *home page*
la pantalla *screen*
el programa de computación *software*
la red *the Web, the Internet*
el sitio Web *website*

guardar *to save*
imprimir *to print*
navegar en Internet *to surf the Internet*

SUGGESTION Mention that many English computer-related words, such as **software**, **antivirus**, **joystick** and **Internet**, have become part of the Spanish language.

la computadora
the computer

el monitor
monitor

el ratón
mouse

la impresora
printer

el teclado
keyboard

A escuchar

1 ¿Qué necesitas? Identifica oralmente los dibujos. Luego escucha las frases e indica el objeto que necesitas para cada actividad.

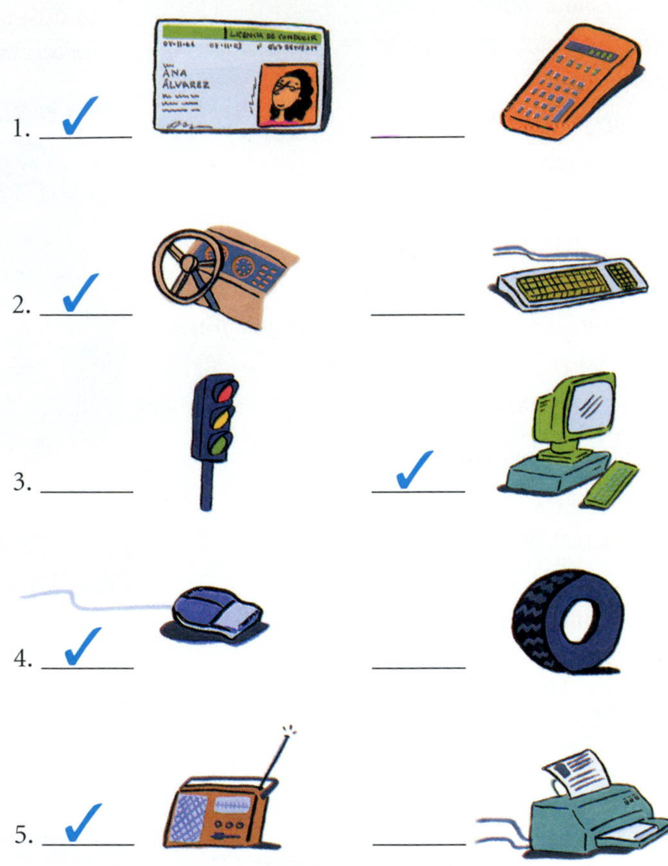

1. ✓ ____ ____
2. ✓ ____ ____
3. ____ ✓ ____
4. ✓ ____ ____
5. ✓ ____ ____

2 En una gasolinera Escucha la conversación entre un joven y el empleado de una gasolinera. Después completa las oraciones.

1. El empleado de la gasolinera llena el tanque, revisa el aceite y
   a. estaciona el carro. (b.) limpia el parabrisas. c. maneja el coche.
2. La próxima semana el joven tiene que
   (a.) manejar hasta Córdoba. b. llenar el tanque. c. revisar las llantas.
3. El joven va a volver mañana porque el empleado
   a. va a llenar el tanque. (b.) va a revisar los frenos. c. va a darle una multa.
4. Para revisar los frenos, el empleado necesita
   a. un par de minutos. b. un par de días. (c.) un par de horas.
5. Hoy el joven va
   a. a Córdoba. b. a las montañas. (c.) a la playa.
6. La gasolina cuesta
   (a.) 22 pesos. b. 32 pesos. c. 24 pesos.

1 SCRIPT
1. La necesitas para conducir un coche.
2. Tienes que usarlo para no chocar con otros coches.
3. Es muy útil para hacer la tarea.
4. Es necesario si quieres usa[r] la computadora.
5. Necesitas esto para escuchar música.

1 EXPANSION Have student[s] pairs create five situations in which the objects not selecte[d] during this activity are required. Then have them me[et] with another pair to present their situations and have the other pair select the items needed for each one.

2 SCRIPT
Empleado: Buenos días. ¿En qué le puedo servir hoy?
Joven: Buenos días. Quiero llenar el tanque y revisar el aceite, por favor.
E: Con mucho gusto. Si quier[e] también le limpio el parabris[as].
J: Sí, gracias. Ah, y la próxim[a] semana tengo que manejar hasta Córdoba. ¿Puede revis[ar] los frenos también?
E: Claro que sí, pero voy a tardar un par de horas.
J: Entonces, mejor regreso mañana. Ahora voy a la play[a] y no quiero esperar. ¿Cuánto debo por la gasolina?
E: Veintidós pesos, por favor.
J: Aquí tiene. Hasta mañana.
E: Gracias, y hasta mañana.

recursos

Text MP3s
Lección 11

aventuras.vhlcentral.com
Lección 11

INSTRUCTIONAL RESOURCE Text MP3s, Website

A practicar

3 EXPANSION Have students create three similarly dehydrated sentences for a partner to complete. Then ask volunteers to share some of their dehydrated sentences. Write them on the board and have the rest of the class "hydrate" them.

4 EXPANSION Ask volunteers to talk about problems they have had with computers and technology. Possible subjects include a malfunctioning printer, slow Internet access, a computer crash (**fallar**), etc.

4 TEACHING OPTION Play "Concentration." On eight cards, write vocabulary words. On another eight cards, draw or paste a picture that matches the words. Place cards face down in four rows of four cards. Have students select two cards. If the two cards match, they keep them. If they don't, the students put them back. The person with the most cards at the end wins.

3 Oraciones Escribe oraciones usando los siguientes elementos. Usa el pretérito y añade (*add*) las palabras necesarias.

1. Jaime / comprar / reproductor de DVD / nuevo
   Jaime compró un reproductor de DVD nuevo.
2. Yo / apagar / radio / diez / noche
   Yo apagué el radio a las diez de la noche.
3. teléfono / sonar / pero / yo / no contestar
   El teléfono sonó pero yo no contesté.
4. Sara y yo / ir / gasolinera / para / llenar / tanque
   Sara y yo fuimos a la gasolinera para llenar el tanque.
5. Sandra / perder / disco compacto
   Sandra perdió el disco compacto.
6. Marisa / poner / su / maletas / baúl
   Marisa puso sus maletas en el baúl.

4 Problemas con la computadora Completa el diálogo con las palabras correctas.

arreglar	**la impresora**	**la pantalla**
descompuesto	**imprimir**	**prendiste**
el disco	**llamar**	**el ratón**
funciona	**navegar**	**el teléfono celular**

JUAN CARLOS Mariana, la computadora no (1) *funciona*. No veo nada en (2) *la pantalla*.

MARIANA Pues, ¿la (3) *prendiste*?

JUAN CARLOS Ah sí, tienes razón; no estaba prendida. Mariana, ahora no puedo conectarme a Internet. Parece que el módem está (4) *descompuesto*. ¿Sabes cómo lo puedo (5) *arreglar*?

MARIANA ¡Ay, mi amor! No es eso. Es que estoy hablando por teléfono con Sara. Si quieres, la puedo (6) *llamar* por (7) *el teléfono celular*.

JUAN CARLOS Sí, gracias… Bueno, ahora sí estoy conectado. Voy a (8) *navegar* un rato y después voy a (9) *imprimir* el trabajo para mi clase de historia… Pero, Mariana, ¿dónde está (10) *la impresora*?

MARIANA Lo siento, ésa sí que está descompuesta. Pablo la está arreglando. No sé cómo vas a imprimir tu trabajo ahora.

JUAN CARLOS No te preocupes. Puedo llevar (11) *el disco* a la universidad e imprimirlo allá.

MARIANA ¡Qué buena idea! ¡Eres tan inteligente, mi amor!

A conversar

5 Preguntas Trabajen en grupos para contestar las siguientes preguntas. Después compartan sus respuestas con la clase. *Answers will vary.*

1. ¿Tienes licencia de conducir? ¿Cuánto tiempo hace que la recibiste? ¿Tienes carro?
2. ¿Siempre paras cuando ves la luz amarilla del semáforo? ¿Manejas rápidamente? ¿A veces sobrepasas (*do you exceed*) la velocidad máxima?
3. ¿Tienes una gasolinera favorita? ¿Y un taller mecánico favorito? ¿Por qué te gustan?
4. ¿Cuáles de las siguientes actividades haces tú normalmente: llenar el tanque, limpiar el parabrisas, lavar el coche, revisar el aceite, cambiar el aceite, revisar las llantas, arreglar el carro?
5. ¿Cómo escuchas música: por radio, tocadiscos compacto o por computadora?
6. Para comunicarte con tus amigos, ¿qué utilizas más: el teléfono, el teléfono celular o el correo electrónico? ¿Cuáles son las ventajas (*advantages*) y desventajas de los diferentes medios (*means*) de comunicación?
7. ¿Cómo usas la tecnología para divertirte? ¿Y para comunicarte? ¿Y para trabajar?

6 En el taller En parejas, preparen una conversación entre un(a) mecánico/a y un(a) cliente/a cuyo (*whose*) coche se dañó en un accidente. El/La cliente/a le dice al/a la mecánico/a qué ocurrió en el accidente y los dos hablan de las partes dañadas. *Answers will vary.*

7 Situación Con un(a) compañero/a de clase, prepara una conversación entre el/la director(a) de ventas (*sales*) de una tienda de computadoras y uno de los clientes siguientes. El/La director(a) de ventas pregunta lo que el/la cliente/a desea hacer con la computadora y le muestra la computadora que éste/a necesita. *Answers will vary.*

- El padre o la madre de un niño de seis años
- Una jubilada (retired woman) que quiere aprender Internet
- Una mujer que va a crear una nueva empresa (business) en su casa
- Un estudiante que no sabe nada de computadoras
- Un hombre de negocios (businessman) que viaja mucho

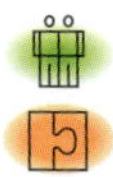

8 Las rebajas Tu profesor(a) va a darles a ti y a tu compañero/a la información necesaria para completar esta actividad.

5 EXPANSION List electronic communication devices on the board. Then survey the class by a show of hands to find out how many people own or use these items. Analyze the trends to find out if the students are highly "connected" or not.

5 EXPANSION Stage a debate about the role of technology in today's world: **La tecnología: ¿beneficio o no?** Divide groups (or the whole class) in half, assigning each a position. Allow students time to plan their arguments before staging the debate.

6 EXPANSION Have students present their conversations to the class. Students can vote on the most original, funniest, etc.

7 SUGGESTION Have students read the directions, and ask volunteers to read the list of clients aloud. Give pairs five to six minutes to complete their conversations. As an alternative, assign the conversation preparation as homework.

7 SUGGESTION Point out that students may use this activity to rehearse language they might use in shopping situations.

7 EXPANSION Have students present their conversations to the class.

INSTRUCTIONAL RESOURCES IRM (info gap)

Ortografía

SUGGESTION Read the examples aloud and have volunteers write them on the board.

SUGGESTION Model the pronunciation of each word, sentence, and **refrán**, and have students repeat after you.

La acentuación de palabras similares

Although accent marks usually indicate which syllable in a word is stressed, they are also used to distinguish between words that have the same or similar spellings.

Él maneja el coche. **Sí, voy si quieres.**

Although one-syllable words do not usually carry written accents, some *do* have accent marks to distinguish them from words that have the same spelling but different meanings.

Sé cocinar. **Se baña.** **¿Tomas té?** **Te duermes.**

Sé (*I know*) and **té** (*tea*) have accent marks to distinguish them from the pronouns **se** and **te**.

para mí **mi cámara** **Tú lees.** **tu estéreo**

Mí (*me*) and **tú** (*you*) have accent marks to distinguish them from the possessive pronouns **mi** and **tu**.

¿Por qué vas? **Voy porque quiero.**

Several words of more than one syllable also have accent marks to distinguish them from words that have the same or similar spellings.

Éste es rápido. **Este módem es rápido.**

Demonstrative pronouns have accent marks to distinguish them from demonstrative adjectives.

¿Cuándo fuiste? **Fui cuando me llamó.**

¿Dónde trabajas? **Voy al taller donde trabajo.**

Adverbs have accent marks when they are used to convey a question.

EXPANSION Write these sentences on the board without accent marks. Have volunteers come to the board to correct them.
1. **Esta es mi camara.**
2. **Papa la trajo de Japon para mi.**
3. **¿Donde encontraste mi mochila?**
4. **¡Pues, donde la dejaste, claro!**
5. **¿Cuando visito Buenos Aires Mario?**
6. **Se que Lourdes fue alli el año pasado, pero ¿cuando fue el?**
7. **¿Me explicas por que llegas tarde?**
8. **Porque mi coche esta descompuesto.**

Práctica Marca los acentos en las palabras que los necesitan.

ANA Alo, soy Ana. ¿Que tal? *Aló/¿Qué?*
JUAN Hola, pero… ¿por que me llamas tan tarde? *¿por qué?*
ANA Porque mañana tienes que llevarme a la universidad. Mi auto esta dañado. *está*
JUAN ¿Como se daño? *¿Cómo?/dañó*
ANA Se daño el sabado. Un vecino (*neighbor*) choco con el. *dañó/sábado/chocó/él*

Crucigrama Utiliza las siguientes pistas (*cues*) para completar el crucigrama. ¡Ojo con los acentos!

Horizontales
1. Él ___________ levanta.
4. No voy ___________ no puedo.
7. Tú ___________ acuestas.
9. ¿ ___________ es el examen?
10. Quiero este video y ___________.

Verticales
2. ¿Cómo ___________ usted?
3. Eres ___________ mi hermano.
5. ¿ ___________ tal?
6. Me gusta ___________ suéter.
8. Navego ___________ la Red.

	1 S	2 E			3 C				
		S		4 P	O	R	5 Q	U	6 E
		7 T	8 E		M		U		S
9 C	U	Á	N	D	O		10 É	S	E

recursos
LM p. 62 | Lab MP3s Lección 11 | aventuras.vhlcentral.com Lección 11

INSTRUCTIONAL RESOURCES LM, Ans. Key, Lab, Website

VIDEO SYNOPSIS On the wa
Ibarra, the bus breaks down.
Francisco can't locate the pro
but Inés, an experienced mec
diagnoses it as a burned out
alternator. Álex uses his cell
call Don Francisco's friend, S
Fonseca, who is a mechanic.
and Don Francisco praise Iné
Álex for saving the day.

Tecnohombre, ¡mi héroe!

El autobús se daña.

ÁLEX ¿Bueno? ... Con él habla... Ah, ¿cómo estás? ... Aquí, yo muy bien. Vamos para Ibarra. ¿Sabes lo que pasó? Esta tarde íbamos para Ibarra cuando Javier tuvo un accidente en el autobús. Se cayó y tuvimos que llevarlo a una clínica.

JAVIER Episodio veintiuno: Tecnohombre y los superamigos suyos salvan el mundo una vez más.

INÉS Oh, Tecnohombre, ¡mi héroe!

MAITE ¡Qué cómicos! Un día de éstos, ya van a ver...

ÁLEX Van a ver quién es realmente Tecnohombre. Mis superamigos y yo nos hablamos todos los días por el teléfono Internet, trabajando para salvar el mundo. Pero ahora, con su permiso, quiero escribirle un mensaje electrónico a mi mamá y navegar en la Red un ratito.

INÉS Pues... no sé... creo que es el alternador. A ver... sí... Mire, don Francisco... está quemado el alternador.

DON FRANCISCO Ah, sí. Pero aquí no podemos arreglarlo. Conozco a un mecánico, pero está en Ibarra, a veinte kilómetros de aquí.

ÁLEX ¡Tecnohombre, a sus órdenes!

DON FRANCISCO ¡Eres la salvación, Álex! Llama al señor Fonseca al cinco, treinta y dos, cuarenta y siete, noventa y uno. Nos conocemos muy bien. Seguro que nos ayuda.

ÁLEX Buenas tardes. ¿Con el señor Fonseca por favor? ... Soy Álex Morales, cliente de Ecuatur. Le hablo de parte del señor Francisco Castillo... Es que íbamos para Ibarra y se nos dañó el autobús... Pensamos que es el... el alternador... Estamos a veinte kilómetros de la ciudad...

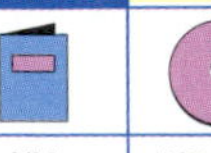
VM pp. 189–190

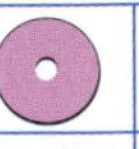
VCD-ROM Lección 11

aventuras.vhlcentral.com Lección 11

SUGGESTION Use video captions 1, 2, 3, 5, and 10 to point out the **Lección 11** grammar concepts of the imperfect tense, **por** vs. **para**, and possessive pronouns.

PREVIEW Have students make predictions based on the video stills. Record them and later confirm the correct ones.

INSTRUCTIONAL RESOURCES VM, Ans. Key, DVD, VCD-ROM, IRM (videoscript, translation)

Para recordar

Before doing this **Fotonovela** section, review the previous one with this activity.

1. ¿Qué le pasó a Javier en el autobús? *se lastimó el tobillo*
2. ¿Adónde llevó don Francisco a Javier? *a ver a su amiga, la doctora Márquez*
3. ¿Qué mostró la radiografía? *el tobillo de Javier estaba torcido*
4. ¿Qué le recetó la doctora a Javier? *unas pastillas para el dolor*

DON FRANCISCO Chicos, creo que tenemos un problema con el autobús. ¿Por qué no se bajan?

DON FRANCISCO Mmm, no veo el problema.

INÉS Cuando estaba en la escuela secundaria, trabajé en el taller de mi tío. Me enseñó mucho sobre mecánica. Por suerte, arreglé unos autobuses como éste.

DON FRANCISCO ¡No me digas! Bueno, ¿qué piensas?

SR. FONSECA Creo que va a ser mejor arreglar el autobús allí mismo. Tranquilo, enseguida salgo.

ÁLEX Buenas noticias. El señor Fonseca viene enseguida. Piensa que puede arreglar el autobús aquí mismo.

MAITE ¡La Mujer Mecánica y Tecnohombre, mis héroes!

DON FRANCISCO ¡Y los míos también!

SUGGESTION Photocopy the videoscript and use correction fluid to erase 7-10 words to create a master for a cloze activity. Hand out copies for students to fill in as they watch the video. If necessary, show the segment more than once.

PERSONAJES

DON FRANCISCO

JAVIER

INÉS

ÁLEX

MAITE

SR. FONSECA

Expresiones útiles

Talking on the telephone

¿Aló?/¿Bueno?/¿Diga?
Hello?
¿Quién habla?
Who is speaking?
¿De parte de quién?
Who is calling?
Con él/ella habla.
This is he/she.
Le hablo de parte de Francisco Castillo.
I'm speaking to you on behalf of Francisco Castillo.
¿Puedo dejar un recado?
May I leave a message?
Está bien. Llamo más tarde.
That's fine. I'll call later.

Talking about bus or car problems

¿Qué pasó?
What happened?
Se nos dañó el autobús.
The bus broke down.
Se nos pinchó una llanta.
We got a flat tire.
Está quemado el alternador.
The alternator is burned out.

Saying how far away things are

Está a veinte kilómetros de aquí.
It's twenty kilometers from here.
Estamos a veinte kilómetros de la ciudad.
We're twenty kilometers from the city.

Expressing surprise

¡No me diga! (form.)/¡No me digas! (fam.)
You don't say!

Offering assistance

A sus órdenes.
At your service.

Additional vocabulary

aquí mismo
right here

¿Qué piensas?

NATIONAL communication STANDARDS

1 Seleccionar Selecciona las opciones que completan correctamente las siguientes frases.

1. Álex quiere
   - a. llamar a su mamá por el teléfono celular.
   - (b.) escribirle a su mamá y navegar en la Red.
   - c. hablar por el teléfono celular y navegar en la Red.
2. Se les dañó el autobús. Inés dice que
   - (a.) el alternador está quemado.
   - b. se les pinchó una llanta.
   - c. el taller está quemado.
3. Álex llama al mecánico, el señor
   - a. Castillo.
   - b. Ibarra.
   - (c.) Fonseca.
4. Maite llama a Inés la "Mujer Mecánica" porque antes
   - (a.) trabajaba en el taller de su tío.
   - b. arreglaba computadoras.
   - c. conocía a muchos mecánicos.
5. El grupo está a _____ de la ciudad.
   - a. veinte millas
   - b. veinte grados centígrados
   - (c.) veinte kilómetros

2 ¿Quién? Contesta las preguntas.

1. ¿Quién tiene un teléfono en el autobús? *Álex tiene un teléfono en el autobús.*
2. ¿Quién conoce a un mecánico en la ciudad? *Don Francisco conoce a un mecánico en la ciudad.*
3. ¿Quién diagnostica el problema del autobús? *Inés diagnostica el problema del autobús.*
4. ¿Quién llama al mecánico? *Álex llama al mecánico.*
5. ¿Quién dice que puede arreglar el autobús? *El señor Fonseca/El mecánico dice que puede arreglar el autobús.*
6. ¿Quién dice que Inés y Álex son sus héroes? *Maite y don Francisco dicen que Inés y Álex son sus héroes.*

3 Situación Trabaja con un(a) compañero/a para representar los papeles de un(a) mecánico/a y un(a) conductor(a). El/La conductor(a) llama al/a la mecánico/a por teléfono y le explica cuál es el problema del coche. Después le indica dónde está con relación al taller. El/La mecánico/a le dice que puede ir enseguida. Usen estas preguntas y frases en su conversación. *Answers will vary.*

Aló. /¿Bueno?/Diga.	**¿Qué pasó?**
Con él/ella habla.	**¿Quién habla?**
Estoy a... kilómetros de...	**Se me dañó el coche.**

1 SUGGESTION Mention that there are various ways to say that a car is broken down. Synonyms for **descompuesto** include **averiado, roto, verado,** and **en pana**. They can also say **se rompió** or simply **no funciona**.

1 SUGGESTION Point out tha different countries have uniqu domain codes. Ex.: **.ar** (Argentina), **.co** (Colombia), **.mx** (Mexico), **.es** (Spain), **.ve** (Venezuela)

2 EXPANSION Have small groups write additional questions about the video module. Have groups exchang questions. For example, G1: **¿Quién tuvo un accidente en el autobús?** G2: **Javier tuvo un accidente en el autobús.**

2 EXPANSION Have each student choose one of the video characters and prepare summary of the day's events from that person's point of view. Have a few volunteers read their summaries to the class. The class will guess the identity of the character.

3 SUGGESTION Explain that partners should sit back to back during this mini-drama simulate a real phone conversation.

SUGGESTION Many large cities in the Spanish-speaking world have invested in public transportation, with extensive public bus systems in most cities. Mexico City has a highly-praised metro (subway). Its 154 stations and ten lines provide efficient and inexpensive transportation to approximately 4.4 million people.

SUGGESTION Point out that in the Spanish-speaking world people tend to use small, fuel-efficient cars and motorcycles because of the high gasoline prices.

SUGGESTION Ask students: **¿Cuáles son las ciudades españolas que tienen metro? ¿Cuántos taxis hay en México, D.F.? ¿De qué colores son? ¿Dónde se pueden ver las chivas? ¿Cómo son? ¿Cuál es la ciudad en Colombia que tiene metro? ¿Cuáles son los cuatro nombres para un autobús en la Argentina?**

EXPANSION After pairs discuss the first item of the **Coméntalo** section, have each one meet with another to share comments and thoughts. Then ask for volunteers to report their group's comments to the class. As time permits, you may want to lead students in summarizing class experiences and opinions.

Exploración

El transporte en la ciudad

Los taxis son un medio de transporte muy popular en México, D.F., la capital. Muchos de los taxis son de marca Volkswagen y generalmente son de color verde o amarillo brillante.

Observaciones

- En México, D.F., hay unos 80.000 taxis y éstos hacen diariamente más de 780.000 viajes.
- La ciudad de Medellín es la única ciudad en Colombia que tiene metro. Bogotá, la capital, no tiene.
- En Caracas, Venezuela, el tiempo de viaje en automóvil se duplica (*doubles*) durante la hora pico (*rush hour*).
- En Argentina hay cuatro nombres para el autobús: ómnibus, colectivo, micro y bondi.

Madrid, Barcelona, y Bilbao son tres ciudades españolas que tienen metro. Los metros de Madrid (1919) y Barcelona (1924) son muy antiguos. El metro de Bilbao tiene la forma de la letra 'Y' por causa del trayecto del río Nervión.

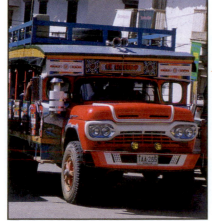

La chiva es uno de los símbolos folclóricos de Colombia. Las chivas están pintadas de colores vibrantes y viajan de un pueblo a otro. También hay chivas turísticas que viajan dentro de las ciudades. Muchas de las chivas no tienen ventanas de cristal–la cabina está al aire libre.

Coméntalo

Con un(a) compañero/a, contesta las siguientes preguntas. *Answers will vary.*

- ¿Cuál es tu medio de transporte preferido? ¿Por qué? ¿Tienes carro?
- ¿Usas el transporte público? ¿Hay transporte público en tu comunidad?
- ¿Es más importante el transporte público en las ciudades pequeñas o en las grandes?

INSTRUCTIONAL RESOURCE Website

11.1 The preterite and the imperfect

- The preterite and the imperfect are not interchangeable. The choice between these two tenses depends on the context and on the point of view of the speaker.

Íbamos para Ibarra y se nos dañó el autobús.

Uses of the preterite

To express actions that are viewed by the speaker as completed	**Don Francisco estacionó el autobús.** *Don Francisco parked the bus.*
	Fueron a Valparaíso ayer. *They went to Valparaíso yesterday.*
To express the beginning or end of a past action	**La película empezó a las nueve.** *The movie began at nine o'clock.*
	Ayer terminé el proyecto. *Yesterday I finished the project.*
To narrate a series of past actions or events	**Don Francisco paró el autobús, abrió la ventanilla y saludó a doña Rita.** *Don Francisco stopped the bus, opened the window, and greeted Doña Rita.*

Uses of the imperfect

To describe an on-going past action with no reference to its beginning or end	**Maite conducía muy rápido en Madrid.** *Maite was driving very fast in Madrid.*
	Javier esperaba en el garaje. *Javier was waiting in the garage.*
To express habitual past actions and events	**Cuando era joven, jugaba al tenis.** *When I was young, I used to play tennis.*
	Álex siempre revisaba su correo electrónico a las tres. *Álex always checked his e-mail messages at three o'clock.*
To describe mental, physical, and emotional states or conditions	**La chica quería descansar. Se sentía mal y tenía dolor de cabeza.** *The girl wanted to rest. She felt ill and had a headache.*
	Ellos eran altos y tenían ojos verdes. *They were tall and had green eyes.*
	Estábamos felices de ver a la familia. *We were happy to see the family.*

SUGGESTION Tell the students that the **recursos** boxes for the entire **Gramática** section are in **Ampliación**.

Práctica

1 Un accidente Completa este artículo de periódico con las formas correctas del pretérito o del imperfecto.

Un trágico accidente

Ayer temprano por la mañana (1) *hubo* [haber] un trágico accidente en el centro de Lima, cuando un autobús (2) *chocó* [chocar] con un carro. La mujer que (3) *manejaba* [manejar] el carro (4) *murió* [morir] al instante. Los paramédicos llevaron al conductor del autobús al hospital porque (5) *tenía* [tener] varias fracturas y una conmoción cerebral (*concussion*). Su estado de salud es todavía muy grave. El conductor del autobús (6) *dijo* [decir] que no (7) *vio* [ver] el carro hasta el último (*last*) momento porque (8) *había* [haber] mucha niebla y (9) *estaba* [estar] lloviendo. Él (10) *intentó* [intentar] (*to attempt*) dar un viraje brusco (*to swerve*), pero (11) *perdió* [perder] el control del autobús y no (12) *pudo* [poder] evitar (*to avoid*) el choque. Según nos informaron, no (13) *se lastimó* [lastimarse] ningún pasajero.

2 Combinar Combina elementos de las tres columnas para hablar de lo que hicieron y lo que hacían las personas de la primera columna. *Answers will vary.*

Sujetos	Verbos	Adverbios
el mecánico	arreglar	ayer
Dale Earnhardt (hijo)	caerse	bien
la mujer policía	chocar	con frecuencia
Bill Gates	conducir	de vez en cuando
las computadoras	decir	fácilmente
mis amigos y yo	enamorarse	lentamente
Jennifer López	funcionar	por aquí
yo	lastimarse	por fin
	navegar	todos los días
	olvidar	una vez

INSTRUCTIONAL RESOURCES WB, LM, Ans. Key, Lab, IRM (teaching tips), Website

Conversación

3 **Frases** En parejas, completen las frases usando el pretérito o el imperfecto. Luego comparen sus respuestas. *Answers will vary.*

modelo De niño/a, yo...

Estudiante 1: *De niña, yo vivía con mis abuelos en un apartamento cerca de la escuela.*
Estudiante 2: *Pues mi mamá, mis hermanos y yo vivíamos en una casita con un jardín.*
Estudiante 1: *De niña, me lastimé una vez la rodilla. Mientras corría, me caí.*
Estudiante 2: *En cambio, yo nunca me hice daño en la rodilla, pero me lastimaba constantemente las manos.*

1. El verano pasado...
2. Yo manejaba el coche mientras...
3. Anoche mi novio/a...
4. Ayer el/la profesor(a)...
5. La semana pasada un(a) amigo/a...
6. A menudo mi madre...
7. Esta mañana en la cafetería...
8. Navegábamos en la Red cuando...

4 **Tu primer(a) novio/a** Entrevista a un(a) compañero/a acerca de su primer(a) novio/a. Si quieres, puedes añadir (*to add*) otras preguntas. *Answers will vary.*

1. ¿Quién fue tu primer(a) novio/a?
2. ¿Cuántos años tenías cuando lo/la conociste?
3. ¿Cómo era él/ella?
4. ¿Qué le gustaba hacer? ¿Tenían ustedes los mismos pasatiempos?
5. ¿Por cuánto tiempo salieron ustedes?
6. ¿Adónde iban ustedes cuando salían?
7. ¿Pensaban casarse?
8. ¿Cuándo y por qué rompieron ustedes?

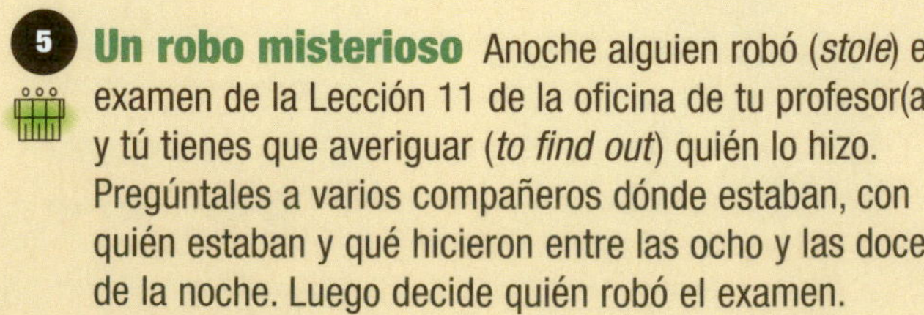

5 **Un robo misterioso** Anoche alguien robó (*stole*) el examen de la Lección 11 de la oficina de tu profesor(a) y tú tienes que averiguar (*to find out*) quién lo hizo. Pregúntales a varios compañeros dónde estaban, con quién estaban y qué hicieron entre las ocho y las doce de la noche. Luego decide quién robó el examen. *Answers will vary.*

- When the preterite and the imperfect appear in the same sentence, the imperfect describes what was happening, and the preterite describes the action that interrupted the on-going activity.

Navegaba en la Red cuando **sonó** el teléfono.
I was surfing the Web when the phone rang.

Maite **leía** el periódico cuando **llegó** Álex.
Maite was reading the newspaper when Álex arrived.

- The preterite and the imperfect are often used together in lengthy narratives such as fiction stories and news stories. The imperfect provides the background information, such as the time, the weather, and the location. The preterite indicates the specific events.

Eran las dos de la mañana y el detective ya no **podía** mantenerse despierto. **Se bajó** lentamente del coche, **estiró** las piernas y **levantó** los brazos hacia el cielo oscuro.

It was two in the morning, and the detective could no longer stay awake. He slowly stepped out of the car, stretched his legs, and raised his arms towards the dark sky.

La luna **estaba** llena y no **había** en el cielo ni una sola nube. De repente, el detective **escuchó** un grito espeluznante proveniente del parque.

The moon was full and there wasn't a single cloud in the sky. Suddenly, the detective heard a piercing scream coming from the park.

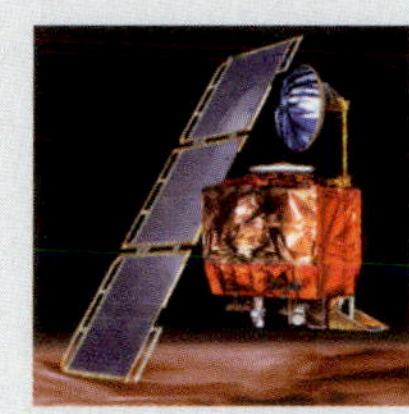

NASA • La sonda se estrelló antes de orbitar

Mars cayó en Marte

La agencia espacial estadounidense perdió la comunicación con la sonda Mars Climate Orbiter, justo en el momento en que se ponía en órbita alrededor de Marte. La nave se estrelló por un error de navegación importante. Se habían invertido USD 25 millones e iba a ser la primera estación meteorológica interplanetaria. PASE A LA A6

¡Manos a la obra!

Escribe la forma correcta de los verbos.

Pretérito

1. Tomás y yo ___fuimos___ [ir] al parque ayer.
2. ___Nadamos___ [nadar] por la tarde.
3. Después ___tomamos___ [tomar] el sol.
4. ___Regresamos___ [regresar] a casa a las cinco.
5. Tomás preparó la cena. Yo ___leí___ [leer] el periódico.
6. Mientras Tomás veía una película, yo ___me dormí___ [dormirse].

Imperfecto

1. ___Eran___ [ser] las doce.
2. ___Había___ [haber] mucha gente en la calle.
3. Los novios ___estaban___ [estar] en el café.
4. Todos los días ellos ___almorzaban___ [almorzar] juntos.
5. El camarero les ___servía___ [servir] ensaladas siempre.
6. Cuando los novios salieron del café, ___llovía___ [llover].

11.2 Por and para

▸ Both **por** and **para** mean *for*, but they are not interchangeable. Study their uses on the charts.

Es para usted. Es un cliente de don Paco.

Uses of *por*

Motion or a general location *(around, through, along, by)*	**La excursión nos llevó por el centro.** *The tour took us through downtown.*
	Pasamos por el parque y por el río. *We passed by the park and along the river.*
Duration of an action *(for, during, in)*	**Estuve en Montevideo por un mes.** *I was in Montevideo for a month.*
	Miguel estudió por la noche. *Miguel studied during the night.*
Object of a search *(for, in search of)*	**Vengo por ti a las ocho.** *I'm coming for you at eight.*
	Maite fue por su cámara. *Maite went in search of her camera.*
Means by which something is done *(by, by way of, by means of)*	**Ellos viajan por la autopista.** *They travel by way of the highway.*
	¿Hablaste con la policía por teléfono? *Did you talk to the police by phone?*
Exchange or substitution *(for, in exchange for)*	**Le di dinero por la videocasetera.** *I gave him money for the VCR.*
	Muchas gracias por el video. *Thank you very much for the video.*
Unit of measure *(per, by)*	**José manejaba a 120 kilómetros por hora.** *José was driving 120 kilometers per hour.*

▸ **Por** is used in several idiomatic expressions.

por aquí	*around here*	**por eso**	*that's why; therefore*
por ejemplo	*for example*	**por fin**	*finally*

¡ojo! When giving an exact time, **de** is used instead of **por** before **la mañana, la tarde,** and **la noche.**

Llegué a las diez **de la noche.**
I arrived at ten p.m.

Me gusta estudiar **por la noche.**
I like to study at night.

Práctica

1 Un viaje a Buenos Aires Completa este párrafo con las preposiciones **por** o **para**.

El mes pasado, mi esposo y yo hicimos un viaje a Buenos Aires y sólo pagamos dos mil dólares (1) *por* los pasajes. Estuvimos en Buenos Aires (2) *por* una semana y exploramos toda la ciudad. Durante el día caminamos (3) *por* la plaza San Martín, el microcentro y el barrio de La Boca, donde viven muchos artistas. (4) *Por* la noche fuimos a una tanguería, que es un tipo de teatro, (5) *para* mirar a la gente bailar tango. Dos días después decidimos hacer una excursión (6) *por* las Pampas (7) *para* ver el paisaje (*countryside*) y un rodeo con gauchos. (8) *Por* eso, alquilamos (*we rented*) un carro y pasamos unos días muy agradables. El último (*last*) día que estuvimos en Buenos Aires fuimos a Galerías Pacíficas (9) *para* comprar recuerdos (*souvenirs*) (10) *para* nuestros hijos y nietos. Compramos tantos regalos que, al regresar, tuvimos que pagar impuestos (*duties*) cuando pasamos (11) *por* la aduana.

2 ¿Qué pasa aquí? Usa **por** o **para** y el tiempo presente para describir estos dibujos. *Answers will vary. Suggested answers below.*

1. *Él trabaja para el Taller Juárez. / Él abre el taller por la mañana.*

2. *Él va al parque para leer. / Él camina por el parque.*

3. *Él va para el trabajo. / Él llama por su teléfono celular.*

4. *Ella tiene un regalo para su amiga. / Ella le da las gracias por el regalo.*

5. *Él va para su casa. / Él maneja a cien kilómetros por hora.*

6. *Ella va para Salamanca. / Ella viaja por tren.*

INSTRUCTIONAL RESOURCES WB, LM, Ans. Key, Lab, Text MP3s, IRM (tapescript, additional vocabulary), Website

Conversación

3 Completar Usa **por** o **para** y completa estas frases de una manera (*manner*) lógica. Luego, compara tus respuestas con las de un(a) compañero/a. *Answers will vary.*

1. El año pasado compré un regalo...
2. Ayer fui al taller...
3. Necesito hacer la tarea...
4. En casa, hablo con mis amigos...
5. Los miércoles tengo clases...
6. A veces voy a la biblioteca...
7. Necesito... dólares...
8. Esta noche tengo que estudiar...
9. Mi padre/madre trabaja...
10. Mi mejor amigo/a estudia...

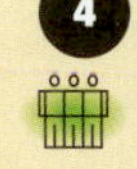

4 Encuesta Camina por la clase haciendo preguntas hasta que encuentres a alguien que corresponda a cada descripción. Luego presenta los resultados a la clase. *Answers will vary.*

Descripciones	Nombres
1. En casa, tiene televisión por cable.	________
2. Anoche durmió por ocho horas.	________
3. Viajó por Europa.	________
4. Hoy pasó por la gasolinera.	________
5. Se preocupa por sus amigos.	________
6. Habla por teléfono celular.	________
7. Quiere estudiar para médico/a.	________
8. Las clases son fáciles para él/ella.	________
9. Escucha música por la noche.	________
10. Va a la biblioteca para estudiar.	________

5 Una subasta Trabajen en grupos para dramatizar una subasta (*auction*). Cada estudiante debe traer un objeto o una foto del objeto para vender a la clase. Luego, un(a) estudiante es el/la vendedor(a) y los otros son los postores (*bidders*). *Answers will vary.*

modelo

Vendedor(a): *¿Quién me ofrece $200,00 por la cámara de video? Es una ganga a este precio. Yo pagué $400,00 por ella.*
Postor(a) 1: *Te doy $175,00.*

Uses of *para*

Destination (*toward, in the direction of*)	**Salimos para Mérida el sábado.** *We are leaving for Mérida on Saturday.*
	Voy para el banco. *I'm going to the bank.*
Deadline or a specific time in the future (*by, for*)	**Él va a arreglar el carro para el viernes.** *He will fix the car by Friday.*
Purpose or goal + [*infinitive*] (*in order to*)	**Juan estudia para (ser) mecánico.** *Juan is studying to be a mechanic.*
Purpose + [*noun*] (*for, used for*)	**Es una llanta para el carro.** *It's a tire for the car.*
	Un módem sirve para navegar en la Red. *A modem is used to surf the Web.*
The recipient of something (*for*)	**Compré una calculadora para mi hijo.** *I bought a calculator for my son.*
Comparisons or opinions (*for, considering*)	**Para ser joven, es demasiado serio.** *For a young person, he is too serious.*
	Para mí, esta lección no es difícil. *For me, this lesson isn't difficult.*
Employment (*for*)	**Sara trabaja para Telecom.** *Sara works for Telecom.*

▸ Often, either **por** or **para** can be used in a sentence. The meaning of the sentence changes, depending on which one is used.

Caminé **por** el parque. *I walked through the park.*	Caminé **para** el parque. *I walked to (toward) the park.*
Trabajó **por** su padre. *He worked for (in place of) his father.*	Trabajó **para** su padre. *He worked for his father('s business).*
Se exhibió **por** todo el pueblo. *It was shown throughout (around) the whole town.*	Se exhibió **para** todo el pueblo. *It was shown for the whole town.*

¡Manos a la obra!

Completa las frases con **por** o **para**.

1. Dormimos _por_ la mañana.
2. Necesitas un módem _para_ navegar en la Red.
3. Entraron _por_ la puerta.
4. Es un pasaje _para_ Buenos Aires.
5. _Para_ arrancar el carro, necesito la llave.
6. Arreglé el televisor _para_ ti.
7. Estuvieron nerviosos _por_ el examen.
8. ¿Hay una gasolinera _por_ aquí?
9. Esta computadora es _para_ usted
10. Juan está enfermo. Tengo que trabajar _por_ él.
11. Estuvimos en Cancún _por_ dos meses.
12. _Para_ mí, el español es difícil.
13. Tengo que estudiar la lección _para_ el lunes.
14. Voy a ir _por_ ese camino.
15. Compré dulces _para_ mi novia.
16. Lo compró _por_ un buen precio.

11.3 Stressed possessive adjectives and pronouns

- Spanish has two types of possessive adjectives: the unstressed (short) forms you learned in Lesson 3 and the stressed (long) forms. The stressed possessive adjectives are used for emphasis or to express the English phrases *(of) mine, (of) yours, (of) his,* and so on.

Stressed possessive adjectives

Singular forms: MASCULINE	Singular forms: FEMININE	Plural forms: MASCULINE	Plural forms: FEMININE	
mío	mía	míos	mías	*my; (of) mine*
tuyo	tuya	tuyos	tuyas	*your; (of) yours (fam.)*
suyo	suya	suyos	suyas	*your; (of) yours (form.); his; (of) his; her; (of) hers; its*
nuestro	nuestra	nuestros	nuestras	*our; (of) ours*
vuestro	vuestra	vuestros	vuestras	*your; (of) yours (fam.)*
suyo	suya	suyos	suyas	*your; (of) yours (form.); their; (of) theirs*

- Stressed possessive adjectives must agree in gender and number with the nouns they modify.

mi impresora
my printer
nuestros televisores
our television sets

la impresora mía
my printer
los televisores nuestros
our television sets

- Stressed possessive adjectives are placed after the nouns they modify. Unstressed possessive adjectives are placed before the noun.

Son **mis** llaves.
They are my keys.

Son las llaves **mías.**
They are my keys.

- A definite article, an indefinite article, or a demonstrative adjective usually precedes a noun modified by a stressed possessive adjective.

Alberto tenía	**unos** discos **tuyos.**	*Alberto had some disks of yours.*
	los discos **tuyos.**	*Alberto had your disks.*
	estos discos **tuyos.**	*Alberto had these disks of yours.*

- **Suyo, suya, suyos,** and **suyas** have more than one meaning. You can avoid confusion by using the construction: [*article*] + [*noun*] + **de** + [*subject pronoun* or *noun*].

el teclado suyo	el teclado **de él/ella**	*his/her keyboard*
	el teclado **de Ud./Uds.**	*your keyboard*
	el teclado **de ellos/ellas**	*their keyboard*
	el teclado **de Ramón**	*Ramón's keyboard*

- **El** and **la** are usually omitted when a stressed possessive adjective follows the verb **ser**.

¿Es **suya** esta cámara?

No, no **es mía.**

Práctica

1 Frases Forma frases en el presente con las siguientes palabras.

1. yo / necesitar / usar / impresora / de Miguel / porque / mío / no / funcionar
   Yo necesito usar la impresora de Miguel porque la mía no funciona.
2. pero / él / no poder / ayudarme / porque / suyo / tampoco / funcionar
   Pero él no puede ayudarme porque la suya tampoco funciona.
3. Me gustaría / pedirle / a Juana / su ratón, / pero / suyo / estar / descompuesto
   Me gustaría pedirle a Juana su ratón, pero el suyo está descompuesto.
4. yo / no poder / usar / teclado / de Conchita / porque / suyo / estar descompuesto / también
   Yo no puedo usar el teclado de Conchita porque el suyo está descompuesto tambi
5. y si / yo / pedirte / computadora, / estar / seguro que / ir / decirme / que / no poder / usar / tuyo
   Y si yo te pido tu computadora estoy seguro/a que vas a decirme que no puedo usar la tuya.

2 ¿Es suyo? Un policía ha capturado al hombre que robó (*robbed*) en tu casa. Ahora el policía quiere saber qué cosas son tuyas. Túrnate con un(a) compañero/a para hacer el papel del policía y usa las pistas (*cues*) para contestar las preguntas.

No / pequeño
Policía: Esta computadora, ¿es suya?
Estudiante: No, no es mía. La mía es más pequeña.

1. Sí
E1: Esta calculadora, ¿es suya?
E2: Sí, es mía.

2. No / viejo
E1: Esta cámara de video, ¿es suya?
E2: No, no es mía. La mía es más vi

3. Sí
E1: Este radio, ¿es suyo?
E2: Sí, es mío.

4. Sí
E1: Este estéreo, ¿es suyo?
E2: Sí, es mío.

5. No / nuevo
E1: Este televisor, ¿es suyo?
E2: No, no es mío. El mío es más nuevo.

6. No / caro
E1: Este teléfono celular, ¿es suyo?
E2: No, no es mío. El mío es más ca

INSTRUCTIONAL RESOURCES WB, LM, Ans. Key, Lab, IRM (teaching tips, info gap), Website

Conversación

3 **¿Son tuyas estas cintas?** Trabajen en grupos. Cada estudiante trae tres objetos. Pongan (*put*) todos los objetos juntos. Luego, un(a) estudiante escoge uno o dos objetos y le pregunta a otro/a si esos objetos son suyos. Usen los adjetivos posesivos en sus preguntas. *Answers will vary.*

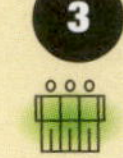

modelo

Estudiante 1: *José Luis, ¿son tuyas estas cintas?*
Estudiante 2: *Sí, son mías. / No, no son mías. Son las cintas de Felipe.*

4 **Anuncios** Lee este anuncio (*ad*) con un(a) compañero/a. Luego, preparen su propio (*own*) anuncio usando los adjetivos o los pronombres posesivos. Después, conviértanlo en un anuncio de televisión (*commercial*) y preséntenlo a la clase. *Answers will vary.*

Esta computadora y esta impresora pueden ser suyas por sólo

$1799

Características de la computadora

- Procesador: Intel Pentium III a 3000 Mhz
- 640Mb de memoria
- Disco duro de 100 Gb
- Sistema operativo: Linux

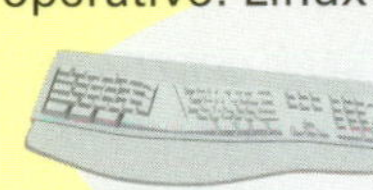

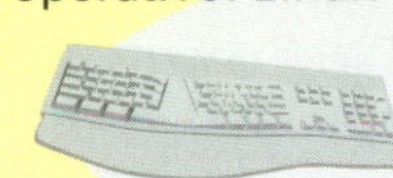

Características de la impresora

- Velocidad: 20 páginas por minuto en blanco y negro
- Resolución de 1200 x 1200

El precio incluye un año de servicio de Internet gratis. Para más información, llame al 362-1990 o visite nuestro sitio Web www.fiera.com.

5 **¿De quién es?** Tu profesor(a) va a darles a ti y a tu compañero/a la información necesaria para completar esta actividad.

Possessive pronouns

- Possessive pronouns are used to replace [*noun*] + [*possessive adjective*]. In Spanish, the possessive pronouns have the same forms as the stressed possessive adjectives, and they are preceded by a definite article.

la **calculadora** nuestra		la nuestra
el **fax** tuyo		el tuyo
los **archivos** suyos		los suyos

Episodio veintiuno: Tecnohombre y los superamigos suyos salvan el mundo una vez más.

La Mujer Mecánica y Tecnohombre, ¡mis héroes!
¡Y los míos también!

- Possessive pronouns agree in number and gender with the nouns they replace.

—Aquí está **mi coche.** ¿Dónde está **el tuyo**?
Here's my car. Where is yours?

—**El mío** está en el taller de mi hermano Armando.
Mine is at my brother Armando's garage.

—¿Tienes **las cintas** de Carlos?
Do you have Carlos's tapes?

—No, pero tengo **las nuestras**.
No, but I have ours.

¡Manos a la obra!

Indica las formas tónicas *(stressed)* de estos adjetivos posesivos y los pronombres posesivos correspondientes.

	adjetivos	pronombres
1. su videocasetera	la videocasetera suya	la suya
2. mi televisor	*el televisor mío*	*el mío*
3. nuestros discos	*los discos nuestros*	*los nuestros*
4. tus cintas	*las cintas tuyas*	*las tuyas*
5. su módem	*el módem suyo*	*el suyo*
6. mis videos	*los videos míos*	*los míos*
7. nuestra impresora	*la impresora nuestra*	*la nuestra*
8. tu estéreo	*el estéreo tuyo*	*el tuyo*
9. nuestro carro	*el carro nuestro*	*el nuestro*
10. mi computadora	*la computadora mía*	*la mía*

Repaso

11.1 The preterite and the imperfect

1 Seleccionar Utiliza el tiempo verbal adecuado, según (*according to*) el contexto.

1. La semana pasada, Manolo y Aurora _querían_ (querer) dar una fiesta. _Decidieron_ (Decidir) invitar a seis amigos y servirles mucha comida.
2. Manolo y Aurora _estaban_ (estar) preparando la comida cuando Elena _llamó_ (llamar). Como siempre, _tenía_ (tener) que estudiar para un examen.
3. A las seis, _volvió_ (volver) a sonar el teléfono. Su amigo Francisco tampoco _podía_ (poder) ir a la fiesta, porque _tenía_ (tener) fiebre. Manolo y Aurora _se sentían_ (sentirse) muy tristes, pero _tenían_ (tener) que preparar la comida.
4. Después de otros quince minutos _sonó_ (sonar) el teléfono. Sus amigos, los señores Vega, _estaban_ (estar) en camino (*en route*) al hospital: a su hijo le _dolía_ (doler) mucho el estómago. Sólo dos de los amigos _podían_ (poder) ir a la cena.
5. Por supuesto, _iban_ (ir) a tener demasiada comida. Finalmente, cinco minutos antes de las ocho, _llamaron_ (llamar) Ramón y Javier. Ellos _pensaban_ (pensar) que la fiesta _era_ (ser) la próxima semana.
6. Tristes, Manolo y Aurora _se sentaron_ (sentarse) a comer solos. Mientras _comían_ (comer) pronto llegaron a la conclusión de que _era_ (ser) mejor estar solos. ¡La comida _estaba_ (estar) malísima!

2 La sala de emergencia En parejas, miren la lista e inventen qué les pasó a estas personas en la sala de emergencia. *Answers will vary.*

modelo *Eran las tres de la tarde. Como todos los días, Pablo jugaba al fútbol con sus amigos. Estaba muy contento. De repente, se cayó y se rompió el brazo. Después fue a la sala de emergencia.*

Paciente	Edad	Hora	Condición
1. Pablo	9 años	15:20	hueso roto (el brazo)
2. Estela	45 años	15:25	tobillo torcido
3. Lupe	29 años	15:37	embarazada, dolores
4. Marta	3 años	16:00	temperatura muy alta
5. Roberto	32 años	16:06	dolor de muelas
6. Ana	66 años	16:29	reacción alérgica

3 La multa Sergio Reyes tuvo un accidente y tiene que pagar una multa. En parejas, escriban un párrafo explicando cómo sucedió el accidente, usando el pretérito y el imperfecto. *Answers will vary.*

Boleta *(traffic ticket)*

Fecha: 05/05/05 **Conductor:** Sergio Reyes
Hora: 8:25 p.m. **No. de licencia:** 483
Lugar: Calle Paz #12
Infracciones *(violations)*
- Pasarse la luz roja del semáforo.
- Exceder la velocidad máxima *(speeding)*.
- Chocar con un carro estacionado.

Multa: $120.00 pesos

11.2 Por and para

4 Para arreglar computadoras Gerardo está hablando de su trabajo. Completa las oraciones con las expresiones de la lista.

de la mañana	para mañana	por aquí	por eso
de la noche	para mi padre	por ejemplo	por la tarde

Yo trabajo (1) _para mi padre_. Él tiene un taller para arreglar computadoras. ¡Trabajamos mucho! (2) _Por ejemplo/Por eso_ entro a las siete (3) _de la mañana_ y salgo a las ocho (4) _de la noche_. (5) _Por la tarde_, tomo un descanso (*break*) de una hora. (6) _Por aquí_ no hay muchos talleres para arreglar computadoras. ¡(7) _Por eso_ tenemos tanto trabajo!

5 Oraciones Crea oraciones originales con los elementos de las columnas. Une los elementos usando **por** y **para**.

modelo *Fuimos a Mar del Plata por razones de salud para visitar a una especialista en alergias.*

(No) fuimos al Mercado	por/para	comprar frutas	por/para	¿?
(No) fuimos a las montañas	por/para	tres días	por/para	¿?
(No) fuiste a Medellín	por/para	razones de trabajo	por/para	¿?
(No) fueron a Buenos Aires	por/para	tomar el sol	por/para	¿?

6 Lista de regalos Imagina que es Navidad y quieres regalar a tus amigos máquinas electrónicas. En parejas, escriban los nombres de cinco amigos y decidan qué regalo es el mejor para cada uno. Expliquen sus razones usando **por** y **para**. *Answers will vary.*

modelo *El mejor regalo para Olga es una videocasetera. Puede usarla por las noches para grabar sus programas favoritos.*

11.3 Stressed possessive adjectives and pronouns

7 **Computación** Completa esta conversación con las formas adecuadas de los pronombres posesivos.

—Éste es mi sitio Web. ¿Cómo es el de ustedes?
—(1) *El nuestro* tiene música y fotografías.
—Tu módem no funciona. ¿Necesitas uno nuevo?
—Sí, mi papá me va a prestar (2) *el suyo*.
—Grabé mis archivos en estos discos. Y tú, ¿dónde grabaste (3) *los tuyos* ?
—(4) *Los míos* los grabé en un disco compacto.
—¿Cómo es la pantalla de tu computadora?
—(5) *La mía* es pequeña y plana (*flat*).
—Las computadoras de nuestra escuela son lentísimas. ¿Y las de tu escuela?
—Las (6) *nuestras* son muy rápidas.

8 **No es así** Contesta a cada oración diciendo que las cosas no son como te dicen. Sigue el modelo.

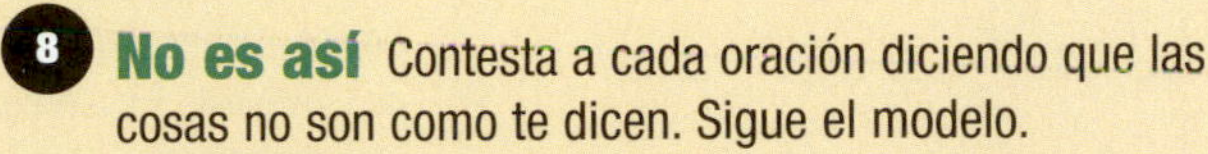

modelo Mi impresora es lenta. (yo, rápido)
La impresora mía no es así. La mía es rápida.

1. La videocasetera de Julián es vieja. (tú, nuevo) *La videocasetera tuya no es así. La tuya es nueva.*
2. Nuestros discos compactos son caros. (ellas, barato) *Los discos compactos suyos/de ellas no son así. Los suyos son baratos.*
3. Su contestadora está descompuesta. (yo, no está descompuesta) *La contestadora mía no está así. La mía no está descompuesta.*
4. Tu control remoto es grande. (ustedes, pequeño) *El control remoto suyo/de ustedes no es así. El suyo es pequeño.*
5. Sus cintas son de música clásica. (Ana, música moderna) *Las cintas suyas/de Ana no son así. Las suyas son de música moderna.*
6. El videocasete de Antonio es de ejercicios fáciles. (nosotros, ejercicios difíciles) *El videocasete nuestro no es así. El nuestro es de ejercicios difíciles.*

Síntesis

9 **¡No puedo imprimir!** Tu impresora está descompuesta. Vas a hablarle por teléfono a tu hermano para pedirle ayuda. En parejas, escriban el diálogo de la conversación. *Answers will vary.*

- Expliquen qué pasaba con su impresora.
- Expliquen cuántas veces rompió alguna hoja (*sheet*) o cuántas veces dejó de funcionar.
- Expliquen para qué clase es el trabajo que tienen que imprimir.
- Indiquen adónde puede llevar la impresora a arreglar, dónde puede imprimir el trabajo y cómo puede llegar a esos lugares.

Ritmos hispanos

Carlos Gardel:
Un artista muy querido

Carlos Gardel nació en 1887 en Toulouse, Francia, pero desde los dos años vivió en Buenos Aires, Argentina. En 1911 empezó su carrera como cantante de música folklórica y en 1917 comenzó a cantar tangos. A partir de entonces, viajó por Latinoamérica, Europa y los Estados Unidos para promocionar su música. En los años treinta trabajó como actor para la Paramount de Nueva York. Durante los dos años antes de su muerte actuó en cuatro películas: *Cuesta abajo, El tango en Broadway, Tango Bar* y la más famosa de todas, *El día que me quieras.* En 1935 murió en un trágico accidente aéreo en Medellín, Colombia. Gardel fue el embajador de la cultura argentina y una de las primeras superestrellas internacionales de Latinoamérica. Todos los años, sus fieles admiradores le rinden homenaje en el día del aniversario de su muerte. Carlos Gardel fue y sigue siendo uno de los artistas más queridos y recordados.

Grandes éxitos

- *Silencio* (1932)
- *Melodía de arrabal* (1933)
- *Mi Buenos Aires querido* (1934)
- *Volver* (1934)
- *Por una cabeza* (1935)
- *El día que me quieras* (1935)

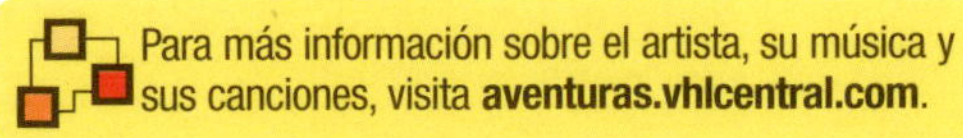

Para más información sobre el artista, su música y sus canciones, visita **aventuras.vhlcentral.com**.

querido loved **carrera** career **A partir de entonces** At that point in time **promocionar** to promote **fieles** faithful, loyal **rinden homenaje** pay homage **recordados** remembered **éxitos** successes **arrabal** outskirts

Ampliación

1 Escuchar

A Mientras escuchas a Ricardo Moreno, selecciona el género al que corresponde su discurso. Luego, identifica de qué habla y su propósito (*purpose*).

TIP **Recognize the genre of spoken discourse.** Identifying the genre (for example: political speech, radio interview, news broadcast) of what you hear can help you figure out what kinds of things you are likely to hear. It will also help you identify the speaker's motives and intentions.

1. ¿Qué tipo de discurso es?
   a. las noticias por radio o televisión (b.) un anuncio comercial
   c. una reseña (*review*) de una película
2. ¿De qué habla?
   a. de su vida (b.) de un producto o servicio
   c. de algo que oyó o vio
3. ¿Cuál es el propósito?
   a. relacionarse con alguien b. informar
   (c.) vender

B ¿Qué te indicó el género de este discurso? *Answers will vary.*

2 Conversar

Con un(a) compañero/a, prepara una conversación sobre la primera vez que manejaste un carro o el día en que fuiste al Departamento de Tráfico para conseguir tu licencia de conducir. *Answers will vary.*

modelo

Estudiante 1: Conseguí la licencia de conducir cuando tenía dieciséis años. Hacía sol y mi mamá me acompañó al Departamento de Tráfico. ¿Tú también conseguiste la tuya a los dieciséis años?

Estudiante 2: No, todavía no tengo la mía. En mi estado no podemos conseguir una licencia de conducir hasta los dieciocho años. ¿Cómo fue la primera vez que manejaste?

Estudiante 1: Estaba despejado y hacía sol. Eran las tres y media de la tarde, después de clases. Tenía un poco de miedo, pero quería hacerlo. Después de conducir, me sentí muy bien.

recursos

WB pp. 113–118	LM pp. 63–65	Text MP3s Lección 11	Lab MP3s Lección 11	aventuras.vhlcentral.com Lección 11

1 SCRIPT ¡Por fin! Una computadora que sirve para todas sus necesidades. Con sólo esta modernísima computadora y una línea telefónica de alta velocidad usted tiene a su alcance el infinito mundo del Internet. Le da la conveniencia de mandar un fax por medio del módem interior y de divertirse con su música favorita gracias al CD-ROM. Por el mismo precio, usted también recibe un monitor a colores y una impresora láser. El teclado ha sido diseñado especialmente para no causar dolor en las manos o los brazos. Esta oportunidad sólo se ofrece este mes. Venga inmediatamente a *Mundo de Computación* en Paseo Las Américas para aprovecharse de esta ganga. O visite el sitio Web en la dirección www.mundodecom.ar.

2 SUGGESTION Before beginning the conversation, have students list information they plan to include, as suggested by the model. Such information includes their age the date, the weather, time of day, and so forth. Next, have students review how they will place the events of the day in order, and which past tense will be used to express the various ideas in their conversation.

2 EXPANSION Ask volunteers to present their conversation to the rest of the class. Follow with a discussion on aspects of this life experience that students found they had in common or during which they had something interesting or unusual happen.

INSTRUCTIONAL RESOURCE Text MP3s, WB, LM, Ans. Key, Lab, Website

3 SUGGESTION Review the summary box of uses of the preterite vs. imperfect. Write a few sentences on the board and ask volunteers to explain why the preterite or imperfect was chosen in each case. Ex.: **1. Gloria paró para contestar su teléfono celular. 2. Cuando mi papá era joven, no había computadoras. 3. Fue a comprar una computadora la semana pasada. 4. Mis abuelos estaban felices de ver la foto de su nieto en su correo electrónico.**

3 EVALUATION

Criteria	Scale
Content	1 2 3 4
Organization	1 2 3 4
Use of preterite and imperfect	1 2 3 4
Use of vocabulary	1 2 3 4
Accuracy, Mechanics	1 2 3 4

Scoring	
Excellent	18–20 points
Good	14–17 points
Satisfactory	10–13 points
Unsatisfactory	< 10 points

4 SUGGESTION Bring in examples of advertisements for technology products for students to examine.

4 EXPANSION Have students use their advertisement as the basis for a radio announcement promoting their cybercafé.

4 EVALUATION

Criteria	Scale
Content	1 2 3 4 5
Organization	1 2 3 4 5
Accuracy	1 2 3 4 5
Creativity	1 2 3 4 5

Scoring	
Excellent	18–20 points
Good	14–17 points
Satisfactory	10–13 points
Unsatisfactory	< 10 points

NATIONAL communication STANDARDS

Ampliación

3 Escribir

Escribe una historia acerca de una experiencia tuya con una máquina electrónica o con el carro. *Answers will vary.*

TIP Master the simple past tenses. To write about events that occurred in the past, you will need to know when to use the preterite and the imperfect. The box on this page contains a summary of their uses.

Preterite
- Actions viewed as completed
- Beginning or end of past actions
- Series of past actions

Imperfect
- On-going past actions
- Habitual past actions
- Mental, physical, and emotional states in the past

Organízalo	Prepara una lista de todos los detalles que quieres narrar (*narrate*).
Escríbelo	Utiliza tu lista para escribir el primer borrador de tu historia.
Corrígelo	Intercambia tu historia con un(a) compañero/a. Lee su borrador y reflexiona sobre las partes mejor escritas. Ofrécele sugerencias sobre los detalles, la lógica de la secuencia de eventos y el uso del pretérito y del imperfecto.
Compártelo	Revisa el primer borrador según las indicaciones de tu compañero/a. Incorpora nuevas ideas para enriquecer la narración de los eventos. Escribe la versión final de tu historia y compártela con la clase.

4 Un paso más

Busca información sobre los cibercafés en los países hispanos e inventa un cibercafé nuevo. Crea un anuncio de revista (*magazine advertisement*) para promocionarlo. El anuncio debe incluir los siguientes elementos: *Answers will vary.*

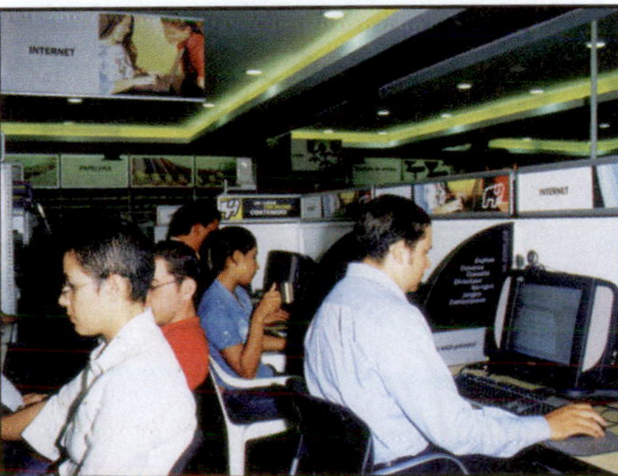

- Una descripción del lugar donde está ubicado (*located*) el cibercafé.
- Una descripción de la tecnología y de los servicios que se ofrecen a los clientes.
- Incluye fotos o dibujos.
- Por qué este cibercafé es mejor que otros.
- Incluye los precios.

En Internet

Investiga estos temas en el sitio aventuras.vhlcentral.com.
- Cibercafés en el mundo hispano
- Internet en el mundo hispano
- La tecnología en el mundo hispano

Antes de leer

One way languages grow is by borrowing words from each other. English words that relate to technology are often borrowed by Spanish and other languages throughout the world. Sometimes the words are modified slightly to fit the sounds of the languages that borrow them. When reading in Spanish, you can often increase your understanding by looking for words borrowed from English or other languages you know.

Examinar el texto

Mira brevemente la selección. ¿De qué trata? ¿Cómo lo sabes?

Buscar

Esta lectura contiene varias palabras tomadas del inglés. Trabaja con un(a) compañero/a para encontrarlas.

SUGGESTION Ask student volunteers to read aloud paragraphs of the text. After each paragraph, have student volunteers identify borrowed words while you write them on the board. At the end of the article, model the pronunciation of the borrowed words.

SUGGESTION Have students work in pairs to answer the following questions. **En la foto, ¿quiénes juegan al ajedrez? ¿Jugaste tú juegos en una computadora? ¿Cómo cambiaron las computadoras y la tecnología desde que tú naciste? ¿Qué tipo de "inteligencia" tiene una computadora? Para ti, ¿qué significa "inteligencia artificial"?** When they have finished, go over the answers.

EXPANSION Ask these additional questions of student pairs, groups, or the whole class. **Para muchas personas, ¿qué simbolizó la victoria de "Deep Blue"? (La victoria de la inteligencia artificial sobre la del ser humano.) ¿Qué generan las computadoras? (Nuevos modelos con conocimientos muy definidos que guardan su base de datos.) ¿Qué no tienen todavía las computadoras? (sentido común) ¿Qué no pueden crear las computadoras? (Algo nuevo y original.)**

Inteligencia y memoria: la inteligencia artificial

Alfonso Santamaría

Una de las principales características de la película de ciencia ficción *2001: una odisea del espacio* es la gran inteligencia de su protagonista no humano, la computadora HAL-9000. Para muchas personas, la genial película de Stanley Kubrick es una reflexión sobre la evolución de la inteligencia, desde que el hombre utilizó por primera vez un hueso como herramienta hasta la llegada de la inteligencia artificial (I.A.).

Ahora que vivimos en el siglo XXI, en un mundo en el que Internet y el fax son ya comunes, podemos preguntarnos: ¿consiguieron los científicos especialistas en I.A. crear una computadora como HAL? La respuesta es no. Hoy en día no existe una computadora con las capacidades intelectuales de HAL porque todavía no existen *inteligencias artificiales generales* que demuestren lo que llamamos "sentido común". Sin embargo, la I.A. está progresando mucho en el desarrollo de las *inteligencias especializadas*. El ejemplo más famoso es Deep Blue, la computadora de IBM especializada en jugar al ajedrez.

INSTRUCTIONAL RESOURCE Website

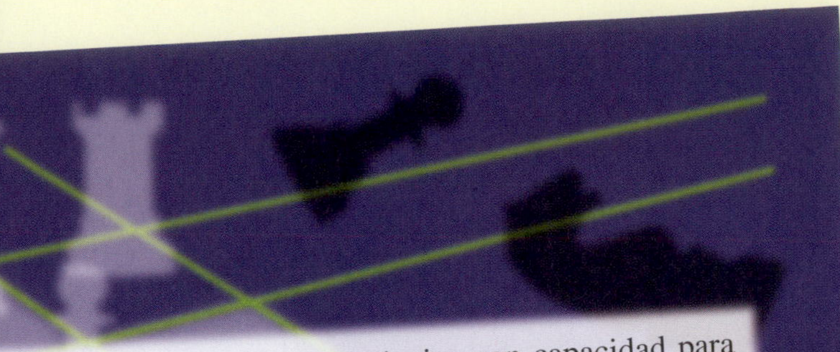

La idea de crear una máquina con capacidad para jugar al ajedrez se originó en 1950. En esa década, el científico Claude Shannon desarrolló una teoría que se convirtió en realidad en 1967, cuando apareció el primer programa que le permitió a una computadora competir, aunque sin éxito, en un campeonato de ajedrez. Más de veinte años después, un grupo de expertos en I.A. fue al centro de investigación Thomas J. Watson de Nueva York para desarrollar Deep Blue, la computadora que en 1997 derrotó al campeón mundial de ajedrez Garry Kasparov. Esta extraordinaria computadora pudo ganarle al maestro ruso de ajedrez porque estaba diseñada para procesar 200 millones de jugadas por segundo. Además, Deep Blue guardaba en su memoria una recopilación de los movimientos de ajedrez más brillantes de toda la historia, entre ellos los que Kasparov efectuó en sus competiciones anteriores.

Para muchas personas la victoria de Deep Blue sobre Kasparov simbolizó la victoria de la inteligencia artificial sobre la del ser humano. Debemos reconocer los grandes avances científicos en el área de las computadoras y las ventajas que pueden traernos en un futuro, pero también sus limitaciones. Las computadoras generan nuevos modelos con conocimientos muy definidos, pero todavía no tienen sentido común: una computadora como Deep Blue puede ganar una partida de ajedrez, pero no puede explicar la diferencia entre una reina y un peón. Tampoco puede crear algo nuevo y original a partir de lo establecido, como hicieron Mozart o Picasso.

Las inteligencias artificiales especializadas son una realidad. ¿Pero una inteligencia como la de HAL-9000? Pura ciencia ficción.

EXPANSION Have pairs of students work together to read aloud the paragraphs and write two true-false questions about each. Then have them exchange their questions with another pair who answers each item and corrects false statements.

Después de leer

¿Comprendiste?

Indica si las frases son **ciertas** o **falsas**. Corrige las falsas.

Cierto	Falso	
✓		1. La computadora HAL-9000 era muy inteligente.
	✓	2. Deep Blue es un buen ejemplo de la inteligencia artificial general. *Deep Blue es un buen ejemplo de la inteligencia especializada.*
	✓	3. El maestro de ajedrez Garry Kasparov le ganó a Deep Blue en 1997. *Deep Blue le ganó a Garry Kasparov en 1997.*
✓		4. Las computadoras no tienen la creatividad de Mozart y Picasso.
	✓	5. Hoy hay computadoras como HAL-9000. *No existe una computadora con las capacidades intelectuales de HAL-9000. Las computadoras con la inteligencia de HAL-9000 son pura ciencia ficción.*

Preguntas

1. ¿Qué tipo de inteligencia se relaciona con HAL-9000?
   La inteligencia artificial general se relaciona con HAL-9000.
2. ¿Qué tipo de inteligencia tienen las computadoras como Deep Blue?
   Las computadoras como Deep Blue tienen una inteligencia especializada.
3. ¿Cuándo se originó la idea de crear una máquina para jugar al ajedrez?
   La idea de crear una máquina para jugar al ajedrez se originó en 1950.
4. ¿Qué compañía inventó Deep Blue?
   IBM inventó Deep Blue.
5. ¿Por qué Deep Blue le pudo ganar a Garry Kasparov?
   Deep Blue le pudo ganar a Garry Kasparov porque estaba diseñada para procesar 200 millones de jugadas por segundo.

Coméntalo

¿Son las computadoras más inteligentes que los seres humanos? ¿Para qué cosas son mejores las computadoras, y para qué cosas son mejores los seres humanos? ¿Por qué? En el futuro, ¿van a tener las computadoras la inteligencia de los seres humanos? ¿Cuándo? *Answers will vary.*

herramienta *tool*
sentido común *common sense*
desarrollo *development*
ajedrez *chess*
éxito *success*
campeonato *championship*
derrotó *defeated*
jugadas *moves*
la del ser humano *that of the human being*
ventajas *advantages*
conocimientos *knowledge*
partida *match*
reina *queen*
peón *pawn*

recursos

El carro

el baúl	*trunk*
la calle	*street*
el camino	*route*
el capó	*(car) hood*
el carro	*car, automobile*
el coche	*car, automobile*
los frenos	*brakes*
el garaje	*mechanic's shop*
la gasolina	*gasoline*
la gasolinera	*gas station*
el kilómetro	*kilometer*
la licencia de conducir	*driver's license*
la llanta	*tire*
el/la mecánico/a	*mechanic*
la milla	*mile*
el motor	*motor*
la multa	*fine*
el parabrisas	*windshield*
el policía/la mujer policía	*police officer*
la policía	*police (force)*
el semáforo	*traffic light*
el taller (mecánico)	*(mechanic's) garage; repair shop*
el tráfico	*traffic*
la velocidad máxima	*speed limit*
el volante	*steering wheel*
arrancar	*to start*
arreglar	*to fix; to arrange*
bajar	*to go down*
bajar(se) de	*to get off of/out of (a vehicle)*
chocar (con)	*to run into; to crash*
conducir	*to drive*
estacionar	*to park*
llenar (el tanque)	*to fill up (the tank)*
manejar	*to drive*
parar	*to stop*
revisar (el aceite)	*to check (the oil)*
subir	*to go up*
subir(se) a	*to get on/into (a vehicle)*

La tecnología

la calculadora	*calculator*
la cámara (de video)	*(video) camera*
la cinta	*(audio) tape*
la contestadora	*answering machine*
el control remoto	*remote control*
el disco compacto	*compact disc*
el estéreo	*stereo*
el fax	*fax (machine)*
el radio	*radio (set)*
el reproductor de DVD	*DVD player*
el teléfono celular	*cellular telephone*
la televisión por cable	*cable television*
el televisor	*television set*
el tocadiscos compacto	*compact disc player*
el videocasete	*videocassette*
la videocasetera	*VCR*
apagar	*to turn off*
funcionar	*to work*
llamar	*to call*
poner	*to turn on*
prender	*to turn on*
sonar (o:ue)	*to ring*
descompuesto/a	*not working; out of order*
lento/a	*slow*
lleno/a	*full*

Internet y la computadora

el archivo	*file*
la computadora	*computer*
la computadora portátil	*laptop*
el disco	*disk*
la impresora	*printer*
Internet	*Internet*
el módem	*modem*
el monitor	*monitor*
la página principal	*home page*
la pantalla	*screen*
el programa de computación	*software*
el ratón	*mouse*
la red	*the Web, the Internet*
el sitio Web	*website*
el teclado	*keyboard*
guardar	*to save*
imprimir	*to print*
navegar en Internet	*to surf the Internet*

Otras palabras y expresiones

para	*towards; in the direction of; by; for; in order to; used for; considering*
por	*around; through; along; by; for; during; in; in search of; by the way of; by means of; in exchange for; per*
por aquí	*around here*
por ejemplo	*for example*
por eso	*that's why; therefore*
por fin	*finally*

Expresiones útiles	*See page 287.*
Stressed possessive adjectives and pronouns	*See pages 294–295.*

recursos

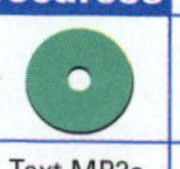

Text MP3s Lección 11

aventuras.vhlcentral.com Lección 11

INSTRUCTIONAL RESOURCES Text MP3s, IRM (additional vocabulary), Test Program, Test MP3s, Website

12 Hogar, dulce hogar

PARA EMPEZAR Here are some additional questions you can ask based on the photo: **¿Dónde vives? ¿Cómo es la casa tuya? ¿Tienes un carro? ¿Y una computadora?**

Communicative Goals

You will learn how to:

- welcome people
- show people around the house
- tell people what to do

PREPARACIÓN

AVENTURAS

- The students arrive at the home where they will stay in Ibarra. After welcoming them, Sra. Vives shows them the house and assigns the bedrooms. Don Francisco reminds the students of their early start in the morning.

GRAMÁTICA

LECTURA

PARA EMPEZAR

- ¿Cómo es la casa, es moderna o es vieja?
- ¿Crees que el niño es el hermano o el hijo de la mujer?
- ¿Quién es más alto: la mujer o el niño?
- ¿Crees que hace frío o que hace calor?

HOGAR, DULCE HOGAR

SUGGESTION Use magazine photos, real estate ads, or other visuals to present the vocabulary related to houses.

LA CASA Y SUS CUARTOS

la escalera *stairs; stairway*

la alcoba *bedroom*
el altillo *attic*
el balcón *balcony*
la cocina *kitchen*
el comedor *dining room*
la entrada *entrance*
el garaje *garage*
la oficina *office*
el pasillo *hallway*
el patio *patio*
la sala *living room*
el sótano *basement; cellar*

el jardín *garden; yard*

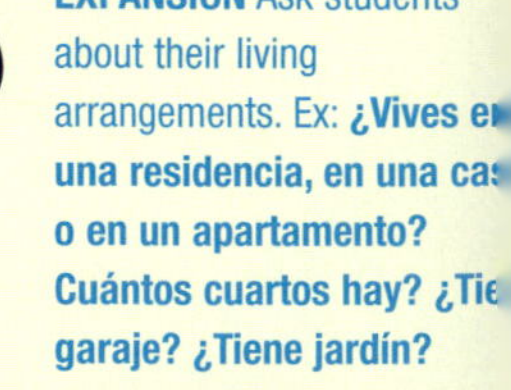

EXPANSION Ask students about their living arrangements. Ex: **¿Vives en una residencia, en una casa o en un apartamento? Cuántos cuartos hay? ¿Tiene garaje? ¿Tiene jardín?**

LOS ELECTRODOMÉSTICOS

la estufa *stove*
el horno (de microondas) *(microwave) oven*
la lavadora *washing machine*
el lavaplatos *dishwasher*
el refrigerador *refrigerator*
la secadora *clothes dryer*

los electrodomésticos *electrical appliances*

LA MESA

la copa *wineglass; goblet*
la cuchara *spoon*
el cuchillo *knife*
el plato *plate*
la servilleta *napkin*
la taza *cup*
el tenedor *fork*
el vaso *glass*

SUGGESTION Bring in several place settings for a table and use them to present **la mesa** vocabulary. Have students set the table in Spanish.

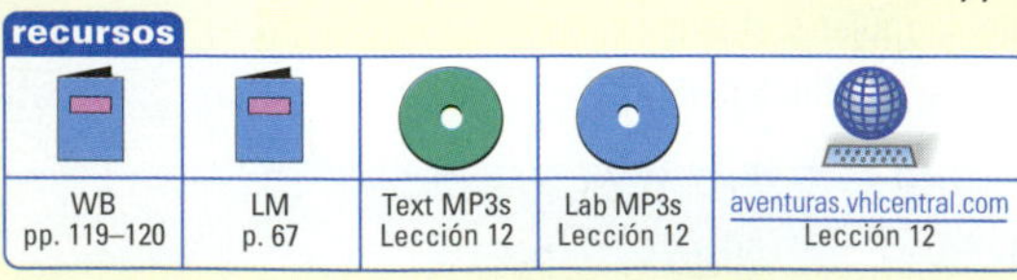

recursos
WB pp. 119–120
LM p. 67
Text MP3s Lección 12
Lab MP3s Lección 12
aventuras.vhlcentral.com Lección 12

INSTRUCTIONAL RESOURCES WB, LM, Ans. Key, Lab, Text MP3s, IRM (tapescript, additional vocabulary), Website

barrer el suelo
to sweep the floor

LOS QUEHACERES DOMÉSTICOS

arreglar *to neaten; to straighten up*
cocinar *to cook*
hacer los quehaceres domésticos *to do household chores*
lavar (el suelo, los platos) *to wash (the floor, the dishes)*
limpiar la casa *to clean the house*
pasar la aspiradora *to vacuum*
poner la mesa *to set the table*
quitar la mesa *to clear the table*
sacar la basura *to take out the trash*
sacudir los muebles *to dust the furniture*

planchar la ropa
to iron clothes

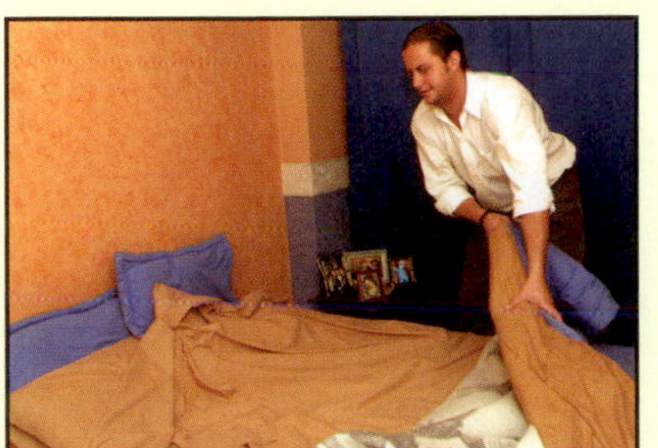

hacer la cama
to make the bed

SUGGESTION Take a class survey on household chores. Have students raise their hands when you say: **cocinar, lavar el suelo, poner la mesa**, and so forth.

LOS MUEBLES Y OTRAS COSAS

la alfombra *rug*
la almohada *pillow*
el armario *closet*
la cómoda *chest of drawers*
las cortinas *curtains*
el cuadro *painting*
el estante *bookcase; bookshelf*
la lámpara *lamp*
la luz *light*
la manta *blanket*
la mesita *side/end table*
la mesita de noche *night stand*
la pared *wall*
la pintura *painting; picture*
el sillón *armchair*
el sofá *sofa; couch*

los muebles
furniture

Variación léxica

alcoba ⟷ aposento (*Rep. Dom.*), recámara (*Méx.*),
habitación, dormitorio (*Esp.*), cuarto (*Amér. L.*), pieza (*Col., Arg.*)
apartamento ⟷ departamento (*Amér. L.*), piso (*Esp.*)
lavar los platos ⟷ fregar los trastes (*Amér. C.*)

OTRAS PALABRAS

las afueras *suburbs; outskirts*
la agencia de bienes raíces *real estate agency*
el alquiler *rent (payment)*
el ama (m., f.) de casa *housemaker*
el barrio *neighborhood*
el edificio de apartamentos *apartment building*
el hogar *home*
el/la vecino/a *neighbor*
la vivienda *housing*

alquilar *to rent*
ensuciar *to get (something) dirty*
mudarse *to move (residences)*

A escuchar

1 Escoger Escucha las preguntas e indica la respuesta correcta.

1. ____ Al pasillo.
   ✓ Al balcón.
2. ____ En el lavaplatos.
   ✓ En la mesita de noche.
3. ____ Al barrio.
   ✓ A las afueras.
4. ✓ En la secadora.
   ____ En la basura.
5. ____ El balcón.
   ✓ Las escaleras.
6. ✓ En las paredes.
   ____ En el horno.
7. ✓ La estufa.
   ____ La aspiradora.
8. ____ En la alfombra.
   ✓ En la alcoba.

2 Escuchar Escucha la conversación y completa las frases.

1. Pedro va a limpiar _la sala_ primero.
2. Paula va a comenzar por _la cocina_.
3. Pedro le recuerda (*reminds*) a Paula que debe _hacer la cama_ en la alcoba de huéspedes.
4. Pedro va a _planchar la ropa_ en el sótano.
5. Pedro también va a limpiar _la oficina_.
6. Ellos están limpiando la casa porque _la madre de Pedro va a visitarlos_.

1 SCRIPT
1. Cuando quieres salir al aire libre y estás en el tercer piso, ¿adónde vas?
2. Cuando quieres tener una lámpara y un despertador cerca de tu cama, ¿dónde los pones?
3. Si no quieres vivir en el centro de la ciudad, ¿adónde te mudas?
4. ¿Dónde pones la ropa después de lavarla?
5. ¿Qué usas para subir de la planta baja al primer piso?
6. Si tienes cuadros o pinturas, ¿dónde los pones?
7. Si vas a cocinar, ¿qué electrodoméstico necesitas?
8. Cuando haces la cama, ¿dónde estás?

2 SCRIPT
Pedro: Paula, tenemos que limpiar toda la casa esta mañana. ¿Por dónde podemos empezar?
Paula: Pienso empezar por la cocina. Voy a lavar los platos, sacar la basura y barrer el suelo.
PE: Pues, primero voy a limpiar la sala. Necesito pasar la aspiradora y sacudir los muebles.
PA: Después de la sala, ¿qué cuarto quieres limpiar?
PE: Después quiero limpiar la oficina.
PA: Entonces yo voy a limpiar la alcoba de huéspedes.
PE: Bueno. Debes hacer la cama en esa alcoba también.
PA: Ya lo sé. Ah, ¿puedes planchar la ropa en el sótano, Pedro?
PE: Sí… Espero que todo vaya bien durante la visita de mi madre.
PA: Sí. Pues yo espero que ella no venga hasta que todo esté limpio. ¡No nos queda mucho tiempo para terminar!

Text MP3s Lección 12

aventuras.vhlcentral.com Lección 12

INSTRUCTIONAL RESOURCE Text MP3s, Website

A practicar

3 SUGGESTION Have students create their own descriptions for classmates to guess.

4 SUGGESTION Use real items from place setting for this activity.

4 EXPANSION Using pictures, ask students what utensils are needed for various foods. Ex: **¿Con qué se come el taco? (con las manos) ¿Qué se necesita para comer espaguetis? (tenedor y cuchara)**

5 SUGGESTION Before students start, do a dictation. Ex: **En casa, mi marido siempre pasa la aspiradora, pero yo sacudo los muebles. Mi hijo saca la basura y mi hija pone la mesa.**

3 **Definiciones** En parejas, identifiquen lo que se describe en cada descripción. Luego inventen sus propias descripciones de algunas palabras de **Preparación**.

modelo

Si vives en un apartamento, lo tienes que pagar cada mes.
Estudiante 1: Si vives en un apartamento, lo tienes que pagar cada mes.
Estudiante 2: El alquiler.

1. Es donde pones la cabeza cuando duermes. *la almohada*
2. Es el quehacer doméstico que haces después de comer. *quitar la mesa/lavar los platos*
3. Cubren (*they cover*) las ventanas y decoran la sala a la vez (*at the same time*). *las cortinas*
4. Algunos ejemplos son la cómoda, la mesita y los sillones. *los muebles*
5. Son las personas que viven en tu barrio. *los vecinos*

4 **Emparejar** Identifica los dibujos. Luego indica la letra del dibujo que corresponde a cada descripción.

e 1. Lo usas para tomar agua.
b 2. Lo necesitas para comer un bistec.
f 3. Necesitas este objeto para la sopa.
c 4. La necesitas para tomar café.
a 5. La necesitas para tomar vino.
d 6. Necesitas este objeto para limpiarte la boca después de comer.

a. *una copa*

b. *un tenedor*

c. *una taza*

d. *una servilleta*

e. *un vaso*

f. *una cuchara*

5 **Los quehaceres domésticos** Trabajen en grupos para indicar quién hace los siguientes quehaceres domésticos en sus casas. Luego contesten las preguntas. *Answers will vary.*

barrer el suelo	lavar la ropa	planchar la ropa
cocinar	lavar los platos	sacar la basura
hacer las camas	pasar la aspiradora	sacudir los muebles

- ¿Quién hace más quehaceres, tú o tus compañeros/as?
- ¿Cúales son los quehaceres que más te molesta hacer? ¿Por qué?
- ¿Piensas que debes hacer más quehaceres? ¿Por qué?

A conversar

6 **Dos habitaciones** En parejas, describan las habitaciones que ven en las fotos. Identifiquen y describan seis muebles o adornos (*decorative items*) de cada foto y luego indiquen los quehaceres domésticos que se pueden hacer en cada habitación. *Answers will vary.*

1.

2.

7 **Mi apartamento** Dibuja el plano de un apartamento amueblado (*furnished*) y escribe los nombres de las habitaciones y los muebles. En parejas, un(a) compañero/a describe su apartamento mientras el/la otro/a lo dibuja. Cuando terminen, miren el dibujo. ¿Es similar al dibujo original? Hablen de los cambios que se necesitan para mejorarlo. Repitan la actividad, intercambiando los papeles (*roles*). *Answers will vary.*

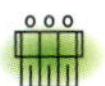

8 **Un(a) corredor(a) de bienes raíces** Trabajen en grupos para representar a un(a) corredor(a) de bienes raíces (*real estate agent*) y a sus clientes. El/La corredor(a) tiene varias casas para vender; debe mostrarlas, hablar de los muebles y del barrio que más les convienen (*suit*) a los siguientes clientes. *Answers will vary.*

- Una pareja que está esperando su segundo hijo
- Una pareja de jubilados (retirees) que quiere tranquilidad
- Un grupo de estudiantes universitarios que quiere vivir fuera del campus (off-campus)
- Una familia con cinco niños

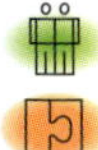

9 **¡Corre, corre!** Tu profesor(a) va a darles a ti y a tu compañero/a la información necesaria para completar esta actividad.

6 SUGGESTION Model the activity by describing another picture of a room from your picture file. Give students three minutes to look at the pictures in the book and brainstorm possible answers.

7 SUGGESTION Have students draw their floor plans before you assign pairs.

8 SUGGESTION Before forming groups, have students work in pairs to brainstorm the topic. Suggest that they use an idea map to organize their ideas.

8 SUGGESTION Have students bring in various real estate ads with photos, if possible, to use as a basis for this activity.

8 EXPANSION Ask different groups to describe one of the houses they invented. Have the class guess for which client it was designed.

INSTRUCTIONAL RESOURCES IRM (info gap)

NATIONAL
comparisons
STANDARDS
Ortografía

SUGGESTION Explain that if a city or a country has a definite article as part of its name, then the article is capitalized. Ex: **La Habana, La Coruña, La Haya, El Salvador.**

SUGGESTION Tell students that ***El País*** is a Spanish newspaper and ***Muy Interesante*** is a magazine.

EXPANSION Give this sentence to the class as a dictation: **El Dr. Guzmán, el amigo panameño de la Srta. Rivera, llegó a Quito el lunes doce de mayo.** Tell the students to abbreviate all titles. Then write the sentence on the board so they can check their work.

Las mayúsculas y las minúsculas

Here are some of the rules that govern the use of capital letters (**mayúsculas**) and lowercase letters (**minúsculas**) in Spanish.

Los estudiantes llegaron al aeropuerto a las dos. Luego fueron al hotel.

In both Spanish and English, the first letter of every sentence is capitalized.

Rubén Blades | **Panamá** | **Colón** | **los Andes**

The first letter of all proper nouns (names of people, countries, cities, geographical features, etc.) is capitalized.

Cien años de soledad | ***Don Quijote de la Mancha*** | ***El País*** | ***Muy Interesante***

The first letter of the first word in titles of books, films, and works of art is generally capitalized, as well as the first letter of any proper names. In newspaper and magazine titles, as well as other short titles, the initial letter of each word is often capitalized.

la señora Ramos | **don Francisco** | **el presidente** | **Sra. Vives**

Titles associated with people are *not* capitalized unless they appear as the first word in a sentence. Note, however, that the first letter of an abbreviated title is capitalized.

Último | **Álex** | **MENÚ** | **PERDÓN**

Accent marks should be retained on capital letters. In practice, however, this rule is often ignored.

lunes | **viernes** | **marzo** | **primavera**

The first letter of days, months, and seasons is *not* capitalized.

español | **estadounidense** | **japonés** | **panameños**

The first letter of nationalities and languages is *not* capitalized.

Práctica Corrige las mayúsculas y minúsculas incorrectas.

1. soy lourdes romero. Soy Colombiana.
   Soy Lourdes Romero. Soy colombiana.
2. éste Es mi Hermano álex.
   Éste es mi hermano Álex.
3. somos De panamá.
   Somos de Panamá.
4. ¿es ud. La sra. benavides?
   ¿Es Ud. la Sra. Benavides?
5. ud. Llegó el Lunes, ¿no?
   Ud. llegó el lunes, ¿no?

Oraciones Lee el diálogo de las serpientes. Ordena las letras para saber de qué palabras se trata. Después escribe las letras indicadas para descubrir por qué llora Pepito.

Profesor Herrera, ¿es cierto que somos venenosas?
Sí, Pepito. ¿Por qué lloras?

m n a a P á ______
s t e m r a ______
i g s l é n ______
y a U r u g u _______
r o ñ e s a ______

¡ _orque _e acabo de morder la _ en _u_!

venenosas *venomous*
morder *to bite*

1 Respuestas: Panamá, martes, inglés, Uruguay, señora.
¡Porque me acabo de morder la lengua!

recursos
LM p. 26 | Lab MP3s Lección 12 | aventuras.vhlcentral.com Lección 12

INSTRUCTIONAL RESOURCES LM, Ans. Key, Lab, Website

¡Les va a encantar la casa!

Don Francisco y los estudiantes llegan a Ibarra.

VIDEO SYNOPSIS Don Francisco and the students go to the house where they will stay before their hike. The housekeeper shows the students around the house. Don Francisco suggests the students help with the chores, and he tells them that their guide for the hike will arrive at seven the next morning.

SRA. VIVES ¡Hola, bienvenidos!

DON FRANCISCO Sra. Vives, le presento a los chicos. Chicos, ésta es la Sra. Vives, el ama de casa.

SRA. VIVES Encantada. Síganme, que quiero mostrarles la casa. ¡Les va a encantar!

SRA. VIVES Esta alcoba es para los chicos. Tienen dos camas, una mesita de noche, una cómoda... En el armario hay más mantas y almohadas por si las necesitan.

SRA. VIVES Ésta es la sala. El sofá y los sillones son muy cómodos. Pero, por favor, ¡no los ensucien!

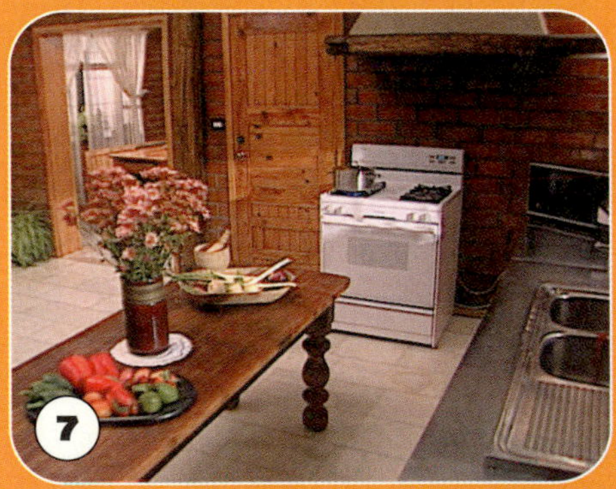

SRA. VIVES Allí están la cocina y el comedor. Al fondo del pasillo hay un baño.

PREVIEW Have students guess what happens in this **fotonovela** episode, based on its title and the video stills.

DON FRANCISCO Chicos, a ver... ¡atención! La Sra. Vives les va a preparar las comidas. Pero quiero que Uds. la ayuden con los quehaceres domésticos. Quiero que arreglen sus alcobas, que hagan las camas, que pongan la mesa... ¿entendido?

JAVIER No se preocupe... La vamos a ayudar en todo lo posible.

ÁLEX Sí, cuente con nosotros.

recursos

VM pp. 191–192

VCD-ROM Lección 12

aventuras.vhlcentral.com Lección 12

INSTRUCTIONAL RESOURCES VM, Ans. Key, DVD, VCD-ROM, IRM (videoscript, translation), Website

Para recordar

Before doing this Fotonovela section, review the previous one with this activity.

1. ¿Qué hace Álex con sus amigos todos los días? *habla por el teléfono Internet*
2. ¿Por qué sabe Inés mucho de mecánica? *trabajó en el taller de su tío*
3. ¿Qué problema tiene el autobús? *el alternador está quemado*
4. ¿Quién es el señor Fonseca? *un mecánico de Ibarra, amigo de don Francisco*

SRA. VIVES Javier, no ponga las maletas en la cama. Póngalas en el piso, por favor.

SRA. VIVES Tomen Uds. esta alcoba, chicas.

INÉS Insistimos en que nos deje ayudarla a preparar la comida.

SRA. VIVES No, chicos, no es para tanto, pero gracias por la oferta. Descansen un rato que seguramente están cansados.

ÁLEX Gracias. A mí me gustaría pasear por la ciudad.

INÉS Perdone, don Francisco, ¿a qué hora viene el guía mañana?

DON FRANCISCO ¿Martín? Viene temprano, a las siete de la mañana. Les aconsejo que se acuesten temprano esta noche. ¡Nada de televisión ni de conversaciones largas!

ESTUDIANTES ¡Ay, don Francisco!

PERSONAJES

DON FRANCISCO

JAVIER

INÉS

ÁLEX

MAITE

SRA. VIVES

Expresiones útiles

Welcoming people

¡Bienvenido(s)/a(s)!
Welcome!

Showing people around the house

Síganme, que quiero mostrarles la casa.
Follow me, I want to show you the house.
Allí están la cocina y el comedor.
The kitchen and dining room are over there.
Al fondo del pasillo hay un baño.
At the end of the hall there is a bathroom.

Telling people what to do

Quiero que la ayude(n) con los quehaceres domésticos.
I want you to help her with the household chores.
Quiero que arregle(n) su(s) alcoba(s).
I want you to straighten your room(s).
Quiero que haga(n) las camas.
I want you to make the beds.
Quiero que ponga(n) la mesa.
I want you to set the table.
Cuente con nosotros.
You can count on us.
Insistimos en que nos deje ayudarla a preparar la comida.
We insist that you let us help you make the food.
Le(s) aconsejo que se acueste(n) temprano.
I advise you to go to bed early.

Other expressions

No es para tanto.
It's not a big deal.
Gracias por la oferta.
Thanks for the offer.

SUGGESTION Have students look at the **Expresiones útiles.** Point out that the verbs **Síganme** and **Cuente** are command forms. Students will learn more about commands in **Gramática 12.1.**

SUGGESTION Explain that the sentences that begin with **Quiero que...** are examples of the present subjunctive. Students will learn more about the subjunctive in **Gramática 12.2** and **12.3.**

¿Qué piensas?

1 **¿Cierto o falso?** Indica si las siguientes frases son **ciertas** o **falsas**. Corrige las frases falsas.

Cierto	Falso	
	✓	1. La alcoba de los chicos tiene dos camas, dos mesitas de noche y una cómoda. *Tiene sólo una mesita de noche.*
✓		2. La señora Vives no quiere que Javier ponga las maletas en la cama.
✓		3. El sofá y los sillones están en la sala.
	✓	4. Los estudiantes tienen que sacudir los muebles y sacar la basura. *Tienen que arreglar las alcobas, hacer las camas y poner la mesa.*
	✓	5. Los estudiantes van a preparar las comidas. *La señora Vives va a prepararlas.*

1 **EXPANSION** Give these additional items to the class: 1. **Álex quiere descansar. (Falso. Quiere pasear por la ciudad.) 2. Martín va a llegar mañana a las cuatro de la tarde. (Falso. Martín va a llegar a las siete de la mañana.)**

2 **En la casa de Ibarra** Contesta las preguntas.

1. ¿Quién les muestra la casa a los estudiantes?
   La señora Vives les muestra la casa.
2. Si Álex y Javier necesitan mantas y almohadas, ¿dónde deben buscarlas?
   Deben buscarlas en el armario.
3. ¿Quién les dice a los estudiantes que deben ayudar a la señora Vives?
   Don Francisco les dice que deben ayudarla.
4. ¿Quién dice que los estudiantes pueden ayudar a preparar la comida?
   Inés dice que los estudiantes pueden ayudar a preparar la comida.
5. ¿A qué hora va a llegar el guía mañana?
   El guía va a llegar a las siete de la mañana.

2 **SUGGESTION** This activity can be done in pairs or small groups. After students answer the questions correctly, have them create other questions to ask their classmates.

3 **Mi casa** Dibuja el plano (*floor plan*) de una casa o un apartamento donde te gustaría vivir. Después, en parejas, comenten las actividades que se pueden realizar (*can be carried out*) en las distintas habitaciones. Pueden usar estas frases en su conversación. *Answers will vary.*

Al fondo hay...	**Ésta es (la cocina).**
Allí yo (preparo la comida).	**Quiero mostrarte...**
Aquí es donde yo (pongo la basura).	

3 **SUGGESTION** Model this activity by drawing a floor plan on the board and describe it to the class. Label each room and say what activities you do in each room.

SUGGESTION Point out that the "traditional" houses built around patios have ancient roots, going back to the style of houses built by the Romans.

SUGGESTION Explain that people who live in apartments may refer to their home as **mi casa** even if it is not an actual house.

NATIONAL communication cultures STANDARDS

Exploración

La vivienda en el mundo hispano

Muchas casas antiguas en España y América Latina tienen un patio central. Desde el patio, se pueden ver las puertas de todas las habitaciones.

Las casas colgantes (*hanging*) de Cuenca, España, son muy famosas. Estas casas están en un acantilado (*cliff*) y forman parte del paisaje único (*unique landscape*) de la ciudad.

En el lago de Maracaibo, en Venezuela, hay casas que se llaman palafitos, suspendidas sobre el agua. Los palafitos son reminiscentes de la ciudad italiana de Venecia, de donde viene el nombre "Venezuela", que significa "pequeña Venecia".

Observaciones

- Los aztecas de México tenían sistemas de drenaje (*sewer systems*) en sus viviendas.
- La Gran Francia en Granada, Nicaragua, es una antigua casa colonial que ahora es un hotel.
- La Casa de las Gárgolas (*gargoyles*), en Santo Domingo, tiene seis gárgolas en su fachada (*façade*). Se dice que vienen de la Catedral de Santo Domingo.

Coméntalo

Con un(a) compañero/a, contesta las siguientes preguntas. *Answers will vary.*

- ¿Cuál de estas viviendas te interesa más: con patio central, colgantes o palafitos? ¿Por qué?
- En tu comunidad, ¿dónde vive la mayoría de la gente: en casas o en apartamentos?
- Describe tu casa o apartamento ideal.

INSTRUCTIONAL RESOURCE Website

12.1 Formal commands

- Command forms are used to give orders or advice. Use formal commands with people you address as **Ud.** or **Uds.**

Hable con ellos, don Francisco.
Talk to them, Don Francisco.

Coma frutas y verduras.
Eat fruits and vegetables.

Laven los platos ahora mismo.
Wash the dishes right now.

Beban menos té y café.
Drink less tea and coffee.

- The **Ud.** and **Uds.** commands are formed by dropping the final **–o** of the **yo** form of the present tense. For **–ar** verbs, add **–e** or **–en**. For **–er** and **–ir** verbs, add **–a** or **–an**.

Formal commands (*Ud.* and *Uds.*)

Infinitive	Present tense *yo* form	*Ud.* command	*Uds.* command
limpiar	limpio	limpie	limpien
barrer	barro	barra	barran
sacudir	sacudo	sacuda	sacudan
decir (e:i)	digo	diga	digan
pensar (e:ie)	pienso	piense	piensen
volver (o:ue)	vuelvo	vuelva	vuelvan
servir(e:i)	sirvo	sirva	sirvan

No se preocupe...
La vamos a ayudar
en todo lo posible.

- Verbs with irregular **yo** forms have the same irregularity in their formal commands. These verbs include **conducir, conocer, decir, hacer, ofrecer, oír, poner, salir, tener, traducir, traer, venir,** and **ver**.

Oiga, don Francisco…
Listen, Don Francisco…

¡Salga inmediatamente!
Leave immediately!

Ponga la mesa, por favor.
Set the table, please.

Hagan la cama antes de salir.
Make the bed before leaving.

- Stem-changing verbs maintain their stem changes in **Ud.** and **Uds.** commands.

e:ie
No **pierda** la llave.
Cierren la puerta.

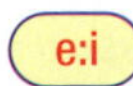
o:ue
Vuelva temprano, joven.
Duerman bien, chicos.

e:i
Sirva la sopa, por favor.
Repitan las frases.

SUGGESTION Tell the students that the **recursos** boxes for the entire **Gramática** section are in **Ampliación**.

Práctica

1 Consejos para la señora González La señora González quiere mudarse. Ayúdala a organizarse, indicando el mandato (*command*) formal de cada verbo.

1. *Lea* [leer] los anuncios (*ads*) del periódico y *guárdelos* [guardarlos].
2. *Vaya* [ir] personalmente y *vea* [ver] las casas usted misma.
3. Decida qué casa quiere y *llame* [llamar] al agente. *Pídale* [pedirle] un contrato de alquiler.
4. *Alquile* [alquilar] un camión (*truck*) para el día de la mudanza (*moving day*) y *pregúnteles* [preguntarles] la hora exacta de llegada.
5. *Dígales* [decirles] a todos en casa que tienen que ayudar. No *les diga* [decirles] que usted va a hacerlo todo.
6. *Tome* [tomar] tiempo para hacer las maletas tranquilamente. No *les haga* [hacerles] las maletas a los niños más grandes.
7. El día de la mudanza no *esté* [estar] nerviosa.
8. No *se preocupe* [preocuparse]. *Sepa* [saber] que todo va a salir bien.

2 ¿Qué dicen? Mira los dibujos y escribe un mandato lógico para cada uno. *Answers will vary. Suggested answers below.*

1. *Abran sus libros, por favor.*

2. *Cierre la puerta. ¡Hace frío!*

3. *Traiga usted la cuenta, por favor.*

4. *Barran, por favor.*

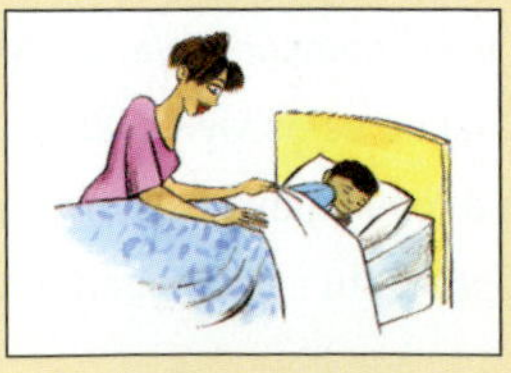
5. *Duerma bien, niño.*

6. *Arreglen estas cosas, por favor.*

INSTRUCTIONAL RESOURCES WB, LM, Ans. Key, Lab, IRM (teaching tips, info gap), Website

Conversación

3 Problemas y soluciones Trabajen en parejas para hablar de los siguientes problemas. Usen mandatos y túrnense para ofrecer soluciones. *Answers will vary.*

Me torcí el tobillo jugando al tenis.
Es la tercera vez.

Estudiante 1: Me torcí el tobillo jugando al tenis. Es la tercera vez.

Estudiante 2: No juegue más al tenis. / Vaya a ver a un médico.

1. Me enfermé después de volver de las vacaciones.
2. Mi compañero/a de cuarto y yo siempre llegamos tarde a la clase.
3. Nuestra casa es demasiado pequeña para nuestra familia.
4. Se me cayó la botella de vino que traía para la cena.
5. Se me perdió el libro de español en la biblioteca.
6. Se nos quedaron los pasajes en casa. El avión sale en una hora.
7. ¡Se me olvidó estudiar para el examen!

4 Un programa de consejos En parejas, túrnense para representar los papeles de una persona que da consejos en la radio y los radioyentes (*radio listeners*) que la llaman con los siguientes problemas. *Answers will vary.*

- problemas sentimentales o familiares
- problemas académicos
- problemas con los amigos
- problemas financieros
- problemas médicos
- problemas con la casa o el apartamento
- problemas con el coche

5 Un anuncio de televisión En grupos, presenten un anuncio de televisión (*TV commercial*) a la clase. Debe tratar de (*be about*) un detergente, un electrodoméstico o una agencia de bienes raíces. Usen mandatos, los pronombres relativos (**que, quien(es)** o **lo que**) y el **se** impersonal. *Answers will vary.*

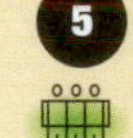

modelo

Compre el lavaplatos Corona. Tiene todo lo que usted desea. Es el lavaplatos que mejor funciona. Venga a verlo ahora mismo… No pierda ni un minuto más. Se aceptan tarjetas de crédito.

6 Investigación Tu profesor(a) va a darles a ti y a tu compañero/a la información necesaria para completar esta actividad.

Irregular commands

▸ Verbs ending in **-car, -gar,** and **-zar** have a spelling change in the command forms.

sacar	c	→	qu	saque, saquen
jugar	g	→	gu	juegue, jueguen
almorzar	z	→	c	almuerce, almuercen

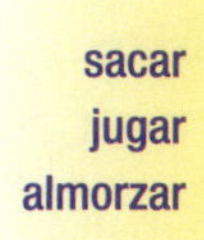

▸ The following verbs have irregular formal commands.

INFINITIVE	*Ud.* COMMAND	*Uds.* COMMAND
dar	dé	den
estar	esté	estén
ir	vaya	vayan
saber	sepa	sepan
ser	sea	sean

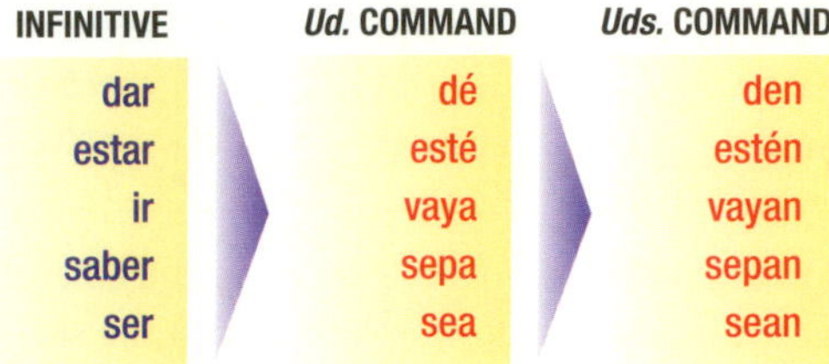

▸ To make a command negative, place **no** before the verb.

No ponga las maletas en la cama.
Don't put the suitcases on the bed.

No ensucien los sillones.
Don't get the armchairs dirty.

▸ In affirmative commands, reflexive and object pronouns are attached to the end of the verb. Note that when a pronoun is attached to a verb that has two or more syllables, an accent mark is added.

Siénten**se**, por favor.
Díga**melo**.
Acuésten**se** ahora.
Póngan**las** en el suelo, por favor.

▸ In negative commands, the pronouns precede the verb.

No **se** preocupe.
No **me lo** dé.
No **los** ensucien.
No **nos las** traigan.

▸ **Ud.** and **Uds.** can be used after command forms for a more formal, polite tone.

Muéstrele usted la foto a su amigo.
Show the photo to your friend.

Tomen ustedes esta alcoba.
Take this bedroom.

¡Manos a la obra!

Indica los mandatos (*commands*) afirmativos y negativos.

	Afirmativo	Negativo
1. escucharlo (Ud.)	Escúchelo	No lo escuche
2. decírmelo (Uds.)	*Díganmelo*	*No me lo digan*
3. salir (Ud.)	*Salga*	*No salga*
4. servírnoslo (Uds.)	*Sírvannoslo*	*No nos lo sirvan*
5. barrerla (Ud.)	*Bárrala*	*No la barra*
6. hacerlo (Ud.)	*Hágalo*	*No lo haga*
7. ir (Uds.)	*Vayan*	*No vayan*
8. sentarse (Uds.)	*Siéntense*	*No se sienten*

12.2 The present subjunctive

- The subjunctive mood expresses the speaker's attitude toward events, actions, or states that the speaker views as uncertain or hypothetical.

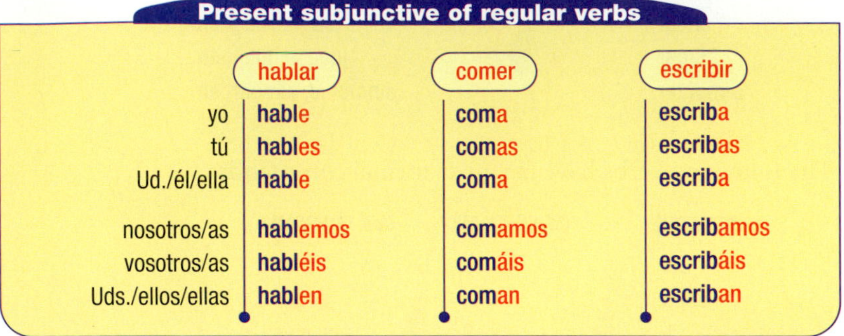

Present subjunctive of regular verbs

	hablar	comer	escribir
yo	hable	coma	escriba
tú	hables	comas	escribas
Ud./él/ella	hable	coma	escriba
nosotros/as	hablemos	comamos	escribamos
vosotros/as	habléis	comáis	escribáis
Uds./ellos/ellas	hablen	coman	escriban

- To form the present subjunctive of regular verbs, drop the **–o** ending from the **yo** form of the present indicative, and replace it with the subjunctive endings.

INFINITIVE	PRESENT INDICATIVE	PRESENT SUBJUNCTIVE
hablar	hablo	hable
comer	como	coma
escribir	escribo	escriba

- The present subjunctive endings are:
  –ar verbs; **–e, –es, –e, –emos, –éis, –en**
  –er and *–ir* verbs: **–a, –as, –a, –amos, –áis, –an**

- Verbs with irregular **yo** forms in the present indicative tense have the same irregularity in the present subjunctive.

INFINITIVE	PRESENT INDICATIVE	PRESENT SUBJUNCTIVE
conducir	conduzco	conduzca
conocer	conozco	conozca
decir	digo	diga
hacer	hago	haga
ofrecer	ofrezco	ofrezca
oír	oigo	oiga
parecer	parezco	parezca
poner	pongo	ponga
tener	tengo	tenga
traducir	traduzco	traduzca
traer	traigo	traiga
venir	vengo	venga
ver	veo	vea

- Verbs ending in **-car, -gar,** and **-zar** have a spelling change in all forms of the present subjunctive.

sacar	saque, saques, saque, saquemos, saquéis, saquen
jugar	juegue, juegues, juegue, juguemos, juguéis, jueguen
almorzar	almuerce, almuerces, almuerce, almorcemos, almorcéis, almuercen

Práctica

1 Emparejar Completa las oraciones conjugando los verbos indicados. Luego empareja las oraciones del primer grupo con las del segundo grupo.

A

1. Es mejor que *cenemos* [nosotros, cenar] en casa. *b*
2. Es importante que *tome* [yo, tomar] algo para el dolor de cabeza. *c*
3. Señora, es urgente que le *saque* [yo, sacar] la muela. Parece que tiene una infección. *e*
4. Es malo que Ana les *dé* [dar] tantos dulces a los niños. *a*
5. Es necesario que *lleguen* [Uds., llegar] a la una de la tarde. *f*
6. Es importante que *nos acostemos* [nosotros, acostarse] temprano. *d*

B

a. Es importante que *coman* [ellos, comer] más verduras.
b. No, es mejor que *salgamos* [nosotros, salir] a comer.
c. Y yo creo que es urgente que *llames* [tú, llamar] al médico.
d. En mi opinión, no es necesario que *durmamos* [nosotros, dormir] tanto.
e. ¿Ah, sí? ¿Es necesario que me *tome* [yo, tomar] un antibiótico también?
f. Para llegar a tiempo, es necesario que *almorcemos* [nosotros, almorzar] temprano.

2 Oraciones Combina los elementos de las tres columnas para formar frases. *Answers will vary.*

Expresiones	Sujetos	Actividades
Es bueno que	yo	hacer la cama
Es mejor que	mi hermano	levantarse
Es malo que	los padres	sacar la basura
Es importante que	Oprah Winfrey	gritar
Es necesario que	mis amigos	lavar los platos
Es urgente que	Jennifer López	cocinar
	mi profesor(a)	barrer el suelo
		despertarse
		ensuciar
		comer

INSTRUCTIONAL RESOURCES WB, LM, Ans. Key, Lab, IRM (teaching tips), Website

Conversación

3 **Minidiálogos** En parejas, completen los minidiálogos de una manera lógica usando el subjuntivo. *Answers will vary.*

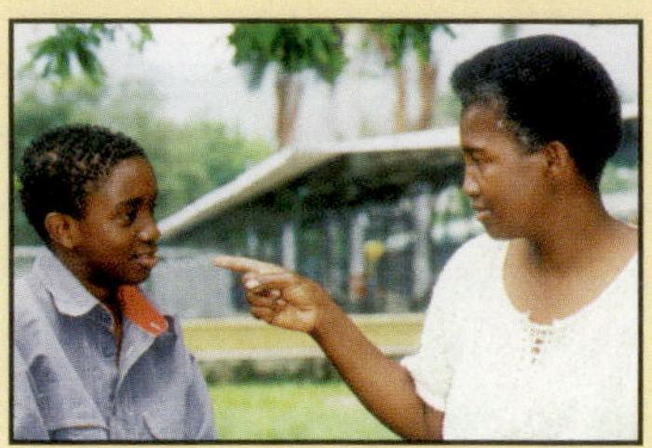

modelo

Miguelito: Mamá, no quiero arreglar mi cuarto.
Sra. Casas: *Es necesario que lo arregles. Y es importante que sacudas los muebles también.*

MIGUELITO Mamá, no quiero estudiar. Quiero salir a jugar con mis amigos.
SRA. CASAS (1) ________________________________.

...

MIGUELITO Mamá, es que no me gustan las verduras. Prefiero comer pasteles.
SRA. CASAS (2) ________________________________.

...

MIGUELITO ¿Tengo que poner la mesa, mamá?
SRA. CASAS (3) ________________________________.

...

MIGUELITO No me siento bien, mamá. Me duele todo el cuerpo y tengo fiebre.
SRA. CASAS (4) ________________________________.

4 **Entrevista** En parejas, usen estas preguntas para entrevistarse. Expliquen sus respuestas. *Answers will vary.*

1. ¿Es importante que los niños ayuden con los quehaceres domésticos?
2. ¿Es urgente que los norteamericanos aprendan otras lenguas?
3. Si un(a) norteamericano/a quiere aprender francés, ¿es mejor que lo aprenda en Francia?
4. En tu universidad, ¿es necesario que los estudiantes vivan en residencias estudiantiles?
5. ¿Es bueno que todos los estudiantes practiquen algún deporte?
6. ¿Es importante que todos los estudiantes asistan a las clases?

- **-Ar** and **-er** stem-changing verbs have the same stem changes in the present subjunctive and present indicative tenses.

pensar (e:ie)	piense, pienses, piense, pensemos, penséis, piensen
mostrar (o:ue)	muestre, muestres, muestre, mostremos, mostréis, muestren
entender (e:ie)	entienda, entiendas, entienda, entendamos, entendáis, entiendan
volver (o:ue)	vuelva, vuelvas, vuelva, volvamos, volváis, vuelvan

- **–Ir** stem-changing verbs maintain the stem changes of the present indicative in the present subjunctive. In addition, the **nosotros/as** and **vosotros/as** forms also undergo a stem change from unstressed **e** to **i** or unstressed **o** to **u**.

pedir (e:i)	pida, pidas, pida, pidamos, pidáis, pidan
sentir (e:ie)	sienta, sientas, sienta, sintamos, sintáis, sientan
dormir (o:ue)	duerma, duermas, duerma, durmamos, durmáis, duerman

- These five verbs are irregular in the present subjunctive.

Irregular verbs in the present subjunctive

	dar	estar	ir	saber	ser
yo	dé	esté	vaya	sepa	sea
tú	des	estés	vayas	sepas	seas
Ud./él/ella	dé	esté	vaya	sepa	sea
nosotros/as	demos	estemos	vayamos	sepamos	seamos
vosotros/as	deis	estéis	vayáis	sepáis	seáis
Uds./ellos/ellas	den	estén	vayan	sepan	sean

¡ojo! The subjunctive form of **hay** (*there is, there are*) is **haya**.

General uses of the subjunctive

- The subjunctive is used following verbs that express: 1) will and influence, 2) emotion, 3) doubt, disbelief, and denial, or 4) indefiniteness and non-existence.
- The subjunctive is usually used in complex sentences that consist of a main clause and a subordinate clause. The main clause contains a verb or expression that triggers the use of the subjunctive. The word **que** connects the subordinate clause to the main clause.
- Some expressions are always followed by clauses in the subjunctive. These include:

Es bueno (malo, mejor) que…
It's good (bad, better) that…

Es importante (necesario, urgente) que…
It's important (necessary, urgent) that…

Es mejor que vayas con él.
It's better that you go with him.

Es urgente que sepa la verdad.
It's urgent that she know the truth.

12.3 Subjunctive with verbs of will and influence

- The subjunctive is used with verbs and expressions of will and influence.

Quiero que tengas dientes más blancos.
Dentabrit
BLANQUEADOR
Dentabrit
BLANQUEADOR

- Verbs of will and influence are often used when someone wants to affect the actions or behavior of other people.

Enrique **quiere** que **salgamos** a cenar.
Enrique wants us to go out for dinner.

Paola **prefiere** que **cenemos** en casa.
Paola prefers that we have dinner at home.

Ana **insiste** en que la **llamemos.**
Ana insists that we call her.

Mi madre nos **ruega** que **vayamos** a verla.
My mother begs us to come see her.

- Here are some verbs of will and influence.

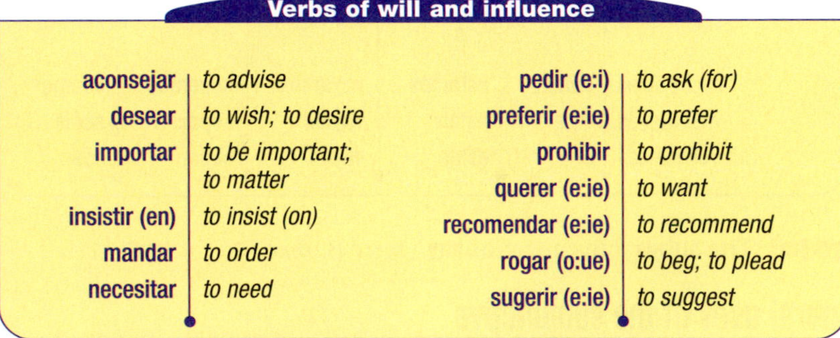

Verbs of will and influence

aconsejar	*to advise*	pedir (e:i)	*to ask (for)*
desear	*to wish; to desire*	preferir (e:ie)	*to prefer*
importar	*to be important; to matter*	prohibir	*to prohibit*
insistir (en)	*to insist (on)*	querer (e:ie)	*to want*
mandar	*to order*	recomendar (e:ie)	*to recommend*
necesitar	*to need*	rogar (o:ue)	*to beg; to plead*
		sugerir (e:ie)	*to suggest*

- Some impersonal expressions convey will or influence, such as **es necesario que, es importante que, es mejor que,** and **es urgente que.**

Es importante que duermas bien.
It's important that you sleep well.

Es urgente que él lo **haga** hoy.
It's urgent that he do it today.

- When the main clause contains an expression of will or influence and the subordinate clause has a different subject, the subjunctive is required.

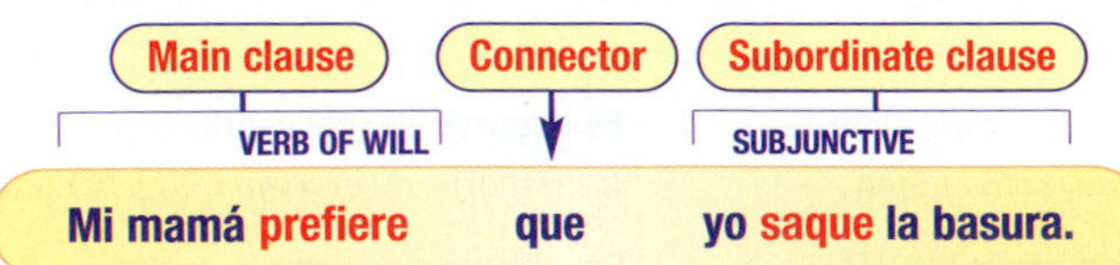

Práctica

1 Entre amigas Completa el diálogo con las palabras indicadas.

cocina	haga	quiere	sea
comas	ponga	saber	ser
diga	prohíbe	sé	vaya

IRENE Tengo problemas con Vilma. ¿Qué me recomiendas que le (1) *diga*?

JULIA Necesito (2) *saber* más para aconsejarte.

IRENE Me (3) *prohíbe* que traiga dulces a la casa.

JULIA Tiene razón. Es mejor que tú no (4) *comas* dulces.

IRENE Quiero que (5) *sea* más flexible. Pero insiste en que yo (6) *haga* todo en la casa.

JULIA Yo (7) *sé* que Vilma (8) *cocina* y hace los quehaceres todos los días.

IRENE Sí, pero siempre me pide que (9) *ponga* los cubiertos en la mesa y que (10) *vaya* al sótano por las servilletas.

JULIA ¡Vilma sólo (11) *quiere* que ayudes en la casa!

2 Unos consejos Lee lo que dice cada persona. Luego da consejos lógicos usando verbos como **aconsejar, recomendar** y **prohibir**. Tus consejos deben ser diferentes de lo que la persona quiere hacer. *Answers will vary.*

modelo
El presidente: Quiero comprar la Casa Blanca.
Le aconsejo que compre otra casa.

1. **Tu mamá:** Pienso poner la secadora en la entrada de la casa.
2. **Martha Stewart:** Voy a ir a la gasolinera para comprar unas elegantes copas de cristal.
3. **Tu amigo:** Voy a ponerme mi traje de baño en la clase.
4. **Tu primo:** Voy a comprar tazas y platos en el taller El Coche Feliz.
5. **Tu profesora:** No voy a poner servilletas para los cuarenta invitados.
6. **Enrique Iglesias:** Pienso poner todos mis muebles nuevos en el altillo.
7. **Shakira:** Hay una fiesta en mi casa esta noche, pero no quiero arreglar la casa.
8. **Tu papá:** Hoy no tengo ganas de hacer las camas.

INSTRUCTIONAL RESOURCES WB, LM, IRM (teaching tips, etc.), ICD-ROM

Conversación

3 **Preguntas** En parejas, túrnense para contestar las preguntas. Usen el subjuntivo. *Answers will vary.*

1. ¿Te dan consejos tus amigos? ¿Qué te aconsejan? ¿Aceptas sus consejos? ¿Por qué?
2. ¿Qué te sugieren tus profesores antes de terminar los cursos que tomas?
3. ¿Insisten tus amigos en que salgas mucho con ellos?
4. ¿Qué quieres que te regalen tu familia y tus amigos/as para tu cumpleaños?
5. ¿Qué le recomiendas tú a un(a) amigo/a que no quiere salir los sábados con su novio/a?
6. ¿Qué les aconsejas a los nuevos estudiantes de tu universidad?

4 **Recomendaciones** En parejas, preparen una lista de seis personas famosas. Un(a) estudiante da el nombre de una persona famosa y el/la otro/a le da un consejo.

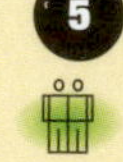

Answers will vary.

modelo

Estudiante 1: Judge Judy.
Estudiante 2: Le recomiendo que sea más simpática con la gente.
Estudiante 1: Leonardo DiCaprio.
Estudiante 2: Le aconsejo que haga más películas.

5 **El apartamento de Luisa** En parejas, miren la ilustración y denle consejos a Luisa sobre cómo arreglar su apartamento. Usen expresiones impersonales y verbos como **aconsejar, sugerir** y **recomendar**. *Answers will vary.*

modelo

Es mejor que arregles el apartamento más a menudo. Te aconsejo que no dejes para mañana lo que puedas hacer hoy.

Quiero que arreglen sus alcobas, que hagan las camas, que pongan la mesa...

...y les aconsejo que se acuesten temprano esta noche.

- Indirect object pronouns are often used with verbs of permission, suggestion or request, such as **aconsejar, mandar, pedir, recomendar, rogar** and **sugerir**.

Te aconsejo que estudies.
I advise you to study.

Le sugiero que vaya a casa.
I suggest that he go home.

Les recomiendo que barran el suelo.
I recommend that you sweep the floor.

Le ruego que no venga.
I beg you not to come.

- Note that all the forms of **prohibir** in the present tense carry a written accent, except for the **nosotros** form: **prohíbo, prohíbes, prohíbe, prohibimos, prohibís, prohíben.**

Ella les **prohíbe** que miren la televisión.
She prohibits them from watching television.

Nos **prohíben** que nademos en la piscina.
They prohibit us from swimming in the pool.

- The infinitive is used with expressions of will and influence if there is no change of subject.

No quiero **sacudir** los muebles.
I don't want to dust the furniture.

Paco prefiere **descansar**.
Paco prefers to rest.

Es importante **sacar** la basura.
It's important to take out the trash.

No es necesario **quitar** la mesa.
It's not necessary to clear the table.

¡Manos a la obra!

Completa cada oración con la forma correcta del verbo indicado.

1. Te sugiero que *vayas* [ir] con ella al supermercado.
2. Él necesita que yo le *preste* [prestar] dinero.
3. No queremos que tú *hagas* [hacer] nada especial para nosotros.
4. Mis papás quieren que yo *limpie* [limpiar] mi cuarto.
5. Nos piden que la *ayudemos* [ayudar] a preparar la comida.
6. Quieren que tú *saques* [sacar] la basura todos los días.
7. Quiero *descansar* [descansar] esta noche.
8. Es importante que ustedes *limpien* [limpiar] la casa.
9. Su tía les manda que *pongan* [poner] la mesa.
10. Te aconsejo que no *salgas* [salir] con él.
11. Mi tío insiste en que mi prima *haga* [hacer] la cama.
12. Prefiero *ir* [ir] al cine.
13. Es necesario *estudiar* [estudiar].
14. Recomiendo que ustedes *pasen* [pasar] la aspiradora.

Repaso

12.1 Formal commands

1 **Los consejos de la abuela** La abuela les da muchos consejos a sus nietos. Completa los consejos con los mandatos formales de los verbos entre paréntesis.

modelo (plachar) Planchen su ropa.

1. (poner) No _pongan_ el volumen del estéreo muy alto.
2. (hacer) _Hagan_ su cama después de levantarse.
3. (recoger) _Recojan_ su ropa del piso.
4. (lavar) _Laven_ sus platos después de cenar.
5. (terminar) _Terminen_ la tarea antes de salir a la calle.
6. (ver) No _vean_ la televisión hasta la medianoche.

2 **Órdenes** Don José nunca está de acuerdo (*to agree*) con doña Lupe. Usa la información entre paréntesis para formar las órdenes que don José le da a doña Lupe.

modelo Doña Lupe: Me voy a descansar.
Don José: (comenzar a preparar la cena)
No vaya a descansar. Comience a preparar la cena.

DOÑA LUPE Voy a apagar la luz del garaje.
DON JOSÉ (Dejarla así) (1) *No apague la luz del garaje. Déjela así.*
DOÑA LUPE Voy a almorzar huevos con jamón.
DON JOSÉ (Almorzar carne con papas) (2) *No almuerce huevos con jamón. Almuerce carne con papas.*
DOÑA LUPE Voy a lavar y secar los platos.
DON JOSÉ (Ponerlos en el lavaplatos) (3) *No lave ni seque los platos. Póngalos en el lavaplatos.*
DOÑA LUPE Voy a ver la televisión.
DON JOSÉ (Hacer ejercicios) (4) *No vea la televisión. Haga ejercicios.*
DOÑA LUPE Voy a sacar la basura en la noche.
DON JOSÉ (Sacarla en la mañana) (5) *No saque la basura en la noche. Sáquela en la mañana.*
DOÑA LUPE Voy a quitar los libros del estante.
DON JOSÉ (No ser desordenada) (6) *No quite los libros del estante. No sea desordenada.*

3 **Mi casa** La señora Josefina está de vacaciones y les pide a sus hijos que hagan algunos quehaceres. En parejas, escriban algunos mandatos formales con los verbos **dar, estar, ir, saber** y **ser**. *Answers will vary.*

modelo **Vayan a la alcoba y pasen la aspiradora por la alfombra.**

12.2 The present subjunctive

4 **Es importante que...** Forma frases con **es importante que...** y los siguientes elementos.

modelo tú / ir / pagar / el alquiler
Es importante que tú vayas a pagar el alquiler.

1. nosotros / dormir / siesta / en la tarde
Es importante que nosotros durmamos una siesta en la tarde.
2. los adolescentes / saber / hacer / quehaceres domésticos
Es importante que los adolescentes sepan hacer los quehaceres domésticos.
3. ustedes / conocer / vecinos
Es importante que ustedes conozcan a sus vecinos.
4. yo / ser / ordenado / la cocina
Es importante que yo sea ordenado en la cocina.
5. siempre / haber / comida / refrigerador
Es importante que siempre haya comida en el refrigerador.
6. el vecino / estar / su apartamento / noche
Es importante que el vecino esté en su apartamento en la noche.

5 **El apartamento ideal** En parejas, describan el apartamento ideal. Digan el número de habitaciones y los muebles que desean tener en cada habitación. Usen el subjuntivo. *Answers will vary.*

modelo **Es necesario que mi apartamento tenga tres alcobas y una oficina. Es importante que... También es necesario que...**

12.3 Subjunctive with verbs of will and influence

6 **Los quehaceres domésticos** Di lo que cada persona quiere que se haga.

modelo Los vecinos (pedir) / tú (barrer el jardín)
Los vecinos piden que tú barras el jardín. / Los vecinos te piden que barras el jardín.

1. El ama de casa (querer) / los chicos (sacudir los estantes)
El ama de casa quiere que los chicos sacudan los estantes.
2. Yo (preferir) / nosotros (usar el lavaplatos)
Yo prefiero que nosotros usemos el lavaplatos.
3. Raúl (insistir) / yo (apagar la luz del pasillo)
Raúl insiste en que yo apague la luz del pasillo.
4. Tú (desear) / Sandra (cocinar la cena)
Tú deseas que Sandra cocine la cena.
5. Nosotros (necesitar) / José y tú (poner las copas en la mesa)
Nosotros necesitamos que José y tú pongan las copas en la mesa.
6. Ustedes (rogar) / Esteban (planchar la ropa)
Ustedes ruegan que Esteban planche la ropa. / Ustedes le ruegan a Esteban que planche la ropa.

7  **¿Dónde quieres que lo ponga?** Hoy es el día de tu mudanza (*moving day*) y tus amigos te preguntan dónde quieres poner las cosas en tu nueva casa. En parejas, hagan preguntas y respuestas usando el subjuntivo y los verbos **desear, preferir** y **querer**. *Answers will vary.*

modelo

Estudiante 1: ¿Dónde deseas que pongamos estas pinturas?
Estudiante 2: Deseo que pongan las pinturas en el sótano. / Deseo que las pongan en el sótano.

• alfombras	• platos	• vasos	• almohadas
• cortinas	• mesa	• cuadro	• lámparas
• mantas	• sillón	• cómoda	• mesita

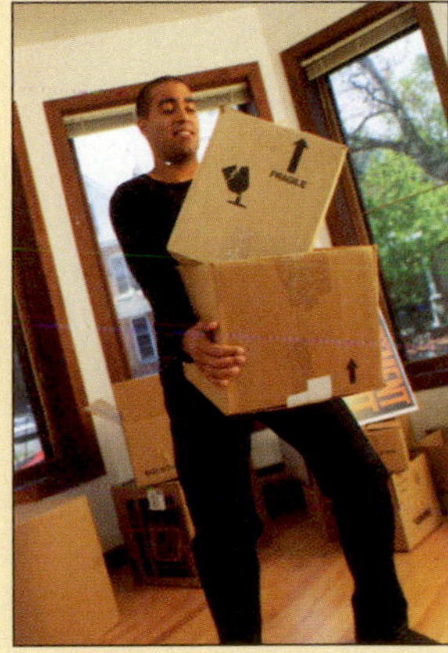

8  **¡Por favor!** Tus padres van a visitar tu apartamento, por lo que necesitas ayuda para limpiarlo. En parejas, escriban qué les vas a pedir a tus compañeros de cuarto. Usen el subjuntivo y los verbos **necesitar, pedir** y **rogar**. *Answers will vary.*

modelo Por favor, necesito que hagan sus camas y arreglen sus cuartos.

Síntesis

9 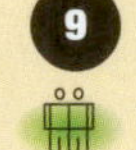 **Una fiesta en el jardín** En parejas, imaginen que son vecinos/as y están organizando una fiesta en el jardín de su edificio de apartamentos. Preparen una conversación sobre los preparativos (*arrangements*) que tienen que hacer. Usen los mandatos formales y el subjuntivo. *Answers will vary.*

modelo

Estudiante 1: Para la fiesta del domingo, necesito que usted limpie las mesas del jardín.
Estudiante 2: Así lo voy a hacer. Usted compre la comida y vaya por el pastel.

Ritmos hispanos

Olga Tañon:
Una cantante de merengue

Olga Tañón es una de las cantantes más populares de música merengue. Nació en Santurce, Puerto Rico en 1967. En los años ochenta entró a formar parte del grupo musical *Las nenas de Ringo y Josie,* y más tarde *Chantell,* un grupo integrado por sólo mujeres. En 1991 inició su carrera como solista y en 1992 grabó su primer álbum el cual fue cien por ciento merengue. En sus próximos trabajos, además de merengue, también incluyó cumbia, salsa, baladas y música tejana. En cuanto a los temas de sus canciones, muestra a veces su lado feminista y escribe mensajes sobre el respeto a las mujeres. Durante su carrera profesional ha sido galardonada con varios premios Grammy. En el año 2002 cantó junto a Bono y otros artistas en la reunión del Foro Económico Mundial.

Discografía selecta

- *Sola* (1992)
- *Mujer de fuego* (1993)
- *Siente el amor* (1994)
- *Nuevos senderos* (1996)
- *Olga Viva, Viva Olga* (1999; Grammy Latino al Mejor Álbum de Merengue)
- *Yo por ti* (2001; premio Grammy Latino, 5 premios Lo Nuestro)
- *Una nueva mujer* (2005)

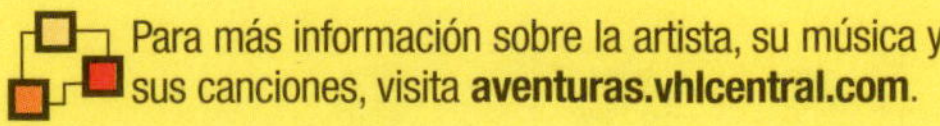
Para más información sobre la artista, su música y sus canciones, visita **aventuras.vhlcentral.com**.

reina queen **integrado por** made up of **carrera** career **grabó** recorded **el cual** which **cien por ciento** one hundred percent **En cuanto a** As for **lado** side **galardonada** awarded **premios** awards **junto a** along with **Foro** Forum **fuego** fire **senderos** trails

Ampliación

1 Escuchar

A Mira los anuncios en esta página y escucha la conversación entre el señor Núñez, Adriana y Felipe. Luego indica si cada descripción se refiere a la casa ideal de Adriana y Felipe, a la casa del anuncio o al apartamento del anuncio.

TIP Use visual cues. Visual cues, like illustrations and headings, provide useful cues about what you will hear. For example, what sort of visuals might appear in a real estate ad?

18G

Bienes raíces

Se vende.
4 alcobas, 3 baños, cocina moderna, jardín con árboles frutales.
B/. 225.000

Se alquila.
2 alcobas, 1 baño.
Balcón. Urbanización Las Brisas. 525

Descripciones	La casa ideal	La casa del anuncio	El apartamento del anuncio
1. Es barato.	☐	☐	✓
2. Tiene cuatro alcobas.	☐	✓	☐
3. Tiene una oficina.	✓	☐	☐
4. Tiene un balcón.	☐	☐	✓
5. Tiene una cocina moderna.	☐	✓	☐
6. Tiene un jardín muy grande.	☐	✓	☐
7. Tiene un patio.	✓	☐	☐

B Usa la información de los dibujos y la conversación para entender lo que dice Adriana al final. ¿Qué significa "todo a su debido tiempo"? *Answers will vary.*

2 Conversar

Con un(a) compañero/a, preparen una conversación entre el doctor Freud y un(a) paciente que lo consulta sobre un problema personal (la familia, el/la novio/a, etc.). Luego presenten la conversación a la clase. *Answers will vary.*

modelo

Estudiante 1: Buenos días, doctor Freud, me llamo Alicia. Mi mamá no quiere que yo vaya a ver a mis amigas. No le importa que me aburra. Me prohíbe conducir por la noche.

recursos

WB	LM	Text MP3s	Lab MP3s	aventuras.vhlcentral.com
pp. 121–126	pp. 69–71	Lección 12	Lección 12	Lección 12

1 SCRIPT

Adriana: Mira, papá, tienen una sección especial de bienes raíces en el periódico. Felipe, mira esta casa... tiene un jardín enorme.

Felipe: ¡Qué linda! ¡Uy, qué cara! ¿Qué piensa usted? ¿Debemos buscar una casa o un apartamento?

Sr. Núñez: Bueno, hijos, hay muchas cosas que deben considerar. Primero, ¿les gustaría vivir en las afueras o en el centro de la ciudad?

Felipe: Pues, señor Núñez, yo prefiero vivir en la ciudad. Así tenemos el teatro, los parques, los centros comerciales... todo cerca de casa. Sé que Adriana quiere vivir en las afueras porque es más tranquilo.

Sr. Núñez: De todos modos van a necesitar un mínimo de dos alcobas, un baño, una sala grande... ¿Qué más?

Adriana: Es importante que tengamos una oficina para mí y un patio para las plantas.

Sr. Núñez: Como no tienen mucho dinero ahorrado, es mejor que alquilen un apartamento pequeño por un tiempo. Así pueden ahorrar su dinero para comprar la casa ideal. Miren este apartamento. Tiene un balcón precioso y está en un barrio muy seguro y bonito. Y el alquiler es muy razonable.

Felipe: Adriana, me parece que tu padre tiene razón. Con un alquiler tan barato, podemos comprar muebles y también ahorrar dinero cada mes.

Adriana: ¡Ay!, quiero mi casa. Pero, bueno, ¡todo a su debido tiempo!

INSTRUCTIONAL RESOURCES Text MP3s, WB, LM, Ans. Key, Lab, Website

Ampliación

3 SUGGESTION Brainstorm with students and list on the board the kinds of things that might be needed in a rental agreement contract. Ex: **la dirección del apartamento, las fechas del contrato, el precio del alquiler, la fecha de pagar el alquiler, el precio del depósito, reglas acerca de la basura, el correo, los animales domésticos, el ruido.**

3 4 EVALUATION

Criteria	Scale
Content	1 2 3 4
Organization	1 2 3 4
Use of vocabulary	1 2 3 4
Use of linking words	1 2 3 4
Grammar	1 2 3 4

Scoring	
Excellent	18–20 points
Good	14–17 points
Satisfactory	10–13 points
Unsatisfactory	< 10 points

4 SUGGESTION Give students several days to prepare this assignment.

4 EXPANSION After each presentation, ask students if they would like to own this vacation home and to explain why or why not.

3 Escribir

Eres el/la administrador(a) de un edificio de apartamentos. Prepara un contrato de arrendamiento (*lease*) para los nuevos inquilinos (*tenants*). *Answers will vary.*

TIP Use linking words. To make your writing more sophisticated, use linking words to connect simple sentences or ideas. Some common linking words are: **y, o, cuando, mientras, pero, porque, pues, que, quien(es),** and **sino**.

Organízalo	Utiliza un mapa de ideas para organizar la información sobre las fechas del contrato, el precio del alquiler y otros aspectos importantes.
Escríbelo	Escribe el primer borrador de tu contrato de arrendamiento.
Corrígelo	Intercambia el contrato con un(a) compañero/a. Anota los aspectos mejor escritos (*written*), especialmente el uso de las palabras de enlace (*linking words*). Ofrécele sugerencias, y si ves algunos errores, coméntaselos.
Compártelo	Revisa el primer borrador según las indicaciones de tu compañero/a. Incorpora nuevas ideas y/o más información si es necesario, antes de escribir la versión final.

Here are some technical terms that might help you in writing your contract:

arrendatario *tenant*
arrendador *landlord*
propietario *owner*
estipulaciones *stipulations*
parte *party*
de anticipación, de antelación *in advance*

4 Un paso más

Imagina que quieres construir una casa de vacaciones en un país hispano. Prepara para la clase una presentación sobre la casa. Toma en cuenta las siguientes preguntas. *Answers will vary.*

- ¿Dónde quieres construir la casa? ¿Prefieres que esté en la selva (*jungle*), en una isla, en una montaña o en un lugar con vista al mar?
- ¿Cómo va a ser la casa? ¿Quieres que sea grande? ¿Cuántos pisos y cuántos cuartos va a tener?
- ¿Qué efectos visuales puedes usar para hacer más interesante la presentación? ¿Tienes mapas, fotos o planos (*blueprints*) de la casa?
- ¿Qué muebles quieres poner en cada cuarto?

En Internet

Investiga estos temas en el sitio aventuras.vhlcentral.com.

- Lugares turísticos del mundo hispano
- Agencias de bienes raíces en el mundo hispano
- Mueblerías (*furniture stores*) en el mundo hispano

Antes de leer

Did you know that a text written in Spanish is often longer than the same text written in English? Because the Spanish language often uses more words to express ideas, you may encounter a few long sentences when reading in Spanish. Of course, the length of sentences varies with genre and with authors' individual styles. To help you understand long sentences, identify the main parts of the sentence before trying to read it in its entirety. First, locate the main verb of the sentence, along with its subject, ignoring any words or phrases set off by commas. Then re-read the sentence, adding details like direct and indirect objects, transitional words, and prepositional phrases. Practice this strategy on a few sentences from this reading selection.

SUGGESTION Have students examine the layout and format of the reading. Ask them what kind of reading they think it is. Before reading it for comprehension, they should also scan for cognates, such as **estilo, colonial, espacio público,** and **exhibición permanente.**

SUGGESTION Practice the reading strategy with the first, second, and third sentences in the reading. Then have students work in pairs to look for long sentences. Have them point out the main verb and subject in each.

SUGGESTION Point out that the word **piso** has several meanings. It can mean *floor*, *flooring*; *apartment* (in Spain); or *story* (of a building).

EXPANSION Have students give a brief presentation on a historical building in the area that includes a physical description and some basic historical facts about the building. Ask volunteers to present their descriptions to the class.

¡Bienvenidos a la Casa Colorada!

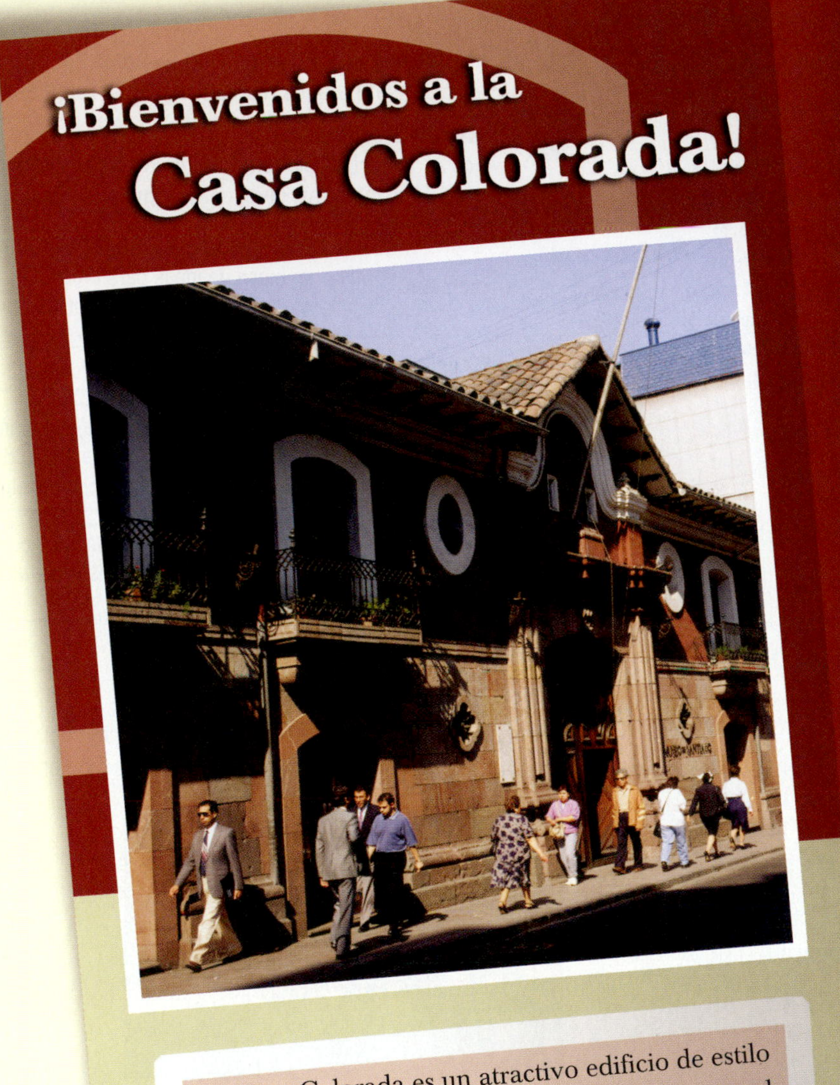

La Casa Colorada es un atractivo edificio de estilo colonial, construido en 1769. Está situado en el centro de Santiago de Chile, en la calle Merced. En sus orígenes fue la vivienda de Mateo de Toro y Zambrano, un aristócrata chileno conocido por sus actividades en el ejército, los negocios y la administración de la ciudad. En la actualidad, la Casa Colorada no está habitada por nadie.

 INSTRUCTIONAL RESOURCE Website

El edificio se convirtió en un espacio público en el siglo XX y en su interior están el Museo de Santiago, la Oficina de Turismo y la Fundación de Vicente Huidobro, donde se encuentra abundante información sobre la vida y la obra de este escritor chileno. El Museo de Santiago ofrece una exhibición permanente sobre la historia de la ciudad, desde la época precolombina hasta nuestros días.

La Casa Colorada es una obra del arquitecto portugués Joseph de la Vega. Los materiales fundamentales que se utilizaron en su construcción fueron el adobe, la madera y la cal. Desde el primer momento, esta casa se convirtió en el centro de atención de la sociedad santiaguina por la elegancia de su diseño. Además, una característica que la diferenciaba de otras viviendas del mismo estilo arquitectónico es que su fachada estaba recubierta de piedra hasta el primer piso. El edificio empezó a llamarse Casa Colorada en 1888, año en que pintaron su fachada de color rojo.

La composición exterior del edificio es simétrica. En el centro de la fachada hay una gran puerta que sirve de acceso principal a la vivienda; a los lados se ven unos arcos que forman puertas adicionales en el primer piso y ventanas con balcones de hierro forjado en el segundo. Otra característica interesante del exterior de la casa es la elevación triangular del tejado sobre la puerta principal.

Después de leer

¿Comprendiste?

Completa las frases con las palabras adecuadas.

1. En el siglo XVIII, Mateo de Toro y Zambrano, un aristócrata de *Chile*, vivió en la Casa Colorada.
2. Ahora *nadie* vive en la Casa Colorada.
3. El exterior de la casa es de color *rojo*.
4. La *puerta* principal está en el centro de la fachada.
5. Los materiales que se utilizaron en su construcción fueron *el adobe, la madera y la cal*.
6. En el Museo de Santiago hay una exhibición sobre la *historia* de la ciudad.

Preguntas

1. ¿Cómo se llamaba el arquitecto de la Casa Colorada?
   El arquitecto se llamaba Joseph de la Vega.
2. ¿Cuándo se construyó la Casa Colorada?
   Se construyó en 1769.
3. ¿Cuándo se convirtió en lugar público?
   Se convirtió en lugar público en el siglo XX.
4. ¿Por qué este edificio se llama la Casa Colorada?
   Se llama la Casa Colorada porque pintaron de color rojo su fachada en 1888.
5. ¿Por qué la Casa Colorada se diferenciaba de otras viviendas del mismo estilo arquitectónico?
   Porque su fachada estaba recubierta de piedra hasta el primer piso.
6. ¿Dónde están el Museo de Santiago, la Oficina de Turismo y la Fundación de Vicente Huidobro?
   El Museo de Santiago, la Oficina de Turismo y la Fundación de Vicente Huidobro están en (el interior de) la Casa Colorada.

Coméntalo

¿Te gustaría visitar la Casa Colorada? ¿Por qué? ¿Te gustaría vivir en una casa similar a ésta? Explica tu respuesta. ¿Hay edificios históricos en tu ciudad o comunidad? Descríbelos. *Answers will vary.*

ejército *army*
negocios *business*
En la actualidad *At the present time*
siglo *century*
obra *work*
madera *wood*
cal *lime*
santiaguina *of Santiago*
diseño *design*
fachada *façade*
recubierta de piedra *covered with stone*
hierro forjado *wrought iron*
tejado *roof*

La casa y sus cuartos

la alcoba	*bedroom*
el altillo	*attic*
el balcón	*balcony*
la cocina	*kitchen*
el comedor	*dining room*
la entrada	*entrance*
la escalera	*stairs; stairway*
el garaje	*garage*
el jardín	*garden; yard*
la oficina	*office*
el pasillo	*hallway*
el patio	*patio*
la sala	*living room*
el sótano	*basement; cellar*

Los muebles y otras cosas

la alfombra	*rug*
la almohada	*pillow*
el armario	*closet*
la cómoda	*chest of drawers*
las cortinas	*curtains*
el cuadro	*painting*
el estante	*bookcase; bookshelf*
la lámpara	*lamp*
la luz	*light*
la manta	*blanket*
la mesita	*side/end table*
la mesita de noche	*night stand*
los muebles	*furniture*
la pared	*wall*
la pintura	*painting; picture*
el sillón	*armchair*
el sofá	*couch; sofa*

Los quehaceres domésticos

arreglar	*to neaten; to straighten up*
barrer el suelo	*to sweep the floor*
cocinar	*to cook*
hacer la cama	*to make the bed*
hacer los quehaceres domésticos	*to do household chores*
lavar (el suelo, los platos)	*to wash (the floor, the dishes)*
limpiar la casa	*to clean the house*
pasar la aspiradora	*to vacuum*
planchar la ropa	*to iron clothes*
poner la mesa	*to set the table*
quitar la mesa	*to clear the table*
sacar la basura	*to take out the trash*
sacudir los muebles	*to dust the furniture*

Los electrodomésticos

la estufa	*stove*
los electrodomésticos	*electrical appliances*
el horno (de microondas)	*(microwave) oven*
la lavadora	*washing machine*
el lavaplatos	*dishwasher*
el refrigerador	*refrigerator*
la secadora	*clothes dryer*

La mesa

la copa	*wineglass; goblet*
la cuchara	*spoon*
el cuchillo	*knife*
el plato	*plate*
la servilleta	*napkin*
la taza	*cup*
el tenedor	*fork*
el vaso	*glass*

Otras palabras

las afueras	*suburbs; outskirts*
la agencia de bienes raíces	*real estate agency*
el alquiler	*rent (payment)*
el ama (m., f.) de casa	*housemaker*
el barrio	*neighborhood*
el edificio de apartamentos	*apartment building*
el hogar	*home*
el/la vecino/a	*neighbor*
la vivienda	*housing*
alquilar	*to rent*
ensuciar	*to get (something) dirty*
mudarse	*to move (residences)*

Expresiones útiles	*See page 311.*
Verbs and expressions of will and influence	*See page 318.*

INSTRUCTIONAL RESOURCES Text MP3s, IRM (additional vocabulary), Test Program, Test MP3s, Website

AVENTURAS EN LOS PAÍSES HISPANOS

La ropa tradicional de los guatemaltecos se llama *huipil* y muestra el amor de la cultura maya por la naturaleza *(nature)*. Tiene colores vivos y los diseños *(designs)* indican el origen, la edad y el sexo de la persona que lo lleva.

AMÉRICA CENTRAL I

Guatemala

Área: 108.890 km^2 (42.042 millas^2)
Población: 12.952.000
Capital: Ciudad de Guatemala – 3.869.000
Ciudades principales: Quetzaltenango, Escuintla, Mazatenango, Puerto Barrios
Moneda: quetzal

SOURCE: Population Division, UN Secretariat

Honduras

Área: 112.492 km^2 (43.870 millas^2)
Población: 7.199.000
Capital: Tegucigalpa – 1.120.000
Ciudades principales: San Pedro Sula, El Progreso
Moneda: lempira

SOURCE: Population Division, UN Secretariat

El Salvador

Área: 21.040 km^2 (8.124 millas^2)
Población: 6.876.000
Capital: San Salvador – 1.533.000
Ciudades principales: Apopa, Santa Ana, San Miguel
Moneda: colón

SOURCE: Population Division, UN Secretariat

MÉXICO
BELICE
GUATEMALA
EL SALVADOR
Sierra de Lacandón
Lago Petén Itza
Río Usumacinta
Río de la Pasión
Golfo de Honduras
Sierra Madre
Lago de Izabal
Puerto Barrios
La Ceiba
San Pedro Sula
Río Motagua
Sierra Espíritu Santo
El Progreso
Lago de Atitlán
Ciudad de Guatemala
Sierra Grita
Sierra Rijol
Quetzaltenango
Lago de Yojoa
Mazatenango
Antigua Guatemala
Lago de Güija
Tegucigalpa
Río Lempa
Escuintla
Río de la Paz
Santa Ana
San Salvador
San Miguel
La Libertad
Río Lempa
La Unión
Río Cholu
Océano Pacífico

Ciudades

La Antigua Guatemala

La Antigua Guatemala era la capital del país, hasta que un terremoto *(earthquake)* la destruyó *(destroyed)* en 1773. Tiene una arquitectura colonial hermosa y es un importante centro turístico de Guatemala. La Antigua Guatemala es también muy famosa en el mundo por su celebración anual de la Semana Santa *(Holy Week)*.

INSTRUCTIONAL RESOURCES WB, VM, Ans. Key, OT, DVD, IRM (videoscripts, translations), Website

Mar Caribe

Islas de la Bahía

HONDURAS

Laguna de Caratasca

...rra de Payas

Río Patuca

Montañas de Colón

Río Coco

NICARAGUA

COSTA RICA

Lugares

Copán

Copán está en Honduras, en el límite *(border)* con Guatemala. Miles de turistas van a las ruinas mayas de Copán durante todo el año. Los mayas fueron una antigua *(ancient)* civilización indígena que vivió en el sur de México, Guatemala, Honduras y El Salvador por más de 2.000 años. Era una civilización muy avanzada. Construyeron *(they built)* pirámides, templos y observatorios. También descubrieron *(discovered)* y usaron el cero antes que los europeos e hicieron un calendario complejo y preciso. Una de las actividades más importantes de Copán era la astronomía. Allí se hacían congresos *(conventions)* de astrónomos.

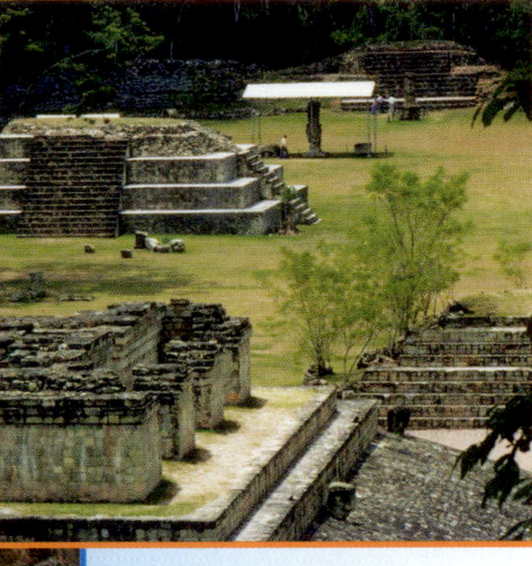

Hispanos en los Estados Unidos

Guatemala
Aida Toledo, poeta
Héctor Tobar,escritor (Premio Pulitzer)
Mario Roberto Morales, pintor

Honduras
América Ferrara, actriz
Miguel Ángel Estrada, abogado
Neida Sandoval, periodista

El Salvador
Claribel Alegría, poeta
Randy Jurado, político
Rosemary Casals, tenista

Naturaleza

El Parque Nacional Montecristo

El Parque Nacional Montecristo está en el norte de El Salvador, en el límite con Honduras y Guatemala. Este bosque *(forest)* tiene árboles *(trees)* muy altos que forman una bóveda *(vault)* natural. La luz del sol no puede pasar a través de *(through)* ella. El bosque tiene un 100% de humedad. Allí hay muchas especies interesantes de plantas y animales, como orquídeas, hongos *(fungi)*, pumas, quetzales y tucanes.

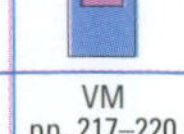	 		
WB pp. 127–128	VM pp. 217–220	VCD-ROM Lección 12	aventuras.vhlcentral.com Lección 12

¿Qué aprendiste?

1 ¿Cierto o falso? Indica si las siguientes frases son **ciertas** o **falsas**.

	Cierto	Falso
1. La ropa tradicional de los guatemaltecos se llama Quetzaltenango.		✓
2. Los diseños del *huipil* indican el origen de la persona que lo lleva.	✓	
3. Tegucigalpa es la capital de Honduras.	✓	
4. La lempira es la moneda de Guatemala.		✓
5. Los mayas descubrieron el cero antes que los europeos.	✓	
6. En Copán se hacían congresos de geografía.		✓
7. La Antigua Guatemala es la capital de Guatemala.		✓
8. La Antigua Guatemala es muy famosa por su celebración de la Semana Santa.	✓	
9. El Parque Nacional Montecristo está en El Salvador, en el límite con Honduras y Guatemala.	✓	
10. El bosque del Parque Nacional Montecristo tiene un 50% de humedad.		✓

2 Preguntas Contesta las siguientes preguntas. *Answers will vary.*

1. ¿Qué muestra el *huipil*? ¿Qué indican sus diseños?
2. ¿Crees que los países de esta lección son muy poblados *(populated)* o poco poblados?
3. ¿Crees que la civilización maya era avanzada? ¿Por qué?
4. ¿Por qué crees que la Antigua Guatemala es un importante centro turístico?
5. ¿Por qué la luz del sol no puede pasar a través de los árboles del Parque Nacional Montecristo?

En Internet

Busca más información sobre estos temas en el sitio aventuras.vhlcentral.com. Presenta la información a tus compañeros/as de clase.

- Copán
- La Antigua Guatemala
- El Parque Nacional Montecristo

13 La naturaleza

PARA EMPEZAR Here are some additional questions you can ask based on the photo: **¿Tienes algún pasatiempo? ¿Cuál? ¿Dónde lo practicas? ¿Puedes escalar montañas? ¿Te gusta acampar? ¿Dónde puedes hacer estas actividades?**

Communicative Goals

You will learn how to:

- talk about nature
- discuss environmental conditions
- express wishes, desires, and doubts

PREPARACIÓN

AVENTURAS

GRAMÁTICA

LECTURA

PARA EMPEZAR

- ¿Crees que ellos son amigos o novios?
- ¿Crees que hay electrodomésticos donde están ellos?
- ¿Crees que están en el patio de su casa? ¿O en la ciudad o en las afueras?

SUGGESTION Point out that ecotourism is one way of teaching visitors and residents about endangered animals and plants while protecting habitats.

LA NATURALEZA

el volcán *volcano*

LA NATURALEZA

el árbol *tree*
el bosque (tropical) *(tropical; rain) forest*
el césped *grass*
el cielo *sky*
el cráter *crater*
el desierto *desert*
la estrella *star*
la hierba *grass*
el lago *lake*
la luna *moon*
el mundo *world*
la naturaleza *nature*
la nube *cloud*
el océano *ocean*
el paisaje *landscape*
la piedra *rock; stone*
la planta *plant*
la región *region; area*
el río *river*
la selva *jungle*
el sendero *trail*
el sol *sun*
la tierra *land; soil*
el valle *valley*

la flor *flower*

Variación léxica
césped ↔ pasto (*Perú*), grama (*Venez.*), zacate (*Méx.*)

EL MEDIO AMBIENTE

la conservación *conservation*
la contaminación (del aire; del agua) *(air; water) pollution*
la ecología *ecology*
el ecoturismo *ecotourism*
la energía (nuclear; solar) *(nuclear; solar) energy*
la extinción *extinction*
el gobierno *government*
la ley *law*
la lluvia (ácida) *(acid) rain*
el medio ambiente *environment*
el peligro *danger*
la población *population*
el reciclaje *recycling*
el recurso natural *natural resource*
la solución *solution*

la energía nuclear
nuclear energy

SUGGESTION Write l **naturaleza** and **la conservación** on the board and have stud guess their meaning Ask volunteers to wri English words under those headings. Have class look in their te see how many Spani equivalents they find.

la deforestación
deforestation

recursos

WB pp. 131–132	LM p. 73	Text MP3s Lección 13	Lab MP3s Lección 13	aventuras.vhlcentral.com Lección 13

INSTRUCTIONAL RESOURCES WB, LM, Ans. Key, Lab, Text MP3s, IRM (tapescript, additional vocabulary), We

el gato
cat

LOS ANIMALES

el animal *animal*
el pez *fish*
la vaca *cow*

el pájaro
bird

el perro
dog

EXPANSION Have students play "Bingo" using vocabulary words.

VERBOS

conservar *to conserve*
contaminar *to pollute*
controlar *to control*
cuidar *to take care of*
dejar de (+ *inf.*) *to stop (doing something)*
desarrollar *to develop*
descubrir *to discover*
destruir *to destroy*
estar afectado/a (por) *to be affected (by)*
evitar *to avoid*
mejorar *to improve*
proteger *to protect*
reciclar *to recycle*
recoger *to pick up*
reducir *to reduce*
resolver (o:ue) *to resolve; to solve*
respirar *to breathe*

EXPANSION Whisper a vocabulary word to a student, who then draws a picture of it on the board. The class guesses the word and spells it aloud in Spanish.

estar contaminado/a
to be polluted

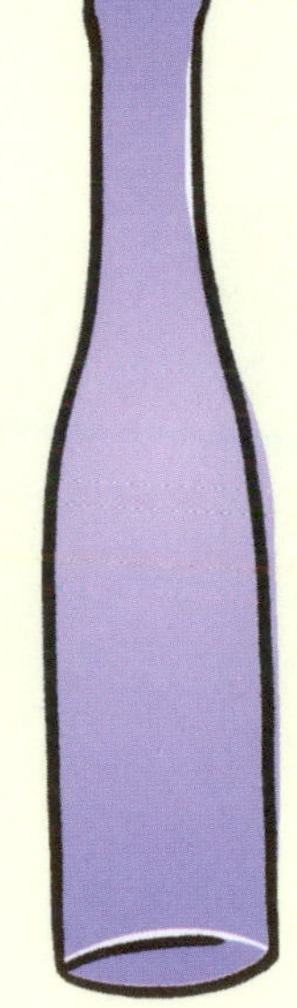

la botella de vidrio
glass bottle

SUGGESTION Involve students in a discussion by asking: **¿Está contaminado el aire en tu ciudad? ¿De dónde viene la contaminación? ¿Tiene tu ciudad un programa de reciclaje? ¿Tenemos un programa aquí en la universidad? ¿Reciclas tú?**

OTRAS PALABRAS Y EXPRESIONES

el envase de plástico *plastic container*
puro/a *pure*

la lata de aluminio
aluminum can

A escuchar

1 Escuchar Mientras escuchas las frases, anota los sustantivos (*nouns*) que se refieren a **las plantas**, **los animales**, **la tierra** y **el cielo**.

Plantas	Animales	Tierra	Cielo
flores	*perro*	*valle*	*sol*
hierba	*gatos*	*volcán*	*nubes*
árboles	*vacas*	*bosques tropicales*	*estrellas*

2 Seleccionar Escucha las descripciones y escribe el número de la descripción que corresponda a cada foto.

a. *2*

b. *3*

c. *4*

d. *1*

1 SCRIPT
1. Mi novio siempre me compra flores para nuestro aniversario.
2. Cuando era pequeño jugaba con mi perro todo el tiempo.
3. Javier prefiere jugar al fútbo norteamericano sobre hierba natural.
4. Antes de las vacaciones, los estudiantes tomaban el sol en el parque.
5. No puedo visitarte porque soy alérgico a los gatos.
6. Durante la tormenta, las nubes grises cubrían toda la ciudad.
7. Cerca de la casa de mi hermana hay un valle donde siempre hay muchas vacas.
8. Algunas noches vamos al campo para ver las estrellas.
9. El Puracé es un volcán activo en los Andes colombianos.
10. Los árboles de los bosques tropicales contienen las curas para muchas enfermedades.

2 SCRIPT
1. Tomé la fotografía de este valle el verano pasado. No había animales y había muy pocas plantas. Sólo se veían montañas de piedra.
2. Ésta es una fotografía de la región donde nací. Es un área verde, con mucha hierba y árboles. Normalmente llueve mucho, aunque el día que tomé la foto el cielo estaba bastante despejado y hacía sol
3. Esto que ven es una fotografía de la ciudad donde estudio. Hay muchos edificios altos y hay mucho tráfico que contamina el aire.
4. El invierno pasado fui a esquiar a esta montaña. Me fascinó la gran cantidad de recursos naturales de la región. El aire nunca está contaminado aquí.

INSTRUCTIONAL RESOURCE Text MP3s, Website

A practicar

3 EXPANSION After students have answered, have them state a category for each group. Ex: **1. Cosas que están en el cielo.**

3 EXPANSION Have pairs write 4-5 additional items for this exercise. Then have pairs exchange papers and find the unrelated terms. Have volunteers present the list, their selection, the category, and the reason why the word did not fit.

4 SUGGESTION Go over the activity with the class. Ask individuals to read the completed sentences.

4 EXPANSION Have students write five more original sentences, using different verb tenses. Ask volunteers to share their sentences with the rest of the class.

5 EXPANSION Have student pairs prepare definitions for five additional words. Call on a pair to write the words they have chosen on the board. Then have the pairs present their definitions to the class; after each definition the class identifies the word.

3 La naturaleza ¿Qué palabra no está relacionada con cada grupo?

1. sol • (desierto) • luna • estrella
2. océano • lluvia • (sendero) • río
3. naturaleza • paisaje • ecoturismo • (gato)
4. (piedra) • pájaro • pez • perro
5. volcán • (vaca) • cráter • piedra
6. (recurso natural) • lluvia ácida • contaminación • deforestación
7. nube • aire • cielo • (lago)
8. (solución) • selva • bosque • desierto
9. lluvia • nube • (peligro) • cielo
10. (valle) • árbol • hierba • flor

4 Completar Completa las frases.

contaminar	destruyen	reciclamos
controlan	están afectadas	recoger
cuidan	mejoramos	resolver
descubrir	proteger	se desarrollaron

1. Si vemos basura en las calles, la debemos *recoger*.
2. Los científicos trabajan para *descubrir* nuevas soluciones.
3. Es necesario que todos trabajemos juntos para *resolver* los problemas del medio ambiente.
4. Debemos *proteger* el medio ambiente porque está en peligro.
5. Muchas leyes nuevas *controlan* el número de árboles que se pueden cortar (*cut down*).
6. Las primeras civilizaciones *se desarrollaron* cerca de los ríos, los lagos y los océanos.
7. Todas las personas del mundo *están afectadas* por la contaminación.
8. Los turistas deben tener cuidado de no *contaminar* las regiones que visitan.
9. Podemos conservar los recursos si *reciclamos* el aluminio, el vidrio y el plástico.
10. La lluvia ácida, la contaminación y la deforestación *destruyen* el medio ambiente.

5 Definir Trabaja con un(a) compañero/a para definir o describir cada palabra. *Answers will vary.*

¿Qué es el cielo?

El cielo está sobre la tierra y tiene nubes.

1. la población
2. un valle
3. la lluvia
4. la naturaleza
5. un desierto
6. la extinción
7. la ecología
8. un perro

A conversar

6 **Entrevista** Pregúntale a un(a) compañero/a qué importancia tienen para él/ella los siguientes problemas. Luego, comparte los resultados con la clase. *Answers will vary.*

modelo

la deforestación
Estudiante 1: ¿Qué importancia tiene para ti la deforestación?
Estudiante 2: Pienso que el problema de la deforestación es importantísimo.

- **importantísimo** *****
- **muy importante** ****
- **importante** ***
- **poco importante** **
- **no es importante** *

Problemas	Importancia
1. la lluvia ácida	________
2. la contaminación del agua	________
3. la contaminación del aire	________
4. la reducción de los recursos naturales	________
5. la población de las ciudades	________
6. los animales en peligro de extinción	________

7 **Preguntas** Mira otra vez la lista de problemas de la práctica anterior (*previous*). Luego, con un(a) compañero/a, contesta las siguientes preguntas. *Answers will vary.*

1.

2.

3.

1. ¿Qué problema consideras tú el más grave? ¿Por qué?
2. ¿Cuál es el menos importante? ¿Es necesario resolverlo? ¿Por qué?
3. ¿Está en peligro el medio ambiente de tu ciudad o región? ¿Qué problemas hay?
4. ¿Qué se puede hacer para resolver esos problemas?

8 **Situaciones** Trabajen en grupos pequeños para representar una de las siguientes situaciones. *Answers will vary.*

- Un(a) representante de una agencia ambiental (*environmental*) habla con el/la presidente/a de una compañía industrial que está contaminando un río o el aire.
- Un(a) guía de ecoturismo habla con un grupo sobre cómo disfrutar del (*to enjoy*) medio ambiente y conservarlo.
- Un(a) representante de la universidad habla con un grupo de nuevos estudiantes sobre la campaña (*campaign*) ambiental de la universidad.

9 **Crucigrama** Tu profesor(a) va a darles a ti y a tu compañero/a la información necesaria para completar esta actividad.

6 EXPANSION Have volunteers tally responses on the board.

7 Have students identify the environmental problems in the photos.

7 SUGGESTION Have students read the directions and have a volunteer read the list of problems aloud. Allow pairs time to complete their conversations. As an alternative, assign the conversation preparation as homework.

8 SUGGESTION Have groups of three choose a situation, making sure all situations are covered. Have students take turns playing each role. After groups have had time to prepare, invite some to present their situation to the class.

INSTRUCTIONAL RESOURCES IRM (info gap)

Ortografía

SUGGESTION Model reading numerical examples. Ex: **13,5% = trece coma cinco por ciento, 29,2° = veintinueve coma dos grados.** Mention that Mexican Spanish uses English conventions.

SUGGESTION Explain that an inverted question mark or exclamation point comes at the beginning of the part of the sentence where the question or exclamation begins. Ex: **—¿Cómo estás, Mirta? —¡Superbien, Andrés! Y tú, ¿cómo estás? —No me siento bien y me duele la cabeza, ¡caramba!**

Los signos de puntuación

In Spanish, as in English, punctuation marks are important because they help you express your ideas in a clear, organized way.

No podía ver las llaves. Las buscó por los estantes, las mesas, las sillas, el suelo; minutos después, decidió mirar por la ventana. Allí estaban...

The **punto y coma (;)**, the **tres puntos (...)**, and the **punto (.)** are used in very similar ways in Spanish and English.

Argentina, Brasil, Paraguay y Uruguay son miembros de Mercosur.

In Spanish, the **coma (,)** is not used before **y** or **o** in a series.

13,5% **29,2°** **3.000.000** **$2.999,99**

In numbers, Spanish uses a **coma** where English uses a decimal point and a **punto** where English uses a comma.

¿Cómo te llamas? **¿Dónde está?** **¡Ven aquí!** **¡Hola!**

Questions in Spanish are preceded and followed by **signos de interrogación (¿ ?)**, and exclamations are preceded and followed by **signos de exclamación (¡ !)**.

Práctica Lee el párrafo e indica los signos de puntuación necesarios. Recuerda que la primera letra de una oración siempre debe estar en mayúscula. *Answers will vary.*

Ayer recibí la invitación de boda de Marta mi amiga colombiana inmediatamente empecé a pensar en un posible regalo fui al almacén donde Marta y su novio tenían una lista de regalos había de todo copas cafeteras tostadoras finalmente decidí regalarles un perro ya sé que es un regalo extraño pero espero que les guste a los dos

¿Palabras de amor? El siguiente diálogo tiene diferentes significados (*meanings*), dependiendo de los signos de puntuación que utilizas y el lugar donde los pones. Intenta encontrar los diferentes significados. *Answers will vary.*

JULIÁN me quieres
MARISOL no puedo vivir sin ti
JULIÁN me quieres dejar
MARISOL no me parece mala idea
JULIÁN no eres feliz conmigo
MARISOL no soy feliz

recursos

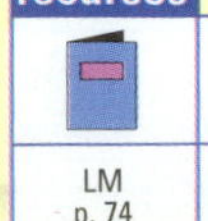

LM p. 74 | Lab MP3s Lección 13

aventuras.vhlcentral.com Lección 13

INSTRUCTIONAL RESOURCES LM, Ans. Key, Lab, Website

¡Qué paisaje más hermoso!

Martín y los estudiantes visitan el sendero en las montañas.

VIDEO SYNOPSIS Don Francisco introduces the students to Martín, who will be their guide on the hike. Martín takes the students to the site of the hike, where they discuss the need for environmental protection.

DON FRANCISCO Chicos, les presento a Martín Dávalos, el guía de la excursión. Martín, nuestros pasajeros: Maite, Javier, Inés y Álex.

MARTÍN Mucho gusto. Voy a llevarlos al área donde vamos a ir de excursión mañana. ¿Qué les parece?

ESTUDIANTES ¡Sí! ¡Vamos!

MAITE ¡Qué paisaje más hermoso!

INÉS No creo que haya lugares más bonitos en el mundo.

JAVIER Entiendo que mañana vamos a cruzar un río. ¿Está contaminado?

MARTÍN En las montañas el río no parece estar afectado por la contaminación. Cerca de las ciudades, sin embargo, el río tiene bastante contaminación.

ÁLEX ¡Qué aire tan puro se respira aquí! No es como en la Ciudad de México... Tenemos un problema gravísimo de contaminación.

MARTÍN A menos que resuelvan ese problema, los habitantes van a sufrir muchas enfermedades en el futuro.

INÉS Creo que todos debemos hacer algo para proteger el medio ambiente.

MAITE Yo creo que todos los países deben establecer leyes que controlen el uso de automóviles.

SUGGESTION Have the class work in groups and read the video episode aloud. Circulate among the groups and model correct pronunciation as needed.

recursos

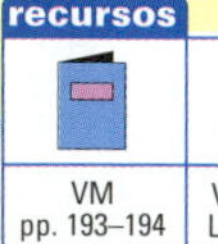
VM pp. 193–194

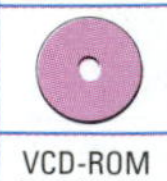
VCD-ROM Lección 13

aventuras.vhlcentral.com Lección 13

INSTRUCTIONAL RESOURCES VM, Ans. Key, DVD, VCD-ROM, IRM (videoscript, translation), Website

Para recordar

Before doing this Fotonovela section, review the previous one with this activity.

1. ¿Quién es la señora Vives? *el ama de casa*
2. ¿Qué muebles tiene la alcoba de los chicos? *dos camas, una mesita de noche, una cómoda, un armario*
3. ¿Qué quiere don Francisco que hagan los chicos? *quiere que ayuden a la señora Vives con los quehaceres doméstico*
4. ¿Por qué les aconseja don Francisco a los chicos que se acuesten temprano? *porque Martín, el guía, viene a las siete de la mañana*

MARTÍN Esperamos que Uds. se diviertan mucho, pero es necesario que cuiden la naturaleza.

JAVIER Se pueden tomar fotos, ¿verdad?

MARTÍN Sí, con tal de que no toques las flores o las plantas.

ÁLEX ¿Hay problemas de contaminación en esta región?

MARTÍN La contaminación es un problema en todo el mundo. Pero aquí tenemos un programa de reciclaje. Si ves por el sendero botellas, papeles o latas, recógelos.

JAVIER Pero Maite, ¿tú vas a dejar de usar tu carro en Madrid?

MAITE Pues, voy a tener que usar el Metro... Pero tú sabes que mi coche es tan pequeñito... casi no contamina nada.

SUGGESTION Use video captions 3, 4, and 7 to point out examples of the present subjunctive, which will be studied in this lesson's **Gramática** section.

INÉS ¡Ven, Javier!

JAVIER ¡¡Ya voy!!

PREVIEW Have students scan the video stills and list words related to nature and the environment. Then have them predict what will happen in this episode. Write down their predictions. After watching the **fotonovela**, review the predictions and guide the class in summarizing the plot.

PERSONAJES

DON FRANCISCO

JAVIER

INÉS

ÁLEX

MAITE

MARTÍN

Expresiones útiles

Talking about the environment

No creo que haya lugares más bonitos en el mundo.
I don't think there are any prettier places in the world.

¿Hay problemas de contaminación en esta región?
Are there problems with pollution in this region/area?

Es un problema en todo el mundo.
It's a problem throughout the world.

El río no parece estar afectado por la contaminación.
The river does not seem to be affected by pollution.

El río tiene bastante contaminación.
The river is quite polluted.

Es necesario que cuiden la naturaleza.
It's necessary that you take care of nature.

Puedes tomar fotos, con tal de que no toques las plantas.
You can take pictures, provided that you don't touch the plants.

Tenemos un problema gravísimo de contaminación.
We have an extremely serious problem with pollution.

A menos que resuelvan el problema, los habitantes van a sufrir muchas enfermedades.
Unless they solve the problem, the inhabitants are going to suffer a lot of illnesses.

Si ves botellas, papeles o latas, recógelos.
If you see bottles, papers, or cans, pick them up.

SUGGESTION Read the **Expresiones útiles** aloud and have the class repeat them. Then integrate them into a conversation about the state of the environment in your area. Ex: **¿Cuál es el mayor problema de contaminación en esta región? ¿Qué podemos hacer para cuidar la naturaleza?**

¿Qué piensas?

NATIONAL communication STANDARDS

1 Seleccionar Selecciona la opción más lógica para cada frase.

1. Martín va a llevar a los estudiantes al lugar donde van a
   a. contaminar el río. b. bailar.
   (c.) ir de excursión.
2. El río está más afectado por la contaminación
   a. cerca de los bosques. (b.) en las ciudades.
   c. en las montañas.
3. Martín quiere que los estudiantes
   (a.) recojan la basura de los senderos. b. descubran nuevos senderos.
   c. no usen sus autos.
4. La contaminación del aire puede producir
   a. problemas de estómago. (b.) enfermedades respiratorias.
   c. enfermedades mentales.

2 Preguntas Responde a las siguientes preguntas.

1. Según Martín, ¿qué es necesario que hagan los estudiantes? ¿Qué no pueden hacer?
   Es necesario que cuiden la naturaleza. No pueden tocar ni las plantas ni las flores.
2. ¿Qué problemas del medio ambiente mencionan Martín y los estudiantes?
   Mencionan la contaminación del aire y de los ríos.
3. ¿Qué cree Maite que deben hacer los países?
   Cree que los países deben establecer leyes que controlen el uso de los automóviles.
4. ¿Qué cosas se pueden reciclar en el programa que menciona Martín?
   Se pueden reciclar las botellas, los papeles y las latas.
5. Si Maite no puede usar su carro en Madrid, ¿qué medio de transporte va a usar?
   Maite va a usar el Metro.

3 Situación Eres el/la guía de un grupo de turistas que quiere hacer una excursión a las montañas. Conversa con ellos/as (tus compañeros/as) sobre las cosas que van a ver y sobre lo que deben y no deben hacer durante la excursión. *Answers will vary.*

1 SUGGESTION Ask volunteers to read each sentence aloud.

2 SUGGESTION Have students answer these questions in pairs.

2 EXPANSION Use the sentences for a dictation activity.

3 SUGGESTION Have students read through or watch the video episode again in preparation for this activity.

3 SUGGESTION Have students work in groups of three or four. Remind the "tourists" that they should ask questions.

Exploración

Atracciones naturales del mundo hispano

SUGGESTION Point out that many governments in the Spanish-speaking world have established parks and biological preserves. Some of the most famous are: **El Yunque** near San Juan, Puerto Rico; **Parque Nacional Manu**, in Peru's Amazon basin; **Parque Nacional Canaima**, Venezuela, home of **Salto Ángel**, the highest waterfall in the world; and **Parque Nacional Torres del Paine** in Chilean Patagonia.

Nicaragua tiene más de 25 volcanes, como el Cerro Negro, en la zona pacífica del país. Algunos de ellos son activos y de vez en cuando entran en erupción (*erupt*).

EXPANSION Have students locate the countries and territories mentioned **(Uruguay, Nicaragua, Guatemala, Ecuador, México, Panamá, Puerto Rico)** on the maps in **Apéndice A.**

Observaciones

- Hay más de 1.640 especies de pájaros en Ecuador.
- El árbol de Tule en Oaxaca, México, tiene más de 2.000 años de edad y un diámetro de 10 metros —el más grande del mundo.
- La Bahía Piñas es el lugar de pesca más famoso de Panamá.
- En Puerto Rico, hay 16 especies nativas de coquí, ranas arbóreas (*tree frogs*).
- El volcán Momotombo de Nicaragua aparece frecuentemente en los versos del gran poeta nicaragüense Rubén Darío.

Muchas personas consideran que Guatemala es el país de la eterna primavera, por sus bellezas naturales. Para conservar los recursos naturales, en Guatemala se estableció un sistema de biotopos —parques nacionales y reservas naturales. Los biotopos sirven para preservar la flora y la fauna únicas del país.

SUGGESTION Ask comprehension questions. **¿Cuántas especies de pájaros hay en Ecuador? (más de 1.640) ¿Por qué es famoso el árbol de Tule? (edad y diámetro) ¿Cuántos volcanes hay en la zona Pacífica de Nicaragua? (más de 25)**

En la Quebrada de los Cuervos, en Uruguay, se puede hacer turismo de aventura y, al mismo tiempo, estar en contacto con la naturaleza. Desde 1986, forma parte de la primera área natural protegida (*protected*) de Uruguay.

EXPANSION Have students discuss **Coméntalo** in small groups. Then ask for volunteers to report back to the whole class. As time permits, you may want to lead students in summarizing class experiences and opinions.

Coméntalo

Con un(a) compañero/a, contesta las siguientes preguntas. *Answers will vary.*

- ¿Quieres visitar algunos de los lugares mencionados en esta página? ¿Por qué?
- ¿Cuáles son los lugares naturales más bonitos que conoces? ¿Cómo son?
- ¿Hay parques nacionales cerca de tu comunidad? ¿Qué se puede hacer allí?

INSTRUCTIONAL RESOURCE Website

13.1 The subjunctive with verbs of emotion

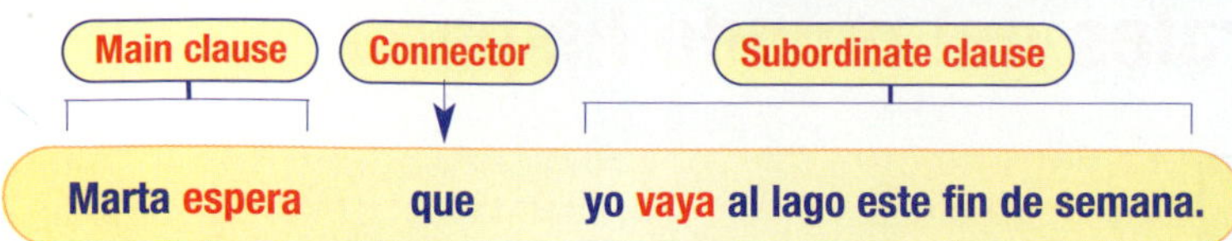

Connector

Marta espera

yo vaya al lago este fin de semana.

- When the main clause of a sentence expresses an emotion or feeling, the subjunctive is required in the subordinate clause.

Nos alegramos de que te **gusten** las flores.
We are happy that you like the flowers.

Siento que tú no **vengas** mañana.
I'm sorry that you're not coming tomorrow.

Temo que Ana no **pueda** ir mañana con nosotros.
I'm afraid that Ana won't be able to go with us tomorrow.

Le **sorprende** que Juan **sea** tan joven.
It surprises him that Juan is so young.

Esperamos que ustedes se diviertan mucho en la excursión.

Es triste que tengamos un problema grave de contaminación en la Ciudad de México.

Common verbs and expressions of emotion

alegrarse (de)	*to be happy*	tener miedo (de)	*to be afraid (of)*
esperar	*to hope; to wish*	es extraño	*it's strange*
gustar	*to be pleasing; to like*	es una lástima	*it's a shame*
		es ridículo	*it's ridiculous*
molestar	*to bother*	es terrible	*it's terrible*
sentir (e:ie)	*to be sorry; to regret*	es triste	*it's sad*
sorprender	*to surprise*	ojalá (que)	*I hope (that); I wish (that)*
temer	*to be afraid; to fear*		

Me molesta que la gente no **recicle** el plástico.
It bothers me that people don't recycle plastic.

Me gusta que **respiremos** aire limpio.
I like that we breathe clean air.

Es una lástima que no controlemos la deforestación.
It's a shame we don't control deforestation.

Espera que las personas **cuiden** las selvas.
He hopes that the persons take care of the jungles.

SUGGESTION Tell the students that the **recursos** boxes for the entire **Gramática** section are in **Ampliación.**

Práctica

1 Olga y Sara Completa el diálogo con palabras de la lista.

alegro	molesta	temer
encuentren	ojalá	tengo miedo de
estén	puedan	vayan
lleguen	sorprender	visitar

OLGA Me alegro de que Adriana y Raquel (1) *vayan* a Colombia.

SARA Sí. Es una lástima que (2) *lleguen* tarde. Ojalá que la universidad las ayude a buscar casa. (3) *Tengo miedo de* que no consigan dónde vivir.

OLGA Me (4) *molesta* que seas tan pesimista. Yo espero que (5) *encuentren* gente simpática.

SARA Sí, ojalá. Van a estudiar la deforestación en las costas. Es triste que en tantos países los recursos naturales (6) *estén* en peligro.

OLGA Me (7) *alegro* de que no se queden en la capital por la contaminación, pero (8) *ojalá* tengan tiempo de viajar por el país.

SARA Sí, espero que (9) *puedan* ir al Museo del Oro. Sé que también esperan (10) *visitar* la Catedral de Sal de Zipaquirá.

2 Frases Combina elementos de las tres columnas para formar frases. *Answers will vary.*

modelo *Es triste que algunas personas no cuiden la naturaleza.*

Expresiones	Sujetos	Actividades
Me alegro de que	yo	desarrollar programas de reciclaje
Espero que	tú	proteger el medio ambiente
Es extraño que	el gobierno	destruir los bosques
Me gusta que	el/la profesor(a)	contaminar el aire
Tengo miedo de que	la universidad	poner en peligro la naturaleza
Es triste que	las fábricas	cuidar la naturaleza
Ojalá que	algunas personas	
	los centros comerciales	
	mis amigos y yo	

INSTRUCTIONAL RESOURCES WB, LM, Ans. Key, Lab, IRM (teaching tips, info gap), Website

Conversación

3 Diálogo Usa los siguientes elementos para crear una conversación entre Juan y la madre de su novia. Añade palabras si es necesario. Luego, con un(a) compañero/a, preséntala a la clase.

1. Juan, / esperar / (tú) escribirle / Raquel. / Ser / tu / novia. / Ojalá / no / sentirse / sola
   Juan, espero que le escribas a Raquel. Es tu novia. Ojalá no se sienta sola.
2. molestarme / (usted) decirme / lo que / tener / hacer. / Ahora / mismo / estarle / escribiendo
   Me molesta que me diga lo que tengo que hacer. Ahora mismo le estoy escribiendo.
3. alegrarme / oírte / decir / eso. / Ser / terrible / estar / lejos / cuando / nadie / recordarte
   Me alegra oírte decir eso. Es terrible estar lejos cuando nadie te recuerda.
4. señora, / ¡yo / tener / miedo / (ella) no recordarme / mí! / Ser / triste / estar / sin / novia
   Señora, ¡yo tengo miedo de que no me recuerde a mí! Es triste estar sin novia.
5. ser / ridículo / (tú) sentirte / así. / Tú / saber / ella / querer / casarse / contigo
   Es ridículo que te sientas así. Tú sabes que ella quiere casarse contigo.
6. ridículo / o / no, / sorprenderme / todos preocuparse / ella / y / (nadie) acordarse / mí
   Ridículo o no, me sorprende que todos se preocupen por ella y nadie se acuerde de mí.

4 Comentar En parejas, conversen sobre sus clases usando expresiones como **me alegro de que, temo que** y **es extraño que.** Luego reaccionen a los comentarios de su compañero/a.
Answers will vary.

modelo

Estudiante 1: Espero que mis profesores de español y matemáticas den menos tarea.
Estudiante 2: Pues sí, yo temo que todos mis profesores piensen dar más tarea.

5 Problemas Prepara una lista de problemas ecológicos que te preocupen. Luego, describe cada problema a varios compañeros. Escribe las soluciones que te ofrecen. Después, comparte la información con la clase.
Answers will vary.

Problemas	Soluciones
______	______
______	______
______	______
______	______
______	______
______	______
______	______
______	______
______	______

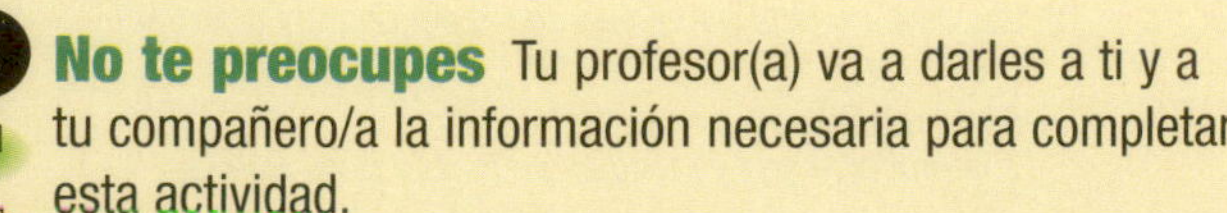

6 No te preocupes Tu profesor(a) va a darles a ti y a tu compañero/a la información necesaria para completar esta actividad.

Using the subjunctive

- The infinitive is used after an expression of emotion when there is no change of subject.

Temo **llegar** tarde.
I'm afraid I'll arrive late.

Temo que mi novio **llegue** tarde.
I'm afraid my boyfriend will arrive late.

Me molesta **ver** el bosque tropical en peligro.
It bothers me to see the rain forest in danger.

Me alegro de que el gobierno **se preocupe** por el medio ambiente.
I'm happy that the government worries about the environment.

- The expression **ojalá (que)** is always followed by the subjunctive. The use of **que** is optional.

Ojalá (que) se conserven nuestros recursos naturales.
I hope (that) our natural resources will be conserved.

Ojalá (que) recojan la basura muy pronto.
I hope (that) they collect the garbage soon.

Esperamos que nuestros hijos vean el cielo azul y que naden en aguas limpias... Tenemos que enseñarles a conservar y reciclar.

¡Manos a la obra!

Completa las oraciones con las formas correctas de los verbos.

1. Ojalá que ellos *descubran* [descubrir] nuevas formas de energía.
2. Espero que Ana nos *ayude* [ayudar] a recoger la basura en la carretera.
3. Es una lástima que la gente no *recicle* [reciclar] más.
4. Esperamos *proteger* [proteger] el aire de nuestra comunidad.
5. Me alegro de que mis amigos *quieran* [querer] conservar la naturaleza.
6. A mis padres les gusta que nosotros *participemos* [participar] en programas de conservación.
7. Es ridículo *contaminar* [contaminar] el medio ambiente.
8. Espero que tú *vengas* [venir] a la reunión (*meeting*) del Club de Ecología.
9. Siento que nuestras ciudades *estén* [estar] afectadas por la contaminación.
10. Ojalá que yo *pueda* [poder] hacer algo para reducir la contaminación.

13.2 The subjunctive with doubt, disbelief, and denial

- The subjunctive is used with expressions of doubt, disbelief, and denial.

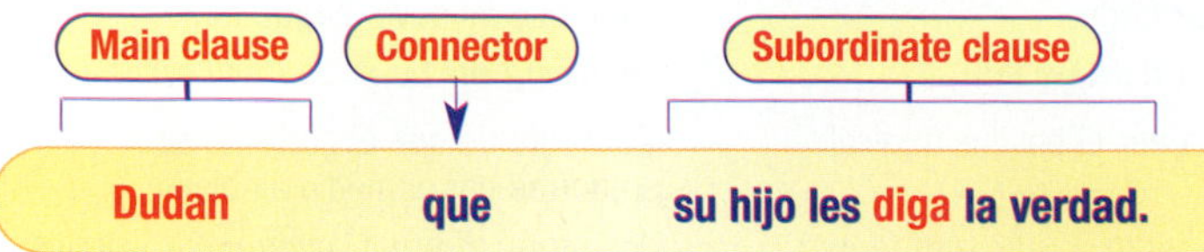

Connector

su hijo les diga la verdad.

- The subjunctive is used in a subordinate clause when there is a change of subject and the main clause implies negation or uncertainty.

¡No creo que haya lugares más bonitos en el mundo!

Dudo que el río esté contaminado aquí en las montañas.

Expressions of doubt, disbelief, or denial

dudar	*to doubt*	**no es seguro**	*it's not certain*
negar (e:ie)	*to deny*	**no es verdad**	*it's not true*
no creer	*not to believe*	**es imposible**	*it's impossible*
no estar seguro/a (de)	*not to be sure (of)*	**es improbable**	*it's improbable*
no es cierto	*it's not true; it's not certain*	**(no) es posible**	*it's (not) possible*
		(no) es probable	*it's (not) probable*

El gobierno **niega** que el agua **esté** contaminada.
The government denies that the water is polluted.

Dudo que el gobierno **resuelva** el problema.
I doubt that the government will solve the problem.

- In English, the expression *it is probable/possible* indicates a fairly high degree of certainty. In Spanish, however, **es probable/posible** implies uncertainty and therefore triggers the subjunctive in the subordinate clause.

Es posible que **haya** menos bosques y selvas en el futuro.
It's possible that there will be fewer forests and jungles in the future.

Es muy **probable** que **contaminemos** el medio ambiente.
It's very probable that we pollute the environment.

Práctica

1 Conversación Completa el diálogo. Luego dramatízalo con un(a) compañero/a.

RAÚL Ustedes dudan que yo (1) *estudie* [estudio/estudie]. No niego que a veces me (2) *divierto* [divierto/divierta], pero no cabe duda de que (3) *tomo* [tomo/tome] mis estudios en serio. Creo que no (4) *tienen* [tienen/tengan] razón.

PAPÁ Es posible que tu mamá y yo no (5) *tengamos* [tenemos/tengamos] razón. Es cierto que a veces (6) *dudamos* [dudamos/dudemos] de ti. Pero no hay duda de que te (7) *pasas* [pasas/pases] toda la noche en Internet y oyendo música. No es seguro que (8) *estés* [estás/estés] estudiando.

RAÚL Es verdad que (9) *uso* [uso/use] mucho Internet, pero ¿no es posible que (10) *sea* [es/sea] para buscar información para mis clases? ¡No hay duda de que Internet (11) *es* [es/sea] el mejor recurso del mundo! Es obvio que ustedes (12) *piensan* [piensan/piensen] que no hago nada.

PAPÁ No dudo que esta conversación nos (13) *va* [va/vaya] a ayudar. Pero tal vez (14) *puedas* [puedes/puedas] estudiar sin música.

2 Dudas Carolina siempre miente. Expresa tus dudas sobre lo que Carolina está diciendo ahora.

modelo El próximo año mi familia y yo vamos a ir de vacaciones por diez meses. [dudar]
¡Ja! Dudo que vayan de vacaciones por diez meses.

1. Estoy escribiendo una novela en español. [no creer]
   No creo que estés escribiendo una novela en español.
2. Mi tía es la directora del Sierra Club. [no ser verdad]
   No es verdad que tu tía sea la directora del Sierra Club.
3. Dos profesores míos juegan para los Osos (*Bears*) de Chicago. [ser imposible]
   Es imposible que dos profesores tuyos jueguen para los Osos.
4. Mi mejor amiga conoce al chef Emeril. [no ser cierto]
   No es cierto que tu mejor amiga conozca al chef Emeril.
5. Mi padre es dueño del Centro Rockefeller. [no ser posible]
   No es posible que tu padre sea dueño del Centro Rockefeller.
6. Yo ya tengo un doctorado en lenguas. [ser improbable]
   Es improbable que ya tengas un doctorado en lenguas.

 INSTRUCTIONAL RESOURCES WB, LM, Ans. Key, Lab, IRM (teaching tips), Website

Conversación

3 Hablando con un(a) burócrata En parejas, miren la foto y preparen un diálogo interesante sobre el medio ambiente entre un(a) activista y un(a) burócrata del gobierno (*government bureaucrat*). Luego presenten la conversación a la clase. *Answers will vary.*

modelo

Activista: *Queremos reducir la contaminación del aire. Pero dudo que el gobierno nos ayude.*

Burócrata: *Es obvio que el gobierno está haciendo muchas cosas para reducir la contaminación del aire.*

4 Adivinar Escribe cinco oraciones sobre tu vida presente y futura. Cuatro deben ser falsas y sólo una debe ser cierta. Preséntalas al grupo. El grupo adivina (*guesses*) cuál es la oración cierta y expresa sus dudas sobre las falsas. *Answers will vary.*

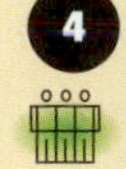

modelo

Estudiante 1: *Quiero irme un año a trabajar en la selva.*
Estudiante 2: *Dudo que te guste vivir en la selva.*
Estudiante 3: *En cinco años voy a ser presidente de los Estados Unidos.*
Estudiante 2: *No creo que vayas a ser presidente de los Estados Unidos en cinco años. ¡Tal vez en treinta! Algún día pienso enseñar arte a los niños.*
Estudiante 1: *No dudo que vas a ser profesor. Te gustan mucho los niños.*

5 Debate Con un(a) compañero/a, debate algunas de las posibles soluciones a los problemas del medio ambiente.

modelo

Estudiante 1: *Para proteger el medio ambiente, creo que necesitamos una ley para controlar el número de coches en cada familia.*
Estudiante 2: *Dudo que sea posible controlar el número de coches. A muchas personas les gusta tener su propio (own) coche.*

- **Quizás** and **tal vez** imply an uncertain possibility and are usually followed by the subjunctive.

Quizás haga sol mañana.
Perhaps it will be sunny tomorrow.

Tal vez veamos la luna esta noche.
Perhaps we will see the moon tonight.

- The indicative is used in a subordinate clause when the main clause expresses certainty.

Expressions of certainty

no dudar	not to doubt	estar seguro/a (de)	to be sure (of)
no cabe duda de	there is no doubt	es cierto	it's true; it's certain
no hay duda de	there is no doubt	es seguro	it's certain
no negar (e:ie)	not to deny	es verdad	it's true
		es obvio	it's obvious

No negamos que **hay** demasiados carros en las carreteras.
We don't deny that there are too many cars on the highways.

No hay duda de que el Amazonas **es** uno de los ríos más largos del mundo.
There is no doubt that the Amazon is one of the longest rivers in the world.

Es verdad que Colombia **es** un país bonito.
It's true that Colombia is a beautiful country.

Es cierto que los tigres **están** en peligro de extinción.
It's certain that tigers are in danger of extinction.

- The verb **creer** expresses belief or certainty, so it is followed by the indicative. **No creer** implies doubt and is followed by the subjunctive.

No creo que **haya** vida en el planeta Marte.
I don't believe that there is life on the planet Mars.

Creo que **debemos** usar exclusivamente la energía solar.
I believe we should use solar energy exclusively.

¡Manos a la obra!

Completa estas frases con la forma correcta del verbo.

1. Dudo que ellos trabajen [trabajar].
2. Es cierto que él come [comer] mucho.
3. Es imposible que ellos salgan [salir].
4. Es probable que ustedes ganen [ganar].
5. No creo que ella vuelva [volver].
6. Es posible que nosotros vayamos [ir].
7. Dudamos que tú recicles [reciclar].
8. Creo que ellos juegan [jugar] al fútbol.
9. No niego que ustedes estudian [estudiar].
10. Es probable que ellos duerman [dormir].
11. Es posible que Marta llame [llamar].
12. Tal vez Juan no nos oiga [oír].

13.3 The subjunctive with conjunctions

Se pueden tomar fotos, ¿verdad?

Sí, con tal de que no toques ni las flores ni las plantas.

A menos que resuelvan el problema, los habitantes van a sufrir muchas enfermedades.

- Conjunctions are words or phrases that connect other words and clauses in sentences. Certain conjunctions commonly introduce adverbial clauses, which describe *how, why, when,* and *where* an action takes place. The conjunctions listed below always require the subjunctive.

Conjunctions that require the subjunctive

a menos que	*unless*	en caso (de) que	*in case (that)*
antes (de) que	*before*	para que	*so that*
con tal (de) que	*provided that*	sin que	*without*

Voy a dejar un recado **en caso de que** Gustavo me **llame**.
I'm going to leave a message in case Gustavo calls me.

Voy al supermercado **para que tengas** algo de comer.
I'm going to the supermarket so that you'll have something to eat.

Algunos animales van a morir **a menos que haya** leyes para protegerlos.
Some animals are going to die unless there are laws to protect them.

Voy a tomar esa clase **con tal de que** tú la **tomes** también.
I'm going to take that class provided that you take it too.

¡ojo! The infinitive is used after the prepositions **antes de, para,** and **sin** when there is no change of subject. Compare these sentences.

Te llamamos el viernes **antes de salir** de la casa.
We will call you on Friday before leaving the house.

Te llamamos mañana **antes de que salgas.**
We will call you tomorrow before you leave.

Tus padres trabajan muchísimo **para vivir** bien.
Your parents work very hard in order to live well.

Tus padres trabajan mucho **para que tú puedas** vivir bien.
Your parents work a lot so that you are able to live well.

Práctica

1 Una excursión La señora Montero habla de una excursión que quiere hacer con su familia. Completa las oraciones con la forma correcta de cada verbo.

1. Voy a llevar a mis hijos al parque para que *aprendan* [aprender] sobre la naturaleza.
2. Vamos a pasar todo el día allí con tal de que todos nosotros *tengamos* [tener] tiempo.
3. Vamos a alquilar bicicletas en cuanto *lleguemos* [llegar] al parque.
4. En bicicleta, podemos explorar el parque sin *caminar* [caminar] demasiado.
5. Vamos a bajar al cráter a menos que se *prohíba* [prohibir].
6. Siempre llevamos al perro cuando *vamos* [ir] al parque.
7. En caso de que *llueva* [llover], vamos a regresar temprano a la casa.
8. Queremos almorzar a la orilla (*shore*) del río cuando *tengamos* [tener] hambre.
9. Mis hijos van a ver muchas cosas interesantes antes de *salir* [salir] del parque.
10. Una vez estuvimos en el parque hasta que uno de mis hijos *se durmió* [dormirse].

2 Oraciones Completa las siguientes oraciones. *Answers will vary.*

1. No podemos controlar la contaminación del aire a menos que...
2. Voy a reciclar los productos de papel en cuanto...
3. Protegemos los animales en peligro de extinción para que...
4. Mis amigos y yo vamos a recoger la basura de la universidad después de que...
5. Todos podemos conservar energía cuando...
6. No podemos desarrollar nuevas fuentes (*sources*) de energía sin...
7. Debemos comprar coches eléctricos tan pronto como...
8. Hay que eliminar la contaminación del agua para...
9. No podemos proteger la naturaleza sin que...

 INSTRUCTIONAL RESOURCES WB, LM, Ans. Key, Lab, IRM (teaching tips), Website

Conversación

3 Preguntas En parejas, contesten las siguientes preguntas. Luego, compartan la información con la clase.
Answers will vary.

1. ¿Qué haces cada noche antes de acostarte?
2. ¿Qué haces en la clase cada día después de que llega el/la profesor(a)?
3. ¿Qué hacen tus padres para que puedas asistir a la universidad?
4. ¿Qué puedes hacer para mejorar tu español?
5. ¿Qué quieres hacer mañana a menos que haga mal tiempo?
6. ¿Qué haces en tus clases sin que los profesores lo sepan?
7. ¿Qué quieres hacer hoy tan pronto como salgas de clase?

4 El fin de semana En parejas, hablen de lo que van a hacer este fin de semana, usando las palabras indicadas.
Answers will vary.

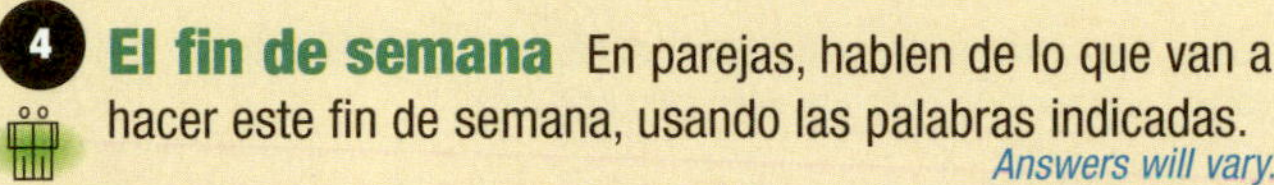

antes de	**después de que**	**para**	**tan pronto como**
antes de que	**en caso de que**	**para que**	
con tal de que	**en cuanto**	**sin**	
cuando	**hasta que**	**sin que**	

modelo

Estudiante 1: *El sábado mis amigos y yo vamos al lago. Después de que volvamos, voy a estudiar para mi examen de química.*
Estudiante 2: *Todos los sábados llevo a mi primo al parque para que juegue con sus amigos. Pero el sábado que viene, con tal de que no llueva, lo voy a llevar a las montañas.*

5 Tic-Tac-Toe Formen dos equipos. Una persona comienza una frase y otra persona de su equipo la termina, usando palabras de la gráfica. El primer equipo que forme tres oraciones seguidas (*in a row*) gana el tic-tac-toe. Tienen que usar correctamente la conjunción o la preposición y el verbo.

modelo

Estudiante 1: *Dudo que podamos eliminar la deforestación...*
Estudiante 2: *...sin que nos ayude el gobierno.*

cuando	con tal de que	para que
antes de que	para	sin que
hasta que	en caso de que	antes de

Conjunctions with subjunctive or indicative

Cuando veo basura, la recojo.

Voy a formar un club de ecología tan pronto como empiecen las clases.

Conjunctions used with subjunctive or indicative

cuando	*when*	**hasta que**	*until*
después (de) que	*after*	**tan pronto como**	*as soon as*
en cuanto	*as soon as*		

- With the conjunctions above, use the subjunctive in the subordinate clause if the main clause expresses a future action or command.

Vamos a resolver el problema **cuando desarrollemos** nuevas tecnologías.
We are going to solve the problem when we develop new technologies.

Después de que ustedes **tomen** sus refrescos, reciclen las botellas.
After you drink your soft drinks, recycle the bottles.

- If the verb in the main clause expresses an action that habitually happens or that happened in the past, the indicative is used.

Contaminan los ríos **cuando construyen** nuevos edificios.
They pollute the rivers when they build new buildings.

Contaminaron el río **cuando construyeron** ese edificio.
They polluted the river when they built that building.

Siempre vamos de excursión **tan pronto como llega** Rafael.
We always go hiking as soon as Rafael arrives.

Salimos **tan pronto como llegó** Rafael.
We left as soon as Rafael arrived.

¡Manos a la obra!

Completa las oraciones con las formas correctas de los verbos.

1. Voy a estudiar ecología cuando *vuelva* [volver] a la universidad.
2. No podemos evitar la lluvia ácida a menos que todos *trabajemos* [trabajar] juntos.
3. No podemos conducir sin *contaminar* [contaminar] el aire.
4. Siempre recogemos mucha basura cuando *vamos* [ir] al parque.
5. Elisa habló con el presidente del club de ecología después de que *terminó* [terminar] la reunión.
6. Vamos de excursión para *observar* [observar] los animales y las plantas.
7. La contaminación va a ser un problema muy serio hasta que *cambiemos* [cambiar] nuestros sistemas de producción y transporte.
8. El gobierno debe crear más parques nacionales antes de que los bosques y ríos *estén* [estar] completamente contaminados.
9. La gente quiere reciclar, con tal de que no *sea* [ser] difícil.

Repaso

13.1 The subjunctive with verbs of emotion

1 Agua contaminada Completa el párrafo siguiente usando el infinitivo o el subjuntivo de cada verbo, según sea necesario.

Siento mucho que mi ciudad (1) *tenga* (tener) un problema de contaminación del agua. Me molesta (2) *ver* (ver) a las fábricas (*factories*) contaminando los ríos. Es triste que muchísimos peces (3) *mueran* (morir) cada día. Me sorprende que el gobierno no (4) *haga* (hacer) más leyes para resolver este problema. Temo (5) *morir* (morir) por beber agua. Ojalá que el gobierno (6) *resuelva* (resolver) esto pronto.

2 ¿Qué piensas? Reacciona a las siguientes oraciones y en parejas escriban tres expresiones de emoción con el subjuntivo. Después, compartan sus respuestas con la clase. *Answers will vary.*

modelo En mi ciudad nadie recicla envases.
Es terrible que nadie recicle envases.
Es necesario que aprendamos a reciclar.
Es importante que yo ponga el ejemplo.

1. En los bosques tropicales nadie protege a los animales.
2. Millones de personas respiran aire contaminado.
3. Pocas leyes controlan la deforestación en las selvas.
4. Las personas no cuidan los recursos naturales.

3 ¡Es terrible! La familia Fernández está de paseo en el bosque. En parejas, miren el dibujo y digan qué piensan sobre su comportamiento (*behavior*). Usen el subjuntivo y expresiones como **es una lástima que, es ridículo que** y **es terrible que**. *Answers will vary.*

13.2 The subjunctive with doubt, disbelief, and denial

4 Opuestos Escribe lo opuesto (*the opposite*) de cada frase. Sigue el modelo.

modelo No es seguro que esta familia recicle las latas de aluminio.
Es seguro que esta familia recicla las latas de aluminio.

1. Luisa y tú dudan que la lluvia ácida dañe a los animales.
Luisa y tú no dudan que la lluvia ácida daña a los animales.
2. Los científicos están seguros de que la deforestación destruye a los bosques.
Los científicos no están seguros de que la deforestación destruya a los bosques.
3. Es verdad que las plantas están en peligro de extinción.
No es verdad que las plantas estén en peligro de extinción.
4. Negamos que nuestros océanos estén contaminados.
No negamos que nuestros océanos están contaminados.
5. Es cierto que las leyes protegen a los animales.
No es cierto que las leyes protejan a los animales.
6. El gobierno cree que la población cuida de los recursos naturales.
El gobierno no cree que la población cuide de los recursos naturales.

5 Carta Tu amigo/a y tú se preocupan por el medio ambiente. En parejas, escriban una carta al/a la presidente/a de una compañía de la región, pidiéndole su apoyo (*support*) para resolver el problema de la contaminación del aire. Usen el subjuntivo o el indicativo y las expresiones de la lista. Después compartan su carta con la clase. *Answers will vary.*

Creemos	Es probable
Es obvio	No creemos
Estar seguros/as (de)	Quizás
No hay duda de	Tal vez

6 Entrevista En parejas, usen estas preguntas para entrevistarse. Expliquen sus respuestas. *Answers will vary.*

1. ¿Crees que la energía nuclear es mejor que la energía solar?
2. ¿Es posible reducir la contaminación de los ríos?
3. ¿Crees que se deben reciclar todos los envases de plástico?
4. ¿Es cierto que las vacas están en peligro de extinción?
5. ¿Crees que los pájaros están afectados por la contaminación del agua?
6. ¿Es verdad que las piedras son un recurso natural?

13.3 The subjunctive with conjunctions

7 **Planes para el futuro** ¿Cuáles son tus planes para el futuro? Escríbelos usando las conjunciones: **a menos que, antes (de) que, con tal (de) que, en caso (de) que, para que** y **sin que**. Incluye a tu familia y amigos en tus planes. *Answers will vary.*

modelo Voy a aprender a nadar en caso de que vaya de vacaciones a alguna playa.

8 **Oraciones** En parejas, escriban una oración donde usen el subjuntivo y una oración donde usen el indicativo, con cada una de las siguientes conjunciones: **cuando, después (de) que, en cuanto, hasta que** y **tan pronto como**. Después, intercambien sus oraciones con otra pareja e identifiquen si se trata del subjuntivo o del indicativo. *Answers will vary.*

modelo Vamos a respirar aire contaminado hasta que el gobierno controle el número de automóviles en la ciudad. (subjuntivo)
Los camiones pasaban por la ciudad hasta que construyeron la nueva carretera. (indicativo)

Síntesis

9 **¡Participa!** Con un(a) compañero/a, preparen una conversación entre un(a) estudiante que está organizando una campaña (*campaign*) en favor del reciclaje en su escuela y otro/a estudiante que no está muy seguro/a de participar. Después presenten su conversación a la clase. *Answers will vary.*

modelo

Estudiante 1: Te invito a participar en esta campaña. Espero que nos ayudes a organizar la campaña de reciclaje con tus amigos.
Estudiante 2: No estoy seguro/a de que el reciclaje sea la solución. Además, no tengo tiempo.

Ritmos hispanos

Bacilos:
Tres latinos unidos

Bacilos es el nombre del grupo musical compuesto por tres latinos que viven en los Estados Unidos: el colombiano Jorge Villamizar (cantante, compositor y guitarrista), el puertorriqueño José Javier Freire (baterista y percusionista) y el brasileño André Lopes (bajista). Ellos se conocieron en la Universidad de Miami cuando estudiaban. En 1995 formaron el grupo *Bacilos*. Su música es principalmente una mezcla de música caribeña, de rock y de pop. En el año 2000 grabaron su primer álbum al que bautizaron con el mismo nombre del grupo. Con este trabajo recibieron una nominación al Grammy Latino al Mejor Artista Nuevo. Esto indicaba que iban por buen camino y así fue: en el año 2003 recibieron su primer Grammy Latino y con él llegaron las giras internacionales y la fama mundial. A lo largo de los años, esta formación ha conseguido un lugar en la lista de las principales bandas de música latina.

Discografía selecta

- *Bacilos* (2000; nominación al Grammy Latino: Mejor Artista Nuevo)
- *Caraluna* (2003; Premio Grammy Latino: Mejor Álbum de Pop Latino)
- *Sin vergüenza* (2005; Premio Grammy Latino: Mejor Álbum de Pop Latino)
- *Sólo un segundo: Lo mejor de Bacilos* (2005)

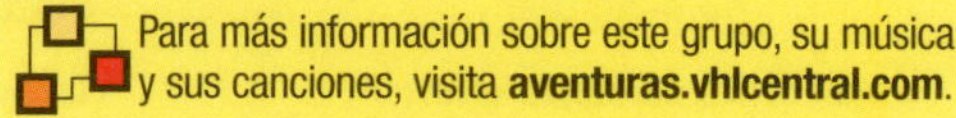
Para más información sobre este grupo, su música y sus canciones, visita **aventuras.vhlcentral.com**.

Bacilos Germs **compuesto** composed **baterista** drummer **bajista** bassist **mezcla** mixture **grabaron** recorded **bautizaron** named **giras** tours **A lo largo de** Over the course of **ha conseguido** has secured **Sin vergüenza** Shameless

Ampliación

1 Escuchar

A Escucha el discurso de Soledad Morales, una activista preocupada por el medio ambiente. Antes de escuchar, marca las palabras y frases que tú crees que ella va a usar en su discurso. Después marca las palabras y frases que escuchaste. *Answers will vary.*

TIP Use your background knowledge. / Guess meaning from context. Your background knowledge helps you anticipate the content of discourse that you hear in Spanish. If you hear words or expressions you do not understand, you can often guess their meanings based on the surrounding words.

	Antes de escuchar	Después de escuchar
1. el futuro	☐	☑
2. el cine	☐	☐
3. los recursos naturales	☐	☑
4. el aire	☐	☑
5. los ríos	☐	☑
6. la contaminación	☐	☑
7. las diversiones	☐	☐
8. la conservación de la naturaleza	☐	☑

¡Protejamos la Tierra!
NUESTRO
PATRIMONIO

B En tu opinión, ¿qué recomendaciones va a dar la señora Morales en la siguiente parte de su discurso? *Answers will vary.*

2 Conversar

Conversa con un(a) compañero/a sobre cómo evitar la extinción de animales. Las siguientes expresiones pueden ser útiles. *Answers will vary.*

Dudo que...	**No es verdad que...**
Es cierto que...	**No estoy seguro/a de que...**
Es posible resolver el problema con tal de que...	**No hay duda de que...**
Es probable que...	**No podemos resolver el problema a menos que...**
Es una lástima que...	**Ojalá...**
No dudo que...	**Quizás...**
No es cierto que...	**Tal vez...**

recursos

WB pp. 133–138	LM pp. 75–77	Text MP3s Lección 13	Lab MP3s Lección 13	aventuras.vhlcentral.com Lección 13

1 SCRIPT Les vengo a hablar hoy porq aunque espero que el futuro sea color de rosa, temo que sea así. Vivimos en esta tierr de preciosos recursos naturales— nuestros ríos de los cuales dependemos para agua que nos da vida, el air que respiramos, los árboles que nos protegen, los anima cuyas vidas están entrelazad con nuestras vidas. Es una lástima que no apreciemos mucho que tenemos.

Es terrible que haya días co tanta contaminación del aire que nuestros ancianos se enferman y nuestros hijos n pueden respirar. La tala de árboles es un problema grave… hoy día cuando llue el río Cauca se llena de tierr porque no hay árboles que aguanten la tierra. La contaminación del río está afectando gravemente la ecología de las playas de Barranquilla, una de nuestra joyas.

Ojalá que me oigan y piens bien en el futuro de nuestra comunidad. Espero que aprendamos a conservar la naturaleza y que podamos cuidar el patrimonio de nuestros hijos.

2 SUGGESTION Before beginning the conversation, have students list additiona vocabulary and expressions that they are likely to use.

2 EXPANSION Ask volunte to present their conversatio the rest of the class.

INSTRUCTIONAL RESOURCE Text MP3s, WB, LM, Ans. Key, Lab, Website

Ampliación

3 Escribir

Escribe una carta a un periódico sobre una situación importante que afecta el medio ambiente en tu comunidad.
Answers will vary.

TIP Consider your audience and purpose. Once you have defined both your audience and your purpose, you will be able to decide which genre, vocabulary, and grammatical structures will best serve your needs.

- Are you going to comment on one topic or several?
- Do you intend to register a complaint or to inform others?
- Are you hoping to persuade others to adopt your point of view or to take specific action?

Organízalo	Decide cuál es el propósito de tu carta y planéala.
Escríbelo	Utiliza tus apuntes para escribir el primer borrador de tu carta.
Corrígelo	Intercambia tu carta con un(a) compañero/a. Léela y anota los mejores aspectos. Ofrécele sugerencias para mejorarla. Si ves algunos errores, coméntaselos.
Compártelo	Revisa el primer borrador según las indicaciones de tu compañero/a. Si es necesario, incorpora nuevas ideas y/o más información.

4 Un paso más

Escribe una carta al/a la presidente/a de un país hispano para hablarle de tus dudas, deseos y preocupaciones sobre el futuro de una de las atracciones naturales del país. *Answers will vary.*

Las tortugas marinas están en grave peligro de extinción.

- Investiga algunas de las atracciones naturales del mundo hispano.
- Escoge una y piensa en lo que se puede hacer para protegerla.
- Explica lo que temes de los problemas ambientales, lo que esperas y tus dudas sobre el futuro.
- Formula recomendaciones para proteger este lugar en el futuro.

En Internet

Investiga estos temas en el sitio aventuras.vhlcentral.com.
- Atracciones naturales de España
- Atracciones naturales de América del Sur
- Atracciones de México, América Central y el Caribe

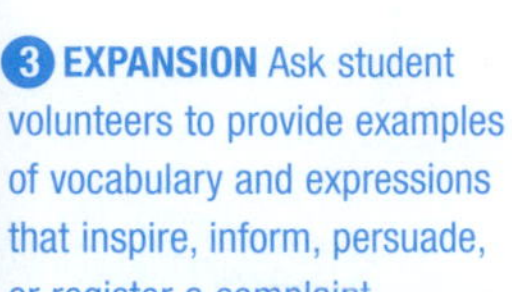

3 EXPANSION Ask student volunteers to provide examples of vocabulary and expressions that inspire, inform, persuade, or register a complaint.

3 EVALUATION

Criteria	Scale
Content	1 2 3 4
Organization	1 2 3 4
Use of vocabulary	1 2 3 4
Accuracy and mechanics	1 2 3 4
Creativity	1 2 3 4

Scoring	
Excellent	18–20 points
Good	14–17 points
Satisfactory	10–13 points
Unsatisfactory	< 10 points

4 SUGGESTION Ask students to use print resources as well as the Internet for their research.

4 EXPANSION Have students present their letters to the class. Mention to students that their presentations will be more interesting if they integrate visual information such as posters, photos, and brochures.

4 EXPANSION Write a few slogans on the board. Ex: **Conserve el medio ambiente. Prohibido contaminar. Este planeta es también para generaciones futuras.** Have pairs of students brainstorm other slogans for bumper stickers to promote environmental awareness. Ask pairs to share their work with the class.

Antes de leer

When you are faced with an unfamiliar text, it is important to determine the writer's purpose, which is often related to the genre or type of writing. Identifying the purpose of a text will help you anticipate the content of a reading selection. For example, if you are reading an advice column in a newspaper, you know to expect questions about people's problems and suggestions from the columnist. The reading selection for this lesson consists of two fables: "El perro y el cocodrilo" by Félix María Samaniego and "El pato y la serpiente" by Tomás de Iriarte. In general, what do the writers of fables attempt to accomplish? What kinds of characters do you expect to read about in fables?

____

____

____

____

Sobre los autores

Félix María Samaniego (1745-1801), nacido en España, escribió las *Fábulas morales*, que ilustran de manera humorística el carácter humano. Los protagonistas de muchas de sus fábulas son animales que hablan.

Tomás de Iriarte (1750-91), nacido en las Islas Canarias, tuvo gran éxito (*success*) con su libro *Fábulas literarias.* Su tendencia a representar la lógica a través de símbolos de la naturaleza fue de gran influencia para muchos autores de su época.

SUGGESTION Some ideas that students should generate in **Antes de leer** include: the characters are animals; the story begins with the formulaic **había una vez**; it ends with an explanation of the story's purpose, a moral, and its purpose.

SUGGESTION Mention that one of the traditional purposes of a fable is to teach a lesson about life.

SUGGESTION Have students work in pairs to answer: **¿De dónde vienen los autores? ¿Cuándo vivieron? ¿Quiénes son los protagonistas de las fábulas? ¿Qué ilustran sus fábulas?** Ask volunteers to share their responses with the class.

El perro y el cocodrilo

Bebiendo un perro en el Nilo,
al mismo tiempo corría.
"Bebe quieto", le decía
un taimado cocodrilo.

Díjole el perro prudente:
"Dañoso es beber y andar;
pero ¿es sano el aguardar
a que me claves el diente? "

¡Oh qué docto perro viejo!
Yo venero su sentir
en esto de no seguir
del enemigo el consejo.

Nilo	*Nile*
quieto	*in peace*
taimado	*sly*
Díjole	*Said to him*
Dañoso	*Harmful*
andar	*to walk*
¿es sano… diente?	*is it good for me to wait for you to sink your teeth into me?*
docto	*learned; wise*
venero	*revere*
sentir	*wisdom*

INSTRUCTIONAL RESOURCE Website

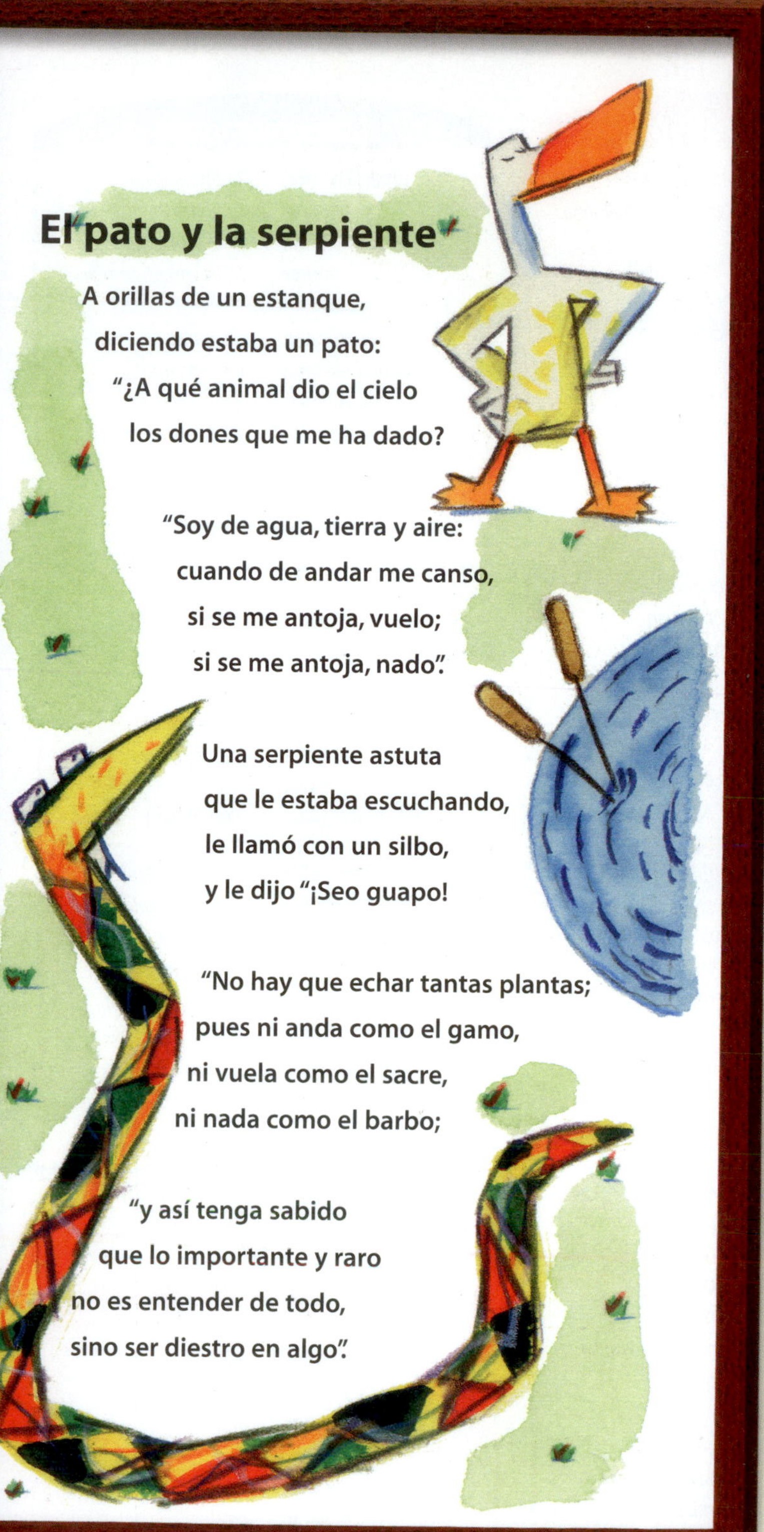

El pato y la serpiente

A orillas de un estanque,
diciendo estaba un pato:
"¿A qué animal dio el cielo
los dones que me ha dado?

"Soy de agua, tierra y aire:
cuando de andar me canso,
si se me antoja, vuelo;
si se me antoja, nado".

Una serpiente astuta
que le estaba escuchando,
le llamó con un silbo,
y le dijo "¡Seo guapo!

"No hay que echar tantas plantas;
pues ni anda como el gamo,
ni vuela como el sacre,
ni nada como el barbo;

"y así tenga sabido
que lo importante y raro
no es entender de todo,
sino ser diestro en algo".

Después de leer

¿Comprendiste?

Escoge la mejor opción para completar cada oración.

1. El cocodrilo _____ perro.
   a. está preocupado por el (b.) quiere comerse al
   c. tiene miedo del
2. El perro _____ cocodrilo.
   (a.) tiene miedo del b. es amigo del
   c. quiere quedarse con el
3. El pato cree que es un animal _____
   a. muy famoso. b. muy hermoso.
   (c.) de muchos talentos.
4. La serpiente cree que el pato es _____
   a. muy inteligente. (b.) muy tonto.
   c. muy feo.

Preguntas *Answers will vary.*

1. ¿Qué representa el cocodrilo?
   ____
2. ¿Qué representa el pato?
   ____
3. ¿Cuál es la moraleja (*moral*) de "El perro y el cocodrilo"?
   ____
4. ¿Cuál es la moraleja de "El pato y la serpiente"?
   ____

Coméntalo

¿Estás de acuerdo (*do you agree*) con las moralejas de estas fábulas? ¿Por qué? ¿Cuál de estas fábulas te gusta más? ¿Por qué? ¿Conoces otras fábulas? ¿Cuál es su propósito (*purpose*)? *Answers will vary.*

EXPANSION Have students act out the fables. Ask a few groups to present the fable to the class.

EXPANSION Have small groups or pairs write their own short fable. Ask them to include the elements they have studied in these fables: animal protagonists, formulaic phrases, and a moral.

pato	*duck*
orillas	*bank*
estanque	*pond*
cielo	*heaven*
los dones… dado	*the gifts that it has given me*
me canso	*I get tired*
si se me antoja, vuelo	*If I feel like it, I fly*
silbo	*hiss*
Seo	*Señor*
No hay que… plantas	*There's no reason to boast*
gamo	*deer*
sacre	*falcon*
barbo	*barbel (a type of fish)*
lo… raro	*the important and rare thing*
diestro	*skillful*

La naturaleza

el árbol	*tree*
el bosque (tropical)	*(tropical; rain) forest*
el cielo	*sky*
el cráter	*crater*
el desierto	*desert*
la estrella	*star*
la flor	*flower*
la hierba	*grass*
el lago	*lake*
la luna	*moon*
el mundo	*world*
la naturaleza	*nature*
la nube	*cloud*
el océano	*ocean*
el paisaje	*landscape*
la piedra	*rock; stone*
la planta	*plant*
la región	*region; area*
el río	*river*
la selva	*jungle*
el sendero	*trail*
el sol	*sun*
la tierra	*land; soil*
el valle	*valley*
el volcán	*volcano*

Conjunciones

a menos que	*unless*
antes (de) que	*before*
con tal (de) que	*provided that*
después (de) que	*after*
en caso (de) que	*in case (that)*
en cuanto	*as soon as*
hasta que	*until*
para que	*so that*
sin que	*without*
tan pronto como	*as soon as*

El medio ambiente

la conservación	*conservation*
la contaminación (del aire; del agua)	*(air; water) pollution*
la deforestación	*deforestation*
la ecología	*ecology*
el ecoturismo	*ecotourism*
la energía (nuclear; solar)	*(nuclear; solar) energy*
la extinción	*extinction*
el gobierno	*government*
la ley	*law*
la lluvia (ácida)	*(acid) rain*
el medio ambiente	*environment*
el peligro	*danger*
la población	*population*
el reciclaje	*recycling*
el recurso natural	*natural resource*
la solución	*solution*
conservar	*to conserve*
contaminar	*to pollute*
controlar	*to control*
cuidar	*to take care of*
dejar de (+ *inf.*)	*to stop (doing something)*
desarrollar	*to develop*
descubrir	*to discover*
destruir	*to destroy*
estar afectado/a (por)	*to be affected (by)*
estar contaminado/a	*to be polluted*
evitar	*to avoid*
mejorar	*to improve*
proteger	*to protect*
reciclar	*to recycle*
recoger	*to pick up*
reducir	*to reduce*
resolver (o:ue)	*to resolve; to solve*
respirar	*to breathe*
la botella de vidrio	*glass bottle*
el envase de plástico	*plastic container*
la lata de aluminio	*aluminum can*
puro/a	*pure*

Las emociones

alegrarse (de)	*to be happy*
esperar	*to hope; to wish*
sentir (e:ie)	*to be sorry; to regret*
temer	*to be afraid; to fear*
es extraño	*it's strange*
es una lástima	*it's a shame*
es ridículo	*it's ridiculous*
es terrible	*it's terrible*
es triste	*it's sad*
ojalá (que)	*I hope (that); I wish (that)*

Las dudas y las certezas

(no) creer	*(not) to believe*
(no) dudar	*(not) to doubt*
(no) estar seguro/a (de)	*(not) to be sure (of)*
(no) negar (e:ie)	*(not) to deny*
es imposible	*it's impossible*
es improbable	*it's improbable*
es obvio	*it's obvious*
no cabe duda de	*there is no doubt*
no hay duda de	*there is no doubt*
(no) es posible	*it's (not) possible*
(no) es probable	*it's (not) probable*
(no) es cierto	*it's (not) true; it's (not) certain*
(no) es verdad	*it's (not) true*
(no) es seguro	*it's (not) certain*

Los animales

el animal	*animal*
el gato	*cat*
el pájaro	*bird*
el perro	*dog*
el pez	*fish*
la vaca	*cow*

Expresiones útiles	*See page 339.*

INSTRUCTIONAL RESOURCES Text MP3s, IRM (additional vocabulary), Test Program, Test MP3s, Website

14 En la ciudad

PARA EMPEZAR Here are some additional questions you can ask based on the photo: **¿Vives en una ciudad? ¿Qué responsabilidades crees que tienen las personas que viven en una ciudad para proteger al medio ambiente?**

Communicative Goals

You will learn how to:

- give advice
- talk about errands
- ask for directions

PARA EMPEZAR

- ¿Dónde están ellos, en una calle o en un sendero?
- ¿Es posible que donde están ellos haya contaminación?
- ¿Puedes ver edificios de apartamentos?
- ¿Crees que están haciendo ecoturismo?

SUGGESTION Using realia or pictures, ask students to identify **carne, zapato, pan**, etc. As students answer, write the names of the corresponding establishments on the board (**carnicería, zapatería, panadería**).

EN LA CIUDAD

EXPANSION Have each student list ten items from different kinds of stores. Have partners exchange lists and explain where to get each item. Ex: **(botas) Para comprar unas botas, tienes que ir a la zapatería.**

EN LA CIUDAD

la pescadería *fish market*

el banco *bank*
la carnicería *butcher shop*
el correo *post office*
la heladería *ice cream shop*
la joyería *jewelry store*
la lavandería *laundromat*
la panadería *bakery*
la pastelería *pastry shop*
el salón de belleza *beauty salon*
el supermercado *supermarket*
la zapatería *shoe store*

hacer cola *to stand in line*
hacer diligencias *to run errands*

la frutería *fruit store*

la peluquería *hairdressing salon*

EN EL CORREO

el cartero *mail carrier*

el correo *mail*
el paquete *package*
los sellos *stamps*
el sobre *envelope*

echar (una carta) al buzón *to put (a letter) in the mailbox; to mail (a letter)*
enviar *to send*
mandar *to send*

las estampillas *stamps*

recursos				
WB pp. 139–140	LM p. 79	Text MP3s Lección 14	Lab MP3s Lección 14	aventuras.vhlcentral.com Lección 14

INSTRUCTIONAL RESOURCES WB, LM, Ans. Key, Lab, Text MP3s, IRM (tapescript, additional vocabulary), Website

EN EL BANCO

el cheque de viajero *traveler's check*
la cuenta corriente *checking account*
la cuenta de ahorros *savings account*

ahorrar *to save (money)*
cobrar *to cash (a check); to charge (for a product or service)*
depositar *to deposit*
llenar (un formulario) *to fill out (a form)*
pagar al contado *to pay in cash*
pagar a plazos *to pay in installments*
pedir prestado *to borrow*
pedir un préstamo *to apply for a loan*
ser gratis *to be free of charge*

el cheque
check

firmar
to sign

el cajero automático
automatic teller machine, ATM

SUGGESTION Mime common banking transactions. Say: **Cuando necesito dinero, voy al banco. Escribo un cheque y lo cobro.** Do the same with post office vocabulary. Say: **En el correo, compré unas estampillas, las puse en el sobre y eché la carta en el buzón.**

EXPANSION Have students draw a schematic map of a few city blocks, labeling the establishments and naming the streets. Then have them write a description of the location of each establishment and exchange their description with a partner. The partner recreates the city map from the description. When finished, partners compare the maps.

el letrero
sign

EXPANSION Using cards that name establishments and corresponding picture cards, play **Concentración**.

LAS DIRECCIONES

la cuadra *(city) block*
la dirección *address*
la esquina *corner*

cruzar *to cross*
doblar *to turn*
estar perdido/a *to be lost*
quedar *to be located*

(al) este *(to the) east*
(al) oeste *(to the) west*
(al) norte *(to the) north*
(al) sur *(to the) south*

derecho *straight (ahead)*
enfrente de *opposite; facing*
hacia *toward*

dar direcciones
to give directions

Variación léxica

cheque de viajero ⟷ cheque de viaje (*Esp.*)
cuadra ⟷ manzana (*Esp.*)
direcciones ⟷ indicaciones (*Esp.*)
doblar ⟷ girar (*Esp.*), virar, voltear (*Amér. L.*)
hacer diligencias ⟷ hacer mandatos (*Amér. L.*)
sello ⟷ estampilla (*Amér. L.*)

A escuchar

communication STANDARDS NATIONAL

1 ¿Lógico o ilógico? Escucha las frases e indica si cada frase es **lógica** o **ilógica.**

	Lógico	Ilógico
1.	✓	
2.		✓
3.	✓	
4.		✓
5.	✓	
6.	✓	
7.		✓
8.		✓

2 ¿Adónde fue? Óscar está hablándote de las diligencias que hizo ayer. Indica adónde fue.

1. ✓

2. ____

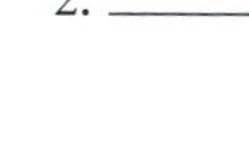

3. ✓

4. ✓

5. ____

6. ✓

recursos

Text MP3s Lección 14

aventuras.vhlcentral.com Lección 14

1 SCRIPT

1. Si quieres ahorrar dinero, debes ponerlo en tu cuenta de ahorros.
2. El mejor lugar para cobrar un cheque es una zapatería.
3. Si quieres lavar la ropa, puedes ir a la lavandería.
4. Cuando necesitamos un préstamo, vamos al salón de belleza.
5. Si compras algo y no tienes que pagarlo, es gratis.
6. Antes de echar la carta en el buzón, debes ponerle un sello.
7. En la joyería puedes conseguir pescado fresco.
8. Para comprar un champiñón es necesario pagar a plazos.

2 SCRIPT

Ayer no paré ni un minuto. Lo primero que hice fue levantarme temprano e irme a la lavandería de la esquina. Después fui al banco a depositar un cheque y a rellenar unos formularios para pedir un préstamo. Había tanta gente que tuve que hacer cola durante una hora. Como todavía tenía otras cosas que hacer, al principio pensé en irme y volver un poco más tarde, pero entonces vi a Eva y decidí quedarme. Eva es una gran amiga a la que no veía desde hacía cinco años. Mientras esperábamos juntos en la cola, le expliqué que estaba en el banco porque quería pedir un préstamo para abrir una zapatería. Eva pensó que era una idea fantástica y me deseó mucha suerte. Además, me dijo que era la dueña de una joyería y que estaba muy contenta con su trabajo. Al salir del banco decidí comprar algo de comida en la pescadería y en la frutería que hay enfrente. Cuando llegué a casa eran ya las tres y media de la tarde y tenía un hambre increíble.

INSTRUCTIONAL RESOURCE Text MP3s, Website

A practicar

3 SUGGESTION Check answers by asking questions such as **¿Para qué vamos a la carnicería?**

3 EXPANSION Ask students: **¿Qué más podemos comprar en una carnicería?** etc.

4 SUGGESTION Check answers by asking individuals to read the completed sentences.

5 EXPANSION After you have checked answers, have students practice the dialogue with a partner. Ask volunteers to present the dialogue to the class.

5 EXPANSION Have pairs create short dialogues similar to this one, but set in a different place of business. Ex: **el salón de belleza, la pescadería.**

3 Emparejar Empareja los lugares con la actividad que se pueda hacer en cada lugar.

Lugares	Actividades
1. carnicería *g*	a. comprar galletas
2. pastelería *a*	b. comprar manzanas
3. frutería *b*	c. comprar un collar (*necklace*)
4. joyería *c*	d. cortarse (*to cut*) el pelo
5. lavandería *e*	e. lavar la ropa
6. pescadería *f*	f. comprar pescado
7. salón de belleza *d*	g. comprar pollo
8. zapatería *h*	h. comprar unas sandalias

4 Completar Llena los espacios en blanco con las palabras más adecuadas.

ahorrar	**de viajero**
cajero automático	**firmar**
cobra	**gratis**
cuenta corriente	**llenar**
deposita	**pagó al contado**

1. El banco me regaló un reloj. Lo conseguí *gratis*.
2. Me gusta *ahorrar* dinero, pero no me molesta gastarlo.
3. Tengo que *firmar* el cheque en el dorso (*on the back*) para cobrarlo.
4. Para pagar con un cheque, necesito tener dinero en mi *cuenta corriente*.
5. Mi madre va a un *cajero automático* para obtener dinero.
6. Julio lleva su cheque al banco y lo *cobra* para tener dinero.
7. Ana lleva su cheque al banco y lo *deposita* en su cuenta de ahorros.
8. Anoche en el restaurante, Marco *pagó al contado* en vez de usar una tarjeta de crédito.
9. Cuando viajas, es buena idea llevar cheques *de viajero*.
10. Para pedir un préstamo, Miguel y Susana tuvieron que *llenar* cuatro formularios.

5 Conversación Completa el diálogo entre Juanita y el cartero con las palabras más adecuadas.

CARTERO Buenas tardes, ¿es usted la señora Ramírez? Le traigo un (1) *paquete*.

JUANITA Sí, soy yo. ¿Quién lo envía?

CARTERO La señora Ramírez. Y también tiene usted dos (2) *cartas*.

JUANITA Ay, pero ¡ninguna es de mi novio! ¿No llegó nada de Manuel Fuentes?

CARTERO Sí, pero él echó la carta al (3) *buzón* sin poner un (4) *sello* en el sobre.

JUANITA Entonces, ¿qué recomienda usted que haga?

CARTERO Sugiero que vaya al (5) *correo*. Si usted paga el costo del sello, se le puede dar la carta.

A conversar

6 Situaciones En parejas, representen los papeles (*roles*) de un(a) empleado/a del banco y de uno/a de los/las siguientes clientes/as. *Answers will vary.*

- un(a) estudiante universitario/a que quiere abrir una cuenta corriente.
- una pareja de recién casados que quiere pedir un préstamo para comprar una casa.
- una persona que quiere información de los servicios que ofrece el banco.

7 El Hatillo Trabajen en parejas para representar los papeles (*roles*) de un(a) turista que está perdido/a en El Hatillo, Venezuela, y de un(a) residente de la ciudad que quiere ayudarlo/a. *Answers will vary.*

modelo

Plaza Sucre, Café Primavera

Estudiante 1: *Perdón, ¿por dónde queda la Plaza Sucre?*

Estudiante 2: *Del Café Primavera, camine derecho por la calle Sucre hasta cruzar la calle Comercio. Doble a la izquierda y camine una cuadra. Allí está la plaza.*

1. Plaza Bolívar, farmacia
2. Casa de la Cultura, Plaza Sucre
3. banco, terminal
4. estacionamiento (este), escuela
5. Plaza Sucre, estacionamiento (oeste)
6. joyería, banco
7. farmacia, joyería
8. zapatería, iglesia

8 Direcciones En grupos, escriban un minidrama en el que unos/as turistas están preguntando cómo llegar a diferentes sitios de la comunidad en la que viven ustedes. Luego preséntenlo a la clase. *Answers will vary.*

9 Diferencias Tu profesor(a) va a darles a ti y a tu compañero/a la información necesaria para completar esta actividad.

6 SUGGESTION Create a word bank of useful phrases on the board. Ask volunteers to suggest expressions and grammatical constructions that will help with their role plays.

6 SUGGESTION Make sure students understand the activity before assigning small groups. Go over new vocabulary by asking **¿Cuándo pedimos un préstamo? ¿Los cheques son para una cuenta corriente o una cuenta de ahorros?**

7 SUGGESTION Before assigning this activity, use a map of your campus and ask students to direct you to nearby establishments. Ex: **¿En qué calle queda el banco más cercano? ¿Qué tienda se encuentra en la esquina de ___ y ___?**

7 SUGGESTION Explain that the task is to give directions to the first place from the second place. Read the model, pausing to allow students to find and follow the route.

7 EXPANSION Have pairs list the five best places for local college students. Ex: **la mejor pizza, el mejor corte de pelo,** etc. Then have them write directions to each place from campus. Expand to have students debate their choices.

8 SUGGESTION Before doing this activity, have students brainstorm different tourist sites in your community as you write them on the board.

 INSTRUCTIONAL RESOURCES IRM (info gap)

NATIONAL STANDARDS comparisons

Ortografía

Las abreviaturas

SUGGESTION Write abbreviations on the board and ask volunteers what each abbreviation stands for.

SUGGESTION Point out that the ability to recognize common abbreviations will make it easier to get along in a Spanish-speaking country.

EXPANSION Have pairs write an imaginary mailing address that uses as many abbreviations as possible. Then have volunteers write their addresses on the board and ask the class to read them aloud.

In Spanish, as in English, abbreviations are often used in order to save space and time while writing. Here are some of the most commonly used abbreviations in Spanish.

usted → **Ud.** **ustedes** → **Uds.**

As you have already learned, the subject pronouns **usted** and **ustedes** are often abbreviated.

don → **D.** **doña** → **Dña.** **doctor(a)** → **Dr(a).**

señor → **Sr.** **señora** → **Sra.** **señorita** → **Srta.**

These titles are frequently abbreviated.

centímetro → **cm** **metro** → **m** **kilómetro** → **km**

litro → **l** **gramo** → **g; gr** **kilogramo** → **kg**

The abbreviations for these units of measurement are often used, but without periods.

por ejemplo → **p. ej.** **página(s)** → **pág(s).**

These abbreviations are often seen in books.

derecha → **dcha.** **izquierda** → **izq. (izqda.)**

código postal → **C.P.** **número** → **n.º**

These abbreviations are often used in mailing addresses.

Banco → **Bco.** **Compañía** → **Cía.**

cuenta corriente → **c/c.** **Sociedad Anónima (*Inc.*)** → **S.A.**

These abbreviations are frequently used in the business world.

Práctica Escribe otra vez la siguiente información usando las abreviaturas adecuadas.

1. doña María *Dña.*
2. señora Pérez *Sra.*
3. Compañía Mexicana de Inversiones *Cía.*
4. usted *Ud.*
5. Banco de Santander *Bco.*
6. doctor Medina *Dr.*
7. Código Postal 03697 *C.P.*
8. cuenta corriente número 20-453 *c/c., n.º*

Emparejar En la tabla hay 9 abreviaturas. Empareja los cuadros necesarios para formarlas. *S.A., Bco., cm, Dña., c/c., dcha., Srta., C.P., Ud.*

S.	c.	C.	c	co.	U
B	c/	Sr	A.	D	dc
ta.	P.	ña.	ha.	m	d.

recursos: LM p. 80 | Lab MP3s Lección 14 | aventuras.vhlcentral.com Lección 14

INSTRUCTIONAL RESOURCES LM, Ans. Key, Lab, Website

Estamos perdidos.

Maite y Álex hacen diligencias en el centro.

VIDEO SYNOPSIS Don Francisco and Martín advise the students about things they need for the hike. Álex and Maite decide to go to the supermarket, the bank, and the post office. Álex and Maite get lost downtown, but a young man gives them directions. After finishing their errands, Álex and Maite return to the house.

MARTÍN & DON FRANCISCO Buenas tardes.

JAVIER Hola. ¿Qué tal? Estamos conversando sobre la excursión de mañana.

DON FRANCISCO ¿Y ya tienen todo lo que necesitan? A todos los excursionistas yo siempre les recomiendo llevar zapatos cómodos, una mochila, gafas oscuras y un suéter por si hace frío.

JAVIER Todo listo, don Francisco.

MARTÍN Les aconsejo que traigan algo de comer.

ÁLEX Mmm… no pensamos en eso.

MAITE ¡Deja de preocuparte tanto, Álex! Podemos comprar algo en el supermercado ahora mismo. ¿Vamos?

JOVEN ¡Hola! ¿Puedo ayudarte en algo?

MAITE Sí, estamos perdidos. ¿Hay un banco por aquí con cajero automático?

JOVEN Mmm… no hay ningún banco en esta calle que tenga cajero automático.

JOVEN Pero conozco uno en la calle Pedro Moncayo que sí tiene cajero automático. Cruzas esta calle y luego doblas a la izquierda. Sigues todo derecho y antes de que lleguen a la Joyería Crespo van a ver un letrero grande del Banco del Pacífico.

SUGGESTION Have groups read through the episode aloud. Circulate among the groups and model correct pronunciation as needed.

MAITE También buscamos un supermercado.

JOVEN Pues, allí mismo enfrente del banco hay un supermercado pequeño. Fácil, ¿no?

MAITE Creo que sí. Muchas gracias por su ayuda.

PREVIEW Ask students what they would expect to see in an episode in which the main characters get lost while running errands. Write down their predictions, then review them after they watch the video.

recursos

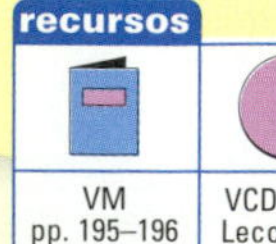

VM pp. 195–196

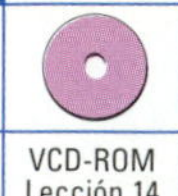

VCD-ROM Lección 14

aventuras.vhlcentral.com Lección 14

INSTRUCTIONAL RESOURCES VM, Ans. Key, DVD, VCD-ROM, IRM (videoscript, translation), Website

Para recordar

Before doing this Fotonovela section, review the previous one with this activity.

1. ¿Adónde lleva Martín a los chicos? *al área donde van a ir de excursión*
2. ¿Qué dice él de la contaminación en la región? *es un problema en todo el mundo; tienen un programa de reciclaje*
3. ¿Qué dice Martín de la contaminación del río? *en las montañas no está contaminado; cerca de las ciudades tiene bastante contaminación*
4. ¿Qué va a hacer Maite para proteger el medio ambiente? *va a usar el metro*

ÁLEX ¡Excelente idea! En cuanto termine mi café te acompaño.

MAITE Necesito pasar por el banco y por el correo para mandar unas cartas.

ÁLEX Está bien.

ÁLEX ¿Necesitan algo del centro?

INÉS ¡Sí! Cuando vayan al correo, ¿pueden echar estas postales al buzón? Además necesito unas estampillas.

ÁLEX Por supuesto.

MAITE Ten, guapa, tus sellos.

INÉS Gracias, Maite. ¿Qué tal les fue en el centro?

MAITE ¡Superbien! Fuimos al banco y al correo. Luego en el supermercado compramos comida para la excursión. Y antes de regresar, paramos en una heladería.

MAITE ¡Ah! Y otra cosa. Cuando llegamos al centro conocimos a un joven muy simpático que nos dio direcciones. Era muy amable... ¡y muy guapo!

PERSONAJES

DON FRANCISCO

JAVIER

INÉS

ÁLEX

MAITE

MARTÍN

JOVEN

Expresiones útiles

Giving advice

Les recomiendo/Hay que llevar zapatos cómodos.
I recommend that you/It's necessary to wear comfortable shoes.

Les aconsejo que traigan algo de comer.
I advise you to bring something to eat.

Trae gafas oscuras.
Bring sunglasses. (fam., sing.)

Talking about errands

Necesito pasar por el banco.
I need to go by the bank.

Te acompaño.
I'll go with you.

Getting directions

¿Hay un banco por aquí?
Is there a bank around here?

Dobla a la izquierda/derecha.
Turn to the left/right. (fam., sing.)

Sigue todo derecho.
Go straight ahead.(fam., sing.)

Van a ver un letrero grande.
You're going to see a big sign.

¿Por dónde queda... ?
Where is...?

Está a dos cuadras de aquí.
It's two blocks from here.

Allí mismo enfrente del banco hay un supermercado.
Right in front of the bank there is a supermarket.

SUGGESTION Read the **Expresiones útiles** aloud and have the class repeat them. Ask volunteers to read characters' lines aloud as the class follows along, paying special attention to the **Expresiones útiles**.

SUGGESTION Use video captions 3, 6, and 9 to point out examples of the present subjunctive and informal commands, which will be studied in **Gramática 14.1** and **14.2**.

¿Qué piensas?

1 ¿Cierto o falso? Decide si las siguientes frases son **ciertas** o **falsas.** Corrige las frases falsas.

Cierto	Falso	
	✓	1. Don Francisco insiste en que los excursionistas lleven una cámara. *Don Francisco les recomienda llevar zapatos cómodos, una mochila, gafas oscuras y un suéter.*
✓		2. Inés escribió unas postales y ahora necesita mandarlas por correo.
	✓	3. El joven dice que el Banco del Atlántico tiene un cajero automático. *El Banco del Pacífico tiene un cajero automático.*
	✓	4. Enfrente del banco hay una heladería. *Enfrente del banco hay un supermercado pequeño.*

1 EXPANSION Give the class these additional items: **1. El joven llevó a Álex y a Maite al banco. (Falso. El joven les dio direcciones.) 2. Después de hacer sus diligencias, Maite y Álex fueron a una heladería. (Cierto.)** Add others or have pairs do so.

2 Ordenar Pon los eventos en el orden correcto.

6 a. Álex y Maite comen un helado.
5 b. Maite y Álex van al supermercado y compran comida.
1 c. Álex termina su café.
2 d. Inés les da unas postales a Maite y a Álex para echar al buzón.
3 e. Un joven ayuda a Álex y a Maite a encontrar el banco porque están perdidos.
4 f. Maite y Álex van al banco y al correo.

2 SUGGESTION Have students write the sentences on separate slips of paper so they can rearrange them until they determine the correct order. Ask a volunteer to read the sentences aloud.

3 Conversación Un(a) compañero/a y tú son vecinos/as. Uno/a de ustedes acaba de mudarse y necesita ayuda porque no conoce la ciudad. Preparen una breve conversación en la que hagan planes para ir a los siguientes lugares usando las palabras indicadas. *Answers will vary.*

¡Cómo no!	*Of course!*	**¿Qué te parece?**	*What do you think?*
luego	*then*	**¿Sabes dónde queda… ?**	*Do you know where… is?*
primero	*first*		

- un banco
- una lavandería
- un supermercado
- una heladería
- una panadería

3 SUGGESTION Review the **Expresiones útiles** with students before assigning pairs.

3 EXPANSION Provide time for students to work out a dramatization of this activity. Ask groups to volunteer to present it to the class.

3 EXPANSION Have students prepare several sets of directions that explain how to get to well-known places on campus or in the community without mentioning the destinations by name. Have students read the directions out loud and have the class say where they would be if they followed them.

Exploración
En el centro

SUGGESTION Have students locate the countries mentioned (Perú, España, Argentina, México, Colombia, Honduras) on the maps in Apéndice A.

SUGGESTION Mention that the buildings that line the Plaza mayor often house the municipal government, a church or cathedral, the post office, and important businesses or banks.

SUGGESTION Ask students comprehension questions. ¿Dónde está la Puerta del Sol? (Está en el "kilómetro cero" de Madrid.) ¿Qué es el kilómetro cero? (Donde comienzan todas las calles principales.) ¿Cuál es la ciudad que nunca duerme? (Buenos Aires) ¿Por qué la llama así la gente? (Porque tiene atracciones que están abiertas toda la noche.) ¿Qué es la zona viva y dónde está? (Es el corazón comercial de Tegucigalpa. Está en Honduras.)

La Puerta del Sol en Madrid, España, está en el "kilómetro cero" de la ciudad. Se dice que allí comienzan todas las calles principales. Cerca hay muchos bares, restaurantes, tiendas y otros negocios.

En muchos países hispanos, la plaza mayor es el centro social de la ciudad. Es donde la gente va para reunirse con sus amigos, para tomar un café o para ir de compras. Normalmente, está localizada en el centro de la ciudad.

Muchas personas dicen que Buenos Aires, Argentina, es "la ciudad que nunca duerme". La ciudad tiene discotecas, bares, restaurantes y otras atracciones que están abiertas toda la noche...o por lo menos hasta la madrugada (*early morning*), siete días a la semana.

Observaciones

- En México, se usa el término **zócalo** en lugar de **plaza mayor**.
- En la Plaza de Armas de Lima, Perú, se hace el cambio de guardia (*changing of the guard*) todos los días, como un tributo público a la bandera (*flag*) peruana.
- El Parque San Antonio de Medellín, Colombia, tiene cuatro grandes esculturas del famoso artista Fernando Botero.
- La zona viva es el corazón comercial de Tegucigalpa, Honduras, donde se encuentran las tiendas y los restaurantes más importantes.

Coméntalo

Con un(a) compañero/a, contesta las siguientes preguntas. *Answers will vary.*

- ¿Te gustaría visitar algunos de los lugares mencionados en esta página? ¿Cuáles?
- ¿Prefieres las ciudades grandes, medianas (*medium-sized*) o pequeñas? ¿Por qué?
- Describe el centro de una ciudad que conoces. ¿Qué se puede hacer allí?

recursos

aventuras.vhlcentral.com
Lección 14

INSTRUCTIONAL RESOURCE Website

NATIONAL STANDARDS comparisons

14.1 The subjunctive in adjective clauses

- Adjective clauses modify nouns or pronouns. The subjunctive can be used in adjective clauses to indicate that the existence of someone or something is uncertain or indefinite.

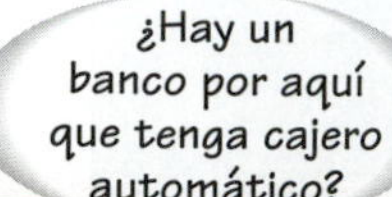

¿Hay un banco por aquí que tenga cajero automático?

No hay ningún banco en esta calle que tenga cajero automático.

- The subjunctive is used in an adjective clause that refers to a person, place, thing, or idea that either does not exist or whose existence is uncertain or indefinite.

Adjective clauses

Indicative	Subjunctive
Necesito el libro que tiene información sobre Venezuela. *I need the book that has information about Venezuela.*	**Necesito un libro que tenga información sobre Venezuela.** *I need a book that has information about Venezuela.*
Quiero vivir en esta casa que tiene jardín. *I want to live in this house that has a garden.*	**Quiero vivir en una casa que tenga jardín.** *I want to live in a house that has a garden.*
En mi barrio, hay una heladería que vende helado de mango. *In my neighborhood, there's an ice cream shop that sells mango ice cream.*	**En mi barrio, no hay ninguna heladería que venda helado de mango.** *In my neighborhood, there is no ice cream shop that sells mango ice cream.*

- When the adjective clause refers to a person, place, thing, or idea that is certain or definite, the indicative is used.

Quiero ir **al restaurante** que **está** en frente de la biblioteca.
I want to go to the restaurant that's in front of the library.

Busco **al profesor** que **enseña** japonés.
I'm looking for the professor who teaches Japanese.

Conozco a **alguien** que **va** a esa peluquería.
I know someone who goes to that beauty salon.

Tengo **un amigo** que **vive** cerca de mi casa.
I have a friend who lives near my house.

SUGGESTION Tell the students that the **recursos** boxes for the entire **Gramática** section are in **Ampliación.**

Práctica

1 Minidiálogos Completa los minidiálogos con la forma correcta de los verbos indicados.

MARCIA Buscamos un hotel que (1) ___tenga___ [tener] piscina.
MARTÍN Hay tres o cuatro hoteles por aquí que (2) ___tienen___ [tener] piscina.

• • •

EDUARDO ¿Hay algún buzón por aquí donde yo (3) ___pueda___ [poder] echar una carta?
SUSANA Hay un buzón en la esquina donde (4) ___puedes___ [poder] echar una carta.

• • •

ANA Queremos encontrar un restaurante que (5) ___sirva___ [servir] comida venezolana.
BENITO Creo que el restaurante en esta cuadra (6) ___sirve___ [servir] comida venezolana.

• • •

VICENTE Necesitas al empleado que (7) ___entiende___ [entender] este nuevo programa de computación.
MARISOL No hay nadie que (8) ___entienda___ [entender] este programa.

2 Anuncios clasificados En parejas, lean estos anuncios y luego describan el tipo de persona u objeto que se busca. *Answers will vary.*

CLASIFICADOS

VENDEDOR(A) Se necesita persona dinámica y responsable con buena presencia. Experiencia mínima de un año. Horario de trabajo flexible. Llamar a Joyería Aurora de 10 a 13h y de 16 a 18h. Tel: 263-7553.

PELUQUERÍA UNISEX Se busca persona con experiencia en peluquería y maquillaje para trabajar tiempo completo. Llamar de 9 a 13h. Tel: 261-3548.

COMPARTIR APARTAMENTO Se necesita compañera para compartir apartamento de 2 alcobas en el Chaco. Alquiler 300.000 bolívares por mes. No fumar. Llamar al 951-3642 entre 19 y 22h.

CLASES DE INGLÉS Profesor de Inglaterra con diez años de experiencia ofrece clases para grupos o instrucción privada para individuos. Llamar al 933-4110 de 16:30 a 18:30.

SE BUSCA CONDOMINIO Se busca condominio en Sabana Grande con 3 alcobas, 2 baños, sala, comedor y aire acondicionado. Tel: 977-2018.

EJECUTIVO DE CUENTAS Se requiere joven profesional con al menos dos años de experiencia en el sector financiero. Se ofrecen beneficios excelentes. Enviar currículum vitae al Banco Unión, Avda. Urdaneta 263, Caracas.

INSTRUCTIONAL RESOURCES WB, LM, Ans. Key, Lab, IRM (teaching tips, info gap), Website

Conversación

3 **Completar** Completa estas frases de una manera lógica. Luego, compara tus respuestas con las de un(a) compañero/a. *Answers will vary.*

1. Tengo un(a) amigo/a que...
2. Algún día espero tener un apartamento o una casa que...
3. Quiero visitar un país que...
4. No tengo ningún profesor que...
5. Me gustaría conocer a alguien que...
6. Mi compañero/a de cuarto busca una lavandería que...
7. Un(a) consejero/a (*advisor*) debe ser una persona que...
8. Mi novio/a desea un perro que...
9. En esta clase no hay nadie que...
10. Mis padres buscan un carro que...

4 **Encuesta** Circula por la clase y pregúntales a tus compañeros/as si conocen a alguien que corresponda a cada descripción de la lista. Si dicen que conocen a una persona así, pregúntales quién es y anota sus respuestas. Luego informa a la clase de los resultados de tu encuesta. *Answers will vary.*

Actividades	Nombres	Respuestas
1. Dar direcciones buenas	______	______
2. Hablar japonés	______	______
3. Comprender el subjuntivo	______	______
4. Necesitar un préstamo	______	______
5. Pedir prestado un carro	______	______
6. Odiar ir de compras	______	______
7. Ser venezolano/a	______	______
8. No saber nadar	______	______
9. Manejar una motocicleta	______	______
10. Trabajar en una zapatería	______	______
11. No tener tarjeta de crédito	______	______
12. Graduarse este año	______	______

5 **Busca los cuatro** Tu profesor(a) va a darles a ti y a tu compañero/a la información necesaria para completar esta actividad.

▸ The personal **a** is not used with direct objects that are hypothetical people. However, **alguien** and **nadie** are always preceded by the personal **a** when they function as direct objects.

Necesitamos **un empleado** que **sepa** usar computadoras.
We need an employee who knows how to use computers.

Necesitamos **al empleado** que **sabe** usar computadoras.
We need the employee who knows how to use computers.

Buscamos **a alguien** que **pueda** cocinar.
We're looking for someone who can cook.

No conocemos **a nadie** que **pueda** cocinar.
We don't know anyone who can cook.

▸ The subjunctive is commonly used in questions when the speaker is uncertain. However, if the person who responds to the question knows the information, the indicative is used.

—¿Hay un parque que **esté** cerca de nuestro hotel?
Is there a park that's close to our hotel?

—Sí, hay un parque que **está** muy cerca del hotel.
Yes, there's a park that's very close to the hotel.

¡Qué fácil encontrarlo todo con cosmoguía.com!
La ciudad a tu alcance.

Buscar –
✓ restaurante que sirva paella (Mamá)
✓ librería que venda libros de texto (Juan, historia)
✓ tutor que enseñe inglés (niños)

¡Manos a la obra!

Escoge entre el subjuntivo o el indicativo para completar cada oración.

1. Necesito una persona que ___pueda___ [puede/pueda] cantar bien.
2. Buscamos a alguien que ___tenga___ [tiene/tenga] paciencia.
3. ¿Hay restaurantes aquí que ___sirvan___ [sirven/sirvan] comida japonesa?
4. Tengo una amiga que ___saca___ [saca/saque] fotografías muy bonitas.
5. Hay una carnicería que ___está___ [está/esté] cerca de aquí.
6. No vemos ningún apartamento que nos ___interese___ [interesa/interese].
7. Conozco a un estudiante que ___come___ [come/coma] hamburguesas todos los días.
8. ¿Hay alguien que ___diga___ [dice/diga] la verdad?

14.2 Familiar (tú) commands

NATIONAL
comparisons
STANDARDS

- Familiar (**tú**) commands are used when you want to give advice to or instruct someone you address with **tú**.

Trae algo de comer.

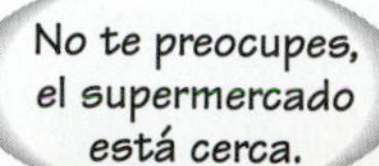
No te preocupes, el supermercado está cerca.

Negative *tú* commands

Infinitive	Present subjunctive	Negative *tú* command
cuidar	tú cuides	no cuides (tú)
tocar	tú toques	no toques (tú)
temer	tú temas	no temas (tú)
volver	tú vuelvas	no vuelvas (tú)
insistir	tú insistas	no insistas (tú)
pedir	tú pidas	no pidas (tú)

- Negative **tú** commands have the same form as the **tú** form of the present subjunctive. The pronoun **tú** is used only for emphasis.

Julia, **no cruces** la calle.
Julia, don't cross the street.

Carlos, **no eches** eso al buzón.
Carlos, don't put that in the mailbox.

- The negative familiar commands keep the same stem changes as the indicative.

Affirmative *tú* commands

Infinitive	Present indicative	Affirmative *tú* command
cuidar	Ud./él/ella cuida	cuida (tú)
tocar	Ud./él/ella toca	toca (tú)
temer	Ud./él/ella teme	teme (tú)
volver	Ud./él/ella vuelve	vuelve (tú)
insistir	Ud./él/ella insiste	insiste (tú)
pedir	Ud./él/ella pide	pide (tú)

- Affirmative **tú** commands usually have the same form as the third person singular of the present indicative.

Paga al contado.
Pay in cash.

Pide un préstamo.
Ask for a loan.

Práctica

1 Unas diligencias La señora Pujol quiere que su esposo haga unas diligencias en el centro. Completa las frases con las formas correctas.

1. Enrique, *ve* [ir] al banco, por favor.
2. Cuando llegues al banco, *deposita* [depositar] este cheque en nuestra cuenta corriente.
3. No lo *deposites* [depositar] en la cuenta de ahorros y, por favor, no *pidas* [pedir] un préstamo.
4. Luego *pasa* [pasar] por la zapatería y *recoge* [recoger] mis zapatos.
5. No *pagues* [pagar] al contado, sino con un cheque.
6. Luego *compra* [comprar] un pastel en la pastelería. Por favor, no *compres* [comprar] un pastel de chocolate. Mi tío Felipe viene a cenar y es alérgico al chocolate.

2 Quehaceres Pedro y Marina no pueden ponerse de acuerdo (*agree*) cuando le dan órdenes a su hijo Miguel. Lee los quehaceres que Pedro le da a Miguel. Después, usa la información entre paréntesis para formar las órdenes que le da Marina. Sigue el modelo.

modelo
Recoge la basura. (poner la mesa)
No la recojas, Miguel. Pon la mesa.

1. Barre el suelo. (pasar la aspiradora)
   No lo barras. Pasa la aspiradora.
2. Plancha la ropa. (hacer las camas)
   No la planches. Haz las camas.
3. Saca la basura. (quitar la mesa)
   No la saques. Quita la mesa.
4. Ve a la joyería. (ir a la frutería)
   No vayas. Ve a la frutería.
5. Dale los libros a Katia. (dárselos a Juan)
   No se los des. Dáselos a Juan.
6. Prepara la cena. (limpiar el carro)
   No la prepares. Limpia el carro.
7. Echa las cartas al buzón. (dárselas al cartero)
   No las eches al buzón. Dáselas al cartero.
8. Corta el césped. (bañar al gato)
   No lo cortes. Baña al gato.

3 Oraciones La señora Morales está dándoles órdenes a su esposo y a sus hijos. Forma los mandatos que ella les da.

modelo
Pilar / sacar / basura
Pilar, saca la basura.

1. Gloria / poner / sello / el sobre
   Gloria, pon un sello en el sobre.
2. Manolo / ir / banco / cobrar / este / cheques
   Manolo, ve al banco y cobra estos cheques.
3. Lidia / no poner / televisión
   Lidia, no pongas la televisión.
4. Esteban / hacer / camas
   Esteban, haz las camas.
5. Gloria / barrer / suelo / no lavar / platos
   Gloria, barre el suelo. No laves los platos.
6. Manolo / firmar / este / formularios
   Manolo, firma estos formularios.

 INSTRUCTIONAL RESOURCES WB, LM, Ans. Key, Lab, IRM (teaching tips), Website

Conversación

4 **Estoy perdido/a** Con un(a) compañero/a, prepara una breve conversación entre un(a) estudiante nuevo/a en la universidad y otro/a estudiante que le da direcciones. *Answers will vary.*

modelo

Estudiante 1: *Quiero ir al Edificio de Ciencias, pero estoy perdido. ¿Me puedes ayudar?*

Estudiante 2: *Sí. Sigue derecho hasta que llegues al Edificio de Negocios. Dobla a la izquierda y sigue hasta llegar al Edificio de Artes. Dobla a la derecha y el Edificio de Ciencias es el primer edificio a la izquierda.*

5 **Diálogo** En parejas, preparen un diálogo entre Ramón y Luisa Aguilera. Ellos están hablando sobre lo que tienen que hacer para llegar a tiempo a una fiesta. Usen mandatos afirmativos y negativos. Luego presenten el diálogo a la clase. *Answers will vary.*

modelo

Luisa: *¡Sal del cuarto de baño ya!*
Ramón: *¡No me des órdenes!*
Luisa: *Pero tengo que maquillarme.*
Ramón: *Y yo tengo que ducharme. Oye, ¿qué hora es?*
Luisa: *Son las siete menos veinte.*
Ramón: *¡Ay! ¡Tráeme una toalla!*

6 **Órdenes** Circula por la clase e intercambia órdenes con tus compañeros/as. Debes seguir las órdenes que ellos te dan o reaccionar apropiadamente. *Answers will vary.*

modelo

Estudiante 1: *Dame todo tu dinero.*
Estudiante 2: *No, no quiero dártelo. Muéstrame tu cuaderno.*
Estudiante 1: *Aquí está.*
Estudiante 3: *Ve a la pizarra y escribe tu nombre.*
Estudiante 4: *No quiero. Hazlo tú.*

Irregular tú commands

- There are eight irregular affirmative **tú** commands.

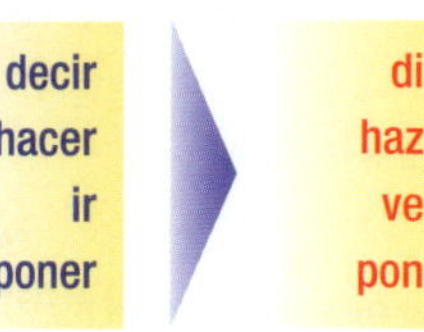

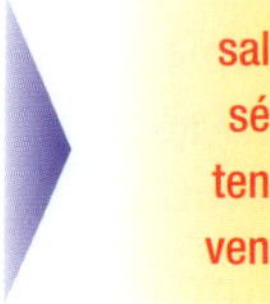

¡**Ten** cuidado con el perro!
Be careful with the dog!

Pon la estampilla en el sobre.
Put the stamp on the envelope.

¡**Sal** de aquí ahora mismo!
Leave here at once!

Haz los ejercicios.
Do the exercises.

- **Ir** and **ver** have the same **tú** command. Context will determine the meaning.

Ve al supermercado con José.
Go to the supermarket with José.

Ve al banco esta tarde.
Go to the bank this afternoon.

Ve ese programa... es muy interesante.
See that program... it's very interesting.

Ve esa película con tu hermano.
See that movie with your brother.

- The placement of reflexive and object pronouns in **tú** commands follows the same rules as in formal commands. When a pronoun is attached to a command of more than two syllables, a written accent is used.

Informal	Formal
¡Alégra**te**! *Be happy!*	¡Alégren**se**! *Be happy!*
No **te** sientas triste. *Don't feel sad.*	No **se** sientan tristes. *Don't feel sad.*
Di**me**. *Tell me.*	Díga**me**. *Tell me.*
No **me lo** digas. *Don't tell me (it).*	No **me lo** diga. *Don't tell me (it).*

¡Manos a la obra!

Indica los mandatos (*commands*) familiares de estos verbos.

	Mandato afirmativo	Mandato negativo
1. cambiar	*Cambia* el aceite.	No *cambies* el aceite.
2. correr	*Corre* más rápido.	No *corras* más rápido.
3. salir	*Sal* ahora.	No *salgas* ahora.
4. tocar	*Toca* las flores.	No *toques* las flores.
5. venir	*Ven* aquí.	No *vengas* aquí.
6. levantarse	*Levántate* temprano.	No *te levantes* temprano.
7. volver	*Vuelve* pronto.	No *vuelvas* pronto.
8. hacerlo	*Hazlo* ya.	No *lo hagas* ahora.

14.3 Nosotros/as commands

- **Nosotros/as** commands, which correspond to the English equivalent of *let's* + [*verb*], are used to give orders or suggestions that include yourself and other people.

Crucemos la calle.	**No crucemos** la calle.
Let's cross the street.	*Let's not cross the street.*

- Both affirmative and negative **nosotros/as** commands are generally formed by using the first person plural form of the present subjunctive.
- The affirmative *let's* + [*verb*] may also be expressed with **vamos a** + [*infinitive*]. Remember, however, that **vamos a** + [*infinitive*] can also mean *we are going to (do something)*. Context and tone will determine which meaning is being expressed.

Vamos a cruzar la calle.	**Vamos a trabajar** mucho.
Let's cross the street.	*We're going to work a lot.*

- To express *let's go*, the present indicative form of **ir** is used. For the negative command, the present subjunctive (**vayamos**) is used.

Affirmative	Negative
Vamos a la pescadería.	**No vayamos** a la pescadería.
Let's go to the fish market.	*Let's not go to the fish market.*
Vamos a tomar un café.	**No vayamos** a tomar un café.
Let's go have a coffee.	*Let's not go have a coffee.*

Práctica

1 Conversación Completa esta conversación con los mandatos de **nosotros/as.** Luego, represéntala con un(a) compañero/a.

MARÍA Sergio, ¿quieres hacer diligencias ahora o por la tarde?

SERGIO No (1) *las dejemos* [dejarlas] para más tarde. (2) *Hagámoslas* [hacerlas] ahora.

MARÍA Necesito comprar sellos.

SERGIO Yo también. (3) *Vamos* [ir] al correo.

MARÍA Pues, antes de ir al correo, necesito sacar dinero de mi cuenta corriente.

SERGIO Bueno, (4) *busquemos* [buscar] un cajero automático.

MARÍA ¿Tienes hambre?

SERGIO Sí. (5) *Crucemos* [cruzar] la calle y (6) *comamos* [comer] algo en ese café.

MARÍA Buena idea.

SERGIO ¿Nos sentamos aquí?

MARÍA No, no (7) *nos sentemos* [sentarse] aquí; (8) *sentémonos* [sentarse] enfrente de la ventana.

SERGIO ¿Qué pedimos?

MARÍA (9) *Pidamos* [pedir] café y pan dulce.

2 Hagámoslo Responde a cada oración según las indicaciones.

modelo Vamos a vender el carro. (Sí)
Sí, vendámoslo.

1. Vamos a levantarnos a las seis. (Sí)
   Sí, levantémonos a las seis.
2. Vamos a enviar los paquetes. (No)
   No, no los enviemos.
3. Vamos al supermercado. (No)
   No, no vayamos.
4. Vamos a mandar esta tarjeta postal a nuestros amigos. (No)
   No, no se la mandemos.
5. Vamos a limpiar la habitación. (Sí)
   Sí, limpiémosla.
6. Vamos a mirar la televisión. (No)
   No, no la miremos.
7. Vamos a bailar. (Sí)
   Sí, bailemos.
8. Vamos a arreglar la sala. (No)
   No, no la arreglemos.
9. Vamos a comprar estampillas. (Sí)
   Sí, comprémoslas.

INSTRUCTIONAL RESOURCES WB, LM, Ans. Key, Lab, IRM (teaching tips), Website

Conversación

3 Decisiones Tú y un(a) compañero/a están en Tegucigalpa, Honduras. Túrnense para hacerse estas preguntas. Contesten las preguntas con un mandato afirmativo o negativo de **nosotros/as.** *Answers will vary.*

1. ¿Nos quedamos en un hotel o en una pensión?
2. ¿Cruzamos la calle aquí o caminamos una cuadra más?
3. ¿Vamos a casa o comemos en un restaurante?
4. ¿Vamos al cine en taxi o en autobús?
5. ¿Salimos para el cine a las seis o a las seis y media?
6. ¿Hacemos cola o buscamos otra película?
7. ¿Volvemos al hotel después de la película o tomamos algo en un café?
8. ¿Pagamos la cuenta al contado o con tarjeta de crédito?

4 Turistas Tú y dos o tres amigos/as están en Caracas por dos días. Lean esta página de una guía turística sobre la ciudad y decidan qué van a hacer hoy por la mañana, por la tarde y por la noche. *Answers will vary.*

modelo

Estudiante 1: Visitemos el Museo de Arte Contemporáneo Sofía Imber esta mañana. Quiero ver las esculturas (*sculptures*) de Jesús Rafael Soto.
Estudiante 2: Sí. Después vamos a la Casa Natal de Simón Bolívar. ¡Qué interesante!
Estudiante 3: Está bien. Esta noche salgamos a un restaurante, pero no vayamos al Restaurante El Coyuco. Es muy caro.

Guía de Caracas

MUSEOS
- **Museo de Arte Colonial** Avenida Panteón
- **Museo de Arte Contemporáneo Sofía Imber** Parque Central Esculturas de Jesús Rafael Soto y pinturas de Miró, Chagall y Picasso.
- **Galería de Arte Nacional** Parque Central. Colección de más de 4.000 obras de arte venezolano.

SITIOS DE INTERÉS
- **Plaza Bolívar**
- **Jardín Botánico** Avenida Interna UCV. De 8:00 a 5:00.
- **Parque del Este** Avenida Francisco de Miranda. Parque más grande de la ciudad con serpentarium.
- **Casa Natal de Simón Bolívar** Esquinas San Jacinto y Traposos. Casa colonial donde nació Simón Bolívar.

RESTAURANTES
- **El Barquero** Avenida Luis Roche
- **Restaurante El Coyuco** Avenida Urdaneta
- **Restaurante Sorrento** Avenida Francisco Solano
- **Café Tonino** Avenida Andrés Bello

Nosotros commands and object pronouns

- Object pronouns are attached to affirmative **nosotros/as** commands. A written accent is added to maintain the original stress.

Firmemos el cheque. *Let's sign the check.*	**Firmémoslo.** *Let's sign it.*
Escribamos a Ana y Raúl. *Let's write to Ana and Raúl.*	**Escribámosles.** *Let's write to them.*

- Object pronouns are placed in front of negative **nosotros/as** commands.

No **les paguemos** el préstamo. *Let's not pay them the loan.*	No **se lo digamos** a ellos. *Let's not tell them.*
No **lo compremos.** *Let's not buy it.*	No **se la presentemos.** *Let's not introduce her.*

- When **nos** or **se** is attached to an affirmative **nosotros/as** command, the final **–s** is dropped.

Démoselo a ella. *Let's give it to her.*	**Mandémoselo** a ellos. *Let's send it to them.*
Sentémonos allí. *Let's sit down there.*	**Levantémonos** temprano. *Let's get up early.*

- The **nosotros/as** command form of **irse** (*to go away*) is **vámonos.** Its negative form is **no nos vayamos.**

¡**Vámonos** de vacaciones! *Let's go away on vacation!*	**No nos vayamos** de aquí. *Let's not go away from here.*

¡Manos a la obra!

Indica los mandatos afirmativos y negativos de la primera persona del plural (**nosotros/as**) de los siguientes verbos.

	afirmativo	negativo
1. estudiar	estudiemos	no estudiemos
2. cenar	cenemos	no cenemos
3. leer	leamos	no leamos
4. decidir	decidamos	no decidamos
5. perder	perdamos	no perdamos
6. seguir	sigamos	no sigamos
7. practicar	practiquemos	no practiquemos
8. conocer	conozcamos	no conozcamos
9. decir	digamos	no digamos
10. cerrar	cerremos	no cerremos
11. levantarse	levantémonos	no nos levantemos
12. irse	vámonos	no nos vayamos
13. dormir	durmamos	no durmamos
14. escribirle	escribámosle	no le escribamos
15. comprarlo	comprémoslo	no lo compremos
16. pedírselo	pidámoselo	no se lo pidamos

Repaso

14.1 The subjunctive in adjective clauses

1 Un barrio nuevo Acabas de mudarte y quieres saber qué puedes encontrar en tu barrio nuevo. En parejas, túrnense para hacerse las preguntas y contestarlas.

modelo algún / banco / estar / abierto / domingos / (no)

Estudiante 1: *¿Hay algún banco que esté abierto los domingos?*
Estudiante 2: *No, no hay ningún banco que esté abierto los domingos.*

1. alguna / frutería / vender / frutas orgánicas / (sí)
   ¿Hay alguna frutería que venda frutas orgánicas? Sí, hay una frutería que vende frutas orgánicas.
2. alguna / peluquería / no / ser / cara / (sí)
   ¿Hay alguna peluquería que no sea cara? Sí, hay una peluquería que no es cara.
3. alguna / joyería / vender / a plazos / (no)
   ¿Hay alguna joyería que venda a plazos? No, no hay ninguna joyería que venda a plazos.
4. alguna / zapatería / aceptar / cheques / (no)
   ¿Hay alguna zapatería que acepte cheques? No, no hay ninguna zapatería que acepte cheques.
5. alguna / lavandería / cerrar / diez de la noche / (sí)
   ¿Hay alguna lavandería que cierre a las diez de la noche? Sí, hay una lavandería que cierra a las diez de la noche.
6. alguien / poder / llevar / este paquete / correo / (no)
   ¿Hay alguien que pueda llevar este paquete al correo? No, no hay nadie que pueda llevar este paquete al correo.

2 ¡Queremos vivir ahí! En grupos de tres, describan qué características buscan en una ciudad para vivir. Después compartan sus respuestas con la clase. *Answers will vary.*

modelo *Queremos vivir en un lugar que tenga restaurantes de todo tipo.*

14.2 Familiar (tú) commands

3 En la ciudad Tu amigo y tú tienen que hacer muchas cosas, pero tu amigo no quiere hacer nada.

modelo enviar los paquetes
Estudiante 1: *Envía los paquetes.*
Estudiante 2: *¡Envíalos tú!*

1. pagar la renta
   Paga la renta. ¡Págala tú!
2. comprar los sellos
   Compra los sellos. ¡Cómpralos tú!
3. hacer la comida
   Haz la comida. ¡Hazla tú!
4. firmar el cheque
   Firma el cheque. ¡Fírmalo tú!
5. pedir un préstamo
   Pide un préstamo. ¡Pídelo tú!
6. llenar estos formularios
   Llena estos formularios. ¡Llénalos tú!

4 Consejos Tienes un sobrino que es un desastre. Dale por lo menos ocho consejos usando los mandatos familiares de los verbos **decir, hacer, ir, poner, salir, ser, tener** y **venir**. *Answers will vary.*

modelo *No digas mentiras. Di la verdad.*

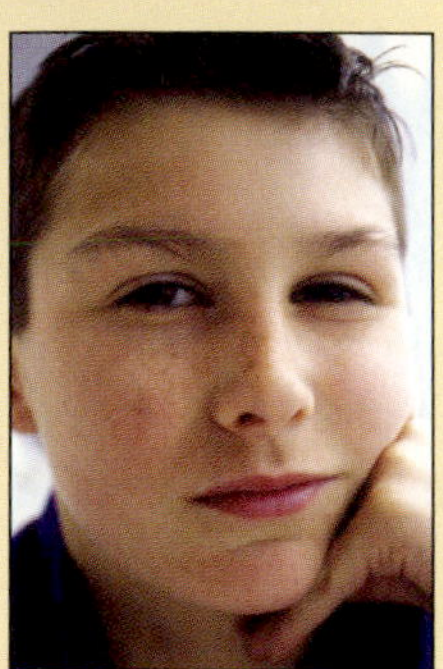

____
____
____
____
____
____
____
____

5 ¡Un día muy ocupado! Tere hizo una lista de sus diligencias y de cuánto tiempo se tarda en hacerlas. En parejas, escriban el horario ideal para Tere. *Answers will vary.*

modelo *Tere, ve al banco a las nueve de la mañana y deposita tus cheques. A las nueve y media, ...*

Diligencias	Tiempo	Lugares	Horarios
Cortarme el pelo	1 hr.	salón de belleza	12:00 p.m.–1:00 p.m.
Comprar un pastel para Eva	30 min.	pastelería	10:00 a.m.–2:00 p.m.
Visitar a Eva en el hospital	1 hr.	hospital	4:00 p.m.–5:00 p.m.
Depositar cheques	30 min.	banco	9:00 a.m.–12:00 p.m.
Lavar ropa	2 hrs.	lavandería	12:00 p.m.–2:00 p.m.
Enviar cartas	30 min.	correo	9:00 a.m.–1:00 p.m.

14.3 Nosotros/as commands

6 ¿Qué podemos hacer? En parejas, escriban las cosas que pueden hacer para llegar a las metas (*goals*) indicadas. *Answers will vary.*

modelo Divertirnos este fin de semana
Vamos al cine con nuestros amigos.
No nos quedemos en casa.

1. Graduarse con honores
2. Vivir hasta los cien años
3. Divertirse este fin de semana
4. Estar en forma
5. Conseguir una licencia de conducir
6. Pedir un préstamo en el banco

7 **¡Organicemos la fiesta!** Es el aniversario de bodas de tus abuelos. Escribe lo que les dices a tus familiares.

modelo

hacerles una fiesta sorpresa / no decirles nuestros planes
Hagámosles una fiesta sorpresa. No les digamos nuestros planes.

1. sorprenderlos / preparar sus platos favoritos
   Sorprendámoslos. Preparemos sus platos favoritos.
2. no alquilar un salón de fiestas / celebrar en casa
   No alquilemos un salón de fiestas. Celebremos en casa.
3. invitar a sus amigos / llamarles por teléfono
   Invitemos a sus amigos. Llamémosles por teléfono.
4. comprarles flores / no darles chocolates
   Comprémosles flores. No les demos chocolates.
5. bailar toda la noche / no quedarse sentados
   Bailemos toda la noche. No nos quedemos sentados.
6. llevar la cámara / tomarles muchas fotografías
   Llevemos la cámara. Tomémosles muchas fotografías.

8 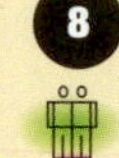 **¿Cómo llegamos a...?** En parejas, dibujen un mapa de una ciudad imaginaria. Escriban los nombres de las calles y marquen los lugares de la lista. No olviden marcar el norte, el sur, el este y el oeste. Después, túrnense para preguntarse cómo llegar de un lugar a otro. *Answers will vary.*

banco	correo	lavandería	salón de belleza
carnicería	heladería	pescadería	supermercado

modelo

Estudiante 1: *¿Cómo llegamos del banco a la heladería?*
Estudiante 2: *Caminemos hacia el este y lleguemos a la esquina de Colón y Morelos. Sigamos derecho por Morelos. Crucemos la calle...*

Síntesis

9  **¡Queremos abrir un negocio!** Conversa con un(a) compañero/a sobre abrir un negocio comercial (una lavandería, una zapatería, etc.) en tu ciudad. Decidan dónde va a estar, qué cosas harán juntos y qué cosas hará cada uno por separado. Usen los mandatos de **tú** y de **nosotros/as**. *Answers will vary.*

modelo

Estudiante 1: *En nuestra ciudad no hay un supermercado que venda productos latinos. ¡Vamos a poner uno!*
Estudiante 2: *¡Excelente! Busquemos un lugar que esté cerca del centro de la ciudad. Hagamos una lista de los productos que vamos a vender. ¿Qué más necesitamos?*
Estudiante 1: *Tú piensa en un nombre para el supermercado. Yo voy a investigar cuánto dinero necesitamos. Y vamos a pedir un préstamo en el banco.*

Ritmos hispanos

NATIONAL STANDARDS communication cultures

Pablo Milanés:
Un músico comprometido

Pablo Milanés nació en Bayamo, Cuba en 1943. Durante los años sesenta junto con otros artistas cubanos como Silvio Rodríguez, fundó el movimiento llamado la Nueva Trova Cubana, un nuevo estilo de música que mezcla elementos musicales universales con elementos musicales cubanos. Durante esta década también colaboró con el grupo *Los Bucaneros*, y en 1965 empezó su carrera en solitario. En 1967 tuvo que hacer el servicio militar obligatorio y a partir de entonces comenzó a escribir canciones con temas sociales y políticos. Este prolífico cantautor ha grabado más de veintisiete álbumes y ha escrito la música para más de treinta películas. Su música ha sido reconocida con numerosos premios tanto en Latinoamérica como en Europa. Sus letras poéticas y su emotiva forma de interpretarlas le han ganado la fama de uno de los más populares y respetados músicos y compositores de finales del siglo XX.

Discografía selecta

- *Mis 22 años* (1965)
- *La vida no vale nada* (1976)
- *Filin 1* (1982)
- *Proposiciones* (1988)
- *Evolución* (1994)
- *Días de gloria* (2000)
- *Como un campo de maíz* (2005)

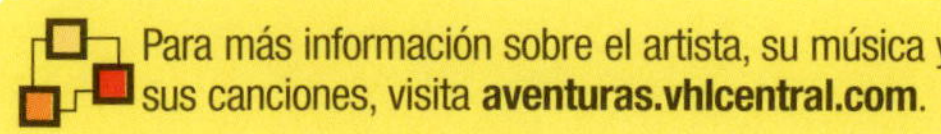
Para más información sobre el artista, su música y sus canciones, visita **aventuras.vhlcentral.com**.

comprometido committed **mezcla** mixes **carrera** career **a partir de entonces** from then on **cantautor** singer/songwriter **ha grabado** has recorded **reconocida** recognized **premios** awards **letras** lyrics **no vale nada** is worth nothing

Ampliación

1 Escuchar

A Lee estas frases y luego escucha la conversación entre Alberto y Eduardo. Indica si cada verbo se refiere a algo en el pasado, en el presente o en el futuro.

TIP Listen for specific information and linguistic cues. You can often get the facts you need by listening for specific pieces of information. By listening for verb endings, you can figure out whether the verbs describe past, present, or future actions. Verb endings also indicate who is performing the action.

Acciones

1. Demetrio / comprar en Macro *pasado*
2. Alberto / comprar en Macro *futuro*
3. Alberto / estudiar psicología *pasado*
4. carro / tener frenos malos *presente*
5. Eduardo / comprar un anillo para Rebeca *pasado*
6. Eduardo / estudiar *futuro*

B ¿Crees que Alberto y Eduardo viven en una ciudad grande o en un pueblo? ¿Cómo lo sabes?
Viven en una ciudad grande. La ciudad es grande porque tiene metro.

2 Conversar

Tú y un(a) compañero/a viven juntos/as en un apartamento y tienen problemas económicos. Describan los problemas y sugieran algunas soluciones. *Answers will vary.*

modelo

Estudiante 1: No sé qué hacer. Casi no tengo el dinero para el alquiler.
Estudiante 2: Debes ahorrar más dinero—y yo también. No comamos en restaurantes. Comamos en casa.
Estudiante 1: Tal vez necesitemos mudarnos. Necesitamos un apartamento que sea más barato.
Estudiante 2: ¡Uy! No quiero mudarme. Pídele un préstamo a tu papá, mejor.
Estudiante 1: No lo puedo hacer cada mes. Pero tienes razón, podemos ahorrar dinero comiendo en casa.
Estudiante 2: Y no usemos más los cajeros automáticos. Paguemos todo de la cuenta corriente para saber mejor adónde va el dinero.

recursos

WB	LM	Text MP3s	Lab MP3s	aventuras.vhlcentral.com
pp. 141–146	p. 81–83	Lección 14	Lección 14	Lección 14

1 SCRIPT

Alberto: Demetrio me dijo que fue de compras con Carlos y Roberto a *Macro*. Y tú, Eduardo, ¿has ido?

Eduardo: ¡Claro que sí, Alberto! Tienen las últimas modas. Me compré estos zapatos allí. ¡Carísimos!, pero me fascinan y, de ñapa, son cómodos.

A: Pues, ya acabé de estudiar para el examen de psicología. Creo que voy a ir esta tarde porque me siento muy fuera de la onda. ¡Soy el único que no ha ido a *Macro*! ¿Dónde queda?

E: Es por Sabana Grande. ¿Vas a ir en metro o en carro?

A: Es mejor ir en metro. Es muy difícil estacionar el carro en Sabana Grande. No me gusta manejarlo tampoco porque los frenos están malos.

E: Bueno, súbete al metro en la línea amarilla hasta Plaza Venezuela. Cuando salgas de la estación de metro dobla a la izquierda hacia Chacaíto. Sigue derecho por dos cuadras.

A: Ah, sí, enfrente de la joyería donde le compraste el anillo a Rebeca.

E: No, la joyería queda una cuadra hacia el sur. Pasa el *Banco Mercantil* y dobla a la derecha. Tan pronto como pases la pizzería *Papagallo*, vas a ver un letrero rojo grandísimo a mano izquierda que dice *Macro*.

A: Gracias, Eduardo. ¿No quieres ir? Así no me pierdo.

E: No, hoy no puedo. Tengo que estudiar y a las cuatro tengo una cita con Rebeca. Pero estoy seguro que vas a llegar lo más bien.

INSTRUCTIONAL RESOURCE Text MP3s, WB, LM, Ans. Key, Lab, Website

Ampliación

3 Escribir

Escribe una carta a un(a) amigo/a en la cual le explicas claramente cómo llegar a tu casa desde el aeropuerto. Incluye también un mapa detallado para que no se confunda. *Answers will vary.*

TIP List key words. When you give directions, you use prepositions that describe location, such as **enfrente de, al lado de**, and **detrás de**. Making a list of these expressions will help you write your directions more efficiently.

Organízalo	Planea la mejor ruta para llegar a tu casa. Apunta las expresiones útiles para dar direcciones, como los nombres de las calles y de los monumentos.
Escríbelo	Dibuja un mapa y utilízalo para escribir el primer borrador de tu carta.
Corrígelo	Intercambia tu carta con un(a) compañero/a. Anota los aspectos mejor escritos. Ofrécele sugerencias. ¿Hay suficientes detalles? ¿Está claro el mapa? Si ves algunos errores, coméntaselos.
Compártelo	Revisa el primer borrador de la carta y el mapa según las indicaciones de tu compañero/a. Incorpora nuevas ideas y/o más información si es necesario antes de escribir la versión final.

4 Un paso más

Imagina que eres miembro de un grupo que está diseñando y promocionando una comunidad modelo en un país hispano. Diseña el folleto (*brochure*) publicitario para la comunidad. *Answers will vary.*

- Escoge el lugar ideal para el proyecto. Considera el acceso a las ciudades grandes, los eventos culturales y las atracciones naturales.
- Incluye un mapa del país elegido que indique dónde está localizada la comunidad modelo.
- Crea un mapa de la zona que muestre las atracciones principales del centro de la comunidad.
- Explica las características de la comunidad.

En Internet

Investiga estos temas en el sitio aventuras.vhlcentral.com.

- Ciudades en España
- Ciudades en México, el Caribe y Centroamérica
- Ciudades en América del Sur

3 SUGGESTION Have students brainstorm verbs, locations, and directions in a word map on the board. Remind them that they will be giving directions using **tú** commands.

3 SUGGESTION Have students work in pairs and practice giving directions to each other from their homes to the university.

3 EVALUATION

Criteria	Scale
Content	1 2 3 4
Organization	1 2 3 4
Use of vocabulary	1 2 3 4
Grammar	1 2 3 4
Accuracy of map	1 2 3 4

Scoring	
Excellent	18–20 points
Good	14–17 points
Satisfactory	10–13 points
Unsatisfactory	< 10 points

4 SUGGESTION You may wish to have students work in pairs, with one partner focusing on the residential areas and the other on the commercial areas of the community. Suggest they interview local designers or developers to get first-hand information. Students may wish to produce an electronic brochure if they have access to multimedia or Web authoring software.

4 EXPANSION Have students present their brochures to the class. After the presentations, have students compare and contrast the different communities.

Antes de leer

You can understand a narrative more completely if you identify the point of view of the narrator. You can do this by simply asking yourself from whose perspective the story is being told. Some stories are narrated in the first person. That is, the narrator is a character in the story, and everything you read is filtered through that person's thoughts, emotions, and opinions. Other stories have an omniscient narrator who is not one of the story's characters, but reports the thoughts and actions of all the characters. This reading selection consists of an excerpt from the novel *La muerte de Artemio Cruz*, by Carlos Fuentes. Is this selection narrated in the first person or by an omniscient narrator? How can you tell?

____

____

Sobre el autor

Carlos Fuentes (1928-) es un renombrado escritor mexicano que ha ganado varios premios (*has won several prizes*) internacionales. Sus escritos demuestran una profunda preocupación por las cuestiones sociales y políticas.

SUGGESTION Write the following sentences from two narratives on the board and ask students to identify the point of view: **1. Cristóbal Colón vio por primera vez el territorio de Venezuela el 1 de agosto de 1498. (narrador omnisciente) 2. Muy pronto tuvimos que reconocer que no íbamos a solucionar el caso sin mucho trabajo. (El narrador es un personaje. Narra la historia en primera persona.)**

SUGGESTION Ask: **¿De dónde viene el autor? ¿Cuándo nació? ¿Qué ganó? ¿Qué demuestran sus escritos?** Ask volunteers to share their responses with the class.

EXPANSION To check comprehension, have pairs rewrite the selection from the first-person point of view. Talk about how the story changed.

La muerte de Artemio Cruz

(**fragmento**)
Carlos Fuentes

En la Ciudad de México, un hombre de negocios va en limusina al edificio donde trabaja.

Él vio pasar el domo naranja y las columnas blancas, gordas, del Palacio de Bellas Artes (...), la portada ocre, veneciana del Correo y las esculturas frondosas, las ubres plenas y las cornucopias vaciadas del Banco de México:

acarició la banda de seda del sombrero de fieltro marrón (...): los mosaicos azules de Sanborn's y la piedra labrada y negruzca del convento de San Francisco. El automóvil se detuvo en la esquina de Isabel la Católica y el chófer le abrió la puerta y se quitó la gorra y él, en cambio, se colocó el fieltro, peinándose con los dedos (...).

INSTRUCTIONAL RESOURCE Website

Después de leer

(...) y esa corte de vendedores (...) y mujeres enrebozadas y niños con el labio superior embarrado de moco lo rodearon hasta que pasó las puertas giratorias y se ajustó la corbata frente al vidrio del vestíbulo y atrás, en el segundo vidrio, el que daba a la calle de Madero, un hombre idéntico a él (...) se arreglaba el nudo de la corbata también, con los mismos dedos manchados de nicotina, el mismo traje cruzado, pero sin color, rodeado de los mendigos y dejaba caer la mano al mismo tiempo que él y luego le daba la espalda y caminaba al centro de la calle, mientras él buscaba el ascensor, desorientado por un instante.

¿Comprendiste?

Indica si las oraciones son **ciertas** o **falsas**. Corrige las oraciones falsas.

Cierto	Falso	
____	✓	1. El hombre de negocios condujo su carro al centro. *Tenía un conductor.*
____	✓	2. El hombre de negocios tiene un sombrero que es de seda. *El sombrero es de fieltro.*
✓	____	3. Mientras va al trabajo, el hombre ve el Palacio de Bellas Artes.
✓	____	4. Mientras entraba en el edificio, lo rodeó un grupo de mendigos.
____	✓	5. El hombre buscaba las escaleras. *Buscaba el ascensor.*

Preguntas *Answers will vary.*

1. ¿Es rico o pobre el hombre de negocios? ¿Cómo lo sabes?
____
2. Cuando entra en el edificio donde trabaja, el hombre ve un grupo de mendigos. ¿Es indiferente a su sufrimiento?
____
3. El hombre ve su propio reflejo en el vidrio, caminando hacia los pobres, y se siente desorientado. ¿Por qué?
____
4. En tu opinión, ¿representa el reflejo otro aspecto de su personalidad?
____

Coméntalo

¿Hay lugares mencionados en la lectura que tengan un valor (*value*) simbólico? ¿Qué simbolizan las personas que se mencionan? En tu opinión, ¿hay un comentario social en esta lectura? ¿Cuál es? *Answers will vary.*

portada ocre *ochre-colored façade*
esculturas... plenas *luxuriant sculptures, full udders*
acarició *gently touched*
fieltro marrón *brown felt*
piedra labrada *carved stone*
se detuvo *stopped*
gorra *cap*
se colocó *put on*
enrebozadas *wrapped up in shawls*
embarrado de moco *covered with snot*
rodearon *surrounded*
giratorias *revolving*
atrás *behind*
daba a *faced*
manchados *stained*
mendigos *beggars*

EXPANSION The photos are of the **Palacio de Bellas Artes** and the **Banco de México** in Mexico City. Ask students how the pictures enhance understanding.

recursos

aventuras.vhlcentral.com
Lección 14

14 VOCABULARIO

En la ciudad

el banco	*bank*
la carnicería	*butcher shop*
el correo	*post office*
la frutería	*fruit store*
la heladería	*ice cream shop*
la joyería	*jewelry store*
la lavandería	*laundromat*
la panadería	*bakery*
la pastelería	*pastry shop*
la peluquería	*hairdressing salon*
la pescadería	*fish market*
el salón de belleza	*beauty salon*
el supermercado	*supermarket*
la zapatería	*shoe store*
hacer cola	*to stand in line*
hacer diligencias	*to run errands*

En el correo

el cartero	*mail carrier*
el correo	*mail*
las estampillas	*stamps*
el paquete	*package*
los sellos	*stamps*
el sobre	*envelope*
echar (una carta) al buzón	*to put (a letter) in the mailbox; to mail (a letter)*
enviar	*to send*
mandar	*to send*

En el banco

el cajero automático	*automatic teller machine, ATM*
el cheque	*check*
el cheque de viajero	*traveler's check*
la cuenta corriente	*checking account*
la cuenta de ahorros	*savings account*
ahorrar	*to save (money)*
cobrar	*to cash (a check); to charge (for a product or service)*
depositar	*to deposit*
firmar	*to sign*
llenar (un formulario)	*to fill out (a form)*
pagar a plazos	*to pay in installments*
pagar al contado	*to pay in cash*
pedir prestado	*to borrow*
pedir un préstamo	*to apply for a loan*
ser gratis	*to be free of charge*

Las direcciones

la cuadra	*(city) block*
la dirección	*address*
la esquina	*corner*
el letrero	*sign*
cruzar	*to cross*
dar direcciones	*to give directions*
doblar	*to turn*
estar perdido/a	*to be lost*
quedar	*to be located*
(al) este	*(to the) east*
(al) oeste	*(to the) west*
(al) norte	*(to the) north*
(al) sur	*(to the) south*
derecho	*straight (ahead)*
enfrente de	*opposite; facing*
hacia	*toward*

Expresiones útiles	*See page 363.*

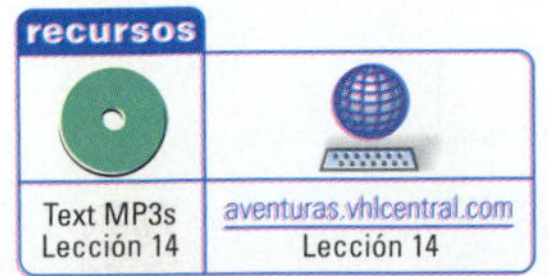

INSTRUCTIONAL RESOURCES Text MP3s, IRM (additional vocabulary), Test Program, Test MP3s, Website

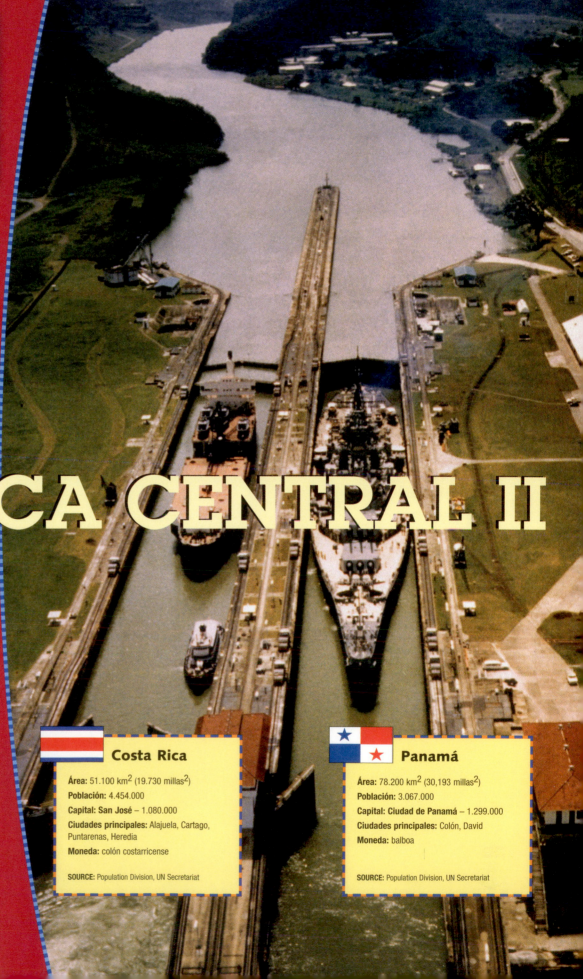

AVENTURAS EN LOS PAÍSES HISPANOS

El Canal de Panamá conecta los océanos Pacífico y Atlántico. Se construyó en 1903 y se terminó diez años después. La construcción costó 639 millones de dólares. Actualmente lo usan 38 barcos por día y por él pasan más de 12.000 barcos por año. Es la fuente *(source)* principal de ingresos *(income)* de Panamá. Cada barco paga aproximadamente $40.000 dólares de peaje *(toll)*.

AMÉRICA CENTRAL II

Nicaragua

Área: 129.494 km^2 (49.998 millas^2)
Población: 5.774.000
Capital: Managua – 1.166.000
Ciudades principales: León, Masaya, Granada
Moneda: córdoba

SOURCE: Population Division, UN Secretariat

Costa Rica

Área: 51.100 km^2 (19.730 millas^2)
Población: 4.454.000
Capital: San José – 1.080.000
Ciudades principales: Alajuela, Cartago, Puntarenas, Heredia
Moneda: colón costarricense

SOURCE: Population Division, UN Secretariat

Panamá

Área: 78.200 km^2 (30,193 millas^2)
Población: 3.067.000
Capital: Ciudad de Panamá – 1.299.000
Ciudades principales: Colón, David
Moneda: balboa

SOURCE: Population Division, UN Secretariat

Sociedad

Costa Rica: nación progresista

Costa Rica es uno de los países más progresistas del mundo. Da servicios médicos gratis a todos sus ciudadanos *(citizens)* y también a los turistas. En 1870, Costa Rica abolió *(abolish)* la pena de muerte *(death penalty)*. En 1948, disolvió el ejército *(army)* e hizo obligatoria y gratis la educación para todos los costarricenses.

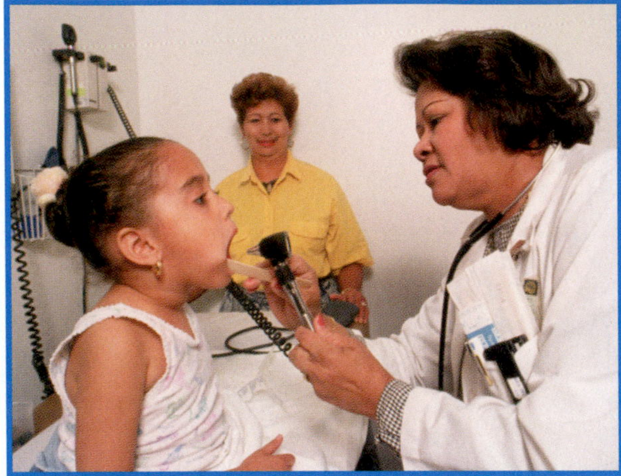

Indígenas

La mola

La mola es un tejido de los kunas, una tribu indígena que vive en las islas San Blas de Panamá. Las molas se hacen con piezas de tela *(material)* de muchos colores. Las molas tradicionales tienen dibujos *(patterns)* geométricos. Antes se usaban como ropa y hoy también se usan para decorar casas.

INSTRUCTIONAL RESOURCES WB, VM, Ans. Key, OT, DVD, IRM (videoscripts, translations), Website

Escritores

Ernesto Cardenal

El nicaragüense Ernesto Cardenal es poeta, escultor y sacerdote *(priest)* católico. Es uno de los escritores más famosos de América Latina. Ha escrito más de treinta y cinco libros. Estudió en México y los Estados Unidos. Cree en el poder *(power)* de la poesía para mejorar la sociedad y el mundo. Siempre ha trabajado para establecer la igualdad *(equality)* y la justicia en su país.

Política

Óscar Arias

Óscar Arias, político costarricense, fue presidente de su país desde 1986 hasta 1990. Estudió en Costa Rica, los Estados Unidos e Inglaterra. Fue profesor de Ciencias Políticas en la Universidad de Costa Rica. Cuando fue presidente, hizo un plan para establecer la paz *(peace)* en Centroamérica. Logró *(he achieved)* un acuerdo *(agreement)* de paz con los presidentes de El Salvador, Nicaragua, Honduras y Guatemala. Por sus esfuerzos *(efforts)*, ganó el Premio Nobel de la Paz en 1987.

Hispanos en los Estados Unidos

Nicaragua
Claudia Bermúdez, política
Ligia Guillén, periodista, escritora y actriz
Steven López, deportista de taekwondo (medallas olímpicas)

Costa Rica
Álvaro Cardona-Hine, escritor y pintor
Franklin Chang-Díaz, astronauta
Glenda Umaña, periodista

Panamá
José Quintero, director teatral
Linda Martín Alcoff, filósofa
Rubén Blades, músico

recursos

WB	VM	VCD-ROM	aventuras.vhlcentral.com
pp. 147–148	pp. 221–224	Lección 14	Lección 14

¿Qué aprendiste?

1 ¿Cierto o falso? Indica si las siguientes frases son **ciertas** o **falsas**.

	Cierto	Falso
1. El Canal de Panamá conecta los océanos Pacífico y Atlántico.	✓	
2. Por el Canal de Panamá pasan más de 12.000 barcos por día.		✓
3. La población de Nicaragua es mayor que la de Panamá.	✓	
4. San José es la capital de Panamá.		✓
5. En Costa Rica, la educación es gratis y obligatoria para todos los turistas.		✓
6. Costa Rica disolvió el ejército en 1948.	✓	
7. La mola es una tribu indígena que vive en Panamá.		✓
8. Las molas se usan hoy para decorar casas.	✓	
9. Ernesto Cardenal es uno de los escritores más famosos de América Latina.	✓	
10. Ernesto Cardenal estudió en Inglaterra.		✓
11. Óscar Arias fue presidente de Panamá.		✓
12. Óscar Arias ganó el Premio Nobel de la Paz en 1987.	✓	

2 Preguntas Contesta las siguientes preguntas con frases completas. *Answers will vary.*

1. ¿Crees que el Canal de Panamá es importante? ¿Por qué?
2. ¿Por qué crees que Costa Rica es uno de los países más progresistas del mundo?
3. ¿Qué puedes hacer con una mola hecha por los kunas?
4. ¿Cuántos libros escribió Ernesto Cardenal? ¿Qué profesiones tiene, además de ser escritor?
5. ¿Por qué ganó Óscar Arias el Premio Nobel de la Paz?

En Internet

Busca más información sobre estos temas en el sitio aventuras.vhlcentral.com. Presenta la información a tus compañeros/as de clase.

- Costa Rica
- La mola
- Ernesto Cardenal
- Óscar Arias

15 El bienestar

PARA EMPEZAR Here are some additional questions you can ask based on the photo: **¿Crees que tienes buena salud? ¿Cómo lo sabes? ¿Vas al gimnasio regularmente? ¿Conoces algún programa que ofrezca buenas ideas para mejorar la salud? ¿Cuál?**

Communicative Goals

You will learn how to:

- talk about an outing
- discuss nutrition
- describe an action or event in the immediate past
- describe an event that occurred before another past event

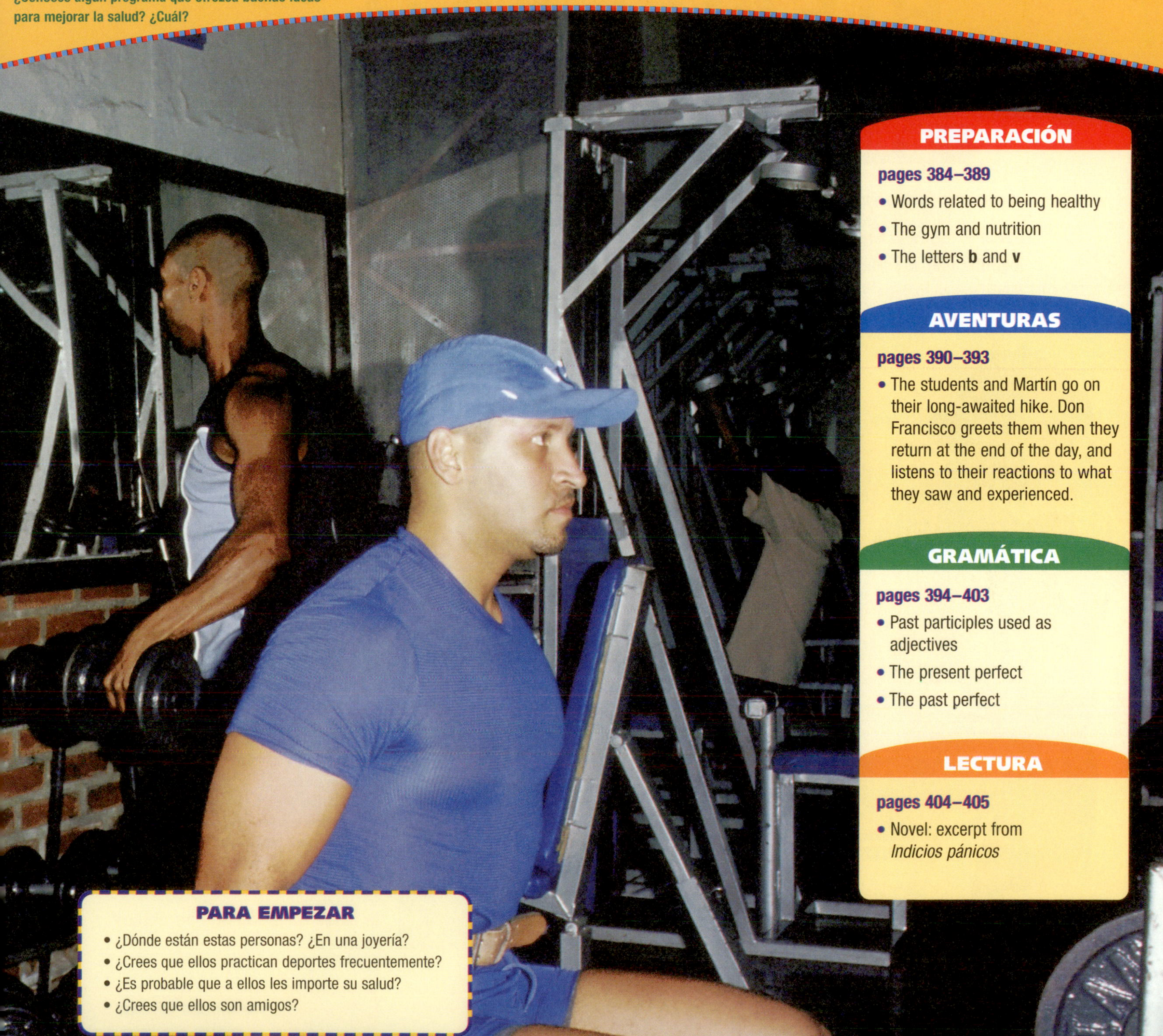

PREPARACIÓN

pages 384–389

- Words related to being healthy
- The gym and nutrition
- The letters **b** and **v**

AVENTURAS

pages 390–393

- The students and Martín go on their long-awaited hike. Don Francisco greets them when they return at the end of the day, and listens to their reactions to what they saw and experienced.

GRAMÁTICA

pages 394–403

- Past participles used as adjectives
- The present perfect
- The past perfect

LECTURA

pages 404–405

- Novel: excerpt from *Indicios pánicos*

PARA EMPEZAR

- ¿Dónde están estas personas? ¿En una joyería?
- ¿Crees que ellos practican deportes frecuentemente?
- ¿Es probable que a ellos les importe su salud?
- ¿Crees que ellos son amigos?

EL BIENESTAR

EL BIENESTAR

el bienestar *well-being*

aliviar el estrés/la tensión *to relieve stress/tension*
disfrutar (de) *to enjoy; to reap the benefits (of)*
llevar una vida sana *to lead a healthy lifestyle*
(no) fumar *(not) to smoke*

el masaje
massage

EN EL GIMNASIO

el/la monitor(a) *trainer*
el músculo *muscle*

calentarse (e:ie) *to warm-up*
entrenarse *to practice; to train*
estar en buena forma *to be in good shape*
hacer ejercicio *to exercise*
hacer ejercicios aeróbicos *to do aerobics*
hacer gimnasia *to work out*
mantenerse en forma *to stay in shape*
sudar *to sweat*

hacer ejercicios de estiramiento
to do stretching exercises

levantar pesas
to lift weights

la clase de ejercicios aeróbicos
aerobics class

SUGGESTION Write **hacer ejercicio** on the board and ask students questions. Ex: **¿Quiénes hacen ejercicios regularmente? ¿Hacen ejercicios aeróbicos? ¿Quiénes levantan pesas?**

recursos

WB pp. 149–150	LM p. 85	Text MP3s Lección 15	Lab MP3s Lección 15	aventuras.vhlcentral.com Lección 15

Variación léxica
hacer ejercicios aeróbicos ⟷ hacer aerobic (*Esp.*)

INSTRUCTIONAL RESOURCES WB, LM, Ans. Key, Lab, Text MP3s, IRM (tapescript, additional vocabulary), Website

LA NUTRICIÓN

la caloría *calorie*
el colesterol *cholesterol*
la grasa *fat*
la merienda *(afternoon) snack*
los minerales *minerals*
la nutrición *nutrition*
la proteína *protein*

adelgazar *to lose weight; to slim down*
aumentar de peso *to gain weight*
comer una dieta equilibrada *to eat a balanced diet*
consumir alcohol *to consume alcohol*
engordar *to gain weight*
estar a dieta *to be on a diet*

descafeinado/a *decaffeinated*

SUGGESTION Ask students where they would go in their community to do the following activities. Ex: **levantar pesas, merendar, hacer ejercicios aeróbicos, hacer gimnasia, comprar comida para una dieta equilibrada.**

las vitaminas
vitamins

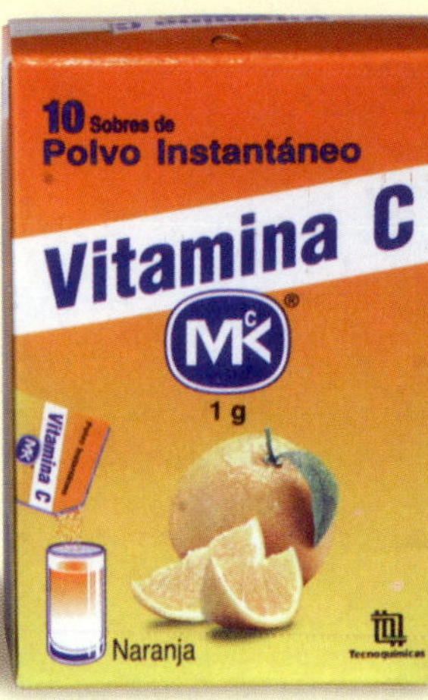

merendar (e:ie)
to have a(n) (afternoon) snack

la bebida alcohólica
alcoholic beverage

ADJETIVOS

activo/a *active*
débil *weak*
flexible *flexible*
sedentario/a *sedentary*
tranquilo/a *calm; quiet*

fuerte
strong

EXPANSION Have students interview each other about their own exercise and workout habits.

SUGGESTION Discuss the characteristics of a **teleadicto** and write them on the board. Ex: **No es muy activo. Es sedentario. Mira la televisión en exceso. Come mucho. No hace mucho ejercicio.**

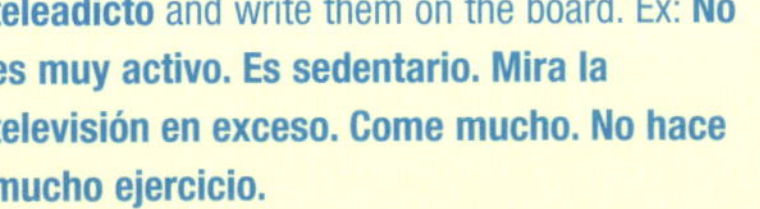

OTRAS PALABRAS Y EXPRESIONES

la droga *drug*
el/la drogadicto/a *drug addict*
el/la teleadicto/a *couch potato*

apurarse *to hurry; to rush*
darse prisa *to hurry; to rush*
sufrir muchas presiones *to be under a lot of pressure*
tratar de (+ *inf.*) *to try (to do something)*

en exceso *in excess; too much*
sin *without*

A escuchar

1 ¿Lógico o ilógico? Escucha las frases e indica si cada frase es **lógica** o **ilógica**.

	Lógico	Ilógico
1.	✓	
2.		✓
3.	✓	
4.	✓	
5.	✓	
6.		✓
7.		✓
8.	✓	

2 ¿Cómo se mantiene en buena forma? Maribel habla de lo que hace para mantenerse en forma. Indica las cosas que hace.

✓ 1. Hacer ejercicios de estiramiento
✓ 2. Hacer ejercicios aeróbicos
___ 3. Levantar pesas
✓ 4. Comer una dieta equilibrada
___ 5. Practicar tenis
___ 6. Tomar sólo bebidas descafeinadas
___ 7. Correr
✓ 8. Pasear en bicicleta
___ 9. Ir al gimnasio
___ 10. Nadar

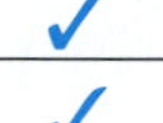

recursos
Text MP3s Lección 15
aventuras.vhlcentral.com Lección 15

1 SCRIPT
1. Fernando tiene músculos muy grandes. Levanta pesas todos los días.
2. Ernesto es un teleadicto. Se queda todo el día en el gimnasio.
3. Gloria está a dieta. Quiere adelgazar.
4. María hace ejercicio para aliviar el estrés.
5. Emilia hace ejercicios de estiramiento para ser más flexible.
6. Víctor suda mucho porque bebe café descafeinado.
7. Susana lleva una vida sedentaria. Se entrena tres horas al día para ser monitora de aerobic.
8. Pablo está en buena forma porque sigue una dieta equilibrada y corre los fines de semana.

2 SCRIPT
MARIBEL: Me encanta practicar deportes. Mi deporte favorito es pasear en bicicleta. Como vivo en una ciudad pequeña, voy de un lugar a otro en bicicleta. Me gusta más que ir en carro porque es sano, barato y no contamina el medio ambiente. Para mantenerme en buena forma, también como una dieta equilibrada y hago ejercicios aeróbicos en casa. Mi amigo Tomás tiene un video fantástico con muchos ejercicios de esta clase y otros de estiramiento. Todos los sábados por la mañana practicamos juntos en mi casa. Es muy divertido. A Tomás también le encanta correr y levantar pesas en el gimnasio, pero a mí estos deportes no me gustan mucho y nunca voy con él.

INSTRUCTIONAL RESOURCE Text MP3s, Website

A practicar

3 EXPANSION Give students these additional items: **1. estar en mala forma (estar en buena forma) 2. aliviar el estrés (sufrir muchas presiones)**

3 EXPANSION Have students create sentences with these words.

5 SUGGESTION Suggested answers include: **1. levantar pesas 2. hacer ejercicios de estiramiento 3. clase de ejercicios aeróbicos 4. hacer ejercicio, correr**

5 EXPANSION Have students act out different physical activities from the lesson vocabulary as you give them commands. Ex: **¡Levanten pesas! ¡Hagan ejercicios aeróbicos! ¡Descansen!** Carry out a TPR activity with the students and keep them moving!

3 Identificar Identifica el opuesto (*opposite*) de cada palabra, usando las palabras indicadas.

1. activo *sedentario*
2. adelgazar *aumentar de peso*
3. débil *fuerte*
4. rígido *flexible*
5. no tener prisa *apurarse*
6. estar sano *estar enfermo*
7. engordar *mantenerse en forma*
8. nervioso *tranquilo*

apurarse	**mantenerse en forma**
aumentar de peso	**sedentario**
en exceso	**sin**
estar enfermo	**sudar**
flexible	**sufrir muchas presiones**
fuerte	**tranquilo**

4 Combinar Combina las palabras de las dos columnas para formar diez frases lógicas.

h	1. David levanta pesas...	a. aumentó de peso.
e	2. Estás en buena forma...	b. estiramiento.
f	3. Felipe se lastimó...	c. presiones.
a	4. Mi hermano...	d. porque quieren adelgazar.
b	5. Sara hace ejercicios de...	e. porque haces ejercicio.
d	6. Mis primos están a dieta...	f. un músculo de la pierna.
g	7. Para llevar una vida sana...	g. no se debe fumar.
c	8. Ellos sufren muchas...	h. y corre mucho.

5 Describir Describe lo que ocurre en los dibujos. *Answers will vary.*

1.

2.

3.

4.

A conversar

6 La nutrición En parejas, comenten los tipos de comida que comen y las consecuencias que tienen para su salud. Luego compartan la información con la clase. *Answers will vary.*

1. ¿Tiene tu dieta muchas calorías o mucha grasa? ¿Piensas que debes cambiarla?
2. ¿Compras comidas con muchos minerales y vitaminas? ¿Necesitas consumir más comidas que los contienen? ¿Por qué?
3. ¿Tiene algún miembro de tu familia problemas con el colesterol? ¿Qué haces para evitar los problemas con el colesterol?
4. ¿Eres vegetariano/a? ¿Qué piensas de la idea de no comer carne u otros productos animales? ¿Es posible tener una dieta equilibrada sin comer carne?
5. ¿Bebes cafeína en exceso? ¿Cuáles son los productos que contienen cafeína? ¿Cuáles son algunas de las ventajas (*advantages*) y algunos de los problemas asociados con la cafeína?
6. ¿Crees que llevas una vida sana? ¿Y tus amigos? ¿Crees que en general los estudiantes llevan una vida sana? ¿Por qué?

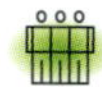

7 Un anuncio En grupos de cuatro, imaginen que son dueños/as de un gimnasio con un equipo (*equipment*) moderno, monitores cualificados y un(a) nutricionista. Preparen y presenten un anuncio para la televisión que hable del gimnasio y atraiga (*attracts*) una gran variedad de nuevos clientes. No se olviden de presentar la siguiente información. *Answers will vary.*

- Las ventajas de estar en buena forma
- El equipo que tienen y las características únicas del gimnasio
- Los servicios y las clases que ofrecen
- La dirección y el teléfono del gimnasio
- El precio para los socios (*members*) del gimnasio

8 Recomendaciones En parejas, imaginen que están preocupados por los malos hábitos de un(a) amigo/a suyo/a que no está bien últimamente (*lately*). Escriban y representen un diálogo en el cual hablan de lo que está pasando en la vida de su amigo/a y los cambios que necesita hacer para llevar una vida sana. *Answers will vary.*

9 El teleadicto Con un(a) compañero/a, representen los papeles (*the roles*) de un(a) nutricionista y un(a) teleadicto/a. La persona sedentaria habla de sus malos hábitos de comidas y de que no hace ejercicio. También toma demasiado café y sufre de mucho estrés. El/La nutricionista le sugiere una dieta equilibrada y una rutina para mantenerse en buena forma. El/La teleadicto/a le da las gracias por su ayuda. *Answers will vary.*

10 El gimnasio perfecto Tu profesor(a) va a darles a ti y a tu compañero/a la información necesaria para completar esta actividad.

6 SUGGESTION Review the food vocabulary in **Lección 8:** nutrition and food. Describe your own eating and exercise habits.

6 EXPANSION Have students share their partner's answers with the class.

7 SUGGESTION Share some fitness magazine ads or local health club brochures with the class to prepare for this activity.

8 9 TEACHING OPTION Have half of the class do Activity 8 and the other half do Activity 9. Then have volunteers act out their situations for the class.

8 9 SUGGESTION Before doing these activities review verbs and expressions of will and influence in **Lección 12.**

INSTRUCTIONAL RESOURCES IRM (info gap)

Ortografía

NATIONAL STANDARDS comparisons

SUGGESTION Write the following words on the board and have students explain why the **b** or **v** is used: **flexible, bien, autobús, engordaba, iban, va, estuve, tuvimos, pavo**.

EXPANSION For additional practice, write these sentences on the board and have students fill in the missing letters: **Doña _ioleta era muy acti_a y lle_aba una _ida muy sana. Siempre comía _ien y nunca toma_a _ino ni refrescos. Nunca fuma_a e i_a al gimnasio todos los días para hacer ejercicios aeró_icos.** As an alternative, do a dictation with the sentences.

Las letras b y v

Since there is no difference in pronunciation between the Spanish letters **b** and **v**, spelling words that contain these letters can be tricky. Here are some tips.

nombre **blusa** **absoluto** **descubrir**

The letter **b** is always used before consonants.

bonita **botella** **buscar** **bienestar**

At the beginning of words, the letter **b** is usually used when it is followed by the letter combinations **-on, -or, -ot, -u, -ur, -us, -ien,** and **-ene.**

adelgazaba **disfrutaban** **ibas** **íbamos**

The letter **b** is used in the verb endings of the imperfect tense for **–ar** verbs and **ir**.

voy **vamos** **estuvo** **tuvieron**

The letter **v** is used in the present tense forms of **ir** and in the preterite forms of **estar** and **tener**.

octavo **huevo** **activa** **grave**

The letter **v** is used in these noun and adjective endings: **-avo/a, -evo/a, -ivo/a, -ave, -eve**.

Práctica Completa las palabras con las letras **b** o **v**.

1. Una _v_ez me lastimé el _b_razo cuando esta_b_a _b_uceando.
2. Manuela ol_v_idó sus li_b_ros en el auto_b_ús.
3. Ernesto tomó el _b_orrador y se puso todo _b_lanco de tiza.
4. Para tener una _v_ida sana y saluda_b_le necesitas tomar _v_itaminas.
5. En mi pue_b_lo hay un _b_ule_v_ar que tiene muchos ár_b_oles.

El ahorcado Juega al ahorcado (*hangman*) para adivinar las palabras.

1. _n_ u _b_ _e_ s — Están en el cielo. *nubes*
2. _b_ u _z_ _ó_ n — Relacionado con el correo. *buzón*
3. _b_ o _t_ _e_ _l_ _l_ a — Está llena de líquido. *botella*
4. _n_ i _e_ _v_ e — Fenómeno meteorológico. *nieve*
5. _v_ e _n_ _t_ _a_ _n_ _a_ s — Los "ojos" de la casa. *ventanas*

recursos

LM p. 86	Lab MP3s Lección 15	aventuras.vhlcentral.com Lección 15

INSTRUCTIONAL RESOURCES LM, Ans. Key, Lab, Website

¡Qué buena excursión!

Martín y los estudiantes van de excursión.

VIDEO SYNOPSIS Martín leads the students in some warm-up stretches before the hike. During the hike, the students chat, take pictures, and admire their surroundings. Afterwards, they talk about the wonderful time they had. Don Francisco tells the group it's time to go back for dinner.

MARTÍN Buenos días, don Francisco.

DON FRANCISCO ¡Hola, Martín!

MARTÍN Ya veo que han traído lo que necesitan. ¡Todos han venido muy bien equipados!

MARTÍN Muy bien. ¡Atención, chicos! Primero hagamos algunos ejercicios de estiramiento…

MARTÍN Es bueno que se hayan mantenido en buena forma. Entonces, jóvenes, ¿ya están listos?

JAVIER ¡Sí, listísimos! No puedo creer que finalmente haya llegado el gran día.

DON FRANCISCO ¡Hola! ¡Qué alegría verlos! ¿Cómo les fue en la excursión?

JAVIER Increíble, don Efe. Nunca había visto un paisaje tan espectacular. Es un lugar estupendo. Saqué mil fotos y tengo montones de escenas para dibujar.

MAITE Nunca había hecho una excursión. ¡Me encantó! Cuando vuelva a España, voy a tener mucho que contarle a mi familia.

PREVIEW Have students read only the first statement of each video still. Then have them predict the content of this episode.

INÉS Ha sido la mejor excursión de mi vida. Amigos, Martín, don Efe, mil gracias.

SUGGESTION Have students discuss the items (equipment, clothing, food, and drink) that they would take on a hike. Also discuss how they might prepare for a hike (packing, stretching, planning the route, and so forth).

recursos

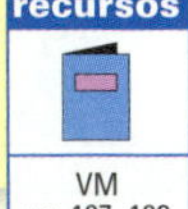
VM pp. 197–198

VCD-ROM Lección 15

aventuras.vhlcentral.com Lección 15

INSTRUCTIONAL RESOURCES VM, Ans. Key, DVD, VCD-ROM, IRM (videoscript, translation), Website

Para recordar

Before doing this Fotonovela section, review the previous one with this activity.

1. ¿Qué recomienda don Francisco que lleven todos? *zapatos cómodos, una mochila, gafas oscuras y un suéter*
2. ¿Qué quiere Inés que Álex y Maite le compren en el centro? *unas estampillas/unos sellos*
3. ¿Por qué hablaron Maite y Álex con un joven? *porque estaban perdidos*
4. ¿Dónde estaba el supermercado? *enfrente del banco*

MARTÍN ¡Fabuloso! ¡En marcha, pues!

DON FRANCISCO ¡Adiós! ¡Cuídense!

Martín y los estudiantes pasan ocho horas caminando en las montañas. Hablan, sacan fotos y disfrutan del paisaje. Se divierten muchísimo.

ÁLEX Sí, gracias, Martín. Gracias por todo.

MARTÍN No hay de qué. Ha sido un placer.

DON FRANCISCO Chicos, pues es hora de volver. Creo que la señora Vives nos ha preparado una cena muy especial.

PERSONAJES

DON FRANCISCO

JAVIER

INÉS

ÁLEX

MAITE

MARTÍN

Expresiones útiles

Getting ready to start a hike

Ya veo que han traído lo que necesitan.
I see that you have brought what you need.
¡Todos han venido muy bien equipados!
Everyone has come very well-equipped!
¿(Están) listos?
(Are you) ready?
¡En marcha, pues!
Let's get going, then!

Talking about a hike

¿Cómo les fue en la excursión?
How did the hike go?
Nunca había visto un paisaje tan espectacular.
I had never seen such spectacular scenery.
Nunca había hecho una excursión.
¡Me encantó!
I had never gone on a hike before. I loved it!
Ha sido la mejor excursión de mi vida.
It's been the best hike of my life.

Courtesy expressions

Gracias por todo.
Thanks for everything.
Ha sido un placer.
It's been a pleasure.
¡Cuídense!
Take care!

SUGGESTION Have students look at the **Expresiones útiles**. Point out that **han traído, han venido**, and **ha sido** are examples of the present perfect, which combines a present tense form of the verb **haber** with the past participle of another verb. Tell students they will learn more about this structure in **Gramática 15.2**.

Explain that **había visto** and **había hecho** are examples of the past perfect, which combines an imperfect tense form of **haber** with a past participle. Tell students they will learn more about this structure in **Gramática 15.3.**

¿Qué piensas?

NATIONAL communication STANDARDS

1 Seleccionar Selecciona la opción que mejor completa cada frase.

1. Antes de salir, Martín les recomienda a los estudiantes que hagan
   (a.) ejercicios de estiramiento. b. ejercicios aeróbicos. c. gimnasia.
2. Los excursionistas hablaron, _____ en las montañas.
   a. levantaron pesas y se divirtieron b. caminaron y dibujaron (c.) sacaron fotos y disfrutaron del paisaje
3. Inés dice que ha sido la mejor excursión
   a. del viaje. b. del año. (c.) de su vida.
4. Cuando Maite vuelva a España, va a
   a. tener montones de escenas para dibujar. (b.) tener mucho que contarle a su familia. c. tener muchas fotos que enseñarle a su familia.
5. La señora Vives les ha preparado
   (a.) una cena especial. b. un día en las montañas muy especial. c. una excursión espectacular.

2 Completar Completa las frases.

1. A Javier le duelen los músculos después de caminar tanto. Hoy lo que necesita es *un masaje.*
2. Don Francisco a veces sufre presiones y estrés en su trabajo. Debe hacer ejercicio para *aliviar el estrés.*
3. A Inés le encanta salir con amigos o leer un buen libro. Ella nunca va a ser una *teleadicta.*
4. Álex trata de comer una dieta equilibrada. Por ejemplo, trata de llevar una dieta sin mucha *grasa.*
5. A Maite no le duelen los músculos. Cuatro veces por semana hace gimnasia para *mantenerse en forma.*

aliviar el estrés	**un masaje**
grasa	**teleadicta**
mantenerse en forma	**vitamina**

3 Minidrama Usando el episodio de **Aventuras** como fuente (*source*) de ideas, trabaja con dos o tres amigos/as para preparar un minidrama en tres partes, en el que hacen una excursión por la montaña. El minidrama debe incluir los siguientes elementos. *Answers will vary.*

- Una breve conversación antes de comenzar la excursión.
- Una conversación durante la excursión, mencionando algunas de las cosas que ven y hacen.
- Después de la excursión, una conversación en la que comentan las cosas que ocurrieron.

1 EXPANSION Have students work in pairs. Tell them to writ a question that would elicit each statement.

2 SUGGESTION The word **vitamina** was not used in this activity. Have students write a sentence with this word. Ask volunteers to share their sentences with the class.

2 EXPANSION Ask these additional questions: **¿Qué hicieron Martín y los chicos antes de empezar la excursión? (Hicieron unos ejercicios de estiramiento.) ¿Qué hicieron los estudiantes durante la excursión? (Caminaron, hablaron, sacaron fotos y miraron el paisaje.)**

3 TEACHING OPTION Have one-third of the class prepare the **primera parte**, one-third o the class prepare the **segunda parte** and the last third prepare the **tercera parte**. Have volunteers present their conversations and discuss if they make sense together as a whole minidrama.

Exploración
El bienestar en el mundo hispano

España es conocida por su dieta mediterránea, caracterizada por el arroz, los productos lácteos, las frutas y las verduras frescas. El uso del aceite de oliva y el consumo de pescado reducen el colesterol y las proteínas animales en la dieta.

La yerba mate, una bebida similar al té, es popular en Argentina, Uruguay y Paraguay. Se dice que controla el estrés y la obesidad, y que estimula el sistema inmunológico. Tradicionalmente, se toma en una calabaza (*gourd*) con una bombilla filtrante (*tea-filtering straw*).

Observaciones

- Según leyendas indígenas, la yerba mate tiene orígenes divinos.
- El vino tinto, consumido con moderación en las comidas de países como Chile, Argentina y España, combate las enfermedades cardiovasculares.
- Chile tiene mucha actividad geotérmica y una gran cantidad de centros termales para reducir el estrés y mantenerse en forma.

De origen vasco, el deporte jai alai se diseminó por España antes de llegar a México y a la Florida. Parecido a la pelota de frontón (*handball*), tiene fama de ser el deporte más rápido del mundo. También era uno de los más peligrosos, antes de la introducción de los cascos (*helmets*),en 1968.

SUGGESTION Share magazines or newspapers in Spanish that feature articles about fitness, healthy diets and avoiding stress. As an alternative, have students research these topics in Spanish-language periodicals on the Internet.

SUGGESTION Explain that the word **jai alai** means **"día de fiesta"** or "holiday" in **Euscuence**, the language of the Basque region of Spain.

EXPANSION Take a class survey to find out which strategies are the most popular.

Coméntalo

Con un(a) compañero/a, contesta las siguientes preguntas. *Answers will vary.*

- ¿Te interesa seguir alguna de las estrategias mencionadas aquí? ¿Cuál y por qué?
- ¿Prefieres lograr *(achieve)* tu bienestar con una dieta, con ejercicios, con métodos alternativos o con un poco de todo?

INSTRUCTIONAL RESOURCE Website

15.1 Past participles used as adjectives

Forming past participles

- The past participles of English verbs often end in **–ed** (*to turn* → *turned*), but many are also irregular (*to buy* → *bought; to drive* → *driven*).
- In Spanish, regular **–ar** verbs form the past participle with **–ado**. Regular **–er** and **–ir** verbs form the past participle with **–ido**.

INFINITIVE		STEM		PAST PARTICIPLE
bailar	→	bail-	→	bailado
comer		com-		comido
vivir		viv-		vivido

- You already know several past participles used as adjectives: **aburrido, cansado, interesado, nublado, perdido,** etc.

- Note that all irregular past participles, except for those of **decir (dicho)** and **hacer (hecho)**, end in **–to.**

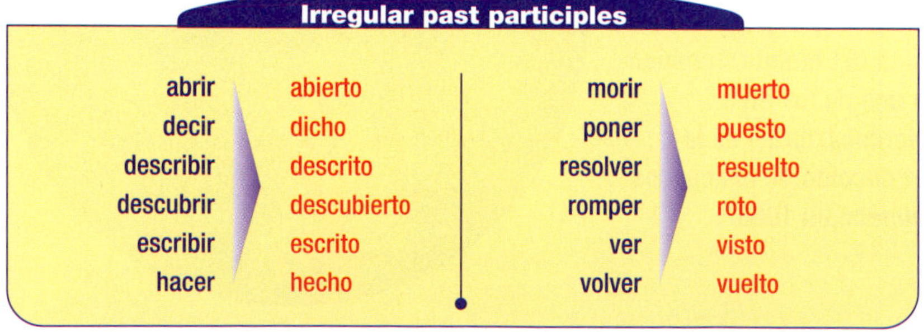

Irregular past participles

abrir	abierto	morir	muerto
decir	dicho	poner	puesto
describir	descrito	resolver	resuelto
descubrir	descubierto	romper	roto
escribir	escrito	ver	visto
hacer	hecho	volver	vuelto

¡ojo! The past participles of **–er** and **–ir** verbs whose stems end in **–a**, **–e**, or **–o** carry a written accent mark on the **i** of the **–ido** ending.

caer	caído	oír	oído	sonreír	sonreído
creer	creído	reír	reído	traer	traído
leer	leído				

SUGGESTION Tell the students that the **recursos** boxes for the entire **Gramática** section are in **Ampliación.**

Práctica

1 Completar Completa estas frases con la forma adecuada del participio pasado.

1. El hombre *descrito* [describir] en ese panfleto es un monitor del gimnasio.
2. Serena Williams es una atleta muy *conocida* [conocer].
3. ¿Está *descubierto* [descubrir] ya todo el petróleo del mundo?
4. Los libros *usados* [usar] son más baratos que los nuevos.
5. Los documentos están *firmados* [firmar].
6. Creo que el gimnasio está *abierto* [abrir] veinticuatro horas al día.

2 Describir Completa las frases con las palabras indicadas.

está cerrada	**están aburridos**
está muerto	**están descritos**
está rota	**están firmados**
están abiertas	**no está hecha**

1. Los estudiantes *están aburridos*.

2. Los cheques *están firmados*.

3. La ventana *está rota*.

4. La cama *no está hecha*.

5. La puerta *está cerrada*.

6. El señor Vargas *está muerto*.

INSTRUCTIONAL RESOURCES WB, LM, Ans. Key, Lab, IRM (teaching tips), Website

Conversación

3 **Preguntas** En parejas, túrnense para hacerse estas preguntas. *Answers will vary.*

1. ¿Qué haces cuando no estás preparado/a para una clase?
2. ¿Qué haces cuando estás perdido/a en una ciudad?
3. ¿Está ordenado tu cuarto?
4. ¿Dejas la luz prendida en tu cuarto?
5. ¿Prefieres comprar libros usados o nuevos? ¿Por qué?
6. ¿Tienes mucho dinero ahorrado?
7. ¿Necesitas pedirles dinero prestado a tus padres?
8. ¿Quiénes están aburridos en la clase?
9. ¿Hay alguien que esté dormido en la clase?
10. ¿Cuándo está abierto el gimnasio de la universidad?

4 **Encuesta** Camina por la clase y pregunta a tus compañeros hasta que encuentres a las personas que correspondan a cada descripción. Anota sus respuestas, luego informa a la clase de los resultados. *Answers will vary.*

Descripciones	Nombres	Otra información
1. Tiene un electrodoméstico roto en casa. (¿Qué es?)	______	______
2. Lleva algo hecho en Europa o en un país hispano. (¿Qué es?)	______	______
3. Tiene su libro abierto. (¿Qué libro?)	______	______
4. Toma café descafeinado. (¿Cuándo?)	______	______
5. Está interesado/a en trabajar en un banco. (¿Por qué?)	______	______
6. Hace ejercicios aeróbicos todos los días. (¿Dónde y por qué?)	______	______
7. Tiene un pariente o un(a) amigo/a muy conocido/a. (¿Quién?)	______	______
8. Es teleadicto/a. (¿Cuáles son sus programas favoritos?)	______	______

Past participles used as adjectives

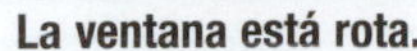

La ventana está rota.

La puerta está abierta.

- Past participles can be used as adjectives. They are often used with the verb **estar** to describe a condition or state that results from an action. When used as adjectives, past participles must agree in gender and number with the nouns they modify.

El gimnasio **está cerrado**.
The gym is closed.

El cheque ya **está firmado**.
The check is already signed.

En la entrada, hay algunos letreros **escritos** en español.
In the entrance, there are some signs written in Spanish.

Tenemos la mesa **puesta** y la cena **hecha**.
We have the table set and dinner made.

Revista Capital

Consejos financieros escritos por gente que sabe.

Inclusive si su negocio va mal, su compañía no está acabada. ¡Tenemos la solución y montones de ideas listas para poner en práctica!

¡Manos a la obra!

Indica la forma correcta del participio pasado de estos verbos.

1. hablar	*hablado*	11. ver	*visto*
2. beber	*bebido*	12. hacer	*hecho*
3. decidir	*decidido*	13. morir	*muerto*
4. romper	*roto*	14. reír	*reído*
5. escribir	*escrito*	15. mirar	*mirado*
6. cantar	*cantado*	16. abrir	*abierto*
7. oír	*oído*	17. decir	*dicho*
8. traer	*traído*	18. volver	*vuelto*
9. correr	*corrido*	19. poner	*puesto*
10. leer	*leído*	20. descubrir	*descubierto*

15.2 The present perfect

- The present perfect indicative tense (**el pretérito perfecto de indicativo**) is used to talk about what someone *has done*. It is formed with the present tense of **haber** and a past participle.

Ya veo que han traído todo lo que necesitan.

Present indicative of *haber*

Singular forms		Plural forms	
yo	he	nosotros/as	hemos
tú	has	vosotros/as	habéis
Ud./él/ella	ha	Uds./ellos/ellas	han

Tú no **has cerrado** la puerta.
You haven't closed the door.

¿**Ha asistido** Juan a la clase?
Has Juan attended class?

Yo ya **he leído** esos libros.
I've already read those books.

Hemos presentado el proyecto.
We have presented the project.

- The past participle agrees with the noun when it functions as an adjective, but not when it is part of the present perfect tense.

Clara **ha abierto** las ventanas.
Clara has opened the windows.

Las ventanas están **abiertas**.
The windows are open.

Yo **he cerrado** la puerta.
I've closed the door.

La puerta está **cerrada**.
The door is closed.

- The present perfect is generally used just as in English: to talk about what *has occurred*. It usually refers to the recent past.

He trabajado cuarenta horas.
I have worked forty hours.

¿Cuál es el último libro que **has leído**?
What is the last book that you have read?

¡ojo! To say that someone has *just done something*, **acabar de** + [*infinitive*] is used.

Juan **acaba de llegar**.
Juan has just arrived.

Ellos **acaban de salir**.
They have just left.

Acabo de terminar mi tarea.
I have just finished my homework.

Acabamos de cenar.
We have just eaten dinner.

Práctica

1 Completar Estas oraciones describen el estilo de vida (*lifestyle*) de unos estudiantes. Complétalas con el pretérito perfecto de indicativo de los verbos indicados.

adelgazar	hacer
aumentar	llevar
comer	sufrir

1. Luisa *ha sufrido* muchas presiones este año.
2. Juan y Raúl *han aumentado* de peso porque no hacen ejercicio.
3. Pero María Luisa *ha adelgazado* porque trabaja demasiado y siempre se olvida de comer.
4. Hasta ahora, yo *he llevado* una vida muy sana.
5. Pero tú y yo no *hemos hecho* gimnasia este semestre.
6. Tampoco *hemos comido* una dieta equilibrada recientemente.

2 Estilos de vida Marisela ha cambiado su estilo de vida porque quiere llevar una vida sana. Explica lo que ha hecho según el modelo. Luego explica lo que tú has hecho al respecto (*in that regard*). *Answers will vary.*

modelo

Encontrar un buen gimnasio
Marisela ha encontrado un buen gimnasio. Yo no he encontrado un gimnasio, pero sé que debo buscar uno.

1. Tratar de estar en forma
2. Estar a dieta los últimos dos meses
3. Dejar de tomar refrescos
4. Hacerse una prueba de colesterol
5. Entrenar cinco días a la semana este año
6. Cambiar de una vida sedentaria a una vida activa
7. Tomar vitaminas por la noche y por la mañana
8. Hacer ejercicio para relajarse
9. Consumir mucha proteína este mes
10. Dejar de fumar
11. Levantar pesas tres días a la semana
12. Aliviar el estrés

 INSTRUCTIONAL RESOURCES WB, LM, Ans. Key, Lab, IRM (teaching tips, info gap), Website

Conversación

3 **¿Qué han hecho estas personas?** En parejas, describan lo que han hecho y lo que no han hecho las personas en cada dibujo. Usen la imaginación. *Answers will vary.*

1. Jorge y Raúl

2. Natalia y Diego

3. Luisa

4. Ricardo

5. Jacobo

6. Carmen

4 **Describir** En parejas, identifiquen a una persona que lleva una vida muy sana. Puede ser una persona que conocen o un personaje que aparece en una película o programa de televisión. Entre los dos, escriban una descripción de lo que la persona ha hecho para llevar una vida sana. *Answers will vary.*

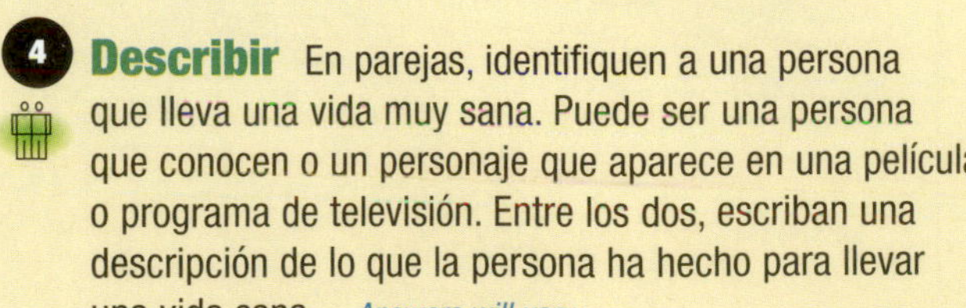

modelo
Pedro Martínez ha llevado una vida muy sana. Ha hecho todo lo posible para mantenerse en forma. Para jugar muy bien al béisbol, él ha...

5 **¿Quién es?** Tu profesor(a) va a darles a ti y a tu compañero/a la información necesaria para completar esta actividad.

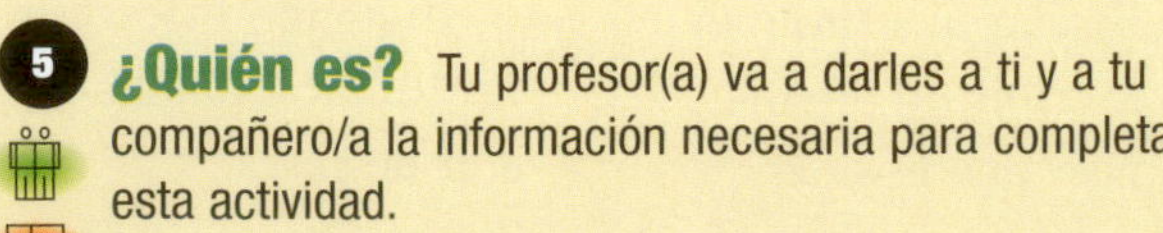

Using the present perfect

▶ **Haber** and the past participle cannot be separated.

Siempre **hemos vivido** en Bolivia. *We have always lived in Bolivia.*	Usted nunca **ha venido** a mi oficina. *You have never come to my office.*

Creo que la señora Vives nos ha preparado una cena muy especial.

Gracias, Martín.
No hay de qué. Ha sido un placer.

▶ The word **no** and any object or reflexive pronouns are placed immediately before **haber**.

Yo **no he cobrado** el cheque. *I have not cashed the check.*	¿Por qué **no lo has cobrado**? *Why haven't you cashed it?*
Susana ya **lo ha hecho**. *Susana has already done it.*	Ellos **no lo han arreglado**. *They haven't fixed it.*

▶ *To have* can be a main verb or an auxiliary verb. As a main verb, it corresponds to **tener**; as an auxiliary, it corresponds to **haber**.

Tengo muchos amigos. *I have a lot of friends.*	No **he** visto el programa. *I have not seen the program.*
Tengo un problema. *I have a problem.*	**He** resuelto mi problema. *I have resolved my problem.*

▶ The present perfect of **hay** is **ha habido**.

Ha habido muchos problemas con el nuevo profesor. *There have been a lot of problems with the new professor.*	**Ha habido** un accidente en la calle Central. *There has been an accident on Central Street.*

¡Manos a la obra!

Indica el pretérito perfecto de indicativo de los siguientes verbos.

1. yo *he disfrutado, he comido, he vivido* [disfrutar, comer, vivir]
2. tú *has traído, has adelgazado, has compartido* [traer, adelgazar, compartir]
3. usted *ha venido, ha estado, ha corrido* [venir, estar, correr]
4. ella *ha leído, ha resuelto, ha puesto* [leer, resolver, poner]
5. ellos *han dicho, han roto, han hecho* [decir, romper, hacer]
6. nosotros *nos hemos mantenido, nos hemos dormido* [mantenerse, dormirse]
7. yo *he estado, he escrito, he visto* [estar, escribir, ver]
8. él *ha vivido, ha corrido, ha muerto* [vivir, correr, morir]

15.3 The past perfect

▸ The past perfect indicative (**el pretérito pluscuamperfecto de indicativo**) is used to talk about what someone *had done* or what *had occurred* before another past action or state. The past perfect uses the imperfect of **haber** plus the past participle.

Nunca había visto un paisaje tan espectacular.

Nunca había hecho una excursión.

Past perfect indicative

	cerrar	perder	asistir
yo	había cerrado	había perdido	había asistido
tú	habías cerrado	habías perdido	habías asistido
Ud./él/ella	había cerrado	había perdido	había asistido
nosotros/as	habíamos cerrado	habíamos perdido	habíamos asistido
vosotros/as	habíais cerrado	habíais perdido	habíais asistido
Uds./ellos/ellas	habían cerrado	habían perdido	habían asistido

Antes de 2003, **había vivido** aquí.
Before 2003, I had lived here.

Cuando llegamos, Luis ya **había salido**.
When we arrived, Luis had left already.

▸ The past perfect is often used with the word **ya** (*already*). Note that **ya** cannot be placed between **haber** and the past participle.

Ella ya **había empezado** cuando llamaron.
She had begun already when they called.

Cuando llegué a casa, Raúl **ya se había acostado**.
When I arrived home, Raúl had already gone to bed.

¡Manos a la obra!

Indica el pretérito pluscuamperfecto de indicativo de cada verbo.

1. Nosotros ya *habíamos cenado* [cenar] cuando nos llamaron.
2. Antes de tomar esta clase, yo no *había estudiado* [estudiar] nunca el español.
3. Antes de ir a México, ellos nunca *habían ido* [ir] a otro país.
4. Eduardo nunca *se había entrenado* [entrenarse] antes de este año.
5. Tú siempre *habías llevado* [llevar] una vida sana antes del año pasado.
6. Antes de conocerte, yo ya te *había visto* [ver] muchas veces.

Práctica

1 Completar Completa los minidiálogos con las formas correctas del pretérito pluscuamperfecto de indicativo.

SARA Antes de cumplir los 15 años, ¿(1) *habías estudiado* [estudiar] tú otra lengua?
JOSÉ Sí, (2) *había tomado* [tomar] clases de inglés y de italiano.

• • •

DOLORES Antes del 2000, ¿(3) *habían viajado* [viajar] tú y tu familia a Europa?
TOMÁS Sí, (4) *habíamos visitado* [visitar] Europa tres veces.

• • •

ANTONIO Antes de este año, ¿(5) *había corrido* [correr] usted en un maratón?
SRA. VERA No, nunca lo (6) *había hecho* [hacer].

• • •

SOFÍA Antes de su enfermedad, ¿(7) *había sufrido* [sufrir] muchas presiones tu tío?
IRENE Sí... y mi tío nunca (8) *se había mantenido* [mantenerse] en buena forma.

2 Quehaceres Indica lo que ya había hecho cada miembro de la familia antes de la llegada de la madre, la señora Ferrer. *Answers will vary.*

3 Tu vida Indica si ya habías hecho las siguientes cosas antes de cumplir los dieciséis años. *Answers will vary.*

1. Hacer un viaje en avión
2. Escalar una montaña
3. Escribir un poema
4. Leer una novela
5. Enamorarse
6. Tomar una clase de educación física
7. Montar a caballo
8. Ir de pesca
9. Manejar un carro
10. Navegar en Internet

INSTRUCTIONAL RESOURCES WB, LM, Ans. Key, Lab, IRM (teaching tips), Website

Conversación

4 **Oraciones** En parejas, conversen sobre los siguientes temas, usando el pretérito pluscuamperfecto de indicativo.

Answers will vary.

1. Cuando yo llamé a mi mejor amigo/a la semana pasada, él/ella ya...
2. Antes de este año, mis amigos y yo nunca...
3. Hasta el año pasado, yo siempre...
4. Antes de cumplir los veinte años, mi mejor amigo/a...
5. Antes de cumplir los treinta años, mis padres ya...
6. Hasta que cumplí los dieciocho años, yo no...
7. Antes de este semestre, el/la profesor(a) de español no...
8. Antes de tomar esta clase, yo nunca...

5 **Lo dudo** Escribe cinco oraciones, algunas ciertas y otras falsas, sobre cosas que habías hecho antes de venir a la universidad. Luego, en grupos, túrnense para leer sus oraciones. Cada miembro del grupo debe decir "es cierto" o "lo dudo" después de cada una. Escribe la reacción de cada compañero/a. ¿Quién obtuvo más respuestas ciertas?

Answers will vary.

modelo

Estudiante 1: *Cuando tenía 10 años, ya había manejado el carro de mi papá.*

Estudiante 2: *Lo dudo.*

Estudiante 3: *Es cierto.*

6 **Entrevista** En parejas, preparen una conversación en la que un(a) periodista de televisión está entrevistando (*interviewing*) a un(a) actor/actriz famoso/a que está haciendo un video de ejercicios aeróbicos. El/La periodista le hace preguntas para descubrir la siguiente información:

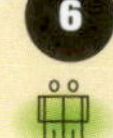

- Si siempre se había mantenido en forma antes de hacer este video
- Si había seguido una dieta especial antes de hacer este video
- Qué le recomienda a la gente que quiere mantenerse en forma
- Qué le recomienda a la gente que quiere adelgazar
- Qué va a hacer cuando termine este video

Español en vivo

¡Acabo de descubrir una nueva vida!

Hasta el año pasado, siempre había mirado la tele sentado en el sofá durante mis ratos libres. ¡Era un sedentario y un teleadicto! Jamás había practicado ningún deporte y había aumentado mucho de peso.

Este año, he empezado a comer una dieta más sana y voy al gimnasio todos los días. He comenzado a ser una persona muy activa y he adelgazado. Disfruto de una vida sana y... ¡Me siento muy feliz!

Manténgase en forma.

Gimnasio Olímpico

Identificar

Identifica los ejemplos del pretérito pluscuamperfecto del indicativo en el anuncio.

Preguntas

1. ¿Cómo era la vida del hombre cuando llevaba una vida sedentaria? ¿Cómo es ahora?
2. ¿Te identificas con algunos de los hábitos, presentes o pasados, de este hombre? ¿Con cuáles?
3. ¿Qué les recomienda el hombre del anuncio a los lectores? ¿Crees que les da un buen consejo?

Repaso

15.1 Past participles used as adjectives

1 ¡Ya está hecho! Tus padres te piden ayuda para muchas cosas en la casa. Como eres un(a) hijo/a muy responsable, ya hiciste todo. Responde a lo que te dicen tus padres.

modelo ¿Puedes planchar la ropa?
La ropa ya está planchada.

1. ¿Puedes arreglar la computadora?
   La computadora ya está arreglada.
2. ¿Puedes estacionar el carro en el garaje?
   El carro ya está estacionado en el garaje.
3. ¿Puedes apagar la luz del pasillo?
   La luz del pasillo ya está apagada.
4. ¿Puedes preparar el almuerzo?
   El almuerzo ya está preparado.
5. ¿Puedes sacudir los estantes?
   Los estantes ya están sacudidos.
6. ¿Puedes poner los cubiertos en la mesa?
   Los cubiertos ya están puestos en la mesa.

2 ¡Qué miedo! En parejas, imaginen que son compañeros/as de apartamento. Ayer, mientras ustedes estaban en clase, alguien rompió una ventana y entró a su apartamento. Describan a la policía lo que vieron cuando llegaron. Usen el participio pasado. *Answers will vary.*

modelo *Cuando llegamos al apartamento, nuestra puerta estaba cerrada pero la ventana estaba rota. La luz estaba prendida y nuestros libros estaban abiertos...*

15.2 The present perfect

3 ¡En buena forma! Carlota ha estado durante la mañana en el gimnasio. Describe las actividades que ha hecho. *Answers will vary.*

Hora	Actividades
6:30 a.m.	hacer ejercicios de estiramiento
7:00 a.m.	tomar clase de ejercicios aeróbicos
8:00 a.m.	levantar pesas
8:30 a.m.	recibir un masaje
9:00 a.m.	ducharse
9:30 a.m.	desayunar en la cafetería
10:00 a.m.	irse a su oficina

modelo *De seis y media a siete de la mañana, Carlota ha hecho ejercicios de estiramiento.*

4 ¡A dieta! Emilio ha comido una dieta especial durante tres meses. Lee su dieta y contesta las preguntas. *Answers will vary.*

Desayuno	Almuerzo	Cena
una taza de café	ensalada de atún con verduras	pollo o pescado asado
cereal con leche	un pan	ensalada de tomate y
una manzana	una naranja	queso
	té helado sin azúcar	una copa de vino tinto

1. ¿Crees que Emilio ha comido una dieta equilibrada? ¿Por qué?
2. ¿Crees que Emilio ha engordado o adelgazado con esta dieta?
3. ¿Qué alimentos con proteínas ha consumido Emilio?
4. ¿Piensas que esta dieta ha mejorado la salud de Emilio? ¿Por qué?
5. ¿Te gustan los alimentos que ha comido Emilio?
6. ¿Alguna vez has seguido una dieta como la de Emilio?

5 ¿Alguna vez...? En parejas, túrnense para hacerse estas preguntas. Usen el presente perfecto en sus respuestas. *Answers will vary.*

modelo Tomar una clase de yoga (tú)
Estudiante 1: *¿Alguna vez has tomado una clase de yoga?*
Estudiante 2: *No, nunca he tomado una clase de yoga, pero he hecho ejercicios para aliviar el estrés.*

1. levantar pesas (tu hermano/a)
2. tener problemas con el colesterol (tus papás)
3. entrenar para un maratón (tu amigo/a)
4. llevar una vida sedentaria (tu hermano/a)
5. consumir alcohol en exceso (alguien que conoces)
6. seguir una dieta baja en grasas (tú y tus amigos/as)
7. ver televisión más de cinco horas en un día (tú)

15.3 The past perfect

6 Oraciones Forma oraciones en el pretérito pluscuamperfecto de indicativo con las siguientes palabras.

1. Mi familia / siempre / tener / problemas / colesterol
   Mi familia siempre había tenido problemas de colesterol.
2. Nosotros / jamás / cuidar / nuestra / nutrición
   Nosotros jamás habíamos cuidado nuestra nutrición.
3. Todos / llevar / vida / sedentaria
   Todos habíamos llevado una vida sedentaria.
4. En agosto / mis hermanos y yo / resolver / estar a dieta
   En agosto, mis hermanos y yo habíamos resuelto estar a dieta.
5. Yo / no / ver / mis hermanos / en dos meses
   Yo no había visto a mis hermanos en dos meses.
6. En octubre / ellos / adelgazar / diez libras
   En octubre, ellos habían adelgazado diez libras.

7 **¡Ya lo había hecho!** En parejas, imaginen que tienen setenta años de edad. El/La primer(a) estudiante debe decir algo que ya había hecho a los diez años de edad. El/La segundo/a estudiante responde con algo que ya había hecho a los quince años de edad. Terminen a los setenta años. ¡Usen su imaginación! *Answers will vary.*

modelo

Estudiante 1: A los diez años de edad, ya había aprendido a hablar tres idiomas.
Estudiante 2: Antes de cumplir quince años, yo ya había viajado por todo el mundo.
Estudiante 1: Pues a los veinte años, yo...

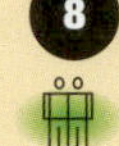

8 **Anuncio de radio** En parejas, preparen un anuncio de radio para vender las vitaminas Energía 2000. Describan qué productos habían tomado antes de probar estas vitaminas y cómo se habían sentido. Usen el pretérito pluscuamperfecto de indicativo y **antes de, cuando** y **nunca**. Después compartan su anuncio con la clase. *Answers will vary.*

modelo ¡Nunca nos habíamos sentido mejor!

Síntesis

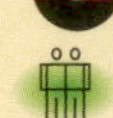

9 **Maratón de Nueva York** Con un(a) compañero/a, preparen una conversación entre dos deportistas que están entrenando para el maratón de Nueva York. Es la segunda vez que van a correr este maratón. Comparen los entrenamientos que han tenido y los planes de nutrición que han seguido. Incluyan la siguiente información en la conversación. *Answers will vary.*

- ¿Cuántas horas a la semana han entrenado? ¿Qué ejercicios han hecho?
- ¿Cómo ha sido su dieta? ¿Qué alimentos o bebidas no han consumido?
- ¿Cómo había sido su entrenamiento el año pasado? ¿Qué cosas habían hecho diferente el año pasado?
- ¿Se sienten preparados para ganar el maratón este año? ¿Por qué?

Ritmos hispanos

Gloria Estefan:
Una superestrella internacional del pop latino

Nacida en La Habana, Cuba, **Gloria Estefan** se trasladó a Miami con su familia cuando tenía dos años. Su carrera musical comenzó cuando Emilio Estefan le propuso cantar con su grupo *The Miami Latin Boys* a finales de los años 70. En los 80, el grupo cambió su nombre a *Miami Sound Machine* con el que consiguieron grandes éxitos musicales como *Conga, 1-2-3-4, Anything for you* y *Rhythm is Going to Get You.* Después de más de veinte años dedicados a la música, cinco Grammys y más de 70 millones de álbumes vendidos en todo el mundo, Gloria Estefan sigue creando. En su último trabajo, *Unwrapped,* participan conocidísimos artistas como Stevie Wonder y Chrissie Hynde, vocalista de la popular banda *The Pretenders.* Dentro de la historia de la música popular, Gloria Estefan es la artista latina que más éxito ha logrado a nivel internacional cantando en español y en inglés. Para ella, la música es un medio de expresión personal a través del cual intenta no sólo entretener sino también inspirar a sus oyentes, y con su dedicación y talento ha dejado el listón muy alto para la próxima generación.

Discografía selecta

- *Let it loose* (1987)
- *Cuts both ways* (1989)
- *Mi tierra* (1993; primer álbum como solista y primer Premio Grammy Latino)
- *Abriendo puertas* (1995; Grammy al Mejor Álbum Latino)
- *Gloria* (1998; Grammy al Mejor Álbum Latino)
- *Alma caribeña* (2000; dos Premios Grammy Latinos)

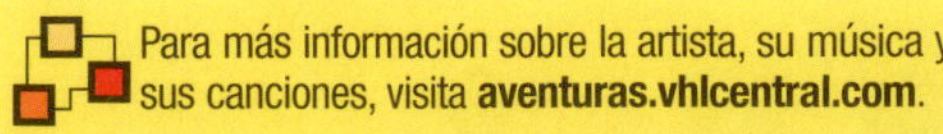

se trasladó relocated **carrera** career **propuso** proposed **éxitos** successes **conocidísimos** very well known **ha logrado** has achieved **medio** means **a través del cual intenta** through which she tries **entretener** to entertain **oyentes** listeners **ha dejado el listón muy alto** *she has raised the bar*

Ampliación

1 Escuchar

A Escucha lo que dice Ofelia Cortez de Bauer. Anota algunos de los cognados que escuchas y también la idea general del discurso.

TIP Listen for the gist and cognates. By listening for the gist, you can get the general idea of what you're hearing. Listening for cognates will help you to fill in the details.

Cognados	Idea general
___________	___________
___________	___________
___________	___________

Ahora indica si las siguientes frases son **ciertas** o **falsas**.

Cierto	Falso	
✓	___	1. La señora Bauer habla de la importancia de estar en buena forma.
___	✓	2. Según la señora Bauer, es importante que todos sigan el mismo programa.
✓	___	3. La señora Bauer participa en actividades individuales y de grupo.
___	✓	4. Según la señora Bauer, el objetivo más importante de cada persona debe ser adelgazar.

B ¿Sigues los consejos de la señora Bauer? Explica tu respuesta. ¿Qué piensas de los consejos que ella da? ¿Hay otra información que ella debía haber incluido? *Answers will vary.*

2 Conversar

Con un(a) compañero/a, preparen una conversación entre el/la enfermero/a de la clínica de la universidad y un(a) estudiante que no se siente bien. Incluyan la siguiente información en su conversación. Luego preséntenla a la clase. *Answers will vary.*

- ¿De dónde viene el problema?
- ¿Tiene buenos hábitos el/la estudiante?
- ¿Qué ha hecho el/la estudiante en los últimos meses? ¿Cómo se ha sentido?
- ¿Qué recomendaciones tiene el/la enfermero/a para el/la estudiante?
- ¿Qué va a hacer el/la estudiante para llevar una vida más sana?

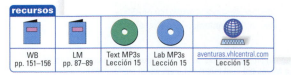

recursos

WB pp. 151–156	LM pp. 87–89	Text MP3s Lección 15	Lab MP3s Lección 15	aventuras.vhlcentral.com Lección 15

1 SCRIPT Buenos días, radioyentes, y bienvenidos a Tu bienestar. Les habla Ofelia Cortez de Bauer. Hoy vamos a hablar de la importancia de estar en buena forma. Primero quiero que entiendan que estar en buena forma no es sólo cosa de estar delgado o ser fuerte. Para mantenerse en forma deben tener tres objetivos: condicionar el sistema cardiopulmonar, aumentar la fuerza muscular y mejorar la flexibilidad. Cada persona tiene sus propios objetivos, y también sus propias limitaciones físicas, y debe diseñar su programa con un monitor de acuerdo con éstos. Pero óiganme bien, ¡lo más importante es tener una rutina variada, con ejercicios que les gusten— porque de otro modo no lo van a hacer! Mi rutina personal es la siguiente. Dos días por semana voy a la clase de ejercicios aeróbicos, claro con un buen calentamiento al comienzo. Tres días por semana corro en el parque, o si hace mal tiempo, uso una caminadora en el gimnasio. Luego levanto pesas y termino haciendo estiramientos de los músculos. Los fines de semana me mantengo activa pero hago una variedad de cosas de acuerdo a lo que quiere hacer la familia. A veces practico la natación; otras, vamos de excursión al campo, por ejemplo. Como les había dicho la semana pasada, como unas 1.600 calorías al día, mayormente alimentos con poca grasa y sin sal. Disfruto mucho del bienestar que estos hábitos me producen. Ahora iremos a unos anuncios de nuestros patrocinadores. Cuando regresemos, voy a contestar sus preguntas acerca del ejercicio, la dieta o el bienestar en general. El teléfono es el 43.89.76. No se vayan – ya regresamos con mucha más información.

INSTRUCTIONAL RESOURCE Text MP3s, WB, LM, Ans. Key, Lab, Website

Ampliación

3 SUGGESTION Have students brainstorm details of a personal fitness plan. As a class, talk about how to organize the information in a logical manner before starting the writing assignment.

3 EVALUATION

Criteria	Scale
Content	1 2 3 4
Organization	1 2 3 4
Use of vocabulary	1 2 3 4
Accuracy and mechanics	1 2 3 4
Creativity	1 2 3 4

Scoring	
Excellent	18–20 points
Good	14–17 points
Satisfactory	10–13 points
Unsatisfactory	< 10 points

4 SUGGESTION Students will need a week to complete this project. Bring in some adventure magazines or travel brochures to serve as models. Travel websites can also be a source of information.

4 SUGGESTION Tell students to go to the Center for Disease Control and Prevention website at www.cdc.gov for vaccination requirements and other medical information.

4 EXPANSION Have students present their brochures to the class. Do a few presentations every day until all students have shown their brochures.

3 Escribir

Desarrolla un plan personal para mejorar tu bienestar físico y emocional. Considera la nutrición, el ejercicio y el estrés. *Answers will vary.*

TIP **Organize your information logically.** To make your writing and message clearer to your readers, organize information chronologically or in order of importance.

Organízalo	Escribe tus objetivos. Anota lo que has hecho hasta ahora, lo que no has hecho y lo que todavía tienes que hacer para conseguir tus objetivos.
Escríbelo	Organiza tus apuntes y escribe el primer borrador de tu plan personal.
Corrígelo	Intercambia tu plan personal con un(a) compañero/a. Ofrécele sugerencias para mejorar la organización. ¿Incluye toda la información pertinente? ¿Es lógica la organización? Si ves algunos errores, coméntaselos.
Compártelo	Prepara la versión final, tomando en cuenta los comentarios de tu compañero/a. Luego júntate con otro/a compañero/a y comparen lo que han escrito. ¿Cómo son similares sus planes? ¿Cómo son diferentes?

4 Un paso más

Imagina que estás a cargo de (*in charge of*) promocionar una excursión de aventuras con actividades deportivas en algún país hispano. Crea un folleto (*brochure*) atractivo para vender la idea de la excursión; compara tu folleto con los de tus compañeros/as. *Answers will vary.*

- Escoge el país y los lugares que van a visitar.
- Describe las actividades deportivas y de aventura que van a hacer en cada lugar.
- Explica los aspectos de la excursión que son importantes para la salud.
- Incluye el costo del viaje.

En Internet

Investiga estos temas en el sitio aventuras.vhlcentral.com.

- Actividades deportivas en el mundo hispano
- Turismo alternativo en el mundo hispano

Antes de leer

For dramatic effect and to achieve a smoother writing style, authors often do not explicitly supply the reader with all the details of a story. Clues in the text can help you infer those things the writer chooses not to state in a direct manner. You simply "read between the lines" to fill in the missing information and draw conclusions about the story.

Sobre la autora

Cristina Peri Rossi (1941 -) Nació en Uruguay, pero ahora vive en España. En sus cuentos, novelas y poemas explora las pasiones, el aislamiento (*isolation*) y las incertidumbres (*uncertainties*) que sentimos como seres humanos (*human beings*).

EXPANSION Read the first sentence of the story aloud and discuss with the class what it may mean.

SUGGESTION Have students read through the passage and locate the verbs in the present perfect tense. Discuss why this tense is used and how it contributes to the meaning of the story. You can also have students identify the past participles used as adjectives and the infinitives. Ex: **cerrada (cerrar)**.

SUGGESTION For item 1 in **¿Comprendiste?**, have students identify the words in the story that signal to the reader the sex of the narrator (The feminine adjective is the cue: **no seas distraída**.)

SUGGESTION Have pairs interview one another with the questions in **Coméntalo**.

14 (*De Indicios pánicos*)

Cristina Peri Rossi

Ella me ha entregado la felicidad dentro de una caja bien cerrada, y me la ha dado, diciéndome:

—Ten cuidado, no vayas a perderla, no seas distraída, me ha costado un gran esfuerzo conseguirla: los mercados estaban cerrados, en las tiendas ya no había y los pocos vendedores ambulantes que existían se han

INSTRUCTIONAL RESOURCE Website

jubilado, porque tenían los pies cansados. Ésta es la única que pude hallar en la plaza, pero es de las legítimas. Tiene un poco menos brillo que aquella que consumíamos mientras éramos jóvenes y está un poco arrugada, pero si caminas bien, no notarás la diferencia. Si la apoyas en alguna parte, por favor, recógela antes de irte, y si decides tomar un ómnibus, apriétala bien entre las manos: la ciudad está llena de ladrones y fácilmente te la podrían arrebatar.

Después de todas estas recomendaciones soltó la caja y me la puso entre las manos. Mientras caminaba, noté que no pesaba mucho pero que era un poco incómoda de usar: mientras la sostenía no podía tocar otra cosa, ni me animaba a dejarla depositada, para hacer las compras. De manera que no podía entretenerme, y menos aún, detenerme a explorar, como era mi costumbre. A la mitad de la tarde tuve frío. Quería abrirla, para saber si era de las legítimas, pero ella me dijo que se podía evaporar. Cuando desprendí el papel, noté que en la etiqueta venía una leyenda:

"Consérvese sin usar."

Desde ese momento tengo la felicidad guardada en una caja. Los domingos de mañana la llevo a pasear, por la plaza, para que los demás me envidien y lamenten su situación; de noche la guardo en el fondo del ropero. Pero se aproxima el verano y tengo un temor: ¿cómo la defenderé de las polillas?

Después de leer

¿Comprendiste?

1. La persona que narra el cuento, ¿es hombre o es mujer?
   Es mujer.
2. El regalo, la felicidad, ¿fue fácil o difícil de conseguir?
   Fue difícil de conseguir.
3. ¿La felicidad se compró en la calle o en una tienda?
   Se compró en la calle.
4. Según la persona que la dio, ¿esta felicidad es de mejor o de peor calidad que la que tenía de joven?
   Es de peor calidad.
5. Según ella, ¿hay mucho o poco riesgo de perder la felicidad?
   Hay mucho riesgo.
6. ¿Cuál es el problema con la felicidad?
   El problema es que no le permite tocar cosas.
7. Al final, ¿qué hace la narradora con la felicidad?
   La deja en el ropero, excepto los domingos.

Preguntas *Answers will vary.*

1. ¿Qué debe hacer la narradora para cuidar la felicidad?
2. ¿Qué límites le impone la felicidad a la narradora?
3. ¿Cómo quiere la narradora que su felicidad afecte a otras personas?
4. ¿Por qué tiene miedo de las polillas la narradora?

Coméntalo

Para ti, ¿qué significa este cuento? ¿Qué dice de la felicidad? ¿Qué dice de la sociedad y las relaciones humanas? ¿Te parecen importantes la edad y el sexo de la persona que narra? ¿Y de la persona que le dio la felicidad? ¿Qué relación tienen las dos personas? En el cuento, ¿cuáles son las ventajas (*advantages*) y desventajas de tener la felicidad? ¿Te parece un buen regalo? ¿Qué recomendaciones tienes para la narradora del cuento?
Answers will vary.

me... caja *handed me happiness in a box*
esfuerzo *effort*
la única que pude hallar *the only one I could find*
brillo *shine*
arrugada *wrinkled*
no notarás *you won't notice*
Si... parte *If you set it down somewhere*
apriétala *hold it*
ladrones *thieves*
arrebatar *to snatch*
soltó *she let go of*
pesaba *it weighed*
desprendí *I took off*
etiqueta *label*
leyenda *inscription*
envidien *envy*
en... ropero *in the back of the closet*
defenderé *will I defend*
polillas *moths*

recursos
aventuras.vhlcentral.com
Lección 15

15 VOCABULARIO

El bienestar

el bienestar	*well-being*
la clase de ejercicios aeróbicos	*aerobics class*
la droga	*drug*
el/la drogadicto/a	*drug addict*
el masaje	*massage*
el/la monitor(a)	*trainer*
el músculo	*muscle*
el/la teleadicto/a	*couch potato*
adelgazar	*to lose weight; to slim down*
aliviar el estrés/ la tensión	*to relieve stress/ tension*
apurarse	*to hurry; to rush*
aumentar de peso	*to gain weight*
calentarse (e:ie)	*to warm up*
darse prisa	*to hurry; to rush*
disfrutar (de)	*to enjoy; to reap the benefits (of)*
engordar	*to gain weight*
entrenarse	*to practice; to train*
estar a dieta	*to be on a diet*
estar en buena forma	*to be in good shape*
(no) fumar	*(not) to smoke*
hacer ejercicio	*to exercise*
hacer ejercicios aeróbicos	*to do aerobics*
hacer ejercicios de estiramiento	*to do stretching exercises*
hacer gimnasia	*to work out*
levantar pesas	*to lift weights*
llevar una vida sana	*to lead a healthy lifestyle*
mantenerse en forma	*to stay in shape*
sudar	*to sweat*
sufrir muchas presiones	*to be under a lot of pressure*
tratar de (+ *inf.*)	*to try (to do something)*
activo/a	*active*
débil	*weak*
flexible	*flexible*
fuerte	*strong*
sedentario/a	*sedentary*
tranquilo/a	*calm; quiet*

La nutrición

la bebida alcohólica	*alcoholic beverage*
la caloría	*calorie*
el colesterol	*cholesterol*
la grasa	*fat*
la merienda	*(afternoon) snack*
los minerales	*minerals*
la nutrición	*nutrition*
la proteína	*protein*
las vitaminas	*vitamins*
comer una dieta equilibrada	*to eat a balanced diet*
consumir alcohol	*to consume alcohol*
merendar (e:ie)	*to have a(n) (afternoon) snack*
descafeinado/a	*decaffeinated*

Palabras adicionales

en exceso	*in excess; too much*
sin	*without*

Expresiones útiles	*See page 391.*
Irregular past participles	*See page 399.*

INSTRUCTIONAL RESOURCES Text MP3s, IRM (additional vocabulary), Test Program, Test MP3s, Website

16 El mundo del trabajo

PARA EMPEZAR Here are some additional questions you can ask based on the photo: **¿Has tenido un trabajo? ¿Dónde? ¿Qué hacías? ¿Te gusta trabajar? ¿Por qué? ¿Has sufrido presiones? Explica por qué. ¿Qué haces para evitar el estrés?**

Communicative Goals

You will learn how to:

- discuss the world of work
- talk about future plans
- reminisce
- express hopes

PREPARACIÓN

AVENTURAS

GRAMÁTICA

LECTURA

PARA EMPEZAR

- ¿Están las personas estudiando o trabajando?
- ¿Está la mujer en buena forma?
- ¿Llevan ellos ropa profesional?
- ¿Crees que ella está casada?
- ¿Crees que él sufre de mucho estrés?

EL MUNDO DEL TRABAJO

el científico
scientist

LAS OCUPACIONES

el/la abogado/a *lawyer*
la actriz *actress*
el/la arqueólogo/a *archaeologist*
el/la arquitecto/a *architect*
el bailarín *dancer*
la bailarina *dancer*
el/la cantante *singer*
el/la carpintero/a *carpenter*
el/la consejero/a *counselor; advisor*
el/la contador(a) *accountant*
el/la corredor(a) de bolsa *stockbroker*
el/la diseñador(a) *designer*
el/la electricista *electrician*
el/la escritor(a) *writer*
el/la escultor(a) *sculptor*
el/la gerente *manager*
el hombre/la mujer de negocios *businessperson*
el/la jefe/a *boss*
el/la maestro/a *elementary school teacher*
el/la pintor(a) *painter*
el/la poeta *poet*
el/la político/a *politician*
el/la reportero/a *reporter*
el/la secretario/a *secretary*
el/la técnico/a *technician*

el cocinero
cook; chef

la peluquera
hairdresser

el actor
actor

SUGGESTION Have students work in pairs and list words associated with professions. Ex: **cocinero: cocina, restaurante, cuchara, horno, comida.**

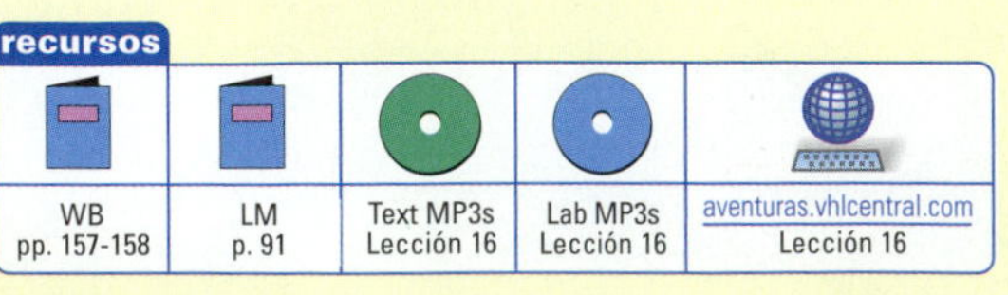

el bombero
firefighter

el psicólogo
psychologist

Variación léxica
abogado/a ⟷ licenciado/a (*Amér. C.*)
contador(a) ⟷ contable (*Esp.*)

Se busca diseñador gráfico.

Ofrecemos excelentes beneficios. Para mayor información, diríjase a nuestra oficina principal, Calle Castilla, no. 44.

el anuncio
advertisement

LAS ENTREVISTAS

el/la aspirante *candidate; applicant*
los beneficios *benefits*
el/la entrevistador(a) *interviewer*
el puesto *position; job*
el salario *salary*
la solicitud (de trabajo) *(job) application*
el sueldo *salary*

contratar *to hire*
entrevistar *to interview*
ganar *to earn*
obtener *to obtain; to get*
solicitar *to apply (for a job)*

el currículum
résumé

DATOS PERSONALES
Nombre y apellidos: **Carmelo Roca**
Fecha de nacimiento: **14 de diciembre de 1978**
Lugar de nacimiento: **Salamanca**
D.N.I.: **7885270-R**
Dirección: **Calle Ferrara 17, 5**
37500 Salamanca
Teléfono: **923 270 118**
Correo electrónico: **rocac@teleline.com**

FORMACIÓN ACADÉMICA
- 2001-2002 Máster en Administración y Dirección de Empresas, Universidad Autónoma de Madrid
- 1996-2001 Licenciado en Administración y Dirección de Empresas por la Universidad de Salamanca

CURSOS Y SEMINARIOS
- 2001 "Gestión y Creación de Empresas", Universidad de Córdoba

EXPERIENCIA PROFESIONAL
- 1999-2000 Contrato de un año en la empresa RAMA, S.L., realizando tareas administrativas
- 1998- 1999 Contrato de trabajo haciendo prácticas en Banco Sol

IDIOMAS
- INGLÉS Nivel alto. Título de la Escuela Oficial de Idiomas
- ITALIANO Nivel medio

INFORMÁTICA/COMPUTACIÓN
- Conocimientos de usuario de Mac / Windows
- MS Office

SUGGESTION Take a class survey of the occupations students hope to have in the future. List the most popular occupations on the board and have students brainstorm the requirements for each.

EL MUNDO DEL TRABAJO

el ascenso *promotion*
el aumento de sueldo *raise*
la carrera *career*
la compañía *company; firm*
el empleo *job; employment*
la empresa *company; firm*
la especialización *field of study*
los negocios *business; commerce*
la ocupación *occupation*
el oficio *trade*
la profesión *profession*
el teletrabajo *telecommuting*
el trabajo *job; work*
la videoconferencia *videoconference*

dejar *to quit; to leave behind*
despedir (e:i) *to fire*
invertir (e:ie) *to invest*
renunciar (a) *to resign (from)*
tener éxito *to be successful*

comercial *commercial; business related*

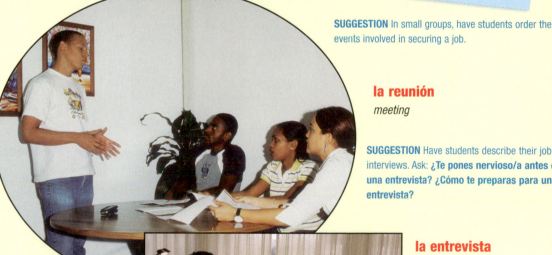

SUGGESTION In small groups, have students order the events involved in securing a job.

la reunión
meeting

SUGGESTION Have students describe their job interviews. Ask: **¿Te pones nervioso/a antes de una entrevista? ¿Cómo te preparas para una entrevista?**

la entrevista
interview

EXPANSION In pairs, have students write down a few questions they would ask a potential employer or a potential employee in a job interview.

SUGGESTION Using pictures and the overhead transparency, ask students to identify places of business and occupations. Ex: **¿Qué tipo de negocio es? (peluquería) ¿Quién trabaja aquí? (un(a) peluquero/a)**

INSTRUCTIONAL RESOURCES: WB, LM, Ans. Key, Lab, Text MP3s, IRM (tapescript, additional vocabulary), Website

A escuchar

1 ¿Lógico o ilógico? Escucha las frases e indica si cada frase es **lógica** o **ilógica**.

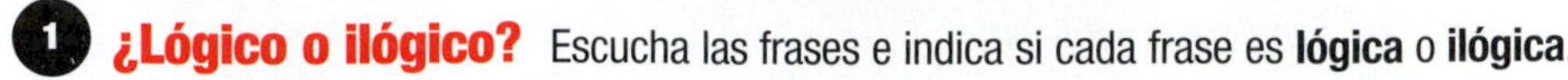

	Lógico	Ilógico
1.	✓	
2.		✓
3.	✓	
4.	✓	
5.		✓
6.		✓
7.		✓
8.		✓

2 Escuchar Escucha la descripción que hace Alejandro Dávila de su profesión y luego completa las oraciones con las palabras adecuadas.

1. Alejandro Dávila es un
   a. poeta. (b.) hombre de negocios. c. escultor.
2. El señor Dávila trabaja como ________ en una compañía multinacional.
   a. secretario b. técnico (c.) gerente
3. Al señor Dávila le interesaba ________ en la cual pudiera trabajar en otros países.
   (a.) una carrera b. un ascenso c. un aumento de sueldo
4. En sus negocios con empresas extranjeras, el señor Dávila prefiere
   a. usar las videoconferencias. (b.) conocer a la gente personalmente.
   c. mandar correos electrónicos.

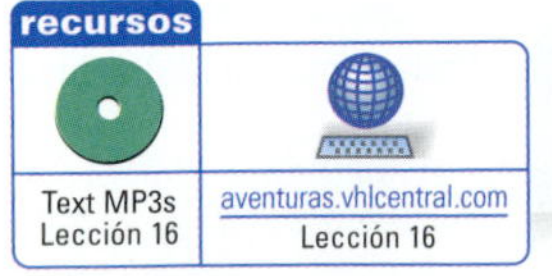

1 SCRIPT
1. Lucía tiene éxito en su trabajo. Acaba de obtener un ascenso y un aumento de sueldo.
2. Julián encontró una oferta de trabajo estupenda. Por eso, decidió seguir buscando.
3. Luis renunció a su puesto como contador y llenó una solicitud de trabajo en otra empresa.
4. Rosana envió su currículum y después la llamaron para hacer una entrevista.
5. Bernardo es arquitecto. A sus clientes les encanta que les lave y corte el pelo.
6. Una empresa tiene beneficios cuando gana más dinero del que gasta.
7. El jefe estaba tan contento con el trabajo de sus empleados que despidió a ocho personas.
8. Paloma quiere ser escritora. Solicitó un puesto de trabajo en un laboratorio de genética.

2 SCRIPT
Yo soy de una familia de artistas. Mi madre es diseñadora gráfica, mi padre es bailarín y mi hermano es cantante. A diferencia de ellos, yo decidí graduarme con una especialización en negocios internacionales porque quería trabajar en otros países. Ahora soy el gerente de una compañía multinacional y viajo todos los meses. Sé que a muchos compañeros de trabajo no les gusta viajar y prefieren utilizar el correo electrónico, el teletrabajo y la videoconferencia para hacer negocios con empresas extranjeras. Yo, sin embargo, prefiero conocer a la gente personalmente, por eso viajo a sus países cuando tenemos reuniones importantes.

INSTRUCTIONAL RESOURCE Text MP3s, Website

A practicar

3 EXPANSION Play a modified version of "Twenty Questions." Have a volunteer think of a profession and have the class take turns asking yes-no questions until someone guesses it correctly.

4 EXPANSION Have students make a list of words or expressions they associate with the following professions: **arqueólogo, contador, electricista, cocinero.**

5 EXPANSION Have pairs write logical sentences with the unused choices. Ex: **Mi hermano mandó la solicitud de trabajo ayer.** Call on different pairs to read their sentences aloud.

TEACHING OPTION Divide the class into teams of four. Give groups five minutes to write a job advertisement. Then have groups take turns reading them. The other teams must guess what job is being announced. Award points for correct answers.

3 Ocupaciones

¿Quién realiza las siguientes actividades? Escoge entre las ocupaciones indicadas.

el bombero	el corredor de bolsa
la cantante	el diseñador
la carpintera	la electricista
el científico	el maestro
la contadora	la técnica

1. Arregla las computadoras. *la técnica*
2. Enseña a los niños. *el maestro*
3. Diseña ropa. *el diseñador*
4. Canta para el público. *la cantante*
5. Arregla los electrodomésticos. *la electricista*
6. Desarrolla teorías de biología, química, física, etc. *el científico*
7. Construye (*builds*) sillas, mesas, casas y otras cosas de madera (*wood*). *la carpintera*
8. Ayuda a la gente a invertir su dinero. *el corredor de bolsa*
9. Trabaja con números y arregla las cuentas de diferentes negocios. *la contadora*
10. Combate los fuegos (*fires*) que destruyen los edificios y los bosques. *el bombero*

4 Asociaciones

¿Qué profesiones asocias con las siguientes palabras? Escoge de la lista.

abogado	escritor
actriz	peluquera
arqueólogo	pintor
bailarín	política
consejero	psicóloga
electricista	reportero

1. pelo *peluquera*
2. novelas *escritor*
3. emociones *psicóloga/actriz*
4. teatro *actriz*
5. periódico *reportero/escritor*
6. pinturas *pintor*
7. elecciones *política*
8. baile *bailarín*
9. leyes *abogado*
10. consejos *consejero/psicóloga*

5 Completar

Completa las oraciones.

1. Quiero conseguir un puesto con ____
   a. oficios. (b.) beneficios. c. ocupación.
2. Luisa tiene la oportunidad de ____ la empresa donde trabaja.
   a. despedir b. entrevistar (c.) invertir en
3. Mi vecino dejó su ____ porque no le gustaba su jefe.
   (a.) puesto b. anuncio c. ascenso
4. Raúl va a ____ su empleo antes de empezar su propia empresa.
   a. solicitar b. tener éxito (c.) renunciar a
5. Mi madre ____ su carrera como escultora.
   (a.) tuvo éxito en b. invirtió c. entrevistó
6. ¿Cuándo obtuviste ____ más reciente?
   a. la reunión b. la videoconferencia (c.) el aumento de sueldo
7. Jorge llegó tarde a la ____ esta mañana.
   (a.) reunión b. especialización c. carrera

A conversar

6 Conversación Contesta las preguntas con un(a) compañero/a. *Answers will vary.*

1. ¿Te gusta tu especialización?
2. ¿Lees los anuncios de empleos en el periódico con regularidad?
3. ¿Cómo te preparas para una entrevista?
4. ¿Obtienes siempre los puestos que quieres?
5. ¿Qué características tiene un(a) jefe/a bueno/a?
6. ¿Te gustaría más un teletrabajo o un trabajo en una oficina? ¿Por qué?
7. ¿Quieres tener tu propia empresa?
8. ¿Cuál es tu carrera ideal? ¿Por qué?

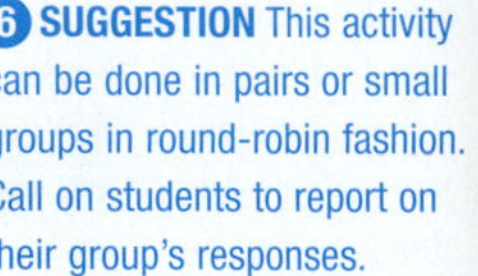

6 SUGGESTION This activity can be done in pairs or small groups in round-robin fashion. Call on students to report on their group's responses.

7 Entrevista Trabaja con un(a) compañero/a para representar los papeles de un(a) aspirante a un puesto de trabajo y el de un(a) entrevistador(a). *Answers will vary.*

El/La entrevistador(a) debe describir...
- el empleo
- las responsabilidades
- el salario
- los beneficios.

El/La aspirante debe...
- presentar su experiencia
- preguntar los detalles del puesto.

Entonces...
- el/la entrevistador(a) debe decidir si va a contratar al/a la aspirante
- el/la aspirante debe decidir si va a aceptar el puesto.

7 SUGGESTION Give students two minutes to look at the photo and brainstorm about what is happening in this interview situation. Ask volunteers to perform their **entrevista** for the class.

8 Una feria de trabajo La clase va a organizar una feria (*fair*) de trabajo. Unos estudiantes son los representantes de las compañías y otros son los/las aspirantes que están buscando nuevos puestos de trabajo. *Answers will vary.*

Representantes
- Preparan carteles con el nombre de su compañía.
- Escriben los puestos de trabajo que ofrecen.
- Contestan las preguntas de los aspirantes y describen los puestos disponibles.
- Consiguen los nombres y referencias de los aspirantes.

Aspirantes
- Circulan por la feria de trabajo.
- Hablan con tres representantes y formulan preguntas sobre los puestos que tienen.
- Muestran sus referencias y sus currículums.
- Escogen su puesto favorito.

8 SUGGESTION Divide the class so half will play the role of **Representantes** and half will be **Aspirantes.** Give students 10 minutes to prepare their assigned roles or you may assign this preparation as homework. **Representantes** should create job announcements, and **Aspirantes** should prepare their résumés.

TEACHING OPTION Have the class do a continuous narration. One student begins: **Es mi primera entrevista para mi trabajo ideal**. The next student continues: **Tengo mi solicitud de empleo y mi currículum**. The next student continues: **Voy a la empresa y hablo con la recepcionista.** Students continue taking turns until the interview ends.

9 Crucigrama Tu profesor(a) va a darles a ti y a tu compañero/a la información necesaria para completar esta actividad.

INSTRUCTIONAL RESOURCES IRM (info gap)

EXPANSION Read aloud a list of words that contain **y, ll,** and **h**. Each time you read a word, the class should say **i griega, elle,** or **hache** to indicate which letter is used in that word. Ex: **ayer, llegaba, oyó, llamamos, humano, huésped, millonario, cayeron, leyó.**

EXPANSION Have the class work in groups to make a list of six new words that are spelled with **y, ll,** or **h** (two words for each letter). Then have them create humorous sentences that include all of the words. Have several groups share their sentences with the class.

Ortografía

Las letras y, ll y h

The letters **ll** and **y** were not pronounced alike in Old Spanish. Nowadays, however, **ll** and **y** have the same or similar pronunciations in many parts of the Spanish-speaking world. This similarity results in frequent misspellings. The letter **h**, as you already know, is silent in Spanish, and it is often difficult to know whether words should be written with or without it. Here are some of the word groups that are spelled with each letter.

talla **sello** **botella** **amarillo**

The letter **ll** is used in these endings: **–allo/a**, **–ello/a**, **–illo/a**.

llave **llega** **llorar** **lluvia**

The letter **ll** is used at the beginning of words in these combinations: **lla-**, **lle-**, **llo-**, **llu-**.

cayendo **leyeron** **oye** **incluye**

The letter **y** is used in some forms of the verbs **caer**, **leer**, and **oír**, and in verbs ending in **–uir**.

hiperactivo **hospital** **hipopótamo** **humor**

The letter **h** is used at the beginning of words in these combinations: **hiper-**, **hosp-**, **hidr-**, **hipo-**, **hum-**.

hiato **hierba** **hueso** **huir**

The letter **h** is also used in words that begin with these combinations: **hia-**, **hie-**, **hue-**, **hui-**.

Práctica Llena los espacios con **h**, **ll** o **y**. Después escribe una frase con cada una de las palabras.

1. cuchi_ll_o
2. _h_ielo
3. cue_ll_o
4. estampi_ll_a
5. estre_ll_a
6. _h_uésped
7. destru_y_ó
8. pla_y_a

Adivinanza Aquí tienes una adivinanza (*riddle*). Intenta descubrir de qué se trata.

Una cajita chiquita, blanca como la nieve: todos la saben abrir, nadie la sabe cerrar.[1]
Pista: Es una comida.

1 El huevo

recursos
LM p. 92
Lab MP3s Lección 16
aventuras.vhlcentral.com Lección 16

INSTRUCTIONAL RESOURCES LM, Ans. Key, Lab, Website

Memorias del viaje

NATIONAL communication cultures STANDARDS

Los viajeros recuerdan sus experiencias.

SUGGESTION You will want to tell students that there is no **Aventuras** video module for this lesson. Instead, the **fotonovela** section for lesson 16 provides a summary of the video module through the main characters' reminiscing. Depending on time constraints and student interest, you might want to show the bonus footage on the **Aventuras** DVD. It contains three additional video modules featuring the **Aventuras** characters.

1

INÉS

La excursión a las montañas fue lo que más me gustó del viaje. ¡El paisaje era tan hermoso! Me encantó que mis amigos pudieran disfrutar de la belleza de mi país. Además, fue una oportunidad para que Javier y yo pudiéramos conocernos. Sé que muy pronto será un artista famoso. Nos llevamos muy bien durante el viaje y creo que seremos buenos amigos.

3

JAVIER

Para mí, el paisaje de las montañas fue lo mejor del viaje. Tomé varias fotos e hice muchos dibujos cuando estábamos allí. El próximo verano volveré para pintar más cuadros de lo que vi durante este viaje. Ahora soy un pintor desconocido… pero, cuando la gente vea esos cuadros, seré famoso. Estoy casi seguro de ello. Cuando vuelva, me gustaría que Inés, Maite y Álex vinieran conmigo. El viaje no sería tan divertido sin ellos.

PREVIEW Have students predict the memories each character will mention as they reminisce about their trip. Review these predictions with the whole class.

SUGGESTION Have students compare the format of this episode with that of previous episodes.

Para recordar

Before doing this Fotonovela section, review the previous one with this activity.

1. ¿Qué hicieron Martín y los estudiantes en la montaña? *hicieron una excursión, sacaron fotos y disfrutaron del paisaje*
2. ¿Por qué sacó Javier mil fotos? *porque quería escenas para dibujar*
3. ¿Quién nunca había hecho una excursión antes? *Maite nunca había hecho una excursión antes*
4. ¿Les gustó la excursión a todos? *sí, les encantó*

2

ÁLEX

Hola, Mario:

Anoche volvimos a Quito. No quería que el viaje se acabara. Nos lo pasamos muy bien, incluso cuando se nos dañó el autobús cerca de Ibarra. Además, conocí a gente interesante, como Maite, que estudia para ser periodista. Es una chica guapa y muy inteligente. Durante el viaje, salimos juntos en varias ocasiones y creo que volveremos a vernos otra vez. Nunca se sabe, es posible que nos casemos un día de estos.

Tu amigo, Álex

4

MAITE

El viaje fue estupendo y me divertí muchísimo. Me sorprendió que mis amigos me organizaran una fiesta de cumpleaños en el restaurante El Cráter. Además, conocí a un chico encantador que se llama Álex. Me dijo que estaba pensando en empezar un negocio en Internet. En un primer momento, dudé que llegáramos a ser buenos amigos. Pero ahora me gustaría conocerlo mejor. ¿Quién sabe? Quizás nos convirtamos en algo más que amigos...

PERSONAJES

JAVIER

INÉS

ÁLEX

MAITE

Expresiones útiles

Talking about future plans

Sé que muy pronto será un artista famoso.
I know that he will be a famous artist very soon.
Creo que seremos buenos amigos.
I think we'll be good friends.
El próximo verano volveré para pintar más cuadros de lo que vi durante este viaje.
Next summer I'll return to paint more paintings of what I saw during this trip.
Cuando la gente vea esos cuadros, seré famoso.
When people see those paintings, I'll be famous.
Nunca se sabe, es posible que nos casemos un día de estos.
You never know, it's possible that we'll get married one of these days.

Reminiscing

Además, fue una oportunidad para que Javier y yo pudiéramos conocernos.
Besides, it was an opportunity for Javier and me to get to know each other.
Me sorprendió que mis amigos me organizaran una fiesta de cumpleaños en el restaurante El Cráter.
It surprised me that my friends organized a birthday party for me at El Cráter restaurant.
Dudé que llegáramos a ser buenos amigos.
I doubted that we would become good friends.
No quería que el viaje se acabara.
I didn't want the trip to end.

Expressing hopes and wishes

Pero ahora me gustaría conocerlo mejor.
But now I would like to get to know him better.
Cuando vuelva, me gustaría que Inés, Maite y Álex vinieran conmigo.
When I return, I would like Inés, Maite, and Álex to come with me.

SUGGESTION Have students look at the **Expresiones útiles**. Point out appropriate words and explain that students will learn more about the future tense, the conditional tense and the past subjunctive in this lesson's **Gramática** section.

¿Qué piensas?

communication NATIONAL STANDARDS

1 Seleccionar Selecciona la opción más lógica para cada oración.

1. Inés cree que Javier será
   a. un bombero. (b.) un artista famoso.
   c. un científico.
2. Maite estaba sorprendida de que sus amigos le hubieran organizado
   (a.) una fiesta de cumpleaños. b. una excursión.
   c. una cena con Álex.
3. Javier volverá el próximo verano para
   a. correr. b. viajar.
   (c.) pintar.
4. Álex no quería que el viaje se acabara porque
   a. se le dañó la computadora. (b.) lo pasó muy bien.
   c. le gustó la comida de doña Rita.

2 Preguntas Responde a las siguientes preguntas.

1. ¿Se habían conocido Inés y Javier antes del viaje? ¿Cómo lo sabes?
   No, no se habían conocido antes del viaje. Inés dijo que conoció a Javier en el viaje.
2. ¿Qué piensa Maite de Álex?
   Maite piensa que Álex es encantador.
3. ¿Qué le gustó más del viaje a Javier?
   A Javier le gustó más el paisaje de las montañas.
4. ¿Qué opina Álex sobre su futuro con Maite?
   Opina que es posible que se casen.

3 La reunión En 20 años Maite, Álex, Inés y Javier se vuelven a reunir. En grupos, escriban un diálogo explicando qué ha pasado en sus vidas personales y profesionales después del viaje. Luego, representen el diálogo delante de la clase. *Answers will vary.*

2 EXPANSION Ask students these additional questions: **¿Qué piensa Álex de Maite? (Es una chica guapa e inteligente.) ¿Se llevaron bien Inés y Javier en el viaje? (Sí) ¿Qué tipo de negocio quiere empezar Álex? (un negocio en Internet)**

2 EXPANSION What would don Francisco say if he were to reminisce about his experiences with this group of travelers? Have students write a paragraph from his perspective to add to the **fotonovela**, using the monologues on pages 414–415.

3 EXPANSION Have students interview each other in pairs about what they want to be doing in 10 years, 20 years, etc. Ask volunteers to report their partner's plans to the class.

SUGGESTION Other important professional Hispanic women include: **Antonia Novello** (former Surgeon General of the United States), **Ellen Ochoa** (first Hispanic female astronaut), and **Conchita Martínez** (Spain, 1994 Wimbledon winner). Have students brainstorm other names to add to this list.

EXPANSION To check comprehension, ask: **¿Quién es Rigoberta Menchú? (Una indígena guatemalteca conocida por su trabajo en la defensa de los derechos humanos en los pueblos indígenas. Ganó el premio Nobel de la Paz en 1992.) ¿De dónde es Carolina Herrera? (Venezuela) ¿Quién fue presidenta de Nicaragua? (Violeta Barrios de Chamorro) ¿Quién fue la primera escritora latinoamericana que ganó el Premio Nobel de Literatura? (Gabriela Mistral)**

EXPANSION Have students jot down their responses to **Coméntalo**. Then ask them to report their conclusions to the class.

Exploración

Las mujeres en el mundo del trabajo

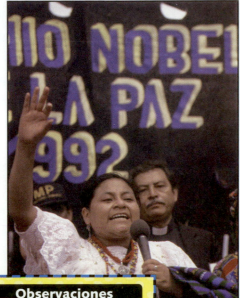

La indígena guatemalteca Rigoberta Menchú Tum recibió el Premio Nobel de la Paz en 1992. Es conocida por su trabajo en la defensa de los derechos de los pueblos indígenas. En 1983, publicó *Yo, Rigoberta Menchú*, un libro sobre su lucha (*fight*).

La diseñadora venezolana Carolina Herrera es considerada una de las figuras más importantes en el campo de la moda. Tiene mucho éxito en los Estados Unidos y en Latinoamérica. Su ropa es muy popular entre las mujeres profesionales por su estilo clásico y funcional.

Observaciones

- **Gabriela Mistral** fue una poeta y diplomática chilena. En 1945 tuvo el honor de ser la primera escritora latinoamericana en recibir el Premio Nobel de Literatura.
- En 1996, el 49% de los estudiantes que se matricularon (*registered*) en los colegios técnicos públicos de Costa Rica eran mujeres.
- En 1999, **Mireya Moscoso** fue la primera mujer elegida (*elected*) presidenta de Panamá.

La primera mujer que gobernó un país de América Central fue Violeta Barrios de Chamorro. Fue presidenta de Nicaragua desde 1990 hasta 1997. Después, escribió sus memorias en un libro llamado ***Sueños del corazón***.

Coméntalo

Con un(a) compañero/a, contesta las siguientes preguntas. *Answers will vary.*

- ¿Por qué son importantes estas mujeres en el mundo en general?
- En parejas, escojan una mujer profesional que admiran. ¿Qué cualidades admiran en esta persona?

INSTRUCTIONAL RESOURCE Website

16.1 The future tense

▸ You have already learned how to use **ir a** + [*infinitive*] to express the near future. You will now learn the future tense. Compare these different ways of expressing the future in Spanish.

Present indicative	Present subjunctive
Voy al cine mañana. *I'm going to the movies tomorrow.*	Ojalá **vaya al cine** mañana. *I hope I will go to the movies tomorrow.*

ir a + infinitive	Future
Voy a ir al cine. *I'm going to go to the movies.*	**Iré** al cine. *I will go to the movies.*

Future tense of regular verbs

	estudiar	aprender	recibir
yo	estudiaré	aprenderé	recibiré
tú	estudiarás	aprenderás	recibirás
Ud./él/ella	estudiará	aprenderá	recibirá
nosotros/as	estudiaremos	aprenderemos	recibiremos
vosotros/as	estudiaréis	aprenderéis	recibiréis
Uds./ellos/ellas	estudiarán	aprenderán	recibirán

¡ojo! All the forms of the future tense have written accents, except the **nosotros/as** form.

▸ In Spanish, the future tense consists of one word, whereas in English it is made up of *will* or *shall* and a main verb.

¿Cuándo **recibirás** el ascenso?
When will you receive the promotion?

Mañana **aprenderemos** más.
Tomorrow we will learn more.

▸ The future endings are the same for all verbs. For regular verbs, add the endings to the infinitive. For irregular verbs, add the endings to the irregular stem.

Irregular verbs in the future

INFINITIVE	STEM	FUTURE FORMS
decir	dir-	diré
hacer	har-	haré
poder	podr-	podré
poner	pondr-	pondré
querer	querr-	querré
saber	sabr-	sabré
salir	saldr-	saldré
tener	tendr-	tendré
venir	vendr-	vendré

SUGGESTION Tell the students that the **recursos** boxes for the entire **Gramática** section are in **Ampliación.**

Práctica

1 Planes Celia está hablando de sus planes. Repite lo que dice con el tiempo futuro.

modelo Voy a consultar un diccionario en la biblioteca.
Consultaré un diccionario en la biblioteca.

1. Julián me va a decir dónde puedo buscar trabajo. *Me dirá...*
2. Voy a buscar un puesto que ofrezca ascensos. *Buscaré...*
3. Voy a leer los anuncios clasificados todos los días. *Leeré...*
4. Voy a obtener un puesto en mi especialización. *Obtendré...*
5. Mis amigos van a intentar obtener un teletrabajo. *Intentarán...*

2 En el futuro Mario habla de sus planes para el futuro y de los planes de algunos amigos y parientes suyos. Combina los siguientes elementos para formar frases completas.

1. Yo / estudiar / para / exámenes finales / mañana *Estudiaré para mis exámenes finales mañana.*
2. Yo / tener / entrevista de trabajo / en una semana *Tendré una entrevista de trabajo en una semana.*
3. La próxima semana / mis tíos / poner / anuncio para buscar un empleado *La próxima semana, mis tíos pondrán un anuncio para buscar un empleado.*
4. Pronto / mi hermana / dejar / puesto de cocinera *Pronto mi hermana dejará su puesto de cocinera.*
5. Mis padres / tener mucho éxito / como políticos *Mis padres tendrán mucho éxito como políticos.*
6. Mis amigos y yo / tener / puestos interesantes *Mis amigos y yo tendremos puestos interesantes.*

3 Preguntas En parejas, túrnense para hablar del puesto que prefieren y por qué, basándose en los anuncios. Usen las preguntas como guía y formulen también sus propias preguntas. *Answers will vary.*

SE BUSCA DIRECTOR
de mercadeo para empresa privada. Mínimo de 5 años de experiencia en turismo y conexiones con INTUR (Instituto Nicaragüense de Turismo) y ANTUR (Asociación Nicaragüense de Turismo Receptivo). Debe hablar inglés, español y alemán. Salario anual: 306,000 córdobas. Horario flexible. Buenos beneficios. Envíe currículum por fax al 492-38-67.

MUEBLERÍA MANAGUA
busca carpintero/a. Experiencia e[n] fabricación de muebles finos. Horario lunes a viernes de 7:30 a 11:30 y d[e] 1:30 a 5:30. Sueld[o] semanal: 462 córdobas (y beneficios). Comenzará inmediatamente. Solicit[e] en persona: Calle El Lago, Managua.

1. ¿Cuál será tu trabajo?
2. ¿Qué harás?
3. ¿Cuánto te pagarán?
4. ¿Te ofrecerán beneficios?
5. ¿Qué horario tendrás?
6. ¿Crees que te gustará?
7. ¿Cuándo comenzarás a trab[ajar]?
8. ¿Qué crees que aprenderás?

INSTRUCTIONAL RESOURCES WB, LM, Ans. Key, Lab, IRM (teaching tips, info gap), Website

Conversación

4  **Conversar** Tú y tu compañero/a viajarán a la República Dominicana por siete días. En parejas, conversen sobre sus itinerarios. Digan dónde, cómo, con quién o cuándo harán las actividades escogidas, usando el anuncio como guía. Pueden usar sus propias ideas también. *Answers will vary.*

modelo

Estudiante 1: ¿Qué haremos el martes?
Estudiante 2: Visitaremos el Jardín Botánico.
Estudiante 1: Pues, tú visitarás el Jardín Botánico y yo caminaré por el Mercado Modelo.

¡Bienvenido a la República Dominicana!

Se divertirá desde el momento en que llegue al Aeropuerto Internacional de las Américas.

- Visite la ciudad colonial de **Santo Domingo** con su interesante arquitectura.
- Vaya al **Jardín Botánico** y disfrute de nuestra abundante naturaleza.
- En el **Mercado Modelo,** no va a poder resistir la tentación de comprar artesanías.
- No deje de escalar la montaña del **Pico Duarte** (se recomiendan 3 días).
- ¿Le gusta bucear? **Cabarete** tiene todo el equipo que Ud. necesita.
- ¿Desea nadar? **Punta Cana** le ofrece hermosas playas.

5 **Una empresa privada** En grupos pequeños, desarrollen planes para formar una empresa privada. Usen las preguntas como guía. Después presenten su plan a la clase. *Answers will vary.*

1. ¿Cómo se llamará y qué tipo de empresa será?
2. ¿Cuántos empleados tendrá y cuáles serán sus oficios?
3. ¿Qué tipo de beneficios se ofrecerán?
4. ¿Quién será el/la gerente y quién será el/la jefe/a?
5. ¿Permitirá su empresa el teletrabajo? ¿Por qué?
6. ¿Qué se hará para que los empleados no dejen el trabajo?
7. ¿Dónde pondrá anuncios para buscar empleados?
8. ¿Qué harán los gerentes para que la empresa tenga éxito?

6 **Predicciones** Con dos o tres compañeros/as, especula sobre lo que ocurrirá en los siguientes años: 2010, 2030 y 2050. Usen su imaginación. Luego compartan sus predicciones con la clase. *Answers will vary.*

7 **El futuro de Cristina** Tu profesor(a) va a darles a ti y a tu compañero/a la información necesaria para completar esta actividad.

¡ojo! The future of **hay** (*inf.* **haber**) is **habrá** (*there will be*).

La próxima semana **habrá** dos reuniones.
Next week there will be two meetings.

Habrá muchos gerentes en la conferencia.
There will be many managers at the conference.

- Although *will* can refer to future time, it also refers to someone's willingness to do something. In this case, Spanish uses **querer** + [*infinitive*].

¿**Quieres llamarme**, por favor?
Will you please call me?

¿**Quieren ustedes escucharnos**, por favor?
Will you please listen to us?

- English sentences involving expressions such as *I wonder, I bet, must be, may, might,* and *probably* are often conveyed in Spanish using the future of probability, a use of the future that expresses conjecture about present conditions, events, or actions.

—¿Dónde **estarán** mis llaves?
I wonder where my keys are?

—**Estarán** en la cocina.
They're probably in the kitchen.

—¿Qué hora **será**?
What time can it be? (I wonder what time it is?)

—**Serán** las once o las doce.
It must be (It's probably) eleven or twelve.

- The future may be used in sentences in which the present subjunctive follows a conjunction of time such as **cuando, después (de) que, en cuanto, hasta que,** and **tan pronto como**.

Cuando llegues a la oficina, **hablaremos**.
When you arrive at the office, we will talk.

Saldremos tan pronto como termine su trabajo.
We will leave as soon as you finish your work.

Después de que obtengas el ascenso, te **invitaré** a cenar.
After you get the promotion, I'll invite you to dinner.

Hasta que contrate otro empleado, el jefe **tendrá** que hacer el trabajo.
Until he hires another employee, the boss will have to do the work.

¡Manos a la obra!

Conjuga los verbos indicados en futuro.

1. yo [dejar, correr, invertir] *dejaré, correré, invertiré*
2. tú [renunciar, beber, vivir] *renunciarás, beberás, vivirás*
3. Lola [hacer, poner, venir] *hará, pondrá, vendrá*
4. nosotros [tener, decir, querer] *tendremos, diremos, querremos*
5. ustedes [ir, ser, estar] *irán, serán, estarán*
6. usted [solicitar, comer, repetir] *solicitará, comerá, repetirá*
7. yo [saber, salir, poder] *sabré, saldré, podré*
8. tú [encontrar, jugar, servir] *encontrarás, jugarás, servirás*

16.2 The conditional tense

- The conditional tense expresses what you would do or what would happen under certain circumstances. In Lesson 7, you learned the polite expression **me gustaría...** (*I would like...*), which uses a conditional form of **gustar**.

The conditional tense

	visitar	comer	aplaudir
yo	visitaría	comería	aplaudiría
tú	visitarías	comerías	aplaudirías
Ud./él/ella	visitaría	comería	aplaudiría
nosotros/as	visitaríamos	comeríamos	aplaudiríamos
vosotros/as	visitaríais	comeríais	aplaudiríais
Uds./ellos/ellas	visitarían	comerían	aplaudirían

- The conditional endings are the same for all verbs and all forms carry a written accent. For regular verbs, add the endings to the infinitive. For irregular verbs, add the endings to the irregular stem.

INFINITIVE	STEM	CONDITIONAL
decir	dir-	diría
haber	habr-	habría
hacer	har-	haría
poder	podr-	podría
poner	pondr-	pondría
querer	querr-	querría
saber	sabr-	sabría
salir	saldr-	saldría
tener	tendr-	tendría
venir	vendr-	vendría

¡ojo! The conditional form of **hay** is **habría** (*there would be*).

- In English, the conditional is made up of *would* and a main verb, but in Spanish, it consists of one word.

Este aspirante **sería** perfecto para el puesto.
This candidate would be perfect for the job.

¿**Vivirían** ustedes en otro país por un trabajo?
Would you live in another country for a job?

Querría un puesto con un buen salario.
I would like a job with a good salary.

Ganarían más en otra compañía.
They would earn more at another company.

Práctica

1 Un viaje A la empresa Informática al Día le gustaría tener una conferencia en Puerto Rico. En las siguientes oraciones, los empleados nos cuentan sus planes de viaje. Complétalas con el condicional del verbo indicado.

1. Me ___gustaría___ [gustar] venir unos días antes de la conferencia para viajar.
2. Ana ___saldría___ [salir] primero a la playa para descansar.
3. Yo ___diría___ [decir] que fuéramos a San Juan porque es una ciudad muy divertida.
4. Nosotras ___preferiríamos___ [preferir] tener las reuniones por la mañana. Por la tarde ___podríamos___ [poder] visitar la ciudad.
5. Y nosotros ___veríamos___ [ver] la zona comercial de la ciudad. Y tú, Luisa, ¿qué ___harías___ [hacer]?
6. El jefe ___tendría___ [tener] interés en hacer una videoconferencia. En el fin de semana él ___visitaría___ [visitar] los museos.

2 Preguntas Forma preguntas con las palabras que se dan en cada ocasión. Inventa luego las respuestas para estas preguntas. Usa el condicional. *Answers will vary.*

modelo

Hacer (ustedes) / videoconferencia / con / empresa en Chile
—¿Harían ustedes una videoconferencia con una empresa en Chile?
—Sí, haríamos una videoconferencia con una empresa en Chile.

1. contratar (tú) / un miembro de tu familia / para / puesto nuevo
2. invertir (ellos) / dinero / en / compañía nueva
3. solicitar (ella) / trabajo / de abogado
4. renunciar (tú) / puesto / por otro trabajo con mejores beneficios
5. tener (nosotros) / dinero / para empezar / empresa privada

3 Sugerencias Beatriz busca trabajo. Dile ocho cosas que tú harías si fueras (*if you were*) ella. Usa el condicional. Luego compara tus sugerencias con las de un(a) compañero/a. *Answers will vary.*

INSTRUCTIONAL RESOURCES WB, LM, Ans. Key, Lab, IRM (teaching tips), Website

Conversación

4 **En tu lugar...** Lee las situaciones. Responde con lo que harías en esta situación usando la frase **Yo en tu lugar...** (*If I were you...*). Después, compara tus ideas con las de un(a) compañero/a. *Answers will vary.*

modelo Me encanta mi puesto, pero mi jefe es muy pesado. ¡Nunca me deja hablar!

Estudiante 1: Me encanta mi puesto, pero mi jefe es muy pesado. ¡Nunca me deja hablar!
Estudiante 2: Pues, yo en tu lugar hablaría con mi jefe sobre este problema.

1. El año pasado escogí la contabilidad como mi especialización, pero ahora he descubierto que no me gusta trabajar con números todo el día. Si cambio, mis padres quizás se enojen.
2. Me ofrecen un puesto interesantísimo, con un buen sueldo y excelentes beneficios, pero tiene un horario horrible. No volveré a ver a mis amigos jamás.
3. Mi peluquero es maravilloso, pero se va de viaje por dos meses a San Juan. Los otros peluqueros que trabajan en su salón no me gustan. Y tengo que hacer varias presentaciones públicas para mi empresa durante esos dos meses.

5 **¿Qué harías?** Quieres saber qué harían tus compañeros por un millón de dólares. Escribe ocho preguntas en el tiempo condicional. Circula por la clase y pregúntales a tus compañeros. Anota las respuestas e informa a la clase de los resultados de la encuesta. *Answers will vary.*

modelo

Estudiante 1: ¿Trabajarías como cantante en Las Vegas?
Estudiante 2: Sí, lo haría. Sería un puesto muy interesante.

Actividades	Nombre de compañero/a
________	________
________	________
________	________
________	________
________	________
________	________
________	________
________	________

Uses of the conditional

- The conditional is commonly used to make polite requests.

¿**Podrías** llamar al gerente, por favor?
Would you call the manager, please?

¿**Sería** tan amable de venir ahora?
Would you be so kind as to come now?

- In both Spanish and English, the conditional expresses the future in relation to a past action or state of being. The future indicates what *will happen*, whereas the conditional indicates what *would happen*. The future tense is often used if the main verb is in the present tense. The conditional is often used if the main verb is in one of the past tenses.

Creo que mañana **hará** sol.
I think it will be sunny tomorrow.

Creía que hoy **haría** sol.
I thought it would be sunny today.

- The English *would* can also mean *used to*, in the sense of past habitual action. To express past habitual actions, Spanish uses the imperfect.

Íbamos al parque los sábados.
We would go to the park on Saturdays.

De adolescentes, **comíamos** mucho.
As teenagers, we used to eat a lot.

- English sentences involving expressions such as *I wondered if, probably*, and *must have been* are often conveyed in Spanish using the conditional of probability, a use of the conditional that expresses conjecture or probability about *past* conditions, events, or actions.

Serían las nueve cuando el jefe me llamó.
It must have been 9 o'clock when the boss called.

Sonó el teléfono. ¿**Llamaría** Tina para cancelar la cita?
The phone rang. I wondered if it was Tina calling to cancel our date?

Sin ti, no sé qué haría.

Sólo tú sabes ordenar mi vida.

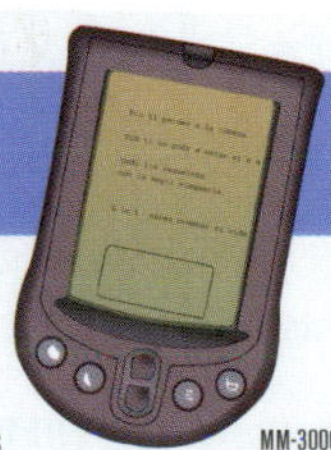

Computadoras de Bolsillo Vargas MM-3000

¡Manos a la obra!

Indica la forma apropiada del condicional de los siguientes verbos.

1. yo [escuchar, leer, escribir] escucharía, leería, escribiría
2. tú [invertir, comprender, compartir] invertirías, comprenderías, compartirías
3. Marcos [poner, venir, querer] pondría, vendría, querría
4. nosotras [ser, saber, ir] seríamos, sabríamos, iríamos
5. ustedes [presentar, deber, despedir] presentarían, deberían, despedirían
6. ella [salir, poder, hacer] saldría, podría, haría
7. yo [tener, tocar, acostarse] tendría, tocaría, me acostaría
8. tú [decir, ver, renunciar] dirías, verías, renunciarías

16.3 The past subjunctive

- The past subjunctive (**el imperfecto del subjuntivo**) is also called the imperfect subjunctive. Like the present subjunctive, it is used mainly in multiple-clause sentences that express will, influence, emotion, commands, indefiniteness, and non-existence.

The past subjunctive

	estudiar	aprender	recibir
yo	estudiara	aprendiera	recibiera
tú	estudiaras	aprendieras	recibieras
Ud./él/ella	estudiara	aprendiera	recibiera
nosotros/as	estudiáramos	aprendiéramos	recibiéramos
vosotros/as	estudiarais	aprendierais	recibierais
Uds./ellos/ellas	estudiaran	aprendieran	recibieran

¡ojo! The past subjunctive endings are the same for all verbs. Also, note that the **nosotros/as** forms always have a written accent.

- For *all* verbs, the past subjunctive is formed with the **Uds./ellos/ellas** form of the preterite. By dropping the **–ron** ending, you establish the stem for all the past subjunctive forms. You then add the past subjunctive endings.

INFINITIVE	PRETERITE FORM	STEM	PAST SUBJUNCTIVE
hablar	ellos hablaron	habla-	hablara, hablaras, habláramos
beber	ellos bebieron	bebie-	bebiera, bebieras, bebiéramos
escribir	ellos escribieron	escribie-	escribiera, escribieras, escribiéramos

- Verbs with irregular preterites use the same stems and endings in the past subjunctive.

INFINITIVE	PRETERITE FORM	STEM	PAST SUBJUNCTIVE
dar	dieron	die-	diera, dieras, diéramos
decir	dijeron	dije-	dijera, dijeras, dijéramos
estar	estuvieron	estuvie-	estuviera, estuvieras, estuviéramos
hacer	hicieron	hicie-	hiciera, hicieras, hiciéramos
ir/ser	fueron	fue-	fuera, fueras, fuéramos
poder	pudieron	pudie-	pudiera, pudieras, pudiéramos
poner	pusieron	pusie-	pusiera, pusieras, pusiéramos
querer	quisieron	quisie-	quisiera, quisieras, quisiéramos
saber	supieron	supie-	supiera, supieras, supiéramos
tener	tuvieron	tuvie-	tuviera, tuvieras, tuviéramos
venir	vinieron	vinie-	viniera, vinieras, viniéramos

Práctica

1 Conversaciones Completa los minidiálogos con el imperfecto del subjuntivo.

PACO ¿Qué le dijo el consejero a Andrés? Quisiera saberlo.
JULIA Le aconsejó que (1) *dejara* [dejar] los estudios de arte y que (2) *estudiara* [estudiar] una carrera que (3) *pagara* [pagar] mejor.
PACO Siempre el dinero. ¿No se enojó Andrés de que le (4) *aconsejara* [aconsejar] eso?
JULIA Sí, y le dijo que no creía que ninguna carrera le (5) *fuera* [ir] a gustar más.

• • •

EVA Qué lástima que ellos no te (6) *ofrecieran* [ofrecer] el puesto de gerente.
LUIS Querían a alguien que (7) *tuviera* [tener] más experiencia.
EVA Pero, ¿cómo? ¿No te molestó que te (8) *dijeran* [decir] eso?
LUIS No, porque les gustó mucho mi currículum. Me pidieron que (9) *volviera* [volver] en un año y (10) *solicitara* [solicitar] el puesto otra vez.

• • •

CARLA Cuánto me alegro de que tus hijas (11) *vinieran* [venir] ayer a visitarte. ¿Cuándo se van?
ANA Bueno, yo esperaba que se (12) *quedaran* [quedar] dos semanas, pero no pueden. Ojalá (13) *pudieran* [poder]. Hace muchísimo tiempo que no las veo.

2 Transformar Cambia las oraciones al pasado según el modelo. *Answers will vary. Suggested answers below.*

modelo

Temo que Juanita no consiga el trabajo.
Temía que Juanita no consiguiera el trabajo.

1. Esperamos que Miguel no renuncie.
   Esperábamos que Miguel no renunciara.
2. No hay nadie que responda al anuncio.
   No había nadie que respondiera al anuncio.
3. Me sorprende que ellos no inviertan su dinero.
   Me sorprendía que ellos no invirtieran su dinero.
4. Te piden que no llegues tarde a la oficina.
   Te pidieron que no llegaras tarde a la oficina.
5. Juan quiere que Marta tome el puesto de contadora.
   Juan quería que Marta tomara el puesto de contadora.
6. Siento mucho que no tengas éxito en el trabajo nuevo. *Sentía mucho que no tuvieras éxito en el trabajo nuevo.*
7. Quiero que te entrevistes con esta compañía.
   Quería que te entrevistaras con esta compañía.

 INSTRUCTIONAL RESOURCES WB, LM, Ans. Key, IRM (teaching tips), Website

Conversación

3 Preguntas Con un(a) compañero/a, contesten las preguntas. *Answers will vary.*

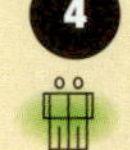

1. Cuando eras niño/a, ¿qué querías que hicieran tus padres?
2. Cuando eras niño/a, ¿esperaban tus padres que trabajaras en una profesión específica?
3. ¿Dudaban tus profesores que tú pudieras llegar a ser lo que querías?
4. ¿Insistían tus padres en que fueras a la universidad? ¿Insistían en otras cosas?
5. ¿Qué te aconsejaron tus amigos que hicieras para tener éxito?
6. ¿Cuál esperabas que fuera tu profesión?

4 Minidiálogos Trabajen en parejas. Uno/a de ustedes ha comprado una casa; el/la otro/a es el/la gerente de la empresa responsable de las reformas (*improvements*) de la casa. El/La cliente/a llama al/a la gerente para quejarse (*to complain*) de que algunos trabajadores todavía no han hecho algunas reformas. Usen las siguientes palabras y el modelo como guía. *Answers will vary.*

modelo el/la técnico/a / conectar / módem

Estudiante 1: Le pedí al técnico que conectara el módem, pero todavía no ha venido.
Estudiante 2: No se preocupe. Yo también le pedí al técnico que fuera a su casa.

1. el/la electricista / conectar / electricidad
2. el/la carpintero/a / construir / balcón
3. el/la diseñador(a) / escoger / muebles
4. el/la pintor(a) / pintar / paredes

5 Situación Claudia dejó su puesto por la forma en que le hablaba el gerente, por el aumento que les dieron a otros empleados (¡pero no a ella!) y por el horario que no le permitía seguir con sus clases. Con un(a) compañero/a, prepara una conversación entre Claudia y el gerente. *Answers will vary.*

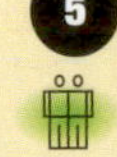

modelo

Estudiante 1: No estoy contenta. No me dieron un aumento de sueldo.
Estudiante 2: ¿Quería usted que le diéramos un aumento? ¡No lo sabía!

Past subjunctive of stem-changing verbs

- **–Ir** stem-changing verbs and other verbs with spelling changes follow a similar process to form the past subjunctive.

INFINITIVE	PRETERITE FORM	STEM	PAST SUBJUNCTIVE
conducir	conduje~~ron~~	conduje-	condujera, condujeras, condujéramos
creer	creye~~ron~~	creye-	creyera, creyeras, creyéramos
destruir	destruye~~ron~~	destruye-	destruyera, destruyeras, destruyéramos
dormir	durmie~~ron~~	durmie-	durmiera, durmieras, durmiéramos
oír	oye~~ron~~	oye-	oyera, oyeras, oyéramos
preferir	prefirie~~ron~~	prefirie-	prefiriera, prefirieras, prefiriéramos
repetir	repitie~~ron~~	repitie-	repitiera, repitieras, repitiéramos

No pensé que pudiera terminar la excursión.

Martín mostró mucho interés en que aprendiéramos sobre el medio ambiente.

- The past subjunctive is used in the same way as the present subjunctive, except that it generally describes actions or conditions that have already happened. The verb in the main clause is usually in the preterite or the imperfect.

Me pidieron que no **llegara** tarde.
They asked me not to arrive late.

Salió antes de que yo **pudiera** llamar.
He left before I could call.

¡ojo! **Quisiera** is often used to make polite requests.

Quisiera hablar con Marco.
I would like to speak to Marco.

¿**Quisiera** usted algo más?
Would you like anything else?

¡Manos a la obra!

Completa las siguientes oraciones con el imperfecto de subjuntivo.

1. Quería que tú __vinieras__ [venir] más temprano.
2. Esperábamos que ustedes __hablaran__ [hablar] mucho más en la reunión.
3. No creían que yo __pudiera__ [poder] hacerlo.
4. Se opuso a que nosotros __invirtiéramos__ [invertir] el dinero ayer.
5. Sentí mucho que usted no __estuviera__ [estar] con nosotros anoche.
6. No era necesario que ellas __hicieran__ [hacer] todo.
7. Me pareció increíble que tú __supieras__ [saber] dónde encontrarlo.
8. No había nadie que __creyera__ [creer] tu historia.
9. Mis padres insistieron en que yo __fuera__ [ir] a la universidad.
10. Queríamos salir antes de que ustedes __llegaran__ [llegar].

Repaso

16.1 The future tense

1 **Los detalles del trabajo** ¡Felicidades! Obtuviste el empleo que querías. Completa el diálogo con tu nuevo jefe sobre los detalles de tu próximo trabajo. Usa el futuro.

TÚ Gracias por ofrecerme el puesto de contador. ¿Cuándo _empezaré_ (empezar) a trabajar?
JEFE _Answer will vary._
TÚ ¿Cuántos días de vacaciones _tendré_ (tener) al año?
JEFE _Answer will vary._
TÚ ¿Cuándo _obtendré_ (obtener) un aumento de sueldo?
JEFE _Answer will vary._
TÚ ¿Cuáles _serán_ (ser) mis beneficios?
JEFE _Answer will vary._
TÚ ¿_Podré_ (Poder) tener una computadora?
JEFE _Answer will vary._
TÚ ¿Dónde _estará_ (estar) mi oficina?
JEFE _Answer will vary._

2 **¿Qué ocurrirá...?** Completa estas frases de una manera lógica usando el futuro. *Answers will vary.*

modelo En cuanto Javier termine su especialización, él... **obtendrá un ascenso.**

1. Tan pronto como nos graduemos, nosotros...
2. Después de que el gerente me entreviste, yo...
3. En cuanto Eva llene la solicitud de trabajo, ella...
4. Hasta que obtengan un aumento de sueldo, ellos...
5. Cuando contratemos a una secretaria, ustedes...
6. Después de que te expliquen los beneficios del puesto, tú...

3 **¿Cuál será su profesión?** En parejas, utilicen el futuro de probabilidad para hacerse preguntas y respuestas sobre la profesión que creen que tienen las personas. *Answers will vary.*

modelo

Estudiante 1: ***¿Trabajará este hombre en un banco?***
Estudiante 2: ***Creo que no. ¿Tendrá que trabajar mucho?***

16.2 The conditional tense

4 **El gerente dijo que...** Tu empresa contrató a un gerente nuevo. Lee el discurso que dio en su primer día de trabajo. Después, cuéntale a tu novio/a lo que dijo el gerente, usando el condicional.

"Habrá muchos cambios en la empresa. Mejoraré los beneficios de los trabajadores, pero no aumentaré los sueldos. Despediré a los empleados perezosos. Tendremos una reunión todos los lunes a las siete de la mañana. Y juntos, solucionaremos los problemas de la compañía. ¡Será un buen año!"

modelo **El gerente nuevo dijo que habría muchos cambios en la empresa...**

5 **Peticiones** En parejas, túrnense para hacer preguntas y respuestas con la información indicada. Usen **¿Podrías...?, ¿Serías tan amable de...?** y **por favor** en sus preguntas. Contesten en forma negativa a cada petición *(request)*. *Answers will vary.*

modelo darme información acerca del puesto

Estudiante 1: ***¿Podrías darme información acerca del puesto, por favor?***
Estudiante 2: ***Te la daría, pero no puedo. El gerente hablará contigo.***

1. explicarme mis beneficios
2. ayudarme a escribir mi currículum
3. enviarme una solicitud de trabajo
4. decirme el sueldo que ofrecen
5. hablarnos de tu experiencia profesional
6. venir a una entrevista
7. decirme qué hora es
8. contratarme lo antes posible
9. organizar una teleconferencia
10. entrevistar al aspirante para contador

6 **Situaciones** En parejas, túrnense para decir qué harían en las situaciones siguientes. *Answers will vary.*

- Estás perdido en un país donde no hablan tu lengua. Es de noche y tu automóvil está descompuesto.
- Tu computadora no funciona y tienes que imprimir un trabajo final. Son las once de la noche y tienes que darle a tu profesor tu trabajo a las ocho de la mañana.
- Se te olvidó el cumpleaños de tu novio/a. No le compraste ningún regalo.
- Estás en un restaurante y llega Antonio Banderas a cenar. Se sienta en una mesa cerca de ti.

16.3 The past subjunctive

7 **Reacciones** Tu hermano y tú son cantantes famosos. Pero en el pasado, su familia y amigos les decían que siguieran otra profesión. Escribe las reacciones que tenían. *Answers will vary.*

A mis padres les molestaba mucho que	(no) escoger la profesión de cantantes
Mis mejores amigos nos insistían en que	(no) ser arquitectos
A mi abuelo le sorprendía siempre que	(no) tener éxito
Mi novia nos sugería que	(no) aprender a cantar
Los maestros nos recomendaban que	(no) ganar mucho dinero
Ustedes se alegraban de que	(no) hacer el ridículo
Tú nos decías que era muy difícil que	(no) estudiar otra especialización

8 **Películas** En grupos de tres, escriban sobre una película, usando el imperfecto del subjuntivo. Después, lean sus composiciones a la clase para que ellos adivinen el nombre de la película. *Answers will vary.*

modelo Willy no quería que nadie entrara a su empresa. Le daba miedo que alguien robara su receta para hacer chocolates. Por eso, contrataba a pequeñas personas para que manejaran las máquinas. Un día, decidió invitar a cinco niños a que visitaran su fábrica...
(Charlie and the chocolate factory)

Síntesis

9 **Cambio de profesión** Con un(a) compañero/a, preparen una conversación entre un(a) psicólogo/a y un(a) cocinero/a que no está contento/a con su profesión. El/La psicólogo/a escucha a la persona hablar sobre su vida y después recomienda futuras acciones. Incluyan la siguiente información en su conversación. Luego preséntenla a la clase. *Answers will vary.*

- ¿Que profesión querían tus padres que tú siguieras?
- ¿Qué especialización querías estudiar?
- ¿Cambiarías de profesión en este momento?
- ¿Cómo te sentirías si cambiaras de empleo?
- ¿Qué acciones recomienda el/la psicólogo/a para que esta persona sea más feliz?
- ¿Qué va a hacer el/la cocinero/a para encontrar una nueva ocupación?

Ritmos hispanos

Chayanne:
Un cantante sincero

En 1968 nació en Puerto Rico Elmer Figueroa Arce, conocido artísticamente como **Chayanne**. A los diez se unió al grupo musical *Los chicos,* uno de los grupos más populares de los años ochenta y con el que grabó cuatro álbumes. En 1987 comenzó su carrera como solista y desde entonces ha compaginado la profesión de cantante con la de actor. *Tú pirata soy yo, Este ritmo se baila así, Fiesta en América* y *Peligro de amor* son cuatro de sus grandes éxitos; *Pobre juventud, Tormento, Sombras del pasado* y *Volver a empezar* son los títulos de algunas de las telenovelas latinoamericanas en las que ha colaborado. En 1998 consiguió un importante papel en la película *Dance with Me,* junto a Vanessa Williams. Después del lanzamiento de su álbum *Atado a tu amor,* Chayanne consiguió entrar en el mercado europeo, principalmente en España. Cada día más admiradores siguen la evolución musical de este apasionado artista.

Discografía selecta

- *Chayanne es mi nombre* (1985)
- *Sangre latina* (1987)
- *Chayanne* (1989; nominación al Grammy Latino)
- *Provócame* (1992)
- *Atado a tu amor* (1998; nominación al Grammy Latino)
- *Simplemente* (2001)
- *Sincero* (2003)

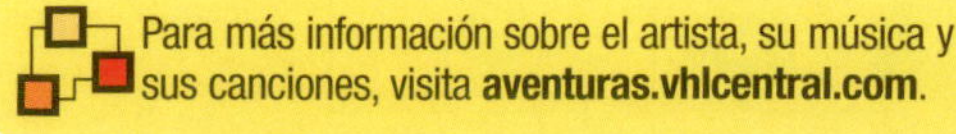
Para más información sobre el artista, su música y sus canciones, visita **aventuras.vhlcentral.com**.

se unió he joined **grabó** recorded **ha compaginado** has combined **Sombras** Shadows **telenovelas** soap operas **papel** role **lanzamiento** launch **Atado** Tied **sangre** blood

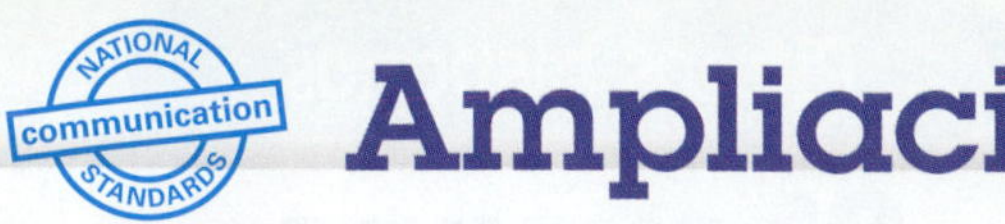

Ampliación

1 Escuchar

A Escucha la entrevista de la señora Sánchez y Rafael Ventura Romero. Antes de escucharla, prepara una lista de la información que esperas oír, según tu conocimiento previo (*prior knowledge*) del tema.

TIP Use background knowledge. / Listen for specific information. Knowing the subject of what you're going to hear will help you use your background knowledge to anticipate words and phrases you're likely to hear, and to determine important information you should listen for.

Llena el formulario con la información necesaria. Si no oyes un dato (*piece of information*) que necesitas, escribe *Buscar en el currículum*. ¿Oíste toda la información de tu lista?

Puesto solicitado *contator*
Nombre y apellidos del solicitante *Rafael Ventura Romero*
Dirección *Buscar en el currículum* **Tel.** *Buscar en el currículum*
Educación *Universidad Politécnica de Nicaragua*
Experiencia profesional: Puesto *contador*
Empresa *Dulces González*
¿Cuánto tiempo? *3 años durante las vacaciones de la universidad*
Referencias:
Nombre *Héctor Cruz*
Dirección *Buscar en el currículum* Tel. *Buscar en el currículum*
Nombre *Prof. Armando Carreño*
Dirección *Buscar en el currículum* Tel. *Buscar en el currículum*

1 SCRIPT
Sra. Sánchez: Buenos días. Ud. es Rafael Ventura Romero, ¿no? Soy la Sra. Sánchez, la jefa de esta compañía. Siéntese, por favor.
Rafael Ventura: Buenos días, señora. Estoy muy agradecido de tener esta oportunidad de hablar con Ud. hoy. **S:** Veo aquí que está solicitando el puesto de contador general. ¿Qué preparación tiene Ud.?
V: En diciembre me gradúo de contador en la Universidad Politécnica de Nicaragua. Durante los últimos tres años he trabajado en Dulces González aquí en Managua como contador durante las vacaciones. Es la carrera que siempre he querido y sé que voy a tener éxito si usted me da la oportunidad. **S:** ¿Tiene usted algunas referencias? **V:** Sí, señora. El gerente de la empresa donde he trabajado, en señor Héctor Cruz y también el profesor Armando Carreño de la Facultad de Contaduría Pública y Finanzas. Los teléfonos y direcciones están apuntados en el currículum.
S: Muy bien. Este puesto comienza con un salario mensual de 25.812 córdobas. Pagamos quincenal. Después de seis meses tiene la posibilidad de un aumento de sueldo. Ofrecemos beneficios excelentes. El horario es de 8:30 a 12 y de 2 a 6. ¿Está interesado? **V:** Estoy sumamente interesado.
S: Pues, necesito unos días para comunicarme con las personas que usted ha dado de referencia. Si todo sale bien, lo llamaré antes del viernes. ¿Cuándo está dispuesto a comenzar a trabajar? Necesito a alguien lo más pronto posible. **V:** No me gradúo hasta el 15 de diciembre. Pero puedo trabajar media jornada por las siguientes 3 semanas hasta la graduación. **S:** Creo que no va a haber ningún problema con eso. Entonces hablamos en unos días. **V:** Muchas gracias por la entrevista, señora Sánchez. Estoy muy emocionado por la posibilidad de trabajar en esta gran empresa. Que tenga muy buen día.

B ¿Cómo sabes si los resultados de la entrevista han sido positivos para Rafael Ventura?
Los resultados fueron positivos porque le jefa quiere que él empiece a trabajar antes de que se gradúe.

2 Conversar

Con un(a) compañero/a, conversen sobre sus planes para el futuro. Incluyan la siguiente información en su conversación. *Answers will vary.*

- ¿Qué profesión u oficio seguirás en el futuro?
- ¿Por qué te interesa esta carrera?
- ¿Qué se necesita hacer para tener éxito?
- ¿Te mudarías de país por un puesto excelente?

recursos

WB pp. 159–164

LM pp. 93–95

Text MP3s Lección 16

Lab MP3s Lección 16

aventuras.vhlcentral.com Lección 16

INSTRUCTIONAL RESOURCES Text MP3s, WB, LM, Ans. Key, Lab, Website

Ampliación

3 SUGGESTION Write these questions on the board to get students started: **¿Dónde vivirás? ¿Vivirás en la misma ciudad para siempre? ¿Te mudarás mucho? ¿Te casarás? ¿Tendrás hijos? ¿En qué trabajarás? ¿Ganarás mucho dinero? ¿Lo invertirás?**

3 EVALUATION

Criteria	Scale
Content	1 2 3 4
Organization	1 2 3 4
Use of vocabulary	1 2 3 4
Accuracy and mechanics	1 2 3 4
Creativity	1 2 3 4

Scoring	
Excellent	18–20 points
Good	14–17 points
Satisfactory	10–13 points
Unsatisfactory	< 10 points

4 SUGGESTION Provide students with articles in Spanish about multinational companies and their products.

3 Escribir

Escribe una composición sobre tus planes para el futuro. Formula planes para tu vida personal, profesional y financiera. Termina tu composición con una lista de metas.
Answers will vary.

TIP Use note cards. Note cards (**fichas**) can help you organize and sequence your information. Label the top of each card with a general subject, such as **lugar** or **empleo**. Number the cards so you can easily flip through them to find information.

Organízalo	Utiliza fichas para apuntar cada plan o meta para el futuro. Asigna un año a cada meta.
Escríbelo	Organiza tus fichas y escribe el primer borrador de tu composición.
Corrígelo	Intercambia tu composición con un(a) compañero/a. Léela y anota sus mejores aspectos. ¿Habla de las metas específicas para su futuro? Ofrécele sugerencias para mejorar la organización. Si ves algunos errores, coméntaselos.
Compártelo	Revisa el primer borrador de tu composición según las indicaciones de tu compañero/a. Incorpora nuevas ideas y/o más información si es necesario, antes de escribir la versión final.

4 Un paso más

Imagina que en el futuro trabajarás para una empresa multinacional que tiene sus oficinas más importantes en algún país hispano. Crea una cronología con texto y fotos de tu futura carrera profesional y compártela con la clase. *Answers will vary.*

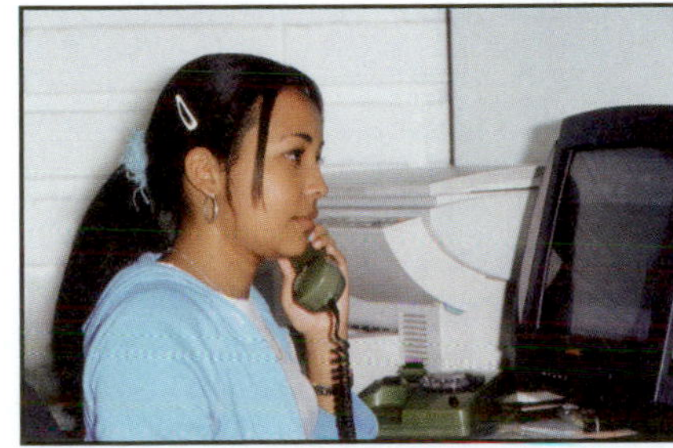

- Escoge el país y busca información sobre las industrias y las compañías que operen allá.
- Describe la empresa y sus productos.
- Incluye fotos relacionadas con la empresa y con sus productos.
- Describe tu carrera, desde el comienzo hasta tu jubilación.
- Incluye los puestos que vas a tener en la empresa, y también fotos relacionadas con tu carrera.

En Internet

Investiga estos temas en el sitio aventuras.vhlcentral.com.

- Empresas en el mundo hispano
- Industrias en el mundo hispano
- Compañías multinacionales en el mundo hispano

Antes de leer

Summarizing a text in your own words can help you understand it better. Before summarizing a text, you may find it helpful to skim it and jot down a few notes about its general meaning. You can then read the text again, writing down important details or noting special characteristics that occur in the text. Your notes will help you summarize what you have read.

The reading selection for this lesson consists of a brief story by Augusto Monterroso. What special characteristics in this text could help you summarize it? Skim the short story and jot down your ideas.

____

____

____

____

Sobre el autor

Augusto Monterroso (1921-) escritor guatemalteco. Monterroso tiene un estilo conciso, sencillo (*simple*) y accesible. Su trabajo incluye la parodia, el humor negro, la fábula y el ensayo.

SUGGESTION Introduce the author and his style, then discuss the meaning of **la parodia, el humor negro, la fábula** and **el ensayo.**

SUGGESTION Do the **Antes de leer** task as a whole class before you assign the reading and **¿Comprendiste?** and **Preguntas** as homework. Have students share their notes.

EXPANSION To further check comprehension, ask students about the importance of the famous characters in the footnotes. Why did the author include Sir James Calisher, Sir Isaac Newton and Sir Arthur Conan Doyle?

TEACHING OPTION Write on the board: **Un grupo de personsas se gradúa el mismo día, pero ¿qué pasa después?** Have the class model the writing style of Augusto Monterroso by creating a similar short story. As a class, create a repetitive introductory paragraph, then assign students to write different endings. After volunteers have read aloud their responses, brainstorm an appropriate ending.

Imaginación y Destino

Augusto Monterroso

En la calurosa tarde de verano un hombre descansa acostado, viendo al cielo, bajo un árbol; una manzana cae sobre su cabeza; tiene imaginación, se va a su casa y escribe la Oda a Eva.

En la calurosa tarde de verano un hombre descansa acostado, viendo al cielo, bajo un árbol; una manzana cae sobre su cabeza; tiene imaginación, se va a su casa y establece la Ley de la Gravitación Universal.

INSTRUCTIONAL RESOURCE Website

En la calurosa tarde de verano un hombre descansa acostado, viendo al cielo, bajo un árbol; una manzana cae sobre su cabeza; tiene imaginación, observa que el árbol no es un manzano sino una encina y descubre, oculto entre las ramas, al muchacho travieso del pueblo que se entretiene arrojando manzanas a los señores que descansan bajo los árboles, viendo al cielo, en las calurosas tardes del verano.

El primero era, o se convierte entonces para siempre en el poeta sir James Calisher; el segundo era, o se convierte entonces para siempre en el físico sir Isaac Newton[1]; el tercero pudo ser o convertirse entonces para siempre en el novelista sir Arthur Conan Doyle[2]; pero se convierte, o era ya irremediablemente desde niño, en el Jefe de Policía de San Blas, S.B.[3]

[1] Sir Isaac Newton (1642 – 1727), matemático y físico británico. Es considerado uno de los científicos más importantes de la historia. Formuló la Ley de la Gravitación Universal.

[2] Sir Arthur Conan Doyle (1859 – 1930), escritor británico. Sus más famosos protagonistas son Sherlock Holmes y su ayudante, el doctor Watson.

[3] S.B. Abreviatura para San Blas, una isla en Panamá. Una de las novelas de Monterroso tiene lugar en San Blas.

Después de leer

¿Comprendiste?

1. ¿Qué estación del año es y qué tiempo hace?
   Es verano y hace calor.
2. ¿Qué hace el primer hombre después de descansar?
   Escribe un poema.
3. ¿Qué hace el segundo hombre después de descansar?
   Establece la Ley de la Gravitación.
4. ¿Qué encuentra el tercer hombre en el árbol?
   Encuentra al muchacho travieso del pueblo.
5. ¿Cuáles son las profesiones de estos tres hombres al final del cuento?
   El primero es poeta, el segundo es físico y el tercero es policía.

Preguntas *Answers will vary.*

1. ¿Por qué lleva el cuento el título "Imaginación y Destino"?
2. ¿Por qué utiliza el autor tanta repetición?
3. La misma cosa les ocurre a los tres hombres, pero tienen reacciones distintas. ¿Por qué?
4. El autor escribe "o era ya irremediablemente desde niño". ¿Qué significa esta frase en relación con el resto del cuento?
5. Imagina que hay una cuarta persona en la historia. Escribe un párrafo en el estilo del autor sobre qué le pasa a esta persona "cuando una manzana cae sobre su cabeza…"

Coméntalo

En el cuento, los tres personajes tienen la misma experiencia con distintos resultados. ¿Has tenido una experiencia así? Un ejemplo es la graduación: un grupo de personas se gradúa el mismo día, pero ¿qué pasa después? ¿Crees que podemos controlar nuestros destinos? ¿Afectarán tus experiencias actuales tu futuro? ¿Cómo sabes qué profesión quieres ejercer (*carry out*) en el futuro? *Answers will vary.*

acostado *lying down*
viendo *looking up*
Ley *law*
encina *oak tree*
oculto *hidden*
ramas *branches*
travieso *mischievous*
se entretiene *entertains himself*
arrojando *throwing*

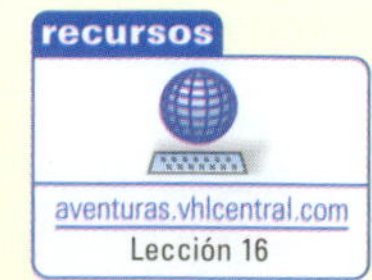

16 VOCABULARIO

Las ocupaciones

el/la abogado/a	*lawyer*
el actor	*actor*
la actriz	*actress*
el/la arqueólogo/a	*archeologist*
el/la arquitecto/a	*architect*
el bailarín	*dancer*
la bailarina	*dancer*
el/la bombero/a	*firefighter*
el/la cantante	*singer*
el/la carpintero/a	*carpenter*
el/la científico/a	*scientist*
el/la cocinero/a	*cook; chef*
el/la consejero/a	*counselor; advisor*
el/la contador(a)	*accountant*
el/la corredor(a) de bolsa	*stockbroker*
el/la diseñador(a)	*designer*
el/la electricista	*electrician*
el/la escritor(a)	*writer*
el/la escultor(a)	*sculptor*
el/la gerente	*manager*
el hombre/la mujer de negocios	*businessperson*
el/la jefe/a	*boss*
el/la maestro/a	*elementary school teacher*
el/la peluquero/a	*hairdresser*
el/la pintor(a)	*painter*
el/la poeta	*poet*
el/la político/a	*politician*
el/la psicólogo/a	*psychologist*
el/la reportero/a	*reporter*
el/la secretario/a	*secretary*
el/la técnico/a	*technician*

Las entrevistas

el anuncio	*advertisement*
el/la aspirante	*candidate; applicant*
los beneficios	*benefits*
el currículum	*résumé*
la entrevista	*interview*
el/la entrevistador(a)	*interviewer*
el puesto	*position; job*
el salario	*salary*
la solicitud (de trabajo)	*(job) application*
el sueldo	*salary*
contratar	*to hire*
entrevistar	*to interview*
ganar	*to earn*
obtener	*to obtain; to get*
solicitar	*to apply (for a job)*

Palabras adicionales

dentro de (diez años)	*within (ten years)*
en el futuro	*in the future*
el porvenir	*the future*
próximo/a	*next*

Expresiones útiles	*See page 415.*

El mundo del trabajo

el ascenso	*promotion*
el aumento de sueldo	*raise*
la carrera	*career*
la compañía	*company; firm*
el empleo	*job; employment*
la empresa	*company; firm*
la especialización	*field of study*
los negocios	*business; commerce*
la ocupación	*occupation*
el oficio	*trade*
la profesión	*profession*
la reunión	*meeting*
el teletrabajo	*telecommuting*
el trabajo	*job; work*
la videoconferencia	*videoconference*
dejar	*to quit; to leave behind*
despedir (e:i)	*to fire*
invertir (e:ie)	*to invest*
renunciar (a)	*to resign (from)*
tener éxito	*to be successful*
comercial	*commercial; business-related*

INSTRUCTIONAL RESOURCES Text MP3s, IRM (additional vocabulary), Test Program, Test MP3s, Website

AVENTURAS EN LOS PAÍSES HISPANOS

Una mujer baila flamenco en Sevilla. El flamenco, el baile y su música, expresa las pasiones de la gente de España. Tiene raíces *(roots)* judías *(Jewish)*, árabes y africanas. Hoy es popular en todo el mundo. ¿Te gusta la música flamenca?

ESPAÑA y Guinea Ecuatorial

España

Área: 504.750 km^2 (194.884 millas^2), incluyendo las islas Baleares y las islas Canarias

Población: 39.874.000

Capital: Madrid - 3.976.000

Ciudades principales: Barcelona, Valencia, Sevilla, Zaragoza

Moneda: euro

SOURCE: Population Division, UN Secretariat

Guinea Ecuatorial

Área: 28.051 km^2 (10.831 millas^2)

Población: 526.000

Capital: Malabo - 30.418

Ciudades principales: Bata, Ela-Nguema, Campo Yaunde

Moneda: franco C.F.A.

SOURCE: Population Division, UN Secretariat

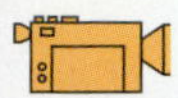

Lugares

Madrid: La Plaza Mayor

La Plaza Mayor de Madrid es uno de los lugares turísticos más *(most)* importantes de Madrid. Fue construida *(was built)* en 1617 y está totalmente rodeada *(surrounded)* por edificios *(buildings)* de tres pisos con balcones y pórticos antiguos. En la Plaza Mayor hay muchas cafeterías, donde la gente pasa el tiempo bebiendo café y hablando con amigos.

Celebraciones

La Tomatina

En Buñol, un pequeño pueblo de Valencia, la producción de tomates es un recurso *(resource)* muy importante. Cada año en agosto se celebra el festival de La Tomatina. Durante *(during)* todo un día, miles de personas se arrojan *(throw)* tomates unas a otras. Llegan turistas de todo el mundo y se usan varias toneladas *(tons)* de tomates.

INSTRUCTIONAL RESOURCES WB, VM, Ans. Key, OT, DVD, IRM (videoscripts, translations), Website

Artes

Velázquez y el Prado

El Prado, en Madrid, es uno de los museos más famosos del mundo. En el Prado hay miles de pinturas *(paintings)* importantes, incluyendo obras *(works)* de Botticelli, el Greco, y de los españoles Goya y Velázquez. Diego Velázquez pintó *(painted)* *Las Meninas* en 1656 y es su obra más famosa. Actualmente, *Las Meninas* está en el Museo del Prado.

Lenguaje

El español en África

La presencia del idioma español en África es legado *(legacy)* de la historia colonial del continente. En la costa del mar Mediterráneo, al noroeste de África, se encuentran Ceuta y Melilla y cerca de la costa de Marruecos están las islas Canarias. En estas tres comunidades se habla español porque son territorio de España.

En la costa oeste del continente africano se encuentra Guinea Ecuatorial, conocida como Guinea Española hasta su independencia de España en 1968. En este país el español es uno de los idiomas oficiales, junto al francés, el fang, el ibo y el bubi. La isla Bioko es donde predomina el uso del español y donde está la capital del país.

Hispanos en los Estados Unidos

España

Al Goodman, periodista
José Andrés, chef
Marian de la Fuente, presentadora
Pedro Duque, astronauta
Penélope Cruz, artista
Santiago Calatrava, arquitecto
Severo Ochoa, médico (Premio Nobel)
Trinidad Vives, bailarina

recursos

WB	VM	VCD-ROM	aventuras.vhlcentral.com
pp. 165–166	pp. 225–226	Lección 16	Lección 16

¿Qué aprendiste?

1 ¿Cierto o falso? Indica si las siguientes oraciones son **ciertas** o **falsas**.

	Cierto	Falso
1. La moneda de España es la peseta.		✓
2. El flamenco es un instrumento musical.		✓
3. El flamenco es hoy popular en todo el mundo.	✓	
4. En la Plaza Mayor no hay cafeterías.		✓
5. La Plaza Mayor fue construida en 1617.	✓	
6. En Buñol, los tomates son un recurso importante.	✓	
7. Durante La Tomatina, se arrojan pelotas.		✓
8. En el Museo del Prado hay miles de pinturas importantes.	✓	
9. *Las Meninas* es la obra más famosa de Botticelli.		✓
10. El español es una de las lenguas oficiales de Guinea Ecuatorial.	✓	

2 Preguntas Contesta las siguientes preguntas con frases completas.

1. ¿Qué expresa el flamenco?
   El flamenco expresa las pasiones de la gente de España.
2. ¿Qué hace la gente en las cafeterías de la Plaza Mayor?
   En las cafeterías de la Plaza Mayor la gente pasa el tiempo bebiendo café y hablando con amigos.
3. ¿Crees que el festival de La Tomatina es triste? ¿Crees que es divertido *(fun)*? ¿Por qué?
   Suggested answer: Creo que el festival de La Tomatina es divertido, porque las personas se arrojan tomates unas a otras.
4. ¿Por qué crees que el Prado es uno de los museos más famosos del mundo?
   Suggested answer: Creo que el Prado es uno de los museos más famosos del mundo porque allí hay miles de pinturas importantes.
5. ¿En qué país africano se habla español?
   Se habla español en Guinea Ecuatorial.
6. ¿Por qué se habla español en África?
   Se habla español en África debido a la historia colonial del continente.

En Internet

Busca más información sobre estos temas en el sitio aventuras.vhlcentral.com. Presenta la información a tus compañeros/as de clase.

- La Plaza Mayor
- La Tomatina
- Velázquez y el Prado
- Guinea Ecuatorial

R. Colorado
Tijuana
Mexicali
Nogales
Ciudad Juárez
Estados Unidos
Río Grande
Río Bravo del Norte
Hermosillo
Chihuahua
BAJA CALIFORNIA
Golfo de California
Sierra Madre Occidental
Sierra Madre Oriental
R. Conchos
México
Nuevo Laredo
Reynosa
Matamoros
Monterrey
Saltillo
Golfo de México
La Paz
Ciudad Victoria
Mazatlán
Zacatecas
San Luis Potosí
Tampico
Aguascalientes
León
Guanajuato
Puerto Vallarta
Guadalajara
Bahía de Campeche
Mérida
Cancún
Campeche
YUCATÁN
Jalapa
México, D.F.
Morelia
Uruapán
Cuernavaca
Puebla
Veracruz
Villahermosa
R. Balsas
Oaxaca
ISTMO DE TEHUANTEPEC
Acapulco
Océano Pacífico
Belice
Guatemala
Honduras
El Salvador
N
O
E
S
México

América Central y el Caribe
Estados Unidos
Golfo de México
Océano Atlántico
N
O
E
S
Estrecho de la Florida
Islas Bahamas
Canal de Yucatán
La Habana
Pinar del Río
Matanzas
Cienfuegos
Cuba
Camagüey
Guantánamo
Santiago de Cuba
Haití
Puerto Príncipe
República Dominicana
Santo Domingo
Mayagüez
Puerto Rico
San Juan
Ponce
Jamaica
Kingston
México
Belice
Belmopan
Guatemala
Quezaltenango
Copán
Guatemala
Honduras
Tegucigalpa
San Salvador
El Salvador
Nicaragua
Managua
Mar Caribe
Islas Vírgenes (E.U.A y R.U.)
Antigua
Antillas Menores
Guadalupe
Dominica
Martinica
Sta. Lucía
San Vicente
Barbados
Granada
Aruba
Bonaire
Curaçao
Isla de Margarita
Puerto España
Trinidad y Tobago
Puntarenas
San José
Limón
Islas de San Blas
Canal de Panamá
Colón
Panamá
Costa Rica
Panamá
Océano Pacífico
Colombia
Venezuela

Mar Caribe
Barranquilla
Maracaibo
Caracas
Puerto España
Trinidad
Venezuela
R. Orinoco
Georgetown
Paramaribo
Cayena
Guyana
Surinam
Guayana Francesa
Colombia
Medellín
Bogotá
Cali
R. Magdalena
Pasto
Quito
Ecuador
Guayaquil
R. Negro
R. Amazonas
Manaus
Belém
Iquitos
Perú
R. Madeira
Cordillera de los Andes
Recife
Lima
Cuzco
Lago Titicaca
Salvador
Brasil
Brasília
Arequipa
La Paz
Bolivia
R. Paraguay
Arica
Sucre
Océano Pacífico
Iquique
R. Paraná
Belo Horizonte
Antofagasta
São Paulo
Rio de Janeiro
Santos
Paraguay
Salta
Asunción
Chile
R. Uruguay
Córdoba
R. Paraná
Porto Alegre
Valparaíso
Mendoza
Rosario
Santiago
Uruguay
Buenos Aires
Montevideo
Concepción
Argentina
Océano Atlántico
Bahía Blanca
Puerto Montt
Cordillera de los Andes
N
O
E
S
Estrecho de Magallanes
Islas Malvinas
Punta Arenas
Tierra del Fuego
América del Sur
Islas Galápagos
Océano Pacífico
Isla Pinta
Isla Marchena
Isla Genovesa
Isla Isabela
Línea Ecuatorial
ECUADOR
Volcán Darwin
Isla Santiago
(San Salvador)
Isla Fernandina
Puerto Ayora
Isla San Cristóbal
Santo Tomás
Isla Santa Cruz
Puerto Barquerizo Moreno
Isla Santa María
Isla Española

Mar Cantábrico
Gijón
Avilés
Santander
La Coruña
Oviedo
CANTABRIA
San Sebastián
Bilbao
GALICIA
ASTURIAS
PAÍS VASCO
Pirineos
Andorra
Pamplona
Pontevedra
Burgos
NAVARRA
Vigo
LA RIOJA
Palencia
CATALUÑA
Gerona
Zamora
Valladolid
Lérida
Braga
Zaragoza
Barcelona
CASTILLA-LEÓN
Oporto
Tarragona
Salamanca
España
ARAGÓN
Segovia
Ávila
Océano Atlántico
Coimbra
Madrid
Menorca
Serra da Estrela
COMUNIDAD VALENCIANA
Islas Baleares
Toledo
Palma
Mallorca
Cáceres
Valencia
Portugal
EXTREMADURA
CASTILLA-LA MANCHA
Ibiza
Mérida
Lisboa
Badajoz
Albacete
Formentera
Setúbal
África
Sierra Morena
Alicante
Córdoba
Murcia
Jaén
ANDALUCÍA
Sevilla
Cartagena
Huelva
Granada
Sierra Nevada
Almería
Mar Mediterráneo
Cádiz
Málaga
Gibraltar (R.U.)
Algeciras
Estrecho de Gibraltar
Ceuta (Esp.)
Melilla (Esp.)
Marruecos
La Palma
Islas Canarias
Santa Cruz de la Palma
Lanzarote
Tenerife
Santa Cruz de Tenerife
Gomera
Arrecife
Las Palmas
Puerto del Rosario
Hierro
Gran Canaria
Fuerteventura
Océano Atlántico
Camerún
Malabo
Guinea Ecuatorial
Gabón

Glossary of Grammatical Terms

ADJECTIVE A word that modifies or describes a noun or pronoun.

muchos libros
many books

un hombre **rico**
*a **rich** man*

las mujeres **altas**
*the **tall** women*

Demonstrative adjective An adjective that points out a specific noun.

esta fiesta
***this** party*

ese chico
***that** boy*

aquellas flores
***those** flowers*

Possessive adjective An adjective that indicates ownership or possession.

mi mejor vestido
***my** best dress*

Éste es **mi** hermano.
*This is **my** brother*

Stressed possessive adjective A possessive adjective that emphasizes the owner or possessor.

Es un libro **mío**.
*It's **my book**./It's a book **of mine**.*

Es amiga **tuya**; yo no la conozco.
*She's a friend **of yours**; I don't know her.*

ADVERB A word that modifies or describes a verb, adjective, or another adverb.

Pancho escribe **rápidamente**.
*Pancho writes **quickly**.*

Este cuadro es **muy** bonito.
*This picture is **very** pretty.*

ARTICLE A word that points out either a specific (definite) noun or a non-specific (indefinite) noun.

Definite article An article that points out a specific noun.

el libro
***the** book*

la maleta
***the** suitcase*

los diccionarios
***the** dictionaries*

las palabras
***the** words*

Indefinite article An article that points out a noun in a general, non-specific way.

un lápiz
***a** pencil*

una computadora
***a** computer*

unos pájaros
***some** birds*

unas escuelas
***some** schools*

CLAUSE A group of words that contains both a conjugated verb and a subject, either expressed or implied.

Main (or Independent) clause A clause that can stand alone as a complete sentence.

Pienso ir a cenar pronto.
I plan to go to dinner soon.

Subordinate (or Dependent) clause A clause that does not express a complete thought and therefore cannot stand alone as a sentence.

Trabajo en la cafetería **porque necesito dinero para la escuela**.
*I work in the cafeteria **because I need money for school.***

COMPARATIVE A word or construction used with an adjective or adverb to express a comparison between two people, places, or things.

Este programa es **más interesante que** el otro.
*This program is **more interesting than** the other one.*

Tomás no es **tan alto como** Alberto.
*Tomás is not **as tall as** Alberto.*

CONJUGATION A set of the forms of a verb for a specific tense or mood or the process by which these verb forms are presented.

Preterite conjugation of **cantar**

cant**é**	cant**amos**
cant**aste**	cant**asteis**
cant**ó**	cant**aron**

CONJUNCTION A word or phrase used to connect words, clauses, or phrases.

Susana es de Cuba **y** Pedro es de España.
*Susana is from Cuba **and** Pedro is from Spain.*

No quiero estudiar, **pero** tengo que hacerlo.
*I don't want to study, **but** I have to do it.*

CONTRACTION The joining of two words into one. The only contractions in Spanish are **al** and **del**.

Mi hermano fue **al** concierto ayer.
*My brother went **to the** concert yesterday.*

Saqué dinero **del** banco.
*I took money **from the** bank.*

DIRECT OBJECT A noun or pronoun that directly receives the action of the verb.

Tomás lee **el libro**.
*Tomás reads **the book**.*

La pagó ayer.
*She paid **it** yesterday.*

GENDER The grammatical categorizing of certain kinds of words, such as nouns and pronouns, as masculine, feminine, or neuter.

Masculine
articles **el**, un**o**
pronouns **él**, l**o**, mí**o**, ést**e**, és**e**, aquell**o**
adjective simpátic**o**

Feminine
articles **la**, un**a**
pronouns **ella**, l**a**, mí**a**, ést**a**, és**a**, aquéll**a**
adjective simpátic**a**

IMPERSONAL EXPRESSION A third-person expression with no expressed or specific subject.

Es muy importante.
*It's **very important**.*

Llueve mucho.
***It's raining** hard.*

Aquí **se habla** español.
*Spanish **is spoken** here.*

INDIRECT OBJECT A noun or pronoun that receives the action of the verb indirectly; the object, often a living being, to or for whom an action is performed.

Eduardo **le** dio un libro **a Linda**.
*Eduardo gave a book **to Linda**.*

La profesora **me** dio una C en el examen.
*The professor gave **me** a C on the test.*

INFINITIVE The basic form of a verb. Infinitives in Spanish end in **-ar**, **-er**, or **-ir**.

hablar	**correr**	**abrir**
to speak	***to run***	***to open***

INTERROGATIVE An adjective or pronoun used to ask a question.

¿**Quién** habla?
***Who** is speaking?*

¿**Cuántos** compraste?
***How many** did you buy?*

¿**Qué** piensas hacer hoy?
***What** do you plan to do today?*

INVERSION Changing the word order of a sentence, often to form a question.

Statement: Elena pagó la cuenta del restaurante.

Inversion: ¿Pagó Elena la cuenta del restaurante?

MOOD A grammatical distinction of verbs that indicates whether the verb is intended to make a statement or command, or to express a doubt, emotion, or condition contrary to fact.

Imperative mood Verb forms used to make commands.

Di la verdad.
Tell the truth.

Caminen ustedes conmigo.
Walk with me.

¡Comamos ahora!
Let's eat now!

Indicative mood Verb forms used to state facts, actions, and states considered to be real.

Sé que **tienes** el dinero.
***I know** that **you have** the money.*

Subjunctive mood Verb forms used principally in subordinate (or dependent) clauses to express wishes, desires, emotions, doubts, and certain conditions, such as contrary-to-fact situations.

Prefieren que **hables** en español.
*They prefer that **you speak** in Spanish.*

Dudo que Luis **tenga** el dinero necesario.
*I doubt that Luis **has** the necessary money.*

NOUN A word that identifies people, animals, places, things, and ideas.

hombre	**gato**
man	***cat***
México	**casa**
Mexico	***house***
libertad	
freedom	

NUMBER A grammatical term that refers to singular or plural. Nouns in Spanish and English have number. Other parts of a sentence, such as adjectives, articles, and verbs, can also have number.

Singular	Plural
una cosa ***a*** *thing*	**unas** cosas ***some*** *things*
el profesor ***the*** *professor*	**los** profesor**es** ***the*** *professor**s***

NUMBERS Words that represent amounts.

Cardinal numbers Words that show specific amounts.

cinco minutos
five *minutes*

el año **dos mil dos**
the year ***2002***

Ordinal numbers Words that indicate the order of a noun in a series.

el **cuarto** jugador
the ***fourth*** *player*

la **décima** hora
the ***tenth*** *hour*

PAST PARTICIPLE A past form of the verb used in compound tenses. The past participle may also be used as an adjective, but it must then agree in number and gender with the word it modifies.

Han **buscado** por todas partes.
They have ***searched*** *everywhere.*

Yo no había **estudiado** para el examen.
I hadn't ***studied*** *for the exam.*

Hay una **ventana rota** en la sala.
There is a ***broken window*** *in the living room.*

PERSON The form of the verb or pronoun that indicates the speaker, the one spoken to, or the one spoken about. In Spanish, as in English, there are three persons: first, second, and third.

Person	Singular	Plural
1st	**yo** *I*	**nosotros/as** *we*
2nd	**tú, Ud.** *you*	**vosotros/as, Uds.** *you*
3rd	**él, ella** *he/she*	**ellos, ellas** *they*

PREPOSITION A word that describes the relationship, most often in time or space, between two other words.

Anita es **de** California.
Anita is ***from*** *California.*

La chaqueta está **en** el carro.
The jacket is ***in*** *the car.*

¿Quieres hablar **con** ella?
Do you want to talk ***to*** *her?*

PRESENT PARTICIPLE In English, a verb form that ends in *-ing*. In Spanish, the present participle ends in **–ndo**, and is often used with **estar** to form a progressive tense.

Mi hermana está **hablando** por teléfono ahora mismo.
My sister is ***talking*** *on the phone right now.*

PRONOUN A word that takes the place of a noun or nouns.

Demonstrative pronoun A pronoun that takes the place of a specific noun.

Quiero **ésta**.
I want ***this one****.*

¿Vas a comprar **ése**?
Are you going to buy ***that one****?*

Juan prefirió **aquéllos**.
Juan preferred ***those*** *(over there).*

Object pronoun A pronoun that functions as a direct or indirect object of the verb.

Te digo la verdad.
I'm telling ***you*** *the truth.*

Me lo trajo Juan.
Juan brought ***it*** *to* ***me****.*

Reflexive pronoun A pronoun that indicates that the action of a verb is performed by the subject on itself. These pronouns are often expressed in English with *-self: myself, yourself,* etc.

Yo **me bañé** antes de salir.
I bathed (myself) *before going out.*

Elena **se acostó** a las once y media.
Elena ***went to bed*** *at eleven-thirty.*

Relative pronoun A pronoun that connects a subordinate clause to a main clause.

El chico **que** nos escribió viene a visitarnos mañana.
The boy ***who*** *wrote us is coming to visit us tomorrow.*

Ya sé **lo que** tenemos que hacer.
I already know ***what*** *we have to do.*

Subject pronoun A pronoun that replaces the name or title of a person or thing and acts as the subject of a verb.

Tú debes estudiar más.
You *should study more.*

Él llegó primero.
He *arrived first.*

SUBJECT A noun or pronoun that performs the action of a verb and is often implied by the verb.

María va al supermercado.
María *goes to the supermarket.*

(Ellos) Trabajan mucho.
They *work hard.*

Esos **libros** son muy caros.
Those ***books*** *are very expensive.*

SUPERLATIVE A word or construction used with an adjective or adverb to express the highest or lowest degree of a specific quality among three or more people, places, or things.

Entre todas mis clases, ésta es la **más interesante**.
Among all my classes, this is the ***most interesting****.*

Raúl es el **menos simpático** de los chicos.
Raúl is the ***least pleasant*** *of the boys.*

TENSE A set of verb forms that indicates the time of an action or state: past, present, or future.

Compound tense A two-word tense made up of an auxiliary verb and a present or past participle. In Spanish, there are two auxiliary verbs: **estar** and **haber**.

En este momento, **estoy estudiando**.
At this time, ***I am studying****.*

El paquete no **ha llegado** todavía.
The package ***has*** *not* ***arrived*** *yet.*

Simple tense A tense expressed by a single verb form.

María **estaba** mal anoche.
María ***was*** *ill last night.*

Juana **hablará** con su mamá mañana.
Juana ***will*** *speak with her mom tomorrow.*

VERB A word that expresses actions or states-of-being.

Auxiliary verb A verb used with a present or past participle to form a compound tense. **Haber** is the most commonly used auxiliary verb in Spanish.

Los chicos **han** visto los elefantes.
The children ***have*** *seen the elephants.*

Espero que **hayas** comido.
I hope you ***have*** *eaten.*

Reflexive verb A verb that describes an action performed by the subject on itself and is always used with a reflexive pronoun.

Me compré un carro nuevo.
I bought myself *a new car.*

Pedro y Adela **se levantan** muy temprano.
Pedro and Adela ***get (themselves) up*** *very early.*

Spelling change verb A verb that undergoes a predictable change in spelling in order to reflect its actual pronunciation in the various conjugations.

practicar	c → qu	practico	practi**qu**é
dirigir	g → j	diri**j**o	dirigí
almorzar	z → c	almorzó	almor**c**é

Stem-changing verb A verb whose stem vowel undergoes one or more predictable changes in the various conjugations.

ent**e**nder (i:ie)	ent**ie**ndo
p**e**dir (e:i)	p**i**den
d**o**rmir (o:ue, u)	d**ue**rmo, d**u**rmieron

Verb conjugation tables

The verb lists

The list of verbs below and the model-verb tables that start on page 410 show you how to conjugate every verb taught in **Aventuras**. Each verb in the list is followed by a model verb conjugated according to the same pattern. The number in parentheses indicates where in the tables you can find the conjugated forms of the model verb. If you want to find out how to conjugate **divertirse**, for example, look up number 33, **sentir**, the model for verbs that follow the **i:ie** stem-change pattern.

How to use the verb tables

In the tables you will find the infinitive, past and present participles, and all the simple forms of each model verb. The formation of the compound tenses of any verb can be inferred from the table of compound tenses, pages 410–417, either by combining the past participle of the verb with a conjugated form of **haber** or combining the present participle with a conjugated form of **estar**.

abrazar (z:c) like cruzar (37)
abrir like vivir (3) *except* past participle is abierto
aburrir(se) like vivir (3)
acabar de like hablar (1)
acampar like hablar (1)
acompañar like hablar (1)
aconsejar like hablar (1)
acordarse (o:ue) like contar (24)
acostarse (o:ue) like contar (24)
adelgazar (z:c) like cruzar (37)
afeitarse like hablar (1)
ahorrar like hablar (1)
alegrarse like hablar (1)
aliviar like hablar (1)
almorzar (o:ue) like contar (24) *except* (z:c)
alquilar like hablar (1)
anunciar like hablar (1)
apagar (g:gu) like llegar (41)
aplaudir like vivir (3)
apreciar like hablar (1)
aprender like comer (2)
apurarse like hablar (1)
arrancar (c:qu) like tocar (43)
arreglar like hablar (1)
asistir like vivir (3)
aumentar like hablar (1)
ayudar(se) like hablar (1)
bailar like hablar (1)
bajar(se) like hablar (1)
bañarse like hablar (1)
barrer like comer (2)
beber like comer (2)
besar(se) like hablar (1)
brindar like hablar (1)
bucear like hablar (1)
buscar (c:qu) like tocar (43)
caber (4)
caer(se) (5)
calentarse (e:ie) like pensar (30)
calzar (z:c) like cruzar (37)
cambiar like hablar (1)
caminar like hablar (1)
cantar like hablar (1)
casarse like hablar (1)
celebrar like hablar (1)
cenar like hablar (1)
cepillarse like hablar (1)
cerrar (e:ie) like pensar (30)
chocar (c:qu) like tocar (43)
cobrar like hablar (1)
cocinar like hablar (1)
comenzar (e:ie) (z:c) like empezar (26)
comer (2)
compartir like vivir (3)
comprar like hablar (1)
comprender like comer (2)
comprometerse like comer (2)
comunicarse (c:qu) like tocar (43)
conducir (c:zc) (6)
confirmar like hablar (1)
conocer (c:zc) (35)
conseguir (e:i) like seguir (32)
conservar like hablar (1)
consumir like vivir (3)
contaminar like hablar (1)
contar (o:ue) (24)
controlar like hablar (1)
correr like comer (2)
costar (o:ue) like contar (24)
creer (y) (36)
cruzar (z:c) (37)
cubrir like vivir (3) *except* past participle is cubierto
cuidar like hablar (1)
cumplir like vivir (3)
dañar like hablar (1)
dar(se) (7)
deber like comer (2)
decidir like vivir (3)
decir (e:i) (8)
declarar like hablar (1)
dejar like hablar (1)
depositar like hablar (1)
desarrollar like hablar (1)
desayunar like hablar (1)
descansar like hablar (1)
describir like vivir (3) *except* past participle is descrito
descubrir like vivir (3) *except* past participle is descubierto
desear like hablar (1)
despedirse (e:i) like pedir (29)
despertarse (e:ie) like pensar (30)
destruir (y) (38)
dibujar like hablar (1)
disfrutar like hablar (1)
divertirse (e:ie) like sentir (33)
divorciarse like hablar (1)
doblar like hablar (1)
doler (o:ue) like volver (34) *except* past participle is regular
dormir(se) (o:ue) (25)
ducharse like hablar (1)
dudar like hablar (1)
durar like hablar (1)
echar like hablar (1)
elegir (e:i) like pedir (29) *except* (g:j)
emitir like vivir (3)
empezar (e:ie) (z:c) (26)
enamorarse like hablar (1)
encantar like hablar (1)
encontrar(se) (o:ue) like contar (24)
enfermarse like hablar (1)
enojarse like hablar (1)
enseñar like hablar (1)
ensuciar like hablar (1)

entender (e:ie) (27)
entrenarse like hablar (1)
entrevistar like hablar (1)
enviar (envío) (39)
escalar like hablar (1)
escribir like vivir (3) *except* past participle is escrito
escuchar like hablar (1)
esculpir like vivir (3)
esperar like hablar (1)
esquiar (esquío) like enviar (39)
establecer (c:zc) like conocer (35)
estacionar like hablar (1)
estar (9)
estornudar like hablar (1)
estudiar like hablar (1)
evitar like hablar (1)
explicar (c:qu) like tocar (43)
explorar like hablar (1)
faltar like hablar (1)
fascinar like hablar (1)
firmar like hablar (1)
fumar like hablar (1)
funcionar like hablar (1)
ganar like hablar (1)
gastar like hablar (1)
graduarse (gradúo) (40)
guardar like hablar (1)
gustar like hablar (1)
haber (hay) (10)
hablar (1)
hacer (11)
importar like hablar (1)
imprimir like vivir (3)
informar like hablar (1)
insistir like vivir (3)
interesar like hablar (1)
invertir (e:ie) like sentir (33)
invitar like hablar (1)
ir(se) (12)
jubilarse like hablar (1)
jugar (u:ue) (g:gu) (28)
lastimarse like hablar (1)
lavar(se) like hablar (1)
leer (y) like creer (36)
levantar(se) like hablar (1)
limpiar like hablar (1)
llamar(se) like hablar (1)
llegar (g:gu) (41)
llenar like hablar (1)
llevar(se) like hablar (1)
llover (o:ue) like volver (34) *except* past participle is regular
luchar like hablar (1)
mandar like hablar (1)
manejar like hablar (1)
mantener(se) (e:ie) like tener (20)
maquillarse like hablar (1)
mejorar like hablar (1)
merendar (e:ie) like pensar (30)
mirar like hablar (1)
molestar like hablar (1)
montar like hablar (1)
morir (o:ue) like dormir (25) *except* past participle is muerto
mostrar (o:ue) like contar (24)
mudarse like hablar (1)
nacer (c:zc) like conocer (35)
nadar like hablar (1)
navegar (g:gu) like llegar (41)
necesitar like hablar (1)
negar (e:ie) like pensar (30) *except* (g:gu)
nevar (e:ie) like pensar (30)
obedecer (c:zc) like conocer (35)
obtener (e:ie) like tener (20)
ocurrir like vivir (3)
odiar like hablar (1)
ofrecer (c:zc) like conocer (35)
oír (13)
olvidar like hablar (1)
pagar (g:gu) like llegar (41)
parar like hablar (1)
parecer (c:zc) like conocer (35)
pasar like hablar (1)
pasear like hablar (1)
patinar like hablar (1)
pedir (e:i) (29)
peinarse like hablar (1)
pensar (e:ie) (30)
perder (e:ie) like entender (27)
pescar (c:qu) like tocar (43)
pintar like hablar (1)
planchar like hablar (1)
poder (o:ue) (14)
poner(se) (15)
practicar (c:qu) like tocar (43)
preferir (e:ie) like sentir (33)
preguntar like hablar (1)
preocuparse like hablar (1)
preparar like hablar (1)
presentar like hablar (1)
prestar like hablar (1)
probar(se) (o:ue) like contar (24)
prohibir like vivir (3)
proteger (g:j) (42)
publicar (c:qu) like tocar (43)
quedar(se) like hablar (1)
querer (e:ie) (16)
quitar(se) like hablar (1)
recetar like hablar (1)
recibir like vivir (3)
reciclar like hablar (1)
recoger (g:j) like proteger (42)
recomendar (e:ie) like pensar (30)
recordar (o:ue) like contar (24)
reducir (c:zc) like conducir (6)
regalar like hablar (1)
regatear like hablar (1)
regresar like hablar (1)
reír(se) (e:i) (31)
relajarse like hablar (1)
renunciar like hablar (1)
repetir (e:i) like pedir (29)
resolver (o:ue) like volver (34)
respirar like hablar (1)
revisar like hablar (1)
rogar (o:ue) like contar (24) *except* (g:gu)
romper(se) like comer (2) *except* past participle is roto
saber (17)
sacar (c:qu) like tocar (43)
sacudir like vivir (3)
salir (18)
saludar(se) like hablar (1)
seguir (e:i) (32)
sentarse (e:ie) like pensar (30)
sentir(se) (e:ie) (33)
separarse like hablar (1)
ser (19)
servir (e:i) like pedir (29)
solicitar like hablar (1)
sonar (o:ue) like contar (24)
sonreír (e:i) like reír(se) (31)
sorprender like comer (2)
subir like vivir (3)
sudar like hablar (1)
sufrir like vivir (3)
sugerir (e:ie) like sentir (33)
suponer like poner (15)
temer like comer (2)
tener (e:ie) (20)
terminar like hablar (1)
tocar (c:qu) (43)
tomar like hablar (1)
torcerse (o:ue) like volver (34) *except* (c:z) and past participle is regular
toser like comer (2)
trabajar like hablar (1)
traducir (c:zc) like conducir (6)
traer (21)
transmitir like vivir (3)
tratar like hablar (1)
usar like hablar (1)
vender like comer (2)
venir (e:ie) (22)
ver (23)
vestirse (e:i) like pedir (29)
viajar like hablar (1)
visitar like hablar (1)
vivir (3)
volver (o:ue) (34)
votar like hablar (1)

Regular verbs: simple tenses

	Infinitive	INDICATIVE Present	Imperfect	Preterite	Future	Conditional	SUBJUNCTIVE Present	Past	IMPERATIVE
1	hablar	hablo	hablaba	hablé	hablaré	hablaría	hable	hablara	
		hablas	hablabas	hablaste	hablarás	hablarías	hables	hablaras	habla tú (no hables)
	Participles:	habla	hablaba	habló	hablará	hablaría	hable	hablara	hable Ud.
	hablando	hablamos	hablábamos	hablamos	hablaremos	hablaríamos	hablemos	habláramos	hablemos
	hablado	habláis	hablabais	hablasteis	hablaréis	hablaríais	habléis	hablarais	hablad (no habléis)
		hablan	hablaban	hablaron	hablarán	hablarían	hablen	hablaran	hablen Uds.
2	comer	como	comía	comí	comeré	comería	coma	comiera	
		comes	comías	comiste	comerás	comerías	comas	comieras	come tú (no comas)
	Participles:	come	comía	comió	comerá	comería	coma	comiera	coma Ud.
	comiendo	comemos	comíamos	comimos	comeremos	comeríamos	comamos	comiéramos	comamos
	comido	coméis	comíais	comisteis	comeréis	comeríais	comáis	comierais	comed (no comáis)
		comen	comían	comieron	comerán	comerían	coman	comieran	coman Uds.
3	vivir	vivo	vivía	viví	viviré	viviría	viva	viviera	
		vives	vivías	viviste	vivirás	vivirías	vivas	vivieras	vive tú (no vivas)
	Participles:	vive	vivía	vivió	vivirá	viviría	viva	viviera	viva Ud.
	viviendo	vivimos	vivíamos	vivimos	viviremos	viviríamos	vivamos	viviéramos	vivamos
	vivido	vivís	vivíais	vivisteis	viviréis	viviríais	viváis	vivierais	vivid (no viváis)
		viven	vivían	vivieron	vivirán	vivirían	vivan	vivieran	vivan Uds.

All verbs: compound tenses

PERFECT TENSES											
INDICATIVE								SUBJUNCTIVE			
Present Perfect		Past Perfect		Future Perfect		Conditional Perfect		Present Perfect		Past Perfect	
he		había		habré		habría		haya		hubiera	
has	hablado	habías	hablado	habrás	hablado	habrías	hablado	hayas	hablado	hubieras	hablado
ha	comido	había	comido	habrá	comido	habría	comido	haya	comido	hubiera	comido
hemos	vivido	habíamos	vivido	habremos	vivido	habríamos	vivido	hayamos	vivido	hubiéramos	vivido
habéis		habíais		habréis		habríais		hayáis		hubierais	
han		habían		habrán		habrían		hayan		hubieran	

PROGRESSIVE TENSES											
INDICATIVE								SUBJUNCTIVE			
Present Progressive		Past Progressive		Future Progressive		Conditional Progressive		Present Progressive		Past Progressive	
estoy		estaba		estaré		estaría		esté		estuviera	
estás	hablando	estabas	hablando	estarás	hablando	estarías	hablando	estés	hablando	estuvieras	hablando
está	comiendo	estaba	comiendo	estará	comiendo	estaría	comiendo	esté	comiendo	estuviera	comiendo
estamos	viviendo	estábamos	viviendo	estaremos	viviendo	estaríamos	viviendo	estemos	viviendo	estuviéramos	viviendo
estáis		estabais		estaréis		estaríais		estéis		estuvierais	
estan		estaban		estarán		estarían		estén		estuvieran	

Irregular verbs

		INDICATIVE					SUBJUNCTIVE		IMPERATIVE
	Infinitive	Present	Imperfect	Preterite	Future	Conditional	Present	Past	
4	caber	**quepo**	cabía	**cupe**	**cabré**	**cabría**	**quepa**	**cupiera**	
		cabes	cabías	**cupiste**	**cabrás**	**cabrías**	**quepas**	**cupieras**	cabe tú (no **quepas**)
	Participles:	cabe	cabía	**cupo**	**cabrá**	**cabría**	**quepa**	**cupiera**	**quepa** Ud.
	cabiendo	cabemos	cabíamos	**cupimos**	**cabremos**	**cabríamos**	**quepamos**	**cupiéramos**	**quepamos**
	cabido	cabéis	cabíais	**cupisteis**	**cabréis**	**cabríais**	**quepáis**	**cupierais**	cabed (no **quepáis**)
		caben	cabían	**cupieron**	**cabrán**	**cabrían**	**quepan**	**cupieran**	**quepan** Uds.
5	caer(se)	**caigo**	caía	**caí**	caeré	caería	**caiga**	**cayera**	
		caes	caías	**caíste**	caerás	caerías	**caigas**	**cayeras**	cae tú (no **caigas**)
	Participles:	cae	caía	**cayó**	caerá	caería	**caiga**	**cayera**	**caiga** Ud. (no **caiga**)
	cayendo	caemos	caíamos	**caímos**	caeremos	caeríamos	**caigamos**	**cayéramos**	**caigamos**
	caído	caéis	caíais	**caísteis**	caeréis	caeríais	**caigáis**	**cayerais**	caed (no **caigáis**)
		caen	caían	**cayeron**	caerán	caerían	**caigan**	**cayeran**	**caigan** Uds.
6	conducir	**conduzco**	conducía	**conduje**	conduciré	conduciría	**conduzca**	**condujera**	
	(c:zc)	conduces	conducías	**condujiste**	conducirás	conducirías	**conduzcas**	**condujeras**	conduce tú (no **conduzcas**)
	Participles:	conduce	conducía	**condujo**	conducirá	conduciría	**conduzca**	**condujera**	**conduzca** Ud. (no **conduzca**)
	conduciendo	conducimos	conducíamos	**condujimos**	conduciremos	conduciríamos	**conduzcamos**	**condujéramos**	**conduzcamos**
	conducido	conducís	conducíais	**condujisteis**	conduciréis	conduciríais	**conduzcáis**	**condujerais**	conducid (no **conduzcáis**)
		conducen	conducían	**condujeron**	conducirán	conducirían	**conduzcan**	**condujeran**	**conduzcan** Uds.

	Infinitive	INDICATIVE					SUBJUNCTIVE		IMPERATIVE
		Present	Imperfect	Preterite	Future	Conditional	Present	Past	
7	dar	**doy**	daba	**di**	daré	daría	**dé**	**diera**	
		das	dabas	**diste**	darás	darías	des	**dieras**	da tú (no **des**)
	Participles:	da	daba	**dio**	dará	daría	**dé**	**diera**	**dé** Ud.
	dando	damos	dábamos	**dimos**	daremos	daríamos	demos	**diéramos**	**demos**
	dado	dais	dabais	**disteis**	daréis	daríais	deis	**dierais**	dad (no **deis**)
		dan	daban	**dieron**	darán	darían	den	**dieran**	**den** Uds.
8	decir (e:i)	**digo**	decía	**dije**	**diré**	**diría**	**diga**	**dijera**	
		dices	decías	**dijiste**	**dirás**	**dirías**	**digas**	**dijeras**	**di** tú (no **digas**)
	Participles:	**dice**	decía	**dijo**	**dirá**	**diría**	**diga**	**dijera**	**diga** Ud.
	diciendo	decimos	decíamos	**dijimos**	**diremos**	**diríamos**	**digamos**	**dijéramos**	**digamos**
	dicho	decís	decíais	**dijisteis**	**diréis**	**diríais**	**digáis**	**dijerais**	decid (no **digáis**)
		dicen	decían	**dijeron**	**dirán**	**dirían**	**digan**	**dijeran**	**digan** Uds.
9	estar	**estoy**	estaba	**estuve**	estaré	estaría	esté	**estuviera**	
		estás	estabas	**estuviste**	estarás	estarías	estés	**estuvieras**	**está** tú (no **estés**)
	Participles:	está	estaba	**estuvo**	estará	estaría	esté	**estuviera**	**esté** Ud.
	estando	estamos	estábamos	**estuvimos**	estaremos	estaríamos	estemos	**estuviéramos**	**estemos**
	estado	estáis	estabais	**estuvisteis**	estaréis	estaríais	estéis	**estuvierais**	estad (no **estéis**)
		están	estaban	**estuvieron**	estarán	estarían	estén	**estuvieran**	**estén** Uds.
10	haber	**he**	había	**hube**	**habré**	**habría**	**haya**	**hubiera**	
		has	habías	**hubiste**	**habrás**	**habrías**	**hayas**	**hubieras**	
	Participles:	**ha**	había	**hubo**	**habrá**	**habría**	**haya**	**hubiera**	
	habiendo	**hemos**	habíamos	**hubimos**	**habremos**	**habríamos**	**hayamos**	**hubiéramos**	
	habido	**habéis**	habíais	**hubisteis**	**habréis**	**habríais**	**hayáis**	**hubierais**	
		han	habían	**hubieron**	**habrán**	**habrían**	**hayan**	**hubieran**	
11	hacer	**hago**	hacía	**hice**	**haré**	**haría**	**haga**	**hiciera**	
		haces	hacías	**hiciste**	**harás**	**harías**	**hagas**	**hicieras**	**haz** tú (no **hagas**)
	Participles:	hace	hacía	**hizo**	**hará**	**haría**	**haga**	**hiciera**	**haga** Ud.
	haciendo	hacemos	hacíamos	**hicimos**	**haremos**	**haríamos**	**hagamos**	**hiciéramos**	**hagamos**
	hecho	hacéis	hacíais	**hicisteis**	**haréis**	**haríais**	**hagáis**	**hicierais**	haced (no **hagáis**)
		hacen	hacían	**hicieron**	**harán**	**harían**	**hagan**	**hicieran**	**hagan** Uds.
12	ir	**voy**	**iba**	**fui**	iré	iría	**vaya**	**fuera**	
		vas	**ibas**	**fuiste**	irás	irías	**vayas**	**fueras**	**ve** tú (no **vayas**)
	Participles:	**va**	**iba**	**fue**	irá	iría	**vaya**	**fuera**	**vaya** Ud.
	yendo	**vamos**	**íbamos**	**fuimos**	iremos	iríamos	**vayamos**	**fuéramos**	**vamos**
	ido	**vais**	**ibais**	**fuisteis**	iréis	iríais	**vayáis**	**fuerais**	id (no **vayáis**)
		van	**iban**	**fueron**	irán	irían	**vayan**	**fueran**	**vayan** Uds.
13	oír (y)	**oigo**	oía	**oí**	oiré	oiría	**oiga**	**oyera**	
		oyes	oías	**oíste**	oirás	oirías	**oigas**	**oyeras**	**oye** tú (no **oigas**)
	Participles:	**oye**	oía	**oyó**	oirá	oiría	**oiga**	**oyera**	**oiga** Ud.
	oyendo	**oímos**	oíamos	**oímos**	oiremos	oiríamos	**oigamos**	**oyéramos**	**oigamos**
	oído	**oís**	oíais	**oísteis**	oiréis	oiríais	**oigáis**	**oyerais**	oíd (no **oigáis**)
		oyen	oían	**oyeron**	oirán	oirían	**oigan**	**oyeran**	**oigan** Uds.

	Infinitive	INDICATIVE					SUBJUNCTIVE		IMPERATIVE
		Present	Imperfect	Preterite	Future	Conditional	Present	Past	
14	poder (o:ue) **Participles:** **pudiendo** podido	**puedo** **puedes** **puede** podemos podéis **pueden**	podía podías podía podíamos podíais podían	**pude** **pudiste** **pudo** **pudimos** **pudisteis** **pudieron**	**podré** **podrás** **podrá** **podremos** **podréis** **podrán**	**podría** **podrías** **podría** **podríamos** **podríais** **podrían**	**pueda** **puedas** **pueda** podamos podáis **puedan**	**pudiera** **pudieras** **pudiera** **pudiéramos** **pudierais** **pudieran**	**puede** tú (no **puedas**) **pueda** Ud. podamos poded (no **podáis**) **puedan** Uds.
15	poner **Participles:** poniendo **puesto**	**pongo** pones pone ponemos ponéis ponen	ponía ponías ponía poníamos poníais ponían	**puse** **pusiste** **puso** **pusimos** **pusisteis** **pusieron**	**pondré** **pondrás** **pondrá** **pondremos** **pondréis** **pondrán**	**pondría** **pondrías** **pondría** **pondríamos** **pondríais** **pondrían**	**ponga** **pongas** **ponga** **pongamos** **pongáis** **pongan**	**pusiera** **pusieras** **pusiera** **pusiéramos** **pusierais** **pusieran**	**pon** tú (no **pongas**) **ponga** Ud. **pongamos** poned (no **pongáis**) **pongan** Uds.
16	querer (e:ie) **Participles:** queriendo querido	**quiero** **quieres** **quiere** queremos queréis **quieren**	quería querías quería queríamos queríais querían	**quise** **quisiste** **quiso** **quisimos** **quisisteis** **quisieron**	**querré** **querrás** **querrá** **querremos** **querréis** **querrán**	**querría** **querrías** **querría** **querríamos** **querríais** **querrían**	**quiera** **quieras** **quiera** queramos queráis **quieran**	**quisiera** **quisieras** **quisiera** **quisiéramos** **quisierais** **quisieran**	**quiere tú** (no **quieras**) **quiera** Ud. **queramos** quered (no **queráis**) **quieran** Uds.
17	saber **Participles:** sabiendo sabido	**sé** sabes sabe sabemos sabéis saben	sabía sabías sabía sabíamos sabíais sabían	**supe** **supiste** **supo** **supimos** **supisteis** **supieron**	**sabré** **sabrás** **sabrá** **sabremos** **sabréis** **sabrán**	**sabría** **sabrías** **sabría** **sabríamos** **sabríais** **sabrían**	**sepa** **sepas** **sepa** **sepamos** **sepáis** **sepan**	**supiera** **supieras** **supiera** **supiéramos** **supierais** **supieran**	sabe tú (no **sepas**) **sepa** Ud. **sepamos** sabed (no **sepáis**) **sepan** Uds.
18	salir **Participles:** saliendo salido	**salgo** sales sale salimos salís salen	salía salías salía salíamos salíais salían	salí saliste salió salimos salisteis salieron	**saldré** **saldrás** **saldrá** **saldremos** **saldréis** **saldrán**	**saldría** **saldrías** **saldría** **saldríamos** **saldríais** **saldrían**	**salga** **salgas** **salga** **salgamos** **salgáis** **salgan**	saliera salieras saliera saliéramos salierais salieran	**sal** tú (no **salgas**) **salga** Ud. **salgamos** salid (no **salgáis**) **salgan** Uds.
19	ser **Participles:** siendo sido	**soy** **eres** **es** **somos** **sois** **son**	**era** **eras** **era** **éramos** **erais** **eran**	**fui** **fuiste** **fue** **fuimos** **fuisteis** **fueron**	seré serás será seremos seréis serán	sería serías sería seríamos seríais serían	**sea** **seas** **sea** **seamos** **seáis** **sean**	**fuera** **fueras** **fuera** **fuéramos** **fuerais** **fueran**	**sé** tú (no **seas**) **sea** Ud. **seamos** sed (no **seáis**) **sean** Uds.
20	tener (e:ie) **Participles:** teniendo tenido	**tengo** **tienes** **tiene** tenemos tenéis **tienen**	**tenía** **tenías** **tenía** **teníamos** **teníais** **tenían**	**tuve** **tuviste** **tuvo** **tuvimos** **tuvisteis** **tuvieron**	**tendré** **tendrás** **tendrá** **tendremos** **tendréis** **tendrán**	**tendría** **tendrías** **tendría** **tendríamos** **tendríais** **tendrían**	**tenga** **tengas** **tenga** **tengamos** **tengáis** **tengan**	**tuviera** **tuvieras** **tuviera** **tuviéramos** **tuvierais** **tuvieran**	**ten** tú (no **tengas**) **tenga** Ud. **tengamos** tened (no **tengáis**) **tengan** Uds.

	Infinitive	INDICATIVE					SUBJUNCTIVE		IMPERATIVE
		Present	Imperfect	Preterite	Future	Conditional	Present	Past	
21	traer	**traigo**	traía	**traje**	traeré	traería	**traiga**	**trajera**	
		traes	traías	**trajiste**	traerás	traerías	**traigas**	**trajeras**	trae tú (no **traigas**)
	Participles:	trae	traía	**trajo**	traerá	traería	**traiga**	**trajera**	**traiga** Ud.
	trayendo	traemos	traíamos	**trajimos**	traeremos	traeríamos	**traigamos**	**trajéramos**	**traigamos**
	traído	traéis	traíais	**trajisteis**	traeréis	traeríais	**traigáis**	**trajerais**	traed (no **traigáis**)
		traen	traían	**trajeron**	traerán	traerían	**traigan**	**trajeran**	**traigan** Uds.
22	venir (e:ie)	**vengo**	venía	**vine**	**vendré**	**vendría**	**venga**	**viniera**	
		vienes	venías	**viniste**	**vendrás**	**vendrías**	**vengas**	**vinieras**	**ven** tú (no **vengas**)
	Participles:	**viene**	venía	**vino**	**vendrá**	**vendría**	**venga**	**viniera**	**venga** Ud.
	viniendo	venimos	veníamos	**vinimos**	**vendremos**	**vendríamos**	**vengamos**	**viniéramos**	**vengamos**
	venido	venís	veníais	**vinisteis**	**vendréis**	**vendríais**	**vengáis**	**vinierais**	venid (no **vengáis**)
		vienen	venían	**vinieron**	**vendrán**	**vendrían**	**vengan**	**vinieran**	**vengan** Uds.
23	ver	**veo**	**veía**	vi	veré	vería	**vea**	**viera**	
		ves	**veías**	viste	verás	verías	**veas**	**vieras**	**ve** tú (no **veas**)
	Participles:	ve	**veía**	vio	verá	vería	**vea**	**viera**	**vea** Ud.
	viendo	vemos	**veíamos**	vimos	veremos	veríamos	**veamos**	**viéramos**	**veamos**
	visto	veis	**veíais**	visteis	veréis	veríais	**veáis**	**vierais**	ved (no **veáis**)
		ven	**veían**	vieron	verán	verían	**vean**	**vieran**	**vean** Uds.

Stem changing verbs

	Infinitive	INDICATIVE					SUBJUNCTIVE		IMPERATIVE
		Present	Imperfect	Preterite	Future	Conditional	Present	Past	
24	contar (o:ue)	**cuento**	contaba	conté	contaré	contaría	**cuente**	contara	
		cuentas	contabas	contaste	contarás	contarías	**cuentes**	contaras	**cuenta** tú (no **cuentes**)
	Participles:	**cuenta**	contaba	contó	contará	contaría	**cuente**	contara	**cuente** Ud.
	contando	contamos	contábamos	contamos	contaremos	contaríamos	contemos	contáramos	contemos
	contado	contáis	contabais	contasteis	contaréis	contaríais	contéis	contarais	contad (no **contéis**)
		cuentan	contaban	contaron	contarán	contarían	**cuenten**	contaran	**cuenten** Uds.
25	dormir (o:ue)	**duermo**	dormía	dormí	dormiré	dormiría	**duerma**	**durmiera**	
		duermes	dormías	dormiste	dormirás	dormirías	**duermas**	**durmieras**	**duerme** tú (no **duermas**)
	Participles:	**duerme**	dormía	**durmió**	dormirá	dormiría	**duerma**	**durmiera**	**duerma** Ud.
	durmiendo	dormimos	dormíamos	dormimos	dormiremos	dormiríamos	**durmamos**	**durmiéramos**	**durmamos**
	dormido	dormís	dormíais	dormisteis	dormiréis	dormiríais	**durmáis**	**durmierais**	dormid (no **durmáis**)
		duermen	dormían	**durmieron**	dormirán	dormirían	**duerman**	**durmieran**	**duerman** Uds.
26	empezar	**empiezo**	empezaba	**empecé**	empezaré	empezaría	**empiece**	empezara	
	(e:ie) (c)	**empiezas**	empezabas	empezaste	empezarás	empezarías	**empieces**	empezaras	**empieza** tú (no **empieces**)
		empieza	empezaba	empezó	empezará	empezaría	**empiece**	empezara	**empiece** Ud.
	Participles:	empezamos	empezábamos	empezamos	empezaremos	empezaríamos	**empecemos**	empezáramos	**empecemos**
	empezando	empezáis	empezabais	empezasteis	empezaréis	empezaríais	**empecéis**	empezarais	empezad (no **empecéis**)
	empezado	**empiezan**	empezaban	empezaron	empezarán	empezarían	**empiecen**	empezaran	**empiecen** Uds.

	Infinitive	INDICATIVE					SUBJUNCTIVE		IMPERATIVE
		Present	Imperfect	Preterite	Future	Conditional	Present	Past	
27	entender	**entiendo**	entendía	entendí	entenderé	entendería	**entienda**	entendiera	
	(e:ie)	**entiendes**	entendías	entendiste	entenderás	entenderías	**entiendas**	entendieras	**entiende** tú (no **entiendas**)
		entiende	entendía	entendió	entenderá	entendería	**entienda**	entendiera	**entienda** Ud.
	Participles:	entendemos	entendíamos	entendimos	entenderemos	entenderíamos	entendamos	entendiéramos	**entendamos**
	entendiendo	entendéis	entendíais	entendisteis	entenderéis	entenderíais	entendáis	entendierais	entended (no **entendáis**)
	entendido	**entienden**	entendían	entendieron	entenderán	entenderían	**entiendan**	entendieran	**entiendan** Uds.
28	jugar (u:ue)	**juego**	jugaba	**jugué**	jugaré	jugaría	**juegue**	jugara	
	(gu)	**juegas**	jugabas	jugaste	jugarás	jugarías	**juegues**	jugaras	**juega** tú (no **juegues**)
		juega	jugaba	jugó	jugará	jugaría	**juegue**	jugara	**juegue** Ud.
	Participles:	jugamos	jugábamos	jugamos	jugaremos	jugaríamos	**juguemos**	jugáramos	**juguemos**
	jugando	jugáis	jugabais	jugasteis	jugaréis	jugaríais	**juguéis**	jugarais	jugad (no **juguéis**)
	jugado	**juegan**	jugaban	jugaron	jugarán	jugarían	**jueguen**	jugaran	**jueguen** Uds.
29	pedir (e:i)	**pido**	pedía	pedí	pediré	pediría	**pida**	**pidiera**	
		pides	pedías	pediste	pedirás	pedirías	**pidas**	**pidieras**	**pide** tú (no **pidas**)
	Participles:	**pide**	pedía	**pidió**	pedirá	pediría	**pida**	**pidiera**	**pida** Ud.
	pidiendo	pedimos	pedíamos	pedimos	pediremos	pediríamos	**pidamos**	**pidiéramos**	**pidamos**
	pedido	pedís	pedíais	pedisteis	pediréis	pediríais	**pidáis**	**pidierais**	pedid (no **pidáis**)
		piden	pedían	**pidieron**	pedirán	pedirían	**pidan**	**pidieran**	**pidan** Uds.
30	pensar (e:ie)	**pienso**	pensaba	pensé	pensaré	pensaría	**piense**	pensara	
		piensas	pensabas	pensaste	pensarás	pensarías	**pienses**	pensaras	**piensa** tú (no **pienses**)
	Participles:	**piensa**	pensaba	pensó	pensará	pensaría	**piense**	pensara	**piense** Ud.
	pensando	pensamos	pensábamos	pensamos	pensaremos	pensaríamos	pensemos	pensáramos	pensemos
	pensado	pensáis	pensabais	pensasteis	pensaréis	pensaríais	penséis	pensarais	pensad (no **penséis**)
		piensan	pensaban	pensaron	pensarán	pensarían	**piensen**	pensaran	**piensen** Uds.
31	reír(se) (e:i)	**río**	reía	**reí**	reiré	reiría	**ría**	**riera**	
		ríes	reías	**reíste**	reirás	reirías	**rías**	**rieras**	**ríe** tú (no **rías**)
	Participles:	**ríe**	reía	**rió**	reirá	reiría	**ría**	**riera**	**ría** Ud.
	riendo	**reímos**	reíamos	**reímos**	reiremos	reiríamos	**riamos**	**riéramos**	**riamos**
	reído	**reís**	reíais	**reísteis**	reiréis	reiríais	**riáis**	**rierais**	reíd (no **riáis**)
		ríen	reían	**rieron**	reirán	reirían	**rían**	**rieran**	**rían** Uds.
32	seguir (e:i)	**sigo**	seguía	seguí	seguiré	seguiría	**siga**	**siguiera**	
	(gu)	**sigues**	seguías	seguiste	seguirás	seguirías	**sigas**	**siguieras**	**sigue** tú (no **sigas**)
		sigue	seguía	**siguió**	seguirá	seguiría	**siga**	**siguiera**	**siga** Ud.
	Participles:	seguimos	seguíamos	seguimos	seguiremos	seguiríamos	**sigamos**	**siguiéramos**	**sigamos**
	siguiendo	seguís	seguíais	seguisteis	seguiréis	seguiríais	**sigáis**	**siguierais**	seguid (no **sigáis**)
	seguido	**siguen**	seguían	**siguieron**	seguirán	seguirían	**sigan**	**siguieran**	**sigan** Uds.
33	sentir (e:ie)	**siento**	sentía	sentí	sentiré	sentiría	**sienta**	**sintiera**	
		sientes	sentías	sentiste	sentirás	sentirías	**sientas**	**sintieras**	**siente** tú (no **sientas**)
	Participles:	**siente**	sentía	**sintió**	sentirá	sentiría	**sienta**	**sintiera**	**sienta** Ud.
	sintiendo	sentimos	sentíamos	sentimos	sentiremos	sentiríamos	**sintamos**	**sintiéramos**	**sintamos**
	sentido	sentís	sentíais	sentisteis	sentiréis	sentiríais	**sintáis**	**sintierais**	sentid (no **sintáis**)
		sienten	sentían	**sintieron**	sentirán	sentirían	**sientan**	**sintieran**	**sientan** Uds.

	Infinitive	INDICATIVE					SUBJUNCTIVE		IMPERATIVE
		Present	Imperfect	Preterite	Future	Conditional	Present	Past	
34	volver (o:ue)	**vuelvo**	volvía	volví	volveré	volvería	**vuelva**	volviera	
		vuelves	volvías	volviste	volverás	volverías	**vuelvas**	volvieras	**vuelve** tú (no **vuelvas**)
	Participles:	**vuelve**	volvía	volvió	volverá	volvería	**vuelva**	volviera	**vuelva** Ud.
	volviendo	volvemos	volvíamos	volvimos	volveremos	volveríamos	volvamos	volviéramos	volvamos
	vuelto	volvéis	volvíais	volvisteis	volveréis	volveríais	volváis	volvierais	volved (no **volváis**)
		vuelven	volvían	volvieron	volverán	volverían	**vuelvan**	volvieran	**vuelvan** Uds.

Verbs with spelling changes only

	Infinitive	INDICATIVE					SUBJUNCTIVE		IMPERATIVE
		Present	Imperfect	Preterite	Future	Conditional	Present	Past	
35	conocer	**conozco**	conocía	conocí	conoceré	conocería	**conozca**	conociera	
	(c:zc)	conoces	conocías	conociste	conocerás	conocerías	**conozcas**	conocieras	conoce tú (no **conozcas**)
		conoce	conocía	conoció	conocerá	conocería	**conozca**	conociera	**conozca** Ud.
	Participles:	conocemos	conocíamos	conocimos	conoceremos	conoceríamos	**conozcamos**	conociéramos	**conozcamos**
	conociendo	conocéis	conocíais	conocisteis	conoceréis	conoceríais	**conozcáis**	conocierais	conoced (no **conozcáis**)
	conocido	conocen	conocían	conocieron	conocerán	conocerían	**conozcan**	conocieran	**conozcan** Uds.
36	creer (y)	creo	creía	**creí**	creeré	creería	crea	**creyera**	
		crees	creías	**creíste**	creerás	creerías	creas	**creyeras**	cree tú (no creas)
	Participles:	cree	creía	**creyó**	creerá	creería	crea	**creyera**	crea Ud.
	creyendo	creemos	creíamos	**creímos**	creeremos	creeríamos	creamos	**creyéramos**	creamos
	creído	creéis	creíais	**creísteis**	creeréis	creeríais	creáis	**creyerais**	creed (no creáis)
		creen	creían	**creyeron**	creerán	creerían	crean	**creyeran**	crean Uds.
37	cruzar (c)	cruzo	cruzaba	**crucé**	cruzaré	cruzaría	**cruce**	cruzara	
		cruzas	cruzabas	cruzaste	cruzarás	cruzarías	**cruces**	cruzaras	cruza tú (no **cruces**)
	Participles:	cruza	cruzaba	cruzó	cruzará	cruzaría	**cruce**	cruzara	**cruce** Ud.
	cruzando	cruzamos	cruzábamos	cruzamos	cruzaremos	cruzaríamos	**crucemos**	cruzáramos	**crucemos**
	cruzado	cruzáis	cruzabais	cruzasteis	cruzaréis	cruzaríais	**crucéis**	cruzarais	cruzad (no **crucéis**)
		cruzan	cruzaban	cruzaron	cruzarán	cruzarían	**crucen**	cruzaran	**crucen** Uds.
38	destruir (y)	**destruyo**	destruía	destruí	destruiré	destruiría	**destruya**	**destruyera**	
		destruyes	destruías	destruiste	destruirás	destruirías	**destruyas**	**destruyeras**	**destruye** tú (no **destruyas**)
	Participles:	**destruye**	destruía	**destruyó**	destruirá	destruiría	**destruya**	**destruyera**	**destruya** Ud.
	destruyendo	destruimos	destruíamos	destruimos	destruiremos	destruiríamos	**destruyamos**	**destruyéramos**	**destruyamos**
	destruido	destruís	destruíais	destruisteis	destruiréis	destruiríais	**destruyáis**	**destruyerais**	destruid (no **destruyáis**)
		destruyen	destruían	**destruyeron**	destruirán	destruirían	**destruyan**	**destruyeran**	**destruyan** Uds.
39	enviar	**envío**	enviaba	envié	enviaré	enviaría	**envíe**	enviara	
	(envío)	**envías**	enviabas	enviaste	enviarás	enviarías	**envíes**	enviaras	**envía** tú (no **envíes**)
		envía	enviaba	envió	enviará	enviaría	**envíe**	enviara	**envíe** Ud.
	Participles:	enviamos	enviábamos	enviamos	enviaremos	enviaríamos	**enviemos**	enviáramos	enviemos
	enviando	enviáis	enviabais	enviasteis	enviaréis	enviaríais	**enviéis**	enviarais	enviad (no **enviéis**)
	enviado	**envían**	enviaban	enviaron	enviarán	enviarían	**envíen**	enviaran	**envíen** Uds.

	Infinitive	INDICATIVE					SUBJUNCTIVE		IMPERATIVE
		Present	Imperfect	Preterite	Future	Conditional	Present	Past	
40	graduarse	**gradúo**	graduaba	gradué	graduaré	graduaría	**gradúe**	graduara	
	(gradúo)	**gradúas**	graduabas	graduaste	graduarás	graduarías	**gradúes**	graduaras	**gradúa** tú (no **gradúes**)
	Participles:	**gradúa**	graduaba	graduó	graduará	graduaría	**gradúe**	graduara	**gradúe** Ud.
	graduando	**graduamos**	graduábamos	graduamos	graduaremos	graduaríamos	**graduemos**	graduáramos	graduemos
	graduado	**graduáis**	graduabais	graduasteis	graduaréis	graduaríais	**graduéis**	graduarais	graduad (no **graduéis**)
		gradúan	graduaban	graduaron	graduarán	graduarían	**gradúen**	graduaran	**gradúen** Uds.
41	llegar (gu)	llego	llegaba	**llegué**	llegaré	llegaría	**llegue**	llegara	
		llegas	llegabas	llegaste	llegarás	llegarías	**llegues**	llegaras	llega tú (no **llegues**)
	Participles:	llega	llegaba	llegó	llegará	llegaría	**llegue**	llegara	**llegue** Ud.
	llegando	llegamos	llegábamos	llegamos	llegaremos	llegaríamos	**lleguemos**	llegáramos	**lleguemos**
	llegado	llegáis	llegabais	llegasteis	llegaréis	llegaríais	**lleguéis**	llegarais	llegad (no **lleguéis**)
		llegan	llegaban	llegaron	llegarán	llegarían	**lleguen**	llegaran	**lleguen** Uds.
42	proteger (j)	**protejo**	protegía	protegí	protegeré	protegería	**proteja**	protegiera	
		proteges	protegías	protegiste	protegerás	protegerías	**protejas**	protegieras	protege tú (no **protejas**)
	Participles:	protege	protegía	protegió	protegerá	protegería	**proteja**	protegiera	**proteja** Ud.
	protegiendo	protegemos	protegíamos	protegimos	protegeremos	protegeríamos	**protejamos**	protegiéramos	**protejamos**
	protegido	protegéis	protegíais	protegisteis	protegeréis	protegeríais	**protejáis**	protegierais	proteged (no **protejáis**)
		protegen	protegían	protegieron	protegerán	protegerían	**protejan**	protegieran	**protejan** Uds.
43	tocar (qu)	toco	tocaba	**toqué**	tocaré	tocaría	**toque**	tocara	
		tocas	tocabas	tocaste	tocará	tocarías	**toques**	tocaras	toca tú (no **toques**)
	Participles:	toca	tocaba	tocó	tocarás	tocaría	**toque**	tocara	**toque** Ud.
	tocando	tocamos	tocábamos	tocamos	tocaremos	tocaríamos	**toquemos**	tocáramos	**toquemos**
	tocado	tocáis	tocabais	tocasteis	tocaréis	tocaríais	**toquéis**	tocarais	tocad (no **toquéis**)
		tocan	tocaban	tocaron	tocarán	tocarían	**toquen**	tocaran	**toquen** Uds.

Guide to Vocabulary

Note on alphabetization

Formerly, **ch**, **ll**, and **ñ** were considered separate letters in the Spanish alphabet, **ch** appearing after **c**, **ll** after **l**, and **ñ** after **n**. In current practice, for purposes of alphabetization, **ch** and **ll** are not treated as separate letters, but **ñ** still follows **n**. Therefore, in this glossary you will find that **año**, for example, appears after **anuncio**.

Abbreviations used in this glossary

adj.	adjective	*interj.*	interjection	*poss.*	possessive
adv.	adverb	*i.o.*	indirect object	*prep.*	preposition
conj.	conjunction	*m.*	masculine	*pron.*	pronoun
d.o.	direct object	*n.*	noun	*ref.*	reflexive
f.	feminine	*obj.*	object	*sing.*	singular
fam.	familiar	*p.p.*	past participle	*sub.*	subject
form.	formal	*pl.*	plural	*v.*	verb

Spanish-English

A

a *prep.* at; to 1
  ¿A qué hora...? At what time...? 1, 9
  a bordo aboard 1
  a dieta on a diet 15
  a la derecha de to the right of 2
  a la izquierda de to the left of 2
  a la plancha grilled 8
  a la(s) + ***time*** at + *time* 1
  a menos que unless 13
  a menudo often 10
  a mi nombre in my name 5
  a nombre de in the name of 5
  a plazos in installments 14
  A sus órdenes. At your service. 11
  a tiempo on time 10
  a veces sometimes 10
  a ver let's see 2
¡Abajo! *adv.* Down!
abeja *f.* bee
abierto/a *adj.* open 5; *p.p.* opened 15
abogado/a *m., f.* lawyer 16
abrazar(se) *v.* to hug; to embrace (each other)
abrazo *m.* hug
abrigo *m.* coat 6
abril *m.* April 5
abrir *v.* to open 3
abuelo/a *m., f.* grandfather; grandmother 3
abuelos *pl.* grandparents 3
aburrido/a *adj.* bored; boring 5
aburrir *v.* to bore 7
aburrirse *v.* to get bored
acabar de (+ ***inf.*****)** *v.* to have just (*done something*) 6
acampar *v.* to camp 5
accidente *m.* accident 10
acción *f.* action
aceite *m.* oil 8
ácido/a *adj.* acid 13
acompañar *v.* to go with; to accompany 14
aconsejar *v.* to advise 12
acontecimiento *m.* event
acordarse (de) (o:ue) *v.* to remember 7
acostarse (o:ue) *v.* to lie down; to go to bed 7
activo/a *adj.* active 15
actor *m.* actor 16
actriz *f.* actress 16
actualidades *f., pl.* news; current events
acuático/a *adj.* aquatic 4
adelgazar *v.* to lose weight; to slim down 15
además (de) *adv.* furthermore; besides 10; in addition (to)
adicional *adj.* additional
adiós *m.* goodbye 1
adjetivo *m.* adjective
administración de empresas *f.* business administration 2
adolescencia *f.* adolescence 9
¿adónde? *adv.* where (to)? (*destination*) 2, 9
aduana *f.* customs 5
aeróbico/a *adj.* aerobic 15
aeropuerto *m.* airport 5
afectado/a *adj.* affected 13
afeitarse *v.* to shave 7
aficionado/a *adj.* fan 4
afirmativo/a *adj.* affirmative
afueras *f., pl.* suburbs; outskirts 12
agencia de bienes raíces *f.* real estate agency 12
agencia de viajes *f.* travel agency 5
agente de viajes *m., f.* travel agent 5
agosto *m.* August 5
agradable *adj.* pleasant
agrio/a *adj.* sour 8
agua *f.* water 8
  agua mineral mineral water 8
ahora *adv.* now
  ahora mismo right now 5
ahorrar *v.* to save money 14
ahorros *m., pl.* savings 14
aire *m.* air 6
ajo *m.* garlic
al (***contraction of*** **a + el)** 4
  al aire libre open-air 6
  al contado in cash 14
  (al) este (to the) east 14
  al fondo (de) at the end (of) 12
  al lado de next to; beside 2
  (al) norte (to the) north 14
  (al) oeste (to the) west 14
  (al) sur (to the) south 14
alcoba *f.* bedroom 12
alcohol *m.* alcohol 15
alcohólico/a *adj.* alcoholic 15
alegrarse (de) *v.* to be happy 13
alegre *adj.* happy; joyful 5
alegría *f.* happiness 9
alemán, alemana *adj.* German 3
alérgico/a *adj.* allergic 10
alfombra *f.* rug 12; carpet
algo *pron.* something; anything 7
algodón *m.* cotton 6
alguien *pron.* someone; anyone 7
algún, alguno/a(s) *adj.* any; some 7
aliviar *v.* to relieve 15
  aliviar el estrés/la tensión to relieve stress/tension 15
allí *adv.* there 5
  allí mismo right there 14
almacén *m.* department store 6
almohada *f.* pillow 12
almorzar (o:ue) *v.* to have lunch 8
almuerzo *m.* lunch 8
¿Aló? *interj.* Hello? (*on the telephone*) 11
alojamiento *m.* lodging 5

alquilar *v.* to rent 12
alquiler *m.* rent 12
alternador *m.* alternator 11
altillo *m.* attic 12
alto/a *adj.* tall 3
aluminio *m.* aluminum 13
amable *adj.* nice; friendly 5
ama *m., f.* **de casa** housekeeper; caretaker 12; housewife
amarillo/a *adj.* yellow 6
amigo/a *m., f.* friend 3
amistad *f.* friendship 9
amor *m.* love 9
anaranjado/a *adj.* orange 6
animal *m.* animal 13
aniversario (de bodas) *m.* (wedding) anniversary 9
anoche *adv.* last night 6
anteayer *adv.* the day before yesterday 6
antes *adv.* before 7
antes de *prep.* before 7
antes (de) que *conj.* before 13
antibiótico *m.* antibiotic 10
antipático/a *adj.* unpleasant 3
anunciar *v.* to announce; to advertise
anuncio *m.* advertisement 16
año *m.* year 5
el año pasado last year 6
apagar *v.* to turn off 11
aparato *m.* appliance 12
apartamento *m.* apartment 12
apellido *m.* last name 9
apenas *adv.* hardly; scarcely; just 10
aplaudir *v.* to applaud
apreciar *v.* to appreciate
aprender *v.* to learn 3
apurarse *v.* to hurry; to rush 15
aquel, aquella *adj.* that; those (over there) 6
aquél, aquélla *pron.* that; those (over there) 6
aquello *neuter, pron.* that; that thing; that fact 6
aquellos/as *pl. adj.* that; those (over there) 6
aquéllos/as *pl. pron.* those (ones) (over there) 6
aquí *adv.* here 1
Aquí está... Here it is... 5
Aquí estamos en... Here we are at/in... 2
aquí mismo right here 11
árbol *m.* tree 13
archivo *m.* file 11
armario *m.* closet 12
arqueólogo/a *m., f.* archaeologist 16
arquitecto/a *m., f.* architect 16
arrancar *v.* to start (*a car*) 11
arreglar *v.* to fix; to arrange 11; to neaten; to straighten up 12
arriba *adv.* up
arroz *m.* rice 8
arte *m.* art 2
artes *f., pl.* arts
artesanía *f.* craftsmanship; crafts
artículo *m.* article
artista *m., f.* artist 3
artístico/a *adj.* artistic
arveja *m.* pea 8
asado/a *adj.* roasted 8
ascenso *m.* promotion 16
ascensor *m.* elevator 5
así *adj.* like this; so (*in such a way*) 10
así así so-so
asistir (a) *v.* to attend 3
aspiradora *f.* vacuum cleaner 12
aspirante *m., f.* candidate; applicant 16
aspirina *f.* aspirin 10
atún *m.* tuna 8
aumentar *v.* **de peso** to gain weight 15
aumento *m.* increase 16
aumento de sueldo pay raise 16
aunque *conj.* although
autobús *m.* bus 1
automático/a *adj.* automatic 14
auto(móvil) *m.* auto(mobile) 5
autopista *f.* highway
ave *f.* bird
avenida *f.* avenue
aventura *f.* adventure
avergonzado/a *adj.* embarrassed 5
avión *m.* airplane 5
¡Ay! *interj.* Oh!
¡Ay, qué dolor! Oh, what pain!
ayer *adv.* yesterday 6
ayudar *v.* to help 12
ayudarse *v.* to help each other
azúcar *m.* sugar 8
azul *adj.* blue 6

B

bailar *v.* to dance 2
bailarín/bailarina *m., f.* dancer 16
baile *m.* dance
bajar *v.* to go down 11
bajar(se) de *v.* to get off of/out of (a vehicle) 11
bajo/a *adj.* short (*in height*) 3
bajo control under control
balcón *m.* balcony 12
ballet *m.* ballet
baloncesto *m.* basketball 4
banana *f.* banana 8
banco *m.* bank 14
banda *f.* band
bandera *f.* flag
bañarse *v.* to bathe; to take a bath 7
baño *m.* bathroom 7
barato/a *adj.* cheap 6
barco *m.* boat 5
barrer *v.* to sweep 12
barrer el suelo to sweep the floor 12
barrio *m.* neighborhood 12
bastante *adv.* enough; quite 10; pretty
basura *f.* trash 12
baúl *m.* trunk 11
beber *v.* to drink 3
bebida *f.* drink 8
bebida alcohólica alcoholic beverage 15
béisbol *m.* baseball 4
bellas artes *f., pl.* fine arts
belleza *f.* beauty 14
beneficio *m.* benefit 16
besar(se) *v.* to kiss (each other)
beso *m.* kiss 6
biblioteca *f.* library 2
bicicleta *f.* bicycle 4
bien *adj.* good; well 1
bienestar *m.* well-being 15
¡Bienvenido(s)/a(s)! *adj.* Welcome! 12
billete *m.* paper money 8
billón trillion 6
biología *f.* biology 2
bistec *m.* steak 8
bizcocho *m.* biscuit
blanco/a *adj.* white 6
bluejeans *m., pl.* jeans 6
blusa *f.* blouse 6
boca *f.* mouth 10
boda *f.* wedding 9
boleto *m.* ticket
bolsa *f.* bag; purse 6
bombero/a *m., f.* firefighter 16
bonito/a *adj.* pretty 3
borrador *m.* eraser 2
bosque *m.* forest 13
bosque tropical tropical forest; rainforest 13
bota *f.* boot 6
botella *f.* bottle 9
botella de vino bottle of wine 9
botones *m., f., sing.* bellhop 5
brazo *m.* arm 10
brindar *v.* to toast (*drink*) 9
bucear *v.* to scuba dive 4
bueno *adv.* well 2
buen, bueno/a *adj.* good 3, 6
¡Buen viaje! Have a good trip! 1
buena forma good shape (*physical*) 15
¡Buena idea! Good idea! 4
Buenas noches. Good evening; Good night. 1
Buenas tardes. Good afternoon. 1
buenísimo extremely good
¿Bueno? Hello? (*on telephone*) 11
Buenos días. Good morning. 1
bulevar *m.* boulevard

buscar *v.* to look for 2
buzón *m.* mailbox 14

C

caballo *m.* horse 5
cabaña *f.* cabin 5
cabe: no cabe duda de there's no doubt 13
cabeza *f.* head 10
cada *adj.* each 6
caerse *v.* to fall (down) 10
café *m.* café 4; *adj.* brown 6; coffee 8
cafetera *f.* coffee maker
cafetería *f.* cafeteria 2
caído/a *p.p.* fallen 15
caja *f.* cash register 6
cajero/a *m., f.* cashier
  cajero automático automatic teller machine (ATM) 14
calcetín *m.* sock 6
calculadora *f.* calculator 11
caldo *m.* soup 8
  caldo de patas beef soup 8
calentarse (e:ie) *v.* to warm up 15
calidad *f.* quality 6
calle *f.* street 11
calor *m.* heat 3
caloría *f.* calorie 15
calzar *v.* to take size ... shoes 6
cama *f.* bed 5
cámara *f.* camera 11
  cámara de video videocamera 11
camarero/a *m., f.* waiter 8
camarón *m.* shrimp 8
cambiar (de) *v.* to change 9
cambio *m.* **de moneda** currency exchange
caminar *v.* to walk 2
camino *m.* route 11
camión *m.* truck; bus
camisa *f.* shirt 6
camiseta *f.* t-shirt 6
campo *m.* countryside 5
canadiense *adj.* Canadian 3
canal *m.* channel (TV)
canción *f.* song
candidato/a *m., f.* candidate
cansado/a *adj.* tired 5
cantante *m., f.* singer 16
cantar *v.* to sing 2
capital *f.* capital city 1
capó *m.* (car) hood 11
cara *f.* face 7
caramelo *m.* caramel
carne *f.* meat 8
  carne de res beef 8
carnicería *f.* butcher shop 14
caro/a *adj.* expensive 6
carpintero/a *m., f.* carpenter 16
carrera *f.* career 16
carretera *f.* highway
carro *m.* car; automobile 11
carta *f.* letter 4; (playing) card
cartel *m.* poster
cartera *f.* wallet 6
cartero *m.* mail carrier 14
casa *f.* house 4; home
casado/a *adj.* married 9
casarse (con) *v.* to get married (to) 9
casi *adv.* almost 10
catorce *adj., pron.* fourteen 1
cebolla *f.* onion 8
celebrar *v.* to celebrate 9
celular *adj.* cellular 11
cena *f.* dinner 8
cenar *v.* to have dinner 8
centro *m.* downtown 4
  centro comercial shopping mall 6
cepillarse los dientes/el pelo *v.* to brush one's teeth/one's hair 7
cerámica *f.* pottery
cerca de *prep.* near 2
cerdo *m.* pork 8
cereales *m., pl.* cereal; grains 8
cero *m.* zero 1
cerrado/a *adj.* closed 5
cerrar (e:ie) *v.* to close 4
cerveza *f.* beer 8
césped *m.* grass
ceviche *m.* lemon-marinated fish dish 8
  ceviche de camarón lemon-marinated shrimp 8
chaleco *m.* vest
champán *m.* champagne 9
champiñón *m.* mushroom 8
champú *m.* shampoo 7
chaqueta *f.* jacket 6
chau *fam., interj.* bye 1
cheque *m.* (bank) check 14
  cheque de viajero traveler's check 14
chévere *adj., fam.* terrific
chico/a *m., f.* boy/girl 1
chino/a *adj.* Chinese
chocar (con) *v.* to run into; to crash 11
chocolate *m.* chocolate
choque *m.* collision
chuleta *f.* chop (*food*) 8
  chuleta de cerdo pork chop 8
ciclismo *m.* cycling 4
cielo *m.* sky 13
cien(to) *adj., pron.* one hundred 2, 6
ciencia *f.* science
  ciencia ficción science fiction
científico/a *m., f.* scientist 16
cierto *m.* certain; true 13
  es cierto it's true/certain 13
  no es cierto it's not true/certain 13
cifra *f.* figure
cinco *adj., pron.* five 1
cincuenta *adj., pron.* fifty 2
cine *m.* movie theater 4
cinta *f.* (audio) tape 11
cinturón *m.* belt 6
circulación *f.* traffic
cita *f.* date; appointment 9
ciudad *f.* city 4
ciudadano/a *adj.* citizen
claro que sí *fam.* of course
clase *f.* class 2
  clase de ejercicios aeróbicos aerobics class 15
clásico/a *adj.* classical
cliente/a *m., f.* client 6
clínica *f.* clinic 10
cobrar *v.* to cash a check 14; to charge for a product or service 14
coche *m.* car; automobile 11
cocina *f.* kitchen 12; stove
cocinar *v.* to cook 12
cocinero/a *m., f.* cook, chef 16
cola *f.* line 14
colesterol *m.* cholesterol 15
color *m.* color 6
comedia *f.* comedy; play
comedor *m.* dining room 12
comenzar (e:ie) *v.* to begin 4
comer *v.* to eat 3
comercial *adj.* commercial; business-related 16
comida *f.* food; meal 8
como *prep.* like, as 8
¿cómo? what?; how? 1, 9
  ¿Cómo es...? What's... like? 3
  ¿Cómo está usted? How are you? (*form.*) 1
  ¿Cómo estás? How are you? (*fam.*) 1
  ¿Cómo les fue...? *pl.* How did... go for you? 15
  ¿Cómo se llama usted? What's your name? (*form.*) 1
  ¿Cómo te llamas (tú)? What's your name? (*fam.*) 1
cómoda *f.* chest of drawers 12
cómodo/a *adj.* comfortable 5
compañero/a de clase *m., f.* classmate 2
compañero/a de cuarto *m., f.* roommate 2
compañía *f.* company; firm 16
compartir *v.* to share 3
completamente *adv.* completely
compositor(a) *m., f.* composer
comprar *v.* to buy 2
compras *f., pl.* purchases
  ir de compras go shopping
comprender *v.* to understand 3
comprobar *v.* to check
comprometerse (con) *v.* to get engaged (to) 9
computación *f.* computer science 2
computadora *f.* computer 1, 11

computadora portátil *f.* laptop 11; portable computer
comunicación *f.* communication
comunicarse (con) *v.* to communicate (with)
comunidad *f.* community 1
con *prep.* with 2
  Con él/ella habla. This is he/she. (*on telephone*) 11
  con frecuencia *adv.* frequently 10
  Con permiso. Pardon me., Excuse me. 1
  con tal (de) que provided that 13
concierto *m.* concert
concordar *v.* to agree
concurso *m.* contest; game show
conducir *v.* to drive 8, 11
conductor(a) *m., f.* driver, chauffeur 1
confirmar *v.* to confirm 5
confirmar *v.* **una reservación** *f.* to confirm a reservation 5
congelador *m.* freezer
congestionado/a *adj.* congested; stuffed-up 10
conmigo *pron.* with me 4
conocer *v.* to know; to be acquainted with 8
conocido/a *adj.* known
conseguir (e:i) *v.* to get; to obtain 4
consejero/a *m., f.* counselor; advisor 16
consejo *m.* advice 9
conservación *f.* conservation 13
conservar *v.* to conserve 13
construir *v.* to build
consultorio *m.* doctor's office 10
consumir *v.* to consume 15
contabilidad *f.* accounting 2
contador(a) *m., f.* accountant 16
contaminación *f.* pollution 13; contamination
  contaminación del aire/del agua air/water pollution 13
contaminado/a *adj.* polluted 13
contaminar *v.* to pollute 13
contar (con) *v.* to count (on) 12
contento/a *adj.* happy; content 5
contestadora *f.* answering machine 11
contestar *v.* to answer 2
contigo *pron.* with you
contratar *v.* to hire 16
control *m.* control
  control remoto remote control 11
controlar *v.* to control 13
conversación *f.* conversation 1
conversar *v.* to talk; to chat 2
copa *f.* wineglass; goblet 12
corazón *m.* heart 10
corbata *f.* tie 6
corredor(a) *m., f.* **de bolsa** stockbroker 16
correo *m.* post office; mail 14
  correo electrónico e-mail 4
correr *v.* to run 3
cortesía *f.* courtesy
cortinas *f., pl.* curtains 12
corto/a *adj.* short (*in length*) 6
cosa *f.* thing 1
costar (o:ue) *f.* to cost 6
cráter *m.* crater 13
creer *v.* to believe 13
  creer (en) *v.* to believe (in) 3
creído/a *p.p.* believed 15
crema de afeitar *f.* shaving cream 7
crimen *m.* crime; murder
cruzar *v.* to cross 14
cuaderno *m.* notebook 1
cuadra *f.* city block 14
cuadro *m.* painting 12; picture
cuadros *m., pl.* plaid 6
¿cuál(es)? which?; which one(s)? 2; what? 9
  ¿Cuál es la fecha de hoy? What is today's date? 5
cuando *conj.* when 7
¿cuándo? *adv.* when? 2, 9
¿cuánto(s)/a(s)? *adv.* how much?, how many? 1, 9
  ¿Cuánto cuesta...? How much does... cost? 6
  ¿Cuántos años tienes? How old are you? 3
cuarenta *adj., pron.* forty 2
cuarto *m.* room
cuarto/a *adj.* fourth 5
  menos cuarto quarter to (time)
  y cuarto quarter after (time)
cuarto de baño *m.* bathroom
cuatro *adj., pron.* four 1
cuatrocientos/as *adj., pron.,* four hundred 6
cubiertos *m., pl.* silverware
cubierto/a *p.p.* covered
cubrir *v.* to cover
cuchara *f.* spoon 12
cuchillo *m.* knife 12
cuello *m.* neck 10
cuenta *f.* bill 9; account 14
  cuenta corriente *f.* checking account 14
  cuenta de ahorros *f.* savings account 14
cuento *m.* story
cuerpo *m.* body 10
cuidado *m.* care 3
cuidar *v.* to take care of 13
¡Cuídense! Take care! 15
cultura *f.* culture
cumpleaños *m., sing.* birthday 9
cumplir años *v.* to have a birthday 9
cuñado/a *m., f.* brother-in-law; sister-in-law 3
currículum *m.* résumé 16; curriculum vitae
curso *m.* course 2

D

danza *f.* dance
dañar *v.* to damage; to breakdown 11
dar *v.* to give 6
  dar direcciones to give directions 14
  dar un consejo to give advice
  darse con *v.* to bump into; to run into
  darse prisa to hurry; to rush 15
de *prep.* of; from 1
  ¿de dónde? from where? 9
  ¿De dónde eres? *fam.* Where are you from? 1
  ¿De dónde es usted? *form.* Where are you from? 1
  ¿De parte de quién? Who is calling? (*on telephone*) 11
  ¿de quién...? whose...? (*sing.*) 1
  ¿de quiénes...? whose...? (*pl.*) 1
  de algodón (made of) cotton 6
  de aluminio (made of) aluminum 13
  de compras shopping
  de cuadros plaid 6
  de excursión hiking 4
  de hecho in fact
  de ida y vuelta round-trip 5
  de la mañana in the morning; A.M. 1
  de la noche in the evening; at night; P.M. 1
  de la tarde in the afternoon; in the early evening; P.M. 1
  de lana (made of) wool 6
  de lunares polka-dotted 6
  de mi vida of my life 15
  de moda in fashion 6
  De nada. You're welcome. 1
  de ninguna manera no way
  de niño/a as a child 10
  de parte de on behalf of 11
  de plástico (made of) plastic 13
  de rayas striped 6
  de repente suddenly 6
  de seda (made of) silk 6
  de vaqueros western (genre)
  de vez en cuando from time to time 10
  de vidrio (made of) glass 13
debajo de *prep.* below; under 2
deber (+ *inf.*) *v.* to have to (*do something*), should (*do something*) 3
  Debe ser... It must be... 6
deber *m.* responsibility; obligation
debido a due to; the fact that
débil *adj.* weak 15
decidido/a *adj.* decided
decidir *v.* to decide 3
décimo/a *adj.* tenth 5
decir *v.* to say; to tell 6

declarar *v.* to declare; to say
dedo *m.* finger **10**
deforestación *f.* deforestation **13**
dejar *v.* to let **12**; to quit; to leave behind **16**
  dejar de (+ *inf.*) to stop (*doing something*) **13**
  dejar una propina to leave a tip **9**
del (*contraction of* **de + el**) of the; from the
delante de *prep.* in front of **2**
delgado/a *adj.* thin; slender **3**
delicioso/a *adj.* delicious **8**
demás *pron.* the rest
demasiado *adv.* too much **6**
dentista *m., f.* dentist **10**
dentro de *adv.* within **16**
dependiente/a *m., f.* clerk **6**
deporte *m.* sport **4**
deportista *m.* sports person
deportivo/a *adj.* sports-related **4**
depositar *v.* to deposit **14**
derecha *f.* right **2**
derecho *adj.* straight **14**
derechos *m., pl.* rights
desarrollar *v.* to develop **13**
desastre natural *m.* natural disaster
desayunar *v.* to have breakfast **8**
desayuno *m.* breakfast **8**
descafeinado/a *adj.* decaffeinated **15**
descansar *v.* to rest **2**
descompuesto/a *adj.* not working; out of order **11**
describir *v.* to describe **3**
descrito/a *p.p.* described **15**
descubierto/a *p.p.* discovered **15**
descubrir *v.* to discover **13**
desde *prep.* from; since **6**
desear *v.* to want; to wish **2**; to desire **12**
desempleo *m.* unemployment
desierto *m.* desert **13**
desigualdad *f.* inequality
desordenado/a *adj.* disorderly; messy **5**
despacio *adj.* slowly
despedida *f.* farewell; goodbye
despedir (e:i) *v.* to fire **16**
despedirse (de) (e:i) *v.* to say goodbye (to) **7**
despejado/a *adj.* clear (*weather*)
despertador *m.* alarm clock **7**
despertarse (e:ie) *v.* to wake up **7**
después *adv.* afterwards; then **7**
  después de after **7**
  después (de) que *conj.* after **13**
destruir *v.* to destroy **13**
detrás de *prep.* behind **2**
día *m.* day **1**
  día de fiesta holiday **9**
diario *m.* diary **1**; newspaper
  diario/a *adj.* daily **7**
dibujar *v.* to draw **2**
dibujo *m.* drawing
  dibujos animados *m., pl.* cartoons
diccionario *m.* dictionary **1**
dicho/a *p.p.* said **15**
diciembre *m.* December **5**
dictadura *f.* dictatorship
diecinueve *adj., pron.* nineteen **1**
dieciocho *adj., pron.* eighteen **1**
dieciséis *adj., pron.* sixteen **1**
diecisiete *adj., pron.* seventeen **1**
diente *m.* tooth **7**
dieta *f.* diet **15**
  dieta equilibrada balanced diet **15**
diez *adj., pron.* ten **1**
difícil *adj.* difficult; hard **3**
¿Diga? Hello? (*on telephone*) **11**
diligencia *f.* errand **14**
dinero *m.* money **6**
dirección *f.* address **14**
direcciones *f., pl.* directions **14**
director(a) *m., f.* director; (*musical*) conductor
disco *m.* disk **11**
disco compacto compact disc (CD) **11**
discriminación *f.* discrimination
discurso *m.* speech
diseñador(a) *m., f.* designer **16**
diseño *m.* design
disfrutar (de) *v.* to enjoy; to reap the benefits (of) **15**
diversión *f.* entertainment; fun activity **4**
divertido/a *adj.* fun **7**
divertirse (e:ie) *v.* to have fun **9**
divorciado/a *adj.* divorced **9**
divorciarse (de) *v.* to get divorced (from) **9**
divorcio *m.* divorce **9**
doblar *v.* to turn **14**
doce *adj., pron.* twelve **1**
doble *adj.* double
doctor(a) *m., f.* doctor **10**
documental *m.* documentary
documentos de viaje *m., pl.* travel documents
doler (o:ue) *v.* to hurt **10**
dolor *m.* ache; pain **10**
dolor de cabeza *m.* headache **10**
doméstico/a *adj.* domestic
domingo *m.* Sunday **2**
don/doña *title of respect used with a person's first name* **1**
donde *prep.* where
  ¿dónde? where? **1, 9**
  ¿Dónde está...? Where is...? **2**
dormir (o:ue) *v.* to sleep **4**
dormirse (o:ue) *v.* to go to sleep; to fall asleep **7**
dos *adj., pron.* two **1**
  dos veces twice; two times **6**
doscientos/as *adj., pron.* two hundred **6**
drama *m.* drama; play
dramático/a *adj.* dramatic
dramaturgo/a *m., f.* playwright
droga *f.* drug **15**
drogadicto/a *m., f.* drug addict **15**
ducha *f.* shower
ducharse *v.* to shower; to take a shower **7**
duda *f.* doubt **13**
dudar *v.* to doubt **13**
dueño/a *m., f.* owner **8**; landlord
dulce *adj.* sweet **8**
dulces *m., pl.* sweets; candy **9**
durante *prep.* during **7**
durar *v.* to last

E

e *conj.* (*used instead of* **y** *before words beginning with* **i** *and* **hi**) and
echar *v.* to throw
  echar una carta al buzón to put a letter in the mailbox; to mail a letter **14**
ecología *f.* ecology **13**
economía *f.* economics
ecoturismo *m.* ecotourism **13**
Ecuador *m.* Ecuador **1**
ecuatoriano/a *adj.* Ecuadorian **3**
edad *f.* age
edificio *m.* building **12**
  edificio de apartamentos apartment building **12**
efectivo *m.* cash
ejercicio *m.* exercise **15**
  ejercicios aeróbicos aerobic exercises **15**
  ejercicios de estiramiento stretching exercises **15**
ejército *m.* army
el *m., sing., def. art.* the **1**
él *sub. pron.* he **1**; *adj. pron.* him
elección *f.* election
electricista *m., f.* electrician **16**
electrodoméstico *m.* electric appliance **12**
elegante *adj. m., f.* elegant **6**
elegir *v.* to elect
ella *sub. pron.* she **1**; *obj. pron.* her
ellos/as *sub. pron.* they **1**; them
embarazada *adj.* pregnant **10**
emergencia *f.* emergency **10**
emitir *v.* to broadcast
emocionante *adj.* exciting
empezar (e:ie) *v.* to begin **4**
empleado/a *m., f.* employee **5**
empleo *m.* job; employment **16**
empresa *f.* company; firm **16**
en *prep.* in; on; at **2**
  en casa at home **7**
  en caso (de) que in case (that) **13**
  en cuanto as soon as **13**
  en efectivo in cash

en exceso in excess; too much 15
en línea in-line 4
¡En marcha! Let's get going! 15
en mi nombre in my name
en punto on the dot; exactly; sharp (*time*) 1
en qué in which; in what; how 2
¿En qué puedo servirles? How can I help you? 5
enamorado/a *adj.* **(de)** in love (with) 5
enamorarse (de) *v.* to fall in love (with) 9
encantado/a *adj.* delighted; pleased to meet you 1
encantar *v.* to like very much; to love (*inanimate objects*) 7
encima de *prep.* on top of 2
encontrar (o:ue) *v.* to find 4
encontrar(se) *v.* to meet (each other); to find (each other)
encuesta *f.* poll; survey
energía *f.* energy 13
energía nuclear nuclear energy 13
energía solar solar energy 13
enero *m.* January 5
enfermarse *v.* to get sick 10
enfermedad *f.* illness; sickness 10
enfermero/a *m., f.* nurse 10
enfermo/a *adj.* sick 10
enfrente de *adv.* opposite; facing; in front of 14
engordar *v.* to gain weight 15
enojado/a *adj.* mad; angry 5
enojarse (con) *v.* to get angry (with) 7
ensalada *f.* salad 8
enseguida *adv.* right away 9
enseñar *v.* to teach 2
ensuciar *v.* to get (something) dirty 12; to dirty
entender (e:ie) *v.* to understand 4
entonces *adv.* then 7
entrada *f.* entrance 12; ticket
entre *prep.* between; among 2
entremeses *m., pl.* hors d'oeuvres 8; appetizers
entrenarse *v.* to practice; to train 15
entrevista *f.* interview 16
entrevistador(a) *m., f.* interviewer 16
entrevistar *v.* to interview 16
envase *m.* container 13
enviar *v.* to send 14; to mail
equilibrado/a *adj.* balanced 15
equipado/a *adj.* equipped 15
equipaje *m.* luggage 5
equipo *m.* team 4
equivocado/a *adj.* wrong; mistaken 5
eres you are *fam.* 1
es you are *form.* ; he/she/it is 1
Es una lástima... It's a shame... 13
Es bueno que... It's good that... 12
Es de... He/She is from . . . 1
Es extraño... It's strange... 13
Es importante que... It's important that . . . 12
Es imposible... It's impossible... 13
Es improbable... It's improbable... 13
Es la una. It's one o'clock. 1
Es malo que... It's bad that... 12
Es mejor que... It's better that... 12
Es necesario que... It's necessary that... 12
Es obvio... It's obvious... 13
Es ridículo... It's ridiculous... 13
Es seguro... It's sure... 13
Es terrible... It's terrible... 13
Es triste... It's sad... 13
Es urgente que... It's urgent that... 12
Es verdad... It's true... 13
esa(s) *f., adj.* that; those 6
ésa(s) *f., pron.* those (ones) 6
escalar *v.* to climb 4
escalar montañas *f., pl.* to climb mountains 4
escalera *f.* stairs; stairway 12
escoger *v.* choose
escribir *v.* to write 3
escribir una carta to write a letter 4
escribir un mensaje electrónico to write an e-mail message 4
escribir una (tarjeta) postal to write a postcard 4
escrito/a *p.p.* written 15
escritor(a) *m., f.* writer 16
escritorio *m.* desk 2
escuchar *v.* to listen 2
escuchar la radio to listen to the radio
escuchar música to listen to music
escuela *f.* school 1
esculpir *v.* to sculpt
escultor(a) *m., f.* sculptor 16
escultura *f.* sculpture
ese *m., sing., adj.* that 6
ése *m., sing., pron.* that (one) 6
eso *neuter, pron.* that; that thing 6
esos *m., pl., adj.* those 6
ésos *m., pl., pron.* those (ones) 6
España *f.* Spain 1
español *m.* Spanish (*language*) 2
español(a) *m., f., adj.* Spanish 3
espárragos *m., pl.* asparagus
especialización *f.* field of study 16; specialization
espectacular *adj.* spectacular 15
espectáculo *m.* show
espejo *m.* mirror 7
esperar *v.* to wait (for); to hope 2; to wish 13
esposo/a *m., f.* husband/wife; spouse 3
esquí (acuático) *m.* (water) skiing 4
esquiar *v.* to ski 4
esquina *m.* corner 14
está he/she/it is, you are *form.* 1
Está despejado. It's clear. (*weather*) 5
Está (muy) nublado. It's (very) cloudy. (*weather*) 5
Está bien. That's fine. 11
esta(s) *f., adj.* this; these 6
esta noche tonight 4
ésta(s) *f., pron.* this (one); these (ones) 6
Ésta es... *f.* This is... (*introducing someone*) 1
establecer *v.* to establish
estación *f.* station; season 5
estación de autobuses bus station 5
estación del metro subway station 5
estación del tren train station 5
estacionar *v.* to park 11
estadio *m.* stadium 2
estado civil *m.* marital status 9
Estados Unidos *m.* (EE.UU.; E.U.) United States 1
estadounidense *adj.* from the United States 3
estampado/a *adj.* print
estampilla *f.* stamp 14
estante *m.* bookcase; bookshelf 12
estar *v.* to be 2
estar a (veinte kilómetros) de aquí to be (20 kilometers) from here 11
estar a dieta to be on a diet 15
estar aburrido/a to be bored 5
estar afectado/a (por) to be affected (by) 13
estar bajo control to be under control
estar cansado/a to be tired 5
estar contaminado/a to be polluted 13
estar de acuerdo to agree
estar de moda to be in fashion 6
estar de vacaciones to be on vacation 5
estar en buena forma to be in good shape 15
estar enfermo/a to be sick 10
estar listo/a to be ready 15
estar perdido/a to be lost 14
estar roto/a to be broken 10
estar seguro/a (de) to be sure (of) 5, 13
estar torcido/a to be twisted; to be sprained 10

estatua *f.* statue
este *m.* east 14; umm
este *m., sing., adj.* this 6
éste *m., sing., pron.* this (one) 6
Éste es... *m.* This is... *(introducing someone)* 1
estéreo *m.* stereo 11
estilo *m.* style
estiramiento *m.* stretching 15
esto *neuter pron.* this; this thing 6
estómago *m.* stomach 10
estornudar *v.* to sneeze 10
estos *m., pl., adj.* these 6
éstos *m., pl., pron.* these (ones) 6
estrella *f.* star 13
estrella de cine *m., f.* movie star
estrés *m.* stress 15
estudiante *m., f.* student 1
estudiantil *adj. m., f.* student
estudiar *v.* to study 2
estufa *f.* stove 12
estupendo/a *adj.* stupendous 5
etapa *f.* stage 9; step
evitar *v.* to avoid 13
examen *m.* test; exam 2
examen médico physical exam 10
excelente *adj.* excellent 5
exceso *m.* excess; too much 15
excursión *f.* hike; tour; excursion 4
excursionista *m., f.* hiker 4
éxito *m.* success 16
experiencia *f.* experience
explicar *v.* to explain 2
explorar *v.* to explore
explorar un pueblo to explore a town
explorar una ciudad to explore a city
expresión *f.* expression
extinción *f.* extinction 13
extranjero/a *adj.* foreign
extraño/a *adj.* strange 13

F

fabuloso/a *adj* fabulous 5
fácil *adj.* easy 3
facilísimo extremely easy 8
falda *f.* skirt 6
faltar *v.* to lack; to need 7
familia *f.* family 3
famoso/a *adj.* famous 16
farmacia *f.* pharmacy 10
fascinar *v.* to fascinate 7
favorito/a *adj.* favorite 4
fax *m.* fax (machine) 11
febrero *m.* February 5
fecha *f.* date 5
feliz *adj.* happy 5
¡Felicidades! Congratulations! *(for an event such as a birthday or anniversary)* 9
¡Felicitaciones! Congratulations! *(for an event such as an engagement or a good grade on a test)* 9
¡Feliz cumpleaños! Happy birthday! 9
fenomenal *adj.* great 5; phenomenal
feo/a *adj.* ugly 3
festival *m.* festival
fiebre *f.* fever 10
fiesta *f.* party 9
fijo/a *adj.* set, fixed 6
fin *m.* end 4
fin de semana weekend 4
finalmente *adv.* finally
firmar *v.* to sign *(a document)* 14
física *f.* physics 2
flan *m.* baked custard 9
flexible *adj.* flexible 15
flor *f.* flower 13
folklórico/a *adj.* folk; folkloric
folleto *m.* brochure
fondo *m.* end 12
forma *f.* shape 15
formulario *m.* form 14
foto(grafía) *f.* photograph 1
francés, francesa *adj.* French 3
frecuentemente *adv.* frequently 10
frenos *m., pl.* brakes 11
fresco/a *adj.* cool
frijoles *m., pl.* beans 8
frío/a *adj.* cold
fritada *f.* fried dish (pork, fish, etc.)
frito/a *adj.* fried 8
fruta *f.* fruit 8
frutería *f.* fruit store 14
frutilla *f.* strawberry 8
fuente de fritada *f.* platter of fried food
fuera *adv.* outside
fuerte *adj.* strong 15
fumar *v.* to smoke 15
no fumar not to smoke 15
funcionar *v.* to work 11; to function
fútbol *m.* soccer 4
fútbol americano football 4
futuro/a *adj.* future 16
en el futuro in the future 16

G

gafas (de sol) *f., pl.* (sun)glasses 6
gafas (oscuras) *f., pl.* (sun)glasses 14
galleta *f.* cookie 9
ganar *v.* to win 4; to earn (money) 16
ganga *f.* bargain 6
garaje *m.* mechanic's shop 11; garage 12
garganta *f.* throat 10
gasolina *f.* gasoline 11
gasolinera *f.* gas station 11
gastar *v.* to spend *(money)* 6
gato/a *m., f.* cat 13
gente *f.* people 3
geografía *f.* geography 2
gerente *m., f.* manager 16
gimnasio *m.* gym, gymnasium 4
gobierno *m.* government 13
golf *m.* golf 4
gordo/a *adj.* fat 3
grabadora *f.* tape recorder 1
gracias *f., pl.* thank you; thanks 1
Gracias por todo. Thanks for everything. 9
Gracias una vez más. Thanks once again. 9
graduarse (de) *v.* to graduate (from) 9
gran, grande *adj.* big; large; great 3
grasa *f.* fat 15
gratis *adj.* free of charge 14
grave *adj.* grave; serious 10
gravísimo/a *adj.* extremely serious 13
grillo *m.* cricket
gripe *f.* flu 10
gris *adj.* gray 6
gritar *v.* to scream
guantes *m., pl.* gloves 6
guapo/a *adj.* handsome; good-looking 3
guardar *v.* to save (on a computer) 11
guerra *f.* war
guía *m., f.* guide
gustar *v.* to be pleasing to; to like 7
Me gustaría(n)... I would like 7
gusto *m.* pleasure 1
El gusto es mío. The pleasure is mine. 1
Gusto de (**+ *inf.***) It's a pleasure to...
Mucho gusto. Pleased to meet you. 1

H

haber *(aux.)* *v.* to have *(done something)* 15
ha sido un placer it's been a pleasure 15
habitación *f.* room 5
habitación doble double room 5
habitación individual single room 5
habitantes *m., pl.* inhabitants 13
hablar *v.* to talk; to speak 2
hacer *v.* to do; to make 4
Hace buen tiempo. It's nice weather. 5; The weather is good.
Hace (mucho) calor. It's (very) hot. *(weather)* 5
Hace fresco. It's cool. *(weather)* 5
Hace (mucho) frío. It's (very) cold. *(weather)* 5
Hace mal tiempo. It's bad weather. 5; The weather is bad.
Hace sol. It's sunny. *(weather)* 5

Hace (mucho) viento. It's (very) windy. (*weather*) 5
hacer cola to stand in line 14
hacer diligencias to do errands; to run errands 14
hacer ejercicio to exercise 15
hacer ejercicios aeróbicos to do aerobics 15
hacer ejercicios de estiramiento to do stretching exercises 15
hacer el papel to play a role
hacer gimnasia to work out 15
hacer juego (con) to match 6
hacer la cama to make the bed 12
hacer las maletas to pack (one's suitcases) 5
hacer los quehaceres domésticos to do household chores 12
hacer turismo to go sightseeing 5
hacer un viaje to take a trip 5
hacer una excursión to go on a hike; to go on a tour 5
hacha *f.* ax
hacia *prep.* toward 14
hambre *f.* hunger 3
hamburguesa *f.* hamburger 8
hasta *prep.* until 6; toward
Hasta la vista. See you later. 1
Hasta luego. See you later. 1
Hasta mañana. See you tomorrow. 1
hasta que until 13
Hasta pronto. See you soon. 1
hay there is; there are 1
Hay (mucha) contaminación. It's (very) smoggy.
Hay (mucha) niebla. It's (very) foggy. 5
Hay que It is necessary that 14
No hay duda de There's no doubt 13
No hay de qué. You're welcome. 1
hecho/a *p.p.* done 15
heladería *f.* ice cream shop 14
helado/a *adj.* iced 8
helado *m.* ice cream 9
hermanastro/a *m., f.* stepbrother/stepsister 3
hermano/a *m., f.* brother/sister 3
hermano/a mayor/menor *m., f.* older/younger brother/sister 3
hermanos *m., pl.* siblings (brothers and sisters) 3
hermoso/a *adj.* beautiful 6
hierba *f.* grass 13
hijastro/a *m., f.* stepson/stepdaughter 3
hijo/a *m., f.* son/daughter 3
hijo/a único/a only child 3
hijos *m., pl.* children 3
historia *f.* history 2; story
hockey *m.* hockey 4
hogar *m.* home 12
hola *interj.* hello; hi 1
hombre *m.* man 1
hombre de negocios businessman 16
hora *f.* hour 1
horario *m.* schedule 2
horno *m.* oven 12
horno de microondas microwave oven 12
horror *m.* horror
hospital *m.* hospital 10
hotel *m.* hotel 5
hoy *adv.* today 2
hoy día nowadays
Hoy es... Today is... 2
huelga *f.* strike (labor)
hueso *m.* bone 10
huésped *m., f.* guest 5
huevo *m.* egg 8
humanidades *f., pl.* humanities
huracán *m.* hurricane

I

ida *f.* one way (*travel*)
idea *f.* idea 4
iglesia *f.* church 4
igualdad *f.* equality
igualmente *adv.* likewise 1
impermeable *m.* raincoat 6
importante *adj.* important 3
importar *v.* to be important (to); to matter 7, 12
imposible *adj.* impossible 13
impresora *f.* printer 11
imprimir *v.* to print 11
improbable *adj.* improbable 13
impuesto *m.* tax
incendio *m.* fire
increíble *adj.* incredible 5
individual *adj.* private (*room*) 5
infección *f.* infection 10
informar *v.* to inform
informe *m.* report; paper (*written work*)
ingeniero/a *m., f.* engineer 3
inglés *m.* English (*language*) 2
inglés, inglesa *adj.* English 3
insistir (en) *v.* to insist (on) 12
inspector(a) de aduanas *m., f.* customs inspector 5
inteligente *adj.* intelligent 3
intercambiar *v.* exchange
interesante *adj.* interesting 3
interesar *v.* to be interesting to; to interest 7
internacional *adj.* international
Internet *m.* Internet 11
inundación *f.* flood
invertir (e:ie) *v.* to invest 16
invierno *m.* winter 5
invitado/a *m., f.* guest (*at a function*) 9
invitar *v.* to invite 9
inyección *f.* injection 10
ir *v.* to go 4
ir a (+ *inf.*) to be going to do something 4
ir a la playa to go to the beach 5
ir de compras to go shopping 6
ir de excursión (a las montañas) to go for a hike (in the mountains) 4
ir de pesca to go fishing 5
ir de vacaciones to go on vacation 5
ir en autobús to go by bus 5
ir en auto(móvil) to go by car 5; to go by auto(mobile)
ir en avión to go by plane 5
ir en barco to go by ship 5
ir en metro to go by subway
ir en motocicleta to go by motorcycle 5
ir en taxi to go by taxi 5
ir en tren to go by train
irse *v.* to go away; to leave 7
italiano/a *adj.* Italian 3
izquierdo/a *adj.* left 2
a la izquierda de to the left of 2

J

jabón *m.* soap 7
jamás *adv.* never; not ever 7
jamón *m.* ham 8
japonés, japonesa *adj.* Japanese 3
jardín *m.* garden; yard 12
jefe, jefa *m., f.* boss 16
joven *adj.* young 3
joven *m., f.* youth; young person 1
joyería *f.* jewelry store 14
jubilarse *v.* to retire (*from work*) 9
juego *m.* game
jueves *m., sing.* Thursday 2
jugador(a) *m., f.* player 4
jugar (u:ue) *v.* to play 4
jugar a las cartas to play cards
jugo *m.* juice 8
jugo de fruta fruit juice 8
julio *m.* July 5
jungla *f.* jungle
junio *m.* June 5
juntos/as *adj.* together 9
juventud *f.* youth 9

K

kilómetro *m.* kilometer 11

L

la *f., sing., d.o. pron.* her, it, *form.* you 5
la *f., sing., def. art.* the 1
laboratorio *m.* laboratory 2

lago *m.* lake 13
lámpara *f.* lamp 12
lana *f.* wool 6
langosta *f.* lobster 8
lápiz *m.* pencil 1
largo/a *m.* long (*in length*) 6
las *f., pl., def. art.* the 1
las *f., pl., d.o. pron.* them; *form.* you 5
lástima *f.* shame 13
lastimarse *v.* to injure oneself 10
lastimarse el pie to injure one's foot 10
lata *f.* (*tin*) can 13
lavabo *m.* sink
lavadora *f.* washing machine 12
lavandería *f.* laundromat 14
lavaplatos *m., sing.* dishwasher 12
lavar *v.* to wash 12
lavarse *v.* to wash oneself 7
lavarse la cara to wash one's face 7
lavarse las manos to wash one's hands 7
le *sing., i.o. pron.* to/for him, her, you *form.* 6
Le presento a… I would like to introduce… to you. *form.* 1
lección *f.* lesson 1
leche *f.* milk 8
lechuga *f.* lettuce 8
leer *v.* to read 3
leer el correo electrónico to read e-mail 4
leer un periódico to read a newspaper 4
leer una revista to read a magazine 4
leído/a *p.p.* read 15
lejos de *prep.* far from 2
lengua *f.* language 2
lenguas extranjeras *f., pl.* foreign languages 2
lentes de contacto *m., pl.* contact lenses
lentes de sol sunglasses
lento/a *adj.* slow 11
les *pl., i.o. pron.* to/for them, you *form.* 6
letrero *m.* sign 14
levantar *v.* to lift 15
levantar pesas to lift weights 15
levantarse *v.* to get up 7
ley *f.* law 13
libertad *f.* liberty; freedom
libre *adj.* free 4
librería *f.* bookstore 2
libro *m.* book 2
licencia de conducir *f.* driver's license 11
limón *m.* lemon 8
limpiar *v.* to clean 12
limpiar la casa to clean the house 12

limpio/a *adj.* clean 5
línea *f.* line 4
listo/a *adj.* smart; ready 5
literatura *f.* literature
llamar *v.* to call 11
llamar por teléfono to call on the phone
llamarse to be called; to be named 7
llanta *f.* tire 11
llave *f.* key 5
llegada *f.* arrival 5
llegar *v.* to arrive 2
llenar *v.* to fill
llenar el tanque to fill up the tank 11
llenar un formulario to fill out a form 14
lleno/a *adj.* full 11
llevar *v.* to carry 2; to take; to wear 6
llevar una vida sana to lead a healthy lifestyle 15
llevarse bien/mal (con) to get along well/badly (with) 9
llover (o:ue) *v.* to rain 5
Llueve. It's raining. 5
lluvia *f.* rain 13
lluvia ácida acid rain 13
lo *m., sing. d.o. pronoun.* him, it, you *form.* 5
lo mejor the best (thing)
Lo pasamos de película. We had a great time.
lo peor the worst (thing)
lo que what; that; which 9
Lo siento. I'm sorry. 1
Lo siento muchísimo. I'm so sorry.
loco/a *adj.* crazy 6
locutor(a) *m., f.* TV or radio announcer
lomo a la plancha *m.* grilled flank steak 8
los *m., pl., do. pron.* them, you *form.* 5
los *m., pl., def. art.* the 1
luchar (contra), (por) *v.* to fight; to struggle (against), (for)
luego *adv.* afterwards, then 7; *adv.* later 1
lugar *m.* place 4
luna *f.* moon 13
lunar *m.* polka dot 6; mole
lunes *m., sing.* Monday 2
luz *f.* light 12; electricity

M

madrastra *f.* stepmother 3
madre *f.* mother 3
madurez *f.* maturity; middle age 9
maestro/a *m., f.* teacher (*elementary school*) 16
magnífico/a *adj.* magnificent 5
maíz *m.* corn 8

mal, malo/a *adj.* bad 3; sick 5
malísimo very bad 8
maleta *f.* suitcase 1
mamá *f.* mom 3
mandar *v.* to order 12; to send 14; to mail
manejar *v.* to drive 11
manera *f.* way
mano *f.* hand 1
¡Manos arriba! Hands up!
manta *f.* blanket 12
mantener *v.* to maintain 15
mantenerse en forma to stay in shape 15
mantequilla *f.* butter 8
manzana *f.* apple 8
mañana *f.* morning, A.M. 1; tomorrow 1
mapa *m.* map 1
maquillaje *m.* makeup 7
maquillarse *v.* to put on makeup 7
mar *m.* ocean; sea 5
maravilloso/a *adj.* marvelous 5
mareado/a *adj.* dizzy; nauseated 10
margarina *f.* margarine 8
mariscos *m., pl.* seafood 8
marrón *adj. m., f.* brown
martes *m., sing.* Tuesday 2
marzo *m.* March 5
más *adj.* more 2
el/la/los/las más the most 8
más de (+ *number*) more than (+ *number*) 8
más tarde later 7
más… que more… than 8
masaje *m.* massage 15
matemáticas *f., pl.* mathematics 2
materia *f.* course
matrimonio *m.* marriage; married couple 9
máximo/a *m., f.* maximum 11
mayo *m.* May 5
mayonesa *f.* mayonnaise 8
mayor *adj.* older 3; bigger 8
el/la mayor *adj.* the oldest; the biggest 8
me *pron.* me 5
Me duele mucho. It hurts me a lot. 10
Me gusta... I like… 2
No me gustan nada. I don't like… at all. 2
Me gustaría(n)... I would like… 7
Me llamo... My name is… 1
Me muero por… I'm dying to (for)…
mecánico/a *m., f.* mechanic 11
mediano/a *adj.* medium
medianoche *f.* midnight 1
medias *f., pl.* pantyhose, stockings 6
medicamento *m.* medication 10
medicina *f.* medicine 10
médico/a *m., f.* doctor; physician 3;

adj. medical **10**
medio/a *m. adj.* half **3**
medio ambiente environment **13**
medio/a hermano/a half-brother/half-sister **3**
medios de comunicación *m., pl.* means of communication; media
y media thirty minutes past the hour (*time*) **1**
mediodía *m.* noon **1**
mejor *adj.* better **8**
el/la mejor *m., f.* the best **8**
mejorar *v.* to improve **13**
melocotón *m.* peach
menor *adj.* younger **3**; smaller **8**
el/la menor *m., f.* the youngest; the smallest **8**
menos *adv.* less **10**
el/la/los/las menos the least **8**
menos cuarto/menos quince quarter to (*time*) **1**
menos de (+ *number*) less than (+ *number*) **8**
menos... que less... than **8**
mensaje electrónico *m.* e-mail message **4**
mentira *f.* lie
menú *m.* menu **8**
mercado *m.* market **6**
mercado al aire libre open-air market **6**
merendar (e:ie) *v.* to snack in the afternoon; to have a(n) (afternoon) snack **15**
merienda *f.* (afternoon) snack **15**
mes *m.* month **5**
mesa *f.* table **2**
mesita *f.* side/end table **12**
mesita de noche night stand **12**
metro *m.* subway **5**
mexicano/a *adj.* Mexican **3**
México *m.* Mexico **1**
mí *pron. obj. of prep.* me
mi(s) *poss. adj.* my **3**
microonda *f.* microwave **12**
horno de microondas microwave oven **12**
miedo *m.* fear **3**
mientras *adv.* while **10**
miércoles *m., sing.* Wednesday **2**
mil *adj., pron.* one thousand
mil millones billion
Mil perdones. I'm so sorry. (*lit.* A thousand pardons.) **4**
milla *f.* mile **11**
millón million **6**
millones (de) millions (of) **6**
mineral *m.* mineral **15**
minuto *m.* minute **1**
mío(s)/a(s) *poss.* my; (of) mine **11**
mirar *v.* to look (at); to watch **2**
mirar (la) televisión to watch television **2**
mismo/a *adj.* same **3**
mochila *f.* backpack **1**
moda *f.* fashion **6**
módem *m.* modem **11**
moderno/a *adj.* modern
molestar *v.* to bother; to annoy **7**
monitor *m.* monitor **11**
monitor(a) *m., f.* trainer **15**
montaña *f.* mountain **4**
montar *v.* **a caballo** to ride a horse **5**
monumento *m.* monument **4**
mora *f.* blackberry **8**
morado/a *adj.* purple **6**
moreno/a *adj.* dark-haired **3**
morir (o:ue) *v.* to die **8**
mostrar (o:ue) *v.* to show **4**
moto(cicleta) *f.* motorcycle **5**
motor *m.* motor **11**
muchacho/a *m., f.* boy; girl **3**
mucho/a *adj., adv.* many; a lot of; much **2, 3**
muchas veces a lot; many times **10**
Muchísimas gracias. Thank you very, very much. **9**
muchísimo *adj., adv.* very much **2, 8**
Mucho gusto. Pleased to meet you. **1**
(Muchas) gracias. Thank you (very much); Thanks (a lot). **1**
mudarse *v.* to move (from one house to another) **12**
muebles *m., pl.* furniture **12**
muela *f.* tooth **10**
muerte *f.* death **9**
muerto/a *p.p.* died **15**
mujer *f.* woman **1**
mujer de negocios business woman **16**
mujer policía female police officer **11**
multa *f.* fine **11**
mundial *adj.* worldwide
mundo *m.* world **13**
municipal *adj.* municipal
músculo *m.* muscle **15**
museo *m.* museum **4**
música *f.* music
musical *adj.* musical
músico/a *m., f.* musician
muy *adv.* very **1**
Muy amable. That's very kind of you. **5**
(Muy) bien, gracias. (Very) well, thanks. **1**

N

nacer *v.* to be born **9**
nacimiento *m.* birth **9**
nacional *adj.* national
nacionalidad *f.* nationality **1**
nada *pron., adv.* nothing **1**; not anything **7**
nada mal not bad at all **5**
nadar *v.* to swim **4**
nadie *pron.* no one, not anyone **7**
naranja *m.* orange **8**
nariz *f.* nose **10**
natación *f.* swimming **4**
natural *adj.* natural **13**
naturaleza *f.* nature **13**
navegar en Internet *v.* to surf the Internet **11**
Navidad *f.* Christmas **9**
necesario/a *adj.* necessary **12**
necesitar *v.* to need **2, 12**
negar (e:ie) *v.* to deny **13**
negativo/a *m.* negative **7**
negocios *m., pl.* business; commerce **16**
negro/a *adj.* black **6**
nervioso/a *adj.* nervous **5**
nevar (e:ie) *v.* to snow **5**
Nieva. It's snowing. **5**
ni...ni *conj.* neither... nor **7**
niebla *f.* fog
nieto/a *m., f.* grandson/granddaughter **3**
nieve *f.* snow
ningún, ninguno/a(s) *adj.* no; none; not any **7**
Ningún problema. No problem. **7**
niñez *f.* childhood **9**
niño/a *m., f.* child; boy/girl **3**
no *adv.* no; not **1**
No cabe duda de There is no doubt **13**
No es así. That's not the way it is.
No es para tanto. It's not a big deal. **12**
No es seguro... It's not sure... **13**
No es verdad... It's not true... **13**
No está. It's not here. **5**
No está nada mal. It's not bad at all. **5**
no estar de acuerdo to disagree
no estar seguro/a (de) not to be sure (of) **13**
No estoy seguro. I'm not sure.
no hay there is not; there are not **1**
No hay de qué. You're welcome. **1**
No hay duda de There is no doubt **13**
¡No me diga(s)! You don't say! **11**
No me gustan nada. I don't like them at all. **2**
no muy bien not very well **1**
¿no? right? **1**
no quiero I don't want to **4**
no sé I don't know
No te/se preocupe(s). Don't

worry. **7**
no tener razón to be wrong **3**
noche *f.* night **1**
nombre *m.* name **5**
norte *m.* north **14**
norteamericano/a *adj.* (North) American **3**
nos *pron.* us **5**
Nos vemos. See you. **1**
nosotros/as *sub. pron.* we **1**; *ob. pron.* us **8**
noticias *f., pl.* news
noticiero *m.* newscast
novecientos/as *adj, pron.* nine hundred **6**
noveno/a *adj.* ninth **5**
noventa *adj., pron.* ninety **2**
noviembre *m.* November **5**
novio/a *m., f.* boyfriend/girlfriend **3**
nube *f.* cloud **13**
nublado/a *adj.* cloudy
Está (muy) nublado. It's (very) cloudy.
nuclear *adj.* nuclear **13**
nuera *f.* daughter-in-law **3**
nuestro(s)/a(s) *poss. adj.* our **3**; of ours **11**
nueve *adj., pron.* nine **1**
nuevo/a *adj.* new **6**
número *m.* number **1**
número (shoe) size **6**
nunca *adj.* never; not ever **7**
nutrición *f.* nutrition **15**

O

o *conj.* or **7**
o... o *conj.* either . . . or **7**
obedecer (c:zc) *v.* to obey
obra *f.* work (*of art, literature, music, etc.*)
obra maestra masterpiece
obtener *v.* to obtain; to get **16**
obvio/a *adj.* obvious **13**
océano *m.* ocean **13**; sea
ochenta eighty **2**
ocho *m.* eight **1**
ochocientos/as *adj., pron.* eight hundred **6**
octavo/a *adj.* eighth **5**
octubre *m.* October **5**
ocupación *f.* occupation **16**
ocupado/a *adj.* busy **5**
ocurrir *v.* to occur; to happen
odiar *v.* to hate **9**
oeste *m.* west **14**
oferta *f.* offer **12**
oficina *f.* office **12**
oficio *m.* trade **16**
ofrecer (c:zc) *v.* to offer **8**
oído *m.* sense of hearing; inner ear
oído *p.p.* heard **15**
oír *v.* to hear **4**
oigan *form., pl.* listen (*in conversation*)
Oye. *fam., sing.* Listen. (*in conversation*) **1**
ojalá (que) *interj.* I hope (that); I wish (that) **13**
ojo *m.* eye **10**
olvidar *v.* to forget **10**
once *adj., pron.* eleven **1**
ópera *f.* opera
operación *f.* operation **10**
ordenado/a *adj.* orderly **5**; well organized
ordinal *adj.* ordinal (*number*)
oreja *f.* (outer) ear **10**
orquesta *f.* orchestra
ortográfico/a *adj.* spelling
os *fam., pl. pron.* you **5**
otoño *m.* fall, autumn **5**
otro/a *adj.* other; another **6**
otra vez again

P

paciente *m., f.* patient **10**
padrastro *m.* stepfather **3**
padre *m.* father **3**
padres *m., pl.* parents **3**
pagar *v.* to pay **9**
pagar a plazos to pay in installments **14**
pagar al contado to pay in cash **14**
pagar en efectivo to pay in cash
pagar la cuenta to pay the bill **9**
página *f.* page **11**
página principal home page **11**
país *m.* country **1**
paisaje *m.* landscape **13**; countryside
pájaro *m.* bird **13**
palabra *f.* word **1**
pan *m.* bread **8**
pan tostado toasted bread **8**; toast
panadería *f.* bakery **14**
pantalla *f.* screen **11**
pantalones *m., pl.* pants **6**
pantalones cortos shorts **6**
papa *f.* potato **8**
papas fritas *f., pl.* French fries **8**
papá *m.* dad **3**
papás *m., pl.* parents **3**
papel *m.* paper **2**; role
paquete *m.* package **14**
par *m.* pair **6**
para *prep.* for; in order to; toward; in the direction of; by; used for; considering **11**
para que so that **13**
parabrisas *m., sing.* windshield **11**
parar *v.* to stop **11**
parecer *v.* to seem; to appear **8**
pared *f.* wall **12**
pareja *f.* couple; partner **9**
parientes *m., pl.* relatives **3**
parque *m.* park **4**
párrafo *m.* paragraph
parte: de parte de on behalf of **11**
partido *m.* game **4**; match (*sports*)
pasado/a *adj.* last; past **6**
pasado *p.p.* passed
pasaje *m.* ticket **5**
pasaje de ida y vuelta *m.* round-trip ticket **5**
pasajero/a *m., f.* passenger **1**
pasaporte *m.* passport **5**
pasar *v.* to go through **5**; to pass
pasar la aspiradora to vacuum **12**
pasar por el banco to go by the bank **14**
pasar por la aduana to go through customs **5**
pasar el tiempo to spend time **4**
pasarlo bien/mal to have a good/bad time **9**
pasatiempo *m.* pastime, hobby **4**
pasear *v.* to take a walk; to stroll **4**
pasear en bicicleta to ride a bicycle **4**
pasear por la ciudad/el pueblo to walk around the city/town **4**
pasillo *m.* hallway **12**
pastel *m.* cake **9**
pastel de chocolate chocolate cake
pastel de cumpleaños birthday cake **9**
pastelería *f.* pastry shop **14**
pastilla *f.* pill; tablet **10**
patata *f.* potato **8**
patatas fritas *f., pl.* French fries **8**
patinar (en línea) *v.* to skate (in-line) **4**
patio *m.* patio **12**; yard
pavo *m.* turkey **8**
paz *f.* peace
pedir (e:i) *v.* to ask for; to request **4, 12**; to order (*food*) **8**
pedir prestado to borrow **14**
pedir un préstamo to apply for a loan **14**
peinarse *v.* to comb one's hair **7**
película *f.* movie **4**
peligro *m.* danger **13**
peligroso/a *adj.* dangerous
pelirrojo/a *adj.* red-haired **3**
pelo *m.* hair **7**
pelota *f.* ball **4**
peluquería *f.* hairdressing salon **14**
peluquero/a *m., f.* hairdresser **16**
penicilina *f.* penicillin **10**
pensar (e:ie) *v.* to think **4**
pensar (+ *inf.*) to intend; to plan (*to do something*) **4**
pensar en to think about **4**
pensión *f.* boarding house **5**
peor *adj.* worse **8**
el/la peor the worst **8**
pequeño/a *adj.* small **3**

pera *f.* pear
perder (e:ie) *v.* to lose; to miss **4**
perdido/a *adj.* lost
Perdón. Pardon me.; Excuse me. **1**
perezoso/a *adj.* lazy
perfecto/a *adj.* perfect **5**
periódico *m.* newspaper **4**
periodismo *m.* journalism **2**
periodista *m., f.* journalist **3**
permiso *m.* permission
pero *conj.* but **2**
perro *m.* dog **13**
persona *f.* person **3**
personaje *m.* character
  personaje principal main character
pesas *f., pl.* weights **15**
pesca *f.* fishing **5**
pescadería *f.* fish market **14**
pescado *m.* fish (*cooked*) **8**
pescador(a) *m., f.* fisherman/fisherwoman
pescar *v.* to fish **5**
peso *m.* weight **15**
pez *m.* fish (*live*) **13**
picante *adj.* hot, spicy **8**
pie *m.* foot **10**
piedra *f.* rock; stone **13**
pierna *f.* leg **10**
pimienta *f.* pepper **8**
piña *f.* pineapple **8**
pintar *v.* to paint
pintor(a) *m., f.* painter **16**
pintura *f.* painting; picture **12**
piscina *f.* swimming pool **4**
piso *m.* floor (*of a building*) **5**
pizarra *f.* blackboard **2**
placer *m.* pleasure **15**
  Ha sido un placer. It's been a pleasure. **15**
planchar la ropa *v.* to iron clothes **12**
planes *m., pl.* plans **4**
planta *f.* plant **13**
  planta baja ground floor **5**
plástico *m.* plastic **13**
plato *m.* dish (*in a meal*) **8;** *m.* plate **12**
  plato principal main dish **8**
playa *f.* beach **5**
plazos *m., pl.* periods; time
pluma *f.* pen **2**
población *f.* population **13**
pobre *adj.* poor **6**
pobreza *f.* poverty
poco/a *adj.* little **5, 10**; few
poder (o:ue) *v.* to be able to; can **4**
poema *m.* poem
poesía *f.* poetry
poeta *m., f.* poet **16**
policía *f.* police (force) **11;** *m.* (male) police officer **11**
política *f.* politics
político/a *m., f.* politician **16**
pollo *m.* chicken **8**
  pollo asado roast chicken **8**
ponchar *v.* to deflate; to get a flat (*tire*)
poner *v.* to put; to place **4**; to turn on (*electrical appliances*) **11**
  poner la mesa to set the table **12**
  poner una inyección to give an injection **10**
ponerse (+ *adj.*) to become (+ *adj.*) **7;** to put on **7**
por *prep.* in exchange for; for; by; in; through; by means of; along; during; around; in search of; by way of; per **11**
  por aquí around here **11**
  por avión by plane
  por ejemplo for example **11**
  por eso that's why; therefore **11**
  Por favor. Please. **1**
  por fin finally **11**
  por la mañana in the morning **7**
  por la noche at night **7**
  por la tarde in the afternoon; in the (early) evening **7**
  por lo menos at least **10**
  ¿por qué? why? **2**
  por supuesto of course
  por teléfono by phone; on the phone
  por último finally **7**
porque *conj.* because **2**
portátil *adj.* portable **11**
porvenir *m.* future **16**
posesivo/a *adj.* possessive **3**
posible *adj.* possible **13**
  es posible it's possible **13**
  no es posible it's not possible **13**
postal *f.* postcard **4**
postre *m.* dessert **9**
practicar *v.* to practice **2**
  practicar deportes *m., pl.* to play sports **4**
precio (fijo) *m.* (fixed, set) price **6**
preferir (e:ie) *v.* to prefer **4, 12**
pregunta *f.* question
preguntar *v.* to ask (*a question*) **2**
premio *m.* prize; award
prender *v.* to turn on **11**
prensa *f.* press
preocupado/a (por) *adj.* worried (about) **5**
preocuparse (por) *v.* to worry (about) **7**
preparar *v.* to prepare **2**
preposición *f.* preposition
presentación *f.* introduction
presentar *v.* to introduce; to put on (*a performance*)
presiones *f., pl.* pressure **15**
prestado/a *adj.* borrowed
préstamo *m.* loan **14**
prestar *v.* to lend **6**
primavera *f.* spring **5**
primer, primero/a *adj.* first **5**
primo/a *m., f.* cousin **3**
principal *adj.* main **8**
prisa *f.* haste **3**
probable *adj. m., f.* probable **13**
  es probable it's probable **13**
  no es probable it's not probable **13**
probar (o:ue) *v.* to taste; to try **8**
probarse (o:ue) *v.* to try on **7**
problema *m.* problem **1**
profesión *f.* profession **3, 16**
profesor(a) *m., f.* teacher **1**; professor **2**
programa *m.* **1**
  programa de computación software **11**
  programa de entrevistas talk show
programador(a) *m., f.* programmer **3**
prohibir *v.* to prohibit **10, 12**; to forbid
pronombre *m.* pronoun **8**
pronto *adj.* soon **10**
propina *f.* tip **9**
propio/a *adj.* own
proteger *v.* to protect **13**
proteína *f.* protein **15**
próximo/a *adj.* next **16**
prueba *f.* test; quiz **2**
psicología *f.* psychology **2**
psicólogo/a *m., f.* psychologist **16**
publicar *v.* to publish
público *m.* audience
pueblo *m.* town **4**
puerta *f.* door **2**
Puerto Rico *m.* Puerto Rico **1**
puertorriqueño/a *adj.* Puerto Rican **3**
pues *conj.* well **2**; then **15**
puesto *m.* position; job **16**
puesto/a *p.p.* put **15**
puro/a *adj.* pure **13**

Q

que *pron.* that; who; which **9**
  ¡Qué…! How…! **3**
  ¡Qué dolor! What pain!
  ¡Qué gusto (+ *inf.*)! What a pleasure to… !
  ¡Qué ropa más bonita! What pretty clothes! **6**
  ¡Qué sorpresa! What a surprise!
  ¿qué? what? **1**; which? **9**
  ¿Qué día es hoy? What day is it?
  ¿Qué es? What is it? **1**
  ¿Qué hay de nuevo? What's new? **1**
  ¿Qué hicieron ellos/ellas? What did they do? **6**
  ¿Qué hicieron ustedes? What did you (*form., pl.*) do? **6**
  ¿Qué hiciste? What did you (*fam., sing.*) do? **6**

¿Qué hizo él/ella? What did he/she do? **6**
¿Qué hizo usted? What did you (*form., sing.*) do? **6**
¿Qué hora es? What time is it? **1**
¿Qué les parece? What do you guys think? **9**
¿Qué pasa? What's happening?; What's going on? **1**
¿Qué pasó? What happened? **11**; What's wrong?
¿Qué precio tiene? What is the price?
¿Qué tal? How are you?; How is it going? **1**; How is/are...? **2**
¿Qué talla lleva/usa? What size do you wear? **6**
¿Qué tiempo hace? How's the weather?, What's the weather like? **5**
quedar *v.* to be left over; to fit (*clothing*) **7**; to be left behind **10**; to be located **14**
quedarse *v.* to stay; to remain **7**
quehaceres domésticos *m., pl.* household chores **12**
quemado/a *adj.* burned (out) **11**
querer (e:ie) *v.* to want; to love **4**
queso *m.* cheese **8**
quien(es) *pron.* who **1**; whom; that **9**
¿Quién es...? Who is...? **1**
¿Quién habla? Who is speaking? (*telephone*) **11**
¿quién(es)? who?; whom? **1, 9**
química *f.* chemistry **2**
quince *adj., pron.* fifteen **1**
menos quince quarter to (time) **1**
y quince quarter after (time) **1**
quinceañera *f.* young woman's fifteenth birthday celebration **9**
quinientos/as *adj.* five hundred **6**
quinto/a *adj.* fifth **5**
quisiera *v.* I would like **8**
quitar la mesa *v.* to clear the table **12**
quitarse *v.* to take off **7**
quizás *adv.* maybe **5**

R

racismo *m.* racism
radio *f.* radio (*medium*)
radio *m.* radio (set) **11**
radiografía *f.* X-ray **10**
rápido/a *adj.* fast
ratón *m.* mouse **11**
ratos libres *m., pl.* spare time **4**
raya *f.* stripe **6**
razón *f.* reason **3**
rebaja *f.* sale **6**
recado *m.* (telephone) message **11**
receta *f.* prescription **10**
recetar *v.* to prescribe **10**
recibir *v.* to receive **3**
reciclaje *m.* recycling **13**
reciclar *v.* to recycle **13**
recién casado/a *m., f.* newlywed **9**
recoger *v.* to pick up **13**
recomendar (e:ie) *v.* to recommend **8, 12**
recordar (o:ue) *v.* to remember **4**
recorrer *v.* to tour an area
recurso *m.* resource **13**
recurso natural natural resource **13**
red *f.* the Web; the Internet **11**
reducir *v.* to reduce **13**
refresco *m.* soft drink **8**
refrigerador *m.* refrigerator **12**
regalar *v.* to give (*as a gift*) **9**
regalo *m.* gift **6**
regatear *v.* to bargain **6**
región *f.* region; area **13**
regresar *v.* to return **2**
regular *adj. m., f.* so-so; OK **1**
reído *p.p.* laughed **15**
reírse (e:i) *v.* to laugh **9**
relaciones *f., pl.* relationships
relajarse *v.* to relax **9**
reloj *m.* clock; watch **2**
renunciar (a) *v.* to resign (from) **16**
repetir (e:i) *v.* to repeat **4**
reportaje *m.* report
reportero/a *m., f.* reporter **16**; journalist
representante *m., f.* representative
resfriado *m.* cold (*illness*) **10**
residencia estudiantil *f.* dormitory **2**
resolver (o:ue) *v.* to resolve; to solve **13**
respirar *v.* to breathe **13**
respuesta *f.* answer **9**
restaurante *m.* restaurant **4**
resuelto/a *p.p.* resolved **15**
reunión *f.* meeting **16**
revisar *v.* to check **11**
revisar el aceite to check the oil **11**
revista *f.* magazine **4**
rico/a *adj.* rich **6**; *adj.* tasty; delicious **8**
ridículo *adj.* ridiculous **13**
río *m.* river **13**
riquísimo/a *adj.* extremely delicious **8**
rodilla *f.* knee **10**
rogar (o:ue) *v.* to beg; to plead **12**
rojo/a *adj.* red **6**
romántico/a *adj.* romantic
romper (con) *v.* to break up (with) **9**
romper(se) *v.* to break **10**
romperse la pierna to break one's leg **10**
ropa *f.* clothing; clothes **6**
ropa interior underwear **6**
rosado/a *adj.* pink **6**
roto/a *adj.* broken **10**; *p.p.* broken **15**
rubio/a *adj.* blond(e) **3**
ruso/a *adj.* Russian
rutina *f.* routine **7**
rutina diaria daily routine **7**

S

sábado *m.* Saturday **2**
saber *v.* to know; to know how **8**
sabrosísimo/a *adj.* extremely delicious
sabroso/a *adj.* tasty; delicious **8**
sacar *v.* to take out **12**
sacar fotos to take pictures **5**
sacar la basura to take out the trash **12**
sacar(se) una muela to have a tooth pulled **10**
sacudir *v.* to dust **12**
sacudir los muebles dust the furniture **12**
sal *f.* salt **8**
sala *f.* living room **12**; room
sala de emergencia(s) emergency room **10**
salado/a *adj.* salty **8**
salario *m.* salary **16**
salchicha *f.* sausage **8**
salida *f.* departure; exit **5**
salir *v.* to leave **4**; to go out
salir con to leave with; to go out with **4**; to date (*someone*) **9**
salir de to leave from **4**
salir para to leave for (*a place*) **4**
salmón *m.* salmon **8**
salón de belleza *m.* beauty salon **14**
salud *f.* health **10**
saludable *adj.* healthy **10**
saludar(se) *v.* to greet (each other)
saludo *m.* greeting **1**
saludos a... greetings to... **1**
sandalia *f.* sandal **6**
sándwich *m.* sandwich **8**
sano/a *adj.* healthy **10**
se *ref.pron.* himself, herself, itself, *form.* yourself, themselves, yourselves **7**
se *impersonal* one **10**
Se nos dañó... The... broke down. **11**
Se hizo... He/she/it became...
Se nos pinchó una llanta. We got a flat tire. **11**
secadora *f.* clothes dryer **12**
sección de (no) fumadores *f.* (non) smoking section **8**
secretario/a *m., f.* secretary **16**
secuencia *f.* sequence
sed *f.* thirst **3**
seda *f.* silk **6**
sedentario/a *adj.* sedentary **15**; related to sitting
seguir (e:i) *v.* to follow; to continue; to keep (doing something) **4**

según *prep.* according to
segundo/a *adj.* second **5**
seguro/a *adj.* sure; safe **5**
seis *adj., pron.* six **1**
seiscientos/as *adj., pron.* six hundred **6**
sello *m.* stamp **14**
selva *f.* jungle **13**
semáforo *m.* traffic light **11**
semana *f.* week **2**
fin *m.* **de semana** weekend **4**
la semana pasada last week **6**
semestre *m.* semester **2**
sendero *m.* trail **13**; trailhead
sentarse (e:ie) *v.* to sit down **7**
sentir(se) (e:ie) *v.* to feel **7**; to be sorry; to regret **13**
señor (Sr.) *m.* Mr.; sir **1**
señora (Sra.) *f.* Mrs.; ma'am **1**
señorita (Srta.) *f.* Miss **1**; young woman **2**
separado/a *adj.* separated **9**
separarse (de) *v.* to separate (from) **9**
septiembre *m.* September **5**
séptimo/a *adj.* seventh **5**
ser *v.* to be **1**
ser aficionado/a (a) to be a fan (of) **4**
ser alérgico/a (a) to be allergic (to) **10**
ser gratis to be free of charge **14**
serio/a *adj.* serious
servilleta *f.* napkin **12**
servir (e:i) *v.* to help **5**; to serve **8**
sesenta *adj., pron.* sixty **2**
setecientos/as *adj., pron.* seven hundred **6**
setenta *adj., pron.* seventy **2**
sexismo *m.* sexism
sexto/a *adj.* sixth **5**
sí *adv.* yes **1**
si *conj.* if **13**
SIDA *m.* AIDS
sido *p.p.* been **15**
siempre *adv.* always **7**
siete *adj., pron.* seven **1**
silla *f.* chair **2**
sillón *m.* armchair **12**
similar *adj. m., f.* similar
simpático/a *adj.* nice; likeable **3**
sin *prep.* without **13, 15**
sin duda without a doubt
sin embargo *adv.* however
sin que *conj.* without **13**
sino *conj.* but
síntoma *m.* symptom **10**
sitio *m.* **Web** website **11**
situado/a *p.p.* located
sobre *m.* envelope **14**; *prep.* on; over **2**
sobrino/a *m., f.* nephew/niece **3**
sociología *f.* sociology **2**
sofá *m.* couch; sofa **12**
sois *fam.* you are **1**
sol *m.* sun **4, 13**
solar *adj.* solar **13**
solicitar *v.* to apply (*for a job*) **16**
solicitud (de trabajo) *f.* (job) application **16**
sólo *adv.* only **3**
soltero/a *adj.* single **9**; unmarried
solución *f.* solution **13**
sombrero *m.* hat **6**
somos we are **1**
son you/they are **1**
Son las... It's... o'clock. **1**
sonar (o:ue) *v.* to ring **11**
sonreído *p.p.* smiled **15**
sonreír (e:i) *v.* to smile **9**
sopa *f.* soup **8**
sorprender *v.* to surprise **9**
sorpresa *f.* surprise **9**
sótano *m.* basement; cellar **12**
soy I am **1**
Soy yo. That's me. **1**
soy de... I'm from... **1**
su(s) *poss. adj.* his; her; its; *form.* your; their; **3**
subir *v.* to go up **11**
subir(se) a to get on/into (a vehicle) **11**
sucio/a *adj.* dirty **5**
sucre *m.* former Ecuadorian currency **6**
sudar *v.* to sweat **15**
suegro/a *m., f.* father-in-law; mother-in-law **3**
sueldo *m.* salary **16**
suelo *m.* floor **12**
sueño *n.* sleep **3**
suerte *f.* luck **3**
suéter *m.* sweater **6**
sufrir *v.* to suffer **13**
sufrir muchas presiones to be under a lot of pressure **15**
sufrir una enfermedad to suffer (from) an illness **13**
sugerir (e:ie) *v.* to suggest **12**
supermercado *m.* supermarket **14**
suponer *v.* to suppose **4**
sur *m.* south **14**
sustantivo *m.* noun
suyo(s)/a(s) *poss.* (of) his/her; (of) hers; (of) its; (of) *form.* your, (of) yours, (of) theirs; their **11**

T

tal vez *adv.* maybe **5**
talentoso/a *adj.* talented
talla *f.* size **6**
talla grande large **6**
taller *m.* **(mecánico)** (mechanic's) garage; repairshop **11**
también *adv.* also; too **2; 7**
tampoco *adv.* neither; not either **7**
tan *adv.* so **5**
tan pronto como as soon as **13**
tan... como as... as **8**
tanque *m.* tank **11**
tanto *adv.* so much
tanto... como as much... as **8**
tantos/as... como as many... as **8**
tarde *adv.* late **7**
tarde *f.* afternoon; evening; P.M. **1**
tarea *f.* homework **2**
tarjeta *f.* (post) card **4**
tarjeta de crédito credit card **6**
tarjeta postal postcard **4**
taxi *m.* taxi(cab) **5**
taza *f.* cup **12**
te *fam. pron.* you **5**
Te presento a... I would like to introduce... to you. (*fam.*) **1**
¿Te gustaría? Would you like to?
¿Te gusta(n)... ? Do you like...? **2**
té *m.* tea **8**
té helado iced tea **8**
teatro *m.* theater
teclado *m.* keyboard **11**
técnico/a *m., f.* technician **16**
tejido *m.* weaving
teleadicto/a *m., f.* couch potato **15**
teléfono (celular) *m.* (cellular) telephone **11**
telenovela *f.* soap opera
teletrabajo *m.* telecommuting **16**
televisión *f.* television **11**
televisión por cable cable television **11**
televisor *m.* television set **11**
temer *v.* to be afraid; to fear **13**
temperatura *f.* temperature **10**
temprano *adv.* early **7**
tenedor *m.* fork **12**
tener *v.* to have **3**
tener... años to be... years old **3**
Tengo... años. I'm... years old. **3**
tener (mucho) calor to be (very) hot **3**
tener (mucho) cuidado to be (very) careful **3**
tener dolor de to have a pain in
tener éxito to be successful **16**
tener fiebre to have a fever **10**
tener (mucho) frío to be (very) cold **3**
tener ganas de (+ *inf.*) to feel like (*doing something*) **3**
tener (mucha) hambre *f.* to be (very) hungry **3**
tener (mucho) miedo to be (very) afraid/scared of **3**
tener miedo (de) que to be afraid that
tener planes to have plans **4**

tener (mucha) prisa to be in a (big) hurry 3
tener que (+ *inf.*) *v.* to have to (*do something*) 3
tener razón to be right 3
tener (mucha) sed to be (very) thirsty 3
tener (mucho) sueño to be (very) sleepy 3
tener (mucha) suerte to be (very) lucky 3
tener tiempo to have time
tener una cita to have a date; an appointment 9
tenis *m.* tennis 4
tensión *f.* tension
tercer, tercero/a *adj.* third 5
terminar *v.* to end; to finish 2
terminar de (+ *inf.*) to finish (*doing something*)
terremoto *m.* earthquake
terrible *adj.* terrible 13
ti *prep., obj. of prep., fam.* you
tiempo *m.* time 4; weather
tiempo libre free time 4
tienda *f.* shop; store 6
tienda de campaña *f.* tent 5
tierra *f.* land; soil 13
tinto/a *adj.* red (wine) 8
tío/a *m., f.* uncle/aunt 3
tíos *m.* aunts and uncles 3
título *m.* title
tiza *f.* chalk 2
toalla *f.* towel 7
tobillo *m.* ankle 10
tocadiscos compacto *m.* compact-disc player 11
tocar *v.* to play (*a musical instrument*); to touch 13
todavía *adv.* yet; still 5
todo *m.* everything 5
en todo el mundo throughout the world 13
Todo está bajo control. Everything is under control.
(todo) derecho straight ahead 14
¡Todos a bordo! All aboard! 1
todo/a *adj.* all 4; whole
todos *m., pl.* all of us; *m., pl.* everybody; everyone
todos los días every day 10
tomar *v.* to take; to drink 2
tomar clases to take classes 2
tomar el sol to sunbathe 4
tomar en cuenta to take into account 8
tomar fotos to take pictures 13
tomar(le) la temperatura (a alguien) to take (someone's) temperature 10
tomate *m.* tomato 8
tonto/a *adj.* silly; foolish 3
torcerse (el tobillo) *v.* to sprain (one's ankle) 10
torcido/a *adj.* twisted; sprained 10
tormenta *f.* storm
tornado *m.* tornado
tortilla *f.* tortilla 8
tortillas de maíz tortilla made of corn flour 8
tos *f., sing.* cough 10
toser *v.* to cough 10
tostado/a *adj.* toasted 8
tostadora *f.* toaster
trabajador(a) *adj.* hardworking 3
trabajar *v.* to work 2
trabajo *m.* job; work 16; written work
traducir *v.* to translate 8
traer *v.* to bring 4
tráfico *m.* traffic 11
tragedia *f.* tragedy
traído/a *p.p.* brought 15
traje *m.* suit 6
traje de baño bathing suit 6
tranquilo/a *adj.* calm; quiet 15
¡Tranquilo! Stay calm!
transmitir to broadcast
tratar de (+ *inf.*) *v.* to try (*to do something*) 15
Trato hecho. It's a deal.
trece *adj., pron.* thirteen 1
treinta *adj., pron.* thirty 1
y treinta thirty minutes past the hour (time) 1
tren *m.* train 5
tres *adj., pron.* three 1
trescientos/as *adj., pron.* three hundred 6
trimestre *m.* trimester; quarter 2
triste *adj.* sad 5
tú *fam. sing. sub. pron.* you 1
Tú eres... You are... 1
tu(s) *fam. poss. adj. fam.* your 3
turismo *m.* tourism 5
turista *m., f.* tourist 1
turístico/a *adj.* touristic
tuyo(s)/a(s) *fam.poss. pron.* your; (of) yours 11

U

Ud. *form., sing. sub. pron.* you 1
Uds. *form., pl. sub. pron.* you 1
último/a *adj.* last
un, uno/a *indef. art.* a; one 1
una vez once; one time 6
una vez más once again 9
único/a *adj.* only 3
universidad *f.* university 2; college
unos/as *pron.* some 1
urgente *adj.* urgent 12
usar *v.* to wear; to use 6
usted *form., sing. sub. pron.* you 1
ustedes *form., pl. sub. pron.* you 1
útil *adj.* useful
uva *f.* grape 8

V

vaca *f.* cow 13
vacaciones *f., pl.* vacation 5
valle *m.* valley 13
vamos let's go 4
vaquero *m.* cowboy
de vaqueros *m., pl.* western
varios/as *adj., pl.* several 8
vaso *m.* glass 12
veces *f., pl.* times 6
vecino/a *m., f.* neighbor 12
veinte *adj., pron.* twenty 1
veinticinco *adj., pron.* twenty-five 1
veinticuatro *adj., pron.* twenty-four 1
veintidós *adj., pron.* twenty-two 1
veintinueve *adj., pron.* twenty-nine 1
veintiocho *adj., pron.* twenty-eight 1
veintiséis *adj., pron.* twenty-six 1
veintisiete *adj., pron.* twenty-seven 1
veintitrés *adj., pron.* twenty-three 1
veintiún, veintiuno/a *adj., pron.* twenty-one 1
vejez *f.* old age 9
velocidad *f.* speed 11
velocidad máxima speed limit 11
vendedor(a) *m., f.* salesperson 6
vender *v.* to sell 6
venir *v.* to come 3
ventana *f.* window 2
ver *v.* to see 4
ver películas *f., pl.* to see movies 4
a ver let's see 2
verano *m.* summer 5
verbo *m.* verb
verdad *f.* truth 6
¿verdad? right? 1
verde *adj.,* green; ripe 5
verduras *pl., f.* vegetables 8
vestido *m.* dress 6
vestirse (e:i) *v.* to get dressed 7
vez *f.* time 6
viajar *v.* to travel 2
viaje *m.* trip 5
viajero/a *m., f.* traveler 5
vida *f.* life 9
video *m.* video 1
videocasete *m.* video cassette 11
videocasetera *f.* VCR 11
videoconferencia *f.* video conference 16
vidrio *m.* glass 13
viejo/a *adj.* old 3
viento *m.* wind
viernes *m., sing.* Friday 5
vinagre *m.* vinegar 8
vino *m.* wine 8
vino blanco white wine 8
vino tinto red wine 8

violencia *f.* violence
visitar *v.* to visit **4**
visitar un monumento to visit a monument **4**
visto/a *p.p.* seen **15**
vitamina *f.* vitamin **15**
viudo/a *adj.* widowed **9**
vivienda *f.* housing **12**
vivir *v.* to live **3**
vivo/a *adj.* lively; alive **5**; bright
volante *m.* steering wheel **11**
volcán *m.* volcano **13**
vóleibol *m.* volleyball **4**
volver (o:ue) *v.* to return **4**
volver a ver(te, lo, la) *v.* to see (you) again
vos *pron.* you
vosotros/as *fam., pl. sub. pron.* you **1**
votar *v.* to vote
vuelta *f.* return trip
vuelto/a *p.p.* returned **15**
vuestro(s)/a(s) *poss. adj.* your **3**; (of) yours **11**

W

walkman *m.* Walkman

Y

y *conj.* and **1**
y cuarto quarter after (time) **1**
y media half-past (time) **1**
y quince quarter after (time) **1**
y treinta thirty (minutes past the hour) **1**
¿Y tú? *fam.* And you? **1**
¿Y usted? *form.* And you? **1**
ya *adv.* already **6**
yerno *m.* son-in-law **3**
yo *sub. pron.* I **1**
Yo soy… I'm… **1**
yogur *m.* yogurt

Z

zanahoria *f.* carrot **8**
zapatería *f.* shoe store **14**
zapatos *m., pl.* shoes **6**
zapatos de tenis sneakers **6**

English-Spanish

A

A.M. **mañana** *f.* 1
able: be able to **poder (o:ue)** *v.* 4
aboard **a bordo** 1
accident **accidente** *m.* 10
accompany **acompañar** *v.* 14
account **cuenta** *f.* 14
accountant **contador(a)** *m., f.* 16
accounting **contabilidad** *f.* 2
ache **dolor** *m.* 10
acid **ácido/a** *adj.* 13
  acid rain **lluvia ácida** 13
acquainted: be acquainted with **conocer** *v.* 8
action **acción** *f.*
active **activo/a** *adj.* 15
actor **actor** *m.* 16
actress **actriz** *f.* 16
addict (*drug*) **drogadicto/a** *adj.* 15
additional **adicional** *adj.*
address **dirección** *f.* 14
adjective **adjetivo** *m.*
adolescence **adolescencia** *f.* 9
adventure **aventura** *f.*
advertise **anunciar** *v.*
advertisement **anuncio** *m.* 16
advice **consejo** *m.* 9
  give advice **dar** *v.* **un consejo**
advise **aconsejar** *v.* 12
advisor **consejero/a** *m., f.* 16
aerobic **aeróbico/a** *adj.* 15
  aerobic exercises **ejercicios aeróbicos** 15
  aerobics class **clase de ejercicios aeróbicos** 15
affected **afectado/a** *adj.* 13
  be affected (by) **estar** *v.* **afectado/a (por)** 13
affirmative **afirmativo/a** *adj.*
afraid: be (very) afraid **tener (mucho) miedo** 3
  be afraid **temer** *v.* 13
after **después de** *prep.* 7; **después (de) que** *conj.* 13
afternoon **tarde** *f.* 1
afterward **después** *adv.* 7; **luego** *adv.*7
again **otra vez** *adv.*
age **edad** *f.*
agree **concordar** *v.* agree; **estar** *v.* **de acuerdo**
agreement **acuerdo** *m.*
AIDS **SIDA** *m.*
air **aire** *m.* 6
  air pollution **contaminación del aire** 13
airplane **avión** *m.* 5
airport **aeropuerto** *m.* 5
alarm clock **despertador** *m.* 7
alcohol **alcohol** *m.* 15
alcoholic **alcohólico/a** *adj.* 15
  alcoholic beverage **bebida alcohólica** 15
all **todo/a** *adj.* 4
  All aboard! **¡Todos a bordo!** 1
  all of us **todos**
  all over the world **en todo el mundo**
allergic **alérgico/a** *adj.* 10
  be allergic (to) **ser alérgico/a (a)** 10
alleviate **aliviar** *v.*
almost **casi** *adv.* 10
alone **solo/a** *adj.*
along **por** *prep.* 11
already **ya** *adv.* 6
also **también** *adv.* 2; 7
alternator **alternador** *m.* 11
although **aunque** *conj.*
aluminum **aluminio** *m.* 13
  (made of) aluminum **de aluminio** 13
always **siempre** *adv.* 7
American (*North*) **norteamericano/a** *adj.* 3
among **entre** *prep.* 2
amusement **diversión** *f.*
and **y** 1, **e** (*before words beginning with **i** or **hi***)
  And you? **¿Y tú?** *fam.* 1; **¿Y usted?** *form.* 1
angry **enojado/a** *adj.* 5
  get angry (with) **enojarse** *v.* **(con)** 7
animal **animal** *m.* 13
ankle **tobillo** *m.* 10
anniversary **aniversario** *m.* 9
  wedding anniversary **aniversario de bodas** 9
announce **anunciar** *v.*
announcer (*TV/radio*) **locutor(a)** *m., f.*
annoy **molestar** *v.* 7
another **otro/a** *adj.* 6
answer **contestar** *v.* 2; **respuesta** *f.* 9
answering machine **contestadora** *f.* 11
antibiotic **antibiótico** *m.* 10
any **algún, alguno/a(s)** *adj.* 7
anyone **alguien** *pron.* 7
anything **algo** *pron.* 7
apartment **apartamento** *m.*12
apartment building **edificio de apartamentos** 12
appear **parecer** *v.* 8
appetizers **entremeses** *m., pl.*
applaud **aplaudir** *v.*
apple **manzana** *f.* 8
appliance (electric) **electrodoméstico** *m.* 12
applicant **aspirante** *m., f.* 16
application **solicitud** *f.* 16
  job application **solicitud de trabajo** 16
apply (*for a job*) **solicitar** *v.* 16
  apply for a loan **pedir** *v.* **un préstamo** 14
appointment **cita** *f.* 9
  have an appointment **tener** *v.* **una cita** 9
appreciate **apreciar** *v.*
April **abril** *m.* 5
aquatic **acuático/a** *adj.* 4
archaeologist **arqueólogo/a** *m., f.* 16
architect **arquitecto/a** *m., f.* 16
area **región** *f.* 13
arm **brazo** *m.* 10
armchair **sillón** *m.* 12
army **ejército** *m.*
around **por** *prep.* 11
around here **por aquí** 11
arrange **arreglar** *v.* 11
arrival **llegada** *f.* 5
arrive **llegar** *v.* 2
art **arte** *m.* 2
  fine arts **bellas artes** *f., pl.*
article *m.* **artículo**
artist **artista** *m., f.* 3
artistic **artístico/a** *adj.*
arts **artes** *f., pl.*
as **como** *conj.* 8
  as… as **tan… como** 8
  as a child **de niño/a** 10
  as many… as **tantos/as… como** 8
  as much… as **tanto… como** 8
  as soon as **en cuanto** *conj.* 13; **tan pronto como** *conj.* 13
ask (*a question*) **preguntar** *v.* 2
  ask for **pedir (e:i)** *v.* 4, 12
asparagus **espárragos** *m., pl.*
aspirin **aspirina** *f.* 10
at **a** *prep.* 1; **en** *prep.* 2
  at + *time* **a la(s)** + ***time*** 1
  at home **en casa** 7
  at least **por lo menos** 10
  at night **por la noche** 7
  at the end (of) **al fondo (de)** 12
  At what time… ? **¿A qué hora…?** 1, 9
  At your service. **A sus órdenes.** 11
attend **asistir (a)** *v.* 3
attic **altillo** *m.* 12
attract **atraer** *v.*
audience **público** *m.*
August **agosto** *m.* 5
aunt **tía** *f.* 3
  aunts and uncles **tíos** *m., pl.* 3
automatic **automático/a** *adj.* 14
  automatic teller machine (ATM) **cajero automático** 14
automobile **automóvil** *m.* 5; **carro** *m.*; **coche** *m.* 11
autumn **otoño** *m.* 5
avenue **avenida** *f.*
avoid **evitar** *v.* 13
award **premio** *m.*

B

backpack **mochila** *f.* 1
bad **mal, malo/a** *adj.* 3
It's bad that... **Es malo que...** 12
It's not bad at all. **No está nada mal.** 5
bag **bolsa** *f.* 6
bakery **panadería** *f.* 14
balanced **equilibrado/a** *adj.* 15
balanced diet **dieta equilibrada** 15
balcony **balcón** *m.* 12
ball **pelota** *f.* 4
ballet **ballet** *m.*
banana **banana** *f.* 8
band **banda** *f.*
bank **banco** *m.* 14
bargain **ganga** *f.* 6; **regatear** *v.* 6
baseball (*game*) **béisbol** *m.* 4
basement **sótano** *m.* 12
basketball (*game*) **baloncesto** *m.* 4
bath **baño** *m.*
take a bath **bañarse** *v.* 7
bathe **bañarse** *v.* 7
bathing suit **traje** *m.* **de baño** 6
bathroom **baño** *m.* 7; **cuarto de baño** *m.*
be **ser** *v.* 1; **estar** *v.* 2
be... years old **tener... años** 3
beach **playa** *f.* 5
go to the beach **ir a la playa** 5
beans **frijoles** *m., pl.* 8
beautiful **hermoso/a** *adj.* 6
beauty **belleza** *f.* 14
beauty salon **peluquería** *f.*; **salón** *m.* **de belleza** 14
because **porque** *conj.* 2
because of **por** *prep.*
become (+ *adj.*) **ponerse (+ *adj.*)** 7; **convertirse** *v.*
bed **cama** *f.* 5
go to bed **acostarse (o:ue)** *v.* 7
bedroom **alcoba** *f.* 12; **cuarto** *m.*; **recámara** *f.*
beef **carne** *f.* **de res** 8
beef soup **caldo** *m.* **de patas** 8
been **sido** *p.p.* 15
beer **cerveza** *f.* 8
before **antes** *adv.* 7; **antes de** *prep.* 7; **antes (de) que** *conj.* 13
beg **rogar (o:ue)** *v.* 12
begin **comenzar (e:ie)** *v.* 4; **empezar (e:ie)** *v.* 4
behalf: on behalf of **de parte de** 11
behind **detrás de** *prep.* 2
believe **creer** *v.* 13
believe (in) **creer** *v.* **(en)** 3
believed **creído** *p.p.* 15
bellhop **botones** *m., f., sing.* 5
beloved **enamorado/a** *adj.*
below **debajo de** *prep.* 2
belt **cinturón** *m.* 6
benefit **beneficio** *m.* 16
beside **al lado de** *prep.* 2
besides **además (de)** *adv.* 10
best **mejor** *adj.* 8
the best **el/la mejor** *m., f.* 8; **lo mejor** *neuter*
better **mejor** *adj.* 8
It's better that... **Es mejor que...** 12
between **entre** *prep.* 2
bicycle **bicicleta** *f.* 4
big **gran, grande** *adj.* 3
bigger **mayor** *adj.* 8
biggest, (the) **el/la mayor** *m., f.* 8
bill **cuenta** *f.* 9
billion **mil millones** 6
biology **biología** *f.* 2
bird **pájaro** *m.* 13; **ave** *f.*
birth **nacimiento** *m.* 9
birthday **cumpleaños** *m., sing.* 9
birthday cake **pastel de cumpleaños** 9
have a birthday **cumplir** *v.* **años** 9
biscuit **bizcocho** *m.*
black **negro/a** *adj.* 6
blackberry **mora** *f.* 8
blackboard **pizarra** *f.* 2
blanket **manta** *f.* 12
block (city) **cuadra** *f.* 14
blond **rubio/a** *adj.* 3
blouse **blusa** *f.* 6
blue **azul** *adj.* 6
boarding house **pensión** *f.* 5
boat **barco** *m.* 5
body **cuerpo** *m.* 10
bone **hueso** *m.* 10
book **libro** *m.* 2
bookcase **estante** *m.* 12
bookshelves **estante** *m.* 12
bookstore **librería** *f.* 2
boot **bota** *f.* 6
bore **aburrir** *v.* 7
bored **aburrido/a** *adj.* 5
be bored **estar** *v.* **aburrido/a** 5
get bored **aburrirse** *v.*
boring **aburrido/a** *adj.* 5
born: be born **nacer** *v.* 9
borrow **pedir prestado** 14
borrowed **prestado/a** *adj.*
boss **jefe** *m.*, **jefa** *f.* 16
bottle **botella** *f.* 9
bottle of wine **botella de vino** 9
bother **molestar** *v.* 7
bottom **fondo** *m.*
boulevard **bulevar** *m.*
boy **chico** *m.* 1; **muchacho; niño** *m.* 3
boyfriend **novio** *m.* 3
brakes **frenos** *m., pl.* 11
bread **pan** *m.* 8
break **romper(se)** *v.* 10
break (one's leg) **romperse (la pierna)** 10
breakdown **dañar** *v.* 10
The bus broke down. **Se nos dañó el autobús.** 11
break up (with) **romper** *v.* **(con)** 9
breakfast **desayuno** *m.* 8
have breakfast **desayunar** *v.* 8
breathe **respirar** *v.* 13
bring **traer** *v.* 4
broadcast **transmitir** *v.*; **emitir** *v.*
brochure **folleto** *m.*
broken **roto/a** *adj.* 10; **roto/a** *p.p.* 15
be broken **estar roto/a** 10
brother **hermano** *m.* 3
brother-in-law **cuñado** *m., f.* 3
brothers and sisters **hermanos** *m., pl.* 3
brought **traído/a** *p.p.* 15
brown **café** *adj.* 6; **marrón** *adj.*
brunet(te) **moreno/a** *adj.*
brush **cepillar** *v.* 7
brush one's hair **cepillarse el pelo** 7
brush one's teeth **cepillarse los dientes** 7
build **construir** *v.*
building **edificio** *m.* 12
bullfight **corrida** *f.* **de toros**
bump into (*meet accidentally*) **darse con**
burned (out) **quemado/a** *adj.* 11
bus **autobús** *m.* 1
bus station **estación** *f.* **de autobuses** 5
business **negocios** *m., pl.* 16
business administration **administración** *f.* **de empresas** 2
business-related **comercial** *adj.* 16
businessman **hombre** *m.* **de negocios** 16
businesswoman **mujer** *f.* **de negocios** 16
busy **ocupado/a** *adj.* 5
but **pero** *conj.* 2; **sino** *conj.* (*in negative sentences*)
butcher shop **carnicería** *f.* 14
butter **mantequilla** *f.* 8
buy **comprar** *v.* 2
by **por** *conj.* 11; **para** *prep.* 11
by means of **por** *prep.* 11
by phone **por teléfono**
by plane **en avión** 5
by way of **por** *prep.* 11
bye **chau** *interj. fam.* 1

C

cabin **cabaña** *f.* 5
cable television **televisión** *f.* **por cable** *m.* 11
café **café** *m.* 4

cafeteria **cafetería** *f.* 2
cake **pastel** *m.* 9
calculator **calculadora** *f.* 11
call **llamar** *v.* 11
call on the phone **llamar por teléfono**
be called **llamarse** *v.* 7
calm **tranquilo/a** *adj.* 15
Stay calm! **¡Tranquilo/a!**
calorie **caloría** *f.* 15
camera **cámara** *f.* 11
camp **acampar** *v.* 5
can **lata** *f.* 13
can **poder (o:ue)** *v.* 4
Canadian **canadiense** *adj.* 3
candidate **aspirante** *m. f.* 16; candidate **candidato/a** *m., f.*
candy **dulces** *m., pl.* 9
capital city **capital** *f.* 1
car **coche** *m.* 11; **carro** *m.* 11; **auto(móvil)** *m.* 5
caramel **caramelo** *m.*
card **tarjeta** *f.* 4; (*playing*) **carta** *f.*
care **cuidado** *m.* 3
take care of **cuidar** *v.* 13
career **carrera** *f.* 16
careful: be (very) careful **tener** *v.* **(mucho) cuidado** 3
caretaker **ama** *m., f.* **de casa** 12
carpenter **carpintero/a** *m., f.* 16
carpet **alfombra** *f.*
carrot **zanahoria** *f.* 8
carry **llevar** *v.* 2
cartoons **dibujos** *m., pl.* **animados**
case: in case (that) **en caso (de) que** 13
cash (a check) **cobrar** *v.* 14; **efectivo** *m.*
cash register **caja** *f.* 6
pay in cash **pagar** *v.* **al contado pagar en efectivo**
cashier **cajero/a** *m., f.*
cat **gato/a** *m., f.* 13
celebrate **celebrar** *v.* 9
cellar **sótano** *m.* 12
cellular **celular** *adj.* 11
cellular telephone **teléfono** *m.* **celular** 11
cereal **cereales** *m., pl.* 8
certain **cierto** *m.;* **seguro** *m.* 13
it's (not) certain **(no) es seguro/cierto** 13
chair **silla** *f.* 2
chalk **tiza** *f.* 2
champagne **champán** *m.* 9
change **cambiar** *v.* **(de)** 9
channel (*TV*) **canal** *m.*
character (*fictional*) **personaje** *m.*
main character **personaje principal**
charge (for a product or service) **cobrar** *v.* 14
chauffeur **conductor(a)** *m., f.* 1
chat **conversar** *v.* 2
cheap **barato/a** *adj.* 6

check **comprobar** *v.;* **revisar** *v.* 11; (*bank*) **cheque** *m.* 14
check the oil **revisar el aceite** 11
checking account **cuenta** *f.* **corriente** 14
cheese **queso** *m.* 8
chef **cocinero/a** *m., f.* 16
chemistry **química** *f.* 2
chest of drawers **cómoda** *f.* 12
chicken **pollo** *m.* 8
child **niño/a** *m., f.* 3
childhood **niñez** *f.* 9
children **hijos** *m., pl.* 3
Chinese **chino/a** *adj.*
chocolate **chocolate** *m.*
chocolate cake **pastel** *m.* **de chocolate**
cholesterol **colesterol** *m.* 15
choose **escoger** *v.*
chop (*food*) **chuleta** *f.* 8
Christmas **Navidad** *f.* 9
church **iglesia** *f.* 4
citizen **ciudadano/a** *m., f.*
city **ciudad** *f.* 4
class **clase** *f.* 2
take classes **tomar** *v.* **clases** 2
classical **clásico/a** *adj.*
classmate **compañero/a** *m., f.* **de clase** 2
clean **limpio/a** *adj.* 5; **limpiar** *v.* 12
clean the house *v.* **limpiar la casa** 12
clear (*weather*) **despejado/a** *adj.* 5
clear the table **quitar** *v.* **la mesa** 12
It's clear. (*weather*) **Está despejado.** 5
clerk **dependiente/a** *m., f.* 6
client **cliente/a** *m., f.* 6
climb **escalar** *v.* 4
climb mountains **escalar montañas** 4
clinic **clínica** *f.* 10
clock **reloj** *m.* 2
close **cerrar (e:ie)** *v.* 4
closed **cerrado/a** *adj.* 5
closet **armario** *m.* 12
clothes **ropa** *f.* 6
clothes dryer **secadora** *f.* 12
clothing **ropa** *f.* 6
cloud **nube** *f.* 13
cloudy **nublado/a** *adj.* 5
It's (very) cloudy. **Está (muy) nublado.** 5
coat **abrigo** *m.* 6
coffee **café** *m.* 8
coffee maker **cafetera** *f.*
cold **frío** *m.* 3; (*disease*) **resfriado** *m.* 10
be (very) cold (*feel*) **tener (mucho) frío** 3
It's (very) cold. (*weather*) **Hace (mucho) frío.** 5
college **universidad** *f.*

collision **choque** *m.*
color **color** *m.* 6
comb one's hair **peinarse** *v.* 7
come **venir** *v.* 3
comedy **comedia** *f.*
comfortable **cómodo/a** *adj.* 5
commerce **negocios** *m., pl.* 16
commercial **comercial** *adj.* 16
communicate (with) **comunicarse** *v.* **(con)**
communication **comunicación** *f.*
means of communication **medios** *m., pl.* **de comunicación**
community **comunidad** *f.* 1
compact disc (CD) **disco** *m.* **compacto** 11
compact disc player **tocadiscos** *m. sing.* **compacto** 11
company **compañía** *f.* 16; **empresa** *f.* 16
comparison **comparación** *f.*
completely **completamente** *adv.*
composer **compositor(a)** *m., f.*
computer **computadora** *f.* 1, 11
computer disc **disco** *m.* 11
computer monitor **monitor** *m.* 11
computer programmer **programador(a)** *m., f.* 3
computer science **computación** *f.* 2
concert **concierto** *m.*
conductor (*musical*) **director(a)** *m., f.*
confirm **confirmar** *v.* 5
confirm a reservation **confirmar una reservación** 5
congested **congestionado/a** *adj.* 10
Congratulations! (*for an event such as a birthday or anniversary*) **¡Felicidades!** 9; (*for an event such as an engagement or a good grade on a test*) *f., pl.* **¡Felicitaciones!** 9
conservation **conservación** *f.* 13
conserve **conservar** *v.* 13
considering **para** *prep.* 11
consume **consumir** *v.* 15
contact lenses **lentes** *m. pl.* **de contacto**
container **envase** *m.* 13
contamination **contaminación** *f.*
content **contento/a** *adj.* 5
contest **concurso** *m.*
continue **seguir (e:i)** *v.* 4
control **control** *m.*; **controlar** *v.* 13
be under control **estar bajo control**
conversation **conversación** *f.* 2
converse **conversar** *v.*
cook **cocinar** *v.* 12; **cocinero/a** *m., f.* 16
cookie **galleta** *f.* 9
cool **fresco/a** *adj.* 5
It's cool. (*weather*) **Hace fresco.** 5
corn **maíz** *m.*
corner **esquina** *m.* 14

cost **costar (o:ue)** *v.* 6
cotton **algodón** *m.* 6
(made of) cotton **de algodón** 6
couch **sofá** *m.* 12
couch potato **teleadicto/a** *m., f.* 15
cough **tos** *f.* 10; **toser** *v.* 10
counselor **consejero/a** *m., f.* 16
count (on) **contar** *v.* **(con)** 12
country (*nation*) **país** *m.* 1
countryside **campo** *m.* 5; **paisaje** *m.*
couple **pareja** *f.* 9
couple (married) **matrimonio** *m.* 9
course **curso** *m.* 2; **materia** *f.*
courtesy **cortesía** *f.*
cousin **primo/a** *m., f.* 3
cover **cubrir** *v.*
covered **cubierto** *p.p.*
cow **vaca** *f.* 13
cowboy **vaquero** *m.*
crafts **artesanía** *f.*
craftsmanship **artesanía** *f.*
crash **chocar** *v.* **(con)** 11
crater **cráter** *m.* 13
crazy **loco/a** *adj.* 6
create **crear** *v.*
credit **crédito** *m.* 6
credit card **tarjeta** *f.* **de crédito** 6
crime **crimen** *m.*
cross **cruzar** *v.* 14
culture **cultura** *f.*
cup **taza** *f.* 12
currency exchange **cambio** *m.* **de moneda**
current events **actualidades** *f., pl.*
curriculum vitae **currículum** *m.*
curtains **cortinas** *f., pl.* 12
custard (*baked*) **flan** *m.* 9
custom **costumbre** *f.*
customer **cliente/a** *m., f.*
customs **aduana** *f.* 5
customs inspector **inspector(a)** *m., f.* **de aduanas** 5
cycling **ciclismo** *m.* 4

D

dad **papá** *m.* 3
daily **diario/a** *adj.* 7
daily routine **rutina** *f.* **diaria** 7
damage **dañar** *v.* 10
dance **bailar** *v.* 2; **danza** *f.* **baile** *m.*
dancer **bailarín/bailarina** *m., f.* 16
danger **peligro** *m.* 13
dangerous **peligroso/a** *adj.*
dark-haired **moreno/a** *adj.* 3
date (*appointment*) **cita** *f.* 9; (*calendar*) **fecha** *f.* 5; (*someone*) **salir** *v.* **con (alguien)** 9
date: have a date **tener** *v.* **una cita** 9
daughter **hija** *f.* 3
daughter-in-law **nuera** *f.* 3
day **día** *m.* 1
day before yesterday **anteayer** *adv.* 6
deal **trato** *m.*
It's a deal. **Trato hecho.**
It's not a big deal. **No es para tanto.** 12
death **muerte** *f.* 9
decaffeinated **descafeinado/a** *adj.* 15
December **diciembre** *m.* 5
decide **decidir** *v.* 3
decided **decidido/a** *adj.*
declare **declarar** *v.*
deforestation **deforestación** *f.* 13
delicious **delicioso/a** *adj.* 8; **rico/a** *adj.* 8; **sabroso/a** *adj.* 8
delighted **encantado/a** *adj.* 1
dentist **dentista** *m., f.* 10
deny **negar (e: ie)** *v.* 13
department store **almacén** *m.* 6
departure **salida** *f.* 5
deposit **depositar** *v.* 14
describe **describir** *v.* 3
described **descrito/a** *p.p.* 15
desert **desierto** *m.* 13
design **diseño** *m.*
designer **diseñador(a)** *m., f.* 16
desire **desear** *v.* 12
desk **escritorio** *m.* 2
dessert **postre** *m.* 9
destroy **destruir** *v.* 13
develop **desarrollar** *v.* 13
diary **diario** *m.* 1
dictatorship **dictadura** *f.*
dictionary **diccionario** *m.* 1
die **morir (o:ue)** *v.* 8
died **muerto/a** *p.p.* 15
diet **dieta** *f.* 15
balanced diet **dieta equilibrada** 15
be on a diet **estar** *v.* **a dieta** 15
difficult **difícil** *adj.* 3
dining room **comedor** *m.* 12
dinner **cena** *f.* 8
have dinner **cenar** *v.* 8
direction: in the direction of **para** *prep.* 11
directions **direcciones** *f., pl.* 14
give directions **dar direcciones** 14
director **director(a)** *m., f.*
dirty **ensuciar** *v.*; **sucio/a** *adj.* 5
get (something) dirty **ensuciar** *v.* 12
disagree **no estar de acuerdo**
disaster **desastre** *m.*
discover **descubrir** *v.* 13
discovered **descubierto** *p.p.* 15
discrimination **discriminación** *f.*
dish **plato** *m.* 8
main dish **plato principal** 8
dishwasher **lavaplatos** *m., sing.* 12
disk **disco** *m.* 11
disorderly **desordenado/a** *adj.* 5
dive **bucear** *v.* 4
divorce **divorcio** *m.* 9
divorced **divorciado/a** *adj.* 9
get divorced (from) **divorciarse** *v.* **(de)** 9
dizzy **mareado/a** *adj.* 10
do **hacer** *v.* 4
do aerobics **hacer ejercicios aeróbicos** 15
do errands **hacer diligencias**
do household chores **hacer quehaceres domésticos** 12
do stretching exercises **hacer ejercicios de estiramiento** 15
doctor **médico/a** *m., f.* 3; **doctor(a)** *m., f.* 10
documentary (*film*) **documental** *m.*
dog **perro/a** *m., f.* 13
domestic **doméstico/a** *adj.*
domestic appliance **electrodoméstico** *m.* 12
done **hecho/a** *p.p.* 15
door **puerta** *f.* 2
dormitory **residencia** *f.* **estudiantil** 2
double **doble** *adj.* 5
double room **habitación** *f.* **doble** 5
doubt **duda** *f.* 13; **dudar** *v.* 13
There is no doubt... **No cabe duda de...** 13; **No hay duda de...** 13
Down with... ! **¡Abajo el/la...!**
downtown **centro** *m.* 4
drama **drama** *m.*
dramatic **dramático/a** *adj.*
draw **dibujar** *v.* 2
drawing **dibujo** *m.*
dress **vestido** *m.* 6
get dressed **vestirse (e:i)** *v.* 7
drink **beber** *v.* 3; **bebida** *f.* 8; **tomar** *v.* 2
Do you want something to drink? **¿Quieres algo de tomar?**
drive **conducir** *v.* 8; **manejar** *v.* 11
driver **conductor(a)** *m., f.* 1
drug *f.* **droga** 15
drug addict **drogadicto/a** *adj.* 15
due to **por** *prep.*
due to the fact that **debido a**
during **durante** *prep.* 7; **por** *prep.* 11
dust **sacudir** *v.* 12
dust the furniture **sacudir los muebles** 12
dying: I'm dying to (for)... **me muero por...**

E

each **cada** *adj.* 6
eagle **águila** *f.*
ear (outer) **oreja** *f.* 10
early **temprano** *adv.* 7
earn **ganar** *v.* 16
earthquake **terremoto** *m.*
ease **aliviar** *v.*
east **este** *m.* 14
to the east **al este** 14
easy **fácil** *adj.* 3

extremely easy **facilísimo** 8
eat **comer** *v.* 3
ecology **ecología** *f.* 13
economics **economía** *f.*
ecotourism **ecoturismo** *m.* 13
Ecuador **Ecuador** *m.* 1
Ecuadorian **ecuatoriano/a** *adj.* 3
effective **eficaz** *adj. m., f.*
egg **huevo** *m.* 8
eight **ocho** 1
eight hundred **ochocientos/as** 6
eighteen **dieciocho** 1
eighth **octavo/a** 5
eighty **ochenta** 2
either... or **o... o** *conj.* 7
elect **elegir** *v.*
election **elecciones** *f., pl.*
electrician **electricista** *m., f.* 16
electricity **luz** *f.*
elegant **elegante** *adj.* 6
elevator **ascensor** *m.* 5
eleven **once** 1
e-mail **correo** *m.* **electrónico** 4
e-mail message **mensaje** *m.* **electrónico** 4
read e-mail **leer** *v.* **el correo electrónico** 4
embarrassed **avergonzado/a** *adj.* 5
embrace (each other) **abrazar(se)** *v.*
emergency **emergencia** *f.* 10
emergency room **sala** *f.* **de emergencia(s)** 10
employee **empleado/a** *m., f.* 5
employment **empleo** *m.* 16
end **fin** *m.* 4; **terminar** *v.* 2
end table **mesita** *f.*12
energy **energía** *f.*13
engaged: get engaged (to) **comprometerse** *v.* **(con)** 9
engineer **ingeniero/a** *m., f.* 3
English (*language*) **inglés** *m.* 2; **inglés, inglesa** *adj.* 3
enjoy **disfrutar** *v.* **(de)** 15
enough **bastante** *adj.* 10
entertainment **diversión** *f.* 4
entrance **entrada** *f.* 12
envelope **sobre** *m.*14
environment **medio ambiente** *m.* 13
equality **igualdad** *f.*
equipped **equipado/a** *adj.* 15
eraser **borrador** *m.* 2
errand *f.* **diligencia** 14
establish **establecer** *v.*
evening **tarde** *f.* 1
event **acontecimiento** *m.*
every day **todos los días** 10
everybody **todos** *m., pl.*
everything **todo** *m.* 5
Everything is under control. **Todo está bajo control.**
exactly **en punto** *adv.* 1
exam **examen** *m.* 2
excellent **excelente** *adj.* 5
excess **exceso** *m.* 15
in excess **en exceso** 15
exchange **intercambiar** *v.*
in exchange for **por** 11
exciting **emocionante** *adj. m., f.*
excursion **excursión** *f.* 4
excuse **disculpar** *v.*
Excuse me. (*May I?*) **Con permiso.** 1; (*I beg your pardon.*) **Perdón.** 1
exercise **ejercicio** *m.* 15
hacer *v.* **ejercicio** 15
exit **salida** *f.* 5
expensive **caro/a** *adj.* 6
experience **experiencia** *f.*
explain **explicar** *v.* 2
explore **explorar** *v.*
explore a city/town **explorar una ciudad/pueblo**
expression **expresión** *f.*
extinction **extinción** *f.* 13
eye **ojo** *m.* 10

F

fabulous **fabuloso/a** *adj* 5
face **cara** *f.* 7
facing **enfrente de** *prep.* 14
fact: in fact **de hecho**
fall (down) **caerse** *v.* 10
fall asleep **dormirse (o:ue)** *v.* 7
fall in love (with) **enamorarse** *v.* **(de)** 9
fall (season) **otoño** *m.* 5
fallen **caído/a** *p.p.* 15
family **familia** *f.* 3
famous **famoso/a** *adj.* 16
fan **aficionado/a** *adj.* 4
be a fan (of) **ser aficionado/a (a)** 4
far from **lejos de** *prep.* 2
farewell **despedida** *f.*
fascinate **fascinar** *v.* 7
fashion **moda** *f.* 6
be in fashion **estar** *v.* **de moda** 6
fast **rápido/a** *adj.*
fat **gordo/a** *adj.* 3; **grasa** *f.* 15
father **padre** *m.* 3
father-in-law **suegro** *m.* 3
favorite **favorito/a** *adj.* 4
fax (machine) **fax** *m.* 11
fear **miedo** *m.* 3; **temer** *v.* 13
February **febrero** *m.* 5
feel *v.* **sentir(se) (e:ie)** 7
feel like (*doing something*) **tener ganas de (+ *inf.*)** 3
festival **festival** *m.*
fever **fiebre** *f.* 10
have a fever **tener** *v.* **fiebre** 10
few **pocos/as** *adj. pl.*
field: field of study **especialización** *f.* 16
fifteen **quince** 1
young woman's fifteenth birthday celebration **quinceañera** *f.* 9
fifth **quinto/a** *adj.* 5
fifty **cincuenta** 2
fight **luchar** *v.* **(por)**
figure (*number*) **cifra** *f.*
file **archivo** *m.* 11
fill **llenar** *v.*
fill out a form **llenar un formulario** 14
fill up the tank **llenar el tanque** 11
finally **finalmente** *adv*; **por último** 7; **por fin** 11
find **encontrar (o:ue)** *v.* 4
find (each other) **encontrar(se)** *v.*
fine arts **bellas artes** *f., pl.*
fine **multa** *f.* 11
That's fine. **Está bien.** 11
finger **dedo** *m.* 10
finish **terminar** *v.* 4
finish (*doing something*) **terminar** *v.* **de (+ *inf.*)**
fire **incendio** *m.*; **despedir (e:i)** *v.* 16
firefighter **bombero/a** *m., f.* 16
firm **compañía** *f.* 16; **empresa** *f.* 16
first **primer, primero/a** *adj.* 5
fish (*food*) **pescado** *m.* 8; **pescar** *v.* 5; (*live*) **pez** *m.* 13
fish market **pescadería** *f.* 14
fisherman **pescador** *m.*
fisherwoman **pescadora** *f.*
fishing **pesca** *f.* 5
fit (*clothing*) **quedar** *v.* 7
five **cinco** *adj., pron.* 1
five hundred **quinientos/as** 6
fix (*put in working order*) **arreglar** *v.* 11
fixed **fijo/a** *adj.* 6
flag **bandera** *f.*
flank steak **lomo** *m.* 8
flat tire: We got a flat tire. **Se nos pinchó una llanta.** 11
flexible **flexible** *adj.* 15
flood **inundación** *f.*
floor (*story in a building*) **piso** *m.* 5; **suelo** *m.*12
ground floor **planta** *f.* **baja** 5
top floor **planta** *f.* **alta**
flower **flor** *f.* 13
flu **gripe** *f.* 10
fog **niebla** *f.*
foggy: It's (very) foggy. **Hay (mucha) niebla.** 5
folk **folklórico/a** *adj.*
follow **seguir (e:i)** *v.* 4
food **comida** *f.* 8
foolish **tonto/a** *adj.* 3
foot **pie** *m.* 10
football **fútbol** *m.* **americano** 4
for **para** *prep.* 11; **por** *prep.* 11
for example **por ejemplo** 11
for me **para mí**
forbid **prohibir** *v.*
foreign **extranjero/a** *adj.*

foreign languages **lenguas** *f., pl.* **extranjeras** 2
forest **bosque** *m.* 13
forget **olvidar** *v.* 10
fork **tenedor** *m.* 12
form **formulario** *m.* 14
forty **cuarenta** *m.* 2
forward **en marcha** *adv.*
four **cuatro** *adj., pron.* 1
four hundred **cuatrocientos/as** *adj., pron.* 6
fourteen **catorce** *adj., pron.* 1
fourth **cuarto/a** *adj.* 5
free **libre** *adj.* 4
  be free of charge **ser gratis** 14
  free time **tiempo** *m.* **libre** 4; **ratos** *m., pl.* **libres**
freedom **libertad** *f.*
freezer **congelador** *m.*
French **francés, francesa** *adj.* 3
  French fries **papas** *f., pl* **fritas** 8; **patatas** *f., pl* **fritas** 8
frequently **frecuentemente** *adv.* 10; **con frecuencia** 10
Friday **viernes** *m., sing.* 2
fried **frito/a** *adj.*8
  fried potatoes **papas** *f., pl.* **fritas; patatas** *f., pl.* **fritas**
friend **amigo/a** *m., f.* 3
friendly **amable** *adj.* 5
friendship **amistad** *f.* 9
from **de** *prep.* 1; **desde** *prep.* 6
  from where? **¿de donde?** 9
  from the United States **estadounidense** *adj.* 3
  from time to time **de vez en cuando** 10
  He/She/It is from… **Es de…** 1
  I'm from… **Soy de…** 1
fruit **fruta** *f.* 8
  fruit juice **jugo** *m.* **de fruta** 8
  fruit store **frutería** *f.* 14
full **lleno/a** *adj.*11
fun **divertido/a** *adj.* 7
  fun activity **diversión** *f.* 4
  have fun **divertirse (e:ie)** *v.* 9
function **funcionar** *v.*
furniture **muebles** *m., pl.* 12
furthermore **además (de)** *adv.* 10
future **futuro** *m.* 16; **porvenir** *m.* 16
  in the future **en el futuro** 16

G

gain weight **aumentar** *v.* **de peso** 15; **engordar** *v.* 15
game (*match*) **partido** *m.* 4; **juego** *m.* 5
  game show **concurso** *m.*
garage **garaje** *m.* 12
garden **jardín** *m.* 12
garlic **ajo** *m.* 8
gas station **gasolinera** *f.* 11
gasoline **gasolina** *f.* 11
geography **geografía** *f.* 2
German **alemán, alemana** *adj.* 3
get **conseguir (e:i)** *v.* 4; **obtener** *v.* 16
  get along well/badly (with) **llevarse bien/mal (con)** 9
  get bored **aburrirse** *v.*
  get off of/out of (a vehicle) **bajar(se)** *v.* **de** 11
  get on/into (a vehicle) **subir(se)** *v.* **a** 11
  get up **levantarse** *v.* 7
gift **regalo** *m.* 6
girl **chica** *f.* 1; **muchacha; niña** *f.* 3
girlfriend **novia** *f.* 3
give **dar** *v.* 6; (*as a gift*) **regalar** 9
glass (*drinking*) **vaso** *m.* 12; **vidrio** *m.* 13
  (made of) glass **de vidrio** 13
glasses **gafas** *f., pl.* 6
  sunglasses **gafas de sol** 6
gloves **guantes** *m., pl.* 6
go **ir** *v.* 4
  go away **irse** 7
  go by boat **ir en barco** 5
  go by bus **ir en autobús** 5
  go by car **ir en auto(móvil)** 5
  go by motorcycle **ir en motocicleta** 5
  go by plane **ir en avión** 5
  go by subway **ir en metro**
  go by taxi **ir en taxi** 5
  go by the bank **pasar por el banco** 14
  go by train **ir en tren**
  go by **pasar** *v.* **por**
  go down; **bajar** *v.* 11
  go fishing **ir de pesca** 5
  go for a hike (in the mountains) **ir de excursión (a las montañas)** 4
  go out **salir** *v.* 9
  go out with **salir con** 4, 9
  go through customs **pasar por la aduana** 5
  go up **subir** *v.* 11
  go with **acompañar** *v.* 14
  Let's get going. **En marcha.** 15
  Let's go. **Vamos.** 4
goblet **copa** *f.* 12
going to: be going to (*do something*) **ir a (+ *inf.*)** 4
golf **golf** *m.* 4
good **buen, bueno/a** *adj.* 1, 3
  Good afternoon. **Buenas tardes.** 1
  Good evening. **Buenas noches.** 1
  Good idea! **¡Buena idea!** 4
  Good morning. **Buenos días.** 1
  Good night. **Buenas noches.** 1
  I'm good, thanks. **Bien, gracias.**
  It's good that… **Es bueno que…** 12
goodbye **adiós** *m.* 1
  say goodbye (to) **despedirse** *v.* **(de) (e:i)** 7
good-looking **guapo/a** *adj.* 3
government **gobierno** *m.* 13
graduate (from) **graduarse** *v.* **(de)** 9
grains **cereales** *m., pl.* 8
granddaughter **nieta** *f.* 3
grandfather **abuelo** *m.* 3
grandmother **abuela** *f.* 3
grandparents **abuelos** *m., pl.* 3
grandson **nieto** *m.* 3
grape **uva** *f.* 8
grass **hierba** *f.* 13; **césped** *m.*
grave **grave** *adj.* 10
gray **gris** *adj. m., f.* 6
great **gran, grande** *adj.* 3; **fenomenal** *adj.* 5
green **verde** *adj. m., f.* 5
greet (each other) **saludar(se)** *v.*
greeting **saludo** *m.* 1
  Greetings to… **Saludos a…** 1
grilled (*food*) **a la plancha** 8
  grilled flank steak **lomo a la plancha** 8
ground floor **planta** *f.* **baja** 5
guest (*at a house/hotel*) **huésped** *m., f.* 5; (*invited to a function*) **invitado/a** *m., f.* 9
guide **guía** *m., f.*
gym **gimnasio** *m.* 4
gymnasium **gimnasio** *m.* 4

H

hair **pelo** *m.* 7
hairdresser **peluquero/a** *m., f.* 16 hair-dressing salon **peluquería** *f.* 14;
half **medio/a** *adj.* 3
  half-brother **medio hermano** 3;
  half-sister **media hermana** 3
  half-past (*time*) **y media** 1
hallway **pasillo** *m.* 12
ham **jamón** *m.* 8
hamburger **hamburguesa** *f.* 8
hand **mano** *f.* 1
Hands up! **¡Manos arriba!**
handsome **guapo/a** *adj.* 3
happen **ocurrir** *v.*
happiness **alegría** *f.* 9
Happy birthday! **¡Feliz cumpleaños!** 9
happy **alegre** *adj.* 5; **contento/a** *adj.* 5; **feliz** *adj.* 5
  be happy **alegrarse** *v.* **(de)** 13
hard **difícil** *adj.* 3
hard-working **trabajador(a)** *adj.* 3
hardly **apenas** *adv.* 10
haste **prisa** *f.* 3
hat **sombrero** *m.* 6
hate **odiar** *v.* 9
have **tener** *v.* 3
  Have a good trip! **¡Buen viaje!** 1
  have a tooth pulled **sacar(se) una**

muela 10
have to (*do something*) **tener que (+ *inf.*)** 3; **deber (+ *inf.*)** 3
he **él** *sub. pron.* 1
he is **él es** 1
he/she/it is, you (*form., sing.*) are **está** 2
head **cabeza** *f.* 10
headache **dolor de cabeza** *m.* 10
health **salud** *f.* 10
healthful **saludable** *adj.*
healthy **sano/a, saludable** *adj.* 10
lead a healthy life **llevar** *v.* **una vida sana** 15
hear **oír** *v.* 4
heard **oído/a** *p.p.* 15
hearing: sense of hearing **oído** *m.*
heart **corazón** *m.* 10
heat **calor** *m.* 3
Hello. **Hola.** *interj.* 1; (*on the telephone*) **Aló.** 11; **¿Bueno?** 11; **Diga.** 11
help **ayudar** *v.* 12; **servir (e:i)** *v.* 5
help each other **ayudarse** *v.*
her **su(s)** *poss. adj.* 3; **la** *pron.* 5; **le** *pron.* 6;
hers **suyo(s)/a(s)** *poss. pron.* 11
here **aquí** *adv.* 1
Here it is... **Aquí está...** 5
Here we are at/in... **Aquí estamos en...** 2
It's not here. **No está.** 5
Hi. **Hola.** *interj.* 1
highway **autopista** *f.*; **carretera** *f.*
hike **excursión** *f.* 4
go on a hike **hacer una excursión** 5; **ir de excursión** 4
hiker **excursionista** *m., f.* 4
hiking **de excursión** 4
him **lo** *pron.* 5; **le** *pron.* 6
hire **contratar** *v.* 16
his **su(s)** *poss. adj.* 3; **suyo(s)/a(s)** *poss. pron.* 11
history **historia** *f.* 2
hobby **pasatiempo** *m.* 4
hockey **hockey** *m.* 4
holiday **día** *m.* **de fiesta** 9
home **hogar** *m.* 12
home page **página** *f.* **principal** 11
homework **tarea** *f.* 2
hood (car) **capó** *m.* 11
hope **esperar** *v.* 2, 13
I hope (that) **Ojalá (que)** *interj.* 13
horror **horror** *m.*
hors d'oeuvres **entremeses** *m., pl.* 8
horse **caballo** *m.* 5
hospital **hospital** *m.* 10
hot **picante** *adj.* 8
hot: be (very) hot (*feel*) **tener (mucho) calor** 3; (*weather*) **hacer (mucho) calor** 5
hotel **hotel** *m.* 5
hour **hora** *f.* 1
house **casa** *f.* 4
household chores **quehaceres** *m., pl.* **domésticos** 12
housekeeper **ama** *m., f.* **de casa** 12
housing **vivienda** *f.* 12
How...! **¡Qué...!** 3
how **¿cómo?** *adv.* 1, 9
How are you? **¿Qué tal?** 1
How are you? **¿Cómo estás?** *fam.* 1
How are you? **¿Cómo está usted?** *form.* 1
How can I help you? **¿En qué puedo servirles?** 5
How did... go for you? **¿Cómo les fue...?** 15
How is it going? **¿Qué tal?** 1
How is/are . . . ? **¿Qué tal...?** 2
How much/many? **¿Cuánto(s)/a(s)?** 1, 9
How much does... cost? **¿Cuánto cuesta...?** 6
How old are you? **¿Cuántos años tienes?** *fam.* 3
How's the weather? **¿Qué tiempo hace?** 5
however **sin embargo** *adv.*
hug (each other) **abrazar(se)** *v.*
humanities **humanidades** *f., pl.*
hunger **hambre** *f.* 3
hundred **cien, ciento** *m.* 2
hungry: be (very) hungry **tener** *v.* **(mucha) hambre** 3
hurricane **huracán** *m.*
hurry **apurarse; darse prisa** *v.* 15
be in a (big) hurry **tener** *v.* **(mucha) prisa** 3
hurt **doler (o:ue)** *v.* 10
It hurts me a lot. **Me duele mucho.** 10
husband **esposo** *m.* 3

I

I **yo** *sub. pron.* 1
I am... **Yo soy...** 1
I don't like them at all. **No me gustan nada.** 2
I hope (that) **Ojalá (que)** *interj.* 13
I wish (that) **Ojalá (que)** *interj.* 13
I would like... **me gustaría(n)...** 7
I would like to introduce... to you. **Le presento a...** *form.* 1; **Te presento a...** *fam.* 1
ice cream **helado** *m.* 9
ice cream shop **heladería** *f.* 14
iced **helado/a** *adj.* 9
iced tea **té helado** 8
idea **idea** *f.* 4
if **si** *conj.* 13
illness **enfermedad** *f.* 10
important **importante** *adj.* 3
be important to **importar** *v.* 7, 12
It's important that... **Es importante que...** 12
impossible **imposible** *adj.* 13
It's impossible... **Es imposible...** 13
improbable **improbable** *adj.* 13
It's improbable... **Es improbable...** 13
improve **mejorar** *v.* 13
in **en** *prep.* 2; **por** *prep.* 11
in the afternoon **de la tarde** 1; **por la tarde** 7
in the evening **de la noche** 1; (*early*) **por la tarde** 7
in the morning **de la mañana** 1; **por la mañana** 7
in love (with) **enamorado/a (de)** 5
in which **en qué** 2
in front of **delante de** *prep.* 2; **enfrente** 14
increase **aumento** *m.* 16
incredible **increíble** *adj.* 5
inequality **desigualdad** *f.*
infection **infección** *f.* 10
inform **informar** *v.*
inhabitants **habitantes** *m., pl* 13
injection **inyección** *f.* 10
give an injection **poner** *v.* **una inyección** 10
injure (oneself) **lastimarse** *v.* 10
injure (one's foot) **lastimarse (el pie)** 10
inner ear **oído** *m.*
insist (on) **insistir** *v.* **(en)** 12
installments: pay in installments **pagar** *v.* **a plazos** 14
intelligent **inteligente** *adj.* 3
intend **pensar** *v.* **(+ *inf.*)** 4
interest **interesar** *v.* 7
interesting **interesante** *adj.* 3
be interesting to **interesar** *v.* 7
international **internacional** *adj. m., f.*
Internet **red** *f.*; **Internet** *m.* 11
interview **entrevista** *f.* 16; interview **entrevistar** *v.* 16
interviewer **entrevistador(a)** *m., f.* 16
introduction **presentación** *f.*
invest **invertir (e:ie)** *v.* 16
invite **invitar** *v.* 9
iron clothes **planchar** *v.* **la ropa** 12
it **lo/la** *pron.* 5
Italian **italiano/a** *adj.* 3
its **su(s)** *poss. adj.* 3 , **suyo(s)/a(s)** *poss. pron.* 11

J

jacket **chaqueta** *f.* 6
January **enero** *m.* 5
Japanese **japonés, japonesa** *adj.* 3
jeans **bluejeans** *m., pl.* 6

jewelry store **joyería** *f.* 14
job **empleo** *m.* 16; **puesto** *m.* 16; **trabajo** *m.* 16
job application **solicitud** *f.* **de trabajo** 16
jog **correr** *v.*
journalism **periodismo** *m.* 2
journalist **periodista** *m., f.* 3; **reportero/a** *m., f.*
joy **alegría** *f.*
give joy **dar** *v.* **alegría**
joyful **alegre** *adj.* 5
juice **jugo** *m.* 8
July **julio** *m.* 5
June **junio** *m.* 5
jungle **selva** *f.* 13, **jungla** *f.*
just **apenas** *adv.* 10
have just done something **acabar de (+ *inf.*)** 6

K

keep (doing something) **seguir (e:ie)** *v.* 4
key **llave** *f.* 5
keyboard **teclado** *m.* 11
kilometer **kilómetro** *m.* 11
kind: That's very kind of you. **Muy amable.** *adj.* 5
kiss (each other) **besar(se)** *v.*; **beso** *m.* 6
kitchen **cocina** *f.* 12
knee **rodilla** *f.* 10
knife **cuchillo** *m.* 12
know **saber** *v.* 8; **conocer** *v.* 8
know how **saber** *v.* 8

L

laboratory **laboratorio** *m.* 2
lack **faltar** *v.* 7
lake **lago** *m.* 13
lamp **lámpara** *f.* 12
land **tierra** *f.* 13
landlord **dueño/a** *m., f.*
landscape **paisaje** *m.* 13
language **lengua** *f.* 2
laptop (computer) **computadora** *f.* **portátil** 11
large **gran, grande** *adj.* 3
large (*clothing size*) **talla** *f.* **grande** *adj.* 6
last **durar** *v.*; **pasado/a** *adj.* 6; **último/a** *adj.*
last name **apellido** *m.* 9
last night **anoche** *adv.* 6
last week **la semana pasada** 6
last year **el año pasado** 6
late **tarde** *adv.* 7
later **más tarde** *adv.* 7
See you later. **Hasta la vista.** 1; **Hasta luego.** 1
laugh **reírse (e:i)** *v.* 9
laughed **reído** *p.p.* 15
laundromat **lavandería** *f.* 14
law **ley** *f.* 13
lawyer **abogado/a** *m., f.* 16
lazy **perezoso/a** *adj.*
learn **aprender** *v.* 3
least, (the) **el/la/los/las menos** 8
leave **salir** *v.* 4; **irse** *v.* 7
leave a tip **dejar una propina** 9
leave for (*a place*) **salir para** 4
leave from **salir de** 4
leave behind **dejar** *v.* 16
left **izquierdo/a** *adj.* 2
be left behind **quedar** *v.* 10
be left over **quedar** *v.* 7
to the left of **a la izquierda de** 2
leg **pierna** *f.* 10
lemon **limón** *m.* 8
lend **prestar** *v.* 6
less **menos** *adv.* 10
less… than **menos… que** 8
less than (+ *number*) **menos de (+ *number*)** 8
lesson **lección** *f.* 1
let **dejar** *v.* 12
let's see **a ver** 2
letter **carta** *f.* 4
lettuce **lechuga** *f.* 8
liberty **libertad** *f.*
library **biblioteca** *f.* 2
license (*driver's*) **licencia** *f.* **de conducir** 11
lie **mentira** *f.* 6
lie down **acostarse (o:ue)** *v.* 7
life **vida** *f.* 9
of my life **de mi vida** 15
lifestyle: lead a healthy lifestyle **llevar una vida sana** 15
lift **levantar** *v.* 15
lift weights **levantar pesas** 15
light **luz** *f.* 12
like **como** *prep.* 8; **gustar** *v.* 7
like this **así** *adv.* 10
like very much **encantar** *v.* 7
I like… **me gusta(n)…** 2
I like… very much *v.* **Me encanta…**
Do you like… ? **¿Te gusta(n)…?** 2
likeable **simpático/a** *adj.* 3
likewise **igualmente** *adv.* 1
line **línea** *f.* 4; **cola** (*queue*) *f.* 14
listen to **escuchar** *v.* 2
Listen! (*command*) **¡Oye!** *fam., sing.*1; **¡Oigan!** *form., pl.*
listen to music **escuchar música**
listen to the radio **escuchar la radio**
literature **literatura** *f.*
little (*quantity*) **poco/a** *adj.* 5; **poco** *adv.* 10
live **vivir** *v.* 3
living room **sala** *f.* 12
loan **préstamo** *m.* 14; **prestar** *v.* 6
lobster **langosta** *f.* 8
located **situado/a** *adj.*
be located **quedar** *v.* 14
lodging **alojamiento** *m.* 5
long **largo/a** *adj.* 6
look (at) **mirar** *v.* 2
look for **buscar** *v.* 2
lose **perder (e:ie)** *v.* 4
lose weight **adelgazar** *v.* 15
lost **perdido/a** *adj.* 14
be lost **estar perdido/a** 14
lot, a **muchas veces** 10
lot of, a **mucho/a** *adj.* 2
love (*another person*) **querer (e:ie)** *v.* 4; (*things*) **encantar** *v.* 7; **amor** *m.* 9
in love (with) **enamorado/a (de)** *adj.* 5
luck **suerte** *f.* 3
lucky: be (very) lucky **tener (mucha) suerte** 3
luggage **equipaje** *m.* 5
lunch **almuerzo** *m.* 8
have lunch **almorzar (o:ue)** *v.* 8

M

ma'am **señora (Sra.)** *f.* 1
mad **enojado/a** *adj.* 5
magazine **revista** *f.* 4
read a magazine **leer una revista** 4
magnificent **magnífico/a** *adj.* 5
mail **correo** *m.* 14; **enviar** *v.*, **mandar** *v.* mail a letter **echar una carta al buzón** 14
mail carrier **cartero/a** *m.* 14
mailbox **buzón** *m.* 14
main **principal** *adj. m., f.* 8
maintain **mantener** *v.* 15
make **hacer** *v.* 4
make the bed **hacer la cama** 12
makeup **maquillaje** *m.* 7
man **hombre** *m.* 1
manager **gerente** *m., f.* 16
many **mucho/a** *adj.* 3
many times **muchas veces** 10
map **mapa** *m.* 1
March **marzo** *m.* 5
margarine **margarina** *f.* 8
marinated fish **ceviche** *m.* 8
lemon-marinated shrimp **ceviche de camarón** 8
marital status **estado** *m.* **civil** 9
market **mercado** *m.* 6
open-air market **mercado al aire libre** 6
marriage **matrimonio** *m.* 9
married **casado/a** *adj.* 9
get married (to) **casarse** *v.* **(con)** 9
marvelous **maravilloso/a** *adj.* 5
marvelously **maravillosamente** *adv.*
massage **masaje** *m.* 15

masterpiece **obra** *f.* **maestra**
match (*sports*) **partido** *m.*
  match **hacer** *v.* **juego (con)** 6
mathematics **matemáticas** *f., pl.* 2
matter **importar** *v.* 7, 12
maturity **madurez** *f.* 9
maximum **máximo/a** *m.* 11
May **mayo** *m.* 5
maybe **tal vez** *adv.* 5; **quizás** *adv.* 5
mayonnaise **mayonesa** *f.* 8
me **me** *pron.* 5
meal **comida** *f.* 8
means of communication **medios** *m., pl.* **de comunicación**
meat **carne** *f.* 8
mechanic **mecánico/a** *m., f.* 11
  mechanic's garage/repair shop **taller** *m.* **mecánico** 11
  mechanic's shop **garaje** *m.* 11
media **medios** *m., pl.* **de comunicación**
medical **médico/a** *adj.* 10
medication **medicamento** *m.* 10
medicine **medicina** *f.* 10
medium **mediano/a** *adj.*
meet (each other) **encontrar(se)** *v.*
meeting **reunión** *f.* 16
menu **menú** *m.* 8
message (*telephone*) **recado** *m.* 11
messy **desordenado/a** *adj.* 5
Mexican **mexicano/a** *adj.* 3
Mexico **México** *m.* 1
microwave **microonda** *f.* 12
  microwave oven **horno** *m.* **de microondas** 12
middle age **madurez** *f.* 9
midnight **medianoche** *f.* 1
mile **milla** *f.* 11
milk **leche** *f.* 8
million **millón** 6
  million of **millón de** 6
mine **mío/a(s)** *poss. pron.* 11
mineral **mineral** *m.* 15
  mineral water **agua** *f.* **mineral** 8
minute **minuto** *m.* 1
mirror **espejo** *m.* 7
Miss **señorita (Srta.)** *f.* 1
miss **perder (e:ie)** *v.* 4
mistaken **equivocado/a** *adj.* 5
modem **módem** *m.* 11
modern **moderno/a** *adj.*
mom **mamá** *f.* 3
Monday **lunes** *m., sing.* 2
money **dinero** *m.* 6
monitor **monitor** *m.* 11
month **mes** *m.* 5
monument **monumento** *m.* 4
moon **luna** *f.* 13
more **más** *adj.* 2
  more... than **más... que** 8
  more than (+ *number*) **más de (+ *number*)** 8
morning **mañana** *f.* 1
most, (the) **el/la/los/las más** 8
mother **madre** *f.* 3
mother-in-law **suegra** *f.* 3
motor **motor** *m.* 11
motorcycle **moto(cicleta)** *f.* 5
mountain **montaña** *f.* 4
mouse **ratón** *m.* 11
mouth **boca** *f.* 10
move (*to another house/city/country*) **mudarse** *v.* 12
movie **película** *f.* 4
  movie star **estrella** *f.* **de cine**
  movie theater **cine** *m.* 4
Mr. **señor (Sr.)** *m.* 1
Mrs. **señora (Sra.)** *f.* 1
much **mucho/a** *adj.* 2, 3
municipal **municipal** *adj.*
murder **crimen** *m.*
muscle **músculo** *m.* 15
museum **museo** *m.* 4
mushroom **champiñón** *m.* 8
music **música** *f.*
musical **musical** *adj.*
musician **músico/a** *m., f.*
must: It must be . . . **Debe ser...** 6
my **mi(s)** *poss. adj.* 3; **mío(s)/a(s)** *poss. pron.* 11

N

name **nombre** *m.* 5
  in my name **a mi nombre** 5
  in the name of **a nombre de** 5
  last name **apellido** *m.* 9
  My name is... **Me llamo...** 1
  be named **llamarse** *v.* 7
napkin **servilleta** *f.* 12
national **nacional** *adj., m., f.*
nationality **nacionalidad** *f.* 1
natural **natural** *adj., m., f.* 13
  natural disaster **desastre** *m.* **natural**
  natural resource **recurso** *m.* **natural** 13
nature **naturaleza** *f.* 13
nauseated **mareado/a** *adj.* 10
near **cerca de** *prep.* 2
neaten **arreglar** *v.* 12
necessary **necesario/a** *adj.* 12
  It's necessary that... **Es necesario que...** 12; **Hay que...** 14
neck **cuello** *m.* 10
need **faltar** *v.* 7; **necesitar** *v.* 2, 12
negative **negativo/a** *adj.*
neighbor **vecino/a** *m., f.* 12
neighborhood **barrio** *m.* 12
neither... nor **ni... ni** *conj.* 7; neither **tampoco** *adv.* 7
nephew **sobrino** *m.* 3
nervous **nervioso/a** *adj.* 5
network **red** *f.*
never **nunca** *adv.* 7; **jamás** *adv.* 7
new **nuevo/a** *adj.* 6
newlywed **recién casado/a** *m., f.* 9
news **noticias** *f., pl.*; **actualidades** *f., pl.*
newscast **noticiero** *m.*
newspaper **periódico** *m.* 4; **diario** *m.*
  read a newspaper **leer un periódico** 4
next **próximo/a** *adj.* 16
next to **al lado de** 2
nice **simpático/a** *adj.* 3; **amable** *adj.* 5
niece **sobrina** *f.* 3
night **noche** *f.* 1
  night stand **mesita** *f.* **de noche** 12
nine **nueve** 1
nine hundred **novecientos/as** 6
nineteen **diecinueve** 1
ninety **noventa** 2
ninth **noveno/a** 5
no **no** 1; **ningún, ninguno/a(s)** *adj.* 7
  no one **nadie** *pron.* 7
  No problem. **Ningún problema.** 7
  no way **de ninguna manera**
none **ningún, ninguno/a(s)** *adj.* 7
noon **mediodía** *m.* 1
nor **ni** *conj.* 7
north **norte** *m.* 14
  to the north **al norte** 14
nose **nariz** *f.* 10
not **no** 1
  not any **ningún, ninguno/a(s)** *adj.* 7
  not anyone **nadie** *pron.* 7
  not anything **nada** *pron.* 7
  not bad at all **nada mal** 5
  not either **tampoco** *adv.* 7
  not ever **nunca** *adv.* 7; **jamás** *adv.* 7
  not very well **no muy bien** 1
  not working **descompuesto/a** *adj.* 11
notebook **cuaderno** *m.* 1
nothing **nada** *pron.* 1; 7
noun **sustantivo** *m.*
November **noviembre** *m.* 5
now **ahora** *adv.*
nowadays **hoy día** *adv.*
nuclear energy **energía nuclear** 13
number **número** *m.* 1
nurse **enfermero/a** *m., f.* 10
nutrition **nutrición** *f.* 15

O

o'clock: It's... o'clock **Son las...** 1
  It's one o'clock. **Es la una.** 1
obey **obedecer (c:zc)** *v.*
obligation **deber** *m.*
obtain **conseguir (e:i)** *v.* 4; **obtener** *v.* 16
obvious **obvio** *adj.* 13
  it's obvious **es obvio** 13

occupation **ocupación** *f.* 16
occur **ocurrir** *v.*
ocean **mar** *m.* 5; **océano** *m.* 13
October **octubre** *m.* 5
of **de** *prep.* 1
  of course **claro que sí; por supuesto**
offer **oferta** *f.* 12; **ofrecer (c:zc)** *v.* 8
office **oficina** *f.* 12
  doctor's office **consultorio** *m.* 10
often **a menudo** *adv.* 10
Oh! **¡Ay!**
oil **aceite** *m.* 8
okay **regular** *adj.* 1
  It's okay. **Está bien.**
old **viejo/a** *adj.* 3; old age **vejez** *f.* 9
older **mayor** *adj., m., f.* 3
  older brother, sister **hermano/a mayor** *m., f.* 3
oldest **el/la mayor** 8
on **en** *prep.* 2; **sobre** *prep.* 2
  on behalf of **de parte de** *prep.* 11
  on the dot **en punto** *adv.* 1
  on time **a tiempo** *adv.* 10
  on top of **encima de** *prep.* 2
once **una vez** 6
once again **una vez más** 9
one **un, uno/a** *adj., pron.* 1
  one hundred **cien(to)** 2
  one million **un millón**
  one thousand **mil**
  one time **una vez** 6
  one way (*travel*) **ida** *f.*
onion **cebolla** *f.* 8
only **sólo** *adv.* 3; **único/a** *adj.* 3
  only child **hijo/a único/a** *m., f.* 3
open **abrir** *v.* 3; **abierto/a** *adj.* 5
open-air **al aire libre** 6
opened **abierto/a** *p.p.* 15
opera **ópera** *f.*
operation **operación** *f.* 10
opposite **en frente de** *prep.* 14
or **o** *conj.* 7
orange **anaranjado/a** *adj.* 6; **naranja** *f.* 8
orchestra **orquesta** *f.*
order **mandar** 12; (*food*) **pedir (e:i)** *v.* 8
  in order to **para** *prep.* 11
orderly **ordenado/a** *adj.* 5
ordinal (*numbers*) **ordinal** *adj.*
other **otro/a** *adj.* 6
our **nuestro(s)/a(s)** *poss. adj.* 3; *poss. pron.* 11
out of order **descompuesto/a** *adj.* 11
outside **fuera** *adv.*
outskirts **afueras** *f., pl.* 12
oven **horno** *m.* 12
over **sobre** *prep.* 2
own **propio/a** *adj.*
owner **dueño/a** *m., f.* 8

P

P.M. **tarde** *f.* 1
pack (one's suitcases) **hacer** *v.* **las maletas** 5
package **paquete** *m.* 14
page **página** *f.* 11
pain **dolor** *m.* 10
  have a pain in the (knee) **tener** *v.* **dolor de (rodilla)**
paint **pintar** *v.*
painter **pintor(a)** *m., f.* 16
painting **cuadro** *m.* 12; **pintura** *f.* 12
pair **par** *m.* 6
pants **pantalones** *m., pl.* 6
pantyhose **medias** *f., pl.* 6
paper **papel** *m.* 2; (*report*) **informe** *m.*
  paper money **billete** *m.*
paragraph **párrafo** *m.*
Pardon me. (*May I?*) **Con permiso.** 1; (*Excuse me.*) Pardon me. **Perdón.** 1
parents **padres** *m., pl.* 3; **papás** *m., pl.* 3
park **parque** *m.* 4; **estacionar** *v.* 11
partner (*one of a couple*) **pareja** *f.* 9
party **fiesta** *f.* 9
pass **pasar** *v.*
passed **pasado/a** *p.p.*
passenger **pasajero/a** *m., f.* 1
passport **pasaporte** *m.* 5
past **pasado/a** *adj.* 6
pastime **pasatiempo** *m.* 4
pastry shop **pastelería** *f.* 14
patient **paciente** *m., f.* 10
patio **patio** *m.* 12
pay in cash **pagar** *v.* **al contado** 14; **pagar en efectivo**
pay in installments **pagar** *v.* **a plazos** 14
pay the bill **pagar** *v.* **la cuenta** 9
pea **arveja** *m.* 8
peace **paz** *f.*
peach **melocotón** *m.*
pear **pera** *f.*
pen **pluma** *f.* 2
pencil **lápiz** *m.* 1
penicillin **penicilina** *f.* 10
people **gente** *f.* 3
pepper **pimienta** *f.* 8
per **por** *prep.* 11
perfect **perfecto/a** *adj.* 5
perhaps **quizás** *adv.*; **tal vez** *adv.*
periods **plazos** *m., pl.*
permission **permiso** *m.*
person **persona** *f.* 3
pharmacy **farmacia** *f.* 10
phenomenal **fenomenal** *adj.*
photograph **foto(grafía)** *f.* 1
physical (*exam*) **examen** *m.* **médico** 10
physician **médico/a** *m., f.* 3; **doctor(a)** *m., f.*
physics **física** *f., sing.* 2

pick up **recoger** *v.* 13
picture **foto** *f.* 5; **pintura** *f.*
pie **pastel** *m.*
pill (tablet) **pastilla** *f.* 10
pillow **almohada** *f.* 12
pineapple **piña** *f.* 8
pink **rosado/a** *adj.* 6
place **lugar** *m.* 4; **poner** *v.* 4
plaid **de cuadros** *adj.* 6
plan (*to do something*) **pensar** *v.* **(+ *inf.*)** 4
plane **avión** *m.* 5
plans **planes** *m., pl.* 4
  have plans **tener** *v.* **planes** 4
plant **planta** *f.* 13
plastic **plástico** *m.* 13
  (made of) plastic **de plástico** 13
plate **plato** *m.* 12
  platter of fried food **fuente** *f.* **de fritada**
play **drama** *m.*; **comedia** *f.*; **jugar (u:ue)** *v.* 4; (*a musical instrument*) **tocar** *v.*; (*a role*) **hacer** *v.* **el papel**; (*cards*) **jugar** *v.* **a (las cartas)**; (*sports*) **practicar** *v.* **deportes** 4
player **jugador(a)** *m., f.* 4
playwright **dramaturgo/a** *m., f.*
plead **rogar (o:ue)** *v.* 12
pleasant **agradable** *adj.*
Please. **Por favor.** 1
Pleased to meet you. **Mucho gusto.** 1; **Encantado/a.** *adj.* 1
pleasing: be pleasing to **gustar** *v.* 7
pleasure **gusto** *m.* 1; **placer** *m.* 15
  It's a pleasure to… **Gusto de (+ *inf.*)**
  It's been a pleasure. **Ha sido un placer.** 15
  The pleasure is mine. **El gusto es mío.** 1
poem **poema** *m.*
poet **poeta** *m., f.* 16
poetry **poesía** *f.*
police (force) **policía** *f.* 11
  police officer **policía** *m.*, **mujer** *f.* **policía** 11
political **político/a** *adj.*
politician **político/a** *m., f.* 16
politics **política** *f.*
polka-dotted **de lunares** *adj.* 6
poll **encuesta** *f.*
pollute **contaminar** *v.* 13
polluted **contaminado/a** *adj.* 13
  be polluted **estar contaminado/a** 13
pollution **contaminación** *f.* 13
pool **piscina** *f.* 4
poor **pobre** *adj.* 6
population **población** *f.* 13
pork **cerdo** *m.* 8
  pork chop **chuleta** *f.* **de cerdo** 8

portable **portátil** *adj.* 11
portable computer **computadora** *f.* **portátil**
position **puesto** *m.* 16
possessive **posesivo/a** *adj.* 3
possible **posible** *adj.* 13
it's (not) possible **(no) es posible** 13
post office **correo** *m.* 14
postcard **postal** *f.* 4; **tarjeta** *f.* **postal** 4
poster **cartel** *m.*
potato **papa** *f.* 8; **patata** *f.* 8
pottery **cerámica** *f.*
practice **entrenarse** *v.* 15; **practicar** *v.* 2
prefer **preferir (e:ie)** *v.* 4, 12
pregnant **embarazada** *adj. f.* 10
prepare **preparar** *v.* 2
preposition **preposición** *f.*
prescribe (*medicine*) **recetar** *v.* 10
prescription **receta** *f.* 10
present **regalo** *m.*; **presentar** *v.*
press **prensa** *f.*
pressure: be under a lot of pressure **sufrir** *v.* **muchas presiones** 15
pretty **bonito/a** *adj.* 3; **bastante** *adv.*
price **precio** *m.* 6
fixed price **precio** *m.* **fijo** 6
print **estampado/a** *adj.*; **imprimir** *v.* 11
printer **impresora** *f.* 11
private (*room*) **individual** *adj.* 5
prize **premio** *m.*
probable **probable** *adj.* 13
it's (not) probable **(no) es probable** 13
problem **problema** *m.* 1
profession **profesión** *f.* 3, 16
professor **profesor(a)** *m., f.* 2
program **programa** *m.* 1
programmer **programador(a)** *m., f.* 3
prohibit **prohibir** *v.* 10, 12
promotion (*career*) **ascenso** *m.* 16
pronoun **pronombre** *m.*
protect **proteger** *v.* 13
protein **proteína** *f.* 15
provided that **con tal (de) que** *conj.* 13
psychologist **psicólogo/a** *m., f.* 16
psychology **psicología** *f.* 2
publish **publicar** *v.*
Puerto Rican **puertorriqueño/a** *adj.* 3
Puerto Rico **Puerto Rico** *m.* 1
pull a tooth **sacar** *v.* **una muela**
purchases **compras** *f., pl.*
pure **puro/a** *adj.* 13
purple **morado/a** *adj.* 6
purse **bolsa** *f.* 6
put **poner** *v.* 4; **puesto/a** *p.p.* 15
put a letter in the mailbox **echar** *v.* **una carta al buzón** 14
put on (*a performance*) **presentar** *v.*
put on (*clothing*) **ponerse** *v.* 7
put on makeup **maquillarse** *v.* 7

Q

quality **calidad** *f.* 6
quarter **trimestre** *m.* 2
quarter after (*time*) **y cuarto** 1; **y quince** 1
quarter to (*time*) **menos cuarto** 1; **menos quince** 1
question **pregunta** *f.*
quickly **rápido** *adv.*
quiet **tranquilo/a** *adj.* 15
quit **dejar** *v.* 16
quite **bastante** *adv.* 10
quiz **prueba** *f.* 2

R

racism **racismo** *m.*
radio (*medium*) **radio** *f.*; radio (*set*) **radio** *m.* 11
rain **llover (o:ue)** *v.* 5; **lluvia** *f.* 13
It's raining. **Llueve.** 5
raincoat **impermeable** *m.* 6
rainforest **bosque** *m.* **tropical** 13
raise (*salary*) **aumento** *v.* **de sueldo** 16
read **leer** *v.* 3; **leído/a** *p.p.* 15
ready **listo/a** *adj.* 15
real estate agency **agencia** *f.* **de bienes raíces** 12
reap the benefits (of) **disfrutar** *v.* **(de)** 15
reason **razón** *f.* 3
receive **recibir** *v.* 3
recommend **recomendar (e:ie)** *v.* 8, 12
recycle **reciclar** *v.* 13
recycling **reciclaje** *m.* 13
red **rojo/a** *adj.* 6
red-haired **pelirrojo/a** *adj.* 3
reduce **reducir** *v.* 13
reduce stress/tension **aliviar** *v.* **el estrés/la tensión**
refrigerator **refrigerador** *m.* 12
region **región** *f.* 13
regret **sentir (e:ie)** *v.* 13
related to sitting **sedentario/a** *adj.*
relationships **relaciones** *f., pl.*
relatives **parientes** *m., pl.* 3
relax **relajarse** *v.* 9
relieve stress/tension **aliviar el estrés/la tensión** 15
remain **quedarse** *v.* 7
remember **recordar (o:ue)** *v.* 4; **acordarse (o:ue)** *v.* **(de)** 7
remote control **control** *m.* **remoto** 11
rent **alquilar** *v.* 12; **alquiler** *m.* 12
repeat **repetir (e:i)** *v.* 4
report **informe** *m.*; **reportaje** *m.*
reporter **reportero/a** *m., f.* 16
representative **representante** *m., f.*
request **pedir (e:i)** *v.* 4
reservation **reservación** *f.* 5
resign (from) **renunciar (a)** *v.* 16
resolve **resolver (o:ue)** *v.* 13
resolved **resuelto/a** *p.p.* 15
resource **recurso** *m.* 13
responsibility **deber** *v.*
rest **descansar** *v.* 2
the rest **lo/los/las demás** *pron.*
restaurant **restaurante** *m.* 4
résumé **currículum** *m.* 16
retire (from work) **jubilarse** *v.* 9
return **regresar** *v.* 2; **volver (o:ue)** *v.* 4
return trip **vuelta** *f.*
returned **vuelto/a** *p.p.* 15
rice **arroz** *m.* 8
rich **rico/a** *adj.* 6
ride **pasear** *v.* 4
ride a bicycle **pasear en bicicleta** 4
ride a horse **montar a caballo** 5
ridiculous **ridículo/a** *adj.* 13
it's ridiculous **es ridículo** 13
right **derecha** *f.* 2
right away **enseguida** *adv.* 9
right here **aquí mismo** 11
right now **ahora mismo** 5
right there **allí mismo** 14
be right **tener** *v.* **razón** 3
to the right of **a la derecha de** 2
right? (*question tag*) **¿no?** 1; **¿verdad?** 1
rights **derechos** *m., pl.*
ring (*a doorbell*) **sonar (o:ue)** *v.* 11
river **río** *m.* 13
road **camino** *m.*
roast chicken **pollo** *m.* **asado** 8
roasted **asado/a** *adj.* 8
rock **piedra** *f.* 13
role **papel** *m.*
rollerblade **patinar** *v.* **en línea**
romantic **romántico/a** *adj.*
room **habitación** *f.* 5; **cuarto** *m.*; (*large, living*) **sala** *f.*
roommate **compañero/a** *m., f.* **de cuarto** 2
round-trip **de ida y vuelta** 5
round-trip ticket **pasaje** *m.* **de ida y vuelta** 5
route **camino** *m.* 11
routine **rutina** *f.* 7
rug **alfombra** *f.* 12
run **correr** *v.* 3
run errands **hacer diligencias** 14
run into (*have an accident*) **chocar** *v.* **(con)** 11; (*meet accidentally*) **darse con** *v.*
rush **apurarse; darse prisa** *v.* 15
Russian **ruso/a** *adj.*

S

sad **triste** *adj.* 5
it's sad **es triste** 13

safe **seguro/a** *adj.* 5
said **dicho/a** *p.p.* 15
sake: for the sake of **por** *prep.*
salad **ensalada** *f.* 8
salary **salario** *m.* 16; **sueldo** *m.* 16
sale **rebaja** *f.* 6
salesperson **vendedor(a)** *m., f.* 6
salmon **salmón** *m.* 8
salt **sal** *f.* 8
salty **salado/a** *adj.* 8
same **mismo/a** *adj.* 3
sandal **sandalia** *f.* 6
sandwich **sándwich** *m.* 8
Saturday **sábado** *m.* 2
sausage **salchicha** *f.* 8
save (*on a computer*) **guardar** *v.* 11; save (money) **ahorrar** *v.* 14
savings **ahorros** *m., pl.* 14
savings account **cuenta** *f.* **de ahorros** 14
say **decir** *v.* 6; **declarar** *v.*
scarcely **apenas** *adv.* 10
scared: be (very) scared **tener** *v.* **(mucho) miedo** 3
schedule **horario** *m.* 2
school **escuela** *f.* 1
science **ciencia** *f.*
science fiction **ciencia ficción** *f.*
scientist **científico/a** *m., f.* 16
scream **gritar** *v.*
screen **pantalla** *f.* 11
scuba dive **bucear** *v.* 4
sculpt **esculpir** *v.*
sculptor **escultor(a)** *m., f.* 16
sculpture **escultura** *f.*
sea **mar** *m.* 5; **océano** *m.*
seafood **mariscos** *m., pl.* 8
search: in search of **por** *prep.* 11
season **estación** *f.* 5
seat **silla** *f.*
second **segundo/a** *adj.* 5
secretary **secretario/a** *m., f.* 16
sedentary **sedentario/a** *adj.* 15
see **ver** *v.* 4
see (you) again **volver** *v.* **a ver(te, lo, la)**
see movies **ver películas** 4
See you. **Nos vemos.** 1
See you later. **Hasta la vista.** 1; **Hasta luego.** 1
See you soon. **Hasta pronto.** 1
See you tomorrow. **Hasta mañana.** 1
seem **parecer** *v.* 8
seen **visto/a** *p.p.* 15
sell **vender** *v.* 6
semester **semestre** *m.* 2
send **enviar** *v.*; **mandar** *v.* 14
separate (from) **separarse** *v.* **(de)** 9
separated **separado/a** *adj.* 9
September **septiembre** *m.* 5
sequence **secuencia** *f.*
serious **grave** *adj.* 10
extremely serious **gravísimo/a** *adj.* 13
serve **servir (e:i)** *v.* 8
set (*fixed*) **fijo** *adj.* 6
set the table **poner** *v.* **la mesa** 12
seven **siete** *adj., pron.* 1
seven hundred **setecientos/as** *adj., pron.* 6
seventeen **diecisiete** *adj., pron.* 1
seventh **séptimo/a** *adj.* 5
seventy **setenta** *adj., pron.* 2
several **varios/as** *adj., pl.* 8
sexism **sexismo** *m.*
shame **lástima** *f.* 13
It's a shame. **Es una lástima.** 13
shampoo **champú** *m.* 7
shape **forma** *f.* 15
be in good shape **estar en buena forma** 15
share **compartir** *v.* 3
sharp (*time*) **en punto** 1
shave **afeitarse** *v.* 7
shaving cream **crema** *f.* **de afeitar** 7
she **ella** *sub. pron.* 1
she is **ella es** 1
shellfish **mariscos** *m., pl.*
ship **barco** *m.*
shirt **camisa** *f.* 6
shoe **zapato** *m.* 6
shoe size **número** *m.* **de zapato** 6
shoe store **zapatería** *f.* 14
tennis shoes **zapatos** *m., pl.* **de tenis**
shop **tienda** *f.* 6
shopping, to go **ir** *v.* **de compras** 6
shopping mall **centro** *m.* **comercial** 6
short (*in height*) **bajo/a** *adj.* 3; (*in length*) **corto/a** *adj.* 6
short story **cuento** *m.*
shorts **pantalones cortos** *m., pl.* 6
should (*do something*) **deber** *v.* **(+ *inf.*)** 3
show **mostrar (o:ue)** *v.* 4; **espectáculo** *m.*
shower **ducha** *f.*; **ducharse** *v.* 7; **bañarse** *v.*
shrimp **camarón** *m.* 8
siblings **hermanos** *m., pl.* 3
sick **mal, malo/a** 5; **enfermo/a** *adj.* 10
be sick **estar enfermo/a** 10
get sick **enfermarse** *v.* 10
sickness **enfermedad** *f.* 10
side table **mesita** *f.* 12
sightseeing: go sightseeing **hacer** *v.* **turismo** 5
sign **firmar** *v.* 14; **letrero** *m.* 14
silk **seda** *f.* 6; (made of) **de seda** 6
silly **tonto/a** *adj.* 3
silverware **cubierto** *m.*
similar **similar** *adj. m., f.*
since **desde** *prep.*
sing **cantar** *v.* 2
singer **cantante** *m., f.* 16
single **soltero/a** *adj.* 9
single room **habitación** *f.* **individual** 5
sink **lavabo** *m.*
sir **señor (Sr.)** *m.* 1
sister **hermana** *f.* 3
sister-in-law **cuñada** *f.* 3
sit down **sentarse (e:ie)** *v.* 7
six **seis** *adj., pron.* 1
six hundred **seiscientos/as** *adj., pron.* 6
sixteen **dieciséis** *adj., pron.* 1
sixth **sexto/a** *adj.* 5
sixty **sesenta** *adj., pron.* 2
size **talla** *f.* 6
shoe size **número** *m.* **de zapato** 6
skate (in-line) **patinar** *v.* **(en línea)** 4
ski **esquiar** *v.* 4
skiing **esquí** *m.* 4
water-skiing **esquí acuático** 4
skirt **falda** *f.* 6
sky **cielo** *m.* 13
sleep **dormir (o:ue)** *v.* 4; **sueño** *m.* 3
go to sleep **dormirse (o:ue)** *v.* 7
sleepy: be (very) sleepy **tener** *v.* **(mucho) sueño** 3
slender **delgado/a** *adj.* 3
slim down **adelgazar** *v.* 15
slow **lento/a** *adj.* 11
slowly **despacio** *adv.*
small **pequeño/a** *adj.* 3
smaller **menor** *adj.* 8
smallest, (the) **el/la menor** *m., f.* 8
smart **listo/a** *adj.* 5
smile **sonreír (e:i)** *v.* 9
smiled **sonreído** *p.p.* 15
smoggy: It's (very) smoggy. **Hay (mucha) contaminación.**
smoke **fumar** *v.* 15
not to smoke **no fumar** *v.* 15
smoking section **sección** *f.* **de fumadores** 8
(non) smoking section **sección de (no) fumadores** 8
snack (in the afternoon) **merendar** *v.* 15; (afternoon snack) **merienda** *f.* 15
have a snack **merendar** *v.* 15
sneakers **zapatos de tenis** 6
sneeze **estornudar** *v.* 10
snow **nevar (e:ie)** *v.* 5; **nieve** *f.*
snowing: It's snowing. **Nieva.** 5
so (*in such a way*) **así** *adv.* 10; **tan** *adv.* 5
so much **tanto** *adv.*
so-so **regular** 1; **así así**
so that **para que** *conj.* 13
soap **jabón** *m.* 7
soap opera **telenovela** *f.*
soccer **fútbol** *m.* 4
sociology **sociología** *f.* 2

sock **calcetín** *m.* 6
sofa **sofá** *m.* 12
soft drink **refresco** *m.* 8
software **programa** *m.* **de computación** 11
soil **tierra** *f.* 13
solar energy **energía solar** 13
solution **solución** *f.* 13
solve **resolver (o:ue)** *v.* 13
some **algún, alguno/a(s)** *adj.* 7; **unos/as** *pron.* 1; **unos/as** *m., f., pl. indef. art.* 1
somebody **alguien** *pron.*
someone **alguien** *pron.* 7
something **algo** *pron.* 7
sometimes **a veces** *adv.* 10
son **hijo** *m.* 3
song **canción** *f.*
son-in-law **yerno** *m.* 3
soon **pronto** *adj.* 10
  See you soon. **Hasta pronto.** 1
sorry: be sorry **sentir (e:ie)** *v.* 13
  I'm sorry. **Lo siento.** 1
  I'm so sorry. **Mil perdones.; Lo siento muchísimo.** 4
soup **caldo** *m.* 8; **sopa** *f.* 8
sour **agrio/a** *adj.* 8
south **sur** *m.* 14
  to the south **al sur** 14
Spain **España** *f.* 1
Spanish (*language*) **español** *m.* 2; **español(a)** *adj.; m., f.* 3
spare time **ratos** *m., pl.* **libres** 4
speak **hablar** *v.* 2
specialization **especialización** *f.*
spectacular **espectacular** *adj.* 15
speech **discurso** *m.*
speed **velocidad** *f.* 11
  speed limit **velocidad máxima** 11
spelling **ortográfico/a** *adj.*
spend (*money*) **gastar** *v.* 6
  spend time **pasar** *v.* **el tiempo** 4
spicy **picante** *adj.* 8
spoon (*table or large*) **cuchara** *f.* 12
sport **deporte** *m.* 4
  sports-loving **deportivo/a** *adj.*
  sports-related **deportivo/a** *adj.* 4
spouse **esposo/a** *m., f.* 3
sprain (one's ankle) **torcerse** *v.* **(el tobillo)** 10
sprained **torcido/a** *adj.* 10
  be sprained **estar** *v.* **torcido/a** 10
spring **primavera** *f.* 5
stadium **estadio** *m.* 2
stage **etapa** *f.* 9
stairs **escalera** *f.* 12
stairway **escalera** *f.* 12
stamp **estampilla** *f.* 14; **sello** *m.* 14
stand in line **hacer** *v.* **cola** 14
star **estrella** *f.* 13
start (*a vehicle*) **arrancar** *v.* 11
state **estado** *m.*
station **estación** *f.* 5
statue **estatua** *f.*
status: marital status **estado** *m.* **civil** 9
stay **quedarse** *v.* 7
  Stay calm! **¡Tranquilo/a!** *adj.*
  stay in shape **mantenerse** *v.* **en forma** 15
steak **bistec** *m.* 8
steering wheel **volante** *m.* 11
step **etapa** *f.*
stepbrother **hermanastro** *m.* 3
stepdaughter **hijastra** *f.* 3
stepfather **padrastro** *m.* 3
stepmother **madrastra** *f.* 3
stepsister **hermanastra** *f.* 3
stepson **hijastro** *m.* 3
stereo **estéreo** *m.* 11
still **todavía** *adv.* 5
stock broker **corredor(a)** *m., f.* **de bolsa** 16
stockings **medias** *f., pl.* 6
stomach **estómago** *m.* 10
stone **piedra** *f.* 13
stop **parar** *v.* 11
  stop (*doing something*) **dejar** *v.* **de (+ *inf.*)** 13
store **tienda** *f.* 6
storm **tormenta** *f.*
story **cuento** *m.;* **historia** *f.*
stove **estufa** *f.* 12
straight **derecho** *adj.* 14
  straight ahead **(todo) derecho** 14
straighten up **arreglar** *v.* 12
strange **extraño/a** *adj.* 13
  It's strange... **Es extraño...** 13
strawberry **frutilla** *f.;* **fresa** *f.* 8
street **calle** *f.* 11
stress **estrés** *m.* 15
stretching **estiramiento** *m.* 15
  stretching exercises **ejercicios** *m., pl.* **de estiramiento** 15
strike (*labor*) **huelga** *f.*
stripe **raya** *f.* 6
  striped **de rayas** *adj.* 6
stroll **pasear** *v.* 4
strong **fuerte** *adj.* 15
struggle (for) **luchar** *v.* **(por)**
student **estudiante** *m., f.* 1; **estudiantil** *adj.*
study **estudiar** *v.* 2
stuffed up (*sinuses*) **congestionado/a** *adj.* 10
stupendous **estupendo/a** *adj.* 5
style **estilo** *m.*
suburbs **afueras** *f., pl.* 12
subway **metro** *m.* 5
  subway station **estación** *f.* **del metro** 5
success **éxito** *m.* 16
successful: be successful **tener** *v.* **éxito** 16
such as **tales como**
suddenly **de repente** *adv.* 6
suffer **sufrir** *v.* 13
  suffer from an illness **sufrir una enfermedad** 13
sufficient **bastante** *adj.*
sugar **azúcar** *m.* 8
suggest **sugerir (e:ie)** *v.* 12
suit **traje** *m.* 6
suitcase **maleta** *f.* 1
summer **verano** *m.* 5
sun **sol** *m.* 4, 13
sunbathe **tomar** *v.* **el sol** 4
Sunday **domingo** *m.* 2
sunglasses **gafas** *f., pl.* **de sol** 6; **gafas oscuras** 14; **lentes** *m., pl.* **de sol**
sunny: It's (very) sunny. **Hace (mucho) sol.** 5
supermarket **supermercado** *m.* 14
suppose **suponer** *v.* 4
sure **seguro/a** *adj.* 5
  be sure (of) **estar** *v.* **seguro/a (de)** 5, 13
surf the Internet **navegar** *v.* **en Internet** 11
surprise **sorprender** *v.* 9; **sorpresa** *f.* 9
survey **encuesta** *f.*
sweat **sudar** *v.* 15
sweater **suéter** *m.* 6
sweep the floor **barrer** *v.* **el suelo** 12
sweet **dulce** *adj.* 8
sweets **dulces** *m., pl.* 9
swim **nadar** *v.* 4
swimming **natación** *f.* 4
  swimming pool **piscina** *f.* 4
symptom **síntoma** *m.* 10

T

table **mesa** *f.* 2
tablespoon **cuchara** *f.* 12
tablet (*pill*) **pastilla** *f.* 10
take **tomar** *v.* 2, 8; **llevar** *v.*
  Take care! **¡Cuídense!** 15
  take care of **cuidar** *v.* 13
  take (someone's) temperature **tomar(le)** *v.* **la temperatura (a alguien)** 10
  take (*wear*) a shoe size **calzar** *v.* 6
  take a bath **bañarse** *v.* 7
  take a shower **ducharse** *v.* 7
  take into account **tomar** *v.* **en cuenta**
  take off **quitarse** *v.* 7
  take out the trash **sacar** *v.* **la basura** 12
  take pictures **sacar** *v.* **fotos** 5; **tomar fotos** 13
talented **talentoso/a** *adj.*
talk **hablar** *v.* 2; **conversar** *v.* 2
  talk show **programa** *m.* **de entrevistas**
tall **alto/a** *adj.* 3
tank **tanque** *m.* 11
tape (audio) **cinta** *f.* 11
  tape recorder **grabadora** *f.* 1
taste **probar (o:ue)** *v.* 8

tasty **rico/a** *adj.* 8; **sabroso/a** *adj.* 8
tax **impuesto** *m.*
taxi(cab) **taxi** *m.* 5
tea **té** *m.* 8
teach **enseñar** *v.* 2
teacher **profesor(a)** *m., f.* 1; (*elementary school*) **maestro/a** *m., f.* 16
team **equipo** *m.* 4
technician **técnico/a** *m., f.* 16
telecommuting **teletrabajo** *m.* 16
teleconference **videoconferencia** *f.*
telephone **teléfono** *m.* 11
  cellular telephone **teléfono celular** 11
television **televisión** *f.* 11
  television set **televisor** *m.* 11
tell **decir** *v.* 6
temperature **temperatura** *f.* 10
ten **diez** *adj., pron.* 1
tennis **tenis** *m.* 4
  tennis shoes **zapatos** *m., pl.* **de tenis**
tension **tensión** *f.* 15
tent **tienda** *f.* **de campaña** 5
tenth **décimo/a** *adj.* 5
terrible **terrible** *adj. m., f.* 13
  it's terrible **es terrible** 13
terrific **chévere** *adj.*
test **prueba** *f.* 2; **examen** *m.* 2
Thank you. **Gracias.** *f., pl.* 1
  Thank you (very much). **(Muchas) gracias.** 1
  Thank you very, very much. **Muchísimas gracias.** 9
  Thanks (a lot). **(Muchas) gracias.** 1
  Thanks for everything. **Gracias por todo.** 9
  Thanks once again. **Gracias una vez más.** 9
that **que; quien(es); lo que** *rel. pron.* 9
  that (one) **ése, ésa, eso** *pron.* 6; **ese, esa,** *adj.* 6
  that (*over there*) **aquél, aquélla, aquello** *pron.* 6; **aquel, aquella** *adj.* 6
  that which **lo que** *conj.* 9
  That's me. **Soy yo.** 1
  that's why **por eso** 11
the **el** *m.*, **la** *f. sing., def. art.*; **los** *m.*, **las** *f. pl., def. art.* 1
theater **teatro** *m.*
their **su(s)** *poss., adj.* 3; **suyo(s)/a(s)** *poss., pron.* 11
them **los/las** *pron.* 5; **les** *pron.* 6
then **después** (*afterward*) *adv.* 7; **entonces** (*as a result*) *adv.* 7; **luego** (*next*) *adv.* 7; **pues** *adv.* 15
there **allí** *adv.* 5
  There is/are... **Hay...** 1;
  There is/are not... **No hay...** 1
therefore **por eso** *adv.* 11
these **éstos, éstas** *pron.* 6; **estos, estas** *adj.* 6
they **ellos/as** *sub. pron.* 1
  they are **ellos/as son** 1
thin **delgado/a** *adj.* 3
thing **cosa** *f.* 1
think **pensar (e:ie)** *v.* 4; (believe) **creer** *v.* think about **pensar en** 4
third **tercer, tercero/a** *adj.* 5
thirst **sed** *f.* 3
thirsty: be (very) thirsty **tener** *v.* **(mucha) sed** 3
thirteen **trece** *adj., pron.* 1
thirty **treinta** *adj., pron.* 1; thirty (*minutes past the hour*) **y treinta** 1; **y media** 1
this **este, esta** *adj.*; **éste, ésta, esto** *pron.* 6
  This is... (*introduction*) **Éste/a es...** 1
  This is he/she. (*on telephone*) **Con él/ella habla.** 11
those **ésos, ésas** *pron.* 6; **esos, esas** *adj.* 6
those (over there) **aquéllos, aquéllas** *pron.* 6; **aquellos, aquellas** *adj.* 6
thousand **mil** *m.* 6
three **tres** 1
three hundred **trescientos/as** 6
throat **garganta** *f.* 10
through **por** *prep.* 11
throughout: throughout the world **en todo el mundo** 13
throw **echar** *v.*
Thursday **jueves** *m., sing.* 2
thus (*in such a way*) **así** *adj.*
ticket **boleto** *m;.* **entrada** *f.;* **pasaje** *m.* 5
tie **corbata** *f.* 6
time **vez** *f.* 6; time **tiempo** *m.* 4
  buy on time **comprar** *v.* **a plazos** *m., pl.* have a good/bad time **pasar lo** *v.* **bien/mal** 9
  We had a great time. **Lo pasamos de película.**
times **veces** *f., pl.*
  many times **muchas veces** 10
tip **propina** *f.* 9
tire **llanta** *f.* 11
tired **cansado/a** *adj.* 5
  be tired **estar** *v.* **cansado/a** 5
title **título** *m.*
to **a** *prep.* 1
toast (*drink*) **brindar** *v.* 9
  toast **pan** *m.* **tostado**
toasted **tostado/a** *adj.* 8
toaster **tostadora** *f.*
today **hoy** *adv.* 2
  Today is . . . **Hoy es...** 2, 5
together **juntos/as** *adj.* 9
tomato **tomate** *m.* 8
tomorrow **mañana** *adv.* 1
  See you tomorrow. **Hasta mañana.** 1
tonight **esta noche** *adv.* 4
too **también** *adv.* 2; 7
  too much **demasiado** *adv.* 6; **en exceso** 15
tooth **diente** *m.* 7; tooth **muela** *f.* 10
tornado **tornado** *m.*
tortilla **tortilla** *f.* 8
touch **tocar** *v.* 13
tour an area **recorrer** *v.;* **excursión** *f.*
  go on a tour **hacer** *v.* **una excursión** 5
tourism **turismo** *m.* 5
tourist **turista** *m., f.* 1; **turístico/a** *adj.*
toward **para** *prep.* 11; **hacia** *prep.* 14
towel **toalla** *f.* 7
town **pueblo** *m.* 4
trade **oficio** *m.* 16
traffic **circulación** *f.;* **tráfico** *m.* 11
  traffic light **semáforo** *m.* 11
tragedy **tragedia** *f.*
trail **sendero** *m.* 13
  trailhead **sendero** *m.*
train **entrenarse** *v.* 15; **tren** *m.* 5
  train station **estación** *f.* **del tren** *m.* 5
trainer **monitor(a)** *m., f.* 15
translate **traducir** *v.* 8
trash **basura** *f.* 12
travel **viajar** *v.* 2
  travel agency **agencia** *f.* **de viajes** 5
  travel agent **agente** *m., f.* **de viajes** 5
  travel documents **documentos** *pl.; m.* **de viaje**
traveler **viajero/a** *m., f.* 5
  traveler's check **cheque** *m.* **de viajero** 14
tree **árbol** *m.* 13
trillion **billón** 6
trimester **trimestre** *m.* 2
trip **viaje** *m.* 5
  take a trip **hacer** *v.* **un viaje** 5
tropical forest **bosque** *m.* **tropical** 13
truck **camión** *m.*
true **cierto/a; verdad** *adj.* 13
  it's (not) true **(no) es cierto/verdad** 13
trunk **baúl** *m.* 11
truth **verdad** *f.* 6
try **intentar** *v.*; **probar (o:ue)** *v.* 8
  try (*to do something*) **tratar** *v.* **de (+ *inf.*)** 15
  try on **probarse (o:ue)** *v.* 7
t-shirt **camiseta** *f.* 6
Tuesday **martes** *m., sing.* 2
tuna **atún** *m.* 8
turkey **pavo** *m.* 8
turn **doblar** *v.* 14
  turn off (*electricity/appliance*) **apagar** *v.* 11
  turn on (*electricity/appliance*) **poner** *v.* 11; **prender** *v.* 11
twelve **doce** 1

twenty **veinte** 1
twenty-eight **veintiocho** 1
twenty-five **veinticinco** 1
twenty-four **veinticuatro** 1
twenty-nine **veintinueve** 1
twenty-one **veintiún, veintiuno/a** 1
twenty-seven **veintisiete** 1
twenty-six **veintiséis** 1
twenty-three **veintitrés** 1
twenty-two **veintidós** 1
twice **dos veces** 6
twisted **torcido/a** *adj.* 10
  be twisted **estar** *v.* **torcido/a** 10
two **dos** 1
two hundred **doscientos/as** 6
  two times **dos veces** 6

U

ugly **feo/a** *adj.* 3
uncle **tío** *m.* 3
under **debajo de** *prep.* 2; **bajo** *prep.*
understand **comprender** *v.* 3; **entender (e:ie)** *v.* 4
underwear **ropa** *f.* **interior** 6
unemployment **desempleo** *m.*
United States **Estados Unidos** *m., pl.* 1
university **universidad** *f.* 2
unless **a menos que** *adv.* 13
unmarried **soltero/a** *adj.* 9
unpleasant **antipático/a** *adj.* 3
until **hasta** *prep.* 6; **hasta que** *conj.* 13
up **arriba** *adv.*
urgent **urgente** *adj.* 12
  It's urgent that… **Es urgente que…** 12
us **nos** *pron.* 5
use **usar** *v.* 6
used for **para** *prep.* 11
useful **útil** *adj.*

V

vacation **vacaciones** *f., pl.* 5
  be on vacation **estar** *v.* **de vacaciones** 5
  go on vacation **ir** *v.* **de vacaciones** 5
vacuum **pasar** *v.* **la aspiradora** 12
  vacuum cleaner **aspiradora** *f.* 12
valley **valle** *m.* 13
various **varios/as** *adj., pl.*
VCR **videocasetera** *f.* 11
vegetables **verduras** *f., pl.* 8
verb **verbo** *m.*
very **muy** *adv.* 1
  very bad **malísimo** 8
  very much **muchísimo** *adv.* 2
  Very good, thank you. **Muy bien, gracias.**
  (Very) well, thanks. **(Muy) bien, gracias.** 1
vest **chaleco** *m.*
video **video** *m.* 1
  videocassette **videocasete** *m.* 11
  video conference **videoconferencia** *f.* 16
  videocamera **cámara** *f.* **de video** 11
vinegar **vinagre** *m.* 8
violence **violencia** *f.*
visit **visitar** *v.* 4
  visit a monument **visitar un monumento** 4
vitamin **vitamina** *f.* 15
volcano **volcán** *m.* 13
volleyball **vóleibol** *m.* 4
vote **votar** *v.*

W

wait (for) **esperar** *v.* 2
waiter **camarero/a** *m., f.* 8
wake up **despertarse (e:ie)** *v.* 7
walk **caminar** *v.* 2
  take a walk **pasear** *v.* 4
  walk around the city/town **pasear por la ciudad/el pueblo** 4
Walkman **walkman** *m.*
wall **pared** *f.* 12
wallet **cartera** *f.* 6
want **desear** *v.* 2; **querer (e:ie)** *v.* 4, 12
  I don't want to **no quiero** 4
war **guerra** *f.*
warm (oneself) up **calentarse** *v.* 15
wash **lavar** *v.* 12
  wash one's face/hands **lavarse** *v.* **la cara/las manos** 7
  wash oneself **lavarse** 7
washing machine **lavadora** *f.* 12
watch **mirar** *v.* 2; **reloj** *m.* 2
  watch television **mirar (la) televisión** 2
water **agua** *f.* 8
  water pollution **contaminación del agua** 13
  water-skiing **esquí** *m.* **acuático** 4
way **manera** *f.*
we **nosotros/as** *sub. pron.* 1
  we are **nosotros/as somos** 1
weak **débil** *adj.* 15
wear **llevar** *v.* 6; **usar** *v.* 6; **calzar** *v.* (shoes) 6
weather **tiempo** *m.* 5
  It's bad weather. **Hace mal tiempo.** 5
  It's nice weather. **Hace buen tiempo.** 5
weaving **tejido** *m.*
Web **red** *f.* 11
website **sitio** *m.* **Web** 11
wedding **boda** *f.* 9
Wednesday **miércoles** *m., sing.* 2
week **semana** *f.* 2
weekend **fin** *m.* **de semana** 4
weight **peso** *m.* 15
  lift weights **levantar** *v.* **pesas** *f., pl.* 15
Welcome! **¡Bienvenido(s)/a(s)!** *adj.* 12
well **pues** *adv.* 2; **bueno** *adv.* 2
well-being **bienestar** *m.* 15
well organized **ordenado/a** *adj.*
west **oeste** *m.* 14
  to the west **al oeste** 14
western (*genre*) **de vaqueros** *adj.*
what **lo que** 9
  what? **¿qué?** *adj., pron.* 1, 9; **¿cuál(es)?** 9
  At what time…? **¿A qué hora…?** 1
  What a… ! **¡Qué…!**
  What a pleasure to . . . ! **¡Qué gusto (+** ***inf.*****)…**
  What a surprise! **¡Qué sorpresa!**
  What day is it? **¿Qué día es hoy?**
  What did he/she do? **¿Qué hizo él/ella?** 6
  What did they do? **¿Qué hicieron ellos/ellas?** 6
  What did you do? **¿Qué hiciste?** *fam., sing.;* **¿Qué hizo usted?** *form., sing.;* **¿Qué hicieron ustedes?** *form., pl.* 6
  What did you say? **¿Cómo?**
  What do you guys think? **¿Qué les parece?** 9
  What happened? **¿Qué pasó?** 11
  What is it? **¿Qué es?** 1
  What is the date (today)? **¿Cuál es la fecha (de hoy)?**
  What is the price? **¿Qué precio tiene?**
  What is today's date? **¿Cuál es la fecha de hoy?** 5
  What pain! **¡Qué dolor!**
  What pretty clothes! **¡Qué ropa más bonita!** 6
  What size do you wear? **¿Qué talla lleva (usa)?** 6
  What time is it? **¿Qué hora es?** 1
  What's going on? **¿Qué pasa?** 1
  What's happening? **¿Qué pasa?** 1
  What's… like? **¿Cómo es…?** 3
  What's new? **¿Qué hay de nuevo?** 1
  What's the weather like? **¿Qué tiempo hace?** 5
  What's wrong? **¿Qué pasó?**
  What's your name? **¿Cómo se llama usted?** *form.* 1
  What's your name? **¿Cómo te llamas (tú)?** *fam.* 1
when **cuando** *conj.* 7
  When? **¿Cuándo?** 2, 9
where **donde** *adj., conj.*
  where? (*destination*) **¿adónde?** 2, 9; (*location*) **¿dónde?** 1, 9
  Where are you from? **¿De dónde eres?** *fam.* 1; **¿De dónde es usted?**

form. 1
Where is...? **¿Dónde está...?** 2
(to) where? **¿adónde?** 2
which **que; lo que** *rel. pron.* 9
which? **¿cuál(es)?** *adj., pron.;* **¿qué?** 2, 9
which one(s)? **¿cuál(es)?** 2
while **mientras** *adv.* 10
white **blanco/a** *adj.* 6
white wine **vino** *m.* **blanco** 8
who **que; quien(es)** *rel. pron.* 9
who? **¿quién(es)?** 1, 9
Who is...? **¿Quién es...?** 1
Who is calling? (*on telephone*) **¿De parte de quién?** 11
Who is speaking? (*on telephone*) **¿Quién habla?** 11
whole **todo/a** *adj.*
whom **quien(es)** *rel. pron.* 9
whose...? **¿de quién(es)...?** 1
why? **¿por qué?** *adv.* 2
widowed **viudo/a** *adj.* 9
wife **esposa** *f.* 3
win **ganar** *v.* 4
wind **viento** *m.*
window **ventana** *f.* 2
windshield **parabrisas** *m., sing.* 11
windy: It's (very) windy. **Hace (mucho) viento.** 5
wine **vino** *m.* 8
red wine **vino tinto** 8
white wine **vino blanco** 8
wineglass **copa** *f.* 12
winter **invierno** *m.* 5
wish **desear** *v.* 2; **esperar** *v.* 13
I wish (that) **Ojalá que** 13
with **con** *prep.* 2
with me **conmigo** 4
with you **contigo** *fam.*
within **dentro de** *prep.* 16
without **sin** *prep.* 13, 15; **sin que** *conj.* 13
without a doubt **sin duda**
woman **mujer** *f.* 1
wool **lana** *f.* 6
(made of) wool **de lana** 6
word **palabra** *f.* 1
work **trabajar** *v.* 2; **funcionar** *v.* 11; **trabajo** *m.* 16
work (*of art, literature, music, etc.*) **obra** *f.*
work out **hacer** *v.* **gimnasia** 15
world **mundo** *m.* 13
worldwide **mundial** *adj. m., f.*
worried (about) **preocupado/a (por)** *adj.* 5
worry (about) **preocuparse** *v.* **(por)** 7
Don't worry. **No se preocupe.** *form.* 7; **No te preocupes.** *fam.* 7
worse **peor** *adj. m., f.* 8
worst **el/la peor** 8; **lo peor**
Would you like to? **¿Te gustaría?**
write **escribir** *v.* 3
write a letter/post card/e-mail message **escribir una carta/(tarjeta) postal/mensaje** *m.* **electrónico** 4
writer **escritor(a)** *m., f.* 16
written **escrito/a** *p.p.* 15
wrong **equivocado/a** *adj.* 5
be wrong **no tener** *v.* **razón** 3

X

X-ray **radiografía** *f.* 10

Y

yard **jardín** *m.* 12; **patio** *m.*
year **año** *m.* 5
be... years old **tener** *v.* **... años** 3
yellow **amarillo/a** *adj.* 6
yes **sí** *interj.* 1
yesterday **ayer** *adv.* 6
yet **todavía** *adv.* 5
yogurt **yogur** *m.*
you **tú** *sub. pron. fam. sing.* 1; **usted** *sub. pron. form. sing.* 1; **vosotros/as** *sub. pron. fam. pl.* 1; **ustedes** *sub. pron. form. pl.* 1; **te** *d. o. pron. fam. sing.* 5; **lo** *d. o. pron. m. form. sing.* 5; **la** *d. o. pron. f. form. sing.* 5; **os** *d. o. pron. fam. pl.* 5; **los** *d. o. pron. m. form. pl.* 5; **las** *d. o. pron. f. form. pl.* 5; **le(s)** *i. o. pron. form.* 6;
you are **tú eres** *fam. sing.* 1; **usted es** *form. sing.* 1; **vosotros/as sois** *fam. pl.* 1; **ustedes son** *form. pl.* 1
You don't say! **¡No me digas!** *fam.;* **¡No me diga!** *form.* 11
You're welcome. **De nada.** 1; **No hay de qué.** 1
young **joven** *adj.* 3
young person **joven** *m., f.* 1
young woman **señorita** *f.* 2
younger **menor** *adj. m., f.* 3
younger brother, sister **hermano/a menor** *m., f.* 3
youngest **el/la menor** *m., f.* 8
your **su(s)** *poss., adj., form.* 3
your **tu(s)** *poss., adj., fam. sing.* 3
your **vuestro(s)/a(s)** *poss., adj. form., pl.*
your(s) *form.* **suyo(s)/a(s)** *poss. pron., form.* 11
your(s) **tuyo(s)/a(s)** *poss., fam., sing.* 11
youth **juventud** *f.* 9; (young person) **joven** *m., f.* 1

Z

zero **cero** *m.* 1

Índice

O

P

Q

R

S

T

U

V

W

Y

Text Credits

376-377 © Carlos Fuentes, un fragmento de *La Muerte de Artemio Cruz*, 1962, reprinted by permission of Carmen Ballcels Agencia Literaria.
404-405 © Cristina Peri Rossi, "14," de *Indicios Pánicos*, 1970, reprinted by permission of the author.
428-429 © Augusto Monterroso, *Imaginación y destino*, Santiago, Mosquito, 1999, reprinted by permission of International Editors' Co. Barcelona.

Fine Art

107 *Triptych of the Rains: Part 3, To Turn Green Again* by Tomás Sánchez.
110 *Sugar Cane* by Diego Rivera.
433 *Las Mininas* by Diego Rodríguez de Silva y Velázquez.

Illustration Credits

Sophie Casson: 14, 16, 17, 18, 19, 42, 43, 68, 70, 86, 88, 118, 126, 127, 143, 144, 157, 173, 186, 199, 208, 212, 213, 236, 256, 282, 292, 307, 319, 344, 350, 394, 397.
Debra Spina Dixon: 3, 28, 29, 59, 84 (r), 85, 94, 114, 115, 140, 141, 151, 159, 170, 171, 196, 197, 226, 252, 253, 280, 281, 304, 305, 332, 333, 356, 357, 384, 385, 408.
Herman Mejía: 265, 322.
Sebastia Serra: 84 (bl).
Pere Virgili: 58, 60, 62, 74, 76, 79, 124, 125, 128, 129, 131, 134, 142, 156, 192, 193, 206, 214, 215, 227, 269, 314, 320, 348, 387, 398, 401.
Yayo: 7, 33, 63, 89, 119, 145, 175, 201, 231, 257, 285, 309, 337, 352–353, 361, 389, 413.

Photography Credits

AGEfotostock: 324
Martin Bernetti: 1, 2 (t, bl), **3, 4, 5, 6** (l, m), **11** (tl, tr), **12, 13** (all but t), **16** (left panel), **17** (tr), **22, 23** (t), **28, 29, 30, 32, 37** (l), **38, 39** (l panel: t, ml, bl, br) r panel **40, 41, 42, 45** (t), **46, 48** (tr, b), **49** (tr), **57, 58, 59** (t, b), **61** (t, mm, bl, bm, br), **67** (tr, tl), **68** (tr, bm, br), **70, 71** (m, b), **72** (t, tml, bml, bmr), **73** (l), **78** (b, tr), **79, 80** (tl), **83, 86, 87** (tl, tmr, tr, br), **96, 98, 100** (tl, tr, bl), **103** (l), **104** (tl, tr), **105, 113, 114, 115** (t, bl), **116** (l, m), **122, 123** (b), **124, 130, 141, 142** (r), **149** (tr, b), **153, 156** (tl, ml, bl), **161, 162, 163, 169, 170, 171** (tl, bl), **172** (tr, ml, bl,bmr), **174, 179, 180** (tl, tr, ml, bl), **181, 183** (t, m), **184, 187, 190, 195, 196** (tr), **197** (tl, tr, br), **211** (mm, bl, br), **216, 226** (tr), **228, 230, 236, 239** (tr, bm), **240, 243** (ml, mr, br), **248, 249, 251, 252, 253, 254, 261** (tr, bl), **272, 280, 281, 289** (tl), **291** (l), **294, 298, 304** (tl), **305, 306** (l), **308, 313** (tr), **331, 332** (tl, br), **333** (tr, bl), **335, 336** (m, r), **343, 345, 346, 347** (l), **355, 356** (tr, mr, bl), **357** (tl, br), **358, 359, 365** (bl), **375, 384** (tr, b), **385, 393** (tr), **394** (r), **395** (l), **399, 403** (t), **404, 407, 408** (tr, bl, br), **409** (b), **410, 412, 420, 423**.

Corbis Images: cover: Philippe Giraud. **16** right panel: (tl, ml) Mitchell Gerber, (tmr) Ray Stubblebine. **17** (bl) Reuters NewMedia, Inc. **21** Daniel Aguilar/Reuters. **23** (b) Sandy Felsenthal. **31** (t) Bettmann. **37** (tr) Jon Hicks. **45** (br) Reuters/Marc Serota. **47** Pascal Le Segretain. **53** Schwarz, Shaul. **54** (tl) Buddy Mays, (tr) Patrick Ward, (bl) Mitchell Gerber, (bcl) Rufus F. Folkks, (bcr) Reuters NewMedia, Inc. Jim Ruymen, (br). **55** (tr) Danny Lehman, (tl) Richard Cummins. **61** (mr) Dann Tardiff. **68** (bl) Catherine Karnow. **69** (tl) Manuel Zambrana, (ml) Steve Azzara, (bl) Mark E. Gibson, (tr) Ted Spiegel, (br) Reuters / Juergen Schwarz. **77** Rafael Roa. **84** (b) Jeffrey L. Rotman. **85** (tl) Galen Rowell, (tr) Neal Preston. **93** (tl) Reuters/Desmond Boylan, (tr) Tim de Waele. **97** (tl, tr) Chris Trotman, (bl) Warren Morgan. **99** (tl) Jose Luis Pelaez. **102** Henry Romero. **110** (t) Morton Beebe, (bl) Bettmann. **111** (bl) Brian A. Vikander. **123** (tr) Nik Wheeler, (ml) Danny Lehman. **127** (tr) Duomo/Chris Trotman, (ml) Sergio Carmona, (mm) Reuters/Allen Fredrickson, (mr, bl) Duomo/ Steven E. Sutton, (bm) Henry Diltz, (br) Reuters/Gary Hershorn. **133** Henry Romero/ Reuters. **165** Dave G. Houser. **166** (bl) Mike Segar, (br) Michael Kim. **143** (tl, br) Jeremy Horner, (ml) Steve Chenn. **159** Armando Arorizo/Zuma. **189** Henry Romero/Reuters. **196** (b) Lois Ellen Frank. **205** (tl) Owen Franken, (tr) Reuters/Ricky Rogers. **221** Galen Rowell. **223** (t) Francoise de Mulder, (br) Moshe Shai. **193** Gabe Palmer. **235** (tr) Patrick Ward, (ml) Danny Lehman, (br) Reuters/Enrique Shore. **244** (l) Lew Robertson, (r) Hurewitz Creative. **245** (l) Patrick Ward, (r) Alberto Lowe/Reuters. **269** Howard Yanes/Reuters. **271** Stephanie Maze. **275** William Sallaz. **276** (t) Javier Pierini. **277** (tl, br) Owen Franken, (tr) Miki Kratsman. **279** PictureNet. **289** (mr) Abilio Lope. **297** Bettmann. **300** Najlah Feanny-Hicks. **313** (tl) Owen Franken, (b) K. M. Westermann. **321** Sam Mircovich/ Reuters. **323** Tony Arruza. **327** Owen Franken. **328** (l) Dave G. Houser, (r) Craig Lovell. **329** (tl) Kevin Schafer, (tr) Tony Arruza, (bl) Buddy Mays, (b) Yann Arthus-Bertrand. **332** (tr) Kevin Schafer. **334** (tr) Stephanie Maze, (br) Roger Tidman. **336** (l) Joel W. Rogers. **341** (br) Hubert Stadler. **349** Daniel Aguilar/Reuters. **365** (tr) Patrick Ward. **370** (bl) R. W. Jones. **373** Henry Romano/Reuters. **376** Randy Faris. **377** Keith Dannemiller. **379** Bettmann. **380** (t) Jaques M. Chenet, (br) Bettmann. **381** (t) Bernard Bisson, (b) Bill Gentile. **393** (tl) Joel W. Rogers, (b) Pablo San Juan. **395** (r) Westlake Stock-Oz Productions. **401** Dan Eagler/Reuters. **417** (tl) Sergio Dorantes, (tr) Steve Azzara, (b) Bill Gentile. **425** Henry Romers/Reuters. **428** Catherine Karnow. **431** Elke Stolzenberg. **432** (t) Patrick Ward, (b) Heino Kalis.
Dominicanada: 55 (b).
Doren Spinner: 149 (tl), **166** (tl, tr), **333** (tl), **351, 403** (b), **371** (b).
Carlos Gaudier: 136, 137.
Linde Gee: 85 (bl), **365** (tl).
Getty Images: 84 (tl) John Kelly. **103** Matt Campbell. **106** (t) Phil Hunt, (b) Ghislain & Marie David de Lossy. **222** (b) Ken Fisher.
Latin Focus: 16 right panel: (bl, tr) Jimmy Dorantes, (bmr) Vince Bucci, (br) John Castillo. **69** (bmr) Jimmy Dorantes. **210** Moises Castillo. **341** (tl) Scott Sady.
Antonio Contreras Martinez: 93 (bl).
Carolina Patino Andrade: 78 (tl), **320.**
Diana Patiño de Gee: 205 (m).
Gloria Elena Restrepo: 59 (m), **60** (b), **243** (bl).
Alejandro Isaza Saldarriaga: 72 (r).
Darío Eusse Tobón: 1 (br), **6** (r), **11** (br), **13** (t), **14, 27, 39** (mr), **48** (tl), **61** (ml), **67** (b), **68** (tl, tm), **71** (t), **72** (tmr, b), **80** (br), **84** (tr), **85** (br), **87** (tml, bl), **100** (br), **101, 104** (b), **115** (br), **116** (r), **139, 142** (l), **154, 156** (tr), **160, 171** (tr), **172** (tl, mr, bml, br), **180** (mr, br), **183** (b), **207, 211** (mr, bl), **217, 226** (tl, br), **239** (tl), **243** (t), **261** (tl), **267** (l), **270, 283, 299, 303, 304** (br), **306** (r), **317, 347** (r), **349** (l), **356** (br), **357** (tr), **369, 370** (r), **374, 383, 384** (mr), **386, 394** (l), **402, 408** (tl), **409** (t), **427.**
215 © www.diesis.it/ufficistampa/comunicato.php?id=139

About the Authors

Philip Redwine Donley received his M.A. in Hispanic Literature from the University of Texas at Austin in 1986 and his Ph.D. in Foreign Language Education from the University of Texas at Austin in 1997. Dr. Donley taught Spanish at Austin Community College, Southwestern University, and the University of Texas at Austin. He published articles and conducted workshops about language anxiety, language anxiety management, and the development of critical thinking skills, and was involved in research about teaching languages to the visually impaired. Dr. Donley was also the co-author of three other introductory college Spanish textbook programs published by Vista Higher Learning, **VISTAS**, **PANORAMA**, and **¡VIVA!**.

José Luis Benavides received his Ph.D. in Interdisciplinary Studies at the University of Texas at Austin in 1997 and currently holds a dual appointment as Assistant Professor in the Department of Modern and Classical Languages and Literatures and the Department of Journalism at California State University, Northridge. In addition to teaching Spanish, journalism, and communications, Dr. Benavides has worked as a writer, editor, and translator for several major publishers in the United States.

José A. Blanco founded Vista Higher Learning in 1998. A native of Barranquilla, Colombia, Mr. Blanco holds degrees in Literature and Hispanic Studies from Brown University and the University of California, Santa Cruz. He has worked as a writer, editor, and translator for Houghton Mifflin and D.C. Heath and Company and has taught Spanish at the secondary and university levels. Mr. Blanco is also the co-author of several other Vista Higher Learning programs: **VISTAS** and **PANORAMA** at the introductory level, **VENTANAS**, **FACETAS**, and **ENFOQUES** at the intermediate level, and **REVISTA** at the advanced conversation level.